本书由曲靖师范学院"西南民族地区法与社会治理研究创新团队"经费资助

中国少数民族法律史纲要

胡兴东 ◎ 著

中国社会科学出版社

图书在版编目（CIP）数据

中国少数民族法律史纲要 / 胡兴东著 . —北京：中国社会科学出版社，
2015. 5

ISBN 978 – 7 – 5161 – 6207 – 1

Ⅰ.①中…　Ⅱ.①胡…　Ⅲ.①少数民族 – 法制史 – 中国　Ⅳ.①D929

中国版本图书馆 CIP 数据核字（2015）第 117570 号

出 版 人	赵剑英	
责任编辑	任　明	
特约编辑	乔继堂	
责任校对	孙洪波	
责任印制	何　艳	

出　　版	中国社会科学出版社	
社　　址	北京鼓楼西大街甲 158 号	
邮　　编	100720	
网　　址	http://www.csspw.cn	
发 行 部	010 – 84083685	
门 市 部	010 – 84029450	
经　　销	新华书店及其他书店	

印刷装订	北京市兴怀印刷厂
版　　次	2015 年 5 月第 1 版
印　　次	2015 年 5 月第 1 次印刷

开　　本	710×1000　1/16
印　　张	34.25
插　　页	2
字　　数	610 千字
定　　价	98.00 元

凡购买中国社会科学出版社图书，如有质量问题请与本社营销中心联系调换
电话：010 – 84083683

序　言

胡兴东的新作《中国少数民族法律史纲要》即将出版，读后感触颇深。

中国少数民族法律史的研究是21世纪初兴起的新领域，经过同行们的不断努力，成果不断涌现。现在中国少数民族法律史新领域的深度和广度都有长足的进步。而胡兴东的这本《中国少数民族法律史纲要》的出版，又使这方面的研究工作有了新进展。我认为，这本书在同一领域的研究中，创新之处可以表现在以下几个方面。

首先，从这本书的内容上看，比以往出版过的少数民族法律史内容更加丰富。本书分为上下两编，上编是历代少数民族法制史的研究，下编包括一些单一少数民族法制史的研究和一些历史上少数民族的法律制度研究。从整体上看，这部少数民族法律史纲要的内容既有这个领域宏观方面的研究，也有微观方面的研究。要特别指出的是，这本书上编第五章"20世纪前50年民族法制"中所涉及的清末新政时期的民族法制，民国时期民族法制，中国共产党的民族区域自治制度等方面的内容，均是中国少数民族法制史研究中鲜有人涉及的领域，这部分内容的加入，使中国少数民族法制史的研究内容更加丰富。

其次，通读本书，还有一个突出的感觉是作者在这方面的研究中功底较为扎实、深厚。每一个章节中作者都既列出这方面研究中的第一手原始资料，又举出在这个领域的研究成果，并对这些研究成果作了简要的评述，在此基础上提出自己的看法。我认为，从这本书中除了看出作者功底较为深厚，掌握大量的相关资料外，更重要的是作者学风严谨，严格遵守学术道德规范，尊重他人研究成果，凡引用他人研究成果，都一一作了说明，较之同类研究中个别作者大量引用他人研究成果不作说明的情况，是应该大力肯定和提倡的。

再次，这本书的创新之处，突出的表现还有体例上的创新和研究方法上的创新。这本书每一章后面都有相关章节的思考题，扩展阅读和相关法律史料摘抄。这种新的体例编排考虑到了不同读者群的需求。正如作者在"后记"中所说，这本书的初衷是研究生学习相关少数民族法律史课程的教材，因此，章节后的思考题有助于研究生在学习过程中把握本章节的重点问题。扩展阅读可以提供进一步研究的同学和其他感兴趣的研究者寻找相关参考文献的线索。相关法律文献摘抄则收录了很多平时难以见到的珍贵文献资料，为其他研究者提供了研究的方便，这种编排体例我认为是十分实用的。

我同时也注意到，由于研究对象的情况不同，作者在研究中运用了不同的研究方法，以充分体现不同民族的法律特征。最典型的是第六章"蒙古族法律史"和第七章"藏族法律史"，由于两个民族历史上法律文献十分丰富，在研究方法上，主要是依靠大量文献资料和相关成文法律法规展开讨论，而在第八章"彝族法律史"的研究中，则是主要运用大量民族学调查材料进行分析而得出的结论。虽然不同章节中研究方法各有不同，但研究结论都是扎实可靠的。

除了这些创新之处值得充分肯定外，我也认为这本书有其不足之处。首先，由于这本数十万字的专著出于一人之手，而一人的时间精力毕竟有限，因此，这本书的结构略显不够平衡，有的章节内容过多，有的章节则过于单薄。其次，我认为，下编中有的章节正文已引文献和摘抄的法律文献似有重复之处，如果摘抄已有的法律文献，建议正文中可以适当简化。

总的看来，瑕不掩瑜，我认为这本书应是中国少数民族法律史研究领域出版的一本学术水平较高、别具特色的新作，值得庆贺。

胡兴东是我指导的第一个中国少数民族法制史研究方向的博士生。2004年他的博士论文《生存范式：理性与传统——元明清时期南方民族法律变迁研究》出版，我为他写的序言中谈道，后生可畏，从他的博士论文中可以看出年轻人初生牛犊不怕虎的蓬勃朝气。当时他即将进入而立之年，时光荏苒，转眼间十年过去了，这本书出版之时他即将进入不惑之年。回首这十年，他确实不易，这十年中他的学术和家庭有顺境，也有逆境和波折，但他始终坚持不懈地进行中国法律史、中国少数民族法制史的教学和科研工作，成果颇丰。出版相关专著近十部，论文数十篇，主持国家级和省部级科研项目多项，获得国家级和省部级科研奖励多项。读了这本书后，感到经过这十年的磨炼，他各方面都成熟了许多，学术水平提高不少，这是与他十年来的勤奋和努力分不开的。十年前，他在中国少数民族法制史领域崭露头角，十年后，他已是这个领域有影响的人物之一。希望他进一步放平心态，甘于寂寞，专心治学，等到他进入知天命之年，应该争取成为这个领域的领军人物。

方慧

2013 年 12 月 30 日于昆明

自　序

　　人类社会的原初发展时期秩序样式是如此多样，但随着人类社会的发展，那些原初的人类社会的制度形成、秩序获得和法律形态的出现等问题却如此让人着迷和难解，历代屡有学者对此进行考察与反思。当人类从理性主义的自然法假设中走出来，走进一种历史人类学的考察时，会发现在人类社会的发展中，现存的很多常识性理论基础，却多建立在一种假想之上。让人悲叹的是，人类的假想在经过长时间沉积后，往往变成"事实"，而人类社会发展中的各种"社会事实"却在历史中慢慢地消失，让我们迷失了人类历史本身拥有的"真实"。本书有一种努力，就是对这种人类认识的现象进行除魅，特别是在法律相关知识上。

　　秩序的构建是社会治理的基本前提与目标。在秩序形成上存在着制度设计上如何取向的基本问题。制度设计与秩序形成存在着互动关系。社会秩序存在价值评价的问题，所以制度设计不仅是为达到某种价值目标而设计，制度本身也存在价值的选择。法律是一种制度设计，但法律在运行上不仅有秩序目的的实现，还存在社会秩序价值目标的实现，所以在法律设计上应同时考量价值与作用，即法律设计上追求秩序目标与良善，获得秩序的双重目标。

　　秩序获得并不必然导致良善的社会秩序实现，因为秩序可以在变态制度下高效获得。有效率的社会秩序与良善的社会秩序并不必然成正向关系。有效率的社会秩序可能是"恶"的社会秩序。秩序的提供机制——法律制度就会依次出现相应的问题。这就是在社会制度设计上必须同时考量价值与作用的原因。

　　纠纷解决机制作为一种事后秩序的恢复机制，涉及对破坏了的显现利益的再分配。为了实现这个目标，制度本身的价值作用就十分关键。这就是纠纷解决机制设计上必须同时权衡价值与作用的原因。纠纷解决机制在功能上存在着有效解决社会纠纷与确认一个时代、一个国家、一个群体对某种社会利益分配的价值展显。这些内在的因素决定着我们在纠纷解决机制设置上的倾向。

　　本书的目的是通过对中国历史上众多民族在历史发展中法律的形成、发展和秩序形成的展示，让我们能够更好地获得一种独立的、理性的自我认识的法律知识体系和社会治理的谱系图。

胡兴东

2013 年 8 月 7 日

目　　录

绪　　论

一　中国少数民族法律史的概念

中国少数民族法律史是研究中国古代中央政府对各少数民族法律治理及各少数民族在历史上形成的各类法律制度的综合性法律文化知识的领域。中国少数民族法律史是中国法律史的组成部分，特别是近代中华民族或"中国"意义上的法律制度史的组成部分。

中国少数民族法律史是存在的，从具体内容上看，存在中央政府对各少数民族法律治理的内容。这部分内容自夏朝到清朝都存在中央政府通过法律对各少数民族治理的特殊法规。中国古代中央政府对少数民族的特殊法律很多难用行政法来界定，如秦朝的《属邦律》，从内容上看就是行政、刑事、诉讼等法律的综合体；清朝的《理藩院则例》、《蒙古律例》等内容同样具有这种综合法的特征。这些法律很难用近代法律分类中的某一部门法归类。从各少数民族历史看，有些民族在历史上建立过国家政权，制定过系统的法律，甚至对中华法系产生过重要影响，如北朝诸民族的法律对隋唐法律制度产生了影响，辽金的法律对元朝法律产生了影响，元朝对明朝法律产生了影响等。此外，还有大量少数民族在历史上形成的各种形态的法律样式，如瑶族的石牌律、侗族的侗款和苗族的议榔等。

对中国少数民族法律史，学术界存在二元观的立场，即认为中国古代少数民族法律根本特征和理念是：作为国家观的夏夷一统思想是古代民族法制的观念基础，华戎同轨和化外异制分别是古代实施民族法制的双重标准和二元观。在这种观念指导下中国古代民族法制经历了一个由简单到复杂，由低级到高级，由随意到规范，由不完备到比较完备，由指导思想的模糊到逐渐明确化的发展历程。① 中国古代少数民族法律史的内容，从中央政府制定的

---

① 张冠梓：《浅论中国古代的民族法制及其精神》，载《学术界》2003 年第 5 期。

法律看，它是国家治理中的法律制度，虽然在内容上具有特殊性、专门性和地域性等特征，但它是国家法律组成部分。从各少数民族自身存在的法律内容看，民族法律具有地方性、民族性和文化性等特征。这种具有地方性与民族性的各少数民族传统法律都存在形式不同以汉文化为中心的中央法律文化的影响。这种特殊性很难说构成了二元法律结构。中国古代的少数民族法律更多体现出一种一体化下的半自治法律结构体系。

二　民族学的概说

（一）民族学

近代意义上的民族研究始于西方 18、19 世纪，但最初西方学术界并不用"民族学"而是使用"人类学"（Anthropology）来指称此种学术研究。近代西方人类学分为体质人类学和文化人类学。体质人类学是用科学的方法研究不同种族的体质结构，是一种生理学的研究；文化人类学是通过研究不同民族的社会文化内容和特征，揭示不同民族群体的文化特征。在民族学建立上，西方学术界看法不一，英国学者哈登在《人类学史》中认为起源于希罗多德及亚里士多德，马林诺夫斯基认为起源于孟德斯鸠等。中国学者多认为近代意义上的民族学起源于马克思主义民族学。

（二）民族概念

西方与民族概念相近似的概念很多，如种族（Race），部落（Tribe），种族、民族（Ethnic），人民、民族（Peoples），民族（Nationality）等。中国古代与现代民族相近的概念有族类、种人、种族、类族、部落、部族、种落等，但都存在程度不同的差别。

英语中民族（Nation）是从拉丁文"Nasci"演化而来，指具有同一出生地或拥有某一特定地理区域的群体。17 世纪，Nation 逐渐具有领土的含义，成为与国家（Country/State）语义相近的政治概念。第二次世界大战后成立联合国时，英文名称是 United Nations。有学者指出，一个民族（Nation）"就是一个拥有国家（State）的人民（People）（Anationis a people in possession of a state）"。"Nationality"具有民族国家、国家的含义，与近代主权起源相关。学术界有学者提出只有使用"中华民族"时才能用 Nationality，在具体称某一民族时只能用"Ethnic"，如汉族、彝族和傣族。英语中"indigenous people"、"aboriginals"和"natives"，在中文中具有"本地人"、"土人"、"本土人"和"土著人"的意思，有时也与民族概念相似。英语（ethnic group）是"族群"。有学者反对将 ethnic group 译为"族群"，认为应译为"民族"。

中国近代使用"民族"概念，从学术史看，最早是王韬。他在 1874 年前后撰写的《洋务在用其所长》中说："夫我中国乃天下至大之国也，幅员辽阔，民族殷繁，物产丰富。"① 考察此处使用民族概念并不是为讨论民族问题而使用。1899 年梁启超在《东籍月旦》中使用"东方民族"、"泰西民族"、"民族变迁"和"民族竞争"等。但他在使用民族概念时与种族相混淆，并没有使用严格意义上的民族概念。孙中山提出血统、生活、语言、宗教和风俗习惯等"五自然力"可以"自行结合成一个民族"，② 对中国近代民族概念形成产生了重要影响。在中国，学术界对"少数民族"统一翻译为 minority nationality，但近年越来越多地用 ethnic group 代替 nationality。在民族上，使用 ethnic affairs、ethnic minority 等作为英文翻译。

关于民族的特征，在中国最有影响的是斯大林在 1912 年底至 1913 年初撰写的《马克思主义和民族问题》中提出的标准。"民族是人们在历史上形成的一个具有共同语言、共同地域、共同经济生活以及表现于共同文化上的共同心理素质的稳定的共同体"，③ 即共同地域、共同经济、共同语言与共同的心理素质。有人认为，民族的形成，应具有以下要素，即共同的地域、经济生活或经济基础、民族意识和民族心理素质、民族文化、民族血统、民族宗教或信仰、民族风俗习惯（服饰、饮食、起居、节庆）、民族历史和民族稳定性等因素。

在民族形成上，一般认为人类社会经历了氏族到胞族，再到部落、部落联盟，再到部族，最后形成民族的发展历程。

在民族分类上，按不同标准，可以进行多种分类。以语言谱系为标准可以分为斯拉夫民族、日耳曼民族、拉丁民族、汉语民族等；以地域为标准可以分为亚非民族、大洋洲民族、美洲民族、南亚民族；以文化特征为标准可以分为蒙昧时代、野蛮时代、文明时代；以经济类型为标准可以分为渔猎民族、狩猎民族、骑马民族、游牧民族、农业民族、商业民族、工业民族；以社会经济形态和民族统治阶级属性为标准可以分为资本主义民族和社会主义民族；以政治为标准可以分为压迫民族与被压迫民族；以人口数量为标准可以分为主体民族和少数民族等。

（三）中华民族

中华民族是指具有中国国家特征、由中国各民族共同组成的、多元一体的民族共同体。中华民族与"中国"具有近代国家下的"民族主权"概念。中国是指一个拥有 960 万平方公里疆域、56 个民族组成的、具有 13 亿人口的主权国家。"中国"在中国历史上具有地域和文化上的含义。

主权国家在近代国家理论中具有重要的政治意义：首先，它是一个国际法上的概念，指任何一个主权国家在法律上一律平等；其次，主权国家在国际行为中是一个完整的法律主体。主权国家是近代国际社会中的法律主体和社会行动主体。

中华民族是从春秋战国以来，经历汉唐宋元明清诸朝，在各民族逐渐融合下，形成以汉族为主体，迄今包括 55 个少数民族在内的民族统一体。中华民族不仅具有血缘上的传承与纽带，还有民族文化与民族意识的融汇与凝聚，更有国际社会中的利益共同体的社会和法律意义。

中华民族这一概念出现于近现代，特别是 1840 年后，随着外国列强入侵，在西方近代"民族—主权"国家概念影响下形成。在中国，中华民族形成有一个历史过程，最早可以追溯到传说中的黄帝时期，但具有决定性发展阶段始于秦朝。但是在近代以前，中国并没有现代意义上的"中华民族"概念，支配传统中国社会的是"华夷"或"夷夏"之观，汉朝后体现在以"汉人"为中华文化核心的载体中。

三　当今中国民族概况

当前中国被国家政治生活认可的民族有 56 个，其中 55 个属于人口上的少数民族。汉族占中国人口的 90% 以上，是中国政治社会中的主体民族。夏商开始，中国开始形成具有自身特征、文化体系稳定的华夏民族群体，或说炎黄民族群体。在政治和文化上以华夏民族为中心，把四周民族分为西戎、北狄、东夷和南蛮四大民族群体。中国历史上，这种分类更多是文化生活上，如在服式上，华夏民族的标志是右衽、留发和戴冠，所以称为"冠带之国"；"四夷"服式上是左衽，披发或断发，如南方蛮人断发，西方戎人披发等。此外，这种分类是动态的，在地域与民族群体上具有可变性。

由于历史上，汉族以中原为生活空间的特征，导致中国民族分布上，中心区以汉人为主，周边以各少数民族为主的空间分布结构。

汉族在中国历史上经过长期发展才形成，汉族称谓出现较晚。汉朝以前多称为"华夏"，或夏人。秦朝在法律上明确称为"夏人"，把周边民族与夏人分成两种政治上的不同群体。汉朝时汉人是作为与北方匈奴人对称时形成的自称与他称结合体。此种称谓后来得到沿袭，中原民族群体称为汉人，或华人。"汉族"近代才开始使用，特别是在孙中山提出五族共和①时才作为具有政治含义的术语出现，与其他四大民族群体相并列，把汉人称为汉族。中国少数民族形成上基本有世居或因宗教文化原因形成两种类型，前者是绝大多数少数民族形成的基本形式，后者主要是回族等少数民族形成的形式。少数民族在今天的中国具有很强的人口上的因素，而不是政治、文化上的因素。

在学术界，民族分类上，目前通用的是用语言作为标准进行分类，基本分为汉藏语系、印欧语系、闪米特语系、阿尔泰语系、南亚语系、南岛语系、高加索语系、乌拉尔语系、达罗毗荼语系、尼日尔—科尔多凡语系、尼罗—撒哈拉语系、科依桑语系、爱斯基摩—阿留申语系、巴布亚语系、古亚细亚语系、澳大利亚语系以及北美印第安诸语系和中南美印第安诸语系等。中国各民族在语言上，分属于汉藏语系，或称作藏汉语系，包括汉语、藏缅、苗瑶和壮侗（又称侗台）四个语族，主要分布在亚洲东部、中部和东南部；阿尔泰语系，分为突厥语族、蒙古语族、满—通古斯语族，我国东北、北方和西北民族多属此语系；南亚语系，又称奥斯特罗—亚细亚语系，主要分布在南亚和东南亚，有孟—高棉语族、蒙达语族、马六甲语族和尼科巴语族。我国的佤语、布朗语和德昂语等属孟—高棉语族。

四　中国少数民族法律史史料概说

中国少数民族法律史料十分丰富。从历史上看，秦汉时期就存在针对少数民族专门立法和司法的材料，如秦朝的《属邦律》、汉朝的《蛮夷律》和《奏谳书》中的具体个案等。现在，中国少数民族法律史材料主要集中在宋朝以后，特别是元朝后，以清朝最为丰富。清朝不仅存在大量的少数民族法律文本材料，还有大量司法档案、民间各类文书、立法文本等史料，如文书、石刻，成为学术界研究此问题的重要依据。

（一）少数民族法律史料的整理与出版

对少数民族法律史料的整理始于20世纪50年代，大量出版始于20世纪80年代。在20世纪80年代后整理出版的少数民族法律史料中较有名的有：《孟连宣抚司法规》（云南民族出版社1986年版），该书收集了《芒莱、

---

① 孙中山提出"五族共和"，即满、汉、蒙、回、藏五个民族群体。

干塔莱法典》、《坦麻善阿瓦汉绍哈》和《孟连宣抚司法规》三个法典，是解傣族传统法律文化的重要资料；黄钰的《瑶族石刻录》（云南民族出版社1993年版），收集了大量瑶族历史上的石牌律及其他石刻法律史料，成为研究瑶族石牌律等法律文化的基础；张济民《青海藏区部落习惯法资料集》（青海人民出版社1993年版），收集了青海地区藏族部落法规和《西宁青海番夷成例》，成为研究青海藏族法律习惯的基础资料；恰贝·次旦平措的《西藏历代法规选编》（西藏人民出版社1989年版），收录了从唐朝时期的吐蕃王朝至清朝西藏地方政权制定的14件重要法典法规，只是出版时采用藏文，一般学者难以使用；周润年译注、索郎班觉校的《西藏古代法典选编》（中央民族大学出版1994年版），整理翻译了十五法典与十三法典，为了解西藏明清时法律情况提供了基础；《广西少数民族地区碑文、契约资料集》（广西民族出版社1987年版），收集了历史上广西地区少数民族大量契约、诉讼文书、土司和地方官颁布的法律资料，是研究广西壮族法律史的基础性资料；《西双版纳傣族社会综合调查（二）》（云南民族出版社1984年版）中收集了"西双版纳傣族封建寨规、勐礼"、"西双版纳傣族封建法规"和"西双版纳傣族'哈滚'纠纷裁决法"等法律文献；《清代武定彝族那氏土司档案史料校编》（中央民族学院出版社1993年版）收集了清朝云南武定那氏土司的各类法律、司法档案；《四川彝族历史调查资料、档案资料选编》（四川省社会科学院出版社1987年版）中"第四部分·清代冕宁县彝族档案资料选编"收集了大量清代该地区彝族法律资料，成为研究这一地区国家司法的基础文献；曲木质约、海乃拉莫编《凉山彝族习惯法规案例集成》（云南人民出版社1998年版），该书收集了凉山地区大量习惯与案例；《清朝治藏行政法规》和《民国治藏行政法典》（五州传播出版社1999年版），两书收集了两个时期中央政府治藏上的法律文献。这些整理，体现在对历史上法律资料进行收集整理和通过采访收集原始文献。对历史上法律资料整理汇编出版的有方慧编著的《中国历代民族法律典籍——"二十五史"有关少数民族法律史料辑要》（民族出版社2004年版），该书把二十五史中有关少数民族的法律政策史料进行收集，按时间与类型汇编出版，对了解中国古代二十五史中关于少数民族法律史料提供了方便。杨一凡、张冠梓编的《中国珍稀法律典籍续编（第九、十册）》（黑龙江人民出版社2002年版），收集了20世纪50、60年代民族调查时收集的各少数民族法律史料数十件，是1949年以来整理与收集起来的少数民族法律资料的汇编。赵云田点校的《钦定大清会典事例·理藩院》和《乾隆朝内府抄本〈理藩院则例〉》（中国藏学出版社 2006 年版）两书，收集了清朝国家对少数民族立法的重要成果，成为了解清朝民族立法的重要资料。张双智编著的《元代至民国治藏政策法规汇要》（学苑出版社 2010 年版），收集了元朝至民国时期中央政府治理西藏的法律规范与措施。吴燕绍的《清代蒙藏回部典汇》（全国图书馆文献缩微复制中心 1993 年版）；张其勤的《清代藏事辑要》（西藏人民出版社 1984 年版）；张羽新的《清朝治藏法规全编》（学苑出版社 2002年影印），该书收集了《清朝善后事宜》十三条、《西藏善后章程》十三条、《钦定藏内善后章程》二十九条、《裁禁商上积弊章程》二十八条、《钦定大清会典》、《钦定理藩部则例》、《钦定大清会典理藩院事例》及部分驻藏大臣与中央政府的奏折和皇帝的谕旨等历史文献，比较全面地收集了清朝治理西藏的法律资料。《中甸藏文历史档案资料汇编》（云南民族出版社 2003 年版）收集了清朝至 1956 年民主改革前中甸的司法、法律文书档案 66 份，是了解中甸地区法律问题的第一手资料。对少数民族的习惯法、案例、法律档案和法律文书收集出版还有陈金全、巴且日伙主编的《凉山彝族习惯田野调查报告》（人民出版社 2008 年版），收集了 146 个凉山彝族地区 20 世纪80 年代以来的个案；陈金全和杜万华编的《贵州文斗寨苗族契约法律文书汇编：姜元泽家藏契约文书》（人民出版社 2008 年版），该书收集了姜元泽家里所藏的 664 件契约、文书；李金山主编的《蒙古古代四部法典》（内蒙古教育出版社 2012 年版）收集了蒙古历史上有名的四部重要法典：《阿勒坦汗法典》、《白桦法典》、《蒙古·卫拉特法典》和《喀尔喀法典》。金海等编译的《准格尔旗札萨克衙门档案译编》（内蒙古人民出版社 2008 年版）中有大量清朝在蒙古地区法律适用的原始档案等。

　　在少数民族法律资料整理上，以后工作中心可以从以下几个方面进行：首先，整体做一个中国少数民族法律史料汇编大全，对历史上涉及少数民族的各类法律文献进行全面收集整理出版；其次，对特定民族及地区的法律资料进行整理，如蒙古族历史上的法律文献汇编、藏族历史上法律文献汇编、彝族历史上法律文献汇编、傣族历史上法律文献汇编等。让整个中国少数民族法律资料的整理有较大成就，避免重复整理、低层次成果的出现。最后，对少数民族法律资料档案进行整理，如清朝少数民族法律资料整理等。

　　（二）少数民族法律典籍的研究

　　在少数民族法典研究上，2000 年以来主要集中在蒙古族传统法典、《回疆则例》、《西宁番夷成例》、藏族《十六法典》、《十五法典》、《十三法典》和《夜郎君法规》等方面。蒙古族法典研究是学术界的重点，主要集中在

《大札撒》、《图们汗大法》、《桦树皮律令》、《阿勒坦汗法典》、《卫拉特法典》、《蒙古律书》、《喀尔喀法规》（或称为《喀尔喀齐鲁姆》）等。较早对蒙古族法典进行研究的有道润梯步，他在 20 世纪 80 年代校注出版了《喀尔喀律令》、①《卫拉特法典》②，《阿勒坦汗法典》③ 等法典，其中重点是《桦树皮律令》、《阿勒坦汗法典》、《卫拉特法典》、《蒙古律书》和《喀尔喀法规》等法典。

　　《阿勒坦汗法典》研究始于 20 世纪 80 年代。1981 年荣丽贞发表了《略述阿勒坦汗》，开始介绍该法典。1983 年奇格在《一部珍贵的古代蒙古法律文献—〈阿勒坦汗法典〉》中对法典发现经过和内容进行了介绍；1994 年刑联禹在《〈阿勒坦汗法典〉研究与思考》中分析了法典内容。④ 这个时期的重要成就是 1996 年苏鲁格对《阿勒坦汗法典》进行翻译与注译，在翻译时还附有藏文原文，内容载在 1996 年《蒙古学信息》第 1 期与第 2 期中。2000 年后，那仁朝格图的《〈阿勒坦汗法典〉及其内容浅析》和刘强的《北元时期蒙古族女性社会地位探论——以〈阿勒坦汗法典〉为视角》⑤ 两文分别对法典内容与特点进行了分析，成为法典研究上的新成果。

　　《桦树皮律令》，国家外学者多称《柏华法典》。对该法典近年研究中较成功的是图雅博士论文《〈桦树皮律令研究〉——以文献学研究为中心》。她从文献学角度对法典进行了全面梳理，成为该法典文本研究的新成果，得出《桦树皮律令》是 16 世纪末 17 世纪初蒙古喀尔喀部形成的法律汇编，由 18 部自成体系独立法规组织，具体是《六和硕律令》、《猴年大律令》、《额列克汗、额尔德尼洪台吉二人颁布的律令》、《水兔年小律令》、《木龙年律令》、《蛇年苏木沁律令》、《铁猪年小律令》、《水牛年小律令》、《阳木虎年四和硕小律令》、《阳木虎年赛罕寺律令》、《木虎年秋律令》、《木虎年小律令》、《火龙年小律令》、《龙年秋小律令》、《龙年一部律令》、《法门律令》、《小律令》和《土兔年大律令》。指出法典成为后来《卫拉特法典》

---

　　① 道润梯步编注：《喀尔喀律令》，内蒙古教育出版社 1989 年版。

　　② 道润梯步编注：《卫拉特法典》，内蒙古人民出版社 1986 年版。

　　③ 苏鲁格译注：《阿勒坦汗法典》，载《蒙古学信息》1996 年第 2 期。

　　④ 荣丽贞：《略述阿勒坦汗》，载《内蒙古大学学报》1981 年第 3 期；奇格：《一部珍贵的古代蒙古法律文献—〈阿勒坦汗法典〉》，载《内蒙古社会科学》第 6 期；刑联禹：《〈阿勒坦汗法典〉研究与思考》，载《前沿》1994 年第 3 期。

　　⑤ 那仁朝格图：《〈阿勒坦汗法典〉及其内容浅析》，载《内蒙古大学学报》（哲学社会科学版）2010 年第 1 期；刘强《北元时期蒙古族女性社会地位探论——以〈阿勒坦汗法典〉为视角》，载《辽宁大学学报》2008 年第 3 期。

和《喀尔喀齐鲁姆》重要渊源。她虽然对法典的很多条文进行了考辨，但最后没有把法典全部条文整理成附录收录于后，存在一定的不足。①

《喀尔喀法规》，又译为《喀尔喀法典》，是一部地方法规汇编，收录了喀尔喀部土谢图汗为首的王公自康熙四 18 年（1709 年）至乾隆三十五年（1770 年）间先后议定的 18 篇法规。对法典进行较为全面研究的是达力扎布的《〈喀尔喀法规〉制定原因及实施范围初探》一文，该文对该法的制定时间、内容结构和法规特点等问题进行讨论。②

《蒙古—卫拉特法典》是学术界研究较多的蒙古传统法典，自 20 世纪80 年代以来就有学者不断地研究。③ 有学者认为《卫特拉法典》由《卫拉特法典》、《噶尔丹洪台吉旨令》和《敦罗布喇什补则》三部分组成。④《卫拉特法典》研究有对法典注译的，如宝音乌力吉、包格注的《蒙古—卫拉特法典》；⑤ 对法典中术语、用语、条文翻译考释等；⑥ 此种研究，2000 年后成为法典研究中的重要成果，⑦ 其中策·巴图对《卫拉特法典》术语、词

---

① 图雅：《〈桦树皮律令研究〉—以文献学研究为中心》，博士学位论文，内蒙古大学，2007年。

② 达力扎布：《〈喀尔喀法规〉制定原因及实施范围初探》，载《中央民族大学学报》2005 年第 1 期。

③ 马曼丽：《浅议〈蒙古—卫拉特法典〉的性质与宗旨》，载《西北史地》1981 年第 2 期；道润梯步：《论〈卫拉特法典〉》，载《新疆师范大学学报》1989 年第 4 期；罗致平、白翠琴：《试论卫拉特法典》，载《民族研究》1981 年第 2 期；包红颖：《〈卫拉特法典〉中民法内容初探》，载《内蒙古社会科学》（汉文版）1995 年第 3 期。

④ 奇格：《〈卫拉特法典〉体系的产生及其特点》，载《西北史地》1998 年第 2 期。

⑤ 宝音乌力吉、包格注：《蒙古—卫拉特法典》，内蒙古人民出版社 2000 年版。

⑥ 齐格：《〈卫拉特法典〉中"别尔克"一词考释》，载《前沿》1996 年第 3 期；策·巴图：《〈卫拉特法典〉中的某些词语释义辨正》，载《蒙古语文》1999 年第 2 期；布仁巴图：《〈卫拉特法典〉中部分狩猎文释义》，载《内蒙古社会科学（蒙古文版）》1999 年第 2 期；道·图加甫：《对〈卫拉特法典〉中一些词语释的商榷》载《语言与翻译》1990 年第 3 期；布仁巴图：《论〈卫拉特法典〉中的一条习惯法》，载《语言与翻译》1990 年第 4 期；策·巴图：《论〈卫拉特法典〉词汇解释中存在的一些误解》，载《语言与翻译》1999 年第 3 期。

⑦ 青格勒图：《卫拉特法典》若干刑法条款解析，载《蒙古语言文学》2003 年第 5 期；策·巴图：《〈卫拉特法典〉部分词语考析》，载《蒙古语言文学》2002 年第 4 期；策·巴图：《卫拉特法典中的某些词语释义辨正》，载《启明星》2000 年第 1 期；布仁巴图：《〈卫拉特法典〉中有关斗殴、戏谑处罚条文释义辨正》，载《内蒙古大学学报》（蒙古文版）2000 年第 3 期；策·巴图：《〈卫拉特法典〉中的某些词语释义辨正》，载《内蒙古大学学报》（蒙古文版）2002 年第 3 期；策·巴图：《〈蒙古—卫拉特法典〉某些词语考释》，载《内蒙古大学学报》（蒙古文版）2005 年第 5 期；才布西格：《〈蒙古—卫拉特法典〉中的某些注释的修正、补充和商榷》，载《内蒙古大学学报》（蒙古文版）2004 年第 4 期；布仁巴图：《1678 年〈葛尔丹皇太吉律令〉研究》，载《内蒙古大学学报》（蒙古文版）2004 年第 4 期；青格勒图：《〈蒙古—卫拉特法典〉中的"札尔忽"、"札尔忽赤"之探析》，载《内蒙古大学学报》（蒙古文版）2007 年第 2 期。

语进行了长期研究，最后出版了专著《〈蒙古—卫拉特法典〉词语研究》，成为此种研究的集大成者。① 《卫拉特法典》与其他法典的关系。② 《卫拉特法典》体现出来的某些法律内容，从刑法、民法、习惯法和诉讼法等方面展开深入讨论。③ 从现在看，对某一少数民族传统法典研究中最为详细的当是《卫特拉法典》。当然，从翻译文本看，仍然没有出现十分专业的法学翻译。

2000 年后在蒙古传统法典研究上出现了对《青海卫拉特联盟法典》的研究。该法典发现较晚，1997 年才由青海民族学院的才仁巴力教授在青海省海西蒙古族自治州乌兰县档案馆达·孟和先生手中发现《法典》的手写本。2002 年 8 月才仁巴力教授发表了《"青海卫拉特联盟法典"初探》和《关于〈青海卫拉特联盟法典〉的主持者、成书年代、编纂者、整理者》两文，分别载于《内蒙古大学学报》（2003 年第 6 期）、《内蒙古师范大学学报》（2003 年第 3 期）。从而被国内外学术界初步认识。2009 年 4 月才仁巴力教授与中国社会科学院历史研究所的青格力副教授共同完成了《青海卫拉特联盟法典》（注释本，蒙文版）一书。该书对《法典》制定颁布的历史背景、指导思想、史料来源、文本结构、颁布年代、颁布者、主要内容及特点等方面进行了详细研究和介绍，并提出了自己的见解，为深入、系统、全面研究《法典》提供了必要条件和诸多方便。④ 此外，蒙古族法律文献研究

---

① 策·巴图：《〈蒙古—卫拉特法典〉词语研究》，民族出版社 2006 年版。

② 白翠琴：《卫拉特法典与葛尔丹洪台吉勒令之比较研究》，载《卫拉特研究》2004 年第 1 期；布·孟克：《论〈江格尔札撒〉与〈卫拉特法典〉的关系》，载《卫拉特研究》（蒙）1997 年第 3 期。

③ 包红颖：《〈卫拉特法典〉中民法内容初探》，载《内蒙古社会科学》（蒙）1996 年第 3 期；特木尔宝力道：《浅论〈卫拉特法典〉中的蒙古诉讼制度》，载《内蒙古大学学报》（蒙）1994 年第 2 期；额·宝音乌力吉：《关于〈卫拉特法典〉中对〈借宿法规〉之解释的商榷》，载《蒙古学研究》（蒙）2000 年第 3 期；布仁图：《〈卫拉特法典〉中部分狩猎条文释义》，载《内蒙古社会科学》（蒙）1999 年第 2 期；习布仁巴图：《〈卫拉特法典〉中有关斗殴、戏虐处罚条文释义辨正》，载《内蒙古大学学报》（蒙）2000 年第 3 期；特木尔宝力道：《从〈卫拉特法典〉看 17 世纪蒙古族婚姻家庭制度》，载《内蒙古师范（蒙）2002 年第 4 期；青格勒图.〈〈卫拉特法典〉中无因管理之债辨析》，载《内蒙古大学学报》（蒙）2003 年第 4 期；萨仁格日勒：《〈蒙古—卫拉特法典〉中的风俗内容》，载《卫拉特研究》（蒙）2004 年第 4 期。

④ 才仁巴力：《〈青海卫拉特联盟法典〉的主持者、成书年代、编纂者、整理者》，载《内蒙古师范大学学报》2003 年第 3 期和《〈青海卫拉特联盟法典〉初探》，载《内蒙古大学学报》2003 年第 6 期；才仁巴力、青格力：《青海卫拉特联盟法典》（注释本），民族出版社 2009 年版；伍月：《一部珍贵的地方法规〈青海会盟法典〉》，《第七次全国少数民族古文字学术研讨会参会论文提要》；张祥福：《〈青海卫拉特联盟法典〉研究》，硕士论文，内蒙古大学，2011 年。

上还有对《大札撒》、《阿拉善蒙古律例》、《葛尔丹皇台吉律令》、《蒙古律书》、《理藩院则例》等法规进行研究。① 其中对《蒙古律书》在清朝的演变、不同时期版本等问题研究是重要内容，如李保文先生对《蒙古律书》有系统研究，已经完成了书稿，但没有出版。② 从现在研究成果看，对蒙古历史上法典进行全面整理出版的条件已经成熟。

《回疆则例》是近年民族法制史研究中的热点，这与近年新疆社会问题的增加有关。较早对《回疆则例》立法过程、法典内容、法律性质和法典反映出来的法律文化等问题进行研究的是王东平，他在《清代回疆地区法律典章的研究与注释》一文中详细考察了上述问题，指出"回律"是不存在的，仅有《回疆则例》；制定《回疆则例》的机构是理藩院的徕远清吏司，时间是乾隆二十七年（1762 年）；初次撰写的时间是嘉庆十九年（1914年）；性质是具有综合性质的单行法规；内容特点是具有中原汉法与伊斯兰教法的二元性。③ 白京兰在《清代回疆立法——〈钦定回疆则例〉探析》一文中认为则例是单行行政法规，适用地域是回疆，即天山以南地区，性质是封建性质的成文法规。④ 此外，她在《关于〈钦定回疆则例〉研究的几个问题》一文中重点考察了该法规的三个问题，即名称、性质和内容问题。当然，从全文看，她没有对提出的问题给出准确的答案。⑤ 王欣在《〈回疆则例〉研究》中对则例制定的时间进行了考察，但本质上没有什么突破，因为道光年间的修订与嘉庆年间初撰上与王东平的考察大体一致。文章还对则例的内容、版本等进行了考察，指出则例条文分为"原例"、"修改"、"增纂"和"续纂"四种。⑥ 此外，《则例》还有两篇硕士论文进行过相似

　　① 那仁朝格图：《〈成吉思汗大札撒〉中的几个问题》，载《内蒙古大学学报》2009 年第 2 期；白金花、乌日嘎：《〈阿拉善蒙古律例〉研究》，载《内蒙古大学学报》2010 年第 1 期；仁布仁巴图.《1678 年〈葛尔丹皇台吉律令〉研究》，载《内蒙古大学学报》2004 年第 4 期；达力扎布：《有关乾隆朝〈大清会典则例·理藩院则例〉稿本》，《清代政治制度与民族文化学术研讨会论文集》（2010 年）；达力扎布：《〈蒙古律例〉及其与〈理藩院则例〉的关系》，载《清史研究》2003第 4 期；赵云田：《清朝〈理藩院则例〉的整理和利用》，载《内蒙古社会科学》（汉文版）2001 年第 2 期；乌·巴克曼：《关于 1815 年颁行的〈理藩院则例〉》，载《蒙古史研究》2003 年第 6 期；冯剑：《简析〈理藩院则例〉的内容特点及成因》，硕士论文，中央民族大学，2010 年。
　　② 李保文：《康熙六年〈蒙古律书〉》，载《历史档案》2002 年第 6 期。
　　③ 王东平：《清代回疆地区法律典章的研究与注释》，载《西北民族研究》1998 年第 2 期。
　　④ 白京兰：《清代回疆立法——〈钦定回疆则例〉探析》，载《中南民族大学学报》2004 年第 4 期。
　　⑤ 白京兰：《关于〈钦定回疆则例〉研究的几个问题》，载《贵州民族研究》2006 年第 4 期。
　　⑥ 王欣：《〈回疆则例〉研究》，载《中国边疆史地研究》2005 年第 3 期。

的研究，仅对一些小问题进行了修正，没有什么实质性突破。①

《西宁青海番夷成例》涉及清朝对青海地区藏族法律适用问题，近年研究得到加强。较早对该法典研究的是何峰，他在《番例探析》上对该法典的内容结构、性质等进行了讨论。② 达力扎布在《〈番例〉渊源考》认为该法的法律渊源主要是康熙三十五年的《蒙古律书》，"笔者将《番例》与《理藩院律书》的条目逐一勘对后，发现《番例》的 66 条内容与《理藩院律例》的相关条目完全一样，条目的先后顺序也相同，其中只有第 24、25 两条顺序颠倒，其差别仅在于根据藏族地区的实际情况把蒙古王、公、台吉，以及旗内官员相应改为藏族的千户、百户、管束部落百长、小头目等。罚马改为罚犏牛，罚畜数量最高额限定为五九，在不同罪行中依次递减。根据以上，可知《番例》确实选录自《理藩院律书》"，③ 成为该法典研究上的最新成果。

《西夏天盛改旧新定律令》研究是西夏法律文献研究中的重要内容。自 20 世纪 90 年代以来学术界就有很多成果，其中代表成果是史金波、聂鸿音、白滨译注的《西夏天盛改旧新定律令》④（法律出版社 2000 年版）。该书的出版让法典能为一般学者使用，成为学术界对西夏法律研究的基础，也是法典文献研究的里程碑。这是西夏法律制史研究能成为 2000 年以来少数民族地方政权法律史研究中最有成就的原因。较早对该法典进行内容分析的是王天顺主编的《西夏天盛律令研究》⑤，该书对法典制定时间、内容结构、编纂体系等问题进行了详细的讨论。最近有学者认为法典有刑法严酷、军法事务、农业水利与畜牧业保护详备、仓库与债法完备、宗教立法明显等特点。⑥

西藏历史上制定过很多法典。据学者介绍，"旧西藏不同历史时期计有数十种法典。例如吐蕃时期制定的《法律二十条》、《神教十善法》《入教十六净法》、《元朝法典》、《蒙古族的法典》、《十五法典》、《十三法典》、《十六法典》、《十二法典》、《正直明镜鉴》、《蒙古法律六十条》、《甘丹寺的僧

---

① 汤江灏：《"因俗而治" ——〈钦定回疆则例〉评析》，硕士论文，新疆大学，2004 年；李奋：《〈回疆则例〉研究》，硕士论文，石河子大学，2007 年。

② 何峰：《〈番例〉探析》，载《中国藏学》1998 年第 2 期。

③ 达力扎布：《〈番例〉渊源考》，载《青海民族大学学报》2012 年第 2 期。

④ 史金波、聂鸿音、白滨译注：《西夏天盛改旧新定律令》，法律出版社 2000 年版。

⑤ 王天顺主编：《西夏天盛律令研究》，甘肃文化出版社 1998 年版。

⑥ 杜建录：《论西夏〈天盛律令〉的特点》，载《宁夏社会科学》2005 第 1 期。

侣参加拉萨大祈愿法会之法律》和《敏珠林寺法规》"。① 对这些法典，学术界研究很少，主要是因为语言上的障碍。对藏族历代法典研究主要有杨士宏《藏族传统法律文化研究》一书。该书对历史上藏族法典进行了较为详细的考察，吐蕃时期的《神教十善法》、《入教十六净法》、《法律二十条》、敦煌出土的"吐蕃三律"即"狩猎伤人赔偿律"、"盗窃追赔律"和"纵犬伤人赔偿律"、《十五法典》、《十六法典》和《十法典》、适用于安多、康区的《果洛部落法规》、《德格法律十三条》和《理塘法律十三条》等都进行了详细考察，同时还比较分析了《西宁青海番夷成例》与《夷例》的异同。该书最大贡献是对历史上藏族各个法律文献进行了相应研究。② 此外，有学者对《十六法典》与《十三法典》进行专门的研究。《十六法典》重点研究了法典的制定时间、内容构成、法典体现出来的君权、神权与夫权结合的特点等。③ 清代西藏地方立法主要有《十三法典》、《铁虎清册》、例规、法旨等各种形式。卓嘎详细考察了《铁虎清册》制定的原因和主要内容，指出该法律由 63 份法律文件组成，立法目的是平均差税。④ 《十三法典》上主要研究法典制定的历史背景、制定的时间、法典条文的顺序与内容、法典体现出来的性质与特点等问题。⑤ 在《十三法典》上孙镇平在博士论文第一编第一、二章中重点探讨了法典的立法目的、法律渊源，指出清代西藏地方法的法律形式有《十三法典》、《〈法典明镜〉二十一条》、例规、法旨等。法律渊源包括吐蕃时期的《吐蕃基础三十六制》、《吐蕃法律二十条》、吐蕃时期的教法、元代帕竹政权的《十五法》、宗喀巴改革后的教法、噶玛丹迥旺布的《十六法典》等。⑥

　　清朝西藏地区法律文献研究上对清朝中央政府制定的六部章程研究是另外一个重点，具体是对"酌定善后章程十三条"、"设站定界事宜十九条"、"酌议藏中各事宜十条"、"藏内善后章程二十九条"、"酌拟裁禁商上积弊章程二十八条"和"新治藏政策大纲十九条"等的研究。研究主要集中在制

　　① 诺布旺丹：《〈十六法〉与十六世纪初期的藏族社会》，载《民族研究》1991 年第 3 期；

　　② 杨士宏：《藏族传统法律文化研究》，甘肃人民出版社 2004 年版。

　　③ 周润年：《西藏古代〈十六法典〉的内容及其特点》，载《中国藏学》1994 年第 2 期。

　　④ 卓嘎：《〈铁虎清册〉产生的背景及内容》，载《中国藏学》1992 特刊。

　　⑤ 何峰：《五世达赖喇嘛〈十三法〉探析》，载《政治学研究》2004 年第 4 期；隆英强：《浅谈五世达赖喇嘛时期的〈十三法典〉》，载《西北民族大学学报》2005 年第 1 期。

　　⑥ 孙镇平：《清代西藏法制研究》，知识产权出版社 2004 年版。

定背景、主要内容和立法特点等方面。① 此外，还有对版本进行考察的，代表成果有张国英对《钦定藏内善后章程二十九条》的版本进行详细考述。② 此外，还有张羽新的《清朝治藏典章研究》一书，全书分上、中、下三册，共 14 章。第一章：订立章程；第二章：行政区划；第三章：理藩院主管藏政；第四章：钦差驻藏办事大臣；第五章：敕封达赖、班禅；第六章：藏传佛教管理；第七章：金瓶掣签；第八章：地方官员任免；第九章：朝贡与赏赐；第十章：派驻官兵；第十一章：藏军整编；第十二章：台站与交通；第十三章：紧急措施及其他；第十四章：严守国门与加强边政，还包括附录一筹藏新政；附录二有关西藏条约。③ 成为对清朝时西藏的法制史料收集较为全面的集成。

　　彝族传统法典主要是研究《夜郎君法规》，该法典自 1998 年从《夜郎国史》中翻译过来后，受到学术界的关注。较早系统介绍该法典的是邹渊在《〈夜郎君法规〉——一部贵州彝族古代地方政权习惯法》一文，他认为该法典是"一部少数民族地方政权的综合性法规"而"不是族规与家法"。文中对该法典的结构、每条的内容、特点进行了较为详细的介绍。同时，该文认为该法典应是古夜郎国时期的法典，时间应在春秋战国时期。④ 对该法研究上，争议点是该法反映的社会情况是古夜郎国还是后来水西地区罗殿国的情况。2000 年后有两篇文章对此发表过不同看法。2005 年侯绍庄和钟莉在《夜郎君法规时代辨析》中认为该法典的时间应在水西土司时期，不是古夜郎国时期制定，即认为该法典反映的水西地区罗殿国的法律情况。"（夜郎君法规）不可能是古夜郎社会的现实，而应是水西土司统治下的社会面貌。"⑤ 2010 年王鸿儒在《〈夜郎君法规〉的历史内容及其真实性探讨》

　　① 张国英：《藏文〈水牛年文书〉和〈钦定章程二十九条〉探析》，载《西藏研究》年 1993 年第 3 期；史筠：《清王朝治理西藏的基本法律——〈西藏通制〉》，载《民族研究》1992 年第 2 期；张植荣：《〈藏内善后章程〉二十九条的法律地位》，载《西藏研究》1993 年 1 期；赵因：《略论清朝中央政府辖制西藏的法律——钦定西藏章程》，载《中央政法管理干部学院学报》1997 年第 1 期；赵曹心宝：《〈钦定西藏章程〉的历史价值研》，载《晋中学院学报》2008 年第 1 期；邓锐龄：《1789—1790 年鄂辉等西藏事宜章程》，载《中国藏学》2008 年第 3 期；周伟洲：《驻藏大臣琦善改订西藏章程考》，载《中国边疆史地研究》2009 年第 1 期；牛绿花：《略论〈钦定西藏章程〉及其历史意义》，载《青海民族研究》2009 年第 1 期。

　　② 张国英：《〈钦定藏内善后章程二十九条〉版本考略》，中国藏学出版 2006 年版。

　　③ 张羽新：《清朝治藏典章研究》，中国藏学出版社 2002 年版。

　　④ 邹渊：《〈夜郎君法规〉——一部贵州彝族古代地方政权习惯法》，载《夜郎研究》1999 年。

　　⑤ 侯绍庄、钟莉：《〈夜郎君法规〉时代辨析》，载《贵州民族研究》2005 年第 1 期。

中认为该法典是古夜郎国武益纳时期的法典，反映的应是奴隶社会性制质。① 论证依据是该法典记载在《夜郎国史》中。从两文论证看，前文好像更有依据一些。当然，这个问题会成为争议中心。现在该法典文本已收入《中国珍稀法律典籍续编》第九册中。②

从法律文献研究看，特别是对特定少数民族法典、法规研究看，蒙古族研究较多，其他民族较少，其中藏族、傣族等民族传统法典、法规研究较少，以后可以把此方面研究作为重点。此外，在对少数民族法律典籍研究上，多注重政治学、历史学和文献学的分析，缺少法学，特别是立法学的分析，使我们理解中国历史上各少数民族法律变迁有很大障碍。

五　本书结构说明

本书采用总论与分论结构，以体现中国古代少数民族法律内容上的基本结构，即国家治理的一体化与各少数民族法律文化的多样化。总论主要对中国历史上中央政府对少数民族治理的法律制度进行考察，同时对历史上一些有重大影响的少数民族政权法律情况进行介绍；分论对现在还存在的少数民族群体中，在历史上能体现出不同人类发展阶段、种类、形态的法律制度样式进行介绍。整本书体现出中国古代少数民族与中央政府关系是基本特点，反映中华法律文化的丰富多样，体现人类法律文明发展的多样性和多形态样式等。每章采用正文、思考问题、拓展阅读和经典法律摘抄四个部分，让阅读者通过此书能够全面了解相应的最新研究成果、相关成果目录和基本史料等。

六　中国少数民族法律史研究展望

中国少数民族法律史研究领域十分广泛，涉及方方面面，但以下六个领域可以作为未来研究的重要领域。

（一）历代王朝民族立法与民族法制建设

对中国历史上各王朝中央政府在治理民族地区时为适应少数民族和地区需要制定的特别法规和各少数民族在自身社会发展中，特别是那些建立过各种类型的地方政权的民族与地区立法成果进行研究是以后研究的重点。现在的研究主要集中在秦汉与清朝。对中国封建时期民族立法进行总体性研究不

① 王鸿儒：《夜郎君法规的历史内容及其真实性探讨》，载《毕节学院学报》2010 年第 11 期。
② 杨一凡主编：《中国珍稀法律典籍续编》，黑龙江人民出版社 2002 年版。

多。从 2000 年后考察中国古代中央政府的民族立法研究上看，研究中央政府立法特点难有突破，未来研究可以集中研究某一朝代对某一民族、某一地区、某一法律的立法情况，或某一法律立法沿革，可能是最有空间的领域。

（二）中国少数民族法律资料整理与研究

中国少数民族法律资料整理与研究，包括中央政府立法资料、各少数民族法律资料和中央政府、民族地区的各类法律档案的整理与研究等。20 世纪 80 年代后，中国少数民族法律史研究的重要成就是对历史上各少数民族法律典籍、史料和档案进行整理、汇编与研究，让中国少数民族法律史研究有文献资料上的基础，如对蒙古族、藏族历史上不同法典的制定的研究成为重点。从法律文献研究看，特别是对特定少数民族法典、法规研究上看，蒙古族的研究较多，其他民族较少，特别是藏族、傣族等民族传统法典、法规研究较少。以后可以把此方面作为研究重点。此外，法律民族志和各类民族法律档案应是未来研究的重点。

（三）历史上各民族传统纠纷解决机制

对历史上各少数民族传统纠纷解决机制研究是 2000 年后中国少数民族法律史研究重点。2005 年后随着多元纠纷解决机制和"大调解"等命题的提出，让学术界对传统中国纠纷解决机制研究更热。2005 年后学术界对少数民族传统纠纷解决机制问题的研究涉及对少数民族传统纠纷解决机制描述和新时期下如何在少数民族地区利用传统纠纷解决机制资源构建新的纠纷解决机制，或说新时期纠纷解决机制构建中如何利用传统资源的问题。对历史上某一地区、某一民族纠纷解决机制研究中，地区上，主要集中在藏区、西南民族地区；民族上，主要集中在藏族、彝族和苗族中，导致研究呈现出高度同一性，以致 2010 年后此方面研究基本走向了死胡同，难以得到重要突破，研究成果只能呈现简单重复。

（四）历史上国家法在民族地区法律适用问题

国家法在民族地区的适用问题一直是少数民族法律史研究的重点。近年对此问题研究更加热。从研究成果看，主要集中在历史上国家法在不同民族地区的适用情况。在研究上，有整体研究国家法在民族地区适用的情况，有研究国家法在某一地区适用的情况，还有研究国家法在某一民族中适用的情况及研究国家法在某一案件中适用中反映出来的情况等。时间上，从战国时期一直到当代。2000 年以来对国家法在少数民族地区法律适用情况整体上有较大进步，但在研究上还没有较好的深入，特别深入分析上存在地区上的不均衡，其中蒙古地区，特别是清朝国家法在蒙古地区的法律适用情况研究明显不足，多集中研究清朝时期蒙古地区立法、司法等问题上。

（五）历史上少数民族法律习惯及变迁

少数民族法律史研究中对各少数民族传统法律习惯研究是传统的领域。从某个角度看，对历史上各少数民族传统法律习惯研究就是对各少数民族传统习惯法的描述。在研究少数民族传统习惯法时很难区分历史上的还是现在的。分析少数民族传统法律习惯，可以分为整体性研究、地域性研究与具体民族研究三类。研究方法上可以分为描述与复原某一民族传统习惯法，或考察某一民族传统习惯法的变迁两种。少数民族习惯的研究近年集中在蒙古族习惯、藏族的赔命金、盟誓文化、侗族的侗款、瑶族石牌律和苗族的议榔等方面。此外，近年对少数民族传统法律习惯，特别是特定习惯法研究上，开始出现以田野调查为中心，结合文献分析这些法律习惯在现实社会中是否仍然存在、作用如何，是否在当前国家法律体系下还能利用等问题。在评价上对各少数民族传统法律习惯法转向更加积极的承认，论证上更加注重实证等。当然，这与所谓以民间法补国家法不足的学术动机，国家在社会治理上转向社会秩序维持与恢复等因素有关。

（六）少数民族法律文化中不同因素问题

中国历史上不同民族地方政权法律制度和各少数民族传统法律习惯中法律文化因素种类与关系等问题是中国少数民族法律史研究的重要问题。对历史上各民族政权的法律制度中不同法律文化因素研究上看，时间上主要集中在唐朝以后，唐朝以前各少数民族地方政权的法律制度研究较少；民族上，匈奴、鲜卑、突厥、契丹和女真的研究成果较少，多以彝、党项人、蒙古族、藏族和傣等族为重点。究其原因是唐朝以前相关法律史料太少，分析难以进行。从未来研究看，蒙古族、回族、维吾尔族、藏族、傣族、瑶族和侗族等民族中的法律文化因素研究都有进一步拓展的空间。

一　思考题

1. 简述中国少数民族法律史在中国古代法律文明史中的地位与关系。

2. 简述中国少数民族法律史未来研究的重点与热点领域。

3. 简述中国少数民族法律史料拓展与整理和少数民族法律史研究的关系。

二　阅读扩展

1. 张冠梓：《浅论中国古代的民族法制及其精神》（《学术界》2003 年

第 5 期），该文对中国古代少数民族法制的结构与精神等问题提出了系统的立场，是国内学者对中国少数民族法律史基本问题研究的重要代表作。

2. 苏钦：《论中国古代民族法制的研究对象与方法》（《中央民族学院学报》1995 年第 1 期），该文对中国古代少数民族法制史的研究对象提出了三个领域，即国家民族法、民族地方法制和民族习惯法；指出少数民族法制史有地域性与主体性等特征，具有较好的理论创见。

3. 胡兴东：《民族法制研究中重大问题回顾（2000—2011 年）》，该文对 2000 年以来中国少数民族法律史中六个问题进行回顾与考察，指出了 12 年以来获得的成绩与不足，是了解 12 年来少数民族法律史的重要入门文章。

第一章　夏朝至汉朝时期民族法制

中国古代中央政府对不同民族群体的差异性法律制度设置始于何时，学术界存在争议，有学者认为中国古代最早的民族立法可以推到大禹时九州贡税制。九州贡税制是根据不同地域自然物产等特征把不同地区的民族群体贡税分开，构成特殊的法律制度体系，也成为中央政府与不同地域民族群体的一种政治安排体系。九州贡税制更多是一种区域性制度设置。中国古代民族法制从法律制度与民族为中心的设置上看，应始于夏朝的"五服制"。五服制确立的大一统下的差异性法制设置成为中国历史上针对具有不同社会发展水平、民族文化群体在法制设置上的基本原则。其中，"各依风俗"即承认各民族的法律习惯原则成为中国历史上民族法制的核心原则，被历朝遵行。秦汉时期民族立法成就代表是制定专门法律，如秦朝的《属邦律》、汉朝的《蛮夷律》。它们成为中国古代民族立法的滥觞。

第一节　先秦时期的民族法制

先秦时期对少数民族地区进行特别立法从现在法律资料看，最早应起源于夏朝。因为夏朝时制定的《禹贡》及确立的"五服制"是中央政府对周边不同民族立法的起源。《禹贡》被学术界认为是按地域差异制定赋役制度的开始，客观上由于立法规定赋役制度时是通过五服制确立了中央政府与周边民族的关系，特别确立了不同地区不同民族治理上采用差别治理原则，即"各依风俗"的立法原则与治理原则，成为中国古代中央政府对周边少数民族立法的起源与思想来源。对此，有学者认为夏朝《禹贡》下的五服制是成立的，是中央政府与周边部落的关系。[①] 有学者认为《禹贡》下的五服制与九州划分，在此之下的贡赋制度体现了先秦时期的中央与地方，特别是周

---

① 岳红琴：《禹贡五服制与夏代政治体制》，载《晋阳学刊》2006 年第 4 期。

边民族政权的关系；① 体现了中央与周边民族的政治关系。② 整体看，学术界虽然对《禹贡》下的五服制与九州划分是否始于夏朝、五服制度是否如此准确等问题存在争议，但基本上认为《禹贡》中体现出来的对周边民族治理的原则与立法思想在夏商周时期是真实的，同时成为后来中央政府对周边民族立法、法律适用与治理的原则。从笔者对中国少数民族法律史的研究看，历史上中央政府在治理少数民族时的立法、法律适用及治理原则上，五服制中体现出来的差别治理、承认各民族的民族性、地方性及法律风俗原则是周朝以来历朝遵循的原则。③

一　民族法制的滥觞——五服制

五服制④是中国古代政治法律制度下一种特殊的制度性设置，按《史记》记载始于夏朝，具体是大禹时期。从《史记》记载看，其内容具有很高的理想性，当时的社会政治制度是否如此完整是值得怀疑的，但整个制度体现出来的对不同民族群体的法律制度安排原则确实成为中国古代几千年的民族治理基本原则。五服制在《史记·夏本纪》上有具体记载，加上后人注解，形成了较为完整的理论体系。

令天子之国以外五百里甸服：【集解】孔安国曰："为天子服治田，去王城面五百里内。"百里赋纳总，【集解】孔安国曰："甸内近王城者。禾稿曰总，供饲国马也。"【索隐】《说文》云："稿，聚束草也。"二百里纳铚，【集解】孔安国曰："所铚刈谓禾穗。"【索隐】《说文》云："铚，穫禾短镰也。"三百里纳秸服，【集解】孔安国曰："秸，稿也。服稿役。"【索隐】《礼·郊特牲》云"蒲越稿秸之美"，则秸是稿之类也。四百里粟，五百里米。【集解】孔安国曰："所纳精者少，粗者多。"甸服外五百里侯服：【集解】孔安国曰："侯，候也。斥候而服事也。"百里采，【集解】马融曰："采，事也。各受王事者。"二百里

---

① 李云泉：《五服制与先秦朝贡制度的起源》，载《山东师范大学学报》2004 年第 1 期。
② 李克建：《谈谈五服制、道和左郡、左县的历史作用及意义》，载《西南民族学院学报》1982 年增刊。
③ 胡兴东：《生存范式：理性与传统——元明清时期南方民族法律变迁研究》，中国社会科学出版社 2005 年版。
④ "五服制"在中国古代有两种不同的制度：一是本章所讲的社会政治制度安排中解决不同区域与民族群体的政治制度；二是西周时期形成的表示亲属关系的丧葬礼制。

任国，【集解】孔安国曰："任王事者。"三百里诸侯。【集解】孔安国曰："三百里同为王者斥候，故合三为一名。"侯服外五百里绥服：【集解】孔安国曰："绥，安也。服王者政教。"三百里揆文教，【集解】孔安国曰："揆，度也。度王者文教而行之，三百里皆同。"二百里奋武卫。【集解】孔安国曰："文教之外二百里奋武卫，天子所以安。"绥服外五百里要服：【集解】孔安国曰："要束以文教也。"三百里夷，【集解】孔安国曰："守平常之教，事王者而已。"二百里蔡。【集解】马融曰："蔡，法也。受王者刑法而已。"要服外五百里荒服：【集解】马融曰："政教荒忽，因其故俗而治之。"三百里蛮，【集解】马融曰："蛮，慢也。礼简怠慢，来不距，去不禁。"二百里流。【集解】马融曰："流行无城郭常居。"①

从这里记载与注释的五服制中可以看出，五服制对华夏文化区周边民族采用的分类标准是"文化分类"体系。根据不同民族群体与核心区的文化的相似度进行不同区域的划分，进而根据"文化"的差异性采用不同的法律制度设置。在这种制度下不同区域的文化形态的"民族群体"对"天子"有不同法律义务，同时"天子"对他们在法律适用、制度设置安排上采用不同措施。其中，"要服"与"荒服"可谓本书所讲的民族群体。这里对"夷"和"蛮"的解释上具有很强的政治制度设置上的安排。"夷"是"守平常之教，事王者而已"；"蛮"是"蛮，慢也。礼简怠慢，来不距，去不禁"。对两类文化区的民族群体，基本政治目标是认可中原王朝的中心地位，对其社会内部治理不进行深入干预。在制度设置上，"要服"与"荒服"治理上采用的是"要束以文教也"，"荒，政教荒忽，因其故俗而治之"。公开认可两类地区民族群体社会制度在其民族群体内治理的有效性。考察中国古代对少数民族治理措施史，历代中央政府都没有摆脱这些原则。

中国古代民族社会治理上形成五服制原则与体系的原因与中国古代特有的社会政治观有关系。中国自黄帝以来，慢慢形成了华夏文化的文化圈体系。在这种华夏文化圈体系下形成了一种自成体系的"中原—华夏文化观"，即中央政府与其他周边民族特有社会结构体系。在这种体系下具体由两个原则组成，第一原则是天下皆"我"的大一统观，体现了"溥天之下，莫非王土；率土之滨，莫非王臣"的政治思想。这种思想让中国古代政治

① 《史记》卷二，"夏本纪"，中华书局2005年版。

哲学中形成了一种对任何民族群体只要向中原王朝"臣服"都成为臣民或说被接纳为华夏群体的一种可变与开放性社会结构。第二原则是大一统下一直存在着根据周边民族与华夏文化核心区差异程度和政治影响度区分与它们社会政治制度上的原则——"五服制"。五服制是中国古代处理华夏核心区与周边不同民族群体的政治、法律、文化制度的准则，是中央政府与周边民族关系上的原则。中国古代社会是在第一原则下来划分五服制，第一原则是本质性的，它让历朝统治者把周边各民族群体当成自己的"臣民"来治理。纵观中国古代历史，在近代西方"主权民族国家"思想传入以前，都受这两个原则支配。两个原则构成了一个体系，一个软性的对外政治、文化和法律制度体系。在法律制度上，中央政府对周边民族采用对待"要服"与"荒服"的原则来治理。在实践中表现为一方面是要求这些民族服从、认可中央王朝的地位，另一方面又对这些民族群体采取以"其故俗而治之"。不愿太多干预其内部社会结构。在具体政策上，表现在对这些民族群体，中央政府在有条件和能力的前提下，积极把它们纳入"王化"之中。同时，对那些"不遵王事者"，也不会进行太多干预，只要它们的行为不威胁到整个核心文化区的安全。

二　先秦时期的民族治理措施

从不同文献看，中国民族法制建设始于夏朝，特别是大禹时期。这个时期大禹不仅创立了九州贡税制度、五服制，还在具体的法律制度上有特别设置。《尚书·舜典》中记载大禹任命皋陶为大理即大法官时，有"蛮夷滑夏，寇贼奸宄，汝作士，五刑有服"。① 对此，《史记·五帝纪》中对"怙终贼刑"的解释有较特殊的说明。《集解》中郑玄解释是"怙其奸邪，终身以为残贼，则用刑之"。② 认为"五刑"适用的对象是蛮夷和怙恶者，即五刑是针对周边少数民族与治理下的"怙恶者"。这个时期，具体的个案就是禹处罚四凶，即共工、鲧、驩兜和三苗。从四者看，前三个是个体，"三苗"是民族群体。对此，《史记》记载：

> 驩兜进言共工，尧曰不可而试之工师，共工果淫辟。四岳举鲧治鸿水，尧以为不可，岳强请试之，试之而无功，故百姓不便。三苗在江

---

① 《尚书正义》卷三，"舜典"，北京大学出版社1999年版，第75页。
② 《史记》卷一，"五帝纪"，中华书局2005年版。

淮、荆州数为乱。于是舜归而言于帝，请流共工于幽陵，以变北狄；放
驩兜于崇山，以变南蛮；迁三苗于三危，以变西戎；殛鲧于羽山，以变
东夷。四罪而天下咸服。①

这里涉及对三苗采用了迁徙处罚。同时，对四者处罚的目的是对周边民族群
体进行改造。

春秋时期晋国与北方民族相邻，在《晋戎索》中记载有"以晋地近戎
而寒，疆理土地，不能适用国家定法，故许治以戎法"。② 这是古代历史史
料中较早明确记载对少数民族群体国家公开承认不适用国家法律，而适用少
数民族法律的记载。这里区分了晋国法律与"戎法"，强调两者在法律适用
上的区别。这开创了中国历史上"一国两种法律"的先河。

这个时期在少数民族法制建设上形成了较为具体的法制原则，究其原因
是随着社会治理理论的发展，对不同地区、民族的社会风俗制度有了认识。
对此，《礼制·王制》中有全面的论述，即：

> 凡居民材，必因天地寒暖燥湿，广谷大川异制，民生其间者异谷，
> 刚柔轻重，迟速异齐，五味异和，器械异制，衣服异宜。修其教不易其
> 俗，齐其政不易其宜。中国戎夷，五方之民，皆有性也，不可推移。东
> 方曰夷，被发文身，有不火食者矣。南方曰蛮，雕题交趾，有不火食者
> 矣。西方曰戎，被发衣皮，有不粒食者矣。北方曰狄，衣羽毛穴居，有
> 不粒食者矣。中国、夷、蛮、戎、狄皆有安居，和味，宜服，利用，备
> 器，五方之民，言语不通，嗜欲不同，达其志，通其欲。③

在以上理论基础上，形成了中国古代民族法制中最有影响的原则——
"修其教不易其俗，齐其政不易其宜"的原则。这一原则与五服制相比，更
为具体，对少数民族治理更为有效。当然，这也可以看作是对五服制则的具
体化。

---

① 《史记》卷一，"五帝本纪"，中华书局 2005 年版。
② 《春秋左传正义》卷五十四，"定公四年"，北京大学出版社 1999 年版，第 1550 页。
③ 《礼仪》卷三，"王制"，载《四书五经》（下卷），北京古籍出版社 1995 年版。

第二节　秦朝民族法制

秦汉时期民族立法上的成就是秦朝的《属邦律》和汉朝的《蛮夷律》的出现。两种法律在性质上具有很高的沿袭性，且为出土法律史料所证明，前者在《云梦竹简》中，后者在《张家山二年竹简》中。通过对两个法律史料进行研究，从而推出秦汉时期中央政府在边疆民族治理上开始有专门立法，并对残存的每件法律条文进行分析，揭示当时的整体立法。有学者指出，秦朝是中国古代第一个专门制定适用于少数民族专门法律的王朝。① 通过对秦汉时期出土的两个法律分析，加上一些史料互证，整体上反映出秦汉时期边疆民族立法上体现出中央对少数民族法律传统的承认与管辖同时存在。秦汉时期中央政府在民族法制建设上的另一个成就是设立民族特别行政区，对边疆少数民族治理采用特别行政制度设置。秦朝主要是"道"、属国、属邦，汉朝是边郡、属国和"道"。其中"道"是设在少数民族集中的行政区，级别与"县"相同。学术界对秦汉时"道"的研究主要集中在是否存在、"道"与县的关系、"道"与属国、属邦的关系上。② 从某个角度看，这是秦汉时期中央对周边民族治理上的制度设置问题。

一　秦朝民族治理机构

秦朝是中国历史上第一个建立统一政权的封建王朝。秦王朝在发展中面临与周边很多少数民族打交道的问题，导致在民族法制上较有成就。因为秦朝面临处理好中心区与西北和西南诸少数民族群体关系的现实问题。秦朝的民族法制从立法到司法层次上都更为具体，更加有效。

秦朝为了加强对各民族的治理与交往，中央设立了典客对周边少数民族进行专门管理。秦朝"典客"的职能是"掌诸侯及四方归义蛮夷"。对此，"本注"上有"承秦有典属国，别主四方夷狄朝贡侍子"。③ "典属国"在秦

---

① 曾代伟、王平原：《〈蛮夷律〉考略——从一桩疑案说起》，载《民族研究》2004 年第 3 期；陈庆元：《秦汉时期民族关系的法律调整——以〈属邦律〉和〈蛮夷律〉为中心》，载《曲靖师范学院学报》2007 年第 4 期；赵英：《从〈云梦秦简〉看秦国的民族立法》，载《内蒙古社会科学》（汉文版）2007 年第 4 期。

② 刘志玲：《秦汉道制问题新探》，载《求索》2005 年第 12 期；杨建：《略论秦汉道制的演变》，载《中国历史地理论丛》2001 年第 4 期；安梅梅：《近年来秦汉道制研究概述》，载《青海民族大学学报》2011 年第 4 期。

③ 《后汉书》，"百官志二"，中华书局 1965 年版。

朝是属邦，汉朝因避刘邦的讳改为"属国"，进而改为"典属国"。这种设立专门的中央机构处理少数民族事务成为中国后来历朝的先河，如元朝的宣政院、清朝的理藩院等。

秦朝除在中央设立专门机构管理少数民族事务外，还在地方设立属邦、道等作为少数民族地区的特别行政区。属邦是秦朝对那些有独立的政权组织、在政治上纳入秦王朝治理下的各少数民族群体政权与区域的称谓。

"道"是秦朝设在少数民族地区的特别县级行政组织。"道"在秦朝作为少数民族聚居地区的县级行政称谓，被《云梦竹简》所证实，在"属邦"条中有"道官相输隶臣妾"的记载。《汉书·百官公卿表》记载"县有蛮夷曰道"；《汉旧仪》记载"内郡为县，三边为道"。《秦集史·郡县志》考出秦时设过七道，分别是：北地郡的除道；陇西郡的狄道、故道、板道；蜀郡的严道、整道、渝氏道。

从记载看，属邦与道两级民族地区的行政组织大体相当于秦朝时期的郡与县。

二　秦朝民族立法

秦朝在民族法制建设上，重大成就之一是进行专门立法，至少可以确定秦朝时期制定了专门调整与周边少数民族关系的法律是《属邦律》。《属邦律》现在无法看到完整的文本。但《睡虎地云梦竹简》中有明确记载"属邦"的条文一条，此外，"法律答问"中有五条涉及少数民族的法律适用问题。

《云梦竹简·属邦》中的条文是"道官相输隶臣妾、收人，必署其已禀年日月，受衣未受，有妻毋（无）有。受者以律续食衣之"。[①] 此条内容涉及"道官"对迁徙到道的劳役犯的管理。这与秦朝时期常把中央区犯罪的人犯迁徙到边疆民族地区实边是一致的。

《法律答问》中有五条涉及少数民族法律问题，具体是：

> 第一条，擅杀、刑、亏其后子，谳之。何谓后子，官其男为爵后，及臣邦君长所置为后太子，皆为"后子"。[②]

---

① 睡虎地秦墓竹简整理小组：《睡虎地秦墓竹简》，文物出版社 1990 年版，第 110 页。
② 同上书，第 182 页。

这一条涉及对"后子"的解释，其中提到"臣邦君长"的继承人，即"君太子"属于"后子"。可以看出，秦朝对那些拥有自己政权、国君的少数民族群体，基本上是承认其内在的政治制度，让他们的"国君"之位可以世袭传承。

　　　第二条，邦客与主人斗，以兵刃、投梃、拳指伤人，抵以布，何谓抵？抵布入公，如赀布，入赀钱如律。①

此条涉及少数民族与秦国人之间斗殴，特别是用武器斗殴的处罚。这里采用特别对待，即采用罚布。从此条内容中可以看出，秦朝对少数民族的处罚上采用变通处罚，因为秦朝对斗殴处罚很重，多罚劳役刑。此处采用的是处罚罚金，而且在罚金上采用罚布而不是钱。因为少数民族地区常以布为处罚的对象，而不是钱。

　　　第三条，臣邦真戎君长，爵当上造以上，有罪当赎者，其为群盗，令赎鬼薪鋈足；其有府（腐）罪，［赎］宫。其他罪比群盗者亦如之。②

此条主张对"臣邦真戎君长"犯罪应采用赎刑，特别是属于"群盗罪"时的特别处罚。此外，"臣邦真戎君长"指的是臣属于秦朝的少数民族"真正"首领。这里对少数民族首领犯群盗罪也可以采用赎刑。

　　　第四条，真臣邦君公有罪，致耐罪以上，令赎。何谓"真"？臣邦父母产子及产他邦而是谓"真"，何谓"夏子"，臣邦父，秦母谓殹（也）。③

第三、四条规定少数民族首领犯罪处罚上采用赎罚，即不采用秦朝法律体系中的处罚，而是变通处罚。这里还解释了"真"与"夏子"的法律含义。从法律角度看，就是确定少数民族身份与"夏人"身份的法律认定，具体是采用父母都是少数民族的属于少数民族，父母中只要一方为"夏

---

① 睡虎地秦墓竹简整理小组：《睡虎地秦墓竹简》，文物出版社1990年版，第189页。
② 同上书，第200页。
③ 同上书，第227页。

人"，就是"夏人"。因为解释中说母亲为"秦人"，子女就是"夏人"；相反，父亲为秦人，母亲为臣邦人，那子女自然属于秦人。

> 第五条，臣邦人不安其主长而欲去夏者，勿许。何谓夏？欲去秦属是谓夏。①

此条规定少数民族要改变自己的身份，成为"夏人"，即"汉人"是不允许的。这说明秦朝对少数民族身份的确定较为严格。当然，此种规定是为了保护少数民族首领的利益。

秦朝对少数民族进行特别立法应在统一六国前就开始。史书记载在秦惠王与秦昭王时期就对西南少数民族进行了特别立法。

《后汉书·南蛮西南夷列传》中有：

> 巴郡南郡蛮……秦惠王并巴中，以巴氏以蛮夷君长，世尚秦女，其民爵比不更，有罪得以爵除。其君长岁出赋二千一十六钱，三岁一出义赋千八百钱。其民户出幏布八丈二尺，鸡羽三十镞。汉兴，南郡太守靳强请一依秦时故事。②

秦昭王时记载有：

> 板楯蛮夷者，秦昭襄王时，有一白虎，常从群虎数游秦、蜀、巴、汉之境，伤害千余人。昭王乃重募国中有能杀虎者，赏邑万家，金百镒。时，有巴郡阆中夷人，能作白竹之弩，乃登楼射杀白虎。昭王嘉之，而以其夷人，不欲加封，乃刻石盟要，复夷人顷田不租，十妻不算，伤人者论，杀人者得以倓钱赎死。盟曰："秦犯夷，输黄龙一双；夷犯秦，输清酒一钟。"夷人安之。③

从上面的史料可以看出，秦国对少数民族在处罚上采用变通，赋役上特别对待。"苍梧，秦昭王使白起伐楚，略取蛮夷，始置黔中郡……岁令大人

---

① 睡虎地秦墓竹简整理小组：《睡虎地秦墓竹简》，文物出版社 1990 年版，第 226 页。
② 《后汉书》卷八十六，"南蛮西南夷列传"，中华书局 1965 年版。
③ 同上。

输布一匹，小口二丈，是谓賨（音聪）布。"① 当然，对少数民族严重犯罪是进行适当的司法管辖的，因为有"昭襄王与巴夷盟伤者论，杀人顾死倓钱"的记载。这里明确指出对伤人与杀人是要管辖的，只是在处罚上采用变通。

上面史料说明，秦朝在少数民族的法律适用上虽然在罪名上适用统一罪名，但在刑罚上往往采用变通执行，即采用赎刑。在赎刑时变通采用少数民族地区流行的财物，而不是严格执行秦国的货币。这种专门立法与法律适用中的变通原则成为后来中国古代民族法制建设中的基本内容。②

第三节　汉朝民族法制

一　汉朝民族治理机构

汉朝在民族治理上沿袭秦朝的制度，很多内容都与秦朝相同，只是得到了更为明确的发展。其中，中央设立了专门机构，地方设立边郡县制。

（一）中央机构

汉朝改秦的典客为大鸿胪，作为中央专门管理民族事务的机构，到汉成帝时曾省并了大鸿胪。《后汉书·百官制》记载："大鸿胪，卿一人，中二千石。"在职能解释上有"掌诸侯及四方归义蛮夷"。此外，解释中说明其来源和变迁，"承秦有典属国，别主四方夷狄朝贡侍子，成帝时省并大鸿胪。中兴省驿官、别火二令、丞，及郡邸长、丞，但令郎治郡邸"。③ 这里说明了来源与变迁，变化最大的是汉成帝与光武帝刘秀时期。

（二）地方民族行政机构

汉朝在地方民族行政机构设置上，一般称为边郡县制度，具体看，有边郡县制与属国都尉两种。边郡县制主要设在西南及南方民族地区，如南方民族地区设有南海、苍梧、郁林、合浦、交阯、九真、日南、珠厓、儋耳郡；西南民族地区设有武都、牂柯、越巂、沈黎、文山、益州和永昌等郡。其中益州郡是以滇国为中心设立。"滇王始首善，以故弗诛。滇王离西夷，滇举

---

①　《后汉书》卷八十六，"南蛮西南夷列传"，中华书局1965年版。

②　《后汉书》，"百官志二"，中华书局1965年版。

③　胡兴东、朱艳红：《中国历史上少数民族刑事案件法律适用问题研究》，载《云南民族大学学报》2009年第3期。

国降，请置吏入朝，于是以为益州郡，赐滇王王印，复长其民。西南夷君长以百数，独夜郎、滇受王印。滇，小邑也，最宠焉。"①

汉朝在少数民族地区还设立大量的少数民族县——道。道在汉朝时的品级，《张家山汉简·秩律》中有提到"道"的有六百石和五百石两种"辨道、武都道、予道、氐道、薄道……獂道……除道、雕阴道、青衣道、严道……秩各六百石"；"阴平道、蜀（甸）氐道、县（縣）递道，渝氐道长，秩各五百石"。② 从地理位置看，前者是西北地区少数民族中设的道，后者是西南少数民族地区设的道。"道"在汉朝时期设置较多，可以分为西汉与东汉。西汉设置道最多，有32个，分别是：零陵郡的冷道、营道；广汉郡的甸氐道、刚氐道、阳平道；蜀郡：严道、渝氐道、议江道、绵虎道、青衣道；键为郡的焚道；越禽郡的灵关道；武都郡的故道、平乐道、嘉陵道、循成道和下辨道；陇西郡的狄道、氐道、予道、羌道；天水郡的戎邑道、绵诸道、略阳道、抓道；安定郡的月氏道；北地郡的除道、略畔道、义渠道；上郡的雕阴道；长沙国的连道。东汉时期有21道，分别是南郡的夷道；零陵郡的营道、冷道；长沙郡的连道；蜀郡的渝氐道、坟江道、绵唬道；键为郡的烫道；越巂郡的灵关道；广汉属国的阴平道、甸氐道、刚氏道；蜀郡属国的严道、青衣道；陇西郡的狄道、氐道；汉阳郡的抓道、陇道；武都郡的武都道、故道、羌道。③

属国都尉、校尉多设在西北与北方地区，是一种军事与民政合一的特别社会组织。"置属国都尉，主蛮夷降者……省关都尉，唯边郡往往置都尉及属国都尉，稍有分县，治民比郡。安帝以羌犯法，三辅有陵园之守，乃复置右扶风都尉，京兆虎牙都尉。皆置诸曹掾史。"④ 汉朝时设过匈奴中郎将、护乌桓校尉和护羌校尉，分别治理归附的匈奴、乌桓和西羌等少数民族。

秦汉时期，在周边少数民族地区设立的行政机构有郡县制、郡道制、都护制和藩属制四种，对少数民族首领一般分为三类：王、单于、君长为第一等；侯为第二等；邑君、邑长、邑侯为第三等。在一个县、一个道的范围内，有较大影响的民族、部族、部落联盟、部落的首领，可以得到第三等封号。郡、都护与藩属可以封前二等。

① 《汉书》卷九十五，"西南夷两粤朝鲜传列传"，中华书局2005年版。
② 《张家山汉墓竹简》，文物出版社2006年版，第74、79页。
③ 罗开玉：《论秦汉道制》，载《民族研究》1987年第5期。
④ 《后汉书》，"百官志五"，中华书局1965年版。

二　汉朝民族立法

汉朝时期对少数民族的立法是《蛮夷律》，此法律内容在出土的《奏谳书》中有明确记载。

十一年八月甲申朔己丑，夷道介、丞嘉敢谳之。六月戊子发弩九诣男子毋忧，告为都尉屯，已受致书，行未到，去亡。·毋忧曰："蛮夷大男子岁出五十六钱以当徭赋，不当为屯，尉遣毋忧为屯，行未到，去亡，它如九·窠曰：南郡尉发屯有令，蛮夷律不曰勿令为屯，即遣之，不知亡故，它如毋忧。·诘毋忧：律蛮夷男子岁出钱，以当徭赋，非曰勿令为屯也，及虽不当为屯，已遣，毋忧即屯卒，已去亡，何解？毋忧曰：有君长，岁出钱，以当徭赋，即复也，存吏，毋解。·问，如辞。·鞠之：毋忧蛮夷大男子，岁出钱，以当徭赋，遣为屯，去亡，得，皆审。·疑毋忧罪，它县论，敢谳之，谒报。署狱史曹发。·吏当：毋忧当腰斩，或曰不当论。·廷报：当腰斩。[①]

汉高祖十一年（前196年）六月四日，发弩（专司射弩的士兵）九将成年男子毋忧送夷道官处治罪，原因是毋忧被征召为屯戍守卒，已接受征调文书，未到屯所，中途逃亡。毋忧辩称自己是由蛮夷君长管辖的蛮夷，每年交纳"賨钱"56钱以当徭赋，不应当征调为屯兵。但审理官员却认为：《蛮夷律》并没有规定蛮夷成年男子不可征调为屯兵；且即使不当为屯兵，官府已下令征调，毋忧即为屯卒，逃亡即有罪。尽管此案于当年八月六日由夷道官以疑案奏谳，但朝廷最终仍裁定毋忧腰斩。此案所见被告为"蛮夷大男子"，属特殊人群，可适用《蛮夷律》，即"蛮夷大男子岁出五十六钱以当徭赋，不当为屯"之类，故吏当时也认为"不当论"。但亦可适用有关屯戍军兴的法律，按此法律，吏结论为"毋忧当腰斩"。两种法律显然相抵触。此时，司法当局以官方已派遣毋忧屯戍，毋忧却无故逃亡为理由而适用后一法律，作为临阵脱逃罪，判毋忧"当腰斩"。此案中明确提到汉朝制定了专门适用于少数民族的《蛮夷律》，从内容看，主要涉及对少数民族的法律适用和赋税等义务的特别规定。

汉朝史料中有记载，对少数民族法律适用时采用特别对待，如"蛮夷

---

① 《张家山汉墓竹简》，文物出版社2006年版，第91页。

卒有鬃（系）"和"蛮夷长有罪当殊之"。《说文》解释是"殊，死也"。段玉裁认为"按殊之者，绝之也，所谓别异蛮夷"，裴骃解释为"殊，是殊死，即处死"。此外他引《玉篇》中《苍颉》，"殊，异也。殊之者，不纯以法律治之，使异于中国也"。① 说明法律适用上，对少数民族可以采用特别对待，变通执行。

从汉朝的法律看，当时国家对少数民族案件审理时的翻译进行了立法规范，规定若在翻译中虚假或错误翻译要承担法律责任。"译讯人为诈伪，以出入罪人，死罪，黥为城旦春；他各以其所以出入罪反罪之。"②

汉朝时期一些少数民族地区的郡守会制定相应的法律，改变与调整当地少数民族的风俗习惯。卫飒建武二年（公元 26 年）出任桂阳太守时，因该郡与交州接壤，"颇染其俗，不知礼则。飒下车，修庠序之教，设婚姻之礼。期年间，邦俗从化"。这里卫飒就进行设立婚姻礼制、改变当地少数民族的社会风俗习惯。③ 任延出任九真太守时有"骆越之民无嫁娶礼法，各因淫好，无适对匹，不识父子之性，夫妇之道。延乃移书属县，各使男年二十至五十，女年十五至四十，皆以年齿相配。其贫无礼娉，令长吏以下各省奉禄以赈助之。同时相娶者二千余人……其产子者，始知种姓。咸曰：'使我有是子者，任君也。'"④

第四节　先秦时期的民族法律适用

中国古代对少数民族首领进行刑事管辖应是很早，在一定程度上应开始于黄帝时期，黄帝对蚩尤的征伐及处罚就是最早的案例。夏商周时期虽然史料记载很少，但国家对那些不服中央征调的少数民族首领往往采用征伐是可以肯定的。这在一定程度上就是"大刑用甲兵"之义。秦朝在这方面应是有较为完整立法和司法的时期。秦朝制定了《属邦律》调整少数民族首领与中央的关系，虽然法律中规定少数民族首领犯罪时可以得到相应的变通处罚，但说明国家对此进行了司法管辖。如"臣邦真戎君长，爵当上造以上，有罪当赎者，其为群盗，令赎鬼薪鋈足；其有府（腐）罪，［赎］宫。其他

---

① 段玉裁：《说文解字注》卷四，"歹部·殊"，上海古籍出版社 1988 年版。
② 《张家山汉墓竹简》，文物出版社 2006 年版，第 91 页。
③ 《后汉书》卷七十六，"循吏列传"，中华书局 1965 年版。
④ 同上。

罪比群盗者亦如之"。① 这里证明秦朝对少数民族首领犯严重扰乱社会秩序的犯罪进行司法管辖，仅是处罚上采用变通。因为"群盗"在秦朝刑法中特指五人以上"盗"的行为，就是严重的破坏社会秩序的行为，在处罚上加重处罚。

秦汉时期虽然对少数民族首领多有优待，如多给王的头衔，如有夜郎王、滇王等，但若犯严重破坏政治社会秩序时国家就会进行司法管辖。《汉书·西南夷传》记载汉成帝河平年间夜郎王兴与钩町王禹、漏卧候俞举兵相攻杀，严重扰乱国家对该地区的政治统治。为此，朝廷派使臣调解，他们不听，并且"刻木象汉吏，立道旁射之"。对这种"轻易汉使，不惮国威"的行为，朝廷是不能容忍的，"谕告夜郎王兴，兴不从命，立请诛之"，"立数责，因断头"，"以兴头示之"。② 从此案可以看出，对少数民族首领擅自斗杀严重破坏国家政治统治的行为，国家是进行司法管辖的。

《后汉书·南蛮传》中记载秦惠王时"以巴氏为蛮夷君长，世尚秦女，其民爵比不更，有罪得以爵除……汉兴，南郡太守靳强请一依秦时故事"。这里说明此法律不仅在秦时适用，在东汉时仍然在适用。同传中还记载秦昭王时有"乃刻石盟要，复夷人顷田不租，十妻不算，伤人者论，杀人者得以倓钱赎死。盟曰：'秦犯夷，输黄龙一双；夷犯秦，输清酒一钟'，夷人安之"。③ 即夷人杀人者，可以用钱赎罪，这就是特别刑罚。此外，在《法律答问》中规定"臣邦真戎君长"，犯罪处罚上采用赎刑，而不是具体执行。说明秦朝时中央就通过立法规定民族地区首领犯罪时适用特别刑罚。

第五节　秦汉时期周边民族的法制

秦汉时期周边民族政权上，最强大的当属匈奴，同时匈奴法制度也是最为完善的。东北地区有乌桓、夫余和高句骊等国，西南地区有夜郎国、滇国等，但这些少数民族政权由于史料缺乏，对他们的法律制度难以进行全面考察。

一　匈奴法制

匈奴在行政组织上有自成体系的社会组织，君主称为大单于。大单于之

---

① 睡虎地秦墓竹简整理小组：《睡虎地秦墓竹简》，文物出版社 1990 版，第 200 页。
② 《汉书》卷九十五，"西南夷列传"，中华书局 2005 年版。
③ 《后汉书》卷八十六，"南蛮西南夷列传"，中华书局 1965 年版。

下设有左右贤王、左右谷蠡王、左右大将、左右大都尉、左右大当户和左右骨都侯。当然，在大单于下设左屠耆王，因为匈奴人称"贤"者为"屠耆"，于是常以太子为左屠耆王。其他的由左右贤王以下至当户，大的统兵万骑，小的统兵数千，共有24长，号称"万骑"。匈奴官位采用世袭制，主要由呼衍氏、兰氏和须卜氏中选任。三姓被称为贵族。24个万夫长下各自置千长、百长、什长、裨小王、相封、都尉、当户和且渠等官员。从记载看，匈奴政权已经形成了完整的官僚体系。

匈奴大单于姓挛鞮氏，称为"撑犁孤涂单于"。匈奴语中"天"称为"撑犁"，"子"是"孤涂"，"单"是"广大之貌"的意思，即是天之骄子之意。在匈奴官制上以左右贤王、左右谷蠡王权位最高，左右骨都侯是辅政。

匈奴刑法上，罪名有弑君罪、欺君罪、谋乱罪、擅立与分立罪、作战不力罪、违背盟誓罪、杀人越货罪、械斗罪、侵夺山林草场罪和盗窃罪等。刑罚有杀、轧、囚和没等。史料记载"拔刃尺者死，坐盗者没入其家；有罪小者轧，大者死。狱久者不过十日，一国之囚不过数人"。从这里看，匈奴刑法上对偷盗、拔刀伤人处罚很重，很少采用监禁。偷盗行为采取处死和偿还原物。《南匈奴列传》记载有"窃盗者，相报，行其诛，偿其物"。婚姻法上采用收继婚，即"父死，妻其后母；兄弟死，尽取其妻妻之"。姓名上有名无姓氏，即"有名不讳，而无姓字"。

匈奴国在诉讼上，设有专门的官员。从记载看，由呼衍氏世袭司法权。《后汉书·南匈奴列传》中记载"呼衍氏为左，兰氏、须卜氏为右，主断狱听讼，当决轻重，口白单于"。此记载说明匈奴国中司法权由世袭姓氏控制。匈奴国最高司法权由大单于拥有，形式上看，所有案件都得口头向大单于汇报核准后判决才生效。对大单于的司法权，从《匈奴传》记载个案中可以看出。"壶衍鞮是单于既立，风谓汉使者，言欲和亲。左贤王、右谷蠡王以不得立怨望，率其众欲南归汉。恐不能自致，即胁卢屠王，欲与西降乌孙，谋击匈奴。卢屠王告之，单于使人验问，右谷蠡王不服，反以其罪罪卢屠王，国人皆冤之。"① 这里记载在反叛案，审理上由大单于派人审判。《匈奴传》还记载西方呼揭王来和唯犁当户密谋，告发右贤王欲自立为乌藉单于。"屠耆单于杀右贤王父子，后知其冤，复杀唯犁当户。"② 这个案件单于

---

① 《汉书》卷九十四，"匈奴传"，中华书局2005年版。

② 同上。

亲自验问、调查。

二　西羌法制

秦汉时期西羌是三苗后裔，属于游牧民族。史书记载西羌的生产生活方式是"所居无常，依随水草。地少五谷，以产牧为业"。社会没有形成强有力的公共权力组织，以部族长为首领，社会结构呈现出"不立君臣，无相长一，强则分种为酋豪，弱则为人附落，更相抄暴，以力为雄"的状态。氏族的名称同时是父名母姓，说明他们的社会具有父系与母系社会的混合特征。"其俗氏族无定，或以父名母姓为种号"。婚姻上，同族不婚，但经过十二世，可以结婚。"十二世后，相与婚姻"。婚姻形式上存在收继婚。"父没则妻后母，兄亡则纳釐嫂"。刑法上，杀人处死，其他多采用赔偿。"杀人偿死，无他禁令"。①

三　西南诸夷法制

从《史记·西南夷传》记载看，秦至汉朝初期对西南诸民族的社会内部结构了解较少，对西南少数民族内在法律制度没有实质性记载。西南少数民族多采用君族长制，有些已经出现国家组织，有些还处在部落社会，没有形成复杂的社会组织形式。《史记·西南夷传》记载：

> 西南夷君长以什数，夜郎最大；其西靡莫之属以什数，滇最大；自滇以北君长以什数，邛都最大：此皆魋结，耕田，有邑聚。其外西自同师以东，北至楪榆，名为巂、昆明，皆编发，随畜迁徙，毋常处，毋君长，地方可数千里。自巂以东北，君长以什数，徙、筰都最大；自筰以东北，君长以什数，冉駹最大。其俗或士箸，或移徙，在蜀之西。自冉駹以东北，君长以什数，白马最大，皆氐类也。此皆巴蜀西南外蛮夷也。②

按此记载，西南少数民族地区民族群体已经出现君王的主要有夜郎、滇国、邛都、徙、筰、冉駹和白马等。其中夜郎和滇国史料记载已经出现明确的国家性质的政权组织。对此，汉朝在西南夷地区对归附的各民族君长授封

---

① 参见《后汉书》卷八十七，"西羌传"，中华书局 1965 年版。
② 《史记》卷一百一十六，"西南夷传"，中华书局 2005 年版。

中可以看出。"西南夷君长以百数，独夜郎、滇受王印。滇小邑，最宠焉。"① 夜郎国的法律情况将在后面彝族章中讨论，这里重点讨论滇国的法制情况。滇国的法制情况主要通过考古材料可以窥见一斑。

滇国在汉文献史料中记载的时间约有 200 年，具体是楚威王遣庄蹻入滇（前 339 年或前 329 年），到汉武帝时在滇国基础上设立益州郡止（前 109 年）。从考古发掘看，滇国遗址分布范围在云南省昆明市呈贡的天子庙、晋宁石寨山、江川李家山、安宁太极山、曲靖珠街八塔台、昆明大团山、呈贡龙街石碑村、羊甫头、楚雄万家坝。滇国辖区大约是现在云南省昆明市和东川市全部，曲靖和玉溪地区大部，红河州、楚雄州和文山州的一部分地区。中心区在昆明附近的滇池和玉溪三湖地区之间的狭长地带。现在出土了大量滇国时期的文物，如滇王金印、滇王玉衣、铜鼓、牛虎铜案、杀人祭祀铜贮贝器、战争场面铜贮贝器、上仓与播种图像铜贮贝器、双人舞盘扣饰、鎏金骑士铜贮贝器、龙纹编钟、银错金带扣、猎首纹铜剑、彩色玛瑙扣饰、圆形猴边扣饰、鱼尾斧、猴首人身剑、孔雀纹斧、三牛凿、狐狸斧、狼牙棒、叉形器、吊人铜矛、吊人铁矛和"葫芦笙"等。

滇国社会群体结构从出土文物看，可以分为三个阶层，上层是滇王、男女贵族、巫师、战士；中层是滇族平民，主要是农业、畜牧业和手工业者；下层是奴隶，主要是战争俘虏，用作祭祀时的牺牲和从事苦役。

滇国的刑法可以分为生命刑、肉刑、耻辱刑和训诫。生命刑有斩首、喂蛇、牛践踏等。肉刑，如出土文物图像中有赤身反缚双手下跪、左足戴枷坐地、赤身伏卧于两段木板之中、双足双手被缚，被人牵曳、枷戴颈上，赤身手一前一后锁于枷上、双手缚于高处吊打；耻辱刑有受刑者被脱光衣服，赤身于大庭广众之下，以示羞辱。从出土文物图像看，刑具有腰刀，长剑，食人的蛇，践踏人的牛，缚人立于上的木牌，缚人卧于上、用于牵曳的木板，捆人的绳索和施用于受刑者的桎梏、木枷等。从图像看，滇国的刑具木枷与中原内地存在不同，它除锁住奴隶的颈部外，将奴隶的手一前一后锁在枷上，或是将犯人的两手锁于身前或身后。还有独有的刑罚——"反缚桎足"，在石寨山出土文物 1 号和 12 号，有人"被"发，裸体，双手反缚于木牌上，头发缚于其上，双足也缚于其上，画面上确有人只"械一足"，但械足者与反缚者并非一人。②

---

① 《史记》卷一百一十六，"西南夷传"，中华书局 2005 年版。
② 参见方慧《云南法制史》，中国社会科学出版社 2005 年版，第 18—19 页。

四　东北诸民族法制

秦汉时期东北地区有乌桓、夫余、高句骊和濊及沃沮等民族和政权，但史料对他们的法制记载较为简略，难以窥见当时东北诸民族全面的法制情况。

（一）乌桓法制

乌桓属于东胡民族。汉朝初期，匈奴冒顿灭其国，被迫退居乌桓山，因以此为国号，属于游牧民族。"俗善骑射，弋猎禽兽为事。随水草放牧，居无常处。"社会结构中部落长老是社会中的管理者，具有很高的权威，但各部族首领相互独立，没有形成高于各部的公共权力组织。"大人有所召呼，时刻木为信，虽无文字，而部众不敢违犯。氏姓无常，以大人健者名字为姓。大人以下，各自畜牧营产，不相徭役。"

部族首领是公推那些勇敢、能解决部落事务的人。"有勇健能理决斗讼者，推为大人，无世业相继。"

社会中母系氏族特征明显，母亲家族势力成为社会中的重要力量，出现社会中敢杀父亲不敢杀母亲的社会习惯。"怒则杀父兄，而终不害其母，以母有族类，父兄无相仇报敌也。"妇女在社会生活中占有重要地位。"计谋从用妇人，唯斗战之事乃自决之。"

婚姻采用男女自愿，婚姻不落夫家，丈夫先到妻子处劳役一二年，才能回家。"其嫁娶则先略女通情，或半岁百日，然后送牛马羊畜，以为娉币。婿随妻还家，妻家无尊卑，旦旦拜之，而不拜其父母。为妻家仆役，一二年间，妻家乃厚遣送女，居处财物一皆为办。"婚姻中存在收继婚，"其俗妻后母，报寡嫂，死则归其故夫"。父子男女相处时相对踞蹲。

法律上，对违反部落首领的处死，相互掠杀通常采用部落复仇，在和解时采用罚牛马羊，杀自家兄长父亲的无罪，背叛部落的流放沙漠。"其约法：违大人言者，罪至死；若相贼杀者，令部落相报，不止，诣大人告之，听出马牛羊以赎死；其自杀父兄则无罪；若亡畔为大人所捕者，邑落不得受之，皆徙逐于雍狂之地，沙漠之中。"①

（二）夫余国法制

夫余国南与高句丽，东与挹娄、西与鲜卑接，北与弱水相邻。国家社会组织较为发达，已经有城池，设有宫室、仓库、牢狱等。国家官名以六畜为

---

① 参见《后汉书》卷九十，"乌桓鲜卑列传"，中华书局1965年版。

名，具体有马加、牛加、狗加等。地方则由各部族首领为管理。"其邑落皆主属诸加"。法律上实行严刑峻法，处以死刑的附加罚家人为奴，"皆没其家人为奴婢"；偷盗的采用偷一罚十；男女奸淫的双方都处死，妇女结婚后妒忌的，一律处死，"男女淫皆杀之，尤治恶妒妇，既杀，复尸于山上"；实行殉葬制度，"杀人殉葬，多者以百数"。① 从法律上看，具有很强的原始社会残余。

（三）高句丽法制

高句丽由五个部族组成，具体是消奴部、绝奴部、顺奴部、灌奴部和桂娄部。最早国王由消奴部首领出任，后来由桂娄部首领出任。国家组织出现后，有王，王下设各类官，具体有相加、对卢、沛者、古邹大加、主簿、优台、使者、帛衣先人等。国家没有牢狱。司法上，审理案件由诸加审理，处死的附加罚没妻子为奴婢。婚姻上采用不落夫家制。"婚姻皆就妇家，生子长大，然后将还，便稍营送终之具。"②

（四）濊国法制

濊国最早是周武王封箕子在朝鲜时的领地。史书记载箕子出任封国后，针对当地社会风俗，结合商朝法律，制定了礼义田蚕之法和法律八条，但具体内容没有记载，现在无从考察。秦汉时期濊国开始称王。汉初天下战乱，燕、齐、赵等地数万人在燕人卫满率领下迁移濊国，让濊国社会得到进一步发展。汉朝元朔元年，濊国国君南间等反畔匈奴右渠，率28万人口归附汉朝，汉武帝在其地设苍海郡。元封三年改设乐浪、临屯、玄菟和真番四郡。汉昭帝始元五年罢临屯、真番，并入乐浪、玄菟郡。后来设立乐浪东部都尉管理。归附汉朝后濊国制定过60多条法律，具体内容史书没有记载。濊国国内设有侯、邑君和三老等官职。部族之间互相侵略时采用罚牛马，杀人处死。"邑落有相侵犯者，辄相罚，责生口牛马，名之为'责祸'"，杀人处死。③

一　思考题

1. 五服制作为中国古代少数民族法制原则影响如何？

2. 秦汉民族立法的特点。

---

① 参见《后汉书》卷八十五，"东夷列传·夫余国"，中华书局1965年版。
② 参见《后汉书》卷八十五，"东夷列传·高句骊"，中华书局1965年版。
③ 参见《后汉书》卷八十五，"东夷列传·濊国"，中华书局1965年版。

3. 秦汉道制在少数民族治理中的作用。

二　扩展阅读

1.《五服制与先秦朝贡制度的起源》（李云泉：《山东师范大学学报》2004 年第 1 期），该文对中国古代五服制与朝贡制度进行了分析，其中涉及中国古代针对少数民族群体在法律上分别对待的内容。

2.《论秦汉道制》（罗开玉，《民族研究》1987 年第 5 期），该文对秦汉时期在民族地区设立的特别行政制度"道"进行了较为全面的考察，是了解秦汉时期中央在民族地区设立特别行政制度的重要成果。

3.《错案中的历史：〈蛮夷律〉考略》（曾代伟、王平原：《民族研究》2004 年第 3 期），该文对"奏谳书·毋忧案"进行了全面的分析，特别是对当时的社会、民族背景进行了分析，是了解该法律与该案件情况的较好研究成果。

三　法律资料摘抄

（一）《史记·夏本纪·五服制》。此部分内容涉及中国古代重要治国措施，特别是针对少数民族的治理措施。虽然文中记载的内容在当时是否如此严格存在是值得怀疑的，但体现出来的针对不同地区的民族群体分别治理、依俗设制却成为中国古代少数民族法制的基本原则。

令天子之国以外五百里甸服，【集解】孔安国曰："为天子服治田，去王城面五百里内"。百里赋纳總，【集解】孔安国曰："甸内近王城者。禾稾曰總，供饲国马也"。【索隐】《说文》云："稾，聚束草也"。二百里纳铚，【集解】孔安国曰："所铚刈谓禾穗"。【索隐】《说文》云："铚，穫禾短鎌也"。三百里纳秸服，【集解】孔安国曰："秸，稾也。服稾役"。【索隐】《礼·郊特牲》云"蒲越稾秸之美"，则秸是稾之类也。四百里粟，五百里米。【集解】孔安国曰："所纳精者少，粗者多"。甸服外五百里侯服：【集解】孔安国曰："侯，候也。斥候而服事也"。百里采，【集解】马融曰："采，事也。各受王事者"。二百里任国，【集解】孔安国曰："任王事者"。三百里诸侯。【集解】孔安国曰："三百里同为王者斥候，故合三为一名"。侯服外五百里绥服：【集解】孔安国曰："绥，安也。服王者政教"。三百里揆文教，【集解】孔安国曰："揆，度也。度王者文教而行之，三百里皆同"。二百里奋武卫。【集解】孔安国曰："文教之外二百里奋武卫，天子所以安"。绥服外五百里要服：【集解】孔安国曰："要束以文教也"。三百里夷，【集解】孔安国曰："守平常之教，事王者而已"。二百里蔡。【集解】马融曰："蔡，法也。受王者刑法而已"。要服外五百里荒服：【集解】马融曰："政教荒忽，因其故俗而治之"。三百里蛮，【集解】马融曰："蛮，慢也。礼简怠慢，来不距，去不禁"。二百里流。【集解】马融曰："流行无城郭常居"。

（二）《秦睡虎地竹简》民族法制条文摘抄。秦朝原始法律资料中，1975年出土的湖北省云梦县的竹简是最重要的。竹简出土了中国历史上现在可以见到的最早专门针对少数民族制定的法律——《属邦律》。此外，竹简中《法律答问》上有五条涉及少数民族的法律。这些为我们了解秦朝对少数民族的立法提供了一手材料。

《属邦律》：

道官相输隶臣妾、收人，必署其已禀年日月，受衣未受，有妻毋（无）有。受者以律续食衣之。

《法律答问》：

第一条，擅杀、刑、亏其后子，谳之。何谓后子，官其男为爵后，及臣邦君长所置为后太子，皆为"后子"。

第二条，邦客与主人斗，以兵刃、投梃、拳指伤人，抵以布，何谓抵？抵布入公，如赀布，入赀钱如律。

第三条，臣邦真戎君长，爵当上造以上，有罪当赎者，其为群盗，令赎鬼薪鋈足；其有府（腐）罪，[赎]官。其他罪比群盗者亦如之。

第四条，真臣邦君公有罪，致耐罪以上，令赎。何谓"真"？"臣邦父母产子及产他邦而是谓"真"，何谓"夏子"，臣邦父，秦母谓殹（也）"。

第五条，臣邦人不安其主长而欲去夏者，勿许。何谓"夏"？欲去秦属是谓"夏"。

（三）《张家山汉墓竹简·奏谳书·毋忧案》。此案是张家山汉墓出土的奏谳书中的第一个案例，是了解汉初对少数民族地区司法的第一手原始资料。案件中提到汉初针对少数民族制定的法律——《蛮夷律》，这是中国历史上现在可以看到的第二部专门针对少数民族制定的法律。

十一年八月甲申朔己丑，夷道介、丞嘉敢谳之。六月戊子发弩九诣男子毋忧，告为都尉屯，已受致书，行未到，去亡。·毋忧曰："蛮夷大男子岁出五十六钱以当徭赋，不当为屯，尉遣毋忧为屯，行未到，去亡，它如九。·窑曰：南郡尉发屯有令，蛮夷律不曰勿令为屯，即遣之，不知亡故，它如毋忧。·诘毋忧：律蛮夷男子岁出钱，以当徭赋，非曰勿令为屯也，及虽不当为屯，已遣，毋忧即屯卒，已去亡，何解？毋忧曰：有君长，岁出钱，以当徭赋，即复也，存吏，毋解。·问，如辞。·鞠之：毋忧蛮夷大男子，岁出钱，以当徭赋，遣为屯，去亡，得，皆审。·疑毋忧罪，它县论，敢谳之，谒报。署狱史曹发。·吏当：毋忧当腰斩，或曰不当论。·廷报：当腰斩。

第二章 三国两晋南北朝隋唐时期民族法制

　　三国两晋南北朝至唐朝时期，中央政府对民族地区的法制建设基本上采用秦汉时期的原则与措施，明显的变化是这个时期没有继承秦汉时期针对少数民族的专门立法成果。到现在为止，从文献记载和出土文物看，三国至唐朝时期没有明确的专门针对少数民族立法的法律。对少数民族立法的最大成就仅是唐朝《唐律·名例律》中有"化外人条"作为少数民族法律适用的基本法律。在制度设置上，隋唐时期在少数民族地区推行羁縻州县制。北朝时期后汉推行过明确的一国两制的法律制度，即匈奴适用匈奴的法律制度，汉族适用汉朝的法律制度，史称"胡汉分治"，成为中国历史上统一政权下两种法律制度共存的历史渊源。北魏鲜卑人推行法律汉化运动成为这个时期少数民族政权法制建设中较有特色的部分。此外，北齐、北周的法律在北魏的发展道路下形成了较有特色的中华法律发展中的重要样式，被后来隋唐两朝全面继承，成为中华法系法律样式的基本范式。

第一节　中央政府在民族地区的治理和法制

一　三国至南朝时期中央政府的民族治理

　　三国至南朝时期，汉族政权对少数民族地区的治理是继承推行秦汉时期边郡县制。三国魏国对西南、东北及西北民族治理上，具体是西南巴七姓夷王朴胡、賨邑侯杜濩率领巴夷、賨民来附后，把巴郡分二，设巴东与巴西两郡，分别以朴胡为巴东太守，杜濩为巴西太守，治理本部民族。东北地区鲜卑族轲比能率领本民族和丁零大人儿禅归附，设立护匈奴中郎将治理。西北地区凉州设立护羌校尉治理西北诸羌。在徐邈为护羌校尉时，对当地采用的是小事适用当地民族的法律，大事情由他审理，适用汉法。"与羌、胡从事，不问小过；若犯大罪，先告部帅，使知，应死者乃斩以徇。"① 蜀汉对西南少数民族地区是设立郡县，由少数民族头人出任。在诸葛亮平定南中后，在南中地区设立了庲降都督，下再设云南郡、建宁郡、永昌郡、牂柯郡、越嶲郡和汶山郡等，如凯凯为云南太守、王伉为永昌太守、马忠为牂柯太守等。

左郡县制是南朝时期在民族地区设立的重要社会制度。晋朝及南朝时期，在西南地区设立宁州。王逊任宁州太守时对州进行了强有力的改革与治理。"逊披荒纠厉，收聚离散，专杖威刑，鞭挞殊俗。逊未到州，遥举董联为秀才，建宁功曹周悦谓联非才，不下版檄。逊既到，收悦杀之。悦弟潜谋杀逊，以前建宁太守赵混子涛代为刺史。事觉，并诛之。又诛豪右不奉法度者数十家。征伐诸夷，俘馘千计，获马及牛羊数万余，于是莫不振服，威行宁土……逊以地势形便，上分牂柯为平夷郡，分朱提为南广郡，分建宁为夜郎郡，分永昌为梁水郡，又改益州郡为晋宁郡，事皆施行"，但整体治理不够深入、有效。②

二 十六国及北朝时期北方民族政权的治理

（一）胡汉分治的治国原则

十六国和北朝时期，北方各少数民族政权的法律发展体现出高度的汉化倾向。十六国时期法制问题涉及胡汉分治和法律的汉化问题。十六国时期少数民族政权法制中司法制度在仿效汉魏晋以来中原汉制同时也不缺创新，且对中国历史上一些司法制度发展起到了一定作用。③ 十六国时期少数民族政权典章制度创制上大量移植中原法律制度，具体体现在籍田、官制、朝仪、律令、崇儒、征隐逸、建学校、养老敬老等方面。④ 十六国时期少数民族所建政权的法律制度多循魏晋时又制定了一些新的法律制度，如在行政、刑事、民事、经济、婚姻、司法等制度。⑤ 有学者分析了前燕法制上的特点，认为前燕法制法简刑慎，中后期法峻刑严；在法律制度除了承用晋制外还创

---

① 《三国志》卷二十七，"魏书·徐胡二王传"，中华书局 1962 年版。
② 《晋书》卷八十一，"王逊传"，中华书局 1974 年版。
③ 何宁生：《十六国时期少数民族政权的司法制度及建树》，载《西北大学学报》2007 年第 6 期。
④ 刘国石、王玮平：《十六国时期少数民族政权典章制度的汉化》，载《北华大学学报》2004 年第 3 期。
⑤ 何宁生：《十六国时期少数民族政权法制的历史影响》，载《民族研究》2006 年第2 期。

制了一些新法律制度。① 后赵石勒建国后，在国家制度设置中存在胡汉分治，具体是由中垒支雄、游击王阳任祭酒，专门审理"胡人辞讼"；以张离、张良、刘群、刘谟等为门生主书，管理与审理汉族。在法律上，对本民族的法律进行了改革，有"书禁国人不听报嫂及在丧婚娶"，当然也有保留的，如"其烧葬令如本俗"。② 有学者分析了十六国时前秦法制后指出主要是吸收中原汉法，推行德化为先、礼法并用和约法慎刑的法律原则。③ 十六国时后燕在法制上推行胡汉分治，但后来基本上转向中原汉法。④ 十六国时期各少数民族推行"胡汉分治"，在中国古代法制与多民族国家治理上开创了统一政权下采用不同法律制度分别适用不同民族的治理原则等。⑤

（二）法律儒家化与法典化

北朝的民族法制，最重要的内容是北魏、北齐和北周法制建设上的儒家化问题。北朝在法律建设上，最有代表性的是北魏。北魏鲜卑人最初审理案件是由四部大人通过会审的方式进行。审理时没有拷讯，多采用临时审理、临时断决。昭成建国二年时制定了法律，具体看是死罪采用金马赎；犯大逆罪的连坐亲族男女老少，皆处斩刑；男女通奸等处死；百姓相互杀害，用马牛49头赎赔，同时赔送葬器物。偷盗上，偷盗官物，偷一罚五，偷罚私人财物，偷一罚十。没有逮捕和刑讯等制度。

北魏世祖时对治下各民族采用各依本俗治理，即"以五方之民各有其性，故修其教不改其俗，齐其政不易其宜"。⑥ 北魏进入中原地区后，开始对法律进行大模的改制，最有代表性的是冯太后与魏孝文帝的改革。魏孝文帝在神䴥四年让司徒崔浩制定法律。北魏政府的法律基本上走向汉化与儒家化的发展道路。魏孝文帝时期对鲜卑人婚姻制度进行立法改革。从内容上看，涉及推行等级内婚、禁止婚姻聘礼过重、同姓为婚等鲜卑人的婚姻形态。在等级内婚上有"名位不同，礼亦异数，所以殊等级，示轨仪……有司可为之条格，使贵贱有章，上下咸序，著之于令"，明确规定"今制皇族、师傅、王公侯伯及士民之家，不得与百工、伎巧、卑姓为婚，犯者加

①　何宁生：《论前燕的法制》，载《西北大学学报》2004 年第 5 期。

②　《晋书》卷一百五，"载记第五·石勒下"，中华书局1974 年版。

③　何宁生：《前秦法制初探》，载《西北大学学报》2002 年第 2 期。

④　何宁生：《前秦法制初探》，载《西北大学学报》2003 年第 3 期。

⑤　李红艳：《关于十六国时期"胡汉分治"问题的思考》，载《山东教育学院学报》2008 年第 2 期。

⑥　《魏书》卷一百一十，"食货志"，中华书局1974 年版。

罪"。① 婚姻聘礼改革上，有"婚娉过礼，则嫁娶有失时之弊"，规定"著之律令，永为定准。犯者以违制论"。禁止同婚结婚上，太和七年规定禁止同姓为婚。"自今悉禁绝之，有犯以不道论"。②

北魏在改革上，改鲜卑姓为汉姓是重大事件。最初鲜卑部族有九十九姓，到献帝时期，由于国家的扩大，出现"各有本部，部中别族，为内姓焉"的现象。为此，魏孝文帝进行改汉姓，把皇族改为十姓，即"凡与帝室为十姓，百世不通婚"。兄为纥骨氏，后改为胡氏；次兄为普氏，后改为周氏；次兄为拓跋氏，后改为长孙氏；弟为达奚氏，后改为奚氏；次弟为伊娄氏，后改为伊氏；次弟为丘敦氏，后改为丘氏；次弟为侯氏，后改为亥氏。形成七族。叔父之胤曰乙旃氏，后改为叔孙氏。疏叔曰车焜氏，后改为车氏。这样构成十姓。此外，其他贵族依次改为汉姓。

北魏在太和十二年制定了存留养亲的法律，开创了中国古代特别法律制度。"镇戍流徙之人，年满七十，孤单穷独，虽有妻妾而无子孙，诸如此等，听解名还本。诸犯死刑者，父母、祖父母年老，更无成人子孙，旁无期亲者，具状以闻。"③

三　隋唐时期中央政府的民族治理

（一）治理机构

中央机构设置上，隋唐管理少数民族的机构是鸿胪寺。鸿胪寺官员有卿一人，从三品；少卿二人，从四品上；丞二人，从六品，具体职能是管理四夷君长的官品定秩；少数民族君长的继承确认；少数民族的贡使事务；少数民族的奏谢文书等；少数民族的贡物收发等。"凡四夷君长，以蕃望高下为簿，朝见辨其等位……二王后、夷狄君长袭官爵者，辨嫡庶。诸蕃封命，则受册而往。海外诸番朝贺进贡使有下从，留其半于境。"④

隋唐时期在少数民族地区建制上的重要措施就是设立羁縻州县，特别是唐朝，成为国家对少数民族地区治理上的重要措施。羁縻州设立始于西北诸蕃和西南蛮夷，基本特点是按部落大小设立州县。唐朝设立了大小羁縻州县共 856 个。具体是，部落大的设都督府，首领为都督、刺史，职位采用世

---

① 《魏书》卷五，"高宗纪第五"，中华书局 1974 年版。
② 《魏书》卷七上，"高祖纪第七上"，中华书局 1974 年版。
③ 同上。
④ 《新唐书》卷四十八，"百官三"，中华书局 1975 年版。

袭，但不上报户口和纳税。唐朝设立的羁縻州分布情况是：突厥、回纥、党项、吐谷浑隶属内道者，设有府二十九，州九十；突厥的别部及奚、契丹、靺鞨、降胡、高句丽隶属河北道的，设立府十四，州四十六；突厥、回纥、党项、吐谷浑别部和龟兹、于阗、焉耆、疏勒、河西诸胡、西域十六国隶属陇右道的，设立府五十一，州百九十八；羌、蛮隶属剑南道的，设立州二百六十一；南蛮中隶属江南道的，设立州五十一；隶属岭南道的，设立州九十二。党项族设立了州二十四，没有明确的隶属道。① 在地方机构中，最重要的治理机构是大都护府。大都护府中都护职权是"掌统诸蕃，抚慰、征讨、叙功、罚过，总判府事"，② 成为总理一方的最高权力者。

隋唐时期对羁縻州府治理具有以下特点：第一，对羁縻州府根据设立地区少数民族人口或地域大小，分别设立，大的设都督府，小的设州。保留设立地区各民族原有的政治社会组织，各少数民族可以自称"国"，首领称为"王"、"可汗"等，可以世袭。但要成为都督、刺史等得由中央任命，成为国王和可汗要得到中央的册封和承认。第二，都督、刺史由各民族部落酋长世袭出任，但会任命一些中央官员，形成"华官参治"，或"监领督导"的管理机制。第三，羁縻府州设立原则是"即其部落列置州县"，各少数民族内部社会结构与社会管理机制没有被打破，各少数民族仍然实行自己的原有制度。第四，羁縻府州保留本民族原有军队。但不能随便调动，发动战争，同时必须服从中央或都护府调遣。第五，羁縻府州居民户口不呈送户部，不直接向国家缴纳赋税。羁縻府州对中央经济负担主要有朝贡和交纳轻微赋税两种形式。唐初规定"若夷獠之户，皆从半输。蕃人内附者，上户丁税十文，次户五文，下户免之"。③

（二）隋唐时期的民族立法

隋唐时期民族立法，从现有史料看没有专门性的立法。这可能与隋唐的强盛和立法上简约追求有关。唐朝民族立法被简约成《唐律》中"化外人"条：

> 律文：诸化外人，同类自相犯者，各依本俗法；异类相犯者，以法律论。

---

① 《新唐书》卷四十三，"地理七下"，中华书局 1975 年版。
② 《新唐书》卷四十九下，"百官四下"，中华书局 1975 年版。
③ 杜佑：《通典》卷六，"食货六·赋税下"，中华书局 1988 年版。

义曰：谓藩夷之国，别立君长者，各有风俗，制法不同。其有同类自相犯者，须问本国之制，依其俗法断之。异类相犯者，若高丽之与百济相犯之类，皆以国家法律，论定刑名。①

唐朝中央政府不再对少数民族进行专门立法，而是通过"化外人"条来原则性地规范。于是，学术界研究主要集中在"化外人"是指"外国人"还是"少数民族"的问题上。学术界认为唐律制定本条的立法者是以文化观念来界定化外人，但在"疏议"解释上却背离了文化标准，认为《唐律疏议》所言的"化外人"实际上包括了"外国人"和"少数民族"。② 有学者认为"化外人"包括外国人和部分少数民族。"化外人相犯"条适用处理外国人在大唐境内的犯罪，是唐代处理涉外案件的原则，也适用于与唐朝关系比较疏远的少数民族，是当时少数民族适用法律的特别规定。③ 唐朝"化外人"包括了外国人和少数民族的臣民，即分为少数民族、外国商人、遣唐使、留学生和留学僧等几类。④ 有学者认为"化外人"包括外国人和部分少数民族。"化外人相犯"条不仅适用于处理外国人在大唐境内的犯罪，是唐代处理涉外案件的原则，也适用于与唐朝关系比较疏远的少数民族，是当时少数民族适用法律的特别规定。⑤ 有学者认为结合唐朝当时"中国"与"四夷"、"藩夷"对举的实际，唐律中的"化外人"是缘边关塞之外教化不能到达的四夷之人，与当时的"中国"对称，也可以视为"外国人"。以今天的视角看，主要指的是除中华人民共和国之外的部分中亚、东南亚、东亚等国人，也包括部分现已纳入中华人民共和国境内的少数民族。⑥ 从研究看，很多人对"化外人"的理解主要来自对疏议的现在理解，因为疏议中所举"百济、新罗"恰是现在的朝鲜。其实，对"化外人"的理解应先弄清楚中国古代"王化"的含义。"王化"在中国古代存在政治学、文化学、法学、民族学等四个不同领域与层次上的内容，其中"王"不是指"王朝"，"国家的领土"，而是指"王道"，是政治学及文化学上的"王道"。"化外人"是指没有被"王化"之人，而不是现在主权国家意义下的"外国

---

① 《唐律疏议》卷六，"名例律·化外人条"。
② 沈寿文：《〈唐律疏议〉"化外人"辨析》，载《云南大学学报》（法学版）2006 年第 3 期。
③ 邹敏：《关于唐律"化外人相犯"条的再思考》，载《贵州民族研究》2006 年第 2 期。
④ 张淼淼：《唐代化外人的法律地位述论》，苏州大学 2010 年硕士论文。
⑤ 寻丽琴：《浅议"化外人"》，载《法制与社会》2010 年 10 期。
⑥ 赵君：《〈唐律疏议〉"化外人"再探讨》，载《法制与社会》2010 年第 22 期。

人"。只有弄清楚这些，才能准确理解此条文的法律意义。有学者提出唐朝"化外人"应指华夏正统王朝之外各民族建立的政权及其他王朝"国家"，其以文化和族群作为理论上区分的主要标准，在实际操作时以疏议的方式引入古代"王朝国家"的标准加强人们的直观理解。从现代主权国家概念下理解"化外人"应包括"外国人"和"少数民族"。然则，在唐朝主要以汉族为主建立起来的华夏正统王朝之外的地方都是"化外"，从那里来到唐朝腹地的人都是"化外人"。① 这种立场与理解是正确的。

第二节　三国至唐朝时期少数民族法制

一　东北诸族法制

夫余国法律制度。夫余是有国家组织的国家，有国君，官名用六畜为名，具体有马加、牛加、猪加、狗加、大使、大使者和使者等。设有宫室、仓库和监狱等社会组织。城邑部落由豪民治理，平民百姓形式上都是这些官员豪户的奴隶。四加官员最高，外出任职时，管理人口多的道是数千户，小的道是数百户。国家尚白色，"国衣尚白"。法律严酷，杀人处死，籍没家人为奴婢。偷盗上偷一罚十二。男女奸淫皆处死。妇人嫉妒的处死，陈尸南山上，女方家要获尸体，需出牛马赎买。"女家欲得，输牛马乃与之"。婚姻上采用收继婚。"兄死妻嫂，与匈奴同俗"。②

高句丽形成了国家组织。国有国王，中央职官有相加、对卢、沛者、古雏加、主簿、优台丞、使者、皂衣先人等，官员之间尊卑等级森严。国家由六个部落组成，具体是涓奴部、绝奴部、顺奴部、灌奴部、桂娄部。案件审理由诸加官员负责，死刑人犯处死，附籍妻儿。婚姻上实行订婚制度，采用不落夫家的婚姻。③

二　西域诸族法制

滑国婚姻上采用兄弟共妻，刻木为契，无职官，社会没有分化出较为完整的国家组织。

①　蒋蓓妮：《关于唐王朝化外人涵义的探讨》，载《现代商贸工业》2008 年第 13 期。
②　参见《三国志》卷三十，"魏书·乌丸鲜卑东夷传"，中华书局 1962 年版。
③　同上。

于阗国，国内有大城五，小城数十。法律上杀人的处死，其他罪根据轻重处罚。全国信仰佛教。人种与中原汉人相类似，"颇类华夏"。

龟兹国法律是杀人处死，抢劫处以断一臂或砍一足。税赋准地征租，无田者则税银钱。

三　突厥（突厥汗国）法制

突厥汗国是秦汉以后，南北朝至唐朝前期北方少数民族中社会组织较为完整的民族，是继匈奴后北方最强大的少数民族政权。突厥是匈奴的别种，姓阿史那氏。6 世纪初突厥部落游牧于金山（今阿尔泰山）一带，最初归附于柔然，为柔然的炼铁奴。汗国建国者阿史那土门原是突厥部落的酋长。由于柔然与高车长期战争而势力被削弱。546 年，突厥断绝与柔然的关系。550 年，首领土门击败铁勒，552 年破柔然，自称伊利可汗，建立政权。553 年木杆可汗在都斤山建王庭。583 年，突厥汗国分裂为东西两个汗国，西突厥汗国把牙庭设在应娑，其址约在焉耆西北 300 公里，可汗是室密点可汗的子孙；东突厥汗国牙庭为原汗国牙庭，可汗则是创立者伊利可汗的子孙。唐太宗贞观四年（630 年）唐军与薛延陀攻灭东突厥，唐高宗显庆四年（658 年）唐又灭西突厥。唐高宗末年（682 年），突厥再度建立后突厥帝国。744 年后突厥帝国亡于回纥。至此，突厥退出历史舞台。

突厥国王称为可汗。突厥国中汗可以分为大汗与小可汗两类。官员设置上，有叶护，次设，次特勤，次俟利发，次吐屯发，及其他小官，共28 等，都是世袭职官。但见诸史料的只有汗、俟斤、亦都护、特勤、叶护、设、匐、梅录、啜、颉利发和吐屯等 11 种。大汗的侍卫称为"附离"，即"夏言亦狼也"，相当于汉语中的"狼"。突厥以"狼"为图腾。没有文字，刻木记数。

在法律上，反叛、杀人和奸人妻、盗马绊等罪一律处死；奸淫者，割势腰斩处死；奸人女子，罚重金，把其女嫁奸者为妻子。斗伤人的，按伤轻重罚物，具体是伤目的罚赔女儿；没有女儿罚妻子或财物；折伤肢体的罚马。偷盗上，盗马和其他财物的，一般采用偷一罚十。婚姻上男女自由，采用聘礼，父母以子女意志为主。"男有悦爱于女者，归即遣人聘问，其父母多不违也。"婚姻上采用收继婚，但禁止尊贵者下嫁。史载"父、兄、伯、叔死，子、弟及侄等妻其后母、世叔母、嫂，唯尊者不得下淫"。[①]

---

① 　参见《北史》卷八十七，"突厥传"，中华书局 1974 年版。

四　吐谷浑法制

吐谷浑是辽东鲜卑慕容廆的支系。吐谷浑国无常赋，国家需要财税由富室商人出纳。法律上杀人和盗马者处死，其他的罚财产，或量事情轻重处以杖刑。刑罚时用毡子蒙头，用石从高处击杀。婚姻上采用收继婚。

五　西北诸羌法制

西北诸羌法律上的基本特征是国无法令，无徭赋。实行收继婚。各部落平日各自为政，三年相聚一次，举行杀牛羊以祭天。刑罚上重罪罚牛。

六　南诏法制

南诏（738—902 年）唐朝时期云南地区由彝族建立，以白族为主体的民族政权。南诏建立前西洱河地区有"六诏"，即蒙嶲诏、越析诏、浪穹诏、邆赕诏、施浪诏和蒙舍诏。蒙舍诏因地处南方，故称南诏，家族姓蒙氏。649 年，蒙舍诏首领细奴逻建大蒙国。开元二十六年（738 年）皮罗阁在唐王朝支持下兼并其他五诏，被封为云南王，以西洱河（今洱海）为据地建立政权，以族姓为国号，称大蒙或蒙。次年迁都太和城（今大理）。902 年权臣郑买嗣推翻蒙氏南诏，自立为王，改国号为"大长和"，南诏灭国。

南诏国作为唐朝时少数民族地方政权，近年学术界对它的法律文化因素进行了大量分析。有学者通过对南诏告身制度的研究，指出此制度是在吸收吐蕃、唐王朝相应法律制度下形成的，具体分六等十二级，各等排序是瑟瑟、金、颇弥、银、石、铜，但有自身特色，因为南诏告身仅为荣誉，是一种与实际职务有别的虚衔。[①] 有学者在系列文章中通过对南诏国时期的刑法、刑罚、土地法的分析，指出这些法律制度中分别具有唐朝法律与南诏地区民族习惯法等不同因素。如南诏刑法渊源是在本民族的战争、血亲复仇和原始禁忌等因素、移植唐律和南诏统治者为实现其统治和公共管理职能专门制定的规则三者作用下形成的。[②] 南诏刑罚深受中原法律文化和法制传统的影响，在大量移植唐朝刑罚内容和结合自身特点和需要下形成了特色鲜明的刑罚体系，主要有杖刑、徒刑、流刑、死刑四种主刑和迁、分、赎、夺几种

---

① 赵心愚：《南诏告身制度试探》，载《民族研究》2002 年第 4 期。
② 罗家云：《南诏国刑事法律规范的渊源探析》，载《玉溪师范学院学报》2006 年第 11 期。

附加刑。① 南诏授田制是在唐朝均田制影响下形成的制度，但授田范围较唐朝均田制小，有自身特点。② 南诏土地法律制度受文明类型、移民、农村公社制度和社会形态四个因素的影响，其中唐朝的法律影响是重要的因素。③ 有学者分析南诏行政法律制度后，认为总体上仿效唐朝法制建立了行政管理体制和机构设置的同时，倡导君权神授，崇尚军功，实行军政合一的行政制度和羁縻制的行政机构。④ 有学者分析了南诏国的法律文化特征，认为南诏国的法律制度受到唐王朝政治和法律文明的深刻影响，在军事、礼制和司法等方面继承了彝族蒙舍诏固有法律的诸多特性，让南诏国的法制呈现出多元、分散的特征。⑤ 有学者对南诏国的行政和军事法制、刑法、民法、经济法、司法制度系统考察后，指出了南诏法律文化具有中原法律文化、南诏民族法律文化、吐蕃法律文化和佛教文化等因素。⑥ 南诏国法律文化中主要受到唐朝法律制度、南诏地区主体民族白族和统治民族彝族等不同民族法律文化的影响，这些不同的民族法制文化构成了南诏国法律的形成渊源。

南诏国是由蒙舍诏建立，史称"居蒙舍川，在诸部落之南，故称南诏也"。⑦ "诏"是南诏国最高统治者的称谓。南诏国建立的蒙舍诏首领有记载的有舍龙、龙迦独、龙独罗（细奴逻）。南诏国建立后，共传国 13 世，即逻盛、盛逻皮、皮逻阁、阁逻凤、凤伽异、异牟寻、寻阁劝、劝龙晟、劝利、丰祐、世隆、隆舜和舜化贞。南诏王室民族成分是彝族，主要属民是白族先民。对此，史料多有记载。《旧唐书·南诏传》中记有"南诏蛮，本乌蛮之别种也，姓蒙氏。蛮谓王为'诏'，自言哀牢之后，代居蒙舍州为渠帅"；⑧《新唐书·南诏传》记载"南诏本哀牢夷后，乌蛮别种也"。⑨

南诏国家官名有诏、清平官、大军将、曹长、节度使、同伦长、同伦判官、军将、都督、理人官和总佐等中央官职。此外，有罗苴佐、负排、稽通、大总管、押衙等。中后期，官制名称出现变化，如六曹变为九爽，并增设大、中、下、小府等机构，出现了苴望、正苴望、员外苴望、员外、乞

① 罗家云：《南诏国刑事法律规范的渊源探析》，载《玉溪师范学院学报》2006 年第 12 期。
② 罗家云：《南诏的授田制及其实施范围》，载《云南民族大学学报》2007 年第 5 期。
③ 罗家云：《影响南诏土地法律制度的诸因素》，载《玉溪师范学院学报》2008 年第 12 期。
④ 王宏翼：《南诏行政法律制度研究》，载《人民论坛》2011 年第 13 期。
⑤ 李剑、汪亚光：《论南诏的法律制度》，载《中南民族大学学报》2010 年第 2 期。
⑥ 杨国才、刘俊清：《南诏国法制史研究》，载《云南社会科学》2007 年第 2 期。
⑦ （唐）樊绰：《蛮书校注》卷三，向达校注，中华书局 1962 年版。
⑧ 《旧唐书》卷一百九十七，"南诏传"，中华书局 1975 年版。
⑨ 《新唐书》卷二百三十九，"南诏传"，中华书局 1975 年版。

讬、禄讬、巨讬、夹酋、弥勤、勤齐、兵擩司、演习、演览、缮裔、缮览、澹览、幕撝、幕览、陀酋和陀西等职名。说明南诏政权社会治理的复杂。

南诏中央政权组织由国王、清平官等组成。南诏国王自称"元"，相当于汉语中的"朕"的意思，称大臣"昶"，相当于汉语中的"卿、尔"的意思。中央官员中清平官与大将军最为重要。清平官相当于唐朝的宰相，是中央与王日常议事大臣。清平官具体分为坦绰、布燮、久赞等。大将军有12名，与清平官同列，参与王的日常议事。大将军外出领兵时出任节度使，在内任则升为清平官。大将军的具体官名有酋望、正酋望、员外酋望、大军将和员外等。中央机构初期设有六曹，后期改六曹为九爽。前期六曹分别是兵曹、户曹、客曹、法曹、士曹和仓曹。六曹长官由有功大军将出任。[①] 后期中央重要事务机构由九爽和三托组成。[②] "爽"相当于唐朝的"省"，管领"爽"的官员称为"督爽"，相当于唐朝"总三省"的官员。九爽具体是幕爽主兵、琮爽主户籍、慈爽主礼、罚爽主刑、劝爽主官人、厥爽主工程、万爽主财用、引爽主客、禾爽主商贾。九爽官员由清平官、酋望和大军将出任。"三托"分别是乞托主马，禄托主牛和巨托主仓廪。三者官员由清平官、酋望和大军将出任。掌管赋税的是爽酋、弥勤和勤齐。掌管机密物的称为兵獯。此外，还有断事曹长、军谋曹长和同伦长。断事曹长职能是推鞫盗贼；军事曹长主阴阳占候；同伦长有两人，"各有副，主月终唱示"。这些构成了南诏中央行政组织体系。

地方行政组织由六节度、二都督和十睑组成。六节度分别是弄栋、永昌、银生、剑川、柘东和丽水；二都督分别是会川、通海；十睑，"睑"是夷语，相当于汉语中的"州"，十睑分别是：云南睑、白厓睑，亦称勃弄睑、品澹睑、澄川睑、蒙舍睑、大厘睑，称曰史睑、苴咩睑，亦称阳睑、蒙秦睑、矣和睑和赵川睑。州、节度下设百户、千户和万户。百户设有百户长，称为总佐，千户设理人官，万户设都督。

土地实行国有，对百姓采用授田制度。田亩计量以五亩为一双。授田根据官职不同分别授予，具体是上官授田四十双，上户三十双，中户受二十双，下户受十双。对此，《蛮书》有记载详细记载，具体是"上官授与四十

---

　　① 《蛮书》中，"士曹"为工曹，"法曹"为刑曹，而《南诏德化碑》的碑阴题名中，有士曹，凡三例，而无工曹；有法曹，凡二例，而无刑曹；今以《南诏德化碑》为正。

　　② 同上。

双，汉二顷也。上户三十双，汉一顷五十亩。中户、下户各有下降"。① 从中可以看出，南诏在土地制度上移植了唐朝的均田制度。

军事制度上，军队采用全民皆兵，平时为民，战时为兵。军队中央机构是大中下三府，各府设有不同官职。大、中和下府的官名分别是大府主将称为演习，副将称为演览；中府主将称为缮裔，副将称为缮览；下府主将称为澹酋，副将称为澹览；小府主将称为幕撝，副称为幕览。府中设有陀酋，相当于书记；陀西相当于判官。各地军事组织根据与城邑远近分为四军。四军分别据守每个城市的东南西北，按旗幡颜色区分。每军兵员有 500—1000 人不等，设置一将，四军由一将军统帅。每个城池都设置四军守卫。军队是"每农隙之时，邑中有马者，皆骑马于颇柱下练习"。每年秋收完后进行全国军队训练考核，"兵曹长行文书境内城邑村谷，各依四军。集人度枪剑甲胄腰刀"。考核中成绩优秀者选入"补罗苴"，编入骑兵。军阵是"布阵，罗苴子在前，以次弓手排下，以依马军三十骑为队"。国家精锐部队称为"朱弩佉苴"，由乡兵四军中选拔优秀者组成。"戴朱鞮鍪，负犀革铜盾而跣，走险如飞"。此部分军队组织是百人为一队。

刑法上，通奸罪处死，"既嫁有犯，男子格杀勿论，妇人亦死"。弑主罪处死。勒索酒饭罪处死，指官在任职地区向百姓勒索财产的行为。"如监守蛮官乞酒饭者，察之，杖下捶死。"刑罚有死刑、肉刑、徒刑、徙刑和杖刑等。"蛮俘华民，必劓耳鼻已，纵之，既而居人刻木为耳鼻者什八。"② 徙边在《蛮书》中有记载，一般人犯"则迁徙丽水瘴地，终弃之，法不得合"；军队将领犯令的，"重者徙瘴地"。徒刑是罚去丽水淘金。"河赕法，男女犯罪，多送丽水淘金"。③ 杖刑，按《蛮书》记载有 50—100 下。"军将犯令，皆得杖，或至五十，或一百。"南诏适用赎刑。《蛮书》记载有"或有强家富室责赕财赎命者，则迁徙丽水瘴地"。从中可以看出，赎刑后仍然要适用迁徙。

在婚姻上，贵族实行一夫多妻制，"南诏有妻妾数百人，总谓之诏佐。清平官、大军将有好妾数人"。④ 平民百姓婚姻上采用一夫一妻制。婚姻自由，不禁止未婚男女或孀妇、鳏夫之间往来私通。继承上实行嫡长子继

---

① （唐）樊绰：《蛮书校注》卷九，向达校注，中华书局 1962 年版。
② 《新唐书·南诏传》，中华书局 1975 年版。
③ 同上。
④ （唐）樊绰：《蛮书校注》卷八，向达校注，中华书局 1962 年版。

承制。

七　西南诸族法制

三国至隋唐时期，西南地区民族众多，被称为东谢蛮、牂牁蛮、西赵蛮和獠等。但这些民族内部的法律制度，史料记载很少，且多有雷同。西南少数民族地区有些民族已经出现国家社会组织，有些是部落社会组织，有些是村社社会组织。但因材料不全，难有全面深入的反映。这里略举几个民族群体的法律制度，以反映这个时期西南诸民族的法制。

东谢蛮是部落社会，形成酋长社会，由谢氏世袭。谢氏一族，为保持血统高贵，"法不育女，自云高姓不可下嫁故也"。① 没有文字，刻木为契。没有赋税。社会出现分层，有贵族与平民。平民见贵族，执鞭而拜。有功劳的，以牛马铜鼓封。刑罚上小事杖罚，大事处死，偷盗倍罚。婚礼以牛酒为聘礼。

牂牁蛮，即罗殿国。史书记载，该政权已经有世袭的国王，但国无徭役，征战时仍约屯聚集。刻木为契。法律是抢劫偷盗的偷一罚二，杀人的罚牛马30头，赔死者之家。

獠在川洞之间，没有氏族区别，没有名字，所生男女，以长幼次序称呼。各部往往推一名长者为首领，相互之间没有统治关系。父死子继。獠人十分爱械斗，导致个体不敢独自远行，影响到个体生活空间的扩张。性格十分刚毅，发怒的时候，父子兄弟都相互杀害。由于社会生活中以狗为重要财物，儿子杀父亲后，可以用一条狗向母亲谢罪而消除与亲人的紧张关系。报械斗仇后，往往杀死仇人后食之。平常喜欢掠夺猪狗等财产。社会中还存在大量掠卖人口的现象，在掠卖人口上，亲戚邻居之间都不避讳，相互掠夺买卖。民俗敬畏鬼神，大量进行祭祀，史称"尤尚淫祀"。为了祭祀，有出卖自己兄弟、妻子、子女后自己卖自己进行祭祀的。整个社会处在一种紧张的关系中。②

八　流求国法制

流求国在这个时期有较多记载，但对其社会法律制度记载较略。这里根据当时的记载，对流求国法律制度进行略述。流求国居海岛中。有国王，姓

---

① 《旧唐书》卷一百九十七，"南蛮·西南蛮"，中华书局1975年版。
② 同上。

欢斯氏，名为渴剌兜。当地人称国王为"可老羊"，王后为"多拔荼"。国内设四五帅，统管诸洞，洞有小王。洞下有村，村有首领，称为"鸟了帅"，以善战者出任。每村都有自己的首领，处理本村事务。喜好械斗，各自阵，相互之间不救助。两阵相当时各阵出勇者三五人，谈语相骂，相互击射。如不能胜，一军撤走，遣人求和，纠纷即和解。国无赋税，有事平均征税。没有法律，临时临事科决。最初由村级首领鸟了帅审理；不服，上诉于国王；国王下令大臣共同审断。没有监狱、枷锁，只用绳缚。处死用铁锥钻头顶处死。轻罪用杖刑。嫁娶以酒肴珠贝为聘礼。婚姻自由，男女相悦，自行结合。①

一　思考题

1. 简述十六国时期"胡汉分治"政策对中国少数民族法制发展的影响及意义。

2. 简述匈奴与突厥在法律制度上存在何种异同。

3. 简述《唐律》"化外人"条在中国古代民族法制立法中的意义。

二　扩展阅读

1.《十六国时期的胡汉分治》（邱久荣，《中央民族民院学报》1987年第3期），该文对十六国时期在政治制度与法律制度的设置中胡汉分治情况进行了考察，是20世纪80年代以来国内对十六国时期胡汉分治研究中较早的成果。

2.《北朝法制研究》（邓奕琦，中华书局2005年版），本书对北朝时期的法律制度演变情况进行了全面考察，同时对十六国时期法律制度进行了论述。本书对北朝法律变迁研究主要集中在儒家化方面，对民族因素的分析不是本书的中心。

3.《南诏国的法律与社会控制》（罗家云，中国民族摄影艺术出版社2007年版），本书对南诏国的法律制度进行了较为全面考察，是国内全面研究南诏法律制度的重要著作。

4.《唐明律"化外人"条辨析》（苏钦，《法学研究》1996年第5期），该文对唐律与明律中的"化外人条"进行了全面考察，分析了两部法典中"化外人条"出现不同的原因，是国内对此研究的重要成果。

---

① 《隋书》卷八十一，"东夷传"，中华书局1973年版。

三　法律资料摘抄

（一）《魏书·刑法志》对北魏法律制度进行了全面记载，其中涉及鲜卑族传统法律制度的有几段，现在摘录如下。

魏初，礼俗纯朴，刑禁疏简。宣帝南迁，复置四部大人，坐王庭决辞讼，以言语约束，刻契记事，无图圄考讯之法，诸犯罪者，皆临时决遣。神元因循，亡所革易。

……

昭成建国二年：当死者，听其家献金马以赎；犯大逆者，亲族男女无少长皆斩；男女不以礼交皆死；民相杀者，听与死家马牛四十九头，及送葬器物以平之；无系讯连逮之坐；盗官物，一备五，私则备十。法令明白，百姓晏然。

（二）《隋书·突厥志》（卷八十四）记载了突厥的法律制度，是了解突厥法律制度的重要来源，下面摘录属于法律制度方面的内容。

其俗畜牧为事，随逐水草，不恒厥处。穹庐毡帐，被发左衽，食肉饮酪，身衣裘褐，贱老贵壮。官有叶护，次设特勤，次俟利发，次吐屯发，下至小官，凡二十八等，皆世为之。有角弓、鸣镝、甲、矟、刀、剑。善骑射，性残忍。无文字，刻木为契。候月将满，辄为寇抄。谋反叛杀人者皆死，淫者割势而腰斩之。斗伤人目者偿之以女，无女则输妇财，折支体以输马，盗者则偿赃十倍。有死者停尸帐中，家人亲属多杀牛马而祭之，绕帐号呼，以刀划面，血泪交下，七度而止。于是择日置尸马上而焚之，取灰而葬。表木为茔，立屋其中，图画死者形仪及其生时所经战阵之状。尝杀一人，则立一石，有至千百者。父兄死，子弟妻其群母及嫂。五月中，多杀羊马以祭天，男子好樗蒲，女子踏鞠，饮马酪取醉，歌呼相对。敬鬼神，信巫觋，重兵死而耻病终，大抵与匈奴同俗。

（三）《唐律疏议·化外人条》是唐朝少数民族法制的基本法律，是了解唐朝少数民族法制的重要依据。

律文：诸化外人，同类自相犯者，各依本俗法；异类相犯者，以法律论。

义曰：谓藩夷之国，别立君长者，各有风俗，制法不同。其有同类自相犯者，须问本国之制，依其俗法断之。异类相犯者，若高丽之与百济相犯之类，皆以国家法律，论定刑名。

（四）《蛮书》（樊绰撰、向达校注：《蛮书校注》，中华书局1962年版）记载了南诏国的社会风俗与法律制度。作者樊绰作为唐朝使臣亲自到过大理，对南诏国的社会风俗、法律制度的记载属于原始记载，是了解南诏国法律制度和社会生活的重要材料。其中第八卷和第九卷涉及南诏国的法律制度，兹录于下：

卷八蛮夷风俗

其蛮丈夫一切披毡，其余衣服略与汉同，唯头囊特异耳。南诏以红绫，其余向下皆以皂绫绢。其制度取一幅物，近边撮缝为角，刻木如樗蒲头，实角中，总发于脑后为一髻，即取头囊都包裹头髻上结之。羽仪已下及诸动有一切房甄别者，然后得头囊。若子弟及四军罗苴己下，则当额络为一髻，不得带囊角；当顶撮髽髻，并披毡皮。俗皆跣足，虽清平官、大军将亦不以为耻。曹长已下，得系金佉苴。或有等第载功褒奖得系者，不限常例。

贵绯、紫两色，得紫后，有大功则得锦。又有超等殊功者，则得全披波罗皮。其次功，则胸前背后得披，而阙其袖。又以次功，则胸前得披，并阙其背。谓之"大虫皮"，亦曰"波罗皮"。谓腰带曰"佉苴"。

妇人，一切不施粉黛，贵者以绫锦为裙襦，其上仍披锦方幅为饰。两股辫其发为髻，髻上及耳，多缀真珠、金、贝、瑟瑟、琥珀。贵家仆女亦有裙衫，常披毡，及以缯帛韬其髻，亦谓之头囊。

南诏有妻妾数百人，总谓之诏佐。清平官、大军将有妻妾数十人。俗法：处子、孀妇出入不禁。少年子弟暮夜游行间巷，吹壶卢笙，或吹树叶，声韵之中，皆寄情言，用相呼召。嫁娶之夕，私夫悉来相送。既嫁有犯，男子格杀无罪，妇人亦死。或有强家富室责资财赎命者，则迁徙丽水瘴地，终弃之，法不得再合。

每年十一月一日，盛会客，造酒醴，杀牛羊，亲族邻里更相宴乐，三月内作乐相庆，帷务追欢。户外必设桃茢，如岁旦然。改年即用建寅之月。其余节日，粗与汉同，唯不知有寒食清明耳。

每饮酒欲阑，即起前席奉觞相劝。有性所不能者，乃至起前席扼腕的颡，或挽或推，情礼之中，以此为重。取生鹅治如脍法，方寸切之，和生胡瓜及椒樆啖之，谓之"鹅阙"，土俗以为上味。南诏家食用金银，其余官将则用竹箪。贵者饭以筋不匙，贱者搏之而食。

一尺，汉一尺三寸也。一千六百尺为一里。汉秤一分三分之一。帛曰幂，汉四尺五寸也。田曰双，汉五亩也。

本土不用钱，凡交易缯、帛、毡、罽、金、银、瑟瑟、牛羊之属，以缯帛幂数计之，云某物色直若干幂。

凡人家所居，皆依傍四山，上栋下宇，悉与汉同，惟东西南北，不取周正耳。别置仓舍，有栏槛，脚高数丈，云避田鼠也，上阁如车盖状。

西爨及白蛮死后，三日内埋殡，依汉法为墓。稍富室广栽杉松。蒙舍及诸乌蛮不墓葬，凡死后三日焚尸，其余灰烬，掩以土壤，唯收两耳。南诏家则贮以金瓶，又重以银为函盛之，深藏别室，四时将出祭之。其余家或铜瓶、铁瓶盛耳藏之也。

言语音白蛮最正，蒙舍蛮次之，诸部落不如也。但名物或与汉不同，及四声讹重。大事多不与面言，必使人往来达其词意，以此取定，谓之行诺。

虫谓之波罗蜜（亦名"草罗"）。犀谓之矣（读如咸）。带谓之佉苴，饭谓之喻，盐谓之宾，鹿谓之识，牛谓之舍，川谓之赕，谷谓之浪，山谓之和，山顶谓之葱路，舞谓之伽傍。加，富也。阁，高也。诺，深也。苴，俊也。东爨谓城为弄，谓竹为翦，谓盐为翦，谓地为昫，谓请为数，谓酸为制。言语并与白蛮不同。每出军征役，每蛮各携粮米一斗五升，各携鱼牖，此外无供军粮料者。蛮军忧粮易尽，心切于战，出界后，许行劫掠，收夺州溪源百姓禾米牛羊等辈。用军之次，面前伤刀箭，许将息。倘背后伤刀箭辄退者，即刃其后。

卷九南蛮条教

南俗：务田农菜圃，战斗不分文武，无杂色役。每有征发，但下文书与村邑理人处，克往来月日而已，其兵杖人各自贲，更无官给。百家已上有总佐一，千人已上有理人官一，人约万家以来，即制都督，递相管辖。上官授与四十双，汉二顷也。上户三十双，汉一顷五十亩。中户、下户各有差降。每家有丁壮，皆定为马军，各据邑居远近，分为四军，以旗幡色别其东南西北，每而置一将，或管千人，或五百人。四军又置一军将统之，如有赋盗入界，即罪在所入处面将。

罗苴子皆于乡兵中试入，故称四军苴子。戴光兜鍪负犀皮铜股排，跣足，历险如飞。每百人，罗苴佐一人管之。

负排，又从罗苴中拣入，无贝数。南诏及诸镇大军将起坐不相离捍蔽者，皆负排也。

羽仪亦无员数，皆清平官等子弟充，诸蛮不与焉，常在云南王左右，羽仪长帐前管系之。

羽仪长八人，如方内节度支衙官之属。清平官已下，每入见南诏，皆不得佩剑，唯羽仪长得佩剑。出入卧外，虽不主公事，最为心腹亲信。

其六曹长即为主外司公务。六曹长六人，兵曹、户曹、客曹、刑曹、工曹、会曹，一如内州府六司所掌之事。又有断事曹长，推鞠盗贼；军谋曹长，主阴阳占候；同伦长两人，各有副都，主月终唱。诸曹稽逋如录事之职。曹官文牒下诸城镇，皆呼主者。六曹长有课效明著，得迁补大军将。

大军将一十二人，与清平官同列。每日见南诏议事，出则领要害城镇，称节度。有事迹功劳殊尤者，得除授清平官。

清平官六人，每日与南诏参议境内大事。其中推量一人为内算官，凡有文书，便代南诏判押处置。有副两员同勾当。

又外算官两人，或清平官或大军将兼领之。六曹公事文书成，合行下者，一切是外算官，与本曹出文牒行下，亦无商量裁制。

又有同伦判官两人，南诏有所处分，辄疏记之，转付六曹。近年已来，南蛮更添职名不少。

凡试马军，须五次上。射中片板，为一次上；中双庶子，为一次上；四十步外走马据颇柱，中斗子，为一次上；盘枪百转无失，为一次上；能算能书，为一次上。试过，有优给。

步卒须为五次上。玷苍山顶立旗，先上到旗下，为一次上；篡一丈三尺坑过，为一次上；急流水上浮二千尺，为一次上；弄剑，为一次上；负一石五斗米四十里，为一次上。已上一一试过，得上次者补罗苴也。

蛮王为楼，及诸城镇林邑，但有空平处，即立木八十尺，刻其上为斗子，中间以墨三寸规之，名曰"颇柱"。所试人持竹剑，去颇柱四十步外，走马向前柱，中斗子者上，中第二规次之，中第一规为下。每农隙之时，邑中有马者，皆骑马于颇柱下试习。

每岁十一、十二月，农收既毕，兵曹长行文书境内诸城邑村谷，各依四军，集人试枪剑甲腰刀，悉须犀利，一事阙即有罪，其法一如临敌。布阵，罗苴子在前，以次弓手排下，以次马军三十骑为队。如此次第，常为定制。临行交错，为犯令。

每战，南诏皆遣清平官或腹心一人在军前监视。有用命不用命及功大小先后，一一疏记，回具白南诏，凭此为定赏罚。军将犯令，皆得杖，或至五十，或一百，更重者徙瘴地。诸在职之人，皆以战功为褒贬黜陟。

第三章 辽宋金西夏大理的民族法制

10—13 世纪中华大地上出现了多个政权并存的现状，各个民族政权的法律建设上都出现以唐律为宗，但又呈现出各自民族特色的法律发展现象。宋朝由于治理上以汉文化地区为中心，民族法制建设继承了唐代，用"化外人"法律原则构建民族法制。宋朝民族法制建设重点和成就是对"归明人"的立法与治理。在民族政权上，这个时期各个民族政权较为成熟，且在创制自己的法律制度时都以唐律为宗，形成各民族政权在法制上既具有民族特色的、又具有很强的共同点。辽朝契丹在法制建设上，在吸收唐律时依然以本民族习惯为宗，法制建设以"一国两法制"为特色，构成了中国历史上法律建设较具特色的一个政权下的二元法律形式结构。金朝女真在法制建设上，在继承唐朝法律形式体系——律令结构时，吸收唐中后期及五代以来的格式敕，形成律令格式敕为主体的法典体系，构成了中国古代法律形式变迁史上的重要内容。党项西夏在法制建设上，在以唐律为宗时，融合了本民族传统习惯和佛教因素，建立起自成体系的法典结构，并存有传世的《天盛改新旧律令》。白族大理国在法制建设上，在继承南诏传统时，吸取了唐宋及本民族的习惯因素，建立起自成体系的法律制度，但由于史料稀缺，对其难窥全貌。这个时期各少数民族政权在法制建设上，在以本民族风俗习惯为基础的同时，呈现出对其他成熟民族与政权的法律制度成果进行主动吸收的现象，体现出人类法律发展中的基本规律。

第一节 宋朝对少数民族的治理与法制

宋朝时国家在少数民族法制建设上基本沿袭唐朝模式，但对一些地区民族立法更为丰富，如西北少数民族。近年对宋朝时期在西北民族的立法和法制建设研究上有较大的推进，有学者集中研究了宋朝时中央在西北民族的民族法制建设。通过研究提出宋朝在对西北番民立法采用的是"因俗而治"

的同时国家也制定一些特别法律，具体表现在承认番法、制定特别行政法、特别贸易法和特别民法等保护少数民族的利益。从法律适用的过程看，最初是番汉法并行，到中后期开始出现以汉法为中心的发展。① 当然，从发表的论文上看，重复率很高，让这方面研究没有太多实质性突破。有学者研究了宋朝时中央政府对唃啰厮地方政权的法制情况，指出在立法上，存在唃啰厮地方政权通过"立文法"形式制定内部法律；中央政府在对蕃部治理上采用制定蕃官法管理归附各级官员的权力与义务；制定《蕃兵法》和《蕃丁法》明确少数民族士兵的义务与权利；一般法律上认可蕃部习惯法，同时适用中央法；订立"茶马贸易法"调整边民贸易；制定田土买卖法等保护少数民族的土地权等。②

　　宋朝中央政府对少数民族的立法与法制建设的另一个问题是"归明人"研究。"归明人"在宋朝是指归顺宋中央政府的各少数民族群体。宋朝在当时特殊的政治环境下，对周边少数民族政权中归顺宋中央的少数民族在法律上采用特别立法，构成了宋朝法制建设中的特别内容。有学者对宋朝"归明人"立法及法律适用情况分北方、西北和西南三个地区进行了详细的考察；对立法中诏敕内容与过程进行详细考订；时间分为北宋与南宋两个时期分别讨论；重点分析了《庆元条法事类·蛮夷门》中相关立法内容与特点，成为近年在宋朝民族法制研究上的重要成果。③ 有学者在论文中指出宋朝对西南少数民族归明人实行双重民族政策，目标是开疆拓土、夯实边防，构成了较为特殊的民族法制政策。④ 有学者在博士学位论文中对宋朝归明人、归

---

① 陈武强：《从法制层面谈宋太祖对川贵、湖广边区的经略》，载《广西社会科学》2010 年第 4 期；《宋代茶马互市的法律规制》，载《石河子大学学报》2011 年第 6 期；《论北宋真宗、仁宗时期关于甘青蕃部的民族立法问题》，载《西藏民族学院学报》（哲学社会科学版）2010 年第 2 期；《宋代蕃法及其向汉法的过渡论略》，载《青海民族研究》2006 年第 5 期；《北宋后期关于西北蕃部的民族立法述略》，载《贵州民族研究》2006 年第 4 期；《试论北宋西北边区的蕃官行政法制》，载《贵州社会科学》2007 年第 4 期；《北宋神哲时期对西北蕃部的民族立法》，载《青海民族研究》2008 年第 4 期；《宋代法律思想与西北边区民族立法》，载《兰台世界》2008 年 15 期；《北宋西北边区的民族法律政策》，西北师范大学 2007 年硕士论文；刘建丽、陈武强：《略论北宋对西北边区蕃民的法律保护》，载《内蒙古社会科学》（汉文版）2006 年第 2 期。

② 徐晓光：《唃厮啰政权的"立文法"与宋朝藏汉关系立法》，载《西藏民族学院学报》2004 年第 4 期。

③ 谢波的论文有：《南宋的归明人法制——以〈庆元条法事类·蛮夷门〉为中心》，载《甘肃社会科学》2010 年第 3 期、《北宋对"归明人"的法律控制》，载《北方论丛》2009 年第 6 期和博士论文《宋代归明人法制研究》，云南大学 2011 年博士论文。

④ 戴建国：《宋朝对西南少数民族归明人的政策》，载《云南社会科学》2006 年第 2 期。

正人的法律情况进行了较全面的考察。① 有学者指出宋朝中央对西夏、辽朝
归明人政策受到宋朝与这些国家政治关系的影响。② 宋朝民族立法与民族法
制建设上，由于宋朝在与周边少数民族政权处在一种国与国的关系中，没有
体现出秦汉、唐朝时期的自信，让民族法制建设受制于一种维持政权存在的
现实影响，所以难说具有什么绝对性的成绩。此外，学术界对宋朝涉及民族
立法方面的研究和资料整理整体上还不足，这导致对宋朝民族法制建设上的
评价存在不够全面等问题。

一　宋朝对民族地区的治理

宋朝在对少数民族治理上，中央设立了鸿胪寺作为管理机构，继承汉朝
的传统。《宋史·百官志》记载鸿胪寺的职能是"凡四夷君长、使价朝见，
辨其等位，以宾礼待之，授以馆舍而颁其见辞、赐予、宴设之式，戒有司先
期办具；有贡物，则具其数报四方馆，引见以进。诸蕃封册，即行其礼命。
若崇义公承袭，则辨其嫡庶，具名上尚书省"。宋朝鸿胪寺职能较复杂，下
设 12 个属官，分别管理不同地区与国家的关系。具体看是：往来国信所管
理与辽的国交关系，即"掌大辽使介交聘之事"。都亭西驿及管干所，管理
与西北藏族关系，即"掌河西蕃部贡奉之事"。礼宾院，管理与回鹘、吐
蕃、党项、女真的关系，同时还涉及互市的关系。"掌回鹘、吐蕃、党项、
女真等国朝贡馆设，及互市译语之事"。怀远驿管理与南部与西北部诸民族
的关系，即"掌南蕃交州，西蕃龟兹、大食、于阗、甘、沙、宗哥等国贡
奉之事"。③ 从鸿胪寺的职能分类详细、职能全面可以看出宋朝在民族治理
上更加完善。

宋朝在少数民族地区行政设置上继承了唐朝的做法，主要设置羁縻州县
制，其中典型的是西南和南方民族地区。宋朝羁縻州县的性质，《宋史·蛮
夷传》中有"树其酋长，使自镇抚，始终以蛮夷遇之"。宋朝羁縻州集中在
当时荆湖路、夔州路、成都府路、渔川府路、广南西路，即现在的湘鄂西、
四川、贵州和广西地区。数量据宋人王存《元丰九域志》卷十记载，荆湖
路南北江共有羁縻州 38 个；《宋史·地理志五》记载成都府路下黎州"领

---

① 侯爱梅：《试论北宋对西夏归明人的政策》，载《宁夏社会科学》2006 年第 3 期。
② 陶玉坤：《北宋对契丹归明人的安置》，载《辽宁师范大学学报》2008 年第 4 期；陶玉坤：
薄音湖：《北宋对契丹归明人的政策》，载《内蒙古社会科学》（汉文版）2003 年第 6 期；吕英亭：
《宋朝涉外法律初探》，博士论文，山东大学，2006 年。
③ 参见《宋史》卷一百六十五，"职官五"，中华书局 1977 年版。

羁縻州五十四"，雅州"领羁縻州四十四"，茂州"领羁縻州十"，威州"领羁縻州二"；《宋史·地理志六》记载左、右江邕州有"羁縻州四十四，县五，洞十一"。羁縻州县设立上以氏族、部族为基础，人口多少不一，地域大小不同，人口有的仅有上百户，地域有的仅有十多里。《宋史·蛮夷列传》记载湘西"南江诸蛮虽有十六州之地，惟富、峡、叙仅有千户，余不满百"；《宋史·蛮夷传四》记载川西北羌人地区"茂州诸部落，盖、堡、静、当、直、时、飞、宕、恭等九中州蛮也。蛮自推一人为州将，治其众，而常诣茂州受约束。茂州居群蛮之中，地不过数十里"。

宋朝羁縻州县在治理上具有以下特点：首先，任用各部族"蛮夷"首领为长；其次，法律制度上承认少数民族本身法律，解决纠纷时采用和断；再次，维护各少数民族各部落原有的土地制度，具体表现在保护豪酋对土地占有制、禁止汉民夺占溪洞田业，《桂海虞衡志·志蛮》广西羁縻州洞中有"其田计口给民，不得典卖，谓之祖业口分田"，禁止汉民质田和诈匿其产于溪洞之民；复次，赋税上区别对待，对很多少数民族不征赋税、邻近内地的少数民族减少征税等；又次，通过纳贡、封赐作为维系朝廷与各羁縻州县与中央的关系；最后，军事上，组织土兵、土丁、洞丁等维持当地社会秩序。①

宋朝在少数民族治理上的重要特征是从以前直接政治治理转向经济治理，具体是通过与少数民族进行大宗茶、盐和马的交易，通过贸易实现国家对少数民族的治理。其中茶马贸易成为重要的经济治理工具，为此，中央专门设立了都大提举茶马司，专门负责与周边民族的茶叶、马匹贸易。即"掌榷茶之利，以佐邦用。凡市马于四夷，率以茶易之"。② 宋朝地方治理中，各少数民族相邻地区，茶叶、马匹与盐的贸易成为地方与民族关系的重要措施。在西北与西夏的关系中，盐成为重要的工具，其中青白盐的贸易法成为调整与西夏关系的重要措施。最初西夏以青白盐为主要食盐来源。在李继迁反叛后，出现禁止食盐贸易。为此，国家制定了严法，史书记载"河东边人犯青白盐禁者如陕西法"；"土人及蕃部贩青白盐者益众，往往犯法抵死而莫肯止"、"诏蕃部犯青白盐抵死者"。③ 这些法律成为调整与治理西北民族的重要政策措施。西南及南方地区，马匹贸易成为治理西南民族的重

---

① 吴永章：《论宋代对南方民族的"羁縻"政策》，载《中南民族学院学报》1983年第3期。
② 《宋史》卷一百六十七，"职官七"，中华书局1977年版。
③ 《宋史》卷一百八十一，"食货下三"，中华书局1977年版。

要措施，称为广马。主要是在广西邕州置司提举，与罗殿、自杞、大理国各民族进行马匹贸易。"杞诸蕃本自无马，盖转市之南诏"。①

宋朝在对少数民族治理的另一措施是在少数民族地区推行保甲制度，加强对少数民族的治理。熙宁七年在泸州推行保甲制度，即"联其夷属以为保甲"。同年，知桂州刘彝提出对宜、融、桂、邕、钦五郡土兵加强管理，提出设立强有力的管理机制进行管理，具体是"主户自第四等以上，三取一以为土丁。而旁塞多非四等以上，若三丁籍一，则减旧丁十之七。余三分以为保丁，保丁多处内地"。②熙宁九年在广、惠、循、潮、南恩五郡设立保甲。元丰二年在广、惠、潮、封、康、端、南恩七州设立保甲。这样相当于在整个两广地区设立保甲制度。两广地区大量设立保甲制度改变了当地社会治理力量，成为宋朝对南方民族地区治理的重要措施。

二　宋朝民族立法与司法

宋朝对少数民族立法上，基本上继承唐朝的"化外人律条"作为基础，但宋朝对少数民族立法主要通过大量的条敕进行。宋朝对少数民族的立法，从《庆元条法事类·蛮夷门》、《宋会要辑稿·蕃夷》和《续资治通鉴长编》等上都有相应的内容，立法内容十分丰富。

宋朝对少数民族的法律适用上，基本原则是"国家因其俗以为法"，即承认各少数民族的法律。如西北诸族，在继承上，国家就承认各少数民族的传统习惯。"熟羌……为首领者父死子继，兄死弟袭，家无正亲，则又推其旁属之强者以为族首，多或数百，虽族首年幼，第其本门中妇女之令亦皆信服，故国家因其俗以为法。"③宋朝到南朝时期，开始对少数民族立法进行整理，主要是在编纂法律时设专门部分对相关内容进行总结和汇编，主要体现在《庆元条法事类·蛮夷门》中。当然，宋朝历朝立法中涉及少数民族的立法情况还可以从《宋会要辑稿·蕃夷》中进行系列考察。此外，宋朝涉及民族法律还体现在少数民族的军队立法，即蕃兵方面的立法；与少数民族贸易方面的立法。这些法律多涉及少数民族。

宋朝时国家对少数民族刑事案件管辖进一步深化，如南宋孝宗乾道三年（1167 年）"泸南沿边安抚司言：泸州江安县南北两岸夷人有犯，断罪不一，

---

① 《宋史》卷一百九十八，"兵十二"，中华书局 1977 年版。
② 《宋史》卷一百九十一，"兵五"，中华书局 1977 年版。
③ 同上。

自今江安县南岸一带夷人，有犯罪及杀伤人罪至死者，悉依汉法"。① 这样国家把少数民族中一般人之间的杀伤罪纳入管辖。在罪名上，对严重人身伤害行为进行司法管辖，如针对南方少数民族地区巫术盛行的社会状况颁布了禁止巫术的法律，"绍兴十九年二月（1149 年），禁湖北溪洞用人祭鬼蛊及造毒，犯者保甲同坐"。②

宋朝在少数民族司法适用上基本原则是遵行各民族"本俗法"，承认少数民族解决纠纷的方式，即承认"和断"。对此，大中祥符二年（1009 年）十一月宋真宗对边疆大臣指出"无得侵扰外夷，若自相杀伤，有本土之法，苟以国法绳之，则必致生事，羁縻之道正在于此"。这成为宋朝少数民族司法适用上的基本原则。体现在具体的案件审理中，对少数民族内部案件上，汉族官员采用居中劝谕、调停，即进行"和断"。如大中祥符二年（1009 年）十二月礼宾院奏称，"西州进奉回纥李顺与西南蕃人贡从人斗死，欲押赴开封府，依蕃部例和断，收偿命价"。从之。③ 天圣七年（1029 年）八月，下诏"戎州夷人犯罪，委知州和断之。若汉人，即正其法"。④ 在法律适用方面，宋廷强调对少数民族"本俗法"（习惯法）的适用，发生在孝宗乾道年间的一件案例十分典型：

> （乾道）三年五月十三日，泸南沿边安抚司言："泸州江安县南、北两岸夷人有犯，断罪不一。自今江安县南岸一带夷人有犯十恶及杀伤人罪至死者，悉依汉法，余仍旧法施行。"刑部契勘："续降绍兴三十一年十月敕旨：夔州路所部州军，自今熟夷同类自相杀伤罪至死者，于死罪上减等。泸州夷人与夔路夷人一同，欲依绍兴三十一年十月夔州路已得旨，于死罪上减等从流，罪不至死，并依本俗专法。余沿边溪峒有熟夷人，亦乞仿此施行。"从之。⑤

宋朝时西北地区"蕃民"违法犯罪时，在法律适用上适用的是他们的固有法律。《资治通鉴长编》记载宝元二年（1039 年）八月，"知丰州王庆余之祖承美，本藏才族首领，自其归朝，于府州西北二百里建丰州，以承美

---

① 徐松：《宋会要辑稿·番夷五》，中华书局 1985 年版。

② 《宋史》卷 30，"高宗七"，中中华书局 1977 年版。

③ 《宋会要辑稿》，"职官二十五之七"，中华书局 1985 年版。

④ 《续资治通鉴长编》卷一百八，"天圣七年八月壬子条"。

⑤ 徐松：《宋会要辑稿》，中华书局 1985 年版。

为防御使，知蕃汉公事。藏才凡三十八族……其部族或有过则移报丰州，以蕃法处之"。① 这条史料虽然没有明确指出适用"蕃法"的罪名，但是既然以"蕃法"处理，在审理中罪名自然适用"蕃法"。辽国是契丹族建立的朝代，在法律适用上"神册六年：乃诏大臣定治契丹及诸夷之法，汉人则断以《律令》"。② 这里对契丹人及各少数民族就适用他们的法律，所以在罪名适用上应有他们的各自罪名。

宋朝有"旧制：秦州蕃汉人月募得良马二百至京师，给彩绢、银碗、腰带、棉袄子，蕃官、回纥隐藏不引至者，并以汉法论罪"，③ 对蕃官私贩马匹的行为适用国家法。

宋朝在对少数民族的案件审理中，有直接适用各民族固有处罚方式的案例。宋朝著名官员范成大指出对少数民族的案件在法律适用上"不可尽以中国法绳治"，④ 宋真宗大中祥符二年（1009 年）曾下谕"外夷若自相杀伤，有本土之法，苟以国法绳之，则必致生事"。⑤ 这里宋真宗明确指出对少数民族的案件适用上应变通。南宋孝宗乾道三年（1167 年）五月"泸南沿边安抚司言：泸州江安县南北两岸夷人有犯，断罪不一，自今江安县南岸一带夷人，有犯罪及杀伤人罪至死者，悉依汉法，余仍旧法施行。刑部契勘……已得旨于死罪上减等从流罪至死，并依本族专法，余沿边溪峒有熟夷人亦乞仿此施行。从之"。⑥ 这里除"有犯罪及杀伤人罪至死"的重罪要依国家法处罚外，对其他较轻的犯罪在法律适用上则"依本族专法"，就是适用各民族的固有法。宋朝范仲淹为官西北时就和西北羌族通过立约承认他们的处罚方式。"若仇已和断，辄私报之及伤人者，罚羊百、马二，已杀者斩。负债争讼，听告官为理，辄质缚平人者，罚羊五十、马一。贼马入界，追集不赴及本族，每户罚羊二，质其首领。贼大人，老幼入保本砦，官为给食；既不入砦，本家罚羊二。"⑦ 罚羊、罚马是当地少数民族通用处罚方式。此条法律对不同案件罚羊、罚马数量有详细规定，实质上承认了各少数民族固有的处罚方式。

① 李焘：《资治通鉴长编》卷一百二十四，"宝元二年八月戊辰"条，中华书局1985 年版。
② 《辽史》卷六十一，"刑法志上"，中华书局1974 年版。
③ 《宋史》卷一百九十八，"兵十二"，中华书局1977 年版。
④ （宋）范成大：《杜海虞衡志·志蛮·黎》，四川民族出版社1986 年出版，第 179 页。
⑤ 徐松辑：《宋会要辑稿》，"番夷五"，中华书局1985 年影印。
⑥ 同上。
⑦ 《宋史》卷三百一十四，"范仲淹传"，中华书局1977 年版。

第二节 宋朝时期少数民族法制

与宋朝前后存在的少数民族建立的地方政权主要有契丹族的辽国、女真的金朝、党项人的西夏和大理白族的大理国。四个少数民族政权是这个时期建国较为成熟，且对当时社会发展产生重大影响的民族地方政权。这里对四个民族地方政权的法制情况进行介绍。

一 契丹（辽国）法制

（一）辽国概说

辽朝（916—1125 年），又称大契丹国，是由契丹人建立的一个王朝。辽国从公元 907 年至 1218 年长达 311 年之久。"契丹"的含义，最广为接受的说法是镔铁或刀剑之意，后来改国名为"辽"，也是"铁"的意思，同时"辽"是契丹人发祥地辽水的名字，以示不忘本之意。契丹族源于东胡后裔鲜卑的柔然部。契丹源于鲜卑后裔，北魏道武帝时聚居于辽水上游一带，自称青牛白马之后。唐太宗贞观二十二年（648 年）在契丹人中设松漠都督府，酋长任都督并赐李姓。唐高宗显庆五年（660 年）反叛自立。晚唐时契丹迭剌部首领耶律阿保机崛起并征服各部，取代痕德堇可汗后于 907 年称可汗。916 年 3 月 17 日耶律阿保机建立契丹国，史称辽太祖。1125 年 3 月 26 日为金朝所灭。1122 年时，耶律淳于辽南京被立为帝，史称北辽。辽朝灭亡后，耶律大石西迁到中亚楚河流域，1132 年建立西辽。1211 年西辽被屈出律篡位，1218 年被大蒙古国所灭。

辽朝法律制度中对不同法律文化因素的分析上，学术界研究较多，主要分析辽朝法律制度设置上采用二元结构，即契丹"国俗"与汉法的并列使用形成的原因、内容、变迁及影响。有学者指出辽代行政制度的二元化是中国政治制度史上一个颇具特色的现象，以南、北面官分治汉人和契丹，是由契丹统治者对待汉族文明态度决定的。[①] 有学者通过考古资料与文献资料的结合得出辽代法律具有沿用唐宋法律，传承契丹习惯；一国两制，南北二元等特点。[②] 有学者指出辽朝因为"因俗而治"的国策，导致在法律中汉人、

[①] 袁俊英、李文军：《辽代行政制度二元化原因分析》，载《辽宁工程技术大学学报》2006 年第 3 期。

[②] 张志勇：《辽代法律及其特色》，载《辽宁工程技术大学学报》2012 年第 4 期。

契丹人的法律传统得到并存，于是它的法律文化体现出二元甚至是多元特征。① 近年很多学者通过分析辽朝一些具体的法律制度，考察这些法律制度中不同法律文化因素的影响，特别是契丹传统习惯因素与唐朝法律文化因素。如在死刑制度上分析辽朝死刑制度是如何体现两种法律因素的作用与影响。② 有通过分析"籍没刑"和"凌迟刑"等在辽朝刑法中写入、内容特点与变迁等，研究两种因素在辽朝法律发展中的影响与变化。③ 有学者分析辽朝法律形式中某种法律形式的特点，得出它的法律特点。如分析辽朝"令"的特点、发展变迁等。④ 这些研究主要是揭示辽朝法律发展中契丹因素与汉法因素的相互作用与影响。

（二）辽朝立法情况

契丹最初是部族社会，《辽史·营卫志》中说契丹社会组织，"部落曰部，氏族曰族。契丹故俗，分地而居，和族而处"。最初分为八部，每部设有一名首领，称为大人。再从八部首领中推举一人为盟主，三年更换一次，成为整个部族的联盟首领。阿保机在成为盟主后，破坏盟主选择制度，成为国主，建立国家。阿保机称皇帝后，设立国家制度的基本原则是二元制，即把国内民族根据社会经济类型的不同分设不同制度，具体是在契丹等民族中采用本民族部族制，设立车帐之法；汉人采用郡县制，在都城南设一城，称为汉城。辽太宗耶律德光时进一步完善二元制度，实行南北面官制。辽圣宗到道宗时出现合一为汉制的发展趋势；道宗后出现恢复辽前期二元制度的倾向。

在契丹族社会制度的发展史上，唐朝是重要的时期。唐代，契丹人已经先后建立了"大贺"和"遥辇"两个永久性部落联盟。联盟内设有君长（联盟长）、夷离堇（军事首长）等职，各部落有自己崇拜的图腾，部族之间相互通婚。735 年辽皇室的祖先雅里立阻午可汗（遥辇氏联盟长）时开始设立官制、牢狱等。《辽史》记载"传至雅里，始立制度，置官属，刻木为契，穴地为牢"。阿保机在建国初期，先后由三位汉人大臣参与重要法律制

---

① 何天明：《辽代的"因俗而治"与货币流通》，载《内蒙古金融研究》第 7 辑 2006 年；刘本锋：《试论辽朝"因俗而治"的国策及意义》，载《江西教育学院学报》2010 年第 1 期；孙任之：《辽朝"因俗而治"政策的作用及思考》，载《内蒙古农业大学学报》2011 年第 6 期。

② 刘海涛：《辽代死刑研究》，辽宁师范大学 2008 年硕士学位论文。

③ 项春松：《辽代财产刑研究——契丹"籍没"刑及其相关问题试析》，载《北方文物》2002 年第 3 期；王善军：《辽代籍没法考述》，载《民族研究》2001 年第 2 期；陈其斌：《凌迟入律在辽代》，载《读书》2003 年第 5 期。

④ 黄震云：《辽代法令考》，载《北方文物》2008 年第 4 期。

度的创制，分别是韩延徽、韩知古和康默记。幽州汉人韩延徽，史书记载"太祖初元，庶事草创，凡营都邑，建宫殿，正君臣，定名分，法度井井，延徽力也"；① 蓟州汉人韩知古出任司法官员，"诏群臣分决滞讼，以韩知古录其事"，② 神册年间韩知古还创制法律制度。"总知汉儿司事，兼主诸国礼仪，时仪法疏阔，知古援据故典，参酌国俗，与汉仪杂就之，使国人易知而行。"③ 从这里记载可以看出，辽国初期在制度设立上基本特征是以契丹族习俗为主体，参用汉法。蓟州汉人康默记出任司法官员，成为建国时期重要的司法官员。"一切蕃汉相涉事，属默记折衷之，悉合上意。时诸部新附，文法未备。默记推析律意，论决重轻，不差毫厘，人人自以为不冤。"④

神册元年（916 年）阿保机建立契丹国，阿保机在建国时保留了部落联盟时期的"于越"、"夷离堇"（掌兵马大权）、"阿扎割只"（决狱官）等职官和部族社会组织；承认了"射鬼箭"、"没入瓦里"⑤ 等传统刑罚。

辽建国后，进行了一系列的立法活动，按记载辽太祖神册六年（921年）制定《决狱法》，是建国后第一次制定成文法。辽太宗时制定"治渤海人一依汉法"。辽圣宗时，规定契丹与汉人相互斗殴时法律适用上平等适用。"契丹及汉人相殴致死，其法轻重不均，至是一等科之。"对此，《续资治通鉴长编》中有较为详细的记载，"先是，蕃人殴汉人死者，偿以牛马，汉人则斩之，仍没其亲属为奴婢，萧氏一以汉法论"。⑥ 统和十二年规定契丹人适用十恶罪。二十四年禁止主人擅杀奴婢。二十九年对宰相、节度使等世选之家子孙犯罪在法律适用上与平民同罚。此外，还颁布释放债务奴婢。辽兴宗耶律宗真制定《重熙新定条制》。制定的原则是"方今法令轻重不论。法律者，为政所先，人命所系，不可不慎。夕即其审度轻重，从宜修定"。重熙五年（1036 年）"《新定条制》成，诏有司凡朝日执之，仍颁行诸道。盖纂修太祖以来法令，参以古制"。此次修律，基本上吸收辽太祖以来的立法，同时以《唐律》为准进行修订。《重熙新定条制》有 547 条。辽道宗继承此种法律改革的趋势。咸雍六年（1070 年）再次修订法律，基本

---

① 《辽史》卷七十四，"韩延徽传"，中华书局 1974 年版。

② 《辽史》卷一，"太祖纪上"，中华书局 1974 年版。

③ 《辽史》卷七十四，"韩知古传"，中华书局 1974 年版。

④ 《辽史》卷七十四，"康默记传"，中华书局 1974 年版。

⑤ "射鬼箭"是皇帝亲自征服贵胄后祭告先帝时采用死囚一人，置于叛乱的方向，用乱箭射杀，"名曰射鬼箭，以被不祥"；"没入瓦里"，即籍没之法，对那些因罪降为奴隶的人由"瓦里"管辖。

⑥ 《续资治通鉴长编》卷七十二，"大中祥符二年十二月癸卯"条。

原则是改变阿保机以来法制建设上契丹与汉人异制特点。在修改法律时指出虽然"契丹、汉人风俗不同",但"国法不可异施",对法律进行大规模调整。此次修改法律从咸雍六年到大安三年,历时 17 年才完成。重点对《重熙条制》进行修改,制定《咸雍条制》。此次修改的具体内容有:在窃盗罪上,把窃盗赃二十五贯处死增至五十贯;删除重复的二条,共有 545 条。其中旧法中保留了 173 条,新制定 71 条,共有 789 条,增重修改内容律令达 1000 多条。此外,大康年间还对"律"和"条例"部分进行修改,增加了 36 条;大安三年增加 67 条。《咸雍条制》的法律形式是以律令为主的汉法体系。至此,辽朝通过近百年的法律发展,在吸收唐律的基本精神与形式后,融合自己的民族和时代特点,形成完整的法律体系。《咸雍条制》法典按史书记载,在大安五年(1089 年),即新法颁行两年后,辽道宗以"以新定法令太烦,复行旧法"。[①] 从法律上把此次法律改革否定了。这次法律改革失败主要原因是立法中吸收汉法太多,不能适应当时契丹传统社会的需要。

辽朝刑事法律制度体现出汉法与契丹传统相结合的特点,在刑罚上有死、流、徒和杖。死刑有绞、斩和凌迟三种,还有附加刑——籍没。流刑有发流边城部族,远投诸境外和最远的是罚出绝域。流刑体现出契丹民族的社会特点。徒刑有终身、五年和一年半三等。杖刑在五十下以上采用沙袋行杖。此外,还有木剑、大棒、铁骨朵等处罚形式。

(三)二元制法律结构与变迁

辽朝法律制度的基本特点是二元制,体现在法律上实行汉法与契丹国俗相结合,政治制度上实行南北面官制。辽朝二元政治制度始于阿保机,完善于辽太宗。天显十一年(936 年)辽太宗接受后晋石敬瑭献燕云十六州后,辽国内汉人成为重要的力量。辽太宗对国家机构进行了调整,完善了"北面官"和"南面官"两套不同体系的政治机构和法律制度。《辽史》称"至于太宗,兼制中国,官分南、北,以国制治契丹,以汉制待汉人。国制简朴,汉制则沿名之风固存焉"。[②] 此后,经历了世宗、穆宗、景宗三朝(947—982 年),到辽圣宗后才发生以汉法为主的改革。圣宗耶律隆绪时期开始改革法律,史书记载圣宗"当时更定法令凡十数事,多合人心"。改革主要是吸收中原封建性的汉法,以消弭辽法中蕃汉异治、轻重不均的现象。

---

① 参见《辽史》卷二十五,"道宗纪五",中华书局 1974 年版。
② 《辽史》卷四十五,"百官志",中华书局 1974 年版。

在刑法方面，《辽史·刑法志》记载："先是，契丹及汉人相殴致死，其法轻重不均。至是一等科之。"《续资治通鉴长编》记载有"先是，蕃人殴汉人死者，偿以牛马，汉人则斩之，仍没其亲属为奴婢，萧氏一以汉法论"。①统和十二年（994 年）"诏契丹人犯十恶者依汉律"；实行"十恶"和"免连坐"；释放债务奴婢等法律，让辽朝法律向唐律靠拢。

辽朝在法律上最初实行的是二元法治，具体是契丹及各少数民族实行各民族的法律，汉人适用汉人的法律，即"诏大臣定治契丹及诸夷之法，汉人则断以《律令》"。阿保机刚建国时，把统治下的民族分为四姓，即契丹、奚、渤海、汉人，四个群体各有不同的法律制度、风俗习惯。《武溪集·契丹官仪》记载："胡人东有渤海，西有奚，南有燕，北居其窟穴，四姓杂居，旧不通婚，谋垂韩绍芳献议，乃许婚焉。衣服、饮食、语言，各从其俗，凡四姓（契丹、奚、渤海、汉人）相犯，皆用汉法，本类自相犯者，用本国法。"② 这里法律适用基本上是采用《唐律·化外人律条》的原则。在礼仪方面实行不同的制度。《辽史·仪卫志·舆服篇》中明确将其分为"国舆"和"汉舆"、"国服"和"汉服"，其中又有"皇帝与南班汉官用汉服，太后与北班契丹垂僚用国服"。仪仗，则有"国仗"、"渤海仗"之别。《乐志篇》中有"国乐"与"汉乐"（即"诸国乐"、"雅乐"、"散乐"）之别。

南北面官制分别治理不同的民族群体。《辽史·百官志》记载："太祖神册六年，诏正班爵。至于太宗，兼制中国，官分南北，以国制治契丹，以汉制待汉人……因俗而治，得其宜矣。"后来形成南北面官制度。"太祖分迭剌夷离堇为北、南二大王，谓之北、南院。"两者职能是"北面治宫帐、部族、属国之政；南面官治汉人州县、租赋、军马之事"。《辽史·百官志》记载："辽有北面官矣，既得燕代十有六州，乃用唐制，复设南面三省、六部、台、院、寺、监、诸卫、东宫之官。诚有志帝王之盛制，亦招徕中国之人也！"南北院官员在官员等上有区别，"胡人之官，领番中执事者，皆胡服，谓之契丹官；枢密、宰压则曰北枢密、北宰相；执政者则曰南宰相、南枢密"。③

北面朝官设有：北、南枢密院，职权是"契丹北枢密院，掌兵机、武

---

① 《续资治通鉴长编》卷七二，"大中祥符二年十二月癸卯"条。

② 余靖：《武溪集》卷十八，"契丹官仪"，商务印书馆 1946 年印。

③ 参见《辽史》卷四十五，"百官志"，中华书局 1974 年版。

让、群牧之政，凡契丹军马属焉。以其牙帐居大内帐殿之北，故名北院……契丹南枢密院，掌文诊、部族、丁赋之政。凡契丹人民皆属焉。以其牙帐居大内之南，故名南院"；北、南宰相府，执掌均为"掌佐理军国之大政"；北、南大王院，职权是"分掌部族军民之政"；宣徽北院和宣徽南院专掌宫廷事务；大林牙院"专掌文翰之事"和敌烈麻都司掌管礼仪。北面官中设夷离毕院专掌部族刑狱和法令，设有左右夷离毕、知左右夷离毕事等官职。辽圣宗时，北南枢密院综理军政，同时负责诉讼等事务。

南面朝官是按唐朝设三省六部制分理职掌和门类设置，汉人枢密院，掌汉人兵马之政：中书省，掌管汉人的一般事务；门下省，仅有其名而无具体职责；尚书省，掌管一般的财政事务，下设有六部；御史台，其职责是纠察官吏，但实际运行中拥有司法权；翰林院，掌天子文翰之事。司法上，南面官以大理寺、详覆院、刑部共同负责，具体是大理寺审判刑狱，详覆院平议案牍，刑部总揽政令。[①]

官员任命上，北面官的官员主要由皇族、后族及近亲贵族担任，后来扩大到契丹贵族担任。南面朝官则主要由汉族上层担任。"置百官，皆依中国，参用中国之人。"[②]

辽国建立后，开始通过立法，建立自己的法律制度。最初立法是完成国家的基本构建同时改革契丹民族的一些习惯。在改革契丹法律习惯上，最初是立法禁止"姊亡妹续之法"；后来推行"契丹人授汉官者从汉仪，听与汉人婚姻"[③] 等。

二　女真族（金朝）法制

（一）金朝概说

金朝（1115—1234 年），或称大金、金国、金朝，是宋朝时期东北地区由女真族建立一个民族政权。女真族原为辽朝的藩属，女真族首领金太祖完颜阿骨打在统一女真诸部后，1115 年于会宁府（今黑龙江省哈尔滨市阿城区）建都立国，国号大金。共经历 10 位帝王。金朝立国后，与北宋定"海上之盟"向辽朝宣战，于 1125 年灭辽。后两次南下中原，于 1127 年灭北宋。后迁都中都，再迁都至汴京（今河南开封）。盛时代疆域：东北到日本

---

① 参见《辽史》卷四十五，"百官志"，中华书局 1974 年版。
② 《新五代史》卷七十二，"四夷附录第一"，中华书局 1974 年版。
③ 《辽史》卷四，"太宗纪下"，中华书局 1974 年版。

海、黑龙江流域一带；西北到河套地区；西边接壤西夏；南边以秦岭到淮河一线与南宋交界。金世宗与金章宗时期，金朝政治文化达到最高峰。金帝完颜永济与金宣宗时期，金朝受到北方新兴的大蒙古国大举南侵，1234 年，金朝在蒙古和南宋南北夹击下灭国。

金朝法制近年研究很少，在金朝法律史研究中分析不同法律因素的关系与作用是研究的重点。有学者认为金朝法律融合了唐、辽、宋旧制和女真族传统的习惯法，表现出多元性，同时在不断汲取先进的汉族和其他各民族的精华后，成为历史上少数民族建立的政权中法制较为完备的王朝。① 有学者分析了金朝刑法的种类与特征后，指出金朝刑法中不同法律因素的作用与关系。② 有学者通过分析金朝立法情况，认为金朝立法的直接渊源是女真族的习惯，并始终保持了一部分行之有效的本民族习惯法；到金熙宗时，开始接受中原正统思想，创制自己的法律体系；历海陵、世宗到章宗时，金朝已完成了唐律式法律体系。但整个法律制度中辽朝、唐朝和女真传统三种因素构成了法律的基本渊源。③ 有学者通过对金朝法律渊源分析得出金朝传统习惯一直存在，但日渐式微，各项制度包括礼仪、财税、兵制等多采辽宋之法，而国家律令则主要继承唐律。总之，金朝法律渊源有本朝旧制、辽、宋、唐四种。④

女真族建国前对杀人及盗劫的处死，轻罪杖以柳条。杀人处死时附加没家财，其中十分之四入官，六分给受害人家属，并罚家人为奴婢。有财产的，可以用马牛杂物赎罪。赎刑上轻重罪都可以，只是要附加劓鼻、割耳作为区别。

女真族建国前是农村公社、部落联盟制。建国后，女真人地方基层组织是猛安谋克。1114 年十月，太祖“初命诸路以三百户为谋克，十谋克为猛安”，⑤“其部长曰孛堇，行兵则称曰猛安、谋克，从其多寡以为号，猛安者千夫长也，谋克者百夫长也”。⑥ 猛安谋克既是行政组织又是军事组织。汉族地区推行郡县制度，泰和六年府州县下设坊，坊正，村社设乡，乡置里正。村社三百户以上设主首四人，二百户以上三人，五十户以上二人，以下

---

① 张涛：《金代法制略探》，载《东北史地》2008 年第 1 期。
② 郭长海：《金代刑法浅谈》，载《哈尔滨市经济管理干部学院学报》2001 年第 1 期。
③ 芮素平：《金朝立法研究》，硕士学位论文，中国社会科学院研究生院，2003 年。
④ 龙威：《金代法律的渊源及其运用》，硕士学位论文，中国政法大学，2002 年。
⑤ 《金史》卷二，“太宗纪”，中华书局 1974 年版。
⑥ 《金史》卷四十四，“兵志”，中华书局 1974 年版。

一人。

（二）金朝立法

金朝法律发展历史可以分为三个时期，这从《金史·刑法志》中可以看出。

> 金初，法制简易，无轻重贵贱之别，刑、赎并行，此可施诸新国，非经世久远之规也。天会以来，渐从吏议，皇统颁制，兼用古律。厥后，正隆又有《续降制书》。大定有《权宜条理》，有《重修制条》。明昌之世，《律义》、《敕条》并修，品式当浸备。既而《泰和律义》成书，宜无遗憾。[①]

从这里看，法律发展可分为初期，法制简易，没有完整的法律；中期，天会至明昌年间，制定法律；全盛时期，即泰和年间制定律令法律体系。金朝立法渊源上，基本是在保持本民族习惯法下大量吸收汉区传统法律。对此，《金史·刑法志》中有"以本朝旧制，兼采隋、唐之制，参辽、宋之法"的记载。从史料记载的泰和年间立法篇目看，法律形式上确实如此。金朝立法的历史，大体是从金太宗朝开始。金太宗时在不改旧制下开始根据辽宋法律制定新法，"虽承太祖无变旧风之训，亦稍用辽、宋法"。天会七年制定《偷盗处罚法》；熙宗天眷元年制定《卫禁之法》；皇统三年（1143年）制定《皇统制》，正隆年间制定《续降制书》与《皇统制》并行。金世宗制定《军前权宜条理》。后设法律修改局，命大理卿移刺挺总管立法，对"中外明法者共校正"，具体是对皇统、正隆的《制》和大定《军前权宜条理》和后《续行条理》进行修改，制定了《大定重修制条》，该法典对徒杖减半，条文1190条，共12卷。明昌五年制定了《明昌律义》和编撰别编榷货、边部、权宜等内容而成《明昌敕条》。这样泰和年间通过系统立法，形成了律令格式及敕条为形式的法律结构。

金朝在建国前就开始出现立法。女真族立法始于完颜部与其他部发生杀人，出现两个部族无休止的复仇械斗。最后完颜部为解决此纠纷提出让能解决的人为首领。于是，完颜函普出面主持解决，提出采用杀人偿物，不用械斗的解决办法。于是两个部族械斗得以解决。最后通过立法规定，"凡有杀伤人者，征其家人口一、马十偶、牸牛十、黄金六两，与所杀伤之家，即两

---

① 《金史》卷四十五，"刑法志"，中华书局1974年版

解，不得私斗"。① 于是女真人杀人赔偿马牛三十从此开始，成为女真的立法新河。昭祖完颜石鲁时再次制定法律，但遭到族人反对。"欲稍立条教，诸父、部人皆不悦，欲坑杀之。"② 但后来法令得到执行。完颜盈歌制定了新的法律，统一诸部的信牌，"穆宗用太祖议，擅置牌号者置于法，至是号令乃一，民听不疑失。自景祖以来，两世四主，志业相因，卒定离析，一切治以本部法令"。③

据《三朝北盟会编》卷十八中引苗耀《神麓记》记载"函普教人举债生息，勤于耕种者遂至巨富，若遇盗窃鸡豚狗马者以枉桔构械，用柳条笞挞外，赔偿七倍"。④《松漠纪闻》载："金国治盗甚严，每捕获，论罪外，皆七倍责偿，唯正月十六日纵偷一日以为戏，妻女、宝货、车马为人所窃，皆不加刑。"⑤

《金史·太祖纪》上记载：

> 康宗七年，岁不登，民多流草，强者转而为盗。欢都等欲重其法，为盗者皆杀之。太祖曰："以财杀人，不可。财者，人所致也。"遂减盗贼征偿法为征三倍。⑥

建国后，金朝大量通过立法改革社会中一些不适应当时发展的社会习惯和法律制度。如天辅元年禁止同姓为婚；天辅二年禁止凌虐典雇平民和加倍取赎等法律。天辅五年规定女真、契丹、汉人各用本民族文字，渤海人与汉人相同。天辅十八年禁止杀奴婢、同居卑幼和妻子等。大定二十七年禁止女直人改称汉姓、穿汉服。太宗在立法上吸收辽朝沙袋制。据《大金国志·科条》载："当其有国之初，刑法并依辽制。常刑之外，又有一物曰沙袋，以革为囊，实以沙石，系于杖头。人有罪者，持以决其背。大率似脊杖之属，惟数多焉。"⑦ 天会七年（1129 年）太宗颁布了一道窃盗诏，法令借鉴了辽和唐、宋的刑罚。"凡窃盗，但得物徒三年，十贯以上徒五年，刺字充

---

① 《金史》卷一，"世纪"，中华书局 1974 年版。

② 同上。

③ 同上。

④ 《三朝北盟会编》卷十八，上海古籍出版社 1987 年版。

⑤ 洪皓：《松漠纪闻》，文渊阁四库全书。

⑥ 《金史》卷二，"太祖纪"，中华书局 1974 年版。

⑦ 宇文懋昭：《大金国志校注》，中华书局 1985 年版。

下军，三十贯以上徒终身，仍以赃满尽命刺字于面，五十贯以上死，征偿如旧制。"① 天会二年（1124 年）二月，诏"有盗发辽诸陵者，罪死"。天会八年（1130 年）五月癸卯，太宗下诏，"禁私度僧尼及继父继母之男女无相嫁娶"。《金史》记载："及其得志中国，自顾其宗族国人尚少，乃割土地、崇位号以假汉人，使为之效力而守之。猛安谋克杂厕汉地，听与契丹、汉人婚姻以相固结。"② 金熙宗天眷三年（1140 年）制定《皇统制》，《金史·刑志》载："至皇统间，招诸臣，以本朝旧制，兼采隋唐之制，参辽、宋之法，类以成书，名曰《皇统制》，颁行中外。时制，杖罪至百，则臀背分决。"③ 对法典的内容，《大金国志》和《皇统新制》都有记载。《大金国志·熙宗孝成皇帝四》记载：

　　（皇统五年）颁行皇统新律千余条。新律之行，大抵依效大宋。其间亦有创立者，如殴妻至死，非用器刃者不加刑。他率类此。徒自一年至五年。杖自百二十至二百，皆以荆决臀，仍构役之，使之难作。惟僧尼犯奸，及强盗不论得财不得财并处死，与古制异矣。④

《大金国志·科条》记载：

　　至皇统间，又下学士院令讨论条例，颁行天下，目之曰《皇统新制》，近千余条。海陵就熙宗自立，又去脊杖，以其近人心故也。斩刑者，与上古之制一也。处死者，免决重杖，止令铃绞也。流者，无流罪，止流犯人之家属也。徒者，非谓脊杖代徒，实构役也。徒至五年，五年以上，皆死罪也。徒五年则决杖二百，四年则百八十，三年百六十，二年百四十，一年百二十。杖无大小，止以荆决臀，实数也。构役之处，诸郡有之，曰都在院。所徒之人，或使之磨甲，或使之上工，无所不可，脚腕以铁为镣嫌锁之，罪轻者用一，罪重者二之。朝纵暮收，年限满则逐便，不妨依旧为百姓。刑法与旧不相远，唯僧尼犯奸者死，强盗不论得财与不得财并处死，强奸者斩，与古法异矣。⑤

---

① 《金史》卷四十五，"刑法志"，中华书局 1975 年版。
② 《金史》卷四十四，"兵志"，中华书局 1974 年版。
③ 《金史》卷四十五，"刑法志"，中华书局 1975 年版。
④ 宇文懋昭：《大金国志校注》，中华书局 1985 年版。
⑤ 同上。

金朝世宗、章宗时，制定了《军前权宜条理》、《续行条理》、《大定重修制条》、《明昌律义》、《明昌救条》、《泰和律义》和《新定律令救条格式》等七部成文法典。

金朝在章宗明昌元年（1190年）开始修订律令，泰和二年（1202年）修成，称《泰和律令救条格式》，形成以《泰和律》和《泰和令》为主体的唐朝法律模式的法律形式结构，具体分为律令救格式等。史书记载有：

> 凡十有二篇：一曰《名例》，二曰《卫禁》，三曰《职制》，四曰《户婚》五曰《厩库》，六曰《擅兴》，七曰《贼盗》，八曰《斗讼》，九曰《诈伪》，十曰《杂律》，十一曰《捕亡》，十二曰《断狱》。实《唐律》也，但加赎铜皆倍之，增徒至四年、五年为七，削不宜于时者四十七条，增时用之制百四十九条，因而略有所损益者二百八十有二条，余百二十六条皆从其旧。又加以分其一为二、分其一为四者六条，凡五百六十三条，为三十卷，附注以明其事，疏义以释其疑，名曰《泰和律义》。自《官品令》、《职员令》之下，曰《祠令》四十八条，《户令》六十六条，《学令》十一条，《选举令》八十三条，《封爵令》九条、《封赠令》十条，《宫卫令》十条，《军防令》二十五条，《仪制令》二十三条，《衣服令》十条，《公式令》五十八条，《禄令》十七条，《仓库令》七条，《厩牧令》十二条，《田令》十七条，《赋役令》二十三条，《关市令》十三条，《捕亡令》二十条，《赏令》二十五条，《医疾令》五条，《假宁令》十四条，《狱官令》百有六条，《杂令》四十九条，《释道令》十条，《营缮令》十三条，《河防令》十一条，《服制令》十一条，附以年月之制，曰《律令》二十卷。又定《制救》九十五条，《榷货》八十五条，《蕃部》三十九条，曰《新定救条》三卷，《六部格式》三十卷。司空襄以进，诏以明年五月颁行之。①

《泰和律》，又称《泰和律义》。法典共有12篇，具体是《名例》、《卫禁》、《职制》、《户婚》、《厩库》、《擅兴》、《贼盗》、《斗讼》、《诈伪》、《杂律》、《捕亡》和《断狱》。史书上评价此法典"实《唐律》也"。变化仅是赎铜数量增倍，徒刑增为四年和七年，删除《唐律》不合时宜的27条，增加了新需要的149条，条文中"略有所损益"的达到182条，其中

---

① 《金史》卷四十五，"刑法志"，中华书局1975年版。

不变的有 126 条。把旧条文中一条分为二、一分为四共 6 条。总共是 563 条，共 30 卷，同时附有注与疏，即"附注以明其事，疏义以释其疑"。令共有 29 种，加上随年月制定的律令共编辑了 29 卷，称为《律令》。《新定敕条》三卷，分别是：《制敕》95 条，《榷货》85 条，《蕃部》39 条，共 219 条。《六部格式》共 30 卷。这样金朝综合唐朝与宋朝的法律形式，形成了有别于唐宋两朝法律形式的律令、格式、格条法律体系。此次立法，标志着金朝法律实现了法典化与汉化。

从记载看，此次立法实现了金朝多次层立法，完成了国家法律的建设。此次在法律编纂上继承了秦汉以来法律体系建设上以律令为主的结构，法律体系中最多的是律与令。同时，在律上充分继承了唐朝的成果与形式，把疏议附上。同时，把五代以来注重编敕条的立法形式吸收，编成《新定敕条》。此外，还根据唐朝时的格式，编成《六部格式》。金朝此次立法把秦汉至宋的立法成果进行了全面总结，实行了法典化的立法。可惜没有存留下来相应的法典。若能全存留下来，将对中国古代法律研究起到重要作用。

三　党项族（西夏）法制

（一）西夏概说

西夏是由羌族中一支——党项人建立的一个地方性少数民族政权。唐朝时党项著名部落有八个，其中拓跋部最为强大。唐末至宋初，党项族形成一个以夏州拓跋部为中心的地方割据势力，奠定了西夏立国的基础。宋初党项政权经李继迁、李德明经营，到李元昊时正式称帝立国（1038 年），国号大夏。历史上因其位于宋朝西面，故称西夏。西夏王朝共传十世，历时 190 年。可分为三个时期：初创时期（1038—1086 年），即景宗元昊、毅宗谅祚、惠宗秉常三朝。这一时期国家初建，不断健全和完善各项制度，对外战争以侵宋地为主，以扩张领土并让宋朝承认其政权为目标。兴盛时期（1086—1193 年），历崇宗乾顺、仁宗仁孝两朝。这一时期西夏最为强盛，西夏对外采取附金和宋的政策。衰亡时期（1193—1227 年），历桓宗纯祐、襄宗安全、神宗遵顼、献宗德旺、末帝晛五朝。这一时期西夏内部政局动荡，外部有蒙古强敌威胁。1227 年西夏为蒙古所灭，西夏党项遗民逐渐同周边汉、蒙、藏等民族融合。

党项建国前没有成文法典，沿袭氏族习惯法。《旧唐书·党项羌传》记载党项"俗尚武，无法令赋役"。唐王朝在党项聚居地区设立羁縻府州，管辖党项。据《新唐书》记载,唐开成元年(836年)盐州刺史王宰"以法临党项,羌人不安"。宋朝党项社会有"和断官","蕃族有和断官,择气直舌辨者为之。以听诉之曲直,杀人者,纳命价钱百二十千"。李元昊立国后,确立了"重武尚法"的治国方针,西夏王朝开始有成文法,同时元昊强调党项民族"衣皮毛,事畜牧"和"忠实为先,战斗为务"的治国原则。这一原则影响到西夏的法律制度。西夏到仁宗时期,治国原则转为"重文尚法",兴起了立法的高潮。

西夏建国前后,开始设立官制,制定法律。李继迁时开始仿照宋制设立国家制度。史书记载,李继迁"潜设中官,全异羌夷之体;曲延儒士,渐行中国之风"。① 李德明附宋后, "其礼文仪节、律度声音,无不遵依宋制"。② 李元昊称帝立国后,积极完善本国制度,创立法律制度。《宋史·夏国传》记载李元昊"晓浮图书,通蕃汉文字,案上置法律",作战时"明号令,以兵法勒诸部"。③ 李元昊参照宋律制定成文法。李元昊有过恢复本民族风俗习惯的举动,把自己的汉姓改"鬼名氏",恢复本族发式,创立本民族文字。史书记载"元昊欲革银、夏旧俗,先自秃其发,然后下令国中,使属蕃遵此,三日不从,许众共杀之。于是民争秃其发,耳垂重环以异之"。④ 夏崇宗贞观年间(1101—1113年)开始制定法令,其中最有名的是军事法典——《贞观玉镜将》,现在残存四篇,分别是政令篇、赏功篇、罚罪篇和进胜篇。夏仁宗制定的《天盛改旧新定律令》是西夏立法的最高成就。

(二)《天盛律令》的基本内容

《天盛律令》是西夏仁宗天盛年间(1149—1169年)颁行的《天盛改旧新定律令》的简称。法典共有20卷,约20余万字,是目前发现的西夏王朝最完整的国家修撰法典,是我国用少数民族文字刊印发行的法典。修撰人员是当时西夏中央政府中的主要官员,从法典记载参与修订的人员看,是一个集体工程。因为在《天盛律令进律表》中记载修纂人员共有23人,主持人是北王兼中书令鬼名地暴,其他官职有中书令、中书、中书副、同中书副、中书承旨、枢密、枢密承旨、东经略司副、前面帐门官、殿前司正等

---

① 《续资治通鉴长编》卷五十,"咸平四年条"。
② 戴锡章编撰、罗矛昆校点:《西夏纪》卷四,宁夏人民出版社1988年版,第159页。
③ 《宋史》卷485,"夏国传上",中华书局1997年版。
④ (清)吴广成:《西夏书事》卷十一,1935年影印清道光乙年西刻本。

19 名官员及 4 名汉文翻译者。对制定法典的原因和经过,《天盛律令》卷首《进律表》中有说明,具体是"奉天显道、耀武宣文、神谋睿智、制义去邪、敦睦兹恭皇帝,敬承祖功,续秉古德,欲全先圣灵略,用正大法文义,故而臣等共议论计,比较新旧律令,见有不明疑碍,顺众民而取长义,一共成为二十卷,奉敕名号《天盛改旧新定律令》。印面雕毕,敬献陛下。依敕所准,传行天下,着依此新律令而行"。① 法典有汉文和西夏文两种版本,现在只发现西夏文一种。法典共为 20 卷,各卷的基本门和内容如下:

卷一"十恶"罪,共 10 门,分别是谋逆、失孝德礼、背叛、恶毒、为不道大不恭、不孝顺、不睦、失义和内乱。卷一的 10 门就是十恶罪,每类罪为一门。从十恶名称上看,与唐律略有区别,体现出西夏社会特征。

卷二,共 9 门,具体是八议、亲节、罪情与官品当、贪状罪法、老幼重病减罪、不奏判断、黥法、杀牛骆驼马和戴铁枷。基本内容是法律适用中加减等的总则内容,涉及八议、官品、加重与减轻等。从中可以看出,法典吸收了唐律中的八议、官当等基本原则,只是在具体规定上略有差别。

卷三,共 15 门,分别是盗亲、杂盗、群盗、重盗、妄劫他人畜驮骑、分持盗畜物、盗赔偿返还、自告来偿解罪半议合、追赶捕告盗赏、搜盗踪迹、问盗、买盗畜人检得、盗毁佛神地墓、当铺和催索债利。基本内容是偷盗种类、逮捕和偿还赃物和处罚等。

卷四,共 7 门,分别是弃守营垒城保等、弃守大城、边地巡检、敌军寇、边主期限、修城应用和敌动。基本内容是军事法律,特别是守城、巡边和驻军职责等。

卷五,共 2 门,分别是军持兵器供给和季校。基本内容是武器管理与军队操练。

卷六,共 7 门,分别是发兵集校、官披甲马、军人使亲礼、纳军籍磨勘、节上下对他人等互卖、抄分合除籍和行监溜首领舍监等派遣。基本内容是军队派守换防。

卷七,共七 7 门,分别是为投诚者安置、番人叛逃、敕禁、邪行、行职、妄派和杀葬赌。此卷内容较杂,涉及多个不同性质的内容。

卷八,共 7 门,分别是烧伤杀、相伤、夺妻、威势藏妻、行非礼和为婚等。基本内容是斗殴伤害、掠夺人罪和强抢人妻、奸污妇女等犯罪。

① 史金波、聂鸿音、白滨:《天盛改旧新定律令》,"颁律表",法律出版社 2000 年版,第 107 页。

卷九，共7门，分别是司事执集时、事过门典迟、诸司判罪、行狱杖、越司曲断有罪担保、贪奏无回文和誓言。基本内容是诉讼程序和违法规定。

卷十，共5门，分别是续转赏、失职宽限变告、官军救、司序行文和遣边司局分。基本内容是送外国使节及对佛教寺院的生活、财产的规定

卷十一，共13门，分别是矫误、出典工、射刺穿食畜、渡船、判罪逃跑、使来往、检视、派供给、为僧道修寺庙、分用共畜物、分用私地宅、草菓重讼和管贫智高。基本内容是诈伪、出典劳力、田地房舍财产纠纷、使节往来和宗教管理。

卷十二，共3门，分别是无理注销诈言、失藏典、内宫待命等头项。基本内容是诈伪、违律为婚、损毁机密文件等行为的处罚规定以及内宫禁卫制度。

卷十三，共7门，分别是许举不许举、举虚实、功抵罪、派大小巡检、逃人、遣差人和执符铁箭显贵言等史。基本内容是亲属内及主奴之间对犯罪能否控告的规定，对诬告者的处罚。

卷十四，共1门，是误打争斗。基本内容是主仆、官兵、亲属、官员之间等互相殴斗、过失致伤、致死的处罚。

卷十五，共11门，分别是催缴租、取闲地、催租功罪、租地、春开渠事、养草监水、纳冬草条、渠水、桥道、地水杂事和纳领谷派遣计量小监。基本内容是地租交纳时限、程序及对违反者的处罚。

卷十六，共8门，分别是农人利限、派管粮农监、园子、摊地租、崔缴利限、命置分等、官地转隐农主逃亡入典、头归卖地农主利限纳量。基本内容是农户登记造册、租地、买卖土地的规定。

卷十七，共7门，分别是斗尺秤换卖、钱用毁市场、库局分转派、供给交还、急用不买、物离库门和派执事。基本内容是对新旧度量衡标准及其转换、钱币使用及非法买卖、地租、仓库管理等的规定。

卷十八，共9门，分别是缴买卖税、舟船、杂面、盐池开闭、能增定税罚贪、派供给小监、减摊税、年食工续和他国买卖。基本内容是对商业活动征收各种课税的规定。

卷十九，共13门，分别是派牧监纳册、分畜、减牧杂事、死减、供给驮、畜利限、官畜驮骑、畜患病、官私畜调换、校畜磨勘、牧盈能职事管、牧场官地水井、贫牧逃避无续。基本内容是对畜牧官员的派遣、职责、牲畜的调拨使用、税收以及牧场管理等的规定。

卷二十，共2门，分别是罪则原则、各罪处罚。基本内容是各卷内容的

补充，内容涉及亲属主犯罪的减免处罚、犯罪罚马、异族投归者犯罪的处罚、违反服制、内宫制度的处罚，以及泄密、渎职等犯罪的惩罚等。

西夏法典既吸收、借鉴了唐宋法典编纂的经验，因袭了唐宋法律的体例和内容，又保留了党项部族原有习惯法的内容。在编纂体例和内容上都有西夏自身的特点和创新。法典编纂体例在《唐律疏议》、《宋刑统》的基础上有所突破和创新。法典把行政法规系统编排于其律条之中，如卷十《司序行文》，规定了从中央行政机构诸司的品级、派官人数、官职、任期，"续、转、赏"的规定，到袭官、求官、赐官资格、方法、程序、用印、司印制度等都十分明确详尽。此外，《天盛律令》中经济立法占很高的比重，从卷十五至卷十九都与经济有关，具体有农业、牧业、酿酒、池盐、市易、水利灌溉、租税、库储管理、对外贸易等。其中卷十九对畜牧业进行了十分详细的规定，具体规定畜类的管理、分配、供应、官畜与私畜、牧场管理等。军事立法在法典中所占比重也较大，卷四、五、六都是军事立法，体现出军队在国家中的重要地位。

把《天盛律令》诸门内容与《唐律疏议》、《宋刑统》相关内容比较后，会发现在《天盛律令》150 门中，91 门的内容是《唐律疏议》、《宋刑统》所没有的，约占 60.7%；其他 59 门的内容与唐宋律类似或相近，约占 39.3%。在内容相似的部分中，除《天盛律令》中的"十恶"、"八议"等十几门内容基本因袭唐宋律外，其余 40 多门与唐宋律的相关内容虽有一定关联，但是多有差异，体现出西夏党项民族自身的特点。①

法典内容体现出吸收唐宋法律及本民族传统与特点相结合，较明显的有刑法和牲畜业立法。

在刑法上，法典移植了唐宋律中"十恶"、"八议"、"官当"等法律原则。罪名上，把罪名分十恶罪，杀人罪，伤害罪，放火罪，盗窃罪，贪赃罪，违反军事职责罪，违反边地巡检制度罪，犯奸罪，违禁罪，损毁、盗窃、丢失公文罪等 11 类。刑罚上有笞刑、杖刑、徒刑、劳役、死刑等"五刑"，此外还有"葱"、"戴铁枷"、"罚"、"没收入官"等附加刑。刑罚中没有流刑，只有发往边地服苦役、守边城等。杖刑有七、八、十、十三杖四等。徒刑有短期徒刑为三个月至六年，长期徒刑为八年至十二年，无期徒刑为劳役十三年后留居服役地。笞刑有十五、二十、三十至一百下。死刑有绞杀和剑斩。从罪名和刑罚中可以看出，在吸收唐宋法律中相关制度时进行了

———

① 杜建录：《〈天盛律令〉与西夏法律制度研究》，宁夏人民出版社 2005 年版，第 5—25 页。

适当的变通，适应西夏国家领土狭小的需要。

法典对牲畜业的立法成为最具民族特色的部分。法典对具有战略物资性质的大牲畜进行了全面立法，重点保护这些战略物资，具体看这类大牲畜主要有牛马骆驼和骡驴等。此部分内容放在"厩牧法"中。该部分对国家的大牲畜保护、放牧与管理等进行了详细规定，基本内容有：国有马牛等大牲畜死亡和丢失数的限定，私自随意屠宰大牲畜按偷盗法处罚；供给使用的马、驼等大牲畜损伤时的处罚与赔偿；马、牛、羊、骆驼四畜产仔交纳的数量；大牲畜课毛、绒、乳、酥的数量；官私大牲畜擅自借用处罚；马、牛、羊、骆驼四畜的登记、祭祀、贸易和御用；大畜牧校检规定；国有牧场的确认、管理；牧人每年放牧国有大牲畜增殖数量；放牧和饲养中官私大牲畜死亡赔偿与处罚。从中可以看出西夏国以放牧立国，国家立国基础是畜牧业。

西夏的牧场，根据法典有国有与私有两类。经济法律对两类牧场进行了严格的保护。法典规定"诸牧场之官畜所至住处，昔未纳地册，官私交恶，此时官私地界当分离，当明其界划。官地之监标志者当与掌地记名，年年录于畜册之末，应纳地册，不许官私地相混。倘若违律时，徒一年"。这里规定登记官私牧场的地界，即确定所有权属。"诸牧场所属官地方内之原家主家中另外有私地者，不许于官地内安家，皆当弃之"，"地方无有，及若虽有而草木不生，或未有净水，无供给处，又原家实旧者，可于安家处安家"。①这里规定了在国有牧场上，若私人实无可放牧的地方，可以在国有牧场上安家放牧。国家对私人作出让步。

为了实现牲畜业的发展，国家设立了完善的管理机构。从法典看，西夏管理牲畜机构有经略司。从法典规定看，经略司地位高于诸司，但低于中书省和枢密院。经略司在性质上具有军事机构、生产管理单位、军事防务和牧养国家马牛等大牲畜的权力。《天盛律令》卷十九规定："诸牧场四种官畜中患病时，总数当明之，隶属于经略司者，当速告经略处，不隶属经略者，当速告群牧司。"②群牧司负责供给官家驿驾出行时的马、驼等，分配京城、三司往返他国贸易者所需骑的骆驼，核算四种牲畜中牛、骆驼、羊等每年应交纳的毛、绒、乳和酥数量，预算每年御用乳畜数量，处理捡得丢失牲畜等。监军司，即是军事辖区，负责军事区内畜牧的校检。磨勘司，负责官畜

---

① 史金波、聂鸿音、白滨：《天盛改旧新定律令》卷十九，"牧场官地水井门"，法律出版社2000年版，第598页。

② 同上书，第583页。

的校检。马院，专门养马、驼的机构，地位仅次于群牧司。

法典对国有大牲畜的养殖进行了详细的规定。在大牲畜的养殖上以部落为单位，各部落首领在国家管理体系中即是一级行政、军事首领，又是大小群牧的首领。法典规定"牧场于种种官畜上管畜者，已在一起者，未善当止。牧首领、末驱，各自当头监，于邻近二百户至二百五十户牧首领中遣胜任人一名为盈能，当领号印检校官畜"。① 法典规定每年四月一日至十月一日，牧人须将骆驼、马、牛、羊四种官畜所繁殖的幼仔交到盈能官处，由他造注册登记、烙印确认。"在盈能面前置号印于骆驼、马、牛之耳上，羊之面颊"。对于违法盈能实行严厉处罚，盈能受贿不依法登记和烙印的，依枉法贪赃罪处罚。若是受贿，不执行幼畜号印注册，或没有依法注册幼畜数量，分别处以杖十三下至处以徒刑三个月、六个月和一年。牧人在领到所放牧的官畜数量后，每年不同种类的四种大牲畜繁殖幼畜的数量有明确规定，具体是一百只成年母骆驼一年内繁殖三十只仔；一百只成年母马一年内繁殖五十只仔；一百只成年母牛一年内繁殖六十只小犊；一百只成年母羊一年内繁殖六十只羔羊；十头成年母牦牛一年产五只小犊。此外，规定四种畜中牛、骆驼等每年应交的毛、酥数量，预先当由群牧司在畜册上算明，"斤两总数、人名等当明之而入一册，预先引送皇城、三司、行宫司所管事处。各牧监本人处放置典册，当于盈能处计之，数目当足。本人院中大小牧监中当派小监，与告状接，依汇聚数进之，不许住滞一斤一两"。② 这样对国有大牲畜的养殖数量进行了依法管理。

法典对牛马骆驼和骡驴等大牲畜进行了全方位立法保护，特别是重点保护国家所有的牲畜。首先，禁止随意宰杀大牲畜，其中分为牛、马、骆驼和骡、驴等两类。法典禁止私自宰杀大牲畜，此种情况细分为两种：宰杀私家所有和宰杀国家所有。对宰杀私家所有的大牲畜的处罚在《天盛律令》卷二"盗杀牛马骆驼门"中有详细规定，具体是"不论大小，杀一头徒四年；杀二头徒五年；杀三头以上一律徒六年。有相议协助者，则当比主造意依次减一等"。宰杀自家的骡、驴时，"不论大小，杀一头徒三个月，杀二头徒六个月，杀三头以上一律徒一年"。盗杀牛马骆驼等畜物，规定盗杀五服以

---

① 史金波、聂鸿音、白滨：《天盛改旧新定律令》卷十九，"牧场官地水井门"，法律出版社2000年版，第595页。

② 史金波、聂鸿音、白滨：《天盛改旧新定律令》卷十九，"畜利限门"，法律出版社2000年版，第577—578页。

内亲属的牛、马、骆驼时，"按减罪法分别处置以外，其中己杀时，不论大小，杀一头当徒五年，杀二头当徒六年，杀三头以上一律当徒八年"。盗杀五服以外亲属及他人陌生的牛、马、骆驼时，"一头徒六年，二头徒八年，三头徒十年"。盗杀他人的骡、驴时，"比杀自属骡、驴处罚，依次递增一等"。① 严禁外借官属大牲畜。法典严禁牧人擅自外借官畜，牧人不得擅自把官畜借给他人驮、骑、耕作，若违反的，借者、出借者一律依照下面规定处罚，"借骆驼、马自一日至十日十杖，依次……百日以上一律徒八年。借牛、驴自一日至十五日十杖，依次……百日以上一律徒二年"。② 此外，若牧人随意把官私大牲畜私自驮、骑、耕作时，比牧人擅自将官私大小畜借与他人罪加一等处罚，最重的处罚十年徒刑。禁止私自调换官私牲畜。《天盛律令》中"官私畜调换门"规定："予他国所用骆驼、马、牛等中，不许诸人与私畜物调换。若违章调换时，已调换诸物所得利当计价，是他人则以偷盗法判断，是局分则当于其上加一等"；"诸人调换官私畜时计价，调换者一律徒二年"。③ 此外，还规定不许自相调换优劣两种官畜。严禁用活畜陪葬。西夏党项有以牲畜陪葬的习俗，对此《天盛律令》卷二"盗杀牛马骆驼门"有相应规定："诸人出葬时以畜做陪丧者当退回，不允屠杀。若违律屠杀时，承诸人屠杀自有牛、骆驼、马之罪，出告举赏依法判断。"④ 重视大牲畜的牧养。法典对不尽职牧养官畜而减食草量导致马牛等大牲畜瘦的，处罚比照偷盗罪加一等。对不是故意减少食草量的，而是因检校失误导致马牛瘦者，则视肥马已瘦的数量处罚，处罚等级从杖刑到徒役一年。十分重视牲畜疾病治疗和疫病防治。法典规定"马院所属熟马、生马及所予汉、契丹马等中之患疾病、生癞者，当速告局分处，马工当遣医人视之"。此外，法典规定"诸牧场四种官畜中患病时，总数当明之。隶属于经略者，当速告经略处，不隶属于经略者，当速告群牧司。验者当往，于病卧处验之"。⑤

---

① 史金波、聂鸿音、白滨：《天盛改旧新定律令》卷十九，"畜利限门"，法律出版社 2000 年版，第 154—155 页。

② 同上书，第 582 页。

③ 史金波、聂鸿音、白滨：《天盛改旧新定律令》卷十九，"官私畜调换门"，法律出版社 2000 年版，第 584 页。

④ 史金波、聂鸿音、白滨：《天盛改旧新定律令》卷二，"盗杀牛骆驼马门"，法律出版社 2000 年版，第 155—156 页。

⑤ 史金波、聂鸿音、白滨：《天盛改旧新定律令》卷十九，"畜患病门"，法律出版社 2000 年版，第 583 页。

（三）《天盛律令》体现的法律文化因素与特点

学术界对《天盛改旧新定律令》主要集中研究法典中体现出来的民族、宗教文化因素，具体分析法典体现出来的党项民族因素、佛教因素、道教因素和唐律文化因素等。

法典中儒家法律文化因素研究是法典研究的重要内容。法典以儒家"礼治"思想为制定法典的重要思想，"礼"和"律"的紧密结合是《天盛律令》的显著特征，说明中原文化对西夏政治经济生活产生了深刻的影响。尊君、孝亲、崇官是西夏《天盛律令》礼教法律观的核心。[①] 唐宋法律中儒家孝道思想对《天盛改旧新定律令》体现在同居共财、亲属相隐及依服制定刑三个方面。西夏仿效中原政治制度、儒学盛行、社会以孝为美德以及家庭亲属关系完备是其接受这种影响的主要社会原因。[②] 有学者认为西夏《天盛律令》是受中华法系定鼎之作《唐律疏议》的影响，在立法思想、立法模式上与中华法系的特征和基本精神是一致的，体现了西夏法律对于以唐律为代表的中华法系的传承，同时包含党项民族特有的内容。[③] 有学者认为《天盛律令》在承袭唐宋律的同时又有自己鲜明的特点，如刑罚严酷、军法完备、重视农田水利等经济立法以及专门规定政府机构的品级与编制等。[④] 有学者分析了西夏《天盛律令》中死刑制度是如何把不同民族、宗教法律文化因素融合，形成具有自己民族、时代与地域特点的法律制度。[⑤] 有学者对西夏法制中儒家化问题进行系统考察，认为西夏法律中引入中原法律的基本制度，如十恶制、八议制度、官当制度、设定亲节门、亲亲相为隐不为罪、准五服以制罪等，体现出西夏法律的儒家化。[⑥] 有学者通过分析《天盛律令》某些法律制度与法律技术来说明西夏法律中不同法律文化是如何在它的法律制度中体现与影响。如在分析比附制度后认为《天盛律令》在充分吸收了中原王朝立法技术精髓的同时，出于自身民族风俗的特点，或出于

---

① 陈旭：《儒家的"礼"与西夏〈天盛律令〉》，载《西北第二民族学院学报》2002 年第 4 期。

② 邵方：《唐宋法律中儒家孝道思想对西夏法典的影响》，载《法学研究》2007 年第 1 期；张永萍：《西夏和唐代婚姻制度的异同研究——以〈唐律〉和西夏〈天盛改旧定新律令〉比较为中心》，载《甘肃农业》2006 年第 3 期。

③ 邵方：《西夏法典对中华法系的传承与创新——以〈天盛律令〉为视角》，载《政法论坛》2011 年第 1 期。

④ 杜建录：《论西夏〈天盛律令〉的特点》，载《宁夏社会科学》2005 年第 1 期。

⑤ 胡兴东：《中国古代死刑制度史》，法律出版社 2008 年版。

⑥ 周明：《西夏刑事法律制度的儒家化》，西南政法大学 2011 年硕士学位论文。

司法实践的实际需要，有了一定的创新。① 有学者把《天盛律令》卷一中"十恶罪"与唐宋律统进行比较后，得出《天盛律令》中十恶罪刑名与唐宋律统完全相同的有八；刑名不同的有二："失孝德礼"和"恶毒"，唐宋律统称"谋大逆"和"恶逆"；刑名相同而内容不同的有一："不孝顺"；另外，"不睦"和"失义"在罪情界定上比唐宋律统要宽松许多，认为这与西夏社会受封建礼法的影响不如中原王朝深相关。② 有学者分析西夏《天盛律令》中厩牧律条，认为已相当完备，形成了较完备的体系，发现西夏厩牧制度不同于其他民族，说明立法上具有很强的民族因素。③ 有学者分析西夏刑事法律制度的立法思想、刑种及罪名、立法原则，通过将其与《唐律疏议》相比较，得出西夏《天盛律令》很像唐律的孪生兄弟，除了深受儒家思想的影响，西夏刑事法律制度也体现出了符合自身发展的新特点。④ 有学者通过对西夏刑法总则分析比较后得出在制定刑法过程中，在参酌中原唐、宋两朝刑法的同时，也结合了本民族特点进行相应的变化。⑤

法典中的党项民族特征。对此，有学者进行了研究，指出西夏法典中党项族的传统习惯法因素还是较为明显。⑥ 从学术界的研究看，主要是要说明西夏《天盛律令》体现出一种把党项习惯、佛教、道家与中原法律文化因素融合的特征。有学者分析了《天盛律令》中"节亲门"，认为内容涉及西夏社会的亲属关系和服丧制度，体现出立法上对党项民族基本亲属关系承认。⑦

法典中的宗教因素研究成为学术界研究的重要问题，其中法典中的佛教与道教因素成为研究重点。2000 年以来有学者讨论了《天盛律令》中佛道与道教因素，指出《天盛律令》是如何把佛教与道教进行法律上的规制与保护的。⑧ 有学者对《天盛律令》中的佛道因素进行了分析，指出西夏对佛

① 董昊宇：《〈天盛律令〉中的比附制度——以〈天盛律令〉"盗窃法"为例》，载《宁夏社会科学》2011 年第 5 期。

② 文志勇：《〈天盛律令〉卷一译释及西夏法律中的"十恶罪"》，载《宁夏师范学院学报》2010 年第 5 期。

③ 姜歆：《西夏〈天盛律令〉厩牧律考》，载《宁夏社会科学》2005 年第 1 期。

④ 王爽：《论西夏刑事法律制度》，西南政法大学 2011 年硕士学位论文。

⑤ 戴梦皓：《西夏刑法总则与中原刑法总则之异同比较》，复旦大学 2011 年硕士论文。

⑥ 杨积堂：《法典中的西夏文化：西夏〈天盛改旧新定律令〉研究》，法律出版社 2003 年版。

⑦ 许伟伟：《〈天盛律令·节亲门〉对译与考释》，载《西夏学》2009 年第 5 期。

⑧ 韩小忙：《〈天盛改旧新定律令〉中所反映的西夏佛教》，载《世界宗教研究》1997 年第 4 期和《〈天盛改旧新定律令〉中所反映的西夏道教》，载《西北师大学报》1998 年第 3 期。

教道教在法律上的规定是多方位的，对其法律地位的确认、管理体系的完善、僧侣道士的法律保护、主要犯罪及刑罚等方面进行了大量而又细致的规定。通过这些法律的规定，反映出西夏运用法律手段对宗教的扶持与利用，同时也体现出西夏时期佛教道教在其政治、经济、文化等方面的影响。① 有学者认为西夏法律文化深受中国传统法律文化的影响，其法律制度既大量吸收了秦汉、唐宋以来中国传统法律文化的许多内容。同时又针对本民族的实际情况，使其立法不囿于旧有律令，多有创新与变革。② 有学者对《天盛律令》中的佛教因素进行了新的分析，通过对西夏《天盛改旧定新律令》和其他汉文资料分析，考察了西夏佛教的赐衣、封号、度僧和籍帐等制度，认为《律令》最终还是体现了皇权至上的主导思想，佛教只不过是西夏统治者精神寄托和用来巩固统治的工具。③

　　法典在制定中体现出在吸收和借鉴《唐律疏议》、《宋刑统》的基础上并有所创新，体现在《天盛律令》内容上虽以刑律为主，诸法合体，但民事法、牲畜法、军事法、宗教法占有很大的比例，体现出西夏社会经济特征。但法典内容中深受儒家学说影响，是中华法系的组成部分。④ 法典在服制和亲等制度立法上，基本原则是源于唐宋法律，但在移植中体现出西夏党项社会自身特征，在五服中妇女地位比中原王朝法律制度中妇女地位高，嫡庶虽然已经有区分但是没有像中原王朝那样严格，⑤ 法典内容丰富、体系完整、涉及面广，不仅吸收了唐、宋法典的编纂经验，而且在体例上、结构上有许多独创，体现在结构上放弃了将法令严格划分为四种传统形式，即律、令、格、式，而将四种传统法律形式全部纳入法典的律令条目中。⑥ 体现出西夏社会的民族特征。

　　有学者通过对西夏法典《天盛改旧新定律令》中与拘捕有关的条文进行分析，发现与之有关的条文共有51条，内容涉及拘捕主体、拘捕运行、拘捕赏罚。拘捕法律制度运行遵循效率原则、保护原则，体现出对唐宋律拘捕制度的继承，也有"因时立法，缘俗而治"的特色，是中华法系的组成

　　① 姜歆：《西夏法典〈天盛律令〉佛道法考》，载《宁夏师范学院学报》2009年第4期。

　　② 姜歆：《论西夏法律制度对中国传统法律文化的传承与创新——以西夏法典〈天盛律令〉为例》，载《固原师专学报》2006年第2期。

　　③ 崔红芬：《〈天盛改旧定新律令〉中的西夏佛教新探》，载《佛教艺术与文化国际学术研讨会集》，2004年。

　　④ 邵方：《西夏法制研究》，西南政法大学2008年博士论文。

　　⑤ 邵方：《西夏服制与亲属等级制度研究》，载《法学评论》2004年第3期。

　　⑥ 姜歆：《论西夏法典结构及私法在其中的地位》，载《宁夏大学学报》2003年第1期。

部分。① 有学者通过对《天盛改旧新定律令》分析，得出西夏的司法机构设立、诉讼审判制度的形成，与同时期宋、辽、金有相似的地方，但也有羌族政权"因时立法，缘俗而治"的特殊内容。②

四　白族（大理国）法制

大理国（937—1254 年）是 10—13 世纪时期以白族为主体，建立在云南省为中心的少数民族政权。937 年，五代晋天福二年，通海节度段思平在灭大义宁国后建国，定都羊苴咩城，国号大理。因全国尊崇佛教，又称妙香国。大理国政治制度与南诏基本相同。疆域大致是现在的云南省、贵州省、四川省西南部、缅甸北部地区以及老挝与越南部分地区。其间有杨义贞和高升泰两代非段氏王时期。广安四年（1080 年），权臣杨义贞弑杀段廉义，自立为帝。上治元年（1094 年），高升泰废段正明自立为帝，改国号为大中国。天授元年（1096 年），高氏还政段氏。高泰明拥立段正明弟弟段正淳为大理皇帝，史称后理国。1254 年，大蒙古国忽必烈征云南，灭大理国后建云南等处行中书省，大理国王段氏被任为大理世袭总管。大理国现在仅能从不完全的史料记载中窥见当时的政治组织结构，对大理国内部法律制度无法进行深入讨论，因为此方面缺少相应的史料支持。从大理国的政治组织特点，可以推定大理国的法律制度主要是在继承南诏国的基本内容基础上，吸收唐宋法律制度而形成。

大理国国王是段氏。从段思平建大理国至忽必烈灭大理国，享国 315 年，共传 22 世。王位继承基本上采用嫡长子继承制，在段氏家族 22 代王中，有 16 代遵循嫡长子继承原则。此外，还有叔侄相继，共 4 例，其中两例为非正常继承，两例为正常继承；兄终弟及，有两例。段氏名字上有连名制的现象。"段氏最初，盖用重名制，乃烧当羌之制，至智祥以后，始改用连名制，乃先零羌，亦南诏之制也。段代表母姓，而子孙之名，或与父祖重一字以代表父氏，又或与父连名，亦代表父氏，而段氏之姓氏制度，则兼用重名与连名者也。"③ 从大理白族王室父子连名制看，当时社会开始出现转型，连名制与汉族制度出现整合。

大理国中央官制有相国、布燮、坦绰、久赞、彦贲和判官赞卫、侍内官

---

① 宋国华：《论西夏法典中的拘捕制度》，载《宁夏社会科学》2011 年第 5 期。

② 李鸣：《西夏司法制度述略》，载《西南民族大学学报》2003 年第 4 期。

③ 徐嘉瑞：《大理古代文化史稿》，中华书局 1978 年版，第 330—331 页。

久赞、贴侍内官赞卫、幕览、敞宇览、缮览、演习、将军等。相国，《南诏野史》记载"天福三年封董伽罗为相国"。① 有布燮、有坦绰。《宋会要辑稿》记载有"今先遣臣布燮、臣李紫琮、臣杨苛祥，坦绰臣李百祥"。大理国中央与南诏一样，设有布燮、坦绰等职官。《桂海虞衡志》中记载有"坦绰、酋望、清平官，皆其官名也"。方国瑜认为"凡称坦绰、布燮、久赞、彦贲，品位较高，清平官多领此诸号"。② 大理国中央设有爽，但无法确认设有几爽，至少有天驷爽。《宋会要辑稿》记载："二月十三日，大理国进奉使天驷爽彦贲李紫琮，副使坦绰李伯祥见于紫宸殿。"③ 此外，依据《大理国段氏与三十七部石城会盟碑》和《南诏野史》等史料，大理国时期的职官还有彦贲、判官赞卫、侍内官久赞、贴侍内官赞卫、幕览、敞宇览、缮览、演习、将军等，但没有史料明确它们的职能。

大理国地方行政组织由两都、八府、六郡、四镇和三十七部组成。两都是都城大理和陪都鄯阐。都城大理，又称羊苴咩城，陪都鄯阐（今昆明），又称"东京"。此外，形成八府、六郡、四镇和三十七部的地方行政组织。大理国前期设立二都督，即会川、通海；六节度，分别是弄栋、银生、永昌、丽水、拓东、剑川。二都督有时又称节度，所以共为八个，史称"云南八国"。大理国后期废除节度和都督，设置八府、四郡、四镇。八府是指大理首府之外，具体是善阐（今昆明）、威楚（今楚雄）、统矢（即弄栋，今姚安）、会川（今会理）、建昌（今西昌）、腾越（今腾冲）、谋统（今鹤庆）、永昌（今保山）；四郡是东川（今会泽）、石城（今曲靖）、河阳（今澄江）、秀山（今通海）；四镇是西北的成纪镇（今永胜）、西南的蒙合镇（今巍山）、西部的镇西镇（今盈江）、东部的最宁镇（今开远）。这些构成了大理基本行政组织。

五　西南诸族法制

宋朝时西南及南方地区民族社会结构出现了较大变化，出现自成体系的地方势力，如湖北的彭氏、贵州的罗殿国等。各少数民族首领往往自称刺史，设立各种州，但多为部落首领。"西南溪峒诸蛮皆盘瓠种……唐季之

---

①　木芹：《南诏野史会证》，云南人民出版社1990年版，第210页。

②　方国瑜：《南诏名号考》，载《方国瑜文集》（第2集），云南教育出版社2001年版。

③　《宋会要辑稿》，中华书局1985年版。

乱，蛮酋分据其地，自署为刺史。"① 湖北、湖南与重庆交界地区，溪州由彭氏控治，溪州分为上、中、下溪，此外还有龙赐、天赐、忠顺、保静、感化、永顺州六州和懿、安、远、新、给、富、来、宁、南、顺、高州十一州，总共二十州，设有刺史。但以下溪州刺史兼都誓主，十九州皆隶属于此，称为誓下，形成自成体系的民族地方政权。西南诸夷设有州的，但多为二三百户，州设有州长。

宋朝时两广，特别是广西，国家在各少数民族中广设羁縻州县，进行羁縻统治。如广西在经略安抚使吕愿时招抚了各民族群体，设立了二十七州、一百三十五县、四十砦、一百七十九峒及一镇、三十二团。这些州、县、砦、峒"皆为羁縻州县"。广源州下十三部设有二十九州。

西南诸夷自身社会结构有两种形式：一是形成以宗教和世俗相结合的鬼主、都鬼主为主的社会体系。黎州诸蛮"夷俗尚鬼，谓主祭者鬼主，故其酋长号都鬼主"。邛部川蛮，"其酋长自称'百蛮都鬼主'"。② 二是无君长，以村社或部族为基本结构，即以铜鼓为长，拥为都老的村社结构。"其族铸铜为大鼓，初成，悬庭中，置酒以召同类，争以金银为大钗叩鼓，去则以钗遗主人。相攻击，鸣鼓以集众，号有鼓者为'都老'，众推服之。"③ 法律制度上没有徭役赋税，有战事传木契为号集中。没有文字，多刻木为契，偷盗抢劫的偷一罚三，杀人的出牛马三十头与死者家赎罪。

一　思考题

1. 宋朝少数民族法制的特点。
2. 西夏法制的特征。
3. 辽朝二元法制的运作机制及作用。
4. 金朝在中国古代立法史上的地位。

二　扩展阅读

1. 《天盛改旧新定律令》（史金波、聂鸿音、白滨译注，法律出版社2000年版），该书是对西夏重要法典《天盛律令》残本的翻译本，是了解西夏法律最重要的原始材料。

---

① 参见《宋史》卷四百九十三，"蛮夷一"，中华书局1985年版。
② 参见《宋史》卷四百九十六，"蛮夷四"，中华书局1985年版。
③ 参见《宋史》卷四百九十五，"蛮夷三"，中华书局1985年版。

2.《辽律之研究》（优川政次郎、岛田正郎合），该书集中讨论了辽代法律制度的内容、特点与唐、宋律的关系，以及对金、元法律的影响。

3.《金律研究》（曾代伟，台湾五南图书有限公司），该书全面考察了金朝法律制度。

4.《云南法制史·大理国》（方慧，中国社会科学出版社 2006 年版），该书对大理国的法律制度进行了全面介绍，是国内对大理国法律制度介绍较全面的著作。

三　法律资料摘抄

（一）《天盛改旧新定律令·十恶门》。法典中"十恶门"体现出法典对中原唐律及宋朝法律的吸收及本民族法律传统的结合。"十恶门"是理解西夏法律制度特征的重要途径。这里摘录的是文志勇重新翻译的《天盛律令》十恶门（载《宁夏师范学院学报》2010 年第 5 期）。"十恶门"共一卷，共计 10 门，分为 39 条。西夏法典中对十恶中"谋反门"、"谋叛门"、"恶毒门"和"为不道门"的具体行为立法十分详细，体现出当时立法的倾向和特点。

（一）谋反门（5条）

1. 欲谋反天子，毁伤王座者，有同谋及无同谋，皆属此罪。形迹显露，行为明显者，不论主从，一律皆以剑斩。家门内儿子、兄（弟）、节亲连坐，没收牲畜、财物等法，依以下所定实行。

（1）一等谋反者已动手，有毁伤，（除主、从犯皆剑斩以外，）其父、子等，应处以何种死刑，依时节奏报执行。

（2）一等谋反者已动手及未动手等，其子、妻、（妾、儿媳）、孙及孙媳等共居不共居，一律与其父母、祖父母、兄（弟）、未嫁之女儿、姐妹等人，与其共居者连坐，乃易地居，入牧、农主役使册中，畜、谷、财宝、地、人等有何数，皆当没收入官。其中，祖父母、父母、兄（弟）、姐妹、女儿等，与其分居者，则畜、谷、财宝、地、人等勿没收入官。

（3）一等犯谋反罪者之伯、叔、姨、侄等，无论共居不共居，一律随其连坐，乃易地流放。无疑者当放逐边地，有城垒则终身无限期守城，无城则入边军中；疑者于内地记名。畜、谷、财宝、地、人等，与谋反者共居，则连坐、没收，成为官家财产；（与谋反者）不共居者，则不没收（财产）。（虽与犯者）共居，也不应列入连坐当中之亲属，则依相关的分家产法，依其应得多少份额，当得一份家产。

（4）一等谋反者家门中应连坐之妻、妾、儿媳、孙媳等，与其已结婚姻，然门下未迎，主家/丈夫处女婿未往迎娶，家门未得，则不入此种连坐中。原本女方父母（自犯者家中）取何婚价数目，依经献官后，女当另行嫁往所愿处。

（5）一等应连坐之节亲中，男年满八十岁，女年满六十岁，以及年老和未及年老者中，男有重病，女有弃（残废）病等，不连坐。原本与谋反者共居、共有牲畜、财物者，（官府从）应没收之牲畜和财物中，量取二百缯以内，当给（此人），以作养身活命之用。

（6）一等祖母、伯叔之妻妾、侄母、大小姑，此等人中有寡居者及女、姐妹，或已出嫁，或做他人养女，养住于别处，或为僧尼道姑等者，勿入连坐中。女儿、姐妹者，如已许配于人，则当给男方迎娶，女方不给嫁妆。

（7）一等子、兄于他人处为养子，在彼处谋反，若其于养处属袭抄、官、军者，若于彼处应入于籍上等，则养父母连坐，养父母之节亲及原生父母、节亲等不连坐。若养父母仍依养子原生父母之姓氏、节亲及原先应连坐者，则养父母连坐，原生父母、节亲应连坐，依法实行。若养子于养处入于其他人籍上、袭抄等，并非依旧入于原生父母籍上，则原生父母、节亲等连坐，养父母不连坐。若父母谋反，养子也依随何姓氏、入籍何处而判断连坐与否。

（8）一等妻、妾、媳、使军、奴仆等犯谋反罪，犯者之罪依法承受，公公、婆婆、丈夫、头监及妇人所有之儿女等不连坐。其中使军、奴仆所拥有之牲畜、财物、地、人有何数，悉托付于头监，彼人之节亲应连坐者，比照官、民犯谋反罪时，家门依律连坐之法办理，连坐者乃易地流居，入牧、农主役使册中。当给头监之因公获罪之人何等数目，若无应给之人数时，则依当地买卖人法的实际价格给予（补偿）。

（9）一等应连坐者中，此前已离弃家室，为僧为道，（与）家室不相往来，于彼处谋反，原处父母、节亲等不连坐。父母等犯谋反罪时，也因此前已有所示，出家人等不入连坐之中。

2. 谋反者中，或以语言动摇众心未遂，无法以强力胁迫统摄人等者，造意、同谋皆当以剑斩。其父母、妻妾、子女等经连坐，乃易地居，终身在守边城军中服役，然畜、谷、财宝，不没收入官。

3. 讲说谋反语者中，若酒醉，若有癫狂，众人共知，有证据，则依时节奏报执行。

4. 原先曾说谋反语，无论参与谋划（犯罪）与否，但后来或（被人）

报告官府，自称如此：当时因畏惧他人以强力所逼迫，比如因害怕被杀而顺其所为，又或于议论时，于旁边所闻听，（本人）愿不愿来，不（肯）说其事，且多加遮掩，不使知闻等。居都城者，应依所属何司处管领，速往报告；处边地、内地者，则经略使、监军司等何者在近处，应速往报告。若举告迟缓或未举告，而谋反已发者，无论行做与否，均依照谋反同谋罪判断。若谋反语耳中已闻，往告处司等，依地程远近计量，应有日期、时节。其中因有阻拦而不能至，不能举告者，一旦（谋反）事发，因有证人、证据，举告也未迟缓，虽被他人举报，与犯罪者一同逮捕关押，则（因其）原本未曾参与犯罪，并且举告也未迟缓，罪不连坐。

5. 耳中闻听谋反语，自始起即实不愿语，一说不应行做此事，所劝不得，他人未听者，一经被人举告，有证据证明所说是实，往告处司之举告者中，依地程远近计量日期、时节，举告未迟缓，在此时限范围内事发，被他人举报出者，罪不连坐。举告迟缓或不举告，谋反已行做，则处无期徒刑；谋反未行做，则徒十二年。

（二）失孝德礼门（2条）

6. 庶民因自身缘故，有罪过，不思不服，欲因怨仇心生恶意，于皇帝祖宗之影像、陵墓、宗庙等上动手，及损坏帐幔、缨饰、金钞等，一律与来天子处谋反已行做之罪阶分明者同等判断（无论主从，一律剑斩，家门连坐）；若未动手则造意者绞斩，从犯流放异地，在边城守军中终身服役，并服十二年劳役。

7. 直接以求取财物（为目的），于皇帝祖宗之影像、陵墓、堂殿等上动手，盗窃、毁坏，及盗窃、隐匿和损坏帐幔、缨饰和金钞等，无论主从，当以剑斩，其妻、妾，同居子女等连坐，乃流放异地，入牧、农主役使册中，畜、谷、财宝、地、人等当没收入官，变为官产。若其父母、节亲等与之共居同财，也依不连坐法，其中畜、谷、财宝、地、人有几何，依分家分财法应得几何，当分给。其中，于陵墓上动手者，已及至棺椁，则与谋反已行做之罪节分明同等判断；若未动手，则造意者十年，从犯六年。

（三）谋叛/叛逃门（5条）

8. 诸人议谋叛逃，已出逃者，造意当以剑斩，同谋数□□不同处各边地终身守城，（并）处十三年劳役，主、从犯一律，其自身妻、妾、子、女连坐，入牧农主中，其父母（连坐与否），视逃者人数多少而论，百人以内者，则不连坐；自百人起以上者，则不论分居与否，一律因子连坐，终身入牧、农主役使中，夺所持畜、财物有何数，追者当执，道中丢弃及家中有所

□等者，应分做三份，二份献给官府，一份给举告者。其中，田地、家宅、人、甲胄、兵器等有何数目，当没收成为官物。使军、奴仆者，终身入牧、农主役使中。若舍屋、地、人多而畜、物稀少，举告者应取一份不够数，则其□处□□·官谷物□求罚处等中，分拨当给足数目，若无举告者，以问审了解（案情），则，（此一份）献官。

9. 上述自百人以上起叛逃者，因（子犯罪）应连坐之父母之畜、谷、财宝不没。其中，与犯罪的儿子共居，共有畜、财物者，依照分家产法依法应得多少，当得自己一份，剩余逃人应得多少，依先所明，由官府分出一份给捕告赏，（另一份）依法执行（即没收入官）。

10. 诸人议逃，尚未出逃时，造意当处绞斩，从犯异地流放，终身边地守城，并处十二年劳役。造意、主、从犯一律，家门不连坐，畜、谷、财宝、地、人等有多少，分为三份，一份原属者可留，一份给举告者，一份由官府收缴。若以审问明了（案情），则举告者一份，当为官府所有。

11. 诸叛逃中，有使军、妇人逃跑者，造意之罪，已逃，则（当）以剑（斩）；尚未逃，则处绞斩。从犯已逃、未逃，一律处无期徒刑，依法着黥刺、杖刑，终身令戴铁枷，当（给）捕告者役使。若以问审明了（案情）者，终身守边城，服劳役等，依法当为正军。其中妇人者，当给无妻眷之守城者。未判无期徒刑，且劳役期明确者，服刑期满后依旧可返回原属有者处。

12. 诸人敌界往来，提供情报，及藏匿敌方奸细等者，此人心中谋划投往他国，则与叛逃一样同等承罪，家门连坐，畜、财物没收，依叛逃已行，依法判决。所捕敌方奸细，皆当剑斩。

（四）恶毒门（6 条）

13. 子女杀高、曾祖及祖父母、父母、庶母等者，及媳杀此数人等者，不论主、从，一律当以剑斩。其中，妇人之子女不连坐。其他人之妻、妾/眷、子女连坐，异地流放，入牧、农主役使中。已杀未死，则已着、未着、已伤、未伤，一律造意、同谋等，当以剑斩。其中，造意之妻、妾、女连坐，入牧、农主役使中。已起杀心而未及行，然已打斗，并以强力胁迫、摧残（他人）等，造意当以剑斩，家门不连坐，从犯绞斩。

14. 杀伯、叔、姨、姑、姐妹、兄（弟）等中一人时，造意之妻、妾/眷、共居子女等连坐，入牧、农主役使中。（造意）与同谋一齐当以剑斩。杀二人以上起，一律不论主、从，皆当以剑斩。家门内妻、妾、共居子女等连坐。若已动手而未杀死，则已着、未着、已伤、未伤，应无（分别），造

意当以剑斩，家门不连坐，从犯无期。已起杀心而未行者，造意处绞斩，从
犯判十二年。

15. 穿孝服服丧三个月至九个月（以内）者，节下人依次杀节上人中一
人时，不论主、从，当以剑斩；杀二人时，造意之妻、妾及共居子女等连
坐，入牧、农主役使中，（造意）与同谋一齐当以剑斩；杀三人以上起，不
论主、从，一律当以剑斩，自己妻、妾/眷、共居子女等连坐。若已动手而
未杀死，则已着、未着、已伤、未伤，一律造意处绞斩，从犯徒十二年。已
起杀心而未及动手者，则造意无期徒刑，从犯徒十年。彼谋杀者中如有妇
人，则其子女不连坐。

16. 祖父母、父母、庶母等谋杀自己子孙下人，谋意且已伤人，则与蓄
意伤害他人罪相比，穿一年孝服服丧者可减三等，穿九至五个月孝服服丧者
可减二等，穿三个月孝服服丧者可减一等。已杀，则以蓄意杀死他人罪依法
判决。

17. 女人杀丈夫，使军、奴婢杀头监等，一律不论主、从，当以剑斩。
其子女、家门不连坐。已动手未杀死，则已伤、未伤，应无分别，造意者当
以剑斩，从犯无期。彼从犯中，在动手时，在其丈夫、头监等身上动手，有
举告，则动手者当以剑斩。若已起杀心而未及动手者，造意处绞斩，从犯徒
十二年。

18. 诸人伯、叔及兄（弟）等行做、杀害父母，（害）心一起时，兄
（弟）、侄子等知觉、举告，则罪不连坐。若不举告，已杀，（因事先未经举
告而致使谋杀案件发生），则兄弟处绞斩，侄子判无期。犯罪者之子、孙中
有知觉者，能劝说父母。若已劝不听而所杀，因事先已有劝阻，则子、孙及
家门中按律本当连坐者，因依先前已劝阻、说罪，从而不承担连坐之罪。若
知觉而未劝阻者，徒十年，入牧农主之役使名册中，则人如愿做难事（若
人服劳役），所去期限已满后，牧、农主中何所为处，可遣（其人）返回各
院中。若兄弟及伯、叔等，对父母已起杀心，未动手杀，依其打斗等，兄
弟、侄子如有知觉，则依法举告。若不告时，兄弟徒八年，侄子徒六年。
（犯者）有子、孙者，不应举告，连坐，□□□□□□□□□然其中有知
觉，曾经劝阻，则不连坐；未劝阻已发生案件，则徒五年。

（五）为不道门（6条）

19. 杀一门下无（妄）罪三人，及杀一门仅二人却断其根，或杀不同家
门四人，及谋杀时或投毒药，或杀时分割肢体，砍断手、足，或火烧，或以
枪、刀、剑刺。如此（依）杀（法）不同，有多种，难以一一尽示也，如

此苦难恶（行）使人眼见之后残杀等，一律不论主、从，皆当以剑斩。犯者妻、妾、子、女连坐，入牧、农主役使册中。其中，被杀一门下三人或不同家门四人当中，有先前曾犯死罪且未蒙减免（刑期之人），依法审理时，则此等人不算在所杀人数当中。其中，仅杀一人，但被杀之人先前曾犯有死罪，则杀人者当以剑斩，家门不连坐。从犯依次罪减一等。

20. 诸人相怨恨，起歹意时，或伤或杀等二种罪行，依以下所定判断：

（1）谋意伤人时，谋议而未往，或已往而未动手，已动手而未显伤疤、痕迹等，一律当算伤人之罪。此外，伤人时，伤有轻重不同，再者，其也高低难分，依一视为同等罪情。已动手，已留下伤疤、痕迹，则可算是伤。

①一等庶人相互图谋（伤害）者，未伤，则造意徒十年，从犯徒八年；已伤时，造意、伤人者等处绞斩，从犯徒十年。

②一等庶人行做有官人，伤时：

（庶人伤）不及御印官，未伤，则造意徒十二年，从犯徒十年；已伤者，造意、伤人者等当以剑斩，从犯无期。

（庶人伤）自及御印以上起至去邪（官阶者），未伤，则造意处绞斩，从犯无期；已伤，则造意、伤人者等（当）以剑斩，从犯处绞斩。

（庶人伤）及受以上官，未伤，则造意（当）以剑斩，从犯处绞斩；已伤，则造意、伤人者等，其妻、妾/眷及共居子、女等连坐，入牧、农主役使册中。（造意、伤人者等）与从犯一齐当以剑斩。

③一等有官人行做庶人，伤时，不算官。

不及御印官行做（庶人），未伤，则造意徒八年，从犯徒六年；已伤时，造意、伤人者等徒十二年，从犯徒十年。

自及御印上以起至去邪官阶者行做（庶人），未伤者，造意徒六年，从犯徒五年；伤时，造意、伤人者等徒十年，从犯徒八年。

及受官行做（庶人），未伤时，造意徒五年，从犯徒四年；已伤时，造意、伤人者等徒八年，从犯徒六年。

④一等有官人相互图谋，伤时，官阶高低不算。

a. 官低者伤比自己官高者时：

不及御印官行做自及御印以上起至去邪官阶者，未伤，则造意徒十二年，从犯十年；已伤时，造意、伤人者等处绞斩，从犯徒十二年。

（不及御印官行做）及受官，未伤，则造意处绞斩，从犯徒十二年；已伤时，造意、伤人者等（当）以剑斩，从犯处绞斩。

自及御印上起至去邪官阶者行做及受官，未伤，则造意处绞斩，从犯徒十二年；已伤时，造意、伤人者等（当）以剑斩，从犯无期。

　　b. 官高者行做比自己官低者，伤时：

　　及受官行做自及御印以上起至去邪以下官阶者，未伤，则造意徒八年，从犯徒六年；已伤时，造意、伤人者等徒十年，从犯徒八年。

　　（及受官行做）不及御印官者，未伤，则造意徒六年，从犯徒五年；已伤时，造意、伤人者等徒八年，从犯徒六年。

　　及御印官行做不及御印官，未伤，则造意徒八年，从犯徒六年；已伤时，造意、伤人者等徒十年，从犯徒八年。

　　（2）谋杀罪法：

　　①一等庶人互相杀时，杀一、二人，一律造意、杀人者等（当）以剑斩，有怨出力相助者等无期，从犯徒十二年；杀三人时，造意、杀人者等当以剑斩，自己妻、妾/眷，及共居子、女等连坐，入牧、农役使册中，有怨出力相助者等，当以剑斩，从犯无期。

　　②一等庶人行做、杀有官人之罪法：

　　（庶人）杀不及御印官，杀一人时，造意、杀人者等（当）以剑斩，有怨出力相助者处绞斩，从犯无期；杀二人时，造意、杀人者等之妻、妾/眷，及共居子、女等连坐，（造意、杀人者等）与有怨出力相助者一齐（当）以剑斩，从犯处绞斩；杀三人时，不论主、从，皆当以剑斩，自己妻、妾、共居子、女等连坐，一齐入牧、农主中经入。

　　（庶人）杀及御印以上起至去邪官一人，造意、杀人者等之妻、妾、及共居子、女等连坐，（造意、杀人者等）与有怨出力相助者一齐当以剑斩，从犯处绞斩；杀二人时，不论主、从，一律当以剑斩，自己妻、妾/眷、共居子、女等连坐，一齐入牧、农主役使册中。

　　（庶人）杀及受官一人，不论主、从，一律皆当以剑斩，自己妻、妾、共居子、女等连坐，入牧、农主役使册中。

　　③一等有官者行做、杀庶民时，不算官：

　　不及御印官行做、杀（庶民）一、二人时，造意、杀人者等处绞斩，有怨出力相助者无期，从犯徒十二年；杀三人时，造意杀人者等（当）以剑斩，有怨出力相助者处绞斩，从犯无期。

　　自及御印以上起至去邪以下官阶者行做、杀（庶民）一、二人时，造意、杀人者等无期，有怨出力相助者徒十二年，从犯徒十年；杀三人时，造意、杀人者等处绞斩，有怨出力相助者无期，从犯徒十二年。

　　及受官者行做、杀（庶民）一、二人时，造意、杀人者等徒十二年，有怨出力相助者徒十年，从犯徒八年；杀三人时，造意、杀人者等无期，有怨出力相助者徒十二年，从犯徒十年。

④一等有官者互相杀之判罪法：

a. 不及御印官行做，杀比自己官大者时：

（不及御印官）杀自及御印以上起至去邪以下官阶者一人时，造意、杀人者等当以剑斩，有怨出力相助者无期，从犯徒十二年；杀二人时，造意、杀人者等之妻、妾/眷及共居子、女等连坐，（造意、杀人者等）与有怨出力相助者一齐当以剑斩，从犯处绞斩；杀三人，则不论主、从，一律当以剑斩，自己妻、妾、共居子、女等连坐，一齐入牧、农主役使册中。

（不及御印官）杀及受官一人时，造意、杀人者等之妻、妾、及共居子、女等连坐，（造意、杀人者等）与有怨出力相助者一齐当以剑斩，从犯处绞斩；杀二人时，不论主、从，一律当以剑斩，自己妻、妾、共居子、女等连坐，入牧、农主役使册中。

b. 自及御印以上官行做、杀不及御印官时：

自及御印以上起至去邪以下官阶者行做、杀（不及御印官）一人时，造意、杀人者等处绞斩，有怨出力相助者徒十二年，从犯徒十年；杀二人时，造意、杀人者等当以剑斩，有怨出力相助者无期，从犯徒十二年；杀三人时，造意、杀人者等自己妻、妾、共居子、女等连坐，入牧、农主（役使册）中，（造意、杀人者等）与有怨出力相助者一齐当以剑斩，从犯处绞斩。

及受官行做、杀（不及御印官）一人时，造意、杀人者等无期，有怨出力相助者徒十年，从犯徒八年；杀二人时，造意、杀人者等处绞斩，有怨出力相助者徒十二年，从犯徒十年；杀三人时，造意、杀人者等当以剑斩，有怨出力相助者处绞斩，从犯无期。及御印官和及受官等互相杀时：自及御印以上起至去邪以下官行做、杀及受官时，按有杂官人杀及御印官法（判断）；又若及受官行做、杀及御印官时，按及御印官杀有杂官人法判断。

21. 及御印官、不及御印官和及受官等互相杀时，（如）罪情所示判断。此外，若不及御印中官品有高低，又及御印官、及受官等中也各自于品内有（先后重轻）不同之分等，因依一品之内，品阶高低难分也，（判罪时），一律不论官品高低，依庶人法判断。

22. 上述谋意伤、杀人时，造意、同谋等中，或有大官，或有小官，又庶人等互相有（所）不同时，大小官、庶人等各自罪情不同，应依顺先前所述各种差异，依照律法所示执行。

23. 诸人议谋杀人，已议论（谋），然（此人）未往杀中，（其他）谋议者（于）彼处已杀人者，未往人、别人知觉杀人语不举告，则徒十年。若此未往人于原来议谋（犯罪）时，于所杀之人又属有怨出力相助者（的关系），则（知杀人语而不举告）徒十二年。其中，若属造意者，未往杀人也须承担全部罪责。

24. 诸人做咒法事谋杀他人，造意者所做咒法事，以其杀人，已杀死人，则（按）谋杀法判断；若已做（咒法事）（而人）未死，则按谋意伤人（判断）；未做（咒法事），则按已谋议杀人而未往法判断，等等。（犯者）有亲无亲，依先前（所述）一一罪情所明示者，比照执行。

（六）大不敬门（7条）

25. 不在皇帝面前谏说，背后诽谤、宣说者，重则说者当以剑斩，家门不连坐。此外，传播此等言语者，依时节，视其语阶轻重，奏报执行。

26. （与）本国为敌，（于）帝、臣之间行谗舌者，其中言语确实严重，则依照不在皇帝面前谏说，背后口出恶言法判断，敌对者以剑斩，家门不连坐。此外，其他敌对者，言语轻重是何不明，难以确切指出时，则依时节，视其语阶轻重，奏报执行。

27. 伪造及盗窃御印等时，造意当以剑斩，家门不连坐，从犯无期。伪造及盗窃令牌者，造意处绞斩，从犯徒十二年。

28. 盗窃、毁坏神仙、天神（影像等），传圣旨时不行臣礼，不恭敬（对待），动心念后，御前应答，圣旨直接传往人家时，不依秩列迎接，或不来等，一律造意当以剑斩，从犯无期。

29. 御服制成，往献所往，已献备穿或已穿着时盗窃，及于皇帝祖宗、御前供奉物中（随意）拿取等，一律造意处绞斩，从犯徒十二年。

30. 若配御药有误，若药封上书写名字有误，及服药方法有误等，已献御前，则失误者处绞斩，头监、检校者等徒十二年；未献御前，则失误者徒十二年，头监、检校等徒六年。

31. 御膳中混撒有杂物时，不论主、从，当以剑斩，（犯者）自己之妻、妾/眷及共居子女等连坐，入牧农主中役使册中，妇人所有之子女不连坐。

（七）不孝顺门（1条）

32. 子女及儿媳如对亲高祖父母、曾祖父母、祖父母、父母、庶母此数人等洒土灰、吐唾及口角，说恶（语）及告举等之罪法：

（1）如洒土灰、吐唾，已着于身、面上，及眼前，说恶语，口角等时，处以绞斩。

（2）（犯）谋反、失孝德礼、谋叛等三种罪许（其子孙）举告，其他罪不许告，若举告时，处以绞斩。子孙中有为（父母）谋划（犯罪）者，则处十二年，父母等之罪不许讯问。其中父母与他人相议谋犯罪，举告者不仅于他人处已闻知，（而且也听闻于）犯罪者之子孙口中（听其自述），情节分明，则应讯问，应依他人犯罪法承罪。父母犯罪，其子孙宣说，因其已宣说之故，（连坐之罪）当解脱。（若）举告人（自非）他人处闻知，（自谓）直接（从犯罪者）子孙中（之）一人口中听闻，则不许取（状）讯问。

（八）不睦门（1条）

33. 节下人行做、卖节上祖父母、父母等人时，造意当以剑斩，从犯无期。

（九）失义门（3条）

34. 诸司大（人）、承旨、习判等，于各自管领司属、局分（与）都案、案头、司吏、使役、仆人，及其所负责事务中有关诸人，各因询问、处理事务等时，发生争斗殴打，（被所属人等）杀死时，若杀人者与所属司大人、承旨、习判等官品相同或官低时，则不论官，与庶民一样，当以剑斩。若死者官低，杀人者官大，官品自会俗以上者，官、职、军皆革除，处无期徒刑；官品自灵柱/急使以下者，官、职、军皆革除，处以绞斩。

35. 奉天子（敕令）所遣皇使，无论有无信牌同样，与随行局分都案、案头、司吏、使役、仆人，在所出使地区范围内，局分使役、仆从已经离开后，皇使所负公务已明了，各自因询问、办理事务时，与此等皇使争斗，打死使者，依前（一条）与打杀局分所属司大人、承旨之罪相同判断。若在出使地区范围内，局分使役、仆人未分离，非因办理、询问事务，此后来往于路途中间时，他人与皇使争斗，殴打皇使致死时，与皇使官品相同或官低时，则与庶民一样，判处绞斩。若杀人者官大，官品自会俗以上起者，官、职、军皆革除，处十二年徒刑；官品自灵柱/急使以下者，官、职、军皆革除，处无期徒刑。

36. 学生、学徒等，在争斗殴打时，杀死奉天子所派遣之师傅、先生，与诸司局分人等在争斗殴打时杀死所属大人、承旨之罪相等同。

（十）内乱门（2条）

37. 杂乱内官者，难以一一指说，若有迷惑时，其罪根本（上）依语阶轻重、应如何判断，依时节奏报执行。

38. 诸人（如依）条下所示，对节下、节上亲行非礼者，（不论）男女，一律当以剑斩，家门不连坐：高祖母、曾祖母、祖母、亲母、继母、姑、姐妹、女儿、儿媳。

39. 犯上述十恶门内所示诸种罪行，（无论官品）大小、高低，一律不许以官品当。

（二）《辽史·刑法志》。本卷记载了辽朝法律发展和基本内容。这里摘录了涉及契丹习惯和重要的立法成果。

太祖初年，庶事草创，犯罪者量轻重决之。其后治诸弟逆党，权宜立法。亲王从逆，不磬诸甸人，或投高崖杀之；淫乱不轨者，五车杀之；逆父母者视此；讪詈犯上者，以熟铁锥侅其口杀之。从坐者，量罪轻重杖决。杖有二：大者重钱五百，小者三百。又为枭磔、生瘗、射鬼箭、炮掷、肢解之刑。

……神册六年，乃诏大臣定治契丹及诸夷之法，汉人则断以律令，仍置钟院以达民冤。至太宗时，治渤海人一依汉法，余无改焉。

道宗咸雍元年六年，帝以契丹、汉人风俗不同，国法不可异施，于是命惕隐苏、枢密使乙辛等更定条制。凡合于律令者，具载之；其不合者，别存之。时校定官即重熙旧制，更窃盗赃二十五贯处死一条，增至五十贯处死；又删其重复者二条，为五百四十五条；取律一百七十三条，又创增七十一条，凡七百八十九条，增重编者至千余条。皆分类列。以太康间所定，复以律及条例叁校，续增三十六条。其后因事续校，至大安三年止，又增六十七条。条约既繁，典者不能遍习，愚民莫知所避，犯法者众，吏得因缘为奸。故五年诏曰："法者所以示民信，而致国治。简易如天地，不忒如四时，使民可避而不可犯。比命有司纂修刑法，然不能明体朕意，多作条目，以罔民于罪，朕甚不取。自今复用旧法，余悉除之。"

（三）《金史·刑法志》。本卷记载了金朝法律发展和基本内容。这里摘录了涉及契丹习惯和重要的立法成果。

金国旧俗，轻罪笞以柳篸，杀人及盗劫者，击其脑杀之，没其家赀，以十之四入官，其六偿主，并以家人为奴婢。其亲属欲以马牛杂物赎者从之。或重罪亦听自赎，然恐无辨于齐民，则劓、刵以为别。其狱则掘地深广数丈为之。

……

太宗虽承太祖无变旧风之训，亦稍用辽、宋法。

……

熙宗皇统间，诏诸臣，以本朝旧制，兼采隋、唐之制，参辽、宋之法。

类以成书，名曰《皇统制》，颁行中外。

……

泰和元年正有二十二月，所修律成，凡十有二篇：一曰《名例》，二曰《卫禁》，三曰《职制》，四曰《户婚》五曰《厩库》，六曰《擅兴》，七曰《贼盗》，八曰《斗讼》，九曰《诈伪》，十曰《杂律》，十一曰《捕亡》，十二曰《断狱》。实《唐律》也，但加赎铜皆倍之，增徒至四年、五年为七，削不宜于时者四十七条，增时用之制百四十九条，因而略有所损益者二百八十有二条，余百二十六条皆从其旧。又加以分其一为二、分其一为四者六条，凡五百六十三条，为三十卷，附注以明其事，疏义以释其疑，名曰《泰和律义》。自《官品令》、《职员令》之下，曰《祠令》四十八条，《户令》六十六条，《学令》十一条，《选举令》八十三条，《封爵令》九条、《封赠令》十条，《宫卫令》十条，《军防令》二十五条，《仪制令》二十三条，《衣服令》十条，《公式令》五十八条，《禄令》十七条，《仓库令》七条，《厩牧令》十二条，《田令》十七条，《赋役令》二十三条，《关市令》十三条，《捕亡令》二十条，《赏令》二十五条，《医疾令》五条，《假宁令》十四条，《狱官令》百有六条，《杂令》四十九条，《释道令》十条，《营缮令》十三条，《河防令》十一条，《服制令》十一条，附以年月之制，曰《律令》二十卷。又定《制敕》九十五条，《榷货》八十五条，《蕃部》三十九条，曰《新定敕条》三卷，《六部格式》三十卷。司空襄以进，诏以明年五月颁行之。

第四章　元明清时期民族法制

　　元明清时期是中国历史上民族法制最为发达的时期。这个时期有两个王朝由北方民族建立，即元朝蒙古族与清朝满族。在民族法制建设上，由于统治民族本身是少数民族，在民族法制建设上具有更大的主动性。清朝在民族立法与司法上最有成就，保留下来的史料最为丰富，成为当前学术界研究的重要对象，也是揭示中国古代民族立法与司法最重要的时期。在民族法制上，这个时期创制出很多有影响的制度，如土官土司制。在立法上，清朝采用专门立法的方式，对少数民族根据地区和调整民族法律传统，通过综合与特别立法相结合，建立起具有完整体系的民族法律体系。如有综合性立法的《理藩院则例》，专门性立法的《蒙古律书》、《回疆则例》和《西宁番夷成例》等。清朝对民族地区的立法，使中国历史上国家对民族习惯的认同达到了新高度，有些法律成为人类立法史上认可立法的典范，如《西宁番夷成例》。司法上，元明清时期国家创立了很多灵活的原则，使民族司法更具国家性与民族性有机结合。

第一节　中央对少数民族地区治理措施

一　元明清时期中央政府的治理

　　元朝在民族事务管理上主要有宣政院。宣政院管理事务涉及宗教事务及西藏地区事务。宣政院管理吐蕃地区各级地方行政机构，包括宣慰司、安抚司、招讨司、万户府、元帅府等。当时藏区被划分为三个宣慰使司都元帅府（即吐蕃等处、吐蕃等路、乌思藏纳里速古鲁孙等三路），均受总制院管辖。《元史·百官志》记载：

　　　　宣政院，秩从一品。掌释教僧徒及吐蕃之境而隶治之。遇吐蕃有事，则为分院往镇，亦别有印。如大征伐，则会枢府议。其用人则自为选。其为选则军民通摄，僧俗并用。至元初，立总制院，而领以国师。二十五年，因唐制吐蕃来朝于宣政殿之故，更名宣政院。①

宣政院职掌为释教僧徒和吐蕃之境。如果吐蕃有事，可以临时派分院前往处理；但如果是大征伐，则必须"会枢府议"后而行。

元朝管理民族事务的机构还有大宗正府，主要管理蒙古族及王室事务。

明朝管理少数民族事务机构十分分散，没有形成强有力的管理少数民族的事务。专门机构有：行人司、会同馆、四夷馆；兼职机构则有吏、户、礼、兵四部及五军都督府、鸿胪寺、僧录司等。对管理、接待和处理少数民族宗教事务，负责接待"朝贡"的少数民族首领及翻译事务，由鸿胪寺、行人司、会同馆、四夷馆等承担。行人司是礼部下属衙门，职能有"捧节、奉使之事。凡颁行诏旨，册封宗室，抚谕诸藩，征聘贤才，与夫赏赐、慰问、赈济、军旅、祭祀，咸叙差矣"。② 会同馆分设南北二馆。北馆在北京，南馆在南京。北馆接待女真建州、海西诸卫，女直、朵颜三卫，吐鲁番、撒麻儿干、哈密、赤斤、罕东等卫，回回、西番法王、洮泯等处，以及云贵、四川、湖广土官番人等；南馆负责瓦剌、朝鲜、日本、安南等国进贡陪臣等。四夷馆职责是"掌译书之事"，专门翻译少数民族以及诸外国语言文字的机构。吏部中验封司涉及各地少数民族土官的认命、继承、褒赏等事。户部涉及的少数民族事务集中体现在课税、茶叶贸易以及婚姻人口统计等方面。礼部中主客、精膳涉及少数民族招待等事务。僧录司是管理宗教事务的机构，其中由于少数民族多信宗教，成为管理少数民族事务的机构。

清朝中央管理少数民族机构集中在理藩院上，成为中央管理民族事务的核心机构，与六部平行，成为清朝中央重要机构。对此，乾隆皇帝指出清朝中央机构中，"吏、户、刑三部及理藩院均属紧要"。理藩院最初是为了处理蒙古事务在后金崇德三年（1638 年）六月成立。理藩院前身是 1636 年漠南蒙古归顺清朝时设立的蒙古衙门。1638 年改蒙古衙门为理藩院。同年七月，更定八衙门官制时理藩院设官改为承政一员，左右参政各一员，副理事官八员，启心郎一员。十一月，铸造了理藩院印信。顺治元年（1644 年），承政改为尚书，参政改为侍郎。顺治五年（1648 年）二月，增设汉院判、

---

① 《元史》卷三十七，"百官志三"，中华书局 1976 年版。
② 《明卷》卷七十三，"官职三"，中华书局 1974 年版。

汉知事、汉副使各1员。顺治十六年（1659年）闰三月，理藩院归礼部所属，尚书、左右侍郎均称礼部尚书和礼部左右侍郎，保留副理事官8员，堂主事2员，汉院判、汉知事、汉副使各1员。顺治十八年（1661年）正月，"今作礼部所属，于旧制未合。嗣后不必兼礼部衔，仍称理藩院尚书、侍郎，其印文亦著改正铸给"。同年八月，理藩院设立录勋、宾客、柔远、理刑四司。九月，理藩院尚书照六部尚书，入议政之列。康熙四十年（1701年），理藩院柔远司划分为柔远前司和后司。雍正七年（1730年），理藩院设置巡按游牧御使，加强对八旗游牧地方管理。乾隆二十二年（1757年），对理藩院司属机构进行调整，改录勋司为典属司，宾客司为王会司，柔远后司为旗籍司，柔远前司仍为柔远司。乾隆二十六年（1761年），理藩院开始管理回疆事务。当年乾隆帝谕示军机大臣："理藩院专理蒙古事务，尚可兼办回部。着将理藩院五司内派出一司，专办回部事务。"① 这样，理藩院对司属机构再行调整，并旗籍、柔远为一司，增设徕远司，专管回部事务。乾隆二十七年（1762年）恢复柔远、旗籍。理藩院形成六司机构。乾隆二十九年（1764年）再改典属司为旗籍司，旧旗籍司仍为典属司。理藩院此种结构，一直适用到光绪三十二年（1906年）七月清变法修律时，改理藩院为理藩部。

乾隆二十九年（1764年）改革后，理藩院机构由中枢机构、直属机构、附属机构、派出机构（人员）等四部分组成。中枢机构由尚书满洲1人，左右侍郎满洲各1人，额外侍郎蒙古1人，官员由蒙古贝勒、贝子中贤能者选任。六司是旗籍、王会、典属、柔远、徕远和理刑。此外，还有满汉档房、司务厅、当月处、蒙古房、内餐馆和银库等机构。附属机构与派出机构分别是，附属机构有唐古特学、稽查内馆外馆、木兰围场、俄罗斯馆、托忒学、蒙古官学、喇嘛印务处、则例馆等，分设以下职官司业、监督、总管、教习、掌印扎萨克大喇嘛、纂修官、翻译官等。派出机构有四川、陕西总督衙门蒙古笔帖式，科布多、乌里雅苏台兵差司员，西藏、西宁随印司员，恰克图、库伦管理买卖事务司员，张家口等处管理驿站员外郎，三座塔等处驻扎司官，察哈尔游牧处理事员外郎，宁夏等处理事司员，热河都统衙门理事司官等。人员上设有尚书1人，左右侍郎各1人，均为满员；额外侍郎1人，于蒙古贝子、贝勒中特简。下设郎中人员是宗室1人，满3人，蒙古8人；员外郎人员是宗室1人、满11人，蒙古24人，及堂主事、主事、司

---

① 《清高宗实录》卷649，"二十六年十一月丙辰"条。

务、笔贴式、经承、贴写等官，所属又有外郎、领催、通事、皂役等吏役。

理藩院管理事务上，最初专管漠南蒙古，康熙年间扩大到喀尔喀蒙古、厄鲁特蒙古、青海和西藏地区。乾隆中期，增加管理新疆回部及大小金川事务。乾隆年间"掌内外藩蒙古回部之政令，控驭抚绥，以固邦翰"。从六个司的职掌看，理藩院的职权涉及北方、西北蒙古、回部和西藏地区的各类事务。具体看六司职权分别是：旗籍司职能是"考内札萨克之疆理、叙其封爵与其谱系，凡官属、部众、会盟、军旅、邮传之事皆掌之，掌游牧之内属者"。具体是确定各札萨克的领地边界，对越境侵掠其他领地区处罚；对各札萨克爵位进行任命、考核管理和册封各王公和公主；记载各姓氏的家谱世系；管理各札萨克的附属官员，如台吉、佐领、章京；确定各札萨克的会盟地点与时间，会盟举行的事务等；设立各旗之间的驿道以及土默特事务。王会司职能是"颁禄于内札萨克，而治其朝贡、燕飨、赉予之事"，即掌管理各札萨克的朝贡事务，特别是朝贡时的招待规格及赠给的财物数量，涉及年班、岁贡、公主格格下嫁赏赐、围班等事务。典属司职能"掌核外札萨克部旗之事，治其邮驿，互市则颁其禁令，凡内外之喇嘛皆掌之，掌游牧之内属者"，该司主要管理外蒙古喀尔喀的事务，具体看与旗籍司很相似，只是后者管理外蒙古，前者管理内蒙古。此外，特别之处是外蒙古札萨克地区设将军、大臣镇统，互市时商人要给商票、互市处设立官员管理等。清朝在管理喇嘛上把喇嘛分为驻京喇嘛、西藏喇嘛、番夷喇嘛和游牧喇嘛，该司管理各类喇嘛事务、管理西藏事务、朝贡等事务。柔远司职能是"掌外札萨克喇嘛、禄廪、朝贡主事"，具体看是管理外蒙古地区的札萨克俸禄、年班、朝贡等事务。徕远司职能是"掌回部札萨克之政令，凡回番之年班皆掌之，掌外裔之朝贡"，[①]具体看是管理新疆回部的事务、官职的任命与考核等。理刑司职权是"掌外藩各部刑罚之事"，即是对理藩院管理地区的司法进行管理，具体看有对蒙古地区的各札萨克审理的案件复审、制定这些地区的法律、审理重大案件等。

二　元明清时期地方的治理

（一）西北、西南地区的土官土司制度

元明清时期，西北、西南和南方民族地区土司制度是中央政府治理该地区的重要制度。学术界对土司制度研究有很多重要成果，其中主要成果有：

---

①　以参上见《钦定大清会典事例·理藩院》，中国藏学出版社 2006 年版。

佘贻泽的《明代土司制度》、江应樑的《明代云南境内的土官与土司》、龚荫的《中国土司制度》、吴永章的《中国土司制度源渊与发展史》。对土司制度，学术界多有争议，有认为是利用世居少数民族中的贵族分子沿袭充任地方政权机构中的长官，以便依据地方经济情况"额以赋役"，政治上则听从封建中央的"驱调"；①我国封建王朝在统一的领土内的某些地区，主要是南方少数民族聚居和杂居处，采取一些有别于汉族地区的措施进行统治的一种制度。其主要内容可以归结为两个方面：一方面是中央王朝对归附的各少数民族或部落首领假以爵禄，宠之名号，使之仍按旧俗管理其原辖地区，即通过世居首领对民族地区实行间接统治；另一方面是各民族或部落首领须服从中央王朝的领导和听从驱调，并须按期上交数量不等的贡纳，即承担一定的政治、经济、军事等义务。②有人把土司制度与羁縻府州制相比较后认为，土官土司制度基本特点是：封建王朝对边疆少数民族控制的程度大为加强，并将协助统治的当地少数民族首领全面纳入封建国家官吏管理的系统，授予代表封建王朝进行统治的权力，许给其与流官大体相同的政治及生活待遇，在管理制度方面也趋于完善和严密。③

土司制度实质较全面的称谓应是土官土司制。元朝时仅有土官之称，明朝中期后有土司一词出现，④后来土司与土官开始互用，其中土司成为通称。土官土司制度有以下特征：

首先，设土官土司制度的地区在行政区划和属性上是当时中央政府的一个行政区，如元代当时设有 11 个行省，其中南方民族地区的土官土司主要设在四川、云南、湖广、江西行省，而这些行省是元代行省的组成部分。这些行省与其他行省一样同是元王朝管辖下的地方行政区域，而不像以前那样仅是"臣属"或是"藩属"地区。对此，《元史·地理志（一）》上说："盖岭北、辽阳与甘肃、四川、云南、湖广之边，唐所谓羁縻之州，往往在是，今皆赋役之，比于内地"，这里"比于内地"十分关键，它说明这些地区是国家正式行政地区。从云南行省来看，在元代以前，云南也设过郡、州、县，但都是特别的。到了元朝，设置云南行省时，行省在制度设置上与

---

① 尤中：《云南民族史》，云南大学出版社 1994 年版，第 349 页。

② 吴永章：《中国土司制渊源与发展史·导言》，四川民族出版社 1988 年版。

③ 方铁主编：《西南通史》，中州古籍出版 2003 年版，第 647 页。

④ "土司"一词出现在明朝嘉靖中期。方铁《西南通史》上有："土司之称最早出现于明嘉靖中期的有关史籍文献中，此后陆续增多"。（方铁主编：《西南通史》，中州古籍出版 2003 年版，第 648 页）。

其他行省一样，设有相关机构，如提刑按察司和肃政廉访司、儒学提举司、规措所、广教总管府、惠民药局、屯田管理机构等。在行省下设有与当时中原地区相同的行政机构：路、府、州、县、道等。明代国家设 13 个布政使司，永乐十一年（1413 年）把云南、四川、湖广行省管辖相邻民族集中地区单独划出建立了贵州布政使司。西北、西南和南方民族地区出现了"分别司郡州县，额以赋役"的社会结构，建立起与中原地区一致的行政体制，导致在政治上这些民族地区首先是国家一般行政区，其次才是国家的特殊行政区。

其次，元朝设立土司制度地区设置上不再以"部落大小"为准，而以地域为基本条件后才兼顾这个行政区划内的部落问题。元至元二十年（1283 年）有"四川行省讨平九溪十八洞，以其酋长赴阙，定其地之可以设官者，与其人之可以入官者，大处为州，小处为县"。① 土司地区由于各种府州县以区域为准，若出现各土司兼并其他土司领地，国家会出兵干预。元代《招捕总录》记载很多土司因土地相互仇杀时，国家都要干预，轻则遣使诏谕，重则出兵讨伐。明代云南麓川土司思可法家族兼并扩张，中央就进行军事征伐；对贵州播州杨氏、水西安氏扩张同样进行军事征伐。

再次，土司地区是国家行政区域，土官首先是国家正式官僚，然后才能保证成为本辖区内的首领。土官土司首先只有是国家官员后，其次才让他们成为管理这个地区部落和政权的首领，这点非常重要。《明史》上有，"（土司）使之附辑诸蛮，谨守疆土，修职贡，供征调，无相携贰"，② 这里用"使之"二字十分准确地说明了国家授予各民族首领各种官职的目的和功用，是让他们成为帮助国家管理各民族群体和守卫疆土的官员。对土司的管理上，具体有：第一，元朝土官土司职衔是国家一般行政官职，如元代设置的宣慰、宣抚、安抚、招讨、长官诸司，土府、土州、土县等。第二，土官土司管理上分别隶属国家专设的管理部门，明代明确规定，有军权的武职土官隶属兵部，无军权的文官土官隶吏部。第三，土官土司要得到这些职衔，必须办理相关手续，由国家颁发印信，让国家认可，才能在法律上成为本地区的官员。第四，土官土司要对自己辖区内各种行政、治安问题向国家或说上一级流官和地方机构负责。第五，土官土司要向国家代表者——皇帝定期朝见，其形式是进贡，实质是土司成为国家官吏的体现。土司制度下土官土

---

① 《元史》卷六十三，"地理志六"，中华书局 1976 年版。
② 《明史》卷七十六，"职官志五"，中华书局 1974 年版。

司已经成为国家官僚中的一部分，它们仅是官员中特殊群体。《明史》中有"军民府、土州、土县，设官如府州县"，①《续通志》上明确地说"明置军民府、土州、土县，设官同府州县"。②

最后，土司制度下，土官土司是国家的地方官员，国家对各土司间纠纷拥有司法管辖权。国家对各土司间纠纷不再完全以调解者的被动身份出现，国家已经成为法定纠纷解决者。《明史》记载有"（土官）有相仇者，疏上听命于天子"，③ 国家在土司制下往往对土司间严重刑事案件进行管辖，让这些地区在司法上进入国家的管辖之中。

元明清时期土司制度与羁縻制区别有：第一，羁縻制下，各民族地区首先是一个独立的政治、经济实体，其次才是中央政府的特殊地区或说是"臣属"地区；土司制下，各民族地区首先是中央政府下的一个地区，其次才是一个特殊的政治、经济实体。在现实中羁縻制下各民族往往表现为"附则受而不逆，叛则弃而不追"，④ 但在土司制下是不允许的。第二，羁縻制下，各部落首领首先是本部落的首领，如君长、王、侯等，其次才是中央王朝册封的官员；土司制下，各民族首领首先是国家的地方职官，其次才是各部落的首领。第三，羁縻制下，各部落固有的法律制度是本民族群体法律制度的主体，对汉法的适用属于特别适用；土司制下，各部落固有的法律制度是中央对地方法律的特别认可。土司制度是中国历史上元明清时期中央把各民族地区纳入统一行政体制后，国家在移植传统中原官僚体制到这些地区时特别建立起来的一种政治法律制度，用现在流行术语来说就是移植后本土化的产物。

元明清时期土官土司设置情况。龚荫先生统计，元明清三朝全国前后共设过2569家大大小小的土司，其中设在西南及南方地区的有2142家。⑤ 清代在全国增设了701家。⑥ 元朝在民族地区设立路、府、州、县时实行"蒙夷参治"，或说是"蒙土并治"，具体是蒙古人任第一把手、其他民族任第二把手的共治方式。元世祖至元二年（1265年）二月下诏："以蒙古人充各

---

① 《明史》卷七十六，"职官志五"，中华书局1974年版。
② 《续通志》卷一百三十六，"职官略七"，浙江古籍出版社1988年版。
③ 《明史》卷七十六，"职官志"，中华书局1974年版。
④ 《后汉书》卷八十六，"南蛮西南夷列传"。
⑤ 参见龚荫《中国土司制度·总表》。
⑥ 龚荫：《中国土司制度》，云南民族出版社1992年版，第115页。

路达鲁花赤，汉人充总管，回回人充同知，永为定制。"① 在路上用汉人充任总管，回回人充任同知。如元朝云南各府、州、县中达鲁花赤多由蒙古人任，而大理国时段氏、高氏、董氏等地方势族多出任同知、判官、知府、总管等佐贰官。明清二朝土司设置情况上看，出现中上级土司减少，下层土司增加的现象，其中文职土司减少最快，武职土司增加最快。其中，清代在西北地区设立了大量武职土司，主要集中在青海、四川西北及西藏等地，仅青海就有武职土司 288 家。武职土司的增加，导致清朝中层土司比例增加。清朝有"蛮夷官、苗民官、千夫长、副千夫长，土官中土舍头目无专职品级"。② 清代小土司增加说明中央政府对民族地区控制加强。

　　从法律的角度看，土官制度是中国古代官僚行政体制移植到少数民族地区后进行本土化的产物。国家在土官管理上，对承袭法进行了大力的干预。承袭制度关系到整个"礼"的核心，涉及继承中嫡长子制下的宗法制度。元代对南方土官法律地位的确立及承袭问题的规定是在延祐六年（1319年），当时云南地方官把土司承袭问题提交中央，"夏四月壬辰，中书省臣言：'云南土官病故，子侄兄弟袭之，无则妻承夫职。远方蛮夷，顽犷难制，必任土人，可以集事。今或阙员，宜从本俗，权职以行。'制曰：'可。'"③ 中书省臣提出对云南土官承袭上按本地习俗，由儿子、兄弟、妻子承继。大德七年（1303年）普定府改路时有"以故知府容苴妻适姑为总管"。④ 明朝法律规定，"凡土司之官九级，自从三品至从七品，皆无岁禄。其子弟、族属、妻女、若婿及甥之袭替，胥从其俗"。⑤ 明代土官承袭范围有：儿子、弟弟、族属⑥、妻妾、女儿、女婿、外甥。《明会典·土夷袭替》中有："洪武二十七年，令土官无子，许弟袭。三十年，令土官无子弟，而妻或婿为夷民信服者，许令一人袭。"⑦ 《土官承袭》中有洪武二十六年（1393年）"定湖广、四川、云南、广西土官承袭，务要验封司委官体勘，别无争袭之人，明白取具宗支图本，并官吏人等结状"。⑧ 这里规定中央政府在考察承袭宗支图谱时看的是他在这个家族中的地位。正统二年（1437

① 《元史》卷六，"世祖本纪三"，中华书局 1976 年版。
② 《皇明政典类纂》卷二百五十二，"职官·官品·土官品级"。
③ 《元史》卷二十六，"仁宗三"，中华书局 1976 年版。
④ 《元史》卷二十一，"成宗四"，中华书局 1976 年版。
⑤ 《明史》卷七十二，"百官志"，中华书局 1974 年版。
⑥ 族属范围就很广，因为侄子、同宗都可以是这个范围。
⑦ 《大明会典》卷一百二十一，第 1743 页。
⑧ 《大明会典》卷六，第 123 页。

年）二月曲靖军民府知府晏毅有："土官承袭，或以子孙，或以兄弟，或以妻继夫，或以妾绍嫡，皆无预定次序，多致临袭争夺，以故仇杀连年，边方不宁"，为此提出"移文所司，预为定夺造册，土官有故，如序袭职"。① 成化十四年（1478 年）七月，云南总兵官黔国公沐琮提出"所属土官不能分别嫡庶，以致身死之后，或用族异姓，与其应袭之子互相争立，三司等保勘之官，又各依违不决"，为此提出"乞下所司移文镇守巡按等官，急为剖决，仍行布政司转行土官吏人等，公覆在职土官宗派嫡庶始末，详其谱图，岁造册籍，遇有土官事故，借此定之。则事有定规，争端可息。事下兵部议，其言甚切，请行琮等督三司巡按官"。中央政府很快就把此动议进行立法，通行全国土司之地，特别是南方民族地区，"即以此著为定例。凡贵州、广西、湖广、四川皆遵行之，其册籍旧有者准造，否则减省为便，从之"。② 这样明代就土官承袭法正式从法律上规定了宗法制。清朝在土司承袭上严格推行宗法承袭制度。清代与元明两朝相比就是严格推行宗法制度，表现在严格区分嫡庶。《大清会典·吏部》中有："或土官故，或年老有疾请代者，准与嫡子、嫡孙承袭。无嫡子、嫡孙，则以庶子、庶孙承袭。无子孙，则以弟或其族人承袭，其土官之妻及婿，有为土民所服者，亦准承袭。如有子而幼者，或其族或其母能抚孤治事，由督抚拣委，至其子年及十五岁，再令承袭。"③ 这里严格按宗法制规定承袭制度，即按先嫡后庶。土官承袭有特殊内容是可以由土官的弟、族人、妻子、女婿来承袭职位，与元明两朝相比是一致的。此外，清代对法定承袭条件要求年满 15 岁，不满 15 岁土司衙门各种事务或由本族土舍，或母亲"护理"。"康熙十一年题准土官子弟年至十五岁准承袭；未满十五岁者，督抚报部，将土官印信事务令本族土舍护理，俟承袭之人年满十五，督抚题请承袭。"④ 其次承袭人要入儒学学习，接受儒家礼仪教育。"顺治十八年题准云南省土司应袭子弟，令各该学立课教训，俾知礼义，俟父兄谢事之日，回籍袭职。"⑤ 目的是让承袭者能够拥有处理各种行政事务的能力和能知行政事务的规程和传统礼仪，适应整个官僚体制的需要。

元明清时期国家对土司进行考核管理。元代对土官行政奖赏有：升职，

① 《明英宗实录》卷七十九。
② 同上书，卷一百八十。
③ 《钦定大清会典事例》卷一百四十五，"史部·土官"。
④ 《皇朝政典类纂》卷二百五十一，"职官·土官"，第 5142 页。
⑤ 《钦定学政全书》卷六十九，"土苗事例"。

"诸土官有能爱抚军民，境内宁谧者，三年一次，保勘升官。其有勋劳，及应升赏承袭，文字至帅府，辄非理疏驳，故为难阻者，罢之"。① 授予不任官，加散勋衔，播州安抚使杨邦宪就封过龙虎卫上将军，其子杨汉英即杨赛因不花，就授过柱国、银青荣禄大夫，这是从一品或正一品勋职。

元代对土官处罚是对反叛者，多处死刑；对犯法的，多采取罚而不废其职。"诸内郡官仕云南者，有罪依常律；土官有罪，罚而不废。诸左右两江所部土官，辄兴兵相仇杀者，坐以叛逆之罪。"②

明代在土官授职上采用先权授，到一定时期后，根据表现再实授。如广西制定法律《苍梧总督军门志》中《事例》下嘉靖七年（1528年）兵部批准法律规定，"凡土官病故其应袭儿男，查勘无碍止令以官男孙名色，就彼袭替，权管地方；俟其著有功劳，然后授以冠带；又俟其功劳再著，然后授以署职；又俟其有功劳屡著，然后实授本职"。③ 这里把土官承袭过程分为：权职、授以冠带、署职、实授。国家在四个不同阶段进行考核，以便加强管理。对土官奖赏有：军功，明代出现军事征战时往往调各地土兵出征，土官有功时给予奖赏。忠勤，即忠于职守，永乐年间楚雄府同知高政妻高纳的斥朝觐，"时仁宗监国，嘉其勤诚，升知府"。④ 纳米，边疆土司通过捐米，可以得到奖赏。贵州安顺州同知阿宠在景泰二年（1451年）是"遇例纳米升知州"。⑤ 进献，湘、鄂、川、黔交界土官，在明中后期往往献大木得以升官。正德十年（1515年）湖广永顺宣慰彭世麟就因献"大木三十，次者三百……十三年，世麟献大楠木四百七十，子明辅亦进大木备营建。诏世麟升都指指挥使"。⑥ 明代对土司犯罪处罚表现出一定的灵活性，对严重犯罪者，特别是有反叛行为的，会受到中央政府严厉的处罚，具体有死刑。如明代鹤庆土知府高伦，正统六年（1441年）"依例斩决"；马湖土知府安鳌，弘治八年（1495年）就"拟凌迟处死，家口迁徙"；成化八年（1472年）剑川州弥沙井巡检司土巡检沙膀就被处死。革职，对违法土司处以革职，让其他应袭者承袭。降职，就是对犯法的土官处以降职处罚。迁徙，就是把有罪土官迁往他地安置。广西结伦州冯郎黄，由于他父亲说他"悖逆夺印"，不准

---

① 《元史》卷一百三，"刑法志二"，中华书局1976年版。
② 同上。
③ 《苍梧总督军门志》卷二十二，全国图书馆文献缩微复制中心1991年版，第230页。
④ 《明史》卷三百一十三，"云南土司传一"，中华书局1974年版。
⑤ 《土官底簿》卷下，"贵州·安顺州同知"；卷上，"云南·陆凉州知州"。
⑥ 参见《明史》卷三百一十，"湖广土司"，中华书局1974年版。

其承袭，以"无礼"罪名，"发去辽东都司安置"。①

清代对土司的管理、考核制度和法律达到了十分完善和严密的程度，大体与流官一致。清代土官品级一般不能超过土知府，从四品；土司则至指挥使、宣慰使止。"加等者至指挥使、宣慰使则止焉"。② 清朝文职的称为土官，武职的称为土司。土官由吏部管理；土司由兵部管理。清代土司的法律责任和国家正式官僚一样，把他们的法律责任区分为公罪和私罪，二者在处罚上有很大的不同。对公罪主要处以罚俸、降级、革职；对私罪主要处以刑事处罚。清代对土司的行政处罚有：罚俸；降罚；降级留用；革职，降四级留用；革职，择其子弟应袭者代袭；革职，择本支叔伯兄弟子孙者代袭；革职治罪。行政奖赏有：赏银牌红花、记功、加衔、加级。清代对出征伤亡的土官土职抚恤有：给抚恤银；对阵亡土官土职应袭者，可以加衔一等承袭。

（二）蒙古族为中心的盟旗制度

元朝在北方蒙古地区实行双重制度：行省制度和部族制度。行省制度主要有辽阳行省、岭北行省和甘肃行省，但由于北方少数族内部基本上保留传统的部落制度，在行省之下仍然存在部落制。蒙古氏族制度有别乞制度，即长老、族长制度。部落首领采用忽里勒台推举。此外，成吉思汗还建立了百户、千户与万户的兵民合一的制度。明朝对北方蒙古地区治理上无成绩可载，北方地区蒙古族回到部落为基础的王公首领制中。

清朝在北方蒙古地区设立盟旗制度。清朝在蒙古地区设有旗、总管与喇嘛旗三种。盟旗制度在蒙古地区分为外藩蒙古与内属蒙古，外藩蒙古地区分为外札萨克与内札萨克蒙古。内札萨克盟拥有兵权，直属理藩院；外札萨克盟无兵权，由派驻当地的将军、办事大臣或参赞大臣节制。天命九年（1624 年）至乾隆三十六年（1771 年），清中央在蒙古地区共设有内蒙古六盟四十九旗，青海额鲁特等一盟二十九旗，外蒙古喀尔喀四盟八十六旗，杜尔伯特二盟十五旗，土尔富特五盟十三旗，和硕特一盟三旗。各旗以鄂托克为基础，仿照八旗制组织原则建立，是清政府管理蒙古地区基本行政、军事编制单位。每旗内部设有旗长，旗长由中央任命，具体从王公、台吉或塔布囊中选任，即旗长管理旗内行政、司法、赋税、军事、贸易及旗内官吏任免事务。协理台吉二或四人，协办旗务。管旗章京一人，统管一旗之事，副章京一或二人分管一旗之事。旗下设佐领（又称苏木章京）若干，负责一个

---

① 《土官底簿》卷下，"广西·结伦州知州"。
② 《大清会典》卷四十七，"兵部·武选清吏司二"。

苏木内的事务。苏木内以佐领、晓骑校各一人统领，平时生产，战时从征。每六或五个佐领，并设参领一人统辖。旗由"兀鲁思"组成，"兀鲁思"由若干"鄂托克"、"昂吉"和"集赛"组成。据《东华录》载："统计其汗之二十四鄂托克、九集赛及各台吉之二十一昂吉，得二十余万户、六十余万口，成部落百余年。"①《西域图志》记载："鄂托克为汗之部属，昂吉为台吉之户属。鄂托克游牧之地环于伊犁，昂吉游牧之地又环于鄂托克之外。准部一切贡赋及重大差务则鄂托克承输，若零星供给，合二十四鄂托克、二十一昂吉均输焉。"② 盟旗制以兀鲁思、鄂托克、昂吉、集赛等为基础，按八旗制加以规范而形成。自天聪九年（1635 年）开始创建蒙古八旗为始，至乾隆四十三年（1778 年）最后确立西套、青海及唐努乌梁海等地旗址为至，共经一个半世纪，共建 251 旗，成为清朝治理东北至西北最为广阔地区的重要地方行政制度。

旗上设盟，盟设立盟长、副盟长。盟合数旗而成，不是旗的上一级行政机构。会盟，一般三年一次，任务是清理刑名和编审丁册。初由清廷派会盟大臣主持，乾隆十六年（1751 年）后改由各盟自己会集办理，后将所办事件报理藩院查核。盟长、副盟长，由理藩院就各旗中的札萨克或闲故王公中挑选，册封后终身任职，但不世袭，没有俸禄。其职权是召集盟会、监督各旗、检阅武备和调解纠纷。盟由有历史渊源或地域毗邻的数旗组成，以会盟地点命名，计有内札萨克六盟，外札萨克十盟。

总管旗的设置，主要是出于某种政治考虑，目的在于加强控制，由边疆大臣、驻防将军及都统直接管辖。这些旗不设札萨克，而以部统、副都统、参领、佐领为旗官；不实行会盟制度，有事直接禀报大臣、将军；因隶属关系不同，故区分为大臣旗、将军旗和都统旗等。如：伊犁将军统有伊犁额鲁特三旗和伊犁察哈尔八旗；绥远将军统有归化城土默特二旗；察哈尔都统辖察哈尔八旗；热河都统辖喀喇沁三旗；乌里雅苏台定边左副将军统唐努乌梁海五旗；科布多参赞大臣统阿尔台诺尔乌梁海二旗、阿尔乌梁海七旗及明噶特旗；打胜处总管统达呼尔三旗。

喇嘛旗以集赛为基础，共有七旗，分属于库伦、多伦、热河、西宁各大寺庙，而总归于理藩院。七个喇嘛旗是：内蒙古的锡呼图扎萨克旗；外蒙的哲布尊丹巴呼图克旗、额尔德尼班第达呼图旗、扎牙班第达呼克图旗、青

---

① 蒋良骐编撰：《东华录》，学苑出版社 2004 年版。
② 《钦定皇舆西域图志》卷二十九，"官制一"，文渊阁四库全书本。

苏珠克图诺门罕旗和那鲁班禅呼图克图旗，青海的察罕诺门罕旗。喇嘛旗由活佛、呼图克图、札萨克喇嘛所统，专管宗教事务及寺庙属户，无兵权，旗内仍保留鄂托克组织。

（三）政教合一的西藏地区

西藏地区的行政设置，清朝与元朝基本一致，都承认政教合一的制度。元朝时期承认萨迦政权的地位。在萨迦政权中八思巴建立以法王兼理世俗政务，实际治理吐蕃的最高长官是"本臣"。本臣管辖十三个"万户"，万户的首领是"第本"（即万户长）。名义上法王是全吐蕃的最高领袖，即"帝师之命与诏敕，并行于西土"，实际上法王以管理僧侣事务为主，俗世政务由本臣管理。本臣相当于法王的宰相，职权有：管理民政；兴建重要工程；整理法律，裁定法典规章；改革行政制度；统军征伐。

清朝公开承认西藏地区政教合一制度的合法性，清中央通过驻藏大臣与地方政府共同治理西藏地方事务。西藏办事大臣的职掌是：督办藏内事务，与达赖、班禅平等，共同协商处理政事；负责达赖、班禅以及各地黄教胡图克图灵童转世的金瓶掣签；督管西藏边界贸易以及各种外事活动；管理财政；管理西藏地区军事防御；负责西藏地方的司法。宗教集团达赖政权通过噶厦制度对整个西藏世俗社会进行治理。噶厦组织中官员由僧俗两部分组成，但僧官地位高于世俗官员。僧官存在管理僧界与世俗世界两种。噶厦制度中僧官有国师、禅师、札萨克大喇嘛、札萨克喇嘛、大喇嘛、副喇嘛，全部由堪布监督。由国师至喇嘛，专司教事，由驻藏大臣统辖。凡前后藏官，均由驻藏大臣分别会同达赖、班禅选补。整个西藏地区分卫、藏、喀木、阿里四部，各置噶布伦治理。噶布伦四人，综理藏务。此外有佐理国事官瑲、商卓特巴、叶尔仓巴、朗仔辖、协尔帮、硕第巴、达瑲等大小官员。各城典兵官、治民官设置情况是，前藏：边营官23人，五品；大营官19人，五品；中营官59人，六品；小营官25人，七品；后藏：大营官4人，三品；中营官16人，六品；小营官16人，七品。

第二节 元明清时期民族立法

元明清时期在民族立法，元朝继承了唐辽宋金西夏时期的传统，公开承认各少数民族的法律习惯，在立法形成上没有采用专门的民族立法。明朝在立法上发生变化，主要是《大明律》"化外人"条否定各民族的法律习惯，但实践中却承认各民族法律习惯。清朝在《大清律例》"化外人有犯"条里虽然继承明朝立法特点，但后一款中明确承认蒙古人的法律习惯。在实践中，清朝不仅概括式承认各少数民族的习惯，而且还通过对少数民族制定专门法典实现各民族法律习惯国家法律化，如《蒙古律》、《回疆则例》和《西宁番夷成例》等。

一　元朝的民族立法

元朝民族立法与司法的原则是各依本俗，公开地概括性承认各民族的法律习惯。此原则始于成吉思汗时，按记载，"成吉思汗皇帝降生，日出到没，尽收者国，各依风俗"。[①]"各依本俗"成为元代民族立法的核心原则，从成吉思汗起一直被历代君主所遵循。元朝在民族立法上，除了蒙古人的《大札撒》[②]外，没有专门立法，加上元朝没有形成唐律式的法典，民族立法主要体现在不同法律中。如至元八年（1271年）《元典章·婚礼·嫁娶·聘财体例》中，在婚姻及聘礼上规定，"诸色人同类自相婚姻者，各从本俗，递相婚姻者，以男为主；蒙古人不在此例"。[③]这里"诸色人"是指不同民族、地区的人，也就是有不同法律习惯的民族和人群。这样不仅在法律上明确规定了同类人相互结婚时适用本民族、本地区的习惯法，同时还对由此产生的人际冲突法进行规范。当出现人际法冲突时，以男性本民族法为准据法。这是元代"各依本俗"下产生的人际法律冲突的解决途径。最后说"蒙古人不在此例"仅说明，当蒙古女性与其他民族人结婚时，不采用男性民族的习惯法为准据法，而是采用蒙古法为准据法。元仁宗延祐七年（1320年）二月规定："中书省札付延祐六年九月二十二日奏过事内一件，世祖皇帝圣旨，累朝皇帝圣旨，教诸色人户，各依本俗行者。么道。至今诸色人户各依着本俗行有。自其间里合结绝的勾当有呵，结绝者；结绝不得的有司里陈告，教有司官人每归断呵。怎生？奏呵，奉圣旨。那般者。钦此。"[④]此法律明确规定不同民族群体，只要有自己的法律习惯，在解决法律纠纷时可以按照各自的法律习惯。元朝在民族立法上，更多是通过概括性

[①]　《元典章》卷五十七，"刑部十九·诸禁·禁宰杀·禁回回抹杀羊做速纳"。

[②]　《大札撒》在蒙元时期，虽然内容上看，很多是蒙古族的习惯成文化产物，但在性质上具有全国性法律的特征，特别在大蒙古国时期。

[③]　《元典章》卷十八，"户部四·婚姻·婚礼·嫁娶聘财体例"。这在《通制条格校注·户令》有相同的条文，第142页。

[④]　《元典章新集至治条例·刑部·诉讼·约会·回回诸色户结绝不得的有司归断》。

立法承认各少数民族的法律习惯，而不是制定特别法把各少数民族法律习惯国家法律化、法典化。

二　明朝的民族立法

明朝少数民族立法成绩不明显，没有专门的民族立法，在涉及民族法律上，《大明律》虽然沿袭唐律制定了"化外人"条，但内容却出现了根本性转变。《大明律》中"化外人"条规定"凡化外人犯罪，并依律拟断"。在法律上明确采用中央法，否定明朝治理下各少数民族适用本民族法律的传统。从明朝相关法律解释看，明朝此种改变与明人对"化外人"的理解有关。从明朝的不同律学书看，对"外化人"理解上，更多解释为四夷或归附的各民族群体。《大明律例附解》中"化外人"的解释是"化外人即四夷人"；《大明律集解附例》中对"化外人"的解释是"谓外夷来降之人及收捕夷寇散处天下者"；《大明律集解》中解释时指出"凡土官、土吏、化外夷人有犯，与中国例拟断"。这里把土官、土吏与化外夷人统解释为"化外人"。《大明律疏附例》中解释"化外人"是"蒙古人、色目人及土夷散处中国者，若四方来庭远人，犯边蕃寇"；《鼎镌大明律例法司增补刑书据会》中明确指出"化外人"是"来降四夷及收捕亡夷寇散处安插者，俱是化外人"。从明人对"外化人"的解释看，明人的解释更具有中国传统文化的特征，或说与中国华化、王化相对称理解，这种解释更具文化性，与中国古代"化外"本义更为接近。从法律实践看，明朝虽然在立法上不承认各少数民族法律习惯，但在实践上还是承认少数民族法律习惯。当然，明朝的这种立法原则导致在少数民族法制建设上成绩不突出，与前后王朝相比，成为中国古代民族立法上最没有成效的时期。

三　清朝的民族立法

清朝在中国古代民族立法史上是成就显著的时期。清朝在民族立法上把秦汉的专门立法与唐宋元时期的概括承认立法结合起来，让民族立法即有原则性也有具体化。《大清律例》中"外化人有犯"条规定"凡化外人犯罪者，并依律拟断。隶理藩院者，仍照原定蒙古例"。此条前部分继承了明朝的立法原则，但后部分明确承认"蒙古例"的法律渊源。在立法与实践中，清朝对后半部分进行了扩张性适用，最后形成了对各少数民族立法与法律适用上只要是有各自法律习惯的少数民族就承认，或进行专门立法，把法律习惯国家立法化。

　　清朝民族立法集大成的有《理藩院则例》，专门性立法有《蒙古律书》、《回疆则例》、《西宁番夷成例》、《夷例》和《钦定藏内善后章程二十九条》等。清朝在中国古代少数民族立法上，最大成就是公开把少数民族法律习惯通过国家专门性立法，上升成为法典，实现成文化，让大量少数民族的法律习惯进入国家法律的正式体系中。

　　清朝民族立法的特点，学术界多有研究，看法各有差异，但基本相同，即坚持国家法制统一，因俗而制，因时修订。如国家法制统一的原则；尊重民族风俗习惯和宗教信仰的原则；因地立法、适时修律的原则；立法简明的原则。① 因族制宜，因俗立法，缘俗为治；因时制宜，坚持法制统一，维护满族特权。② 因族制宜，因俗立法，缘俗而治的原则；因时制宜的原则；坚持法制协调统一的原则；维护满族统治者特权原则。③ 因族因俗而治的立法原则；因势制宜及时立法的原则。④ 等等。

（一）民族立法的综合法典

　　《理藩院则例》是清朝民族立法的集大成者，虽然它以《蒙古律》为基础发展起来，但嘉庆朝编纂时已经成为调整蒙古、新疆、西藏和青海等地民族法律的中央综合性民族法典。《理藩院则例》现在有抄本与印本两种形式。抄本较完整的是乾隆二十一年内府抄本。乾隆二十一年内府抄本共 8 册，不分卷，以理藩院下属五个司为顺序，法律来源上起自清初，终于乾隆二十年（1755 年）。清政府编纂后公开刊印的《理藩院则例》有三种版本，分别为嘉庆十六年（1811 年）开始编纂、嘉庆二十二年（1817 年）完成的印本，道光三年修订、道光六年完成的印本，以及光绪十七年再次修订刊印本。三个印本共 64 卷。道光六年与光绪十七年两个版本是较常用的《理藩院则例》版本。《理藩院则例》立法渊源是理藩院在顺治、康熙、雍正和乾隆朝年间因事、因时制定的各类单行法律编纂而成的法典。法典在乾隆年间有旧例 209 条，内容是远年成例和"军政"、"会盟"法律。乾隆五十四年（1789 年）曾经校定过 209 条旧例，成为《理藩院则例》编纂前理藩院适用的法律依据。嘉庆、道光、光绪朝《理藩院则例》刊本分为"通例"、"原奏"和"官衔"等，不按理藩院六司

---

① 徐晓光：《清朝民族立法原则初探》，载《民族研究》1992 年第 1 期。
② 肖汉银：《论清代民族立法的主要原则》，载《理论月刊》2003 年第 11 期。
③ 李云霞：《清朝的民族立法特色》，载《满族研究》2006 年第 2 期。
④ 张晋藩：《清朝民族立法经验浅析》，载《国家行政学院学报》2011 年第 1 期。

职掌编排，而是根据法律的性质按门目编排，64卷中每卷或一目，或一目多卷。这种编纂体系更具内在法律条文的性质与关系，转向了法典式的编纂。刊本把乾隆年间其他地区的法律吸收入法典，如各种刊本中有"西藏通制"两卷，对驻藏大臣的职掌，驻藏大臣和达赖喇嘛、班禅额尔德尼的关系，以及清政府对西藏治理的规定等法律化。《理藩院则例》的立法说明中国古代民族立法开始由制定单行法规转向法典化。下面对乾隆二十一年内府务抄本和嘉庆二十二年刊本进行介绍。

《理藩院则例》乾隆二十一内府抄本基本内容：

录勋清吏司分为上下两部分，上部分具体分为疆理、归化城土默特疆理、八旗游牧察哈尔疆理、旗制、封爵、台吉、敕诰、谱系、仪从、设官、移驻、索伦等处授官、八旗游牧察哈尔随围、印信和军功；下部分有会盟、六会防秋、会盟仪注、军律、制买骑仗、优恤、比丁、随丁、陪嫁、守墓、族长、什长、立嗣、婚姻、征收、田宅、游牧、斥堠、防察、捕逃、驿站、驿官、驿丁、驿马、驿使、供应、开采、贡貂。从这些门目看，主要涉及蒙古各旗领地的划定、确认，旗的组织结构、会盟、年班、围班和军队纪律、旗内社会结构、婚姻制度、驿站制度等。

宾客清吏司分为朝觐、朝仪、班次、叙次、贡物、贡道、禁约、骑从、宾馆、限期、教养、廪给刍牧折价、廪给定数、增给、燕飨、赏赉、行围、俸币、额附封号、赈恤等门目。主要涉及蒙古各王公台吉朝觐的设立、贡物、招待规格、赏赠等内容。

柔远清吏司分为左前司、右后司。左前司分为上下两部分，主要规定外蒙古地区的旗制与王公贵族的法律。左前司上有疆理、旗制、肇封、特封、设官、驻扎、会盟、敕印、禁令、随围、恤啳、胡伦布俞尔授官俄罗斯互市、准噶尔互市；左前司下有唐古式学、敕封喇嘛、喇嘛进贡、京师番僧、后黄寺、分驻番僧、喇嘛服色、喇嘛册牒、喇嘛禁例和西番各寺；右后司有朝贡分班、礼仪座次、贡物、贡道、廪给、教养、赏赉、俸币、禁约、喀尔喀泽卜尊丹巴胡图克图朝贡、客给京师喇嘛钱粮和西番各寺门目。这些内容涉及官制、官员管理和喇嘛管理等法律。

理刑清吏司有名例、盗贼、疏脱罪囚、发冢、违禁采捕、人命、失火、犯奸、略卖、杂犯和审断。涉及刑法、诉讼法等内容，是狭义的"律"的内容。

银库，分为职掌、主守、支领和奏销四个类目，基本内容是理藩院的财政支出和管理。①

此时《理藩院则例》在编纂体系上采用《唐六典》的编排体系，用管理机构作为纲目。

《理藩院则例》嘉庆二十二年刊本制定的情况和基本内容：

嘉庆二十二年《理藩院则例》刊本制定的过程和条文来源在通则上有明确说明。法典编纂情况是嘉庆十六年（1811 年）四月十八日理藩院奏请增订则例，指出"旧有满洲蒙古汉字则例二百九条，自乾隆五十四年校订后迄今二十余载，所有钦奉谕及大臣等陆续条奏事件俱未经纂入颁行"，提出"请将自乾隆五十四年以来应行纂入案件增修纂入，永远遵行"，编纂工作最初计划三年完成，"予限三年告竣"。嘉庆十九年（1814 年）五月十五日预定时间到后，理藩院提出"系初次开馆，自康熙年以来应入例之稿案甚多"等原因，要求展限一年。经过四年编纂，理藩院于嘉庆二十二年（1817 年）十二月完成《理藩院则例》的修纂工作。此次编纂"将旧例二百九条逐一校阅，内有二十条系远年例案，近事不能援引，拟删。其余一百八十九条内，修改一百七十八条，修并二条外，并将阖院自顺治年以来应遵照之稿案，译妥汉文，逐件复核，增撰五百二十六条，通共七百十三条"。这样内容得到了很大的扩张，成为顺治朝以来民族立法的集大成。最后，法典在嘉庆二十二年正式刊行汉文本，定名为《钦定理藩院则例》。不久，满文本、蒙古文本相续刊印。第一次修纂工作全面完成。

嘉庆二十二年《钦定理藩院则例》共 64 卷，713 条，分为通例与正文两部分。通例有上、下两卷，说明修订的经过与法典的结构、条文来源等。正文共 62 卷、50 门，具体是旗分、品秩袭职上下、职守、设官、奖惩、比丁、地亩、仓储、征赋、俸银俸缎、廪给上下、朝觐、贡输、宴赉上下、扈从事例上中下、仪制、印信、婚礼、赐祭、旌表、优恤、军政、会盟、邮政上中下、边禁、人命、强劫、偷窃上下、发冢、犯奸、略买略卖、首告、审判、罪罚、入誓、疏脱、捕亡、监禁、递解、留养、收赎、遇赦、违禁、限期、杂犯、喇嘛事例一至五、西藏通制上下和俄罗斯事例。内容可以分为北方、西北地区设立设置旗制、官品、职责、俸禄，各少数民族官员朝觐、贡品、招待等行政法规；军队设置、军队管理、驿道设置与管理等军事法规；各少数民族婚姻、土地所有权保护等民事法规；人命案、偷盗、抢劫等刑事法规；控告、审判、发誓等诉讼法。此外，还有对喇嘛管理法规、西藏制度

---

① 以上参见《乾隆朝内府抄本〈理藩院则例〉》，中国藏学出版社 2006 年版。

的设置和与俄罗斯互市与边防事务等宗教法规和外贸法规等。① 从《理藩院则例》结构和内容上看，它是清朝对北方、西北地区民族社会治理的法综合性法典，与《蒙古律例》、《回疆则例》、《西宁番夷成例》和《钦定西藏善后章程二十九》相比，构成了综合法典与特别法典的关系。虽然《理藩院则例》主要内容来源于《蒙古律例》等，但不是《蒙古律例》的代替品，是顺治朝以来历朝北方、西北地区各类立法的综合产物。

（二）蒙古地区的立法

清朝在民族立法上，最典型的是对北方蒙古的立法。清朝对蒙古地区的立法特点，学术界认为有强化中央集权、防止民族分裂的原则；国家法制统一的原则；尊重蒙古风俗习惯的原则；因地制宜、适时增损的原则。② 德主刑辅、恩威并用、控制蒙古族上层人士；严刑峻法、严明禁令，对蒙古人民实行高压政策；编旗划界、分而治之，确保中央对蒙古地区的专制统治；维持封建等级制；具有民族地方特色等，最终目的是加强对蒙古民族的专制统治。③ 清朝对蒙古地区的立法可以分清朝入关前和入关后两个时期，入关后具体分为顺治、康熙、雍正、乾隆、嘉庆、道光和光绪朝的立法情况。清王朝通过立法把蒙古地区活佛转世制度，蒙古喇嘛职衔、名号、册命制度，蒙古地区喇嘛定额、升用、品级制度，钱粮、衣服、度牒等制度和其他管理制度法制化，实现了国家对民族宗教的管理。④ 清朝对蒙古地区立法上从入关清前的《蒙古律书》制定到修订，到乾隆六年后改为《蒙古律例》的过程进行详细考察。嘉庆年间《理藩院则例》制定让《蒙古律例》被纳入，形成了不再修订《蒙古律书》的立法结构等。⑤

《蒙古律例》是清朝专门为北方蒙古族制定的法典。《蒙古律例》名称很多，如《大札撒》、《康熙六年增订旧札撒书》、《理藩院律书》、《蒙古律例》、《蒙古律》、《蒙古律书》、《理藩院律例》、《蒙古条例》和《蒙古律》等。《蒙古律例》最早制定时间是崇德八年（1643 年），当时称为《蒙古律

① 以上参见《钦定理藩部则例》，天津古籍出版社 1998 年版。

② 吴振平、海棠：《清朝对蒙古地区的立法原则探微》，载《内蒙古大学学报》1999 年第 3 期。

③ 杨选第：《从〈理藩院则例〉析清朝对蒙古地区立法特点》，载《内蒙古社会科学》2000 年第 2 期。

④ 鲁宁：《清朝对蒙古地区宗教政策及宗教立法研究》，内蒙古大学 2009 年硕士学位论文。

⑤ 李保文：《康熙六年〈蒙古律书〉》，载《历史档案》2002 年第 4 期。据笔者了解，李保文先生已经完成了对清朝《蒙古律书》多个修订版的整理与考证，全面整理出了清朝入关至嘉庆朝时期的立法变化，只是没有出版而已。

书》，乾隆六年修订时称为《蒙古律例》，嘉庆二十年修订汉文本时称为《蒙古则例》。三朝对法典名称的改变，体现出清王朝处理蒙古族诸部关系上的时代变迁。嘉庆二十年《增订蒙古则例》由三个部分组成，具体是乾隆五十四年修订的《蒙古律例》20 卷 209 条，《增订蒙古则例》16 条和《蒙古律例》7 条。其中《增订蒙古则例》十六条是乾隆五十四年修订后至嘉庆十年间新增内容；《蒙古律例》是嘉庆十年至十七年间颁行的 7 条条例。

目前可以见到的汉文本《蒙古律例》有两种：一是乾隆三十一年殿刻本，二是嘉庆年间刊本。两种版本均为 12 卷，但每卷中具体条目略有差别。乾隆朝刻本有 189 条，嘉庆朝刊本 209 条。基本结构是：第一卷是蒙古地区各类职官的官衔、等级；第二卷是蒙古地区的户口管理和差徭征发；第三卷是蒙古王公等朝贡规定；第四卷是蒙古地区各旗的会盟行军；第五卷是蒙古地区的边境卡哨设置、人员配置与管理；第六卷是蒙古地区盗贼处罚规定；第七卷是蒙古地区人命处理；第八卷是首告；第九卷是捕亡；第十卷是杂犯；第十一卷是喇嘛例；第十二卷是断狱。从法典结构看，乾隆六年修订的《蒙古律例》在结构上更加合理，把内容根据性质进行了编排，体现出内在的结构。按康熙六年的《修订蒙古律书》结构看，内容具有更大的随意性，在 113 条中，编排体例没有很好地按性质分类编排。如第一条、第三条、第四条和第一百零五条、第一百零六条、一百零八条、一百一十三条等在内容上都属于蒙古王公贵族的职权、职责等方面，却分布在不同的部分中。从内容看，乾隆年以前修订的《蒙古律》，在修订上采用增补新的法律条文，而不是对法典进行全面编纂修订。乾隆六年修订时进行了整体性的、重构式的法律编纂，因为从康熙六年的《蒙古律书》结构上看是一种按时间增补出来的法律结构。

（三）西北地区的立法

清朝对西北地区的立法，学术界有很多研究。清朝在西北地区的民族立法，在立法思想上具有边疆治理上放弃历代中央王朝"华夷之辨"的思想，实现边疆与内地一体化的治理；坚持因地制宜、"因俗而治"的指导思想，以尊重少数民族习惯、宗教、语言等风俗习惯为前提，并对各级官吏权限采取严厉限制措施。① 在西北民族地区立法具有疏"华夷之辨"，倡"中外一

① 王志强：《有清一代西北边疆民族立法措施评析》，载《伊犁师范学院学报》2007 年第 3 期。

体"，主张以积极态度治理边疆民族的目的。立法上有"修其教不易其俗，齐其政不易其宜"，即"因俗而治"；"恩威并施"、"分而治之"等特点，同时还讨论了立法原则，但内容与前两位的观点多有类似。① 对《回疆则例》性质，认为是"一部由中央政府（清政府）制定的，涵盖行政、军事、宗教事务管理、经济贸易管理以及刑事犯罪及诉讼制度等多种内容的、带有一定民族自治性的综合性法律，而不仅仅是清政府治理回疆地区的单行行政法规"，体现了清中央政府在当地的立法指导思想和具体内容上是中央律法与地方民族习惯法、宗教法规相互协调；对于少数民族与汉族关系进行法律调整；对于民族宗教、风俗习惯的尊重等特点。②

《回疆则例》制定时间始于嘉庆十六年（1811 年）七月，当年理藩院指出"查得臣院承办回疆事件内所有钦奉谕旨及臣工条奏积案繁多，未便纂入《蒙古则例》，以致条款混淆，应请另行编纂成帙，以便颁发遵行。臣等公同商议即于现在承办蒙古则例司员内选派本院通晓审议熟悉例案之主事尼克通阿、岳禧二员承办，所有回疆应行纂入则例事件详查档案，编辑条款，先行纂写清单进呈恭候"。这里指出随着回疆事务治理的深入，针对当地形成的法律事例越来越多，若把它并入蒙古法律中又不方便，于是理藩院提出针对回疆地区进行专门立法。嘉庆皇帝同意理藩院的提议，理藩院成立立法编纂委员会，人员由理藩院司员中熟悉回疆事务的人员组成。理藩院奏请立法提出的时限是 2 年，即"予限二年照《蒙古则例》缮写满蒙汉三份"。两年后，即嘉庆十九年（1814 年）年，理藩院奏称虽然完成编纂，"臣等伏查此次《回疆则例》系初次编纂告成"，但要刊印颁行，还需要时间，提出展限一年。嘉庆二十年（1815 年）完成刊刻工作。理藩院奏称："臣等当即督率承办司员、笔帖式及供事等另行缮写清字、蒙古字、汉字三体板样各一份，校对妥协，严工匠细心刊刻，错讹之处随时更正，令该员及供事等限内校修板样完竣，三体各印一份，装潢成帙，恭呈。"于是，清中央下令理藩院"刷印颁发回疆各处，永远遵行"。《回疆则例》编成后，嘉庆二十年二月理藩院奏请要求对此进行十年一次修订。"臣等将该员及供事等分别咨送吏部办理，嗣后如再有臣工条奏入例事件。请旨定为十年一次开

---

① 裴杰生：《略论清代的西北边政方略——以〈蒙古律例〉、〈回疆则例〉为研究对象》，载《昌吉学院学报》2009 年第 1 期。

② 韩伟：《略论清代〈回疆则例〉立法特色及现实意义》，载《新疆社科论坛》2010 年第 2 期。

馆增纂，以免遗漏"。这样，《回疆则例》在法律上规定每十年修订一次。《回疆则例》在道光十三年（1833年）进行了再修订，当年理藩院"奏为臣院《回疆则例》应行补纂"。此次把道光年间出现的新事例编入法典。"此次系蒙古回疆二体同时修办，内应增纂删改条例甚多，卷帙浩繁。"于是开馆修订，道光十七年（1837年）纂成汉文，"于道光十三年三月内经臣院奏明开馆纂修，请将历年钦奉谕旨及内外臣工条奏并。臣院酌改章程，应行修改续纂者详加参考纂入"。此次修订的工作是"查统计修改归并续纂蒙古回疆则例共四百六十七条，随将汉字正本详加校勘"。但由于翻译成蒙古和满洲文字需要时日，加上"又有续应入例之案三十九件"，"审译满洲蒙古本竣事尚须时日，而现在续应纂改之例又功课无多，尽可一面将续应入例各条纂出归并此次汉本，翻译刊刻以期一手完结"。[①]最后到道光二十二年（1842年）四月完成修订，重新颁行。这样《回疆则例》有嘉庆二十年刊本和道光二十二年刊本两种。

道光二十年《回疆则例》刊本基本结构与内容，共8卷，134条。其中原例26条、修改65条、续纂38条、增纂5条。道光十七年修订时确定的修订原则是"修改、修并及增纂、续纂各条，名目开列本例之首，冠以年份，以别新旧。并于本例之下逐加按语，陈明原委，有原例者，先叙原例于前，次列修改新例于后，以清眉目"。基本内容是：

第一卷规定回疆地区各城，各庄职官名额。法律明确规定回疆官职名数和具体置配，具体是叶尔羌城及所属各城庄额设三品阿奇木伯克至七品阿奇木伯克等官共55缺；喀什噶尔城及所属各城庄额设三品阿奇木伯克等官共60缺；英吉沙尔本城设四品阿奇木伯克等官共9缺；和阗城及所属各城村设三品阿奇木伯克等官共9缺；乌什城设四品阿奇木伯克等官共12缺；阿克苏城设三品阿奇木伯克等官共46缺；赛里木设三品阿奇木伯克等官共6缺；拜城设四品阿奇木伯克等官共6缺；库车设三品阿奇木伯克共19缺；沙雅尔设三品阿奇木伯克等官共11缺；库尔勒设三品阿奇木伯克等官共10缺；布吉尔设三品阿奇木伯克等官共10缺；吐鲁番设六品伯克等官共10缺；伊犁设三品阿奇木伯克等官共30缺。

第二卷规定回疆各城伯克等职掌，各城大小伯克任命时的回避，世袭王公家谱修订等。法典明确规定了回疆各城大小伯克的具体职权，涉及行政、

---

①　所引出自《钦定回疆则例·原奏》，载《中国西北文献丛书续编·西北史地文献卷》第5册，兰州古籍书店1990年影印本。

赋税、司法、宗教等，如阿奇木伯克总辖城村大小事务，巴济格尔伯克稽查税务，摩提色布伯克管理回教经典，整理教务，不预民事等。

第三卷规定王公的服饰坐蓐护卫，世袭台吉诰封，年班王公伯克宴席入座等。如规定"回子内遇有晋封王贝勒子公者，其服色坐蓐准照蒙古王公例，按品服用"；"哈密吐鲁番之扎萨克郡王均照蒙古郡王例"。驻京及年班王公伯克等分别宴席入座应得赏项作了详细的规定。

第四卷规定回疆伯克王公和哈萨克等年班朝觐和进贡制度。年班是各城伯克朝觐定为九班，每年轮班朝觐（道光朝改为二年朝觐一次）。每班由三品阿奇木伯克一员带领，每班由五品以上伯克共八员组成。每班伯克自郡王、贝勒、贝子、公至五品以上伯克只准酌带子弟二三人随同。六品以下伯克不得来京朝觐。

第五卷哈萨克朝觐照回子例赏给官衔什物等，番子朝觐照回子例分别给赏。养廉制度上规定"和阗阿奇木伯克等养廉钱，给予沙尔琥勒伯克等作为养廉"。

第六卷规定回疆地区度量衡制度、货币制度、贸易制度、宗教管理和其他禁例。在货币上规定"铸定钱制，哈密、吐鲁番诸城久经内属，国宝流通一如内地"。钱币同银两的兑换比例为钱50文合1腾格，合银1两。贸易上规定"回疆藩夷进卡贸易一体免税"。在利息上规定"商民借给回子银钱只准三分行息，不准转票，利上加利，亦不得将房产贱价折偿"。在市集贸易上规定巴杂尔市集禁止私设牙行，"各城回子巴杂尔市集兵民回子自行买卖，各驻扎大臣随时严禁私设牙行，高抬市价，并于每岁年终咨报军机处理藩部"。

第七卷制定回疆伯克及大小衙门各种禁令，特别是禁止各伯克乱征赋税。如规定"回疆各城阿奇木伯克及伊什罕以下伯克等应设燕齐，均按照乾隆年间定额办给，不得逾额私役"；"回疆各城每届秋收粮石入市，毋许阿奇木伯克等把持市价，应先尽回户粮石入市，阿奇木伯克等所获之粮，俟回众竣后再行售卖，违者准回户入城喊控，查明严行治罪"。

第八卷规定各伯克不能摊派及收受财物，若违反要受处罚。"各城阿奇木伯克到任凡需一切什物不准摊派所属回庄及小伯克，到任亦不准馈送阿奇木礼物，违者经该管大臣查出严参治罪"。①

---

① 参见《钦定回疆则例》，载《中国西北文献丛书续编·西北史地文献卷》第5册，兰州古籍书店1990年影印本。

　　清朝在青海地区制定了《青海善后事宜十三条》、《禁约青海十二条》和《西宁青海番夷成例》，其中《西宁青海番夷成例》最为典型，法典在雍正十一年（1733 年）修成，共 68 条。与此相同，还有适用于现在四川西北部的《夷例》，两者内容高度相似。法典由理藩院会同西宁办事大臣根据当地蕃夷习惯，参考《蒙古律例》，选择了适用藏（番）民易犯条款编纂而成。

　　（三）西藏地区立法

　　清朝在西藏地区民族立法成为近年民族立法研究中的热点，认为清朝在西藏地区的立法是在礼法并用、宽猛相济的思想指导下，创立了维护满族统治者的优越地位、坚持法制统一、尊重宗教信仰、尊重风俗习惯、原则性与灵活性结合等立法原则。[①] 有学者认为立法原则是因时因地制宜，国家法制统一，限制地方立法；尊重宗教信仰，认可喇嘛教教规；实行民族统治，加强国家统御；尊重藏族风俗习惯。[②]

　　清朝西藏地区的立法成就以《新订西藏章程二十九条》为代表，该法又称《钦定藏内善后章程二十九条》。法典制定的时间是乾隆五十八年（1793 年）由福康安等根据乾隆旨谕，把顺治朝以来，特别是乾隆朝以来的各种治理西藏章程编纂而成。乾隆五十七年（1792 年）八月二十七日谕军机大臣等："昨已明降谕旨，令福康安等受降藏事，并将善后各条令福康安等公同详酌妥筹办矣。但撤兵之后，该处应行另定立章程，更改积弊，事务繁多，前降谕旨内尚有未经详尽之处，今因思虑所及，再为逐条开示，再行评示。着福康安于撤兵之后……福安康、孙士毅、惠龄、和琳四人将所指各款熟筹妥办，另立章程，务期经久无弊，一劳永逸。"[③] 十一至十二月间，福康安等迭次拟定各项章程，条款经军机大臣、大学士、九卿会议审核，奏请乾隆批准。具体有乾隆五十七年十一月初二日上奏《酌定额设藏兵及训练事宜六条折》，二十一日上奏《卫藏善后章程六条折》，十二月十一日上奏《藏内善后条款除遵旨议复者外尚有应行办理章程十八条折》等。最后，福康安等遂遵圣旨将上述各项章程主要条款整理汇编成《新订西藏章程二十九条》，译成藏文。《新订西藏章程二十九条》全文原件，汉文和藏文本

　　① 陈光国：《论清朝对藏区法制的立法思想和立法原则》，载《青海社会科学》1997 年第 3 期。
　　② 徐晓光：《藏族法制史研究》，法律出版社 2000 年版。
　　③ 廖祖桂：《钦定藏内善后章程二十九条版本考略》，"附录一·有关档案史料"，中国藏学出版社 2006 年版，第 143 页。

至今不曾见。两种藏文本都不是原本，是抄录本，即《水牛年文书》本和《西藏历史档案荟粹》本。现在汉文译本有三种：汉文全译本，是 1953 年扎什伦布寺发现藏文原本翻译；《水牛年文书》译本；荟粹译本。

《新订西藏章程二十九条》内容是根据此前不同时期制定的章程、事宜重新修撰而成。第一条是根据《拟将钦颁金瓶在大昭寺内供奉事折》；第二条是《奏周边国家商人在西藏贸易交往须立法稽查折》；第三条是依据《奏西藏酌定鼓铸银钱章程折》；第四至第七条是来自《酌定额设藏兵及训练事宜六条折》中第一第至第四条；第八条和第七条是根据《酌定稽查商上收支并劝谕达赖喇嘛蠲免租赋等事折》中内容编纂而成；第十至十三条是从《卫藏善后条款除遵指议复者外尚有应行办事章程十八条折》中第一条至第十六条编纂而成。① 从中可以看出，《章程二十九条》本质上是对此前制定的各类法律进行一次整体性编纂而成的重要法律。

《新订西藏章程二十九条》基本内容如下：

第一条确立达赖喇嘛与班禅额尔德尼在西藏地方政府中的宗教与政治地位，改变活佛等灵童转世"依口传认定"的制度，改为金瓶掣签制度。这样解决了西藏地区两大活佛的政治地位与活佛转世的制度化问题。

第二条确立西藏邻近诸国商人来西藏贸易必须由驻藏大臣衙门管理，给予印信。此条规定了外国商人到西藏经商的次数、管理机构及职责等。对外国人到西藏朝佛人员由驻藏大臣衙门管理。这样把外国人入藏贸易、朝佛的管理交由驻藏大臣衙门管理。

第三条规定西藏地区货币制度，特别规定不能在铸币中掺杂物，明确每枚章卡含有纯银量是一钱五分；六枚兑汉地一两银子。同时铸一钱、五分等小额藏币。新币正面要铸汉字"乾隆定藏"，边廓铸制造年份，背面是藏文。此外，规定新旧西藏地区货币并行、兑换的比例，铸造假币的法律责任等。"现已拟定纯银旧藏币章卡及纯银廓尔喀章卡与新章卡比价，应照章流动，不得更改比价。"此条是明确西藏地方货币铸造权。

第四至第七条、第二十六条规定西藏地区的军队设置、装备和兵员配置。第四条规定西藏设立常备军三千，前后藏各驻一千，江孜、定日各驻五百。军队人员一份由驻藏大臣管理。第五条规定军队官员设置，设代本、如本、甲本，军员缺员可以由平民升任，打破贵族世袭。第六条规定军队的军饷法定数额。第七条规定军队武器具体配备，规定"十分之五为火枪，十

---

① 廖祖桂：《钦定藏内善后章程二十九条版本考略》，中国藏学出版社 2006 年版，第 8—9 页。

分之三用弓箭，十分之二用刀矛"。第二十六条规定西藏地区军火管理。此部分建立了西藏地方军队及配置。

第八条至第十三条基本内容是对达赖与班禅权力和地位的界定，驻藏大臣权力的确定，西藏地方官员的选任改革等。第八条规定达赖喇嘛与班禅额尔德尼的收支用度由驻藏大臣管理，每年春秋两季审送。第九条规定实行减免租税，对百姓实行免税，对僧俗官员和大小头目实行减税。第十条规定在政治上，驻藏大臣与达赖和班禅平等，西藏大小官员要受驻藏大臣的管理。第十一条规定西藏地区官员的选任安排中由驻藏大臣监管，驻藏大臣成为重要的决定者。第十二条规定达赖与班禅的亲属在他们在世时不得参与西藏事务，不得出任官员。第十三条规定驻藏大臣春秋两季巡查前后藏，受理地方百姓对藏族地方官的申诉。此部分对西藏两位宗教领袖的经济来源、权力进行确认，同时禁止他们的亲属参与西藏地方政务，消除利用他们滥用权力的现象。确定驻藏大臣为西藏地区最高司法权的地位。

第十四至第十六条规定西藏地区涉外事务上驻藏大臣的职责与权力。第十四条规定西藏与周边国家的外交事务交由驻藏大臣参与和主持处理，如规定"嗣后凡有文书往来，均应由驻藏大臣会同达赖喇嘛协商处理"，"凡涉及边界事务等要事，亦须照驻藏大臣旨意办理"等。第十五条规定在边境一线设立鄂博管理对外通商事务，驻藏大臣要定期巡查。第十六条规定边境官员的选任与考核。此部分把西藏地区涉外权力、国家边防事务交由中央政府管理，具体由驻藏大臣代中央政府处理。这样，西藏地区外事权力由国家掌握，地方政府没有外事权力，实现了国家主权的统一。

第十七、十八条规定西藏地方官员及寺院主持人员的选任改革与任命程序。第十七条规定西藏地方官员的选任上不能由贵族垄断，扩大官员选任范围。第十八条规定西藏地区大小寺院主持，即堪布选任要受到驻藏大臣的管理和监督。第二十七条规定噶伦和代本卸任后要交出官邸与谿卡（即俸田）。

第二十、二十条和二十九条规定了西藏地区税率与差役制度，限制西藏地方政府随意增税及改变差役分配。第二十条规定货物进出口税、米盐税，不能变更税率，要改变必须报驻藏大臣审核同意。第二十一条对西藏地区劳役承担及免除差役进行限制，禁止随意免除富家大户差役，把差役转给贫困户。第二十九条规定西藏地区赋税、贡物等物品不得提前征收，不得随意增加。此部分对西藏地区政府的赋税权进行了限制，把赋税征收权交由驻藏大臣监管。

第二十二、第十四条和二十八条规定西藏地区僧侣管理和俸银设定。第二十二条规定西藏大小僧人要造名册登记，一份交驻藏大臣处备查。僧侣外出要领取护照。第二十三条规定青海蒙古迎请西藏高僧活佛要由驻藏大臣和西宁办事大臣给予执照和申明，否则不得随意迎请。第二十四条规定僧侣及大小头目外出不得私派差役。僧侣外出人员要有驻藏大臣和达赖同发且加盖印信的牌票才能派差役。第二十八条规定僧侣俸银要按期发放，不得提前支领。此部分对西藏地区僧侣进行了严格管理，限制僧侣随意外出的权力。

第二十五条规定西藏地区司法审判要受驻藏大臣衙门的审查与监督，明确限制和改革西藏地方司法中一些不合理的制度。此部分是对西藏地方政府司法权进行改革和限制。①

从《新订西藏章程二十九条》内容看，通过法律确定了西藏地方治理由达赖、班禅和驻藏大臣共同进行，确立了三者在西藏地区的政治地位及关系，其中限定西藏地方政府、确定和明确驻藏大臣的权力、重申中央政府在西藏地区的职权是整个法律的核心。西藏地区的外交权、货币权、赋税权、军权等由中央政府掌握，确定宗教人员由驻藏大臣管理等。这样通过法律实现了西藏地区在驻藏大臣监管下较高程度的自治，同时把西藏地区在法律下纳入中央的有力管理之中。从《理藩院则例》中第六十一、六十二卷《西藏通制》内容看，基本上是把二十九条吸入修纂而成。

（四）西南民族地区立法

清朝在西南民族地区的立法成果虽然有统称，即"苗例"，但"苗例"没有形成法典化，仅是泛指调整西南地区的中央与地方政府制定的各种法律规范的总称。清朝在对民族地区治理上，西南民族地区"苗例"是唯一没有完成整体修撰成法典式的法律形式的统一称谓。正因如此，清朝法律中"苗例"的性质、形式与特点成为学术界争议的中心。认为"苗例"是清代被国家承认了的苗族习惯法；②认为"苗例"中"苗"不是现代民族学中的苗族，它具有泛指南方各民族群体和南方民族群体中那些没有阶级分化和独立公共权力机构的群体，即没有在土司或国家行政、司法控制下的群体。"苗疆"是清代南方民族地区改土归流后所形成的新开发区。"苗例"是南方各民族固有法或习惯法以及中央政府为南方民族特别制定的国家法。③认

---

①　以上参见廖祖桂《钦定藏内善后章程二十九条版本考略》，中国藏学出版社 2006 年版。

②　苏钦：《苗例考析》，载《民族研究》1993 年第 3 期。

③　胡兴东：《清代民族法中"苗例"之考释》，载《思想战线》2004 年第 6 期。

为"苗例"内容形成有《大清律例》的相关条款，国家行政法规中《会典》、《则例》的相关条款，清中央及地方政府专门制定适用于苗族某一地域的"禁约"、"禁例"和"章程"，清朝制定调整苗汉间法律关系的"处分例"、"禁令"等。清朝对苗疆地区立法变迁过程是顺治、康熙时期从因俗而治到重点立法，雍正时期对苗族立法的加强，乾隆时期清廷苗族立法更趋完善，从嘉庆到清末基本上因循雍乾之制的立法发展历程。① 清朝西南民族地区立法的基本特点是没有编纂成《回疆则例》、《蒙古则例》这样法典化的法律形式，借用"苗例"泛指国家制定的一系列法律和所承认的西南少数民族的各类法律习惯。清朝没有制定法典化"苗例"的原因可能是西南少数民族众多，各少数民族法律习惯差异太大，无法制定像蒙古族、维吾尔族、藏族那样具有民族习惯与特征的法典。

第三节　元明清时期民族司法

元明清时期国家对少数民族司法越来越体现出国家权威，同时也体现出中国古代对不同民族在国家统一司法体系下如何进行多元司法以实现国家治理的多样性与民族性的需要的特征。

一　元朝民族司法

元朝对少数民族司法，在承认各少数民族的法律习惯时，对那些严重危害地方社会秩序的加强管辖。只是在适用处罚时采用变通原则，即"土官有罪，罚而不废"。元仁宗延祐元年（1314 年）下诏对"湖广、云南边境诸蛮互相仇杀、掳掠人民，如能悔过自新，即与免罪"。② 此诏书说明若坚持不改的，是要受到处罚的。如泰定四年（1327 年）五月"元江路总管普双坐赃免，遂结蛮兵作乱，敕复其旧职"。③ 元朝在对少数民族的司法管辖上从政治类犯罪，如造反等，扩张到了危害社会秩序类的犯罪。元朝在民族法律适用上，规定对"土官有罪，罚而不废"。"有罪"是根据国家法规定土官行为构成了犯罪，罪名适用上适用国家法中的罪名，只是在刑罚适用上

---

① 徐晓光：《清朝政府对苗族立法与苗疆习惯法的准用》，载《第二届贵州法学论坛论文集》（2001 年）。

② 《元典章》卷二，"圣政二"，中国广播电视出版社 1998 年版，第 108 页。

③ 《元史》卷三十，"泰定帝二"，中华书局 1976 年版。

有所变通。元朝对少数民族的法律适用，改变了少数民族地区社会中对犯罪的认识。因为有些行为在少数民族习惯看来并不是犯罪，但由国家管辖后，按照国家法变成了犯罪。如南方少数民族中普遍存在的杀牛祭祀，按少数民族习惯法不属于犯罪，但在国家法中属于犯罪。

二　明朝民族司法

明朝在立法上虽然没有多少进步，但在司法上，特别是对南方及西南少数民族的司法上有较大的成功。元朝对少数民族由于在法律上规定适用"国家法"，在司法上对少数民族进行了较为积极的管辖。明朝对少数民族土官反叛行为，中央不仅进行司法管辖，还进行严厉处罚。此外，对他们一般刑事犯罪会进行管辖。如鹤庆土知府高伦，正统六年（1441 年）被"依例斩决"，指控高伦所犯罪名有：擅率军马、欲谋害亲母杨氏、其母告其不孝、私敛民财、多造兵器、杀戮军民、支解枭令等。《明实录》记载"永乐十四年，前贵州普安安抚慈长有罪下狱死。先是，慈长谋占营长黄阿赛地方、私置金鼓、旗帜、火器、聚众杀掠。强娶民人罗罗妻为妾，不从，遂杀夫阉其子。事闻，命布政使孟骥勘视，慈长复领兵万余围骥。骥计擒之，解京师，将诛之，而死于狱"。① 明朝国家对少数民族首领犯罪管辖从政治性案件扩大到一般刑事犯罪。明朝在国家司法中，对少数民族一般采用特别处罚。明宣德元年（1426 年）制定贵州土人犯罪处罚的特别法。"定贵州土人断罪例：杂犯死罪，就彼役作终生；徒流迁徙者，依年限役之；应答者，役五月；应仗者，役十月；毕日释放。"② 宣德九年（1434 年）规定贵州少数民族犯罪，除死罪、强盗罪外，可以纳米赎罪。"杂犯死罪三十石，流罪比死罪减五石，徒罪五等三年者二十石，答罪五等五十者四石，以下四等递减五斗。"③ 成化十年（1475 年）十一月贵州安顺州土官知州张慎祖与所属宁谷寨长官司长官顾钟争地仇杀，朝廷派巡抚等官审理后，张慎祖遣人入贡两匹马，请赎其罪，礼部同意。④ 在北方少数民族地区，"正统十一年，敕谕兀者右卫野人都指挥失列格及大小头目人等曰：'近得边将奏，尔兀者右卫野人捧速随同逃叛犯人刘跥子入境为盗，罪本当死……宥捧速之罪，遣回尔

---

① 《明太宗实录》卷一百七十四，台湾"中研院"历史语言研究所校印本。
② 《明宣宗实录》卷三十，台湾"中研院"历史语言研究所校印本。
③ 同上。
④ 《明宪宗实录》卷一百三十五，台湾"中研院"历史语言研究所校印本。

处，令其出力报效，以赎前愆。'"① 在此案中，"捧速"罪名是"盗"，按国家法"罪本当死"，处罚时变通为"令其出力报效，以赎前愆"。明朝在少数民族司法中，公开承认他们的固有处罚是十分重要的方式。"正统二年，四川泥溪土官医学正科田玑盗官藏丝钞，援永、宣时例，边夷有犯，听赎马赎。许之。"② 此方面的记载很多，如酉阳宣抚司下剌惹洞长谋杓赏儿子谋古赏、若阿昆等向周边掠夺劫财，中央集兵征伐，谋古赏等遣惹施服罪，并偿还所掠夺人口、器物，"其所杀之人，一依土俗以人马诸物赔偿"。《蒙化左土官记事抄本》中记载蒙化土知府左瑛奉命到顺宁府审理当地彝人相互仇杀案件时，"据顺宁府呈准土官知府猛斌前事，仰五世祖左瑛带领民兵亲请顺宁府体勘处置，发落施行等，因依奉亲请顺宁府抚出土舍猛庆、猛景端、千户阿思等到官，谕以利害，令其改过自新，彝兵退散，所占村寨，依前定例领众罪犯照依彝俗"。成化十七年（1481 年）九月二十六日又到大侯州审理陶氏之诉，审理结果是"抢去家财象、马、人命，照彼彝俗，共令奉混赔偿银一千一百两，释怨讲和，退散兵马各还本寨"。③ 从明朝司法中法律适用看，明朝在司法上是承认各少数民族的法律习惯的。

三　清朝民族司法

清朝在民族司法上形成了较为完善的法律制度，根据不同地区、不同民族在司法上设立不同程序法与适用不同实体法。在程序法上，对少数民族有不同设置，如蒙古人、旗人、西北与西南、南方土司治理下少数民族在程序法上有不同规定；在实体法上，根据不同少数民族传统制定很多特别法，有些民族从罪名与处罚上都有特别法，有些民族在罪名上适用一般法，处罚上适用特别法等。

（一）程序法适用

清朝在民族司法时，地方审判机构多种多样，根据各地区、各民族具体情况分别设置，如蒙古地区司法程序分内外蒙古，分别由旗主、盟主、都统、办事大臣、参赞大臣、将军等审理，如察哈尔都统、库伦办事大臣，东北地区由将军等审理。蒙古等少数民族重刑案件具体由理藩院负责相关审理

---

① 《明英宗实录》卷一百三十八，台湾中研院历史语言研究所校印本。
② 《明史》卷三百一十一，"四川土司一"，中华书局 1974 年版，第 8016 页。
③ 云南省编辑组：《蒙化左土官记事抄本》，《云南少数民族社会历史调查资料汇编》（五），云南人民出版社 1991 年版，第 473 页。

和法律解释。从史料看，理藩院拥有对蒙古、西藏、新疆等地少数民族地区的立法权、法律解释权和审判权。在蒙古法偷盗四畜处罚上，蒙古法对"四畜"在法律上明确规定是牛马驼羊，偷盗其他牲畜时没有明确规定，如偷盗驴、骡等牲畜时。为此，嘉庆二十二年（1817年）热河都统要求刑部作出解释，刑部指出"当经本部以偷窃蒙古牲畜科罪各条，事隶理藩院，将原咨送理藩院核办"，但理藩院收到刑部转咨后推辞说"该督咨请偷窃骡驴作何办理之处，本院无凭可稽，碍难率覆，应仍由刑部酌覆等因咨覆在案"。刑部很生气地指出："查蒙古偷窃牲畜治罪各条，均应依蒙古例办理。既据理藩院咨称，蒙古例内惟有偷窃驼马牛羊四项牲畜计匹科罪之条，并无偷窃骡驴治罪专条，亦无偷窃牲畜计赃论罪明文等语。是偷窃骡驴作何办理之处，在理藩院既无例案可稽，在本部更难以臆断。况加减匹数，关罪名生死出入，甚至有首众多人同入情实者，尤不容轻议更章，应仍将该都统原咨送理蕃院核议。"① 这里的争议说明理藩院在清朝中央司法机关中的地位与刑部的关系。清朝在蒙古、藏族中就公开承认发誓制度，如康熙六年《蒙古律书》中有大量此方面的条文。如"第三十条凡踪迹所入之案，若踩踪无证佐，则不令立誓。行人，虽无佐证，亦准踩踪过村时再觅佐证。第三十一条若将牲畜偷宰遗去，旁人将肉收取者，即令赔补原赃。若在迹限之内，择其旗大臣立誓，如不立誓，则以迹入论罪"。

清朝在西北、西南和南方设有土司的地区，一般案件由土司管辖，重刑案件由一般司法机关管辖。《六部处分则例·土司归州县厅员管辖》中规定，"广西土司地方俱归州县厅员就近兼辖，遇有失察疏防等事，即照兼辖官例开参，知府巡道照统辖官例议处，其户婚田土及征收年例银米，仍听各土司自行办理"。② 明确规定土官只能管辖土民间户婚田土等民事案件，对重刑案件没有管辖权。按记载，清代广西土官不能管辖奸、拐、命、盗及民事在三百两以上的财产诉讼案件。雍正四年（1726年）对土司地区命盗重案管辖重新立法，加强土司对辖区内重刑案件的责任。"流官固宜重其职守，土司尤宜严其处分，应分为三途：盗由苗寨，专责土司；盗起内地，责在文员；盗自外来，责在武职……嗣后除命盗案件照例分处，如有故纵苗、

① 祝庆祺：《刑案汇览三编》卷十八，"盗牛马畜产·偷窃蒙古骡驴应理藩院酌定"，北京古籍出版社2004年版，第623页。
② 文孚纂修：《钦定重修六部处分则例》卷四十，"边防·土司归州县厅员管辖"，沈云龙主编《近代中国史料丛刊》（第34辑），台湾文海出版社影印本。

倮扰害土民者，该督、抚即将该官土司奏请革职……并令云南、贵州、四川、广西、湖南五省一并遵行。从之。"① 这里不仅把命盗重案收归国家一般司法机关管辖，同时规定土司要对自己辖区内的重刑案件负责。

（二）实体法适用

清朝在民族司法中的法律适用具体可以分三种：首先，适用一般国家法。清朝在少数民族重刑案件中一般采用此种方式，此类适用不管当事人是什么族，一律适用一般法，具体在罪名与刑罚上都适用一般法。其次，适用少数民族特别法。在少数民族的法律适用上，虽然统一由国家司法机关审理，但法律适用上却适用各少数民族法律。如在蒙古人案件中，"边内人在边外犯罪，依刑部律，边外人在边内犯罪，依蒙古律。八旗游牧蒙古厂人等有犯，均依蒙古律治罪"。② 后来，在西北回疆、青海地区由于少数民族拥有各自的法律，在适用上多是如此。乾隆二十年卓特巴等偷盗衮褒都赞布牛案中由于双方是蒙古人，判决是"卓特巴改照察哈尔蒙古偷窃四头牲畜例绞候，从犯那旺达西、巴特马俱鞭一百，各罚三九牲畜，同首贼之家产牲畜，一并付事主"；③ 乾隆二十年朋苏克扎布偷马案察哈尔总管判决是"朋苏克达什依偷盗牲畜为首律绞候。戳克图、吹扎布拟为鞭责，罚三九牲畜等"。④ 最后，一般法与特别法结合适用。这类案件法律适用上的基本特点是罪名上适用一般法，处罚法上适用特别法。这成为清朝法律适用上的重要特点。清朝在中后期此种趋势越来越明显，特别在西北、西南、南方等土司地区。道光二年（1822 年）喀什噶尔参赞大臣呈报新疆少数民族色依特爱里听从阿克密尔杂抢夺汉人杨仲春马匹案在法律适用上，适用了乌鲁木齐等处兵民犯徒罪的处罚法，即免发遣折枷例，即"该犯本罪徒二年半，照律加一等，应折枷号四十日，满日折责释放"。⑤ 此案说明新疆少数民族在法律适用上与西南少数民族地区是相似的。

（三）清朝少数民族地区法律适用特点与趋势

清朝在民族司法上，法律适用具有不同的特点，具体特点如下：

---

① 《清世宗实录》卷五十一，中华书局影印本。

② 《钦定大清会典事例·理藩院》，中国藏学出版社 2006 年版，第 419 页。

③ 丁人可编：《刑部驳案汇钞》卷二，见杨一凡主编《历代判例判牍》（第六册），中国社会科学出版社 2005 年，第 60 页。

④ 同上书，第 61 页。

⑤ 祝庆祺等纂：《刑案汇览》卷六，"徒流迁徙地方·外夷回子在新疆犯抢夺"，北京古籍出版社 2004 年版，第 206 页。

1. 不同地区少数民族在适用特别法上存在差别

清朝在民族司法上，蒙古人与满洲人在法律适用中适用特别法最为明显，而西北、西南、南方少数民族中，如陕西、云南、广西、贵州等少数民族在法律适用上适用一般法较为明显，推进速度最快。嘉庆二十四年（1819 年）规定"凡民人蒙古番子人等偷窃四项牲畜，除在内地犯事，照刑例治罪刺字外，其在蒙古地方并番地偷窃，应照蒙古例定拟之犯，概行遵例"。① 在当事人是蒙古人的案件中，适用蒙古法具有优先地位。其他地区和民族法律适用上体现了巨大灵活性，如西南、南方少数民族中，在法律适用上罪名适用采用一般法，具体处罚适用特别法。清朝法律适用上，特别法在内容上不同地区、不同民族规定不同，如北方蒙古人、满洲人在罪名、刑名上都有特别规定，并且适用到死刑上，如蒙古人在偷盗牲畜上就有特别法规定适用死刑。西北、西南、南方少数民族法律适用上，特别法仅在流刑、徒刑以下，具体执行上采用折枷处罚，而对于死刑就没有特别规定。

2. 少数民族法律适用中伦理原则大量引入

少数民族法律适用上，定罪量刑原则大量引入汉人的伦理原则，如准五服以制罪原则、存留养亲原则等。清朝把伦理化的法律适用原则积极推向各少数民族，甚至一些少数民族中虽然特别法上没有规定，通过判例引入。如存留养亲在嘉庆年间最为明显。嘉庆二十三年（1818 年）定边将军在审理蒙古人兄弟偷盗马应发遣时指出，"蒙古例内既无专条，自应参用刑例办理。此案喇嘛索诺木揣云系同胞弟兄，均听从巴勒霍卓偷窃马匹，例应俱发湖广等省交驿当差"。法律适用时定边将军要求引入此原则。"蒙古例并无留养专条，自应仿照刑例，于该二犯内酌留一人，照例枷责，准其存留养亲。"② 道光二年（1821 年）陕西审理番民业格血起意商同加大勒死加大之祖囊加图诈番民柔弟钱文案中，判决时就适用了一般法中的服制案件原则，因为加大按"谋杀祖父母律凌迟处死"，③ 业格血与丹巴占血是父子关系，量刑时按听从父命减为绞监候。此案引入了准五服以量刑原则。

　　① 祝庆祺：《刑案汇览三编》卷十八，"盗牛马畜产·蒙古贼犯拟遣刺字鞭责免刺"，北京古籍出版社 2004 年版，第 622 页。

　　② 祝庆祺：《刑案汇览三编》卷二，"犯罪存留养亲·蒙古偷马弟兄犯遣酌留一人"，北京古籍出版社 2004 年版，第 67 页。

　　③ 祝庆祺：《刑案汇览三编》卷二十三，"谋杀祖父母父母·主令他人杀祖逼令助逆加功"，北京古籍出版社 2004 年版，第 832 页。

3. 少数民族法律适用上罪名与处罚存在不同

清朝民族司法中法律适用上表现出特殊的发展趋势，具体是罪名越来越统一，刑罚却表现出灵活多样性。罪名上往往适用一般法，刑罚上却适用特别法。乾隆十三年韦管应勾结川民贩卖人口案中独山仲苗韦管应勾结四川人魏千元贩卖人口，地方巡抚拟判时提出对韦管应采用流刑，"乃竟将例应斩决之首犯遽行减流，又以苗人拟折枷号"。① 此案中韦管应最后被改判为绞判，但从判决看，清朝乾隆时苗人法律适用中，流刑具体执行时采用折枷刑。从相关法律看，西南与南方少数民族在军流徒刑上采用枷责处罚是有范围的，对一些罪名会加重适用，国家为此特定了专门的特别法，具体是"土蛮猺僮苗人仇杀劫掳及聚众捉人靴禁者"，若判死刑，正犯处死，其"家口、父母、兄弟、子侄俱令迁徙"；若判军流等罪，本犯照例枷责外，人犯与"家口、父母、兄弟、子侄一并迁徙"；初犯可以不迁徙，采用"照例枷责"，即采用枷责特别处罚，若过后再犯的，恢复执行原判。② 从这里可以看出，清朝在特别处罚适用上并不是基本目标，而是通过灵活法律让一般法成为基本法律适用原则。

4. 法律适用表现出趋同

清朝在民族司法上，整体看越来越表现出一致性，在法律适用上，重刑上各民族之间差异越来越小，国家对不同民族死刑适用在程序法和实体法上越来越统一。对流刑以下的罪名，虽然保留特别法，但适用中表现出统一趋势在加强。其中，西南、南方少数民族中最为明显，北方民族中开始区别对待。乾隆三十九年（1774 年）天津县旗民刘治等偷卖漕米案中乾隆帝下旨：

> 同系旗人，其间亦各有分别，如果身居京师食饷当差在官执役之人，身犯流徙等罪原可折枷完结。若在屯居住及各处庄头与民混处日久，即与民人无异，则犯法亦当与同科。况我朝统一寰宇百三十余年，久已中外一家，薄海民人与旗人交无歧视，何独于问拟流徙一节，尚拘住例乎。嗣后，除京城之满洲、蒙古、汉军现食钱粮当差服役之人，及外省驻防之食粮当差，如犯流徙等罪，仍照旧鞭责发落外，其余住居庄

---

① 丁人可编：《刑部驳案汇钞》卷三，见杨一凡主编《历代判例判牍》（第六册），中国社会科学出版社 2005 年版，第 73 页。

② 此法律适用对象是明确的，即"土蛮猺僮苗人"，这是清朝对西南与南方诸少数民族的概括称呼。祝庆祺：《刑案汇览》卷六，"徒流迁徙地方·土人犯非仇杀劫掳免其迁徙"，第 206 页。

屯旗人及各处壮庄头，并驻防之无差使者，其流徙罪名俱照民人一例发遣，著为例。①

这里乾隆帝把满蒙两族徒流特别法适用范围进一步缩小，特别法适用原则转向属地与属人结合。嘉庆朝后，对满洲旗人，法律适用上越来越少采用特别法，一些旗人犯罪后以取消旗籍作为处罚，再犯就按汉人适用一般法。从相关史料看，清朝虽然存在把少数民族法律适用，特别是重刑案件法律适用越来越统一的趋势，但对那些与汉人生活差异较大地区和民族在法律适用上一直存在适用特别法，直到清朝灭亡时都如此。

一 思考题

1. 土司制度在中国古代少数民族法制中的地位与评价。
2. 清朝民族立法的特点与成绩。
3. 元明清时期民族司法的特点。

二 扩展阅读

1. 《清代治理边陲的枢纽——理藩院》（赵云田著，新疆人民出版社），该书是清朝理藩院进行深入专门研究的著作，是了解清朝理藩院设立、变迁与职能等方面的重要著作。

2. 《清代民族立法研究》（刘广安著，中国政法大学出版社 1993 年版），该书是国内较早对清朝民族立法进行全面深入研究的著作，是了解清朝民族立法的重要著作。

3. 《生存范式：理性与传统——元明清时期南方民族法律变迁研究》（胡兴东著，中国社会科学出版社 2005 年版），该书对元明清时期南方民族法律制度进行了较为全面的考察，是了解元明清时期南方民族地区法律变迁历史的重要著作。

三 法律资料摘抄

（一）康熙六年《蒙古律书》，该文本由李保文翻译，是清朝时期《蒙古律》立法变迁中的重要文本，体现出清朝前期《蒙古律》立法中的基本

---

① 全士潮编：《驳案新编·名例上》卷一，见杨一凡主编《历代判例判牍》（第七册），中国社会科学出版社 2005 年版，第 6—7 页。

特征与转型。法典基本分为规制内外蒙诸部与中央政府关系的行政法、适用于内外蒙古的民刑诉讼法和内外蒙古的贸易法等。

前奉宽温仁圣汗谕，颁布大札撒律于外藩蒙古国诸部。将历经修改增删之处，于康熙六年增订旧律，颁与外藩管旗王、诺颜、固山台吉、公、台吉等。

第一条　外蒙古扎萨克王、诺颜等当大典会盟审事，若派大臣，则持钤有玉玺之敕谕前往。至其国界，该境之民询问前往大臣之职名、情由，先急往告各自所属王、诺颜等。本国之王、诺颜至五里路程之地往迎。同众下马，在右边站立，俟敕谕过，骑马自后赶至。钦差大臣列于左，迎接之王、诺颜等列于右，敕谕在前。抵家之后，设香案，前往之大臣，将敕谕置于案上，左立右向。该王、诺颜等一跪三叩，跪候，前往之大臣将敕谕自案捧下，交与宣读之笔帖式，宣读之笔帖式立读。已毕，前往之大臣将敕谕置案上，王、诺颜等再行一跪三叩礼。前往之大臣将敕谕自案捧下，递与王、诺颜等，王、诺颜等两手跪接，交属下之人，行一跪三叩。拜毕，交收掌敕谕之人，王、诺颜等与前往之大臣彼此两跪两叩，安置中位，前往之大臣坐于左，王、诺颜等坐于右。

奉旨恤赏恩赐并别项事件，遣往之大臣、侍卫至境，本境之民询问前往之大臣情由，先往告知。王、诺颜等急遣属下官员，至五里路程之地往迎，王、诺颜等出营迎接。抵家之后，跪领恤赏恩赐，若系衣物，则佩服向上两跪六叩；若系财帛、食物，则跪领，亦两跪六叩。王、诺颜等与前往之大臣彼此一跪一叩，亦安置中位，王、诺颜等坐于左，前往之大臣等坐于右。及饯行前往之大臣，亦送至迎接之处。外王、诺颜、固山台吉、公等遣人来进物品，若蒙上恤赏恩赐遣回，则抵家后，王、诺颜等自家迎出接受，向上两跪六叩。其余各部院若有前往之事件，则俱将情由拟旨，遣各自所属部院大臣前往，边境之民询问大臣之名及情由，急告知各自所属王、诺颜等。王、诺颜等闻知，即令属下官员，至五里路程之地往迎，迎接之官员下马，于右边站立，俟文书既过，自后乘马赶至，前往之大臣列于左，迎接之官员列于右，前引文书。至家，王、诺颜等自家迎出，递给文书时，躬身两手接受，安置桌上，开读讫，王、诺颜等坐于左，前往之大臣坐于右。

第二条　外蒙古之人等，倘为在彼未结案件而来，先不得擅自奏上，具文案件情由，告于理藩院。

第三条　三丁披甲一副，凡遇出兵，遣二留一。奉派出征之王等，若不赴约，则罚马百；若为扎萨克诺颜、固山台吉、公等，则罚马七十；若为台吉等，则罚马五十。凡诺颜若控制全旗尽不前往，则以军法从事。约所，迟到一日者，若为王等，则罚马十；若为扎萨克诺颜、固山台吉、公等，则罚马七；若为台吉等，则罚马五。几日不到，依此比例计日罚取。

第四条 无论敌从何方前来侵袭邻国，所有诺颜将产畜收送内地，带领属下所有兵丁，速集于被警之地。若不赴会，王等罚马百，扎萨克诺颜、固山台吉、公等罚马七十，台吉等罚马五十。毕集后，同议征进。

第五条 将行军传禁之骗马骑瘦者，若为王等，则罚马三十；若为扎萨克诺颜、固山台吉、公等，则罚马二十；若为台吉等，则罚马十。

第六条 若大部阖旗逃逸，则不分何旗，以军制起程追赶。若王等不追，则罚马百；若为扎萨克诺颜、固山台吉、公等，则罚马七十；若为台吉等，则罚马五十。

第七条 系撒袋人二十名以下逃走者，止伊旗下追赶。若二十名以上逃走，系何人附近，其旗执政王、诺颜等计量逃人，妥备马匹、盘缠，知往何方，速追至尽头处。若王等不令往追，则罚马二十；若为扎萨克诺颜、固山台吉、公等，则罚马十五；若为台吉等，则罚马十。往追之人，若半途而回，则罚率先返回者一九，余者各罚牲畜五。速将逃亡奏明，不奏者，若为王等，则罚马十；若为扎萨克诺颜、固山台吉、公等，则各罚马七；若为台吉等，则罚马五。

第八条 凡追逃者，若杀死逃人头目，将俘虏及所余产畜全给追赶之人。逃人若携带他人马群逃走，则追赶之人取其一半。若未获逃人头目，其俘不给追赶之人，给逃人之主。逃人骑乘他人之马并与其妻私奔者，若逃人有妻子、产畜，则赔补其额。其逃人之家若无，则不令赔补。系家奴，如有，则追赔。若无，则不罚伊主。

第九条 会盟已示，若王等不到，则罚马二十；若为扎萨克诺颜、固山台吉、公等，则罚马十五；若为台吉等，则罚马十。约期不到，计日罚马。

第十条 各自所分地界，若他王侵入，则罚马十；若为扎萨克诺颜、固山台吉、公等，则罚马七；若为台吉等，则罚马五。系平人，计户各罚牛一。若越所分游牧地界，王等罚马百，扎萨克诺颜、固山台吉、公等罚马七十，台吉等罚马五十。若为散落之人，则见知者将其本人并畜产一同收领。

第十一条 若平人两姓结亲，给马五、牛五、羊五十。凡违此律多给，逾数牲畜入扎萨克，减者无罪。若婿故，将所给牲畜取回。若女故，取回一半。若父母愿给，而婿憎嫌不娶，所给牲畜不准取回。所聘之女若年至二十仍不娶，则其父母另有愿聘之处，听之。

第十二条　王、诺颜、固山台吉、公、台吉、塔布囊等议定之妇，若王、诺颜、固山台吉、公、台吉、塔布囊等乘间娶之，娶、嫁二者，系王等，则罚十户；系扎萨克诺颜、固山台吉、公等，则罚七户；系台吉、塔布囊等，则罚五户。俱令原聘之人挑取，其议定之妇，离异其夫给原聘之人。

第十三条　若王等纳平人之妻，则罚九九；若为扎萨克诺颜、固山台吉、公等，则罚七九；若为台吉等，则罚牲畜五九。

第十四条　平人与平人之妻通奸，并夺其妻，罚牲畜五九。奸妇，责成伊夫取命。若不取命，则将所罚牲畜给伊所属诺颜。调戏他人之妻，罚牲畜三九。

第十五条　平人将平人议定之妇乘间娶之，娶、嫁二者，若为顶戴之人，则各罚三九；若为寻常阿勒巴图，则各罚一九。其议定之妇，离异其夫给原聘之人。

第十六条　凡罚服牲畜，缺一件，则鞭二十五；缺二件，则鞭五十；缺三件，则鞭七十五；缺四件以上，止鞭一百。

第十七条　所罚牲畜，被罚者所属扎萨克之使臣取三岁牛一；罚者所属扎萨克之使臣，于其被罚牲畜内，十取一，二十取二，三十取三，止此不得多取。

第十八条　凡罚取，称无畜者，令苏木章京或择苏木内一颜面之人立誓。若誓，俟其无畜而续经犯出者，将犯出牲畜追取，立誓者罚牲畜一九。

第十九条　呈控被窃牲畜，若获原畜，则以窃贼论。失主认出被窃牲畜，若指称有他人所给者，即令其人对质；如其人不行承认，仍令本人立誓。若立誓，失主只将所认牲畜收回，免罚。

第二十条　将明出贼人不给擒来令其脱逃者，若为王等，罚九九；若为扎萨克诺颜、固山台吉、公等，罚七九；若为台吉等，罚牲畜五九。

第二十一条　被窃之马匹于围场、军前认获，而其人若所得另有情节，则令以他马补其额，收领原马。

第二十二条　凡挟仇首罪而取牲畜者，若为王等罚三九，扎萨克诺颜、固山台吉、公等罚二九，台吉等罚牲畜一九。挟仇所取牲畜给还原主，将其人遣赴伊愿往之处。

第二十三条　合谋窝贼，若为王等，各罚三九；若为扎萨克诺颜、固山台吉、公等，各罚二九；若为台吉等各罚一九。

第二十四条　搜赃须带佐证。不容搜者，以贼论。

第二十五条　移牧之日，而贼踪适以其日入于游牧旧处者，令其立誓。

第二十六条　偷狗、猪者，罚牲畜五；偷鹅、鸭、鸡者，罚三岁牛并索赔被窃之物。

第二十七条　偷金、银器物，貂鼠、水獭皮张并财帛、布匹之件及吃食等物者，俱照数赔还。如所偷之物值二岁牛价者，罚三九；值羊价者，罚牲畜一九；不足羊价者，罚三岁牛。

第二十八条　有以潜得信息呈控案件，不令王、扎萨克诺颜、固山台吉、公等立誓，择该旗人以誓之。若为台吉等，则令自誓。货财被窃之原告及贼踪径入二者，令择该旗大臣立誓，若不立誓，即令加倍给与。扎萨克诺颜、固山台吉、公等之使者，罚取两岁牛。

第二十九条　踪迹制限以骲头射到人所居址者，令立誓，射不到者，不立誓。

第三十条　凡踪迹所入之案，若踩踪无证佐，则不令立誓。行人，虽无佐证，亦准踩踪，过村时，再觅佐证。

第三十一条　若将牲畜偷宰遗去，旁人将肉收取者，即令赔补原赃。若在迹限之内，择其旗大臣立誓，如不立誓，则以迹入论罪。

第三十二条　呈控后，被窃牲畜别经发觉，原告罚牲畜三九，由立誓台吉及加倍给过之人平分之。

第三十三条　命案，不令王、扎萨克诺颜、固山台吉、公等立誓，择伊所属旗人立誓。若为台吉等，令其自誓。

第三十四条　罚取三九以上案件，择其旗大臣立誓。罚服一九以下案件，择苏木内之人立誓。

第三十五条　凡首告事件之人，取罚服牲畜之半。

第三十六条　凡罚服，由所属诺颜，每一九取一，不足九数不取。

第三十七条　未满十岁之幼儿行窃，免罪。十岁以上者，坐罪。

第三十八条　复控王等所审案件，若仍如该王所审，则罚控告者一九；若为扎萨克诺颜、固山台吉、公等所审案件，罚牲畜五；若为章京等所审案件，则罚坐骑。

第三十九条　纵火熏洞失火，见知者即罚牲畜一九，若延烧致死牲畜，则令赔偿，若致死人命，罚牲畜三九。若系无心失火，见知者罚牲畜五；若延烧致死牲畜，则令赔偿；若致死人命，罚牲畜一九抵命。

第四十条　擅动兵器者，若为王等罚三九；若为扎萨克诺颜、固山台吉、公等罚二九；若为台吉等罚一九；若为平人，罚牲畜五。

第四十一条　斗殴致伤眼目、折伤肢体者，以三九抵赔，平复者罚一九。若使孕妇堕胎，罚一九。若以拳、鞭、棍殴人者，罚牲畜五，若互殴，则免罚。若折人牙齿，罚一九。拔去发、缨者，罚牲畜五。

第四十二条　因戏过失杀人者，罚牲畜一九并抵赔。

第四十三条　射、砍杀牲畜者，除赔偿外，罚一九。误射马匹致死者抵赔加倍。未死者，罚三岁牛。

第四十四条　离群走失之畜，逾三日禀明别旗扎萨克诺颜、固山台吉、公等缉捕，每件牲畜取羊一只。若骑乘，则罚牲畜五。冒称己畜收领者，罚三九。错认者，罚一九。若无主认领，准其收养。隐匿者，罚牲畜一九。

第四十五条　离群走失之畜，行人不得缉捕。如缉捕，以贼论。如羊，于所见之日收赶过夜者，二十只以下，取一只；多则每二十加取一只。

第四十六条　凡首告案件，不令首者所属大臣立誓，令贼所属大臣立誓。

第四十七条　凡案件，由本人控告，若旁人控告，则审官罚其坐骑。

第四十八条　凡犯罪，两造勿得私议。如议结，若诺颜等罚三九，平人罚牲畜一九。著伊旗扎萨克诺颜派遣使臣至罪人所属扎萨克诺颜处会议，若迟至二日不遣使臣者，计日将该扎萨克诺颜罚三岁牛。罚罪未结之先，不骑驿马，不食廪给。罪结给罚时，骑罪人之旗驿马，昼夜食用廪给议取。受所罚牲畜之扎萨克之使臣，无论几个九九，自贼犯所取不得越三数，此外酬马一。被罚罪之扎萨克之使臣，无论几九，仅从所罚罪畜取三岁牛一。

第四十九条　十日内不全给所罚牲畜者，罪人之旗，系王罚马十，扎萨克诺颜、固山台吉、公等罚马七，台吉等罚马五，即于马群拿取。如将拿取之马抢夺者，加倍追罚。若未结，前来奏明。

第五十条　如不令行人歇宿以致冻死者，抵赔并罚一九。未死者，罚三岁牛。令其歇宿而牲畜、财帛被窃，着落房主赔偿。

第五十一条　患恶疾之人，投宿人家，其病人卖物以致传染他人身死者，罚三九。染后愈者，罚一九。未传染者，罚坐骑。

第五十二条　平人公然毁谤王等罚三九，毁谤扎萨克诺颜、固山台吉、公等罚二九，毁谤台吉等，罚一九。如背地毁谤，质讯问明，若审实，亦照此例问拟。詈骂大臣者罚一九，詈骂梅勒章京者罚牲畜七，詈骂甲喇章京罚牲畜五，詈骂苏木章京者，罚牲畜三。

第五十三条　镞、箭、骲头不书号记者，见知者罚三岁牛一只。

第五十四条　十户设一长。不设者，若王等罚马十；扎萨克诺颜、固山台吉、公等罚马七；台吉等罚马五。

第五十五条　扎萨克诺颜、固山台吉、公等驻宿处食羊，若食牛罚牲畜五。不支廪给，罚牛。若无扎萨克之诺颜等食廪给，罚马。

第五十六条　有信牌之使臣骑驿马，驻宿处食廪给。若不支廪给，罚牛，若不给驿马罚三九。若令马群徙避，罚一九。无信牌之使臣若骑驿马、食廪给，拿缚送来。诺颜等若殴打扎萨克诺颜因公所差使臣，罚三九。若平人殴打，罚牲畜一九。

第五十七条　长出暖帽之缨、遮耳帽、剪沿毡帽，自腋下结束之偏练垂，如有见穿用此等者，若为诺颜等罚马，平人罚三岁牛，均给见知者。

第五十八条　凡长城内之人于长城外犯罪，以内律办理。长城外之人于长城内犯罪，以外律办理。八旗外蒙古、众苏鲁克沁照外国律。

第五十九条　罚服九数：马二、犍牛二、乳牛二、三岁牛二、二岁牛一。五数：犍牛一、乳牛一、三岁牛一、二岁牛二。追取罚服之使臣向犯人取三岁牛一。

第六十条　不许先后贺年。若先后贺年，王等各罚一九，扎萨克诺颜、固山台吉、公等各罚牲畜七，台吉等各罚牲畜五，平人各罚马一，给见知者。

第六十一条　凡往围猎、行军及会盟等诸事而回，不候次序先行回家者，王等各罚马十，扎萨克诺颜、固山台吉、公等各罚马七，台吉等各罚马五，从者无论几人，各罚其所骑之马。

第六十二条　王、扎萨克诺颜、固山台吉、公等之封号，不呼全称者，罚牲畜一九。

第六十三条　每岁春间，扎萨克王、诺颜、固山台吉、公等，将各自所属旗下台吉等及兵丁召集一处，修整盔甲、弓箭，较射试之。如未经监修即行起程前赴约所，其总阅时，系军械缺坏，每件军器未记名字及马不烙印、鬃尾不拴字号者，视其情节议罪。

第六十四条　蒙古王、诺颜、固山台吉、公等遇年礼来朝，外藩王、诺颜、固山台吉、公等编作二班，轮班前来。

第六十五条　王、诺颜、固山台吉、公、台吉等战阵时败北，将其所属人民尽行撤出。若平人败阵者斩，并籍没其产畜、妻子。不论台吉、平人，但身先入阵破敌者赏。

第六十六条　凡见逃人不行追拿任其逃去者，王等罚十户，扎萨克诺颜、固山台吉、公等罚七户，台吉等罚五户，平人罚牲畜三九。若追拿逃人格斗毙命者，如有俘虏，抵一人给死者之家，加给牲畜三九。若无俘虏，则自逃人所属扎萨克王、诺颜等名下追取牲畜三九替给。

第六十七条　明知逃人而仍给马匹骑往者，若为王、扎萨克诺颜、固山台吉、公、台吉等，将其所属人民尽行撤出。如系平人斩，并籍没其产畜。若将串行邻里之逃人拿获交给伊主，取价二岁牛。若容隐逃人，罚牲畜一九，十家长罚马一，所罚牲畜给予逃人之主。罚十家长之马，给予逃人之主所属十家长。逃人，鞭一百。

第六十八条　不拘何处前来之逃人，凡诺颜等遇见，限二日内将为首逃人速行解送上级。违二日之限者，若为王等罚马十，扎萨克诺颜等罚马七，寻常诺颜等罚马五。讯获逃人口供后，将其给与指投之诺颜。

第六十九条　若王等隐匿杀死来投逃人者，则罚十户，若为扎萨克诺颜等罚七户，若台吉等隐匿或杀死，则挑取五户。若为旁人首告，则王等罚马十，扎萨克诺颜等罚马七，台吉等罚马五，给与首告之人，听其愿往之诺颜处所。如抵赖，令其伯、叔立誓。若平人杀死逃人，将为首之人斩，并罚牲畜三九，余者无论几人，各罚牲畜三九给与指示之诺颜。如无指示诺颜，入扎萨克，一半给首告之人。

第七十条　王等故杀别旗之人，则照人数赔补并罚马五十，若为扎萨克诺颜等罚马三十，若为台吉等罚马二十，若为平人，则还斩。

第七十一条　王、扎萨克诺颜、固山台吉、公等审理各自所属犯人，停令别旗扎萨克诺颜等及所属扎萨克诺颜等处决。

第七十二条　死罪之人，若为会盟所审，即于彼处完结。两旗会审案件，奏上请旨候决。再，死罪之人不得收赎。

第七十三条　凡抢劫物件者，若为王等，则罚马百；若为扎萨克诺颜、固山台吉、公等，则罚马七十；若为台吉等，则罚马五十；若为平人，则斩。

第七十四条　若夫故杀妻，则还处绞。

第七十五条　若王等以刃物利器扎死、砍杀、故杀、仇杀、醉杀各自属民、家奴者，则罚马四十；若为诺颜、固山台吉、公等，则罚马三十；若为台吉等，则罚牲畜三九，给与死者亲兄弟，妻子一并听其旗内愿往之处。再，若杖责致死人命，如自首死因，若无仇隙，则妻子仍留原籍，所罚马四、牲畜入扎萨克。

第七十六条　主杀其奴，若为固山额真、梅勒章京等，则各罚牲畜三九；若为甲喇章京、苏木章京等，则各罚牲畜二九；若为平人，则各罚牲畜一九。

第七十七条　平人与哈吞通奸，奸夫凌迟，哈吞处斩，除奸夫兄弟外，其妻子没为奴仆。

第七十八条　触犯诺颜坟冢者，处斩。刨发平人尸骨者，罚牲畜一九。勿得为死者杀马、毋插嘛呢杆子，渡口、山岭毋系绢条、手巾，如违禁而行，则见知者罚牲畜五。若有为死者修筑坟墓者，准；若依蒙古习俗隐埋，各听其主便。

第七十九条　喇嘛等，博、伊杜干等，违禁妄行，蒙骗他人及以给人念经为由驻留、住宿人家，以给幼儿起名、治病为由偕其母同来或于寺庙无故容留妇女等类肆意行事，仍视其情节轻重，分别处决、杖责、罚服。

第八十条　凡偷窃人口或四项之畜者，若为一人，处绞；若为二人，将一人处绞；若为三人，将二人处绞；纠众伙窃，择绞二人，余者各鞭一百并各罚牲畜三九。此等窃贼，不分主奴。

第八十一条　王等若隐匿窃贼，则罚九九。扎萨克诺颜、固山台吉、公等，罚七九，小台吉等，罚牲畜五九。若隐匿窃贼否认行窃，令其伯、叔立誓，如无伯、叔，令其伯、叔之子立誓。若台吉等行窃，则革台吉衔，除妻子外，奴仆及畜给与牲畜之主，其属民给与其兄弟。

第八十二条　诺颜徇庇窃贼业已立誓，其本犯贼赃发觉，停令立誓者伯、叔再行立誓，先行立誓之台吉罚牲畜五九、十家长罚牲畜三九。

第八十三条　凡贼窃牲畜被旁人夺回者，若为一件，取价；若为二件以上十件以下者，取一；多则每十件递加一件。畜主指称非被窃而不给者，择苏木章京或分得拨什库一人立誓；若立誓，免取价；如不立誓，准取价。如所获并非被窃而既成捏称之处，发觉，其捏称之人，坐以贼罪。若十家长交出窃贼，依证人例取之。

第八十四条　十家之畜被窃罚服，十家长于罚服牲畜内取马一。凡苏木之人行窃，苏木章京罚牲畜二九，分得拨什库罚牲畜一九，小拨什库罚牲畜七，十家长鞭一百并罚牲畜一九。凡苏木下之人行窃两次，革苏木章京、分得拨什库之职，苏木章京罚牲畜二九，分得拨什库罚牲畜一九，小拨什库鞭一百并罚牲畜一九，十家长鞭一百籍没产畜。一甲喇之人三次行窃，甲喇章京罚牲畜三九。一旗之人三次行窃，管旗王、诺颜、固山台吉、公等各罚牲畜五九，固山额真、梅勒章京各罚牲畜三九。凡行窃每被抓获，所属王、诺颜、固山台吉、公、台吉、塔布囊等各罚牲畜三九。平人之奴仆行窃，伊主罚牲畜一九。若管王、诺颜、固山台吉、公、台吉、塔布囊、固山额真、梅勒章京、甲喇章京、苏木章京、分得拨什库等各将所属人等严加申饬，执送

窃贼，则免罪，并给与罚窃贼所得牲畜之半。各管之人不将所属人等严加申
饬，若别旗之人抓获窃贼，将罚窃贼所属固山额真、梅勒章京、甲喇章京、
苏木章京、分得拨什库等所得牲畜，给抓获窃贼之人，罚扎萨克王、诺颜、
固山台吉、公等之牲畜入扎萨克。

第八十五条　牲畜主人或他人抓获窃贼，将窃贼执送给各自所属扎萨克
王、诺颜、固山台吉、公及管旗章京等，王、诺颜、管旗章京等遣人将窃贼
并畜主及抓获窃贼之人，一并送院。

第八十六条　八旗游牧蒙古、察哈尔之人等行窃被捉两次，管旗章京等
各罚牲畜三九，管旗副章京、苏木章京等各罚牲畜二九，分得拨什库、小拨
什库、十家长，依外蒙古例罪之。苏鲁克沁人等行窃，依苏木章京例罪
其长。

第八十七条　凡看守死囚疏脱，看守之章京罚牲畜三九，分得拨什库罚
牲畜二九并革职，小拨什库鞭一百、披甲人鞭八十。看守非死囚之犯疏脱，
章京罚牲畜二九，分得拨什库罚牲畜一九，小拨什库鞭八十，披甲人鞭五
十。他人抓获疏脱之逃犯，将罚章京、拨什库所得牲畜给拿获之人；若无
获，将所罚牲畜给扎萨克王、诺颜等。

第八十八条　凡劫持死罪窃贼者，无论几人各罚牲畜一九；若疏脱，将
为首之人斩；若疏脱非死罪窃贼者，为首之人罚三九，余者各罚一九。

第八十九条　挟仇陷害纵火致死人、畜者，将纵火之人处斩。

第九十条　凡将奴仆射、砍及割去耳鼻者，若为王等赔补牲畜五九，扎
萨克诺颜、固山台吉、公等四九，台吉等三九，平人一九。若致死，照故
杀、仇杀例治罪。

第九十一条　若过失杀人，于过失者所属旗内择立誓之人，若立誓罚三
九。若不立誓，过失杀人者还处绞。瞎人眼目者，赔补三九。折人肢体者，
罚一九。若平复，罚马。

第九十二条　误使各类行人耽搁行程者，罚牲畜五。

第九十三条　科尔沁土谢图亲王、卓哩克图亲王凡犯罚服，尽入扎
萨克。

第九十四条　科尔沁十旗扎萨克王、诺颜、固山台吉、公等，若为罚马
入扎萨克之罪，十马取一，若为罚九之罪，每一九取马一入扎萨克。照罚服
入扎萨克例，若为右翼五旗王、诺颜之罪，由土谢图亲王取之。若为左翼五
旗王、诺颜之罪，由卓哩克图亲王取之，其余牲畜，若为右翼之罪，由右翼
五旗王、诺颜等按旗分之，若为左翼之罪，由左翼五旗王、诺颜等按旗分

之。敖汉、奈曼、二扎鲁特、四子、穆章、二翁牛特、三乌喇特、二喀喇沁、二土默特之扎萨克王、诺颜、固山台吉、公等若犯入扎萨克之罪，即入扎萨克。无扎萨克衔之小台吉等若犯罚马入扎萨克之罪，十马取一，若为罚九之罪，每一九取马一，其余牲畜，伴牧二旗之扎萨克王、诺颜、固山台吉分之，不给无扎萨克衔之小台吉。罚服入扎萨克内，若平人犯罚马之罪，每十马取一，若为罚九之罪，则每一九取马一入扎萨克，其余牲畜，管旗扎萨克诺颜、罪犯之主二人分之。

第九十五条　凡所属案件，察哈尔之固伦额驸、阿布鼐亲王、珠勒扎噶郡王，该二扎萨克会审；巴林固伦额驸色布腾郡王、贝子满珠习礼、克什克腾之玛纳瑚台吉，该三扎萨克会审；乌珠穆沁车辰亲王、色棱额尔德尼诺颜，该二扎萨克会审；浩齐特之阿赖充额尔德尼郡王、阿喇布坦郡王，该二扎萨克会审；阿巴噶卓哩克图郡王、沙克沙僧格郡王，该二扎萨克会审；苏尼特萨穆扎额驸郡王、杜棱郡王，该二扎萨克会审；四子之达尔汉卓哩克图郡王、喀尔喀达尔汉亲王、扎萨克一等台吉僧格，该三扎萨克会审；鄂尔多斯固噜郡王、贝子色棱、贝子固噜斯希布，该三扎萨克会审；索诺木诺颜、贝子达尔扎、公扎木素，该三扎萨克会审；此等之罪若入扎萨克，则依定例入扎萨克，余者，依定例由会审之王、诺颜、固山台吉、公、台吉等分之。呼和浩特土默特、索伦、达斡尔等之入扎萨克之罪尽入扎萨克。一百五十丁编一苏木，六苏木，设甲喇章京一人。

第九十六条　外蒙古诸扎萨克，一年春、夏、秋、冬四季，每旗各遣一人前来取信。

第九十七条　外蒙古凡有命案重罪之人，若跪于陵寝或跪于院衙求生，则免死，勿离散妻子，若有产畜，则给与事主。

第九十八条　外蒙古，三年量丁一次。凡出首隐瞒人丁，于量丁之年出首。量丁之年仅差一、二指之幼儿，两、三年后出首，两、三年之内长高数指，超出量丁木杖者众，若过两、三年后出首，毋庸议。

第九十九条　科尔沁十旗之人，购买黑龙江、瓜尔察、索伦貂皮，或拦截给价贸易，或违禁擅自遣人贸易，若为王等，则罚九九；若为扎萨克诺颜、固山台吉、公等，则罚七九；若为小台吉等，则罚牲畜五九。携价本前往之为首者，依窃贼例处绞，余者各罚三九，所携价本入扎萨克。

第一百条　凡休妻者，将其妻丫环及所有什物全行给伊妻。

第一百零一条　凡潜入禁地捕貂、采参被获，若为其主知而遣往，则偷捕之人并坐骑及所获貂参尽入扎萨克。知而遣往之主，若为王等各罚牲畜七九；若为扎萨克诺颜、固山台吉、公等各罚牲畜五九；若为台吉等各罚牲畜三九；若为平人各罚牲畜一九。若猎人擅自潜入禁地被获，则首犯处绞；余者鞭一百，捕获之物尽入扎萨克。

第一百零二条　无嗣之人身殁，由其兄弟承受产畜。

第一百零三条　凡斗殴伤重五十日内毙命者，殴者还处绞。

第一百零四条　准外蒙古照旧俗继娶族人之妻。

第一百零五条　外蒙古苏木多者旗分，各设固山额真一人、梅勒章京二人。不足十苏木之旗，各设固山额真一人、梅勒章京一人。

第一百零六条　凡遣商贾，须禀明扎萨克王、诺颜、固山额真、梅勒章京，择一章京出任领队，遣十人以上同行。遣出商贾无人领队，若被他人截获或出事故，则管旗王、诺颜、固山额真、梅勒章京、甲喇章京、苏木章京及为匪之人等俱议以罪。再，探望亲戚及有事故行走之人，各禀明管旗王、诺颜、固山台吉、公或固山额真、梅勒章京，将所去情节具文持往。若持文前往之人于往返途间，或出为贼匪，将给文之王、诺颜、固山额真、梅勒章京等一并议罪。若伪造假文而行，拿获时，则处以重罪。

第一百零七条　外蒙古王以下、平人以上之人争讼，顺治元年以后者受理，顺治元年以前者不受理。

第一百零八条　喀尔喀、厄鲁特、唐古特、巴尔虎人等，止于呼和浩特、巴颜苏莫口岸贸易。上至王等，下至民众，不得擅自遣人前往喀尔喀、厄鲁特、唐古特、巴尔虎贸易。至遣人探望亲戚及越卡伦出迎贸易、谎称亲戚前来贸易以及收留商贾令其贸易等，甚至该管额真明知故遣，其所属旗主，若为王等则各罚马百，若为诺颜、固山台吉、公等，各罚马七十，若为台吉等，则各罚马五十，若为固山额真、梅勒章京等，则革职并各罚五九，若为甲喇章京、苏木章京等，则革职并各罚三九，若为分得拨什库等，则革职并各罚二九，若为小拨什库、十家长等，各鞭一百并各罚牲畜一九，罚没价物，将为首贸易之人绞决并罚没产畜，余者鞭一百并各罚牲畜三九，罚没价物，尽入扎萨克。

第一百零九条　再，若卡伦之人未行缉拿越出卡伦贸易或擅行探望亲戚者，经旁人首告，则卡伦值班章京等革职、籍没产畜，披甲人各鞭一百、罚牲畜三九入扎萨克。凡首告此类之罪者，取所罚牲畜之半，并听其愿往之处。

第一百一十条　凡量丁，若隐瞒人丁，将所瞒之丁入扎萨克，隐丁每十户，将管旗扎萨克王、诺颜等各罚一户，将首者听赴愿往之处。

第一百一十一条　奴仆脱逃，凡于国内拿获送来者，将逃人身带所有物件之半给拿获之人，一半给伊主，逃人鞭一百。

第一百一十二条　喀尔喀、厄鲁特之使臣，由某旗卡伦而来，该卡伦章京委派拨什库及披甲人送往伊所指旗分交付，由各旗递送至巴颜苏莫口岸。此间如在某旗地方被盗，著令该旗赔偿。若更换羸弱马驼，以护送人作证立字，并注明姓名、苏木。

第一百一十三条　外藩蒙古、八旗游牧蒙古、察哈尔人等，将军器卖给外厄鲁特、喀尔喀等国及馈赠亲戚，若被获或被他人拿获首告者，若为王等，则罚马百；若为诺颜、固山台吉、公等，则罚马七十；若为台吉、塔布囊等，则罚马五十；若为平人，为首者绞决，籍没产畜，从者无论几人，各鞭一百，各罚牲畜三九，所罚产畜之半，给拿获并首告之人，所余产畜入扎萨克。若首主，令其出离主家。再，外藩王、诺颜、固山台吉、公等及平人前来京城，未行禀告院衙而置买军械被口岸搜获，若为扎萨克王等，则各罚三九；台吉、塔布囊、固山额真、梅勒章京、甲喇章京、苏木章京、侍卫、官员，各罚一九；平人，鞭八十。

（二）乾隆五十七年《钦定藏内善后章程二十九条》。此法律摘录于《钦定藏内善后章程二十九条版本考略》一书（廖祖桂等著，中国藏学出版社 2006 年版）。该书对清朝治理西藏的重要法律《钦定藏内善后章程二十九条》进行了深入的文本研究。本书摘录的是水牛年文书本。

第一条　达赖喇嘛和班禅额尔德尼为黄教教主。蒙古和西藏地区活佛及呼图克图转世灵童时，依照西藏旧俗，常问卜于四大护法神，因依口传认定，未必准确，兹大皇帝为弘扬黄教，特颁金瓶。嗣后认定转世灵童，先邀集四大护法神初选灵异幼童若干名，而后将灵童名字、出生年月日书于签牌，置于金瓶之内，由具大德之活佛讽经祈祷七日后，再由各呼图克图暨驻藏大臣于大昭寺释迦佛尊前共同掣签认定。如四大护法神初定仅一名，则须将初定灵童名字之签牌，配一无字签牌置于瓶内，若掣出无字签牌，则不得认定为初选之灵童，须另行寻访。因达赖喇嘛与班禅额尔德尼互为师弟，凡达赖喇嘛、班禅额尔德尼之呼毕勒罕，即仿互为师弟之义，令其互相拈定。掣定灵童须以满、汉、藏三种文字书于签牌上，方能公允无弊，众人悦服。大皇帝如此降谕，旨在弘扬黄教，以免护法神作弊，自当钦遵执行。金瓶应净洁不污，常供于宗喀巴佛尊前。

第二条　大将军率师西进，廓尔喀慑服天威，纳款内附，藏地永享宁谧。嗣后近邻诸国来藏商旅人等，凡安分守己者，准其照旧经商。以往商贾任其往来，并无稽察之法。兹特定章程，嗣后凡外番和克什米尔之商人均需造具名册，呈报驻藏大臣衙门存案。巴勒布商人每年准其来藏三次，克什米尔商人每年准其来藏一次，各该商人不论前往何地，须由该商人头目事先呈明经商路线，报请驻藏大臣衙门发给印照。现于江孜、定日二处设置官员，凡途经该地，均查验印照。各外番欲来拉萨者，亦须由边界营官呈明情况，由江孜及定日驻军查验人数等后，呈报驻藏大臣衙门，待抵达拉萨后，造具名册，由驻藏大臣衙门核查。派驻各地之汉官及书吏人等，如有贪污受贿等情，一经查明即行参究治罪。从布鲁克巴、哲孟雄、宗木等地来拉萨瞻礼者，均应一体办理。外番出境时，各地营官应严加盘查。达赖喇嘛派赴巴勒布修塔之人以及前往朝拜佛塔之人，俱应由驻藏大臣发给印照，限定往返日期。如逾期不返者，驻藏大臣即可行文廓尔喀王子，令该人员返藏，以肃边务，而利藏地。

第三条　西藏章卡向来多有掺假。嗣后应以汉银铸制，不得掺杂。依照向例，每枚章卡纯银重一钱五分，六枚章卡合银九钱，兑换一两汉银，所差之一钱作为鼓铸之费。章卡正面铸汉字"乾隆宝藏"字样，边廓铸造年份，背面铸藏文。驻藏大臣指派汉官会同噶伦督办藏币铸造，务期保质纯真。以往因章卡流通不便，常将章卡截为小块支付。此次重铸藏币，旨在便利藏人，故另铸制一钱、五分等小额藏币。一钱之藏币九枚折合汉银一两，五分之藏币十八枚折合汉银一两。过去掺假的巴勒布章卡和藏政府铸造的掺杂章卡，八枚章卡折合汉银一两，嗣后不得任意铸造掺杂章卡。同时，旧章卡无庸收回，听其流通，好处较大。现已拟定纯银旧藏币章卡及纯银廓尔喀章卡与新章卡比价，应照章流通，不得更改比价。如发现新章卡掺有铁、锡等情，一经查明，定按国法严惩该主管汉官及噶伦指派之仔本、孜仲及工匠人等，并依假币面值加倍罚款。

第四条　前后藏向无正规军队，遇有战事，临时征调，多不能应战，且常扰害百姓。兹奏请大皇帝恩准，额设三千番兵，分驻前后藏各一千名，江孜、定日各驻五百名，就近挑补。每五百番兵委一代本统领。先前藏地原有代本五名，今增设一名。前藏番兵归驻拉萨游击统辖，日喀则、江孜、定日之番兵则归驻日喀则都司统辖，上述挑补之兵丁应造具花名册一式二份，一份存驻藏大臣衙门，一份存噶厦公所。嗣后凡遇有缺额，应查照名册即行挑补。上述番兵，统为达赖喇嘛与班禅额尔德尼之护卫兵。

第五条　以前率领番兵惟有代本一职，今代本之下额设如本十二名，每一如本管辖土兵二百五十名；如本之下额设甲本二十四名，每一甲本管辖土兵一百二十五名；甲本之下额设定本，每一定本管辖土兵二十五名。上述番目武弁由驻藏大臣与达赖喇嘛遴选青壮艺高者充任，并颁发委牌。如有违反军纪者，将严惩各头目。遇代本缺出，即以如本拨补，如本由甲本拨补。以下类推，依次递升，即是世家仲科尔从戎，亦一体由定本、甲本依次递升，不许躐等超越。按照旧例，平民只能升至定本，嗣后应依照其人品技能及战功逐级升摧，不得歧视。

第六条　以往征调兵丁，未有发给响械之规。各兵丁自备口粮军器，一旦用尽，即行潜逃，无御敌能力。嗣后，不得如此赏罚不明，每名兵丁每年发给青稞二石五斗，共为七千五百石。此项开支仅前后藏之赋税尚不敷支用，现除沙玛尔巴、仲巴呼图克图田产收入外，另加丹津班珠尔之子米久索朗班觉新近所献五处谿卡庄园收入，共约三千一百七十石，一并用作补充军饷。倘仍不敷支用，即可将沙玛尔巴洛桑江白家什尽行变卖，以补不足。如此，除支付各谿卡总管及帮工之薪水等外，每年可得青稞七千五百石，用作粮饷，必能使各兵丁心满意足。凡应征入伍者，均由达赖喇嘛赐予减免差役执照以示关怀，令该等知恩图报。凡系代本，已有达赖喇嘛赐予谿卡，自不必再给粮饷。各如本每年应发饷银三十六两，甲本二十两，定本十四两八钱，合计二千六百余两，于春秋二季由商上送交驻藏大臣转发。至粮饷亦于春秋二季交由代本及甲本分发给兵丁，不得短少。

第七条　兵丁所需军器，额定十分之五为鸟枪、十分之三为弓箭、十分之二为刀矛。前后藏各寺凡有军器者，应尽行折价收买。前没收沙玛尔巴牧场可征收酥油，值银五百五十两，可制办武器、弓箭、火药用。商上每年派员赴贡布、边坝等地铸造。各兵丁须勤以习武。

第八条　达赖喇嘛与班禅额尔德尼之收支用度等，此前驻藏大臣从未过问。今钦遵"达赖喇嘛与班禅额尔德尼专注释教利乐，事无巨细概由众亲随从代行，难免中饱舞弊等情。嗣后着由驻藏大臣审核，凡有隐情舞弊等情，即予惩处"之上谕，着令开列收支清单，于每年春秋二季报送驻藏大臣衙门审核。

第九条　释迦牟尼高居上苍，普度众生。达赖喇嘛率领众喇嘛在世讽经说法，旨在为众生造福消灾，惠及番众。此次寇贼侵藏，边地百姓饱尝痛苦。被兵之济咙、绒辖、聂拉木三处免收一切钱粮差徭二年，宗喀、定日、喀达、春堆等处免收一年，铁猪年以前，前后藏一切欠缴租赋全行蠲免；各地僧俗官员、大小头目人等所欠之税赋，减半蠲免。如此方能符合大皇帝仁慈广被藏地众生之至意，且对达赖喇嘛等藏地百姓造益无量。

　　第十条　嗣后驻藏大臣除前往布达拉宫瞻礼外，有商议问题时，与达赖喇嘛、班禅额尔德尼地位平等，共同进行。自噶伦以下番目及管事喇嘛等，统归其管辖，不论大小番目，须遵从驻藏大臣之命。札什伦布一切事务，因班禅额尔德尼年幼，需由岁本堪布办理，为了一切事务处置公平起见，凡特殊事项必须事先禀报驻藏大臣，俟驻藏大臣出巡莅临时，再行审核处理。

　　第十一条　噶伦缺出，于代本、商上仔本、商卓特巴内，由驻藏大臣和达赖喇嘛拣选二名贤能卓著者，奏请大皇帝谕准补放，喇嘛噶伦缺出，于大堪布拣选奏请补放。代本缺出，需于新设之如本及边地营官中拣选二名奏请皇上补用，不得擅自升补豪横番目，致误操演。仔本及商卓特巴缺出，须从业尔仓巴、协尔帮、噶厦大仲译、孜仲喇嘛中选补；业尔仓巴、协尔帮缺出，从雪第巴、郎仔辖米本、达本中选补；雪第巴、郎仔辖米本、达本缺出，从各地营官及噶厦卓尼尔中选补；僧官达本、雪第巴缺出，从喇嘛中选补；大仲译出缺，从小仲译及噶厦卓尼尔中升补；大缺、边缺营官，从小缺营官中升补；小仲译缺出，由甲本等员弃替补；各边地惟小缺营官缺出，始准从仲科尔中选补。应将大缺、小缺、边缺营官等详细登记造册，以利政务。此前喇嘛补放营官均由达赖喇嘛之近侍随从充任，因该近侍随从常年侍俸达赖喇嘛，不能到职，总系派人代办，难免代办者敲诈百姓，贪赃受贿。嗣后凡需委派代办，均由驻藏大臣选妥干者前去充任，不得由孜仲喇嘛等自行派人代办。噶厦小仲译、卓尼尔等，其职虽小，因随同噶伦办事，亦关紧要，应从仲科尔中遴选贤能者充任。新设造币厂，应委仔本二员、孜仲二员。凡上述升补事宜，统归驻藏大臣会同达赖喇嘛遴选。除升补噶伦、代本须奏请大皇帝补授外，其余者统由驻藏大臣与达赖喇嘛委派，并颁给满、汉、藏合璧印照。噶伦、代本以下番目营官等应照上述规程由驻藏大臣与达赖喇嘛会商逐级升补，以免随意越级升擢。至司草、侍从、司糌粑、司帐、司酥油等缺，并非要职，则由达赖喇嘛自行拣补。

　　札什伦布寺大小管事，均为喇嘛，向无品级，实为不公。嗣后商卓特巴缺出，由岁本或森本升补；岁本缺出，由孜仲升补；森本缺出，由卓尼尔升补，不得任意升擢。札什伦布寺属下寨落较少，且无边地宗谿等，准其依旧自行摊派乌拉等。商卓特巴、岁本、森本、大缺营官等，依照前藏之例，由驻藏大臣会同班禅额尔德尼补放给照。至办理茶叶、酥油、柴草事务等缺，不关紧要，仍由班禅额尔德尼自行择选贤能者补放。上述规定，旨在公正无弊，令藏人悦服，以免徇私偏祖。

　　第十二条　达赖喇嘛及班禅额尔德尼之亲属向来多为随从官员。如达赖喇嘛之叔、班禅额尔德尼之父巴勒丹敦珠布恣意妄为；达赖喇嘛之胞兄罗布藏根敦扎克巴仗势逞威。嗣后达赖喇嘛与班禅额尔德尼在世时，其亲属不得担任官员，不得参与处理百姓事务及扎什伦布事务。达赖喇嘛、班禅额尔德尼圆寂之后，如有亲属，可视其才能秉公委以公职。

第十三条　每年春秋两季，驻藏大臣奏明皇上轮流巡查前后藏，顺便督察操演。各地甲本及营官等如有虐待兵丁、扰害百姓等情，即可向驻藏大臣呈控，定予查处。驻藏大臣巡查所需乌拉人夫等，均应自行付给脚价，不得扰害百姓，以示体恤。

第十四条　西藏地方与廓尔喀、布鲁克巴、哲孟雄、宗木等接壤。此前外番人等前来拉萨拜见达赖喇嘛、呈进贡物、办理公务时，达赖喇嘛每予回函，但常因立言不能得体，易为外番所轻。如章卡币值一案，廓尔喀曾致书达赖喇嘛，因未予慎重处理，终致战乱。现廓尔喀虽归降称臣，但嗣后凡有文书往来，均应由驻藏大臣会同达赖喇嘛协商处理。凡有廓尔喀遣使来藏拜会达赖喇嘛与驻藏大臣，其回文须照驻藏大臣旨意缮写。凡涉及边界事务等要事，亦须照驻藏大臣旨意办理。外番所献贡物，须经驻藏大臣过目。布鲁克巴王乃皇帝加封，虽其教为宁玛派，然每岁遣专使进贡达赖喇嘛等；哲孟雄、宗木、洛敏达等小部落似双重辖属，常有使臣来藏进贡达赖喇嘛并班禅额尔德尼，虽不应加阻，仍需严加稽查。嗣后外番人员来藏，由边界营官查明人数，禀报驻藏大臣，并由驻江孜、定日汉官验放后，方可前来拉萨。外番致书驻藏大臣，应由驻藏大臣给谕；致达赖喇嘛等文书，须译呈驻藏大臣，由驻藏大臣阅后，酌拟回文交来使带回。至噶伦，为达赖喇嘛管事之人，不准与外番各部落私行通信，如有外番部落寄信给噶伦者，亦令呈送驻藏大臣与达赖喇嘛商同给谕，噶伦不准私行发信，庶内外之防盖昭严密。上述规定，务必遵行。

第十五条　西藏之济咙、聂拉木、绒辖、喀达、萨噶、昆布等地与廓尔喀相邻，为出入要道。于济咙之热索桥、聂拉木之铁索桥、绒辖边界等处设立鄂博，限制巴勒布商人及藏人擅自出入。本款应奏请大皇帝谕准，驻藏大臣巡视时应予检查。所有鄂博应火速堆砌，以免再起纠葛。

第十六条　边界地方与外番接壤，管束百姓，查验往来人等，甚为重要。本应遣派精明强干者前去任职。然精明强干者每依恋拉萨，不欲前往边地供职，常以庸劣者前去充数，以致贻误边务。嗣后应从小缺营官及武弁中遴选干练者派边地供职，三年任满，倘能办事妥帖，可轮换升擢代本之职。倘办事不力，立即革退，决不姑息。

第十七条　经查西藏大小番目，向由仲科尔中选任，平民百姓即令贤能亦无任职之例，偶有平民供职者，亦至多为定本等小头目，不能担任更高职务。此等陈规，有碍公务，应立新章。嗣后凡兵丁若技能出众，战绩显著。即令非仲科尔出身，亦可逐级升至定本乃至代本。至文官，仍以仲科尔中选任，惟不得子袭父职，以免贻误政务。小仲译、噶厦卓尼尔、小缺营官等，年满十八岁的仲科尔方能选任。

第十八条　堪布乃寺院主持，应选德高博学者充任。近来有些喇嘛见到各寺院喇嘛，有许多庄园，又受人尊敬，收礼亦多，于是经商谋利。如此下去，则极为不公。嗣后各大寺院之堪布应由达赖喇嘛、驻藏大臣及济咙呼图克图三人酌商遴选任命、并颁给加盖三方印信之执照。至于小寺院之堪布喇嘛，仍由达赖喇嘛任命。

第十九条　商上收纳，凡以现银收取或购买实物，应按新定比值分别折收，不得额外加收，以免失信于百姓。

第二十条　济咙、聂拉木二地征收米石、盐斤及货物进出口税，悉照向例办理。倘需变更税率，须禀报驻藏大臣稽核，商上不得私行加增，以资公正。

第二十一条　西藏城乡百姓支应乌拉人力、马匹、驮畜等，多由贫困小户承担，致该等百姓苦不堪言。而富家大户则呈请达赖喇嘛与班禅额尔德尼赐予免差照票。如先前历世达赖喇嘛之亲属、好多大呼图克图均领有免差照票。又如各噶伦、代本、大活佛等属下谿卡百姓也多领有减免差赋照票。嗣后应收回所有免差照票，均摊差役，不得额外加重贫困户之差徭。倘实有劳绩需优待者，应由达赖喇嘛与驻藏大臣酌商颁给免差照票。应征入伍者。应由驻藏大臣与达赖喇嘛发给免差照票，以利各该兵丁专心操演。该兵丁缺出，即将原票收回。

第二十二条　达赖喇嘛所辖各寺活佛及僧人等，应一律详造名册，并责成噶伦填造各呼图克图所属庄户名册，一式二份，呈报驻藏大臣衙门及达赖喇嘛，以备稽查。嗣后各寺僧人凡无护照擅自外出者，一经查出，即惩办该僧人主管堪布及札萨克等头目。

第二十三条　青海蒙古王公等遣派人员来藏迎请高僧活佛至彼地讽经祈祷，本应察报驻藏大臣允准方可迎请。然查仍有擅自迎请者，致使无从查寻。嗣后凡有青海蒙古王公遣人来藏迎请高僧活佛者，须经西宁办事大臣咨文驻藏大臣，再由驻藏大臣给予执照，咨明西宁办事大臣，以备查考。前往各地朝佛者，亦须禀明驻藏大臣，领取执照，方可外出。倘再有自行外出者，一经查出，即惩办该主管堪布、活佛等头目。

第二十四条 公职人员等因公外出，需用乌拉人夫等，向由达赖喇嘛签发牌票，颇多流弊。噶伦、代本乃至达赖喇嘛之亲属等多有私派乌拉人夫、马匹、驮畜及食宿用度情事。嗣后活佛及头人等因私外出，一律不得私派乌拉等，不得私发牌票。凡因公外出，需派用人夫等，应报请驻藏大臣及达赖喇嘛一同发给加盖印信之牌票，沿途依照牌票，支派乌拉人夫等。

第二十五条 藏人处置械斗、命案及偷盗等，素与汉地各异，仍可照向规办理，惟须区分罪责轻重，酌加惩处，方能使藏人悦服。据查噶伦及朗子辖米本等办案不公，随意向富户额外增加罚款，且将所得大量金、银、牛、羊等私吞，未全数归公。又，噶伦等仗势诬陷卑下之人，罗织罪名，谎报达赖喇嘛，抄没家产等情，屡有发生。嗣后命案等除依照向例予以惩办外，应立案呈报驻藏大臣衙门备案。凡大案、要案应事先报请驻藏大臣核拟办理。该没收财物一类，亦应报请驻藏大臣批准。不论公诉或民诉均须秉公办理。噶伦等如再有依仗权势无端侵占百姓财产者，一经查出，即行革职，并没收其本人之财物，责令退还所侵占财物，以儆效尤。

第二十六条 每年官兵操演所需之火药，由噶伦妥派人员，持驻藏大臣衙门印票前往贡布监制，并解运拉萨，再行分发各番营。后藏番营未配备火炮，现以新造十三门火炮中调拨二门，以供操演。其余统归达赖喇嘛。

第二十七条 在任噶伦及代本等，向有达赖喇嘛拨给官邸及谿卡之例，一经卸任，自当移交接任者。近查噶伦及代本虽已卸任，仍不移交官邸及谿卡，致使政府另拨官邸、谿卡给新任噶伦及代本。嗣后凡噶伦及代本一经卸任，即行移交官邸、谿卡给接任者，不得私占。

第二十八条 活佛及僧众之合法俸银，自应按期发放。然近查多有提前支领者。嗣后仍应按期发放，不得提前支领。责成济咙呼图克图及时督查，凡有提前发放或克扣僧俸等情，即将掌办者惩办。

第二十九条 西藏百姓应交纳赋税，近处派孜仲前往催缴，远处派雪仲前往催缴。个别仲科和宗本，将每年税收不交政府，致使欠款者甚多；还有提前催缴来年税收及将逃亡户之差役转嫁常住户之情事，摧残百姓，加重负担。今后仲科及宗本等只准每年定时如数催收差税，不得提前催缴；对逃亡户之差役应予免除，俟该逃亡户返乡后照旧承担。

第五章　20 世纪前 50 年民族法制

近代中国社会变化十分快，且在外来政治、法律话语体系影响下，中国传统民族结构观念发生了彻底变化，导致国家民族法律体系发生转变。国家在与各民族关系与治理上相应发生转变。其中"中国"、"汉族"和"中华民族"等观念的转变和形成都受到外来政治、法律语话体系的影响。在中国、汉族及中华民族等概念形成上，经历了"大汉族主义"到"五族共和"，到承认"中华民族"包括有各种民族群体的变化。在对少数民族权利承认上，经历了民族自决到民族自治的发展历程。在近代主权国家观念形成下的"中华民族"为群体的"中国"观念的形成，对承认边疆民族平等下的积极特别对待，以资边疆民族有效发展都产生了重要的作用。这些构成了近现代中国民族法制的主要思想与制度来源。清末新政时期，国家对边疆民族的治理上开始转向以经济发展为中心的系列建设；民国时期国家的边疆民族法制建设在教育、宗教和职官任命等方面进行了系列立法；中国共产党在新民主主义时期至新中国社会主义改造时期在民族法制建设上主要是从民族自决转向民族自治，制度建设上形成了自成体系的民族区域自治制度等。这些民族法制度，使中国少数民族法制建设在继承中有了新发展。

第一节　清末新政时期的民族法制

1901 年清政府推行新政，中国社会进行了国家层次上的大规模新建构，国家在建立近代式国家制度的同时，影响了国家对边疆民族地区的治理，改变了国家对边疆民族法律制度的建设。

一　新政时期中央民族治理机构的改革

光绪三十二年（1906 年）清中央对理藩院官制进行改革。根据时代需要，清政府把理藩院为理藩部，增设调查、编纂两个附局。同时，把《理藩院则例》改为《理藩部则例》，继续使用。宣统二年（1910 年）把调查、编纂两局改为藩部宪政筹备处，加强对少数民族地区新政调查研究，为制定新政提供条件。

清末新政时，对民族地区根据需要，改变治理机构，具体涉及东北地区、内蒙古地区、西北地区、西藏和西南地区。主要改革措施是在设立盟旗民族地区设立府州县制，对土司地区推行改土归流，加强对这些民族地区的社会治理。同时推行新的经济社会发展计划，如兴办实业、教育和通信等，促进边疆民族地区社会经济发展。

东北地区清朝历代视为祖籍地，实行特别治理体制——军府制，设立三将军及陪都六部治理。清末新政时把东北三将军改革为行省制。改设行省，设总督与巡抚，同时设立各类行政、司法机构。东北三省行政体系改革可以分为行政官制、司法官制、地方官制三部分，后来各省还成立了省咨议局和府州县议会。首先是行政官制。奉天省，在总督、巡抚以下，在行省公署内，设承宣厅、咨议厅、交涉司、旗务司、民政司、提学司、度支司、巡警道、劝业道等。其次，司法官制，设省提法司，以管理司法上行政事务，并筹办各级审判检查厅。如奉天省在省城设高等审判厅，在承德、抚顺、营口、新民等地设地方初级审判厅，审判厅内设审判长。又在各审判厅内附设检查厅，作为审判上的辅助。奉天省高等检查厅以检察长为主任，总理各该审判厅事务，以及司法、警察等事。设检察官二员作为检察长的助理。地方检查厅，设检察官一员或二员，以事之繁简而定。再次，地方行政区制上改革旗制为厅、府、州县制，大量设立厅府州县。如奉天省设立了辉南直隶厅、直隶厅、庄河厅、锦西厅；吉林省设立五常府、双城府、宾州府、绥芬府、延吉府、临江府等；黑龙江设瑷珲兵备道、呼伦兵备道、嫩江府知府、龙江府、佛山府、呼玛厅、漠河厅、舒都厅、乌云厅、车陆厅、春源厅、诺敏县、通北县、铁丽县和讷河直隶厅等。最后，设省咨议局和府州县议事会。光绪三十三年九月，清政府要求各省设立咨议局。宣统元年（1909年），奉天、吉林、黑龙江三省咨议局成立。①

内外蒙古地区，在清末新政时期，最初有人提出推行行省制度，但受到地方大员反对。光绪三十一年（1905）后，又有大员提出在内蒙古地区设立行省，主要设立绥远、热河、察哈尔等省。后因各种原因，没有设立。清末新政期间在内蒙古地区开始增设新府道厅州县制，改变了内蒙古地区行政

---

① 赵云田：《清末新政期间东北边疆的政治改革》，载《中国边疆史地研究》2002 年第 3 期。

体系，具体是 3 道 2 府 10 厅 13 县，并改设 1 府 2 州。3 道是：洮昌分巡兵备道、西南路分巡兵备道、呼伦兵备道；2 府是：胪滨府、洮南府；10 厅是：兴和厅、五原厅、武川厅、宁远厅、陶林厅、东胜厅、大赉厅、肇州厅、安达厅、法库厅；13 县是：阜新县、建平县、开鲁县、林西县、绥东县、彰武县、靖安县、开通县、醴泉县、镇东县、安广县、长岭县、德惠县。此外，还改设 1 府，朝阳府；改设 2 州，赤峰州、辽源州。① 对整个内蒙古接近内地的地区设立了一般行政体系，加强国家的治理。

清末新政时期，西藏地区官制改革上，主要是改驻藏大臣帮办为驻藏左、右参赞。左参赞驻前藏，不设独立的衙署和属官，与驻藏大臣同署办公。右参赞驻后藏，设专门衙署及办事人员。驻藏大臣衙门各房改为各科、各员，具体设秘书员、四等书记生负责各科事务，科设有吏法礼科，度支科，军政科，农工商科，番务夷情藩属科，交涉和邮电科。原驻藏帮办大臣衙署改为治事厅，为各科人员汇集办公地。建立议事厅，为各员汇集议事会所。这样改变西藏地区的治理机构设置，适应新时期治理的需要。此外，还设立警察机构、创办新式学校和设立《西藏白话报》等。

二　新政时期的民族立法与改革措施

（一）蒙古地区

清朝新政时对蒙古地区新政进行广泛征求意见，中央与地方大员纷纷提出新的措施，有名的有光绪三十二年内阁中书钟镛提出《蒙古事宜十四条》，具体内容包括设议会、移建理藩院、变通理藩院官制、行殖民政策、移八旗兵饷于蒙古、复围猎之制、借债筑路、设银行、铸造银铜元、兴矿产之利、屯垦之利、畜牧之利、森林之利和榷盐之利等。② 科布多帮办大臣锡恒在《筹办阿尔泰防守事宜》提出九条办法，有酌定防守兵额、拟添枪炮各械、拟兴办开垦等项。③ 光绪三十四年（1908 年），内蒙古卓索图盟喀喇沁扎萨克多罗都楞郡王贡桑诺尔布提出八条具体措施，包括设立银行、速修铁路、开采矿山、整顿农工商、普及教育、赶练新军、创办巡警等内容。④ 东三省总督徐世昌在《蒙古办法大纲》中，提出建工厂、架电线、修铁路、

---

① 赵云田：《清末新政期间的"筹蒙改制"》，载《民族研究》2002 年第 5 期。
② 《清德宗实录》卷五百九十四，"光绪三十四年七月癸巳"。
③ 《清德宗实录》卷五百九十，"光绪三十四年四月丙子"。
④ 《清德宗实录》卷五百六十八，"光绪三十二年十二月己巳"。

建公司、办实业等。① 这些建议对清末新政时期在蒙古地区的治理产生了重要影响，有些成为民国时期治理的重要依据。

（二）西藏地区

清末中央政府在西藏地区设立新中央驻藏机构，设置行部大臣和会办大臣统制藏，制定新的治藏法律。1906 年清王朝在接受张荫棠提出的"治藏大纲二十四款"基础上成为《新治藏政策大纲》十九条，是清中央对西藏地区治理上的重大改革，具体内容如下：

> 仿印度藩王制，优渥达赖班禅，恢复藏王体制，以汉官监之；设西藏行部大臣，体制事权，一如印度用王礼。……设会办大臣一员，统制全藏，下设参赞、副参赞、参议、左右副参议五缺，分理内治、外交等局事务。西藏主要地区设道府、同知等职，由陆军学堂毕业生担任要职，督率番官治理地方。……每有番官之地，均应设汉官一员；拨北洋新军六千驻藏，以壮声威；调内地武备生入藏训练藏兵十万；迅速架设巴塘至拉萨的电线；赶修打箭炉、江孜、亚东牛车路，以便商运；兴办教育，广设汉文学堂；鼓励汉藏军民开发西藏矿产资源，只收什一税；革除苛政，以苏民困；各盐井处设局征税，官商并用；酌定畜产品出入税则；设置银行，收回铸造银铜纸币之权；裁撤前后藏台站兵额，改办巡警；创办汉文白话报，以激发爱国之心，增加新知识；试种茶树，以图抵制印茶；扩充拉萨制枪厂；与布鲁克巴和廓尔喀密结攻守同盟；加尔各答设总领事，侦探印事，密报藏防备；拨款二百万以资新政。②

从张荫棠新政奏议看，主要是在承认西藏的特殊地位下，同时加强中央政府对西藏的治理、国家安全的控制和发展西藏的经济。

这个时期川滇边务大臣兼驻藏办事大臣赵尔丰在川、康两省交界地大力推行"改土归流"。他以武力为后盾，明令各族僧俗百姓，一律接受汉族流官统治，不许听命于本地土司和上层僧俗头人命令。同时废除大小土司及寺院对藏民的各种摊派，并强制规定各寺院喇嘛人数，对他们的土地一体征收赋税。这次改革很难说成功，但对当地社会治理力量产生了重大影响。

---

① 《清德宗实录》卷五百五十五，"光绪三十二年二月庚子"。
② 《张荫棠奏牍》卷二，载吴丰培编《清季筹藏奏牍》第三册，商务印书馆 1938 年版，第31—32 页。

第二节　民国时期的民族法制

民国时期的少数民族法制建设可以分为两个时期，即北京政府与南京政府时期，但从很多制度建设上看，这两个时期具有相当高的沿袭性。这个时期民族法制建设上，在受到近代国家法律建设与传统影响下进行了较为复杂的发展历程。民国时期民族法制建设上，蒙藏委员是重要的机构；立法的重要成就是宗教和教育系列立法；从立法内容上看，民国时期宪法文件中都明确规定中国的领土范围，特别明确规定西藏、内外蒙古属于中国领土等。

一　民国时期中央对民族地区的治理

（一）中央民族事务管理机构

1912 年 4 月 22 日袁世凯任临时大总统时，提出"现在五族共和，凡蒙、藏、回疆各地方，同为我中华民国领土，则蒙、藏、回疆各民族，即同为我中华民国国民"，在管理上提出"自不能如帝政时代再有藩属名称"，确立"此后蒙、藏、回疆等处，自应统筹规划，以谋内政之统一，而冀民族之大同。民国政府于理藩不专部，俱属内务行政范围。现在统一政府业已成立，其理藩院事务，着即归内务部接管。其隶于各部之事，仍归划各部管理"① 的治理原则。按袁世凯的大总统宣言，当时民族事务统归行政院和各部处理，不设专门设机构处理民族事务。然而，在具体实践中发现民族事务属于特别事务，正常行政机构难以有效进行，于是，1912 年 5 月设立蒙藏事务处，隶属内务部。后因事繁或事务重大，7 月 24 日改设蒙藏事务局，隶属国务总理，制定《蒙藏事务局官制法》。1914 年 5 月 18 日改蒙藏事务局为蒙藏院，隶属大总统，制定《蒙藏院办事规程》。1928 年 7 月南京国民政府设立蒙藏委员会，隶属行政院。1929 年 2 月 1 日正式成立，委员长由阎锡山出任，隶行政院，与各部平行。蒙藏委员会设立有直属与附属机构，如参事办公室、专门委员室、蒙藏文研究会、编译委员会及编译员室等。

蒙藏委员会为了有效处理各少数民族地区事务，设立专员代表各少数民族地区，加强委员会与管理地区的沟通与管理。为此，1930 年颁布了《蒙藏委员会派驻各处专员条例》，规定在海拉尔、洮南、赤峰、张家口、包头、西宁、打箭炉、库伦、恰克图、乌里雅苏台、科布多、唐努乌梁海、阿

---

① 《东方杂志》卷八，第十二号《中国大事记》。

尔泰、塔城、伊犁、拉萨、札什伦布等地派驻专员。后来改为驻各地办事处。1934年，蒙藏委员会颁布了《蒙藏委员会派驻蒙藏各地办事处组织规则》，规定在归化、西宁、康定、拉萨等地设置蒙藏委员会办事处，设处地点遇有增减、变更由蒙藏委员会根据情况办理。如1929年公布《蒙藏委员会驻平办事处规则》，规定办事处在蒙藏委员会指导下办理蒙、藏行政及各种兴革事项，下设四科：第一科机要秘书科，第二科负责蒙古事务，第三科负责西藏事务，第四科负责招待及交际事务。1940年南京国民政府批准蒙藏委员会在西藏设立办事处，任命孔庆宗为南京国民政府蒙藏委员会驻藏办事处处长，下设两科：第一科负责秘书机要，第二科负责政治、宗教、教育、建设、调查和宣传等事项。

蒙藏委员会为了更好地推进自身工作，还设立了专门研究边疆事务的学术机构，如蒙藏文研究会、边事研究会、边疆政教研究会和边疆研究会等。此外，蒙藏委员会指导和管理的机构还有蒙藏执行所、北平蒙藏学校、北平喇嘛寺庙整理委员会、蒙藏政治训练班、派驻边地各调查组、派驻蒙古各旗协赞专员、蒙旗宣化使公署、蒙旗宣慰使公署、西藏班禅驻京办事处、西藏驻康办事处、西藏班禅驻平办事处、蒙古地方自治政务委员会等。

蒙藏委员会十分注重工作中的法制化，大量制定相应的法律规范委员会的工作，其中具有基本作用的是1928年3月21日制定的《蒙藏委员会组织法》。该委员会根据工作的需要，在20年间进行了9次修改，具体是1928年6月8日、1929年2月17日、1932年7月25日、1940年12月16日、1942年4月27日、1944年12月2日、1947年7月16日和1947年10月4日。1928年《蒙藏委员会组织法》规定蒙藏委员会直属于国民政府，负责蒙藏行政和计划与蒙藏有关的各种兴革事务。委员会成员由5或7人组成，其中1人为主席；主席职责是召集委员会的会议、代表委员会出席国民政府会议、执行委员会的决议、监督及指挥委员会所属职员；委员会每两星期至少召开一次常例会。委会员设秘书处、蒙事处和藏事处等专属机构。《蒙藏委员会组织法》修订中重大变化是1932年和1947年。

1932年7月25日修订的《蒙藏委员会组织法》共22条，主要变化是：增加蒙藏委员会委员名额，由5—7人扩大到15—20人；委员会设委员长一人，增设副委员长，常务委员6人；常务会议由两星期至少开一次改为每星期开一次，紧急时可以召开临时会议。蒙藏委员会召开会议时涉及其他院部，相关院、部、会得派员列席。秘书处改称总务处，除文书、会计外增加统计、庶务等。委员会成员选任规定委员长采用特任，副委员长、委员、参事、处长、秘书等人采用简任，其余秘书及科长采用荐任。增设驻地方机构和招待所。

1947 年 10 月 4 日修订的《蒙藏委员会组织法》共 28 条。规定委员会职责是管理蒙古西藏行政及地方各项事务。委员会设委员长一名，副委员长二名，委员增加到 27—35 名。每月举行一次例会。蒙藏委员会成员每年轮流到蒙藏各地视察。委员会设 2—4 人专门负责法令制定。委员会机构除三处外，设秘处 2—6 人；调查主任一员，调查 10—20 人。成员选用上分为特任、简任、荐任和委任四种。设顾问 7—9 人。设会计室和人事室。这样整个委员会成为人员较多的中央专门负责民族事务的机构。

从具体实践看，蒙藏事务委员会是民国时期北方蒙古、西北信仰回教各民族事务、藏族事务的专门治理机关。基本职能相当于清朝理藩院。1930年成为南京国民政府处理全国民族事务的中央机构，涉及全国各地少数民族事务。

蒙藏委员会工作范围，在正成立初始，制定了《蒙藏委员会施政纲领》，共 10 条，计划实施时期为三年，具体有：

第一项　规定行政系统。包括：1. 革新蒙藏旧有行政制度；2. 改组各盟公署、旗扎萨克府及土司制度。

第二项　促成全民政治。包括：1. 废除奴隶制度；2. 规定王公待遇；3. 设立人民参政机关；4. 训练蒙藏自治行政佐治人才；5. 实施全民政治。

第三项　扩充公安设备。包括：1. 创办警察；2. 整顿团防；3. 剿办土匪；4. 设立卫生机构。

第四项　调查外交情事。包括：1. 整理外交档案；2. 调查外国人在蒙藏地区的活动情况，包括在蒙藏经营农工商矿企业现状、在蒙藏投资之种类及数量、防止外人自由收买蒙藏土地、传教情形等。

第五项　整理财政。包括：1. 整顿地方税收；2. 废除苛捐杂税；3. 创办蒙藏实业银行。

第六项　发展交通。包括：1. 整顿台站；2. 修筑公路，具体为调查路线规定实施计划、修筑各重镇间之公路；3. 修筑铁道；4. 增设邮局；5. 增设有线或无线电台。主要是调查计划适宜地点筹设有线电台或无线电台、广设无线电收音机等。

第七项　兴办教育。包括：1. 规定留学内地及出洋学生优待之办法，各地大学、师范学校增设蒙藏特别班，对蒙藏学生免考、免费，奖励留学内地及出洋学生，招考青年学生派赴内地及海外求学；2. 编译蒙藏各种书籍及宣传品；3. 创办各级学校及职业学校；4. 实行普及平民教育；5. 励行识字运动；6. 改善蒙藏地区各项生活礼俗等。

第八项　整顿司法事务。包括：1. 规定司法机关系统，废除县长兼任司法制，筹设各级法院，实行司法独立；2. 培养司法人才，选派蒙藏优秀青年留学内地学习司法、就地筹设司法人员养成所。

第九项　振兴实业。包括：1. 调查耕地、牧地；2. 改良牲畜；3. 奖励合作事业，筹设各种合作社，奖励人民组织各种合作社；4. 开发矿产；5. 保护奖励新兴事业，主要是改良手工业并奖励本国人民自由投资，创办各种必需品制造工厂；6. 兴办林垦事业，主要是励行造林运动，奖励农作出产，改良种子，提倡广凿水井沟渠。

第十项　保护宗教，包括：1. 保护喇嘛庙产；2. 优待宗教首领。①

从蒙藏委员会设立初确立的十项工作计划上可以看出，蒙藏委员会负责了边疆民族社会治理中的各种职能。工作涉及这些地区的各类事务，若全面推行，将会促进边疆民族地区社会发展、社会结构、文化教育等全面发展。

蒙藏委员会的重要职责之一就是制定涉及民族事务的法律规。委员会成为民国时期民族立法的重要机构，根据1938年蒙藏委员会编的《蒙藏委员会法规汇编》，当年立法就达190多件，其中涉及委员会办事章程的有70余件，蒙古地区的法规有30余件，西藏地区的有20余件，蒙藏地区喇嘛教的有20余件，其他涉及各方面民族事务的法令。

南京国民政府时期，教育部主管全国学术和教育行政事务。为了加强对边疆民族地区的教育工作，南京国民政府教育部在1930年2月成立了蒙藏教育司，专门负责蒙藏和其他边疆民族地区的教育。蒙藏教育司职责有：蒙藏地方教育的调查，蒙藏地方各种教育事业的兴办，蒙藏教育师资的培养，蒙藏子弟入学的奖励，其他蒙藏教育及边疆教育事项等。随着边疆民族地区教育工作的开展，蒙藏教育司于1941年专设司长，充实人事，下设两科：第一科负责蒙藏及其他边疆各种教育事业、地方教育行政及经费师资等；第二科负责蒙藏及其他边疆教育法案、图书、教材等的编译研究出版事项等。1946年4月15日蒙藏教育司更名为边疆教育司，这样机构名称与其职责相

---

① 《东方杂志》卷八，第十二号《中国大事记》。

一致。边疆教育司职权随改变为：负责地方各级边疆教育的计划考核，管辖各级边疆学校的管理考核，边地青年入学的奖励指导，边疆教育人才的储备训练，边疆教育的调查研究，其他边疆教育事宜等。司属机构扩大为三科：第一科主管地方教育、职业学校、各校经费设备及不属于其他各科事项；第二科主管专科学校、中学、编译研究及升学指导等事项；第三科主管师范学校、小学、人才储备训练等事。这样，边疆教育厅的职权得到了明确。此外，教育部为了实现边疆教育职责，还设立了边疆教育委员会。委员会的任务是研究边疆教育办理原则等实际问题；筹拟并审议边疆教育各种方案；建议调整各边疆教育事业机关及各机关边教经费；指导边疆青年升学及就业等。这样教育部成为民国时期重要的边疆民族治理机构，成为仅次于蒙藏委员会以外涉及边疆民族社会事务最多的机构。

（二）地方治理措施

民国时期具体可以分为北京政府和南京政府两个时期。北京政府时期，在地方治理上主要是在沿袭清末基础上进行改变。具体看这个时期，青海、内蒙古、外蒙古、西藏行政设置依旧，蒙古地区仍然采用盟旗制和王公制，西藏政教合一制，西南地区土司制度得到承认。如1923年西南地区土司数量是四川146家，川边123家，广西46家，贵州81家，云南50家。[①]但后来，对边疆民族地区行政设置进行了改设，如青海改为清海办事长官，1915年改为甘边宁海镇守使，西藏改为驻西藏办事长官，新疆阿尔泰设办事长官，在川边、宁夏设镇守使。1914年内蒙古设立绥远、察哈尔、热河三个特别行政区。

南京政府时期，在边疆民族地区开始推行设省与改土归流。1928年8月底，国民党中央政治会议决定在热河、察哈尔、绥远、青海、西康等地设立省治。1928年9月5日国民政府第153次会议决定：热、察、绥、青海、西康改设省治；旧直隶省口北道各县划归察哈尔，察哈尔原划绥远的丰镇、凉城、兴和、陶林四县仍归绥远；五省府组织，委员暂定五名，设民政、财政二厅，并酌设教育、建设厅，余照省府组织法办理。1928年10月，国民党中央政治会议又决定甘肃分治，设立宁夏、青海二省。在实施中，热、察、绥的改省和甘肃分治设立宁夏、青海省均得以顺利推行，但西康省设置很难，到1939年才正式成立。这样民国时期对整个边疆民族地区进行了行政设置上的大变革，设立了热河、察哈尔、绥远、青海、宁夏和西康等省，

---

① 钱实甫：《北洋政府时期的政治制度》，中华书局1984年版，第281页。

加强对这些地区的治理。

1933 年，南京国民政府为了加强对西北地区的治理，设立了西陲宣化使公署，任命九世班禅为宣化使，隶属行政院，以蒙藏委员会为指导机关，主要负责宣化蒙古、西藏、青海和西康等藏传佛教地区。宣化使公署下设总务处和宣传处。

南京国民政府时期，在边疆民族土司地区推行改土归流与设立土流并治的设治局。1931 年 8 月，南京国民政府在"明令撤销土司一案"中规定"嗣后土司不予补官袭职，以逐渐改流"。这在法律上开始进行改土归流，但由于边疆民族地区各地情况不一，导致工作很难推进。后来，中央政府只好采用在边疆民族地区或土司地区推行二元制度，具体是设立设治局流官县级政府机构，但不改变土司权力，实现土流二元制。整个民国时期在边疆民族地区设立了 30 多个设治局，让边疆民族地区，特别是土司地区社会治理发生变化。

民国时期，中央政治为了实现对地方边疆省区或民族省区的更好治理，先后设立过不同的机构。东北政务委员会设置了蒙旗处负责东北境内蒙古事务；绥远省设立了蒙务处处理乌、伊两盟蒙旗事务；1936 年成立蒙古各盟旗地方自治指导长官公署等加强对蒙古地区事务的处理。新疆成立了边务处处理民族事务。四川西南屏边等地县府设有夷务室专门处理当地民族事务。西康地区 1927 年成立了西康特区政务委员会。1935 年，国民政府军事委员会委员长行营为了加强整理川、康、甘肃和青海四省边政，成立了"川康甘青边政研究委员会"，任务是对川康甘青边区社会调查、设计和边政的实施。1947 年成立川康滇三省边区边务设计委员会。川康滇边区包括西康省的西昌、会理、冕宁、越巂、昭觉、德昌、盐源、盐边、宁南、九龙等 10 县及宁东设治局；四川省的雷波、马边、屏山、峨边及沐川 5 县；云南省永胜、华坪、永仁、巧家、永善等 5 县及宁蒗设治局。川康滇三省边区边务设计委员会任务是：边务问题调查研究及治理方案拟订，边区地方行政及教育改进，工矿资源的调查勘测及开发设计，农林畜牧及工商业的调查改进，各种已成事业的考察及调整建议，交通的调查研究及建设方案的拟定等。

贵州省 1938 年教育厅设立了民俗研究会，任务是调查和研究贵州省内各民族的民俗及方言，拟定改良习俗及讲习方言方案，编辑民俗方言调查报告等。1945 年贵州省政府设立了边胞文化研究会，研究会设立调查、出版和研究三个组及秘书室。贵州边胞研究会制定了三年工作重点：第一年，以唤起国人注重边陲、促进边胞共同进化、确认国族一元理论、倡导中国化运动、发扬平等精神、加强边地工作等为中心；第二年，注重边区文化、政治工作、经济三方面；第三年，以加强化导工作，杜绝民族自决、高度自治等荒谬言论，完成建设工作等为工作中心。

云南省在 1929 年设立了第一、二殖边公署，"监督沿边各属，专办边务事项"，具体是第一殖边督办公署，管辖中甸、维西、兰坪、腾冲、龙陵、镇康六县，阿墩、菖蒲桶、知子罗、上帕、泸水、干崖、盏达、陇川、芒遮板、猛卯十行政区，及附近之丽江、剑川、云龙、保山、顺宁五县关防殖边事务。第二殖边督办公署管辖双江、澜沧、车里、五福、佛海、镇越、宁洱、思茅、六顺、普文、江城 11 县，临江、勐丁两行政区。殖边督办的职权是防守、界务、实边、交通、实业、文化教育、治安、慈善卫生和办理省政府委托的事项等。1943 年云南省成立了隶属于民政厅的云南省边疆行政设计委员会，委员会工作中心是对民族事务进行调查，提出民族地区发展对策。云南边疆行政设计委员会先后写出了《边疆行政人员手册》、《大小凉山开发方案》、《腾龙边区开发方案》、《思普沿边开发方案》、《云南全省边民分布册》、《西南边胞教育刍议》、《云南边疆建设首要问题》、《滇康边区盘夷实况及其治理方案》和《政务督导员调查报告》等调查报告和建议方案。

二 民国时期民族立法

民国时期不管北京政府还是南京政府，都在宪法性法律文件中明确界定中国领土范围，特别采用列举式明确内外蒙古、新疆和西藏等地区属于中国领土。此外，还制定大量的法律明确这些特殊地区的法律地位。

（一）宪法及宪法性法律文件

南京临时政府时期对中华民国的领土和民族构成进行最早的法律界定。辛亥革命后，1912 年元旦孙中山在出任临时大总统时发表了《临时大总统宣言书》，在《宣言书》中明确指出："国家之本，在于人民。合汉、满、蒙、回、藏诸地为一国，即合汉、满、蒙、回、藏诸族为一人。是曰民族之统一。"[①] 此宣言中明确指出中国的组成在地域上包括汉族、满族、蒙古族、回教信仰诸民族和藏族人民居住的所有地区，民族组成上是五族人民共同组成。这里从地域与民族组成上分别界定了新政权中"中国"在领土和民族组成上的构成。1912 年 3 月 12 日南京临时政府的《中华民国临时约法》中

---

① 《孙中山全集》第 2 卷，中华书局 1982 年版，第 2 页。

对此种思想进行了法律上的界定。第三条规定"中华民国领土，为二十二行省，内外蒙古、西藏、青海"，指出了中华民国的领土范围，特别指出了内外蒙古、西藏和青海属于中国领土。第五条中规定"中华民国人民一律平等，无种族、阶级、宗教之区别"，说明构成中华民族的各民族群体在法律上的地位，改变传统中国各个王朝常因建立民族不同，对不同民族群体采用不同等级的法律设置。作为构成国民的各民族群体，在国家议政机构——参议院组成上，第十八条明确规定"参议员，每行省、内蒙古、外蒙古、西藏，各选派五人，青海选派一人；其选派方法，由各地方自定之"。① 这里把国家权力机构的构成人员进行了明确的分配，特别对内蒙古、外蒙古、西藏和青海进行了列举配额。南京临时政府此种法律界定，为后来中国领土和民族构成奠定了基础与先例。让"民族—主权国家"下的"中国"有了新的法律上的特定含义。

北京国民政府虽然各军阀纷纷登台，进行走马式的执政，但在制定宪法性文件中，对"中国"的界定上继承了南京临时政府的基本做法。1914年袁世凯为实现自己的皇帝梦制定的《中华民国约法》中对涉及"中国"领土和民族构成等基本问题进行了明确规定。第六十五条规定："中华民国元年二月十二日所宣布之大清皇帝辞位后优待条件，清皇帝待遇条件，满蒙回藏各族待遇条件，永不变更其效力。其与待遇条件有关系之蒙古待遇条件，仍继续保有其效力；非依法律，不得变更。"② 这里在承认各民族待遇时，承认了当时"中国"的领土与民族构成的不可改变性。在1923年《中华民国宪法》中，对国土在第三条中明确规定："中华民国国土，依其固有之疆域。国土及其区划，非以法律，不得变更之。"此外，对内外蒙古、西藏和青海地区的行政设置，在第一百三十五条中规定："内外蒙古、西藏、青海，因地方人民之公意，得划分为省、县两级，适用本章各规定。但未设省、县以前，其行政制度，以法律定之。"③ 这里承认了这些地区在行政设置上的特殊性，但是在国家统一下的特殊，而不是一种独立政权下的特殊，或说是一种地方性政府组成上的特殊，不构成对中国概念包括内容的特殊。

南京国民政府时期两件重要宪法性文件都继承了前两个时期的立法特

---

① 罗家伦主编：《革命文献》第1—3辑，中国国民党中央委员会党史资料编撰委员会编辑，1978年影印再版，第34页。

② 《民国治藏行政法规》，五洲传播出版社1999年版，第16页。

③ 同上书，第17页。

点。1946 年的《中华民国宪法》中对民族问题进行了较为详细的规定，体现出国家治理上对民族问题的理解更加深入与重视。1931 年《中华民国训政时期约法》在第一条中对中华民民国领土进行明确界定，规定"中华民国领土为各省及蒙古、西藏"。在地方制度上，承认蒙古与西藏的特殊性。第八十条"蒙古、西藏之地方制度，得就地方情形，另以法律定之"。①1946 年《中华民国宪法》第五条规定"中华民国各民族一律平等"；第七条规定："中华民国人民，无分男女、宗教、种族、阶级、党派，在法律上一律平等。"这样，《中华民国宪法》在确定中华民国各民族法律地位一律平等后，对各少数民族的权力进行特别规定。对国民大会的组成代表上，对民族地区进行特别列举规定。第二十六条规定国民大会组成上，"二、蒙古选出代表，每盟四人，每特别旗一人。三、西藏选出代表，其名额以法律定之。四、各民族在边疆地区选出代表，其名额以法律定之"，在第四款上，对整个中国各少数民族的代表进行分配。在立法院上，对立法委员会成员名额进行分配，第六十四条明确规定，包括"二、蒙古各盟旗选出者。三、西藏选出者。四、各民族在边疆地区选出者"。监察院的监察委员组成上，第九十一条规定"每省五人。每直辖市二人。蒙古各盟旗共八人。西藏八人"。在地方制度上，由于民国时期实行省县自治，不存在给予少数民族特别自治权的问题，只存在对民族地区政府组成上的特别构成问题，所以第一百十九条规定"蒙古各盟旗地方自治制度，以法律定之"和第一百二十条规定"西藏自治制度，应予保障"。此外，在地方制度，还用第六节规定"边疆地区"的特别对待。第一百六十八条规定"国家对于边疆地区各民族之地位，应予以合法之保障，并于其地方自治事业，特别予以扶植"。这里明确规定了国家，或说中央政府对边疆民族地区各民族地位及发展的特别支持。第一百六十九条规定国家承担的具体责任，具体规定"国家对于边疆地区各民族之教育、文化、交通、水利、卫生及其他经济、社会事业，应积极举办，并扶助其发展。对于土地使用应依其气候、土壤性质及人民生活习惯之所宜，予以保障及发展"。②南京国民政府在 1946 年《中华民国宪法》上对少数民族的地位、参与国家治理和中央政府对少数民族地区发展和保持少数民族的社会特性等方面都有明确的规定。

---

① 《民国治藏行政法规》，五洲传播出版社 1999 年版，第 18 页。
② 参见陈荷夫编《中国宪法类编》，中国社会科学出版社 1980 年版，第 425—439 页。

（二）确立中央与地方关系法

国民时期，不管是北京政府还是南京政府，都通过立法调整中央与边疆各民族的地方关系，其中重点是立法确定中央与蒙古、新疆、青海和西藏等地方政府的关系。从法律上看，有宪法性文件与专门性法律两部分，宪法性文件上的调整前面已经讨论过。这里重点介绍专门性法律，此类法律具体有1912年《蒙古待遇条例》（1912年）、《外蒙古善后条例》（1919年），西藏地区有1929年《解决西藏之具体办法》、1930年《蒙藏公文程式》和1936年《民国政府特派护送班禅大师回藏专使入藏训条》等，三个法令虽然没有明确提出是解决西藏与中央的关系，但在具体内容上明确了西藏与中央政府的关系。

蒙古地区主要有1912年制定的《蒙古待遇条例》，该法共9条，在保留内外蒙古的汗、王公、台吉的世袭权力和管理权的同时，规定蒙古地区与内地平等，国防与外交由中央政府负责，涉及地方重要事务时，中央可以交由地方机关参议。从这里看，内外蒙古拥有的权力是在一个中国之下，特别是保证国家外交权与国防权下的一种特殊自治权。法律在形式上承认了蒙古王公的固有权力，本质是重新确认了中央与蒙古地区的关系。

西藏地区在确立中央与地方关系上，1929年《解决西藏之具体办法》是重要法律，该法律共10条，规定西藏与中央的关系恢复如前，即恢复到清朝时的关系。中央政府承认达赖与班禅在西藏政教中的首领地位和权力，同时中央给予西藏充分自治权，但西藏的外交、军事和政治要由中央办理，达赖、班禅加入中国国民党，成为中国国民党在西藏地区党务负责者，两人成为中央政府委员。要求达赖在京设立办事处。[①] 从这里看，中央政府在承认西藏地区的自治权和达赖、班禅的传统地位的同时，确定西藏在法律上是中华民国的一个地区。1936年《民国政府特派护送班禅大师回藏专使入藏训条》共11条。该法令更加明确地界定了西藏的地位，第一条规定西藏是中华民国领土的一部分，依据是乾隆五十七年《钦定西藏善后章程》。第二条至第六条规定西藏不得与外国订立条约；以前制定的旧条约要提请中央政府处理，西藏的军政、外交及其他关系到全国统一的重大事项由中央政府处理。中央政府承认西藏地方政权组织、西藏的宗教和达赖、班禅的地位。第四条特别规定中央政府对西藏的自治权是在中央地方均权原则下的特别授权。此条对西藏自治权提出了约束。第九至第十一条规定康藏驻军和行政区

---

① 参见《民国治藏行政法规》，五洲传播出版社1999年版，第28—29页。

维持现状，中央派大员驻西藏指导地方自治，西藏派专员在京设立办事处。从两个法令看，南京国民政府把西藏与中央政府的关系明确化。①

以上两个法令是公开的确认，1930 年制定的《蒙藏公文程式》则是较隐讳地规定了蒙古西藏与中央政府、两个地区与其他省县的关系。该法共10 条，第一条至第六条规定蒙古地区盟旗与国民政府及五院使用的公文上，国民政府及五院对盟旗用"令"，盟旗对国民政府及五院用"呈"。各部、会与盟互用"咨"或"公函"。各部、会对旗用"令"，旗对部、会用"呈"。盟对旗用"令"，旗对盟用"呈"。盟旗与省县一律互用"公函"。其他机关除有特别规定外，与盟旗一律互用公函。第七至第十条规定西藏与中央机关和其他地区公文格式。国民政府对达赖、班禅用"令"，达赖、班禅对国民政府用"呈"。各部院、会与达赖、班禅一律用公函，各省与达赖、班禅一律互用公函，其他机关与达赖、班禅除有特别规定外，一律互用公函。② 从这些公文格式可以看出，蒙古地区的盟旗、西藏的达赖、班禅与中央政府，特别是国民中央政府之间的关系是上下级关系。它们的特别之处是蒙古盟与各部、会平等，旗与各部、会是上下级关系。西藏地区达赖、班禅与中央的各部、院、会之间的关系平等，特别规定与省之间有关系平等，说明西藏在整个南京国民政府中的地位是地方一级政府，仅是在一些问题上具有较高的自治权。

（三）宗教寺院管理法规

国民政府时期对宗教事务进行了大量立法规范，因为宗教事务往往涉及民族关系，特别是与边疆少数民族的关系，或中央政府与边疆地方政府的关系。宗教管理事务上，有 1929 年内务部制定的《寺庙登记条例》、1935 年《管理喇嘛寺庙条例》、1936 年《喇嘛转世办法》、1936 年《喇嘛登记办法》、1936 年《喇嘛任用办法》、1936 年《喇嘛奖惩办法》、1934 年《边疆宗教领袖来京展觐办法》、1934 年《达赖班禅代表来京展觐办法》、1934 年《蒙藏回疆各地方长官及各宗教领袖人员来京展觐节单》、《蒙藏新疆回部来京展觐人员招待规则》、1935 年《蒙藏回疆各地方长官及各宗教领袖人员来京晋谒颁赠办法》和 1940 年《改进边疆寺庙教育暂行办法》等，对宗教事务进行较全面的管理。从法律看，可以分为宗教管理、宗教人员来京展觐规范和寺庙教育三个部分。

---

① 参见《民国治藏行政法规》，五洲传播出版社 1999 年版，第 37 页。
② 同上书，第 30 页。

南京国民政府对寺庙进行管理的重要法律是 1929 年制定的《寺庙登记条例》，共 20 条。条例规定对僧道、住持等居住的一切公建、募建和私家独建的坛庙寺院庵观都要进行登记，登记的对象有人口、不动产和法物三种；第三至第八条规定了人口登记的具体对象，如未成年人不得登记、还俗的要注销等；第八、第九条规定寺庙不动产的范围；第十条规定登记由县、特别市公安局负责；第十一条规定登记分为寺庙登记总簿、人口登记簿、不动产登记簿、法物登记簿四种。① 1935 年制定《管理喇嘛寺庙条例》，共 8 条。第一条规定管理喇嘛寺庙的中央机构是蒙藏委员会，第二条规定喇嘛转世必须以此前已经存在为限，以前不转世的，要转世必须申报中央批准。此外，规定喇嘛寺应登记，喇嘛的札付和度牒由蒙藏委员会核发等。② 1936 年《喇嘛转世办法》对藏传佛教中转世喇嘛进行了法律规定，共 13 条。法律对转世灵童的确认有明确规定，严格区分掣签前后的称呼，掣签前一律只能称呼毕勒罕，掣签确认后才能称某某喇嘛。掣签根据传统分别在北平雍和宫和拉萨大昭寺。达赖、班禅和哲布尊丹巴呼图克图不能在亲族及蒙古各盟旗现任长官家属中确认，青海察罕诺门汗除外。此法律对喇嘛转世进行了全面的规范与约束。③ 1936 年制定《喇嘛登记办法》，共 25 条，对喇嘛根据不同情况分别凭记，具体分为职衔喇嘛登记、职任喇嘛登记和普通喇嘛登记三种，通过第二至第四条把喇嘛分为职衔八种，即转世呼图克图、转世诺门汗、呼图克图、若门汗、班第达、堪布、绰尔济和呼弼勒罕；职务喇嘛有十四种；普通喇嘛有七种。④ 对登记了喇嘛出现以下行为撤销登记，即违反喇嘛戒律和法院判处徒刑等。1936 年制定《喇嘛任用法》，共 20 条，根据职衔、职务和普通喇嘛三类，详细规定了任命的条件、程序、人员来源等。⑤ 1936 年《喇嘛奖惩办法》共 25 条，规定奖励分为九种，具体是晋给名号、给予封号、加给字样、优先叙用、配给奖金或奖品、加衔、记大功、记功和传诵嘉奖或题匾额。名号分为呼图克图、诺门汗、班第达、堪布、绰尔济等。处罚有九种：剥黄还俗、褫除名号、取消封号、取消字样、免职或降调、罚钱粮、取消加衔、记大过、记过和传令申斥九种，对每类处罚的具体情况进行详细规定，如免职有八种情况，罚钱粮一年的有八种情况，罚钱粮

① 参见《民国治藏行政法规》，五洲传播出版社 1999 年版，第 51—52 页。

② 同上书，第 53 页。

③ 同上书，第 54—56 页。

④ 同上书，第 57—60 页。

⑤ 同上书，第 64—66 页。

六个月分为八种情况，罚钱粮一个月至三个月，或取消加衔的有八种情况等。对处罚规定十分详细。① 从法律上看，对喇嘛奖罚规定十分详细，实现了国家对喇嘛教的管理。

此外，1934 年《边疆宗教领袖来京展觐办法》、1934 年《达赖班禅代表来京展觐办法》、1934 年《蒙藏回疆各地方长官及各宗教领袖人员来京展觐节单》、《蒙藏新疆回部来京展觐人员招待规则》、1935 年《蒙藏回疆各地方长官及各宗教领袖人员来京晋谒颁赠办法》等法律对边疆民族地区宗教领袖人员来京展觐时间、活动安排、国民政府领导人召见、不同等级人员的每天补贴、返回时的赠给物品、回时的路费等都进行了详细规定。

1940 年《改进边疆寺庙教育暂行办法》，共 9 条，规定边疆各地喇嘛寺和清真寺在当地承担一般的教育功能和宣传社会改革等事务，举行学术研究与讨论会。从法律看，主要是以喇嘛寺和清真寺为教育载体的地区，让他们从承担宗教教育、传播的同时增加为当地一般教育、社会改革和学术研究等方面的功能。

（四）专门机构办事规程

为了规范设立在中央及蒙藏地区办事机构，制定了相关法规。1924 年《蒙藏院招待班禅事宜处职掌暂行章程》、1940 年《蒙藏委员会驻藏办事处组织规程》、1935 年《修正西藏驻京办事处组织大纲》、《修正西藏驻北平办事处组织大纲》、《修正西藏驻康办事处纲》和 1932 年《西藏班禅驻京办事处组织大纲》等。这些法律对西藏驻内地不同区域的机构设置及种类、职权等进行了详细规定。最详细和复杂的是 1935 年《修正西藏驻京办事处组织大纲》，共 18 条，办事处设处长或副处长，下设秘书科、总务科、会计科、宣传科和交际科，各科设科长一人。此方面的立法，让中央政府与民族地方政府相互设立的机构有了法律依据，工作上更加有效、规范。

（五）民族地区教育立法

民国时期对边疆少数民族教育立法成为这个时期的重要立法。国民政府在 1931 年颁布《实施蒙藏教育计划》，规定蒙藏地区教育行政、普通教育实施办法、高等教育实施办法等。1936 年 7 月，教育部发布《二十五年度推行蒙藏回苗教育计划指令》，对边疆民族地区教育适用范围由蒙藏为中心发展到西北、西南边疆民族地区。计划重点对边疆民族地区师资进行培训，适用省份是新疆、宁夏、青海、甘肃、绥远、察哈尔、云南、贵州、湖南、

① 参见《民国治藏行政法规》，五洲传播出版社 1999 年版，第 67—70 页。

西康和西藏等。该计划涉及小学、社会教育、中等教育、留学生等项目。为了实现以上目标，蒙藏委员会和教育部制定了《蒙藏委员会保送蒙藏学生办法》（1930 年）、《待遇蒙藏学生章程》（1929 年 7 月 22 日制定，1939年、1942 年两次修改）、《收录蒙藏学生暂定办法》（1932 年）；制定了两所重要国立大学招收民族学生的办法，即《蒙藏学生就学国立中央北平两大学蒙藏班办法》（1933 年）和《国立北平蒙藏学校校组成大纲》（1933年）；制定国立蒙藏学校的组成大纲，即《国立南京蒙藏学校组织大纲》（1933 年）和《国立康定蒙藏学校组织大纲》（1933 年）等。这个时期影响最大的是 1930 年制定的《待遇蒙藏学生章程》。这是国民政府时期最重要的少数民族教育立法。最初适用的对象是蒙藏学生到中央及各省求学，后来法律适用范围不断扩大，很多边疆省份都适用此法律。1933 年宁夏省提出适用《待遇蒙藏学生章程》；1936 年 10 月蒙藏委员会根据西南夷文化促进会把法律适用于西南民族地区苗夷学生。在 1939 年和 1942 年两次修改后，法律适用范围是整个中国边疆民族地区各少数民族的教育。该章程共 17 条，第一条规定适用对象是蒙藏学生到中央及各省各类学校学习的学生。第二条至第十一条规定蒙藏学生享有的权利及对冒充者的处法，属于实体权利部分。第二条规定可以保送民族学生的机构是：蒙古各盟旗官署、西藏各地方官署、蒙藏各级学校和与蒙藏相连之沿边省县政府。在后来修订后，保送机构改为边疆民族省县政府。第三条规定保送到中等学校的学生，各学校应尽量收录，一般先做旁听生，考试合格后升入正式生。第四条规定保送专科以上学校的学生，各专科学校对保送生得从宽录取或举行特别入学考试，考试不合格的，若达到旁听生的应收做旁听生，不能做旁听生的，由教育部指定的学校进行补习。第五条规定旁听生经过学年考试及格后改为正式生，不及格的听满一年的要给证明。第六条规定无论是正式生、旁听生的名单都要报送教育部和蒙藏委员会备案。第七条规定每学期终后一月，蒙藏学生的本学期成绩和毕业成绩要报蒙藏委员会和教育部，以定奖励或保送升学。第八规定专科以上学校毕业的蒙藏学生由蒙藏委员会及教育部择优推荐各机关或生源所在地工作。第九条规定经推荐或分配工作的蒙藏学生，公立学校的学费全免，私立学校斟酌减免。第十条规定各学校有正式学生的津贴及遣派留学的，蒙藏正式学生有同等待遇。第十一条规定对冒充的学生一律斥退，由原送机关或保证人追回该生领取的一切费用。第十二至第十五条规定扩充适用的地区及享受的权利，第十二条规定新疆、西康两省的学生享有与蒙藏地区学生同样的权利，保送机关是学生所在省县政府及各级学校。第十三条规定青海、宁夏的学生享受的权利是第三、四、五和九条权利，保送机关与第十二条的保送机关相同。第十四条规定甘肃省的学生适用第三、四、五条的待遇，保送机关与新疆和西康省相同。第十五条规定西南边地学生升中等学校，由各省教育厅酌予优待，专科以上学校，得向教育部保送，具体办法按第四条。这样通过引用与修改，把法律适用对象扩大到全国边疆民族地区。第十六条规定蒙藏委员会和教育部有制定补充法律的权力。第十七条规定本法律由蒙藏委员会和教育部公布实施。① 该法律成为南京国民政府时期对少数民族学生教育权特别优待的法律。

南京国民政府时期为了促进少数民族地区的教育事业的发展，教育部和蒙藏委员会还根据需要制定了很多与少数民族教育有关的法律。如1935年制定的《蒙藏回教育补助费补助规则》，共20条。法律适用对象是蒙藏回等各民族学校及学生。学生补助名额为100名，蒙古族50名，藏族30名，回族20名。对补助学生若出现休学或退学，学年考试不及格，品行不良，受学校严重处罚，学期终不报成绩报告单，或旁听一年后不能录为正式学生的停止补助。文化事业资助对象有图书馆、博物馆、民众教育馆、学术团体、调查报告、专门著作等不以营利为目的的。② 早在1919年，北京国民政府为鼓励在蒙古、西藏地方兴办学校，制定了《捐资兴学褒奖条例》，共10条。法律规定捐助教育对象有办学校、图书馆、博物馆、美术馆和其他教育机构。捐资者不管是个人还是私人团体，按数额分五等奖，500元以上为五等奖，1000元以上为四等奖，3000元以上为三等奖，5000元以上为二等奖，10000元以上为一等奖。30000元以上除受一等奖外，年终由国民政府给予嘉奖；100000元以上，受一等奖外由教育部专案呈请国民政府明令嘉奖。捐不动产或动产的折合银元计算。③ 1934年为了进一步鼓励蒙古、西藏、新疆、西康、宁夏、青海和甘肃等地区兴办学校，教育部制定了《捐资兴学褒奖条例补充办法》，主要是给三等奖以上特别嘉奖，三等奖由行政院给嘉奖，二等奖由教育部、蒙藏委员会会同呈请行政院，同时题给匾额，一等奖以上由教育部、蒙藏委员会会同呈请行政院转呈国民政府明令嘉奖，同时题给匾额。④

---

① 参见《民国治藏行政法规》，五洲传播出版社1999年版，第112—113页。
② 同上书，第105—107页。
③ 同上书，第108—109页。
④ 同上书，第108页。

这些教育法规为民国时期边疆民族地区教育发展提供了法律上的保障，成为现代中国边疆民族地区教育发展中的重要法律。

（六）边疆官员授职与任用法律

民国时期制定了大量边疆官员任用法律，具体有 1934 年《边疆武职人员叙授官衔暂行条例》、1936 年《边疆武职人员叙授官衔暂行条例实施行细则》、1936 年《蒙藏边区人员派赴各机关服务暂行办法》、1937 年《蒙藏边疆人员任用条例》等。四部法律涉及蒙藏边疆民族地区职武官员与文职官的任命，交流使用等，目的是提高蒙藏边区当地民族行政官员的管理能力。

1934 年《边疆武职人员叙授官衔暂行条例》和 1936 年《边疆武职人员叙授官衔暂行条例实施行细则》对边疆民族的武职人员任命进行规范。条例在第一条中规定"边疆"是指蒙古、康藏、新疆等处，人员是现任武职人员，但不是服役于国军建制部队的人员。从此看，是指边疆民族地区各民族的地方保安部队的现任武职人员。负责授衔的是军事委员会与蒙藏委员会，分为三等九级，一等分为都统、副统、协统，二等分为都领、副领、协领，三等分为都卫、副卫和协卫。此外还有准卫一级。第六条与第七条规定受了军衔的人员取消与褫夺的条件，取消是死亡、丧失国籍、判处徒刑者；褫夺的是背叛民国、扰害地方和不遵国家法令免官者。① 为了让条例更好执行，1936 年制定了《边疆武职人员叙授官衔暂行条例实施行细则》，共 15 条，详细规定了授三等衔的人员和成绩标准。一等衔的是蒙古盟长、副盟长及保安长官，蒙古各旗扎萨克及总管，西藏马基。二等衔的是蒙古各旗协理、管旗章京及保官总队长、蒙古各旗副章京、协领、参领及保安副队长，西藏代本。三等衔的是蒙古各旗佐领、保安中队长及保安分队长，西藏如本、甲本；准卫是蒙古各旗保安分队长、西藏定本。授衔条件是对巩固边疆、保全国土、协助国军平定边患、剿除盗匪、绥靖地方和维持治安卓著成绩者。第八条对各级官衔的授理程序进行详细规定。② 这样对边疆民族地区武职人员的授衔有了法律依据和可操作性。

1936 年《蒙藏边区人员派赴各机关服务暂行办法》，共 7 条，规定蒙藏边区当地人员到中央各机关挂职锻炼的具体办法。第 2 条规定挂职锻炼的人员应是蒙藏边区土著人员中通晓国文、国语的，同时具有中等以上学校毕业者，曾任或现任各边疆地方公务员，曾在各地方办理公益事业有成绩者，曾

---

① 参见《民国治藏行政法规》，五洲传播出版社 1999 年版，第 89—90 页。

② 同上书，第 91—92 页。

于国家或地方有勋劳者，由地方最高机关保送给蒙藏委员会，由铨叙部转给国民政府分派各机关工作，年限为二年，期满后按成绩优良与否转给地方机关奖励。蒙藏及其他边区保送人员每年 28 人。① 此法律适用对象包括其他边区土著人员。从这里看，整个法律适用于民国时期边疆民族地区各少数民族中的公务员。

1937 年《蒙藏边疆人员任用条例》，共 10 条，是南京国民政府时期对边疆少数民族人员出任公务员的基本法律。从第一条看，对蒙藏边疆民族出任公务员分为简任、荐任、委任三种，其中对蒙藏边区土著人民中通晓国文、国语的优先任用。第二条规定简任共有八类，分别是简任职一年以上，荐任三年以上，专科以上毕业，曾荐任或相当于荐任职一年以上，曾任蒙古盟长、副盟长、帮办盟务、兵备扎萨克、副都统、保安长官等，曾任旗扎萨克总管或其他蒙旗长官一年以上，曾任盟公署处长、保官长官、公署督察长、旗务委员、旗协理、管旗章京、副章或其他盟旗荐任佐治人员三年以上，曾任西藏地方与简任职务相当一年以上，荐任职务相当三年以上者，有特殊勋劳于国家或地方者。第三条规定荐任 11 类人员，分别是高考考试合格者，曾荐任一年以上者，委任三年以上者，中学或高级中学毕业，曾委任或相当于委任一年以上者，曾任蒙藏地方荐任或相当于荐任职务一年以上者，曾任盟公署科长、秘书或各旗参领、笔帖式或相当于委任三年以上者，西藏地方及相当于委任三年以上者，曾任蒙藏地方及相当于委任职务三年以上，曾任蒙藏地方或荐任军用文官一年以上者，中等以上学校校长、教务主任、训育主任或专任教员二年以上者，蒙藏地方最高行政机关荐任甄录合格者，有勋劳于国家与地方者。第四条规定委任的九类，分别是边区行政人员初级考试合格者，曾委任一年以上者，蒙藏地方委任或相当于委任一年以上者，曾任蒙藏地方及委任相当于军用文官一年以上者，小学以上校长、专职教员二年以上者，初级中学以上学校毕业者，曾充雇员或相当职务三年以上者，曾办地方公益事项三年且有成绩者，蒙藏地方最高行政机关委任职务甄录合格者。对边疆民族地区人员任用由蒙藏委员会拟定后咨请铨叙部审定。从第九条规定看，适用于整个边疆民族地区。第九条规定"本条例之规定，于其他边区人员之任用准用之"。② 法律成为民国时期少数民族出任公务员的法律依据，让少数民族成员出任公务员有了法律规范。

---

① 参见《民国治藏行政法规》，五洲传播出版社 1999 年版，第 94 页。
② 同上书，第 95—96 页。

第三节　中国共产党的民族区域自治制度

中国共产党在新民主主义革命时期就开始提出自己的民族治理的政治主张，加上革命时期，在建立根据时面临少数民族事务问题，所以必须做出制度上的安排。这在延安时期特别明显，周边多是回族和蒙古族等。于是，根据需要，中国共产党开始建立自己的民族工作机构，制定民族政策与法律制度。1937 年 7 月中国共产党中央决定成立少数民族工作委员会，由高岗任书记，赵通儒为秘书长。同时，撤销定边工作委员会和蒙古工作委员会，改设少数民族工作委员会，下设回民工作部和蒙古工作部。这个时期，通过调查研究，编辑出版了《回回民族问题》和《蒙古民族问题》两书，写出了《关于回回民族问题的提纲》和《关于抗战中蒙古民族问题的提纲》等报告。这些成果对建国后民族政策和民族制度的设置起到了重要作用。中国共产党的民族政策的变化是随着革命的推进相应发生变化的。

一　中国共产党民族治理理念的变迁

中国共产党由于建党的特殊性，导致在建立时就有一个强有力的外来政党按自己的建党原则与实践来指导实现中国共产党的革命，导致中国共产党在民族治理上从建立到建国后形成了很大的发展变化。具体看，中国共产党的民族理论与法制思想经历了在民族权力上由民族自决权到民族自治权，制度设置上由联邦制到单一国家制下的民族区域自治制的变迁。这种变化很大程度上是受到苏联的联邦制和列宁的民族自治理论的影响。此外，还存在中国共产党在中央与地方治理上没有继承孙中山提出的地方自治，特别是在单一国家制下中央与地方分权结构下的省县自治制度思想，导致对少数民族地区面临如何承认少数民族在单一国家制下如何实行特别自治的问题。这些因素影响着中国共产党的民族政策与民族治理制度的选择。

中国共产党对国体形式上提出联邦制始于 1922 年 7 月中共二大。二大宣言中涉及中国国家形式与组成上有三款，具体是："（3）统一中国本部（东三省在内）为真正民主共和国。（4）蒙古、西藏、回族三部实行自治，成为民主自治邦。（5）用自由联邦制，统一中国本部、蒙古、回疆，建立中华联邦共和国。"[①] 从三款内容看，提出中国建立由两部分组成，本部民

---

① 中共中央统战部：《民族问题文献汇编》，中共中央党校出版社 1991 年版，第 8 页。

主共和国，包括东三省在内的省；三个特定自治民主邦，即蒙古、西藏和回族；最后，由二者构成一个中华联邦共和国。从中可以看出，当时明确提出建立新的"中国"形式是中华联邦共和国，原则是联邦制。这里没有用"民族自决"解释蒙古、西藏和回族建立的民主自治邦。1923 年 6 月，中共第三次全国代表大会通过的《中国共产党党纲草案》中明确提出"西藏、蒙古、新疆、青海等地和中国本部的关系由各该民族自决"。① 这次草案中明确指出，中国本部与边疆民族地区关系由"各民族"通过"民族自决"来调整。这成为中共正式提出民族自决权的开始。从两次大会看，前者与后者是有区别的，因为前者对蒙古、西藏和回族没有说让他们通过民族自决来决定与中国本部的关系，而后者在提民族自治时说让他们通过民族自治来决定与本部的关系。两者之间存在根本性的差别，前者蒙古、西藏和回族是构成中华联邦共和国的要素，而不是可以决定是否不加入中华联邦共和国，后者则不构成要素。若说前者存在自决权的话，那仅是一种"自治权"的表述，后者则是列宁式的"民族自决权"。此种思想在以后得到发展与继承，至少是在江西和长征时期，中国共产党对"民族自决"的理解都是三大时的理解。1928 年 7 月 9 日中共六大在《决议案》中关于"中国革命现在阶段的口号"中提出"统一中国，承认民族自决权"。② 1929 年 1 月，由朱德和毛泽东联合署名的《红军第四军司令部布告》中有"统一中华，举国称庆。满蒙回藏，章程自定"。③ 红四军党部提出的十大政纲中宣称"统一中国，承认满、蒙、回、藏、苗、瑶各民族的自决权"。④ 1931 年 11 月中华工农兵苏维埃第一次全国代表大会上的《关于中国境内少数民族问题决议案》中有"郑重的声明：中华苏维埃共和国绝对无条件地承认这些少数民族的自决权。这就是说：蒙古、西藏、新疆、云南、贵州等一定区域内，居住的人民有某种非汉族而人口占大多数的民族，都由当地这种民族的劳苦群众自己去决定，他们是否愿意和中华苏维埃共和国分离而另外单独成立自己的国家，还是愿意加入苏维埃联邦或者在中华苏维埃共和国之内成立自治区域"。⑤ 这里的表述与三大是一致的。《中华苏维埃共和国宪法大纲》第十四条中规定："中国苏维埃政权承认中国境内少数民族的自决权，一直承认到

① 金炳镐主编：《民族纲领政策文献选编》，中央民族大学出版社 2006 年版，第 31 页。
② 同上书，第 65 页。
③ 同上书，第 74 页。
④ 同上书，第 71 页。
⑤ 同上书，第 93—94 页。

各弱小民族有同中国脱离，自己成立独立国家的权利。蒙、回、藏、苗、黎、高丽人等，凡是居住中国境内的，他们有完全自决权，加入或脱离中国苏维埃联邦，或建立自己的自治区域。"① 1934 年 1 月毛泽东在第二次全国苏维埃代表大会所作报告谈到"民族政策"时，仍然有"这是对于全世界帝国主义和中国国民党实行民族压迫的响亮的回答。中国广大工农群众及其苏维埃政府，不但自己正在用坚决的民族革命斗争以求脱离帝国主义的羁绊，而且号召国内一切弱小民族同时脱离中国统治阶级以及帝国主义的羁绊，直到这些民族的完全分离而独立"。② 1934 年 2 月 17 日《中华苏维埃共和国中央苏维埃组织法》中规定"代表中华苏维埃共和国与中国境内各民族订立组织苏维埃联邦共和国的条约"。③ 这里认为各民族与中华苏维埃的关系要通过条约来实现。1934 年 11 月 29 日红军政治部发布的"关于对苗瑶民的口号"，在第二条中提出"实行民族自决，苗人的一切事情由苗人自己解决"。④ 1935 年 8 月 5 日长征途中中央政治局通过的《中央关于一、四方面军会合后的政治形势与任务的决议》仍然重申民族自治权与联邦制。"无条件的承认他们有民族自决权，即在政治上有随意脱离压迫民族即汉族而独立的自由权。"对蒙、回、藏等民族"成立了独立国家之后，则可以而且应该根据他们自愿的原则，同中华苏维埃共和国联合成立真正的民族平等与民族团结的中华苏维埃联邦。在这个时候，联邦的政策才是正确的"。⑤

这个时期，中国共产党对"中国"的理解是十分混乱与不清的，他们理解"中国"时有传统的"中原汉人政权"和近代马克思主义的世界无产阶级为一家的思想，导致在对中国境内各民族之间的关系上游离于传统中原汉人政权与世界无产阶级皆一家的两种思想下。这从 1934 年至 1936 年发布的涉及苗族、蒙古族和回族的文件中可以看出。

这个时期黔东特区第一次工农兵苏维埃代表大会制定的《关于苗族问题的决议》较有代表性，"决议"共有八条，具体如下：

（一）联合苗族反对帝国主义、国民党军阀、土司等的压迫。

（二）帮助苗族建立苏维埃制度的自治区域。承认他们有同中国脱

① 金炳镐主编：《民族纲领政策文献选编》，中央民族大学出版社 2006 年版，第 89—90 页。
② 同上书，第 112 页。
③ 中共中央统战部：《民族问题文献汇编》，中共中央党校出版社 1991 年版，第 213 页。
④ 金炳镐主编：《民族纲领政策文献选编》，中央民族大学出版社 2006 年版，第 129 页。
⑤ 中共中央统战部：《民族问题文献汇编》，中共中央党校出版社 1991 年版，第 306—307 页。

离，建立自己的苏维埃国家的权利。他们有完全自决权加入和脱离苏维埃联邦。

（三）帮助苗族建立苗族工农红军。

（四）帮助苗族的农民完全得到土地。没收一切地主豪绅的土地和国家的土地（如屯田）由贫农、中农平均分配。

（五）用苗族自己的语言文字，发展苗族的文化。

（六）取消一切苛捐杂税。

（七）苗族与汉族的工农群众，建立亲密的联合，消除一切民族的界限和嫌隙。

（八）居住在苏区的苗族工农群众，完全享有苏维埃公民的一切权利。

1935 年 12 月 20 日，中华苏维埃人民共和国中央政府主席毛泽东发布《中华苏维埃中央政府对内蒙古人民宣言》，具体有：

（一）认为原来内蒙古六盟，二十四部，四十九旗，察哈尔、土默特二部，及宁夏三特旗之全域，无论是已改县治或为草地，均应归还内蒙古人民，作为内蒙古民族之领土，取消热，察、绥三行省之名称与实际行政组织，其他任何民族不得占领或剥夺内蒙古民族之土地。

（二）我们认为内蒙古人民自己才有权利解决自己内部的一切问题，谁也没有权利用暴力去干涉内蒙古民族的生活习惯，宗教道德以及其他的一切权利。同时，内蒙古民族可以从心所欲的组织起来，它有权按自主的原则，组织自己的生活，建立自己的政府，有权与其他的民族结成联邦的关系，也有权完全分立起来。总之，民族是至尊的，同时，一切民族都是平等的。

（三）凡在内蒙古区域的汉、回、藏、满等民族，应根据民族平等的原则，发展民主主义，使这些民族与蒙古人民受同等的待遇，并有应用自己的言语文字及信仰、居住等的自由。

（四）首先将井岳秀所占领的把兔湾，与高石秀所占的区域及两个盐池，交还内蒙古人民，并将长城附近，如宵条梁、安边、定边等地划为商业区域，以发展你我双方间的贸易。

（五）我们的工农红军游击队或其他的武装队伍，绝对没有向草地进攻的企图，但你们亦不要允许中国军阀或日本帝国主义的军队，经过草地来向我们进攻，来加速你们自己的灭亡。我们愿意彼此缔结攻守同盟去打倒我们共同的敌人。①

1936 年 5 月 25 日中华苏维埃人民共和国中央政府主席毛泽东发布《中华苏维埃中央政府对回族人民的宣言》，具体有：

（一）我们根据民族自决的原则，主张回民自己的事情，完全由回民自己解决，凡属回族的区域，由回民建立独立自主的政权，解决一切政治、经济、宗教、习惯、道德、教育以及其他的一切事情，凡属回民占少数的区域，亦以区乡村为单位，在民族平等的原则上，回民自己管理自己的事情，建立回民自治的政府。

（二）我们根据信仰自由的原则，保护清真寺，保护阿訇，担保回民信仰的绝对自由。

（三）武装，为一个独立自主的民族所不可少的条件。我们联合回族中自己的一切武装力量，并帮助其发展，更愿意武装回民，成立独立的"回民抗日军"。我们希望回民的武装，将来能成为抗日联军的主要力量之一。

（四）取消军阀、官僚、民团的一切苛捐杂税，改善回民的生活。

（五）保护回文，发展回民的文化教育，举办回民的报纸，提高回民政治文化的水平。

（六）回、汉两大民族亲密的联合起来，打倒日本帝国主义与汉奸卖国贼。

（七）联合土耳其、外蒙古、苏联及其他同情中国各民族彻底解放的民族与国家，共同杭日。②

1936 年 5 月 25 日至 6 月 8 日，中共由毛泽东、周恩来和杨尚昆三人联合署名，发布的《关于回民工作的基本原则和政策》中宣布：

中央决定回民工作基本原则是回民自决，我们应站在帮助地位去推动和发动回民斗争。

---

① 中共中央统战部：《民族问题文献汇编》，中共中央党校出版社 1991 年版，第 243 页。

② 金炳镐主编：《民族纲领政策文献选编》，中央民族大学出版社 2006 年版，第 170 页。

1. 政权形势在回汉民杂居地方，组织联合政府，回民区域组织回民政府，凡愿谋回族解放的贵族阿訇及一切回民均可参加。

2. 只有在回民群众同意下，才能打回人土豪。必需资材经过回民捐给，红军不得自己动手打土豪。

3. 群众团体是回民联合会、解放会、抗日会，回民新战士成立单独伙食单位称回民抗日军。

4. 由回民中最先进的分子组织回民自己的党：革命党、人民党，我们只吸收个别最觉悟分子入党。

5. 对回民三大禁条：禁止驻扎清真寺、禁止吃大荤、禁止毁坏回文经典。其四大注意：A. 讲究清洁；B. 尊重回民风俗习惯；C. 不准乱用回民器具；D. 注意回汉两族团结。①

从这些内容上看，有些内容涉及各民族自治权，有些提出了各民族之间的平等关系。

中国共产党的民族治理理论发生变化是中央到达陕北后，特别是涉及抗日统一战线的问题后。从某个角度看，这种变化与日本对中国的侵略加剧后的感受有关。因为中国共产党发现"中国"应是近代民族主权下的特定国家概念，而不是文化与阶级意义上的"国家"。从文献上看，变化始于1937年8月15日中国共产党《抗日救国十大纲领》。该纲领中有"动员蒙民、回民及其他一切少数民族，在民族自决和民族自治的原则下，共同抗日"。②这里开始出现"民族自治"，但仍然使用"民族自决"。真正的转折始于中国共产党六届六中全会。1938年9月29日至11月6日，中共召开六届六中全会。在会议上，毛泽东做的《抗日民族统一战线发展的新阶段》的政治报告中，中共全面分析了中国的现实，提出建立以三民主义为前提的中国，面对日本对中国各民族采用鼓励独立，分化抗日力量，实现全面侵占中国的现实，提出抗日民族统一战线应是所有的中国各民族。报告中明确指出："对着敌人已经进行并还将加紧进行分裂我国内各少数民族的诡计，当前的第十三个任务，就在于团结各民族为一体，共同对付日寇。"报告指出了四条民族统一战线的原则：

---

① 中央统战部、中央档案馆：《中共中央抗日民族统一战线文件选编》（中），档案出版社1985年版，第160页。

② 中共中央统战部：《民族问题文献汇编》，中共中央党校出版社1991年版，第553页。

第一，允许蒙、回、藏、苗、瑶、夷、番各民族与汉族有平等权利，在共同对日原则之下，有自己管理自己事务之权，同时与汉族联合建立统一的国家。

第二，各少数民族与汉族杂居的地方，当地政府须设置由当地少数民族的人员组成的委员会，作为省县政府的一部门，管理和他们有关事务，调节各族间的关系，在省县政府委员中应有他们的位置。

第三，尊重各少数民族的文化、宗教、习惯，不但不应强迫他们学汉文汉语，而且应赞助他们发展用各族自己言语文字的文化教育。

第四，纠正存在着的大汉族主义，提倡汉人用平等态度和各族接触，使日益亲善密切起来，同时禁止任何对他们带侮辱性与轻视性的言语，文字，与行动。①

从四条内容看，强调的是民族平等、民族自治和统一国家，即中国应是一个统一的多民族国家，在国家之下各民族平等，聚居民族实现自治，没有实现自治的地方，各少数民族应有配额参与政治。在报告中对传统民族政策提出了批评，指出"怀柔羁縻的老办法是行不通了的"。这样中国共产党在面临中华民族灭亡危机的现实下，重新理解了"中国"的含义，把"中国"概念上升为中华民族，而不是汉族或几个其他主体民族。

这里，毛泽东在报告中没有提"民族自决"和"自由联邦"，而是提出建立三民主义共和国是"联合建立统一国家"，各少数民族与汉族有"平等权"和各少数民族对自己的事务拥有"自治权"。这一报告提出的"中国"转向了"民族主权国家"意义下的"中国"。从中可以看出，中国共产党不再把"中国"理解成建立在传统中原汉族王朝，或无产阶级大家庭的中国，即认为中国是一个民族主义的中国。而且这里的民族主义是"中华民族"意义上的"民族主义"，不是"汉人"意义上的"民族主义"。

此种转变在以后重要文件中得到继承。1941 年 5 月 1 日，《陕甘宁边区施政纲领》第 17 条规定"依据民等平等原则，实行蒙、回民族与汉族在政治、经济、文化上的平等权利，建立蒙、回民族的自治区"。② 1945 年中共七大上，毛泽东在《论联合政府》报告中明确提出"允许各少数民族有民族自治的权利"的主张。1946 年 4 月 23 日陕甘宁边区的《陕甘宁边区宪法

---

① 中共中央统战部：《民族问题文献汇编》，中共中央党校出版社 1991 年版，第 595 页。
② 金炳镐主编：《民族纲领政策文献选编》，中央民族大学出版社 2006 年版，第 285 页。

原则》第一条第九款规定"边区各少数民族，在居住集中地区，得划成民族区，组织民族自治政权，在不与省宪抵触原则下，得订立自治法规"。[①]这里对民族自治权进行了限制。1946年1月6日中共代表团在和平建国纲领草案中主张"在少数民族区域，应承认各民族的平等地位及其自治权"。[②]1947年10月发布的《中国人民解放军宣言》第七项指出"承认中国境内各少数民族有平等自治的权利"。[③] 从这些文件看，中国共产党放弃了民族自决的主张，转向民族自治的民族治理思想。

　　民族自决主张在1938年后被民族自治权代替。但联邦制，在1949年建立新政权时，中国共产党内部仍然存在争议。在1949年毛泽东与李维汉谈话后，在李维汉主张下，1949年9月7日在中央发表的《关于人民政协的几个问题》中正式提出在民族地区实行民族区域自治，否定联邦制度。这样中国共产党否定了苏联确立的民族自决原则与联邦制度，根据中国历史特点，通过在单一制下实行民族区域自治制度解决民族问题，让少数民族实行自治权而不是近代西方政治学意义上的民族自治决权。

二　民族区域自治制度的法律构建

　　中华人民共和国成立后，对民族区域制度主要有三个重要文件。第一个是《中国人民政治协商会议共同纲领》，该法律确立了中华人民共和国是一个单一制国家通过民族区域自治制度解决民族聚居区的治理上的特殊要求。第二个是1952年《中华人民共和国民族区域自治实施纲要》，该法律规定建立民族区域自治的权力分配等基本问题。第三个是1954年《中华人民共和国宪法》，宪法对中国民族区域自治制度进行全面的规范，改变了此前形成的民族区域自治制度高度自治的特征。从某个角度看，1982年制定的《中华人民共和国民族区域自治法》是1954年《宪法》中确立的民族区域自治制度原则的具体化。

　　1949年《中国人民政治协商会议共同纲领》、《中华人民共和国中央人民政府组织法》、《中国人民政治协商会议组织法》中都涉及民族区域自治制度。《共同纲领》中第六章"民族政策"，共四条，即第五十至五十三条，具体是：

---

① 金炳镐主编：《民族纲领政策文献选编》，中央民族大学出版社2006年版，第324页。
② 同上书，第341页。
③ 同上书，第362页。

第五十条　中华人民共和国境内各民族一律平等，实行团结互助，反对帝国主义和各民族内部的人民公敌，使中华人民共和国成为各民族友爱合作的大家庭。反对大民族主义和狭隘民族主义，禁止民族间的歧视、压迫和分裂各民族团结的行为。

第五十一　条各少数民族聚居的地区，应实行民族的区域自治，按照民族聚居的人口多少和区域大小，分别建立各种民族自治机关。凡各民族杂居的地方及民族自治区内，各民族在当地政权机关中均应有相当名额的代表。

第五十二条　中华人民共和国境内各少数民族，均有按照统一的国家军事制度，参加人民解放军及组织地方人民公安部队的权利。

第五十三条　各少数民族均有发展其语言文学、保持或改革其风俗习惯及宗教信仰的自由。人民政府应帮助少数民族的人民大众发展其政治、经济、文化、教育的建设事业。①

从四条内容看，第五十条是确立民族平等，禁止大汉族主义与狭隘民族主义；第五十一条是设立民族区域自治制度及杂居民族的参政权的保障机制；第五十二条是民族自治地区不能拥有国防军，只能组建地方人民公安部队，这一点十分重要，保证国家国防的统一；第五十三条是对少数民族的语文文字、风俗习惯和宗教等进行保护和明确国家在少数民族社会经济发展中的责任。从纲领四条内容看，可以归纳为：民族平等原则、民族区域自治原则、国防国家统一原则、民族文化自治原则和少数民族社会文化发展中的国家责任原则。

1952 年 8 月 9 日中央人民政府颁布《中华人民共和国民族区域自治实施纲要》。《实施纲要》共七章、四十条。第一章"总则"规定了民族区域自治地方与国家的关系是中央与地方的关系。第二章是"自治区"，把全国民族自治行政区统称为自治区；民族自治区可以是单一民族，或是联合民族；自治区内可以包括汉族及城镇。第三章是"自治机关"，自治机关由人民代表大会和人民政府委员会组成。第四章是"自治权利"，自治权有语言文字使用权、风俗习惯改革与保留权、文化教育发展权、财政自治权、经济发展决策自治权、组建自治地方安公部队和民兵权、制定自治条例与单行条例权。第五章是"自治区内的民族关系"，确立了以下原则：民族平等原

---

① 金炳镐主编：《民族纲领政策文献选编》，中央民族大学出版社 2006 年版，第 416 页。

则、保障自治区内各民族人民自由和民主权利原则、自治区内其他少数民族权利保护原则、非自治民族参政保障原则和爱国主义与民族团结教育原则。第六章是"上级人民政府对民族自治区的领导原则",规定上级人民政府对管辖内的民族自治区有六个法律责任:帮助实现自治权、帮助认清自治区发展现状、帮助自治区干部培训与支持、帮助自治区经济文化等社会事业发展、支持提高自治区社会经济发展条件和教育帮助自治区克服大民族主义与狭隘民族主义等。第七章"附则",共5条,规定纲要制定与批准的机关与程序,纲领的解释权归属机关,加快民族区域自治区的建立,汉族城市中少数民族聚居区的自治区设立的办法授权中央人民政府政务院立法。① 整个纲要对民族区域自治区的设立进行了较为全面的立法,改变了《共同纲领》中规定较粗的现状。

1954 年《中华人民共和国宪法》中对中国民族制度进行全面的规范,成为近代中国宪法文件中规定民族问题最多的法律。除在地方制度中设有专节规定"民族自治地方的自治机关",还在第三条中对华人民国共和的国家性质进行了界定,指出"中华人民共和国是统一的多民族的国家"。从中可以看出,这里把"中华人民共和国"界定为近代民族主权国家意义下的国家。该条用三款对中华人民共和国中内各民族关系进行了进一步界定,指出中华人民共和国由多民族组成,各民族一律平等,各民族有使用和发展自己的语言文字的自由,都有保持或者改革自己的风俗习惯的自由,各少数民族聚居的地方实行区域自治。而且特别规定"各民族自治地方都是中华人民共和国不可分离的部分"。这里界定了民族区域自治地区在"中华人民共和国"国家中的性质。这样,通过 1954 年宪法,中国共产党建立起了一个近代民族主权国家下的"中国",让"中国"的含义由以前的"中原汉族政权"及无产阶级大同世界下的新政权中走出来。当然,与 1946 年《中国民国宪法》相比,对中国的理解是一致的,仅是对中国内部各民族关系上有不同的立场。当然,《中华民国宪法》没有特别规定民族区域自治,或说民族自治问题是因为"中华民国"确立是统一中国下的省县地方自治国家结构。按地方自治原则,所有地方都拥有自治权,涉及的是民族地区的区划问题,即如何划分民族聚居区的省县问题,而不是区域内民族是否拥自治权的问题。

宪法第二十三条对全国人民代表大会中少数民族代表确立了配额制。第

---

① 金炳镐主编:《民族纲领政策文献选编》,中央民族大学出版社 2006 年版,第 469—474 页。

三十四条规定了全国人民代表大会中设立民族委员会，由民族委员会负责民族相关问题。第五十三条对中华人民共和国行政区划上明确规定了省级行政区的自治行政区是自治区、自治州、自治县。此外，县下设民族乡，但民族自治地区仅有自治区、自治州、自治县。第五十三条改变了 1949 年以来民族自治地方设立的原则，让中华人民共和国的民族区域自治地方确定为三级，消除了新中国成立后的四级机制，同时还消除了民族民主联合政府的地方组织。行政区划设置上走向了更加统一。

在第二章国家机构中"第五节民族自治地方的自治机关"，共有七条，分别是第六十七至七十二条，规定民族自治地方设立自治机关形式的原则是依照实行区域自治的民族的大多数人民的意愿，在多民族杂居的自治机关中进行名额分配，自治机关拥有地方国家机关的职权或依照宪法和法律规定的自治权。自治地方的自治权主要有依照法律规定的权限管理本地方的财政，组织本地方的公安部队和制定自治条例和单行条例，自治机关在执行职务时可以用当地通用的一种或者几种语言文字的权力，各上级国家机关承担帮助各少数民族发展政治、经济和文化的建设事业责任，司法诉讼中使用各民族民族语言文字诉讼的权利。

三　民族区域自治制度的政治实践

中国共产党建立民族区域自治的时间较早。1941 年 5 月 1 日陕甘宁边区政府制定的《陕甘宁边区施政纲领》中有"建立蒙、回民族的自治"的规定。在此法律下，中国共产党领导的藏、回、蒙古、黎和苗等少数民族地区先后建立了博巴政府、豫海县回民自治政府、陕甘宁边区蒙回民族的基层自治政权、内蒙古自治政府、琼崖少数民族自治区和绥远省乌兰察布盟蒙古族自治区等。

1949 年以前，中国共产党建设立的自治地区影响最大的是内蒙古自治政府。1947 年 5 月 1 日内蒙古自治政府建立。内蒙古自治政府在建立时制定了《内蒙古自治政府施政纲领》和《内蒙古自治政府暂行组织大纲》两个法律，其中施政纲领十七条。第一条阐明内蒙古自治政府系根据内蒙古民族全体人民的公意与要求而成立。第二条中规定内蒙古自治政府是由蒙古民族各阶层联合内蒙古区域内各民族高度自治的区域性民主政府。第三条规定内蒙古自治政府，以内蒙古各盟旗为自治区域，属于中华民国的组成部分。

第四条至第十七条规定了自治区各民族的关系、权力、政府组成等各方面关系。①《内蒙古自治政府暂行组织大纲》规定了临时参议会和自治政府的性质组织、任期、职权等。从两部法律看，内蒙古自治是地方自治而不是独立自治，内蒙古是中国的一部分，同其他解放区民主政权一样具有人民民主政权性质。1949 年 3 月 12 日，在琼崖解放区乐东县抱由镇成立了琼崖少数民族自治区行政委员会，辖有白沙、保亭、乐东等县。这是海南岛黎族和苗族共同建立的第一个民族区域自治性质的地方政权。

　　全国建立民族区域自治地方政府始于 1949 年《共同纲领》中对民族区域自治制度的确认。1950 年后全国民族区域自治工作全面推行。但最初民族自治区的设置较为复杂。按 1951 年 2 月《民族区域自治试行通则（草案）》确定的"民族自治区"有相当于大行政区、省、专区、县、区和乡等 6 个层级。这在 1951 年 11 月 5 日中央人民政府委员会第十三次会议批准《中央人民政府任免国家机关工作人员暂行条例》中得到体现，当时把中央人民政府任免国家机关工作人员在"民族自治区"内划分为省级以上和省级以下，省级以下有相当于专员公署的和相当于县等级别。1952 年 2 月 22 日随着《民族区域自治实施纲要》颁后，对"民族自治区"设置进行调整，正式将"民族自治区"行政级别划分为相当于乡（村）、区、县、专区或专区以上 5 级。1954 年《中华人民共和国宪法》在民族区域自治地方的行政级别确定为省级、州市级和县级，分别定为自治区、自治州和自治县。对以前区级及专区级民族自治区分别改造，乡镇级的区级自治地区改变民族乡或自治县；专区级的改为自治州。其中重点改造的是相当于乡镇的"民族自治区"。1955 年 12 月 29 日国务院发布《关于建立民族乡若干问题的指示》和《关于更改相当于区的民族自治区的指示》，规定建立民族乡和改建相当于乡的"民族自治区"为民族乡。对相当于区的"民族自治区"通过改建、扩建或合建而为自治州或自治县，或将自治机关改为区公所或街道办事处。1956 年 10 月 6 日，国务院发布《关于更改相当于区和相当于乡的民族自治区的补充指示》，规定过去在城市内建立相当于乡的"民族自治区"，可以改为民族区。过去在镇内建立的相当于乡的"民族自治区"，可以改为民族镇。1956 年建立了民族乡、民族区和民族镇三种乡级民族行政区。

　　1953 年 6 月全国建立了各级民族自治区 130 个。其中，相当于县和县

---

① 参见金炳镐主编《民族纲领政策文献选编》，中央民族大学出版社 2006 年版，第 345—348 页。

级以上的民族自治区 47 个，较大规模的有内蒙古自治区、桂西壮族自治区、西康藏族自治区、湘西苗族自治区、海南黎族自治区和苗族自治区、西康凉山彝族自治区、云南西双版纳傣族自治区、吉林延边朝鲜族自治区、青海玉树藏族自治区、四川藏族自治区、绥远伊克昭盟蒙族自治区及乌兰察布盟蒙族自治区等。

　　在 1949—1954 年间，还在民族杂居区建立了民族民主联合政府。地方民族民主联合政府旨在保障少数民族在地方政权中平等权利。1950 年 4 月 3 日中共中央根据西南地区情况，主要是对杂居区提出建立民族民主联合政府。1950 年 7 月 21 日，邓小平提出西南地区建立民族民主联合政府，指出以下原因：第一，有些地方实行民族区域自治前的过渡政府，即先成立地方民族民主联合政府，比如大小凉山彝族聚居区；第二，云南、贵州适合于成立地方民族民主联合政府；第三，在民族民主联合政府之下，实行小区域自治，比如一个民族聚居乡。① 1951 年全国总计建立民族民主联合政府 165 个。1951 年 2 月 22 日政务院第一二五次政务会议通过《关于地方民族民主联合政府实施办法的决定》，规定建立民族民主联合政府的五种地区：（1）境内汉族人口占绝对多数，但少数民族人口达到总人口数量 10% 以上的省（行署）、市、专区、县、区和乡（村）；（2）少数民族人口不到境内总人口数量 10%，但民族关系显著，对行政发生多方面影响的省（行署）、市、专区、县、区和乡（村）；（3）两个以上少数民族杂居，但未实行联合自治的地区；（4）"民族自治区"内汉族居民特别多的地区；（5）其他因特殊情况，经大行政区人民政府或中央人民政府政务院认可，有必要建立民族民主联合政府的地区。② 到 1952 年 6 月，全国建立的地方民族民主联合政府达到 200 多个。③ 1952 年 12 月 7 日中共中央在制订五年建设计划中规定地方民族民主联合政府的建立应在 1955 年内完成。随着宪法的颁布，1956 年 12 月 21 日，国务院全体会议第二十一次会议通过《关于改变地方民族民主联合政府的指示》，规定对民族民主联合政府依照行政地位通过两种方式改变其行政建制：一对建立民族民主联合政府的县和乡，改建成自治县和民族乡；不适合建立自治县和民族乡，改建成一般县和乡。二是对建立民族民主联合政府的专区和区，适合建立自治州和自治县的改建自治州和自

---

① 金炳镐主编：《民族纲领政策文献选编》，中央民族大学出版社 2006 年版，第 432—433 页。
② 同上书，第 461 页。
③ 刘格平：《三年来民族工作的成就》，《人民日报》1952 年 9 月 21 日。

治县；不适合的改建成专员公署和区公所。① 这样通过此次改革，把新中国成立后出现的两种与民族有关的行政区设置划一，整个中国行政区划上只有省、市、县和民族自治的区、州、县两类，起到了规范化、简单化的作用。

1954 年后根据宪法，通过改建，对全国民族自治地区进行调整，1958年底，全国 15 个省、区建立民族自治地方 87 个，其中，省级自治区 4 个，自治州 29 个，自治县（旗）54 个。1965 年建立 5 大自治区、29 个州和 54个自治县。中国民族区域自治得到了有序发展，直到"文化大革命"时被打断，但 20 世纪 70 年代中后期开始恢复，特别是 1982 年《中华人民共和国民族区域自治法》制定后，民族自治制度得到了较好的发展。2005 年全国有 5 个自治区，30 个自治州，120 个自治县。55 个少数民族中，有 44 个建立了民族自治地方，实行区域自治的少数民族人口，占少数民族人口总数的 71%。此外，在没有建自治制度的少数民族聚居地方建立了 1173 个民族乡。这样，中国境内各少数民族在制度上建立起了自治制度体系。

中国共产党在 20 世纪 50 年代后建设立的民族区域自治制度存在的主要问题是在现行的中华人民共和国行政体制中，由于没有采用中央与地方明确分权，地方高度自治的政治体系，让 1954 年后中国民族区域自治制度中"自治权"的界定与实践一直成为理论界与实务界难以厘清的问题，影响着这一制度功能的有效发挥。同时，这也给西方学术界与政府批评我国民族自治制度提供了口实。若采用民国时期省县地方自治体系，可能就难以在中国政治体系中存在少数民族自治权争议问题。

一 思考题

1. 简述民国时期民族立法的特点。

2. 中国共产党民族政策从"民族自决"转向"民族自治"的原因和意义。

3. 中华人民共和国民族区域自治与中华民国时期地方自治下的特别民族自治存在什么不同，两者在自治权上存在什么差异。

二 扩展阅读

1. 《民国治藏行政法规》（中国藏学研究中心、中国第二历史档案馆合编，五洲传播出版社 1999 年版），该书收集了民国时期针对西藏、内蒙古地

---

① 金炳镐主编：《民族纲领政策文献选编》，中央民族大学出版社 2006 年版，第 538—539 页。

区的基本法律，是了解民国时期中央政府民族立法的最好的史料书。该书收集的法律文本从1912年《中华民国临时约法》到1946年《中华民国宪法》，共55件。

2.《民族问题文献汇编　1921年7月—1949年9月》（中共中央统战部编，中共中央党校出版社1991年版），该书收集了中国共产党建党以来至中华人民共和国建立时通过、发布和制定的所有法律性文件与一般性文件，是了解中国共产党这个时期民族政策、民族立法的基础性史料。

3.《民族纲领政策文献选编（全2册）》（金炳镐主编，中央民族大学出版社2006年版），该书选编了从1921年中国共产党成立到2005年5月间中国共产党及主要领导人、中华人民共和国政府及其领导人、相关部门有关少数民族和民族问题及民族工作方面的纲领性、政策性文献共257篇，是全面了解中国共产党建党至2005年间民族政策、民族立法最全面的书。

三　法律资料摘抄

（一）1912年8月19日《蒙古待遇条例》。该法律是解决辛亥革命后中央政府与蒙古王公关系的重要法律。法律颁布后内蒙古各王公开始与新政府恢复中央与地方的关系。

一、嗣后各蒙古均不以藩属待遇，应与内地一律，中央对于蒙古行政机关亦不用理藩、殖民、拓殖等字样。

二、各蒙古王公原有之管辖治理权一律照旧。

三、内外蒙古汗王公台吉世爵各位号应予照旧承袭。其在本旗所享之特权亦照旧无异。

四、唐努乌梁海五旗、阿尔泰乌梁海七旗系属副都统及总管治理，应就原来副都统及总管承接职任之人改为世爵。

五、蒙古各地呼图克图喇嘛等原有之封号，概仍其旧。

六、各蒙古之对外交涉及边防事务，自应归中央政府办理，但中央政府认为关系地方重要事件者，得随时交该地方行政机关参议，然后施行。

七、蒙古王公世爵俸饷应从优支给。

八、察哈尔之上都牧群牛羊群地方，除已开垦设治之处仍旧设治外，可为蒙古王公筹画生计之用。

九、蒙古人通晓汉文并合法定资格者，得任用京外文武各职。

（二）1929年9月12日《国民政府解决西藏之具体办法》。此法律虽然仅是办法，却是南京国民政府对西藏地方关系的确认法律。《办法》在确认达赖、班禅在西藏地方政府中的特殊地位的同时，把西藏确定为一个充分自治的地方政府。

一、西藏与中央之关系恢复如前。

二、达赖、班禅应加入中国国民党，并负责筹划西藏党务之进行。

三、达赖、班禅加入本党后得为政府委员。

四、外交、军事、政治均归中央办理。

五、中央予西藏以充分自治权。

六、班禅回藏由达赖派员欢迎，中央护送。

七、达赖、班禅在西藏之政教权限一切如前。

八、中央以达赖、班禅为西藏政教之首领。

九、班禅归藏时，拟派国防军随同入藏，以资保护。

十、达赖在京设立办公处，经费由政府拨给。

（三）1942 年 9 月 28 日修订《待遇蒙藏学生章程》。该法是南京国民政府时期针对边疆少数民族教育上的特别优待法律，是南京国民政府民族教育立法中的基本法。通过多次修订后，该法由最初仅适用于蒙藏学生扩大到适用于全国各少数民族。

第一条　蒙藏学生来中央及各省求学者，除有特别规定外，依本章程待遇之。

第二条　左（下）列各机关学校，得于每年学校开始前，向蒙藏委员会保送蒙藏学生，惟须开具学生之：（一）姓名、（二）性别、（三）年龄、（四）籍贯、（五）学历、（六）品行评语、（七）所通语言文字各项，并附该生二寸半身相片二张。

一、蒙古各盟旗官署；

二、西藏各地方官署；

三、蒙藏各级学校；

四、与蒙藏相连之沿边各省县政府。

第三条　蒙藏委员会对于各机关学校保送之中等学校学生，应核明转送相当学校，各校应尽量收容，除资格程度相合得编入相当班级者外，一律作旁听生，惟以能直接听讲者为限。

第四条　蒙藏委员会对于各机关学校保送之专科以上学校学生，应核明转送教育部酌照左（下）列之规定办理：

一、专科以上学校招生时，对于蒙藏学生得从宽收录或另举行入学试验；

二、入学试验不及格经认为合于旁听生资格者，得收作旁听生；

三、入学试验及格且不能随班旁听者，由教育部指定学校令其补习。

前项办理情形由教育部咨蒙藏委员会备查。

第五条　各校收录之蒙藏旁听生学年考试及格者，应改为本班正式生，其不及格者仍为旁听生，旁听满一年后给予旁听生证明书。

第六条　各校收录蒙藏学生无论为正式生、旁听生，均应由各该校分别送报或转报教育部、蒙藏委员会备案。

第七条　各校于每学期终了后一个月内，应将蒙藏学生本学期成绩、毕业成绩报告蒙藏委员会及教育部，以便分别奖励补助或保送相当学校升学。

第八条　专科以上学校毕业之蒙藏学生，得由蒙藏委员会暨教育部择优介绍各机关或分发蒙藏各地方服务。

第九条　凡经蒙藏委员会核送或教育部分发之蒙藏学生，在公立学校应免全部学费，在私立学校应酌予减免。

第十条　各校对于一般正式生如有津贴及遣派留学等规定者，蒙藏学生之正式生应受同等待遇。

第十一条　各校蒙藏学生中如发现冒充者，除将该生斥革外，并向原送机关学校或其保证人追缴因该生所领之一切费用。

第十二条　新疆、西康两省来中央及各省求学者，得适用本章程之待遇，其保送机关应为学生所在之省县政府及各级学校。

第十三条　青海、宁夏两省学生来中央及各省求学者，得适用本章程第三、第四、第五、第九各条之待遇，其保送机关如第十二条规定办理。

第十四条　甘肃省学生具有合格之毕业证书来中央及各省求学者，得适用本章程第三、第四、第五各条之待遇，保送机关如第十二条规定办理。

第十五条　西南边地学生升中等学校者，由各该省教育厅酌予优待，升学专科以上学校者，得向教育部保送，依第四条之规定办理。

第十六条　本章程如有未尽事宜，得由蒙藏委员会、教育部呈行政院转请国民政府核准修正之。

第十七条　本章程由蒙藏委员会、教育部会同公布施行。

第六章　蒙古族法律史

　　蒙古族是中国历史上北方诸民族中形成时间较晚的民族，但它对中国历史的影响却十分深远。蒙古族在 1206 年建立大蒙古国后，开始出现成文化法制的建设。在建立政权前，蒙古诸部规范体系主要是以习惯为特点的"约孙"，建立政权后，成吉思汗为了治理上的方便，开始在吸收约孙的合理成分下制定《大札撒》。《大札撒》成为蒙古族历史上的重要法律。这一法律在元朝时超越了蒙古族，成为元朝的重要法律。1368 年后，蒙古族主要以北元王朝和分裂的王公政权为组织形式。在法律上，出现很多有影响的法典，其中较有名的有《图们汗大法》、《桦树皮律令》、《阿勒坦汗法典》、《卫拉特法典》、《蒙古律书》和《喀尔喀法规》（或称为《喀尔喀齐鲁姆》）等。蒙古族在法律发展中，受到北方游牧民族传统法律文化及中原汉法、佛教和藏族传统法律等因素的影响。蒙古族是中国历史上拥有丰富法律文化的少数民族。

第一节　蒙古族简介

　　"蒙古"（Mongol）是蒙古族自称。"蒙古"在《旧唐书》和《契丹国志》中开始出现，意思是"永恒之火"。蒙古一词有"萌古"、"朦骨"、"萌骨"等译写，写作"蒙古"最早见于《三朝北盟会编》。蒙古族的名称起源与蒙古地区东北部室韦部落中的蒙兀室韦部有关。"蒙兀"是蒙古一词最早的汉文译写，见于《旧唐书·北狄传》。蒙兀室韦居住地在额尔古纳河。蒙古人兴起于额尔古纳河流域，史称"蒙兀室韦"、"萌古"等。据2010 年第六次全国人口普查蒙古族人口为 598 万，主要分布在内蒙古自治区、东北、新疆、河北、青海等省区，其余散布在河南、四川、贵州、北京和云南等地。蒙古族主要分布情况是：东北地区有 140 万，其中辽宁 70 万、吉黑 70 多万；北方内蒙古自治区有 422 万；新疆、青海和河北有 34 万，云南有 5000 余人。蒙古语属于阿尔泰语系蒙古语族，现在主要有内蒙古、卫拉特、巴尔虎布利亚特和科尔沁四种方言。蒙古族文字创于 13 世纪，初用回鹘字母创制，13 世纪初经蒙古学者却吉·斡斯尔改革，称为畏吾体蒙古文，成为至今通用的规范化蒙古文。

蒙古族早期信仰萨满教。萨满教是多神教。元朝时期，萨满教在蒙古社会中占统治地位。蒙古国和元朝时期，实行宗教宽容政策，统治下流行的宗教有佛教、道教、伊斯兰教、基督教和萨满教等。忽必烈及其王后、王子多信佛教，佛教开始取代萨满教，成为蒙古上层统治阶级的主要宗教，但蒙古民众这个时期主要还是信奉萨满教。16 世纪下半叶，蒙古土默特部俺答汗信奉宗喀巴的藏传佛教格鲁派。1578 年俺答汗和达赖三世索南嘉措在青海仰华寺会面，召开法会。法会上索南嘉措被俺答汗封为"圣识一切瓦齐尔达喇达赖喇嘛"，达赖喇嘛称号由此产生。明末清初，蒙古地区藏传佛教广泛普及，出现全民信仰藏传佛教的局面，萨满教以民间宗教的形式保留下来。

在蒙古族起源上，《史集》记载蒙古部落最初只包括捏古斯和乞颜两个氏族，被其他部落打败后只剩下两男两女，逃到了额尔古涅昆一带居住。8 世纪，由于人口不断增长，不得不迁徙，分出 70 个分支。70 个分支被称为"迭儿勒勤蒙古"。《蒙古秘史》和《旧唐书》记载蒙古族起源是由苍狼和白鹿结合而成。在斡难河源头、不儿罕山前开始繁衍生息，生下巴塔赤罕。巴塔赤罕是成吉思汗的始祖。学术界多认为蒙古出自东胡。东胡是中国历史上拥有同一族源、操有不同方言、各有名号大小部落的总称。司马迁《史记》记载有"在匈奴东，故曰东胡"。公元前 5 世纪至公元前 3 世纪，东胡部落处在原始氏族社会阶段。

4 世纪中叶，鲜卑人一支自称"契丹"，在潢水和老哈河流域兴起，居于兴安岭以西（今呼伦贝尔地区）的鲜卑人中一支，称为"室韦"。室韦，最早见于《魏书》，作"失韦"。室韦与契丹同源，以兴安岭为界，"南者为契丹，在北者号为失韦"。6 世纪后，室韦分为南室韦、北室韦、钵室韦、深末怛室韦、大室韦等五部，各部再分若干分支。突厥文史料中称室韦为"达怛"（鞑靼）。732 年在斡尔浑河右岸建立的《阙特勒碑》文中，记有三十姓达怛。

蒙古族历史可以追溯到唐代。当时在呼伦湖和额尔古纳河东南居住的蒙兀—室韦，是早期的蒙古部。12 世纪时，蒙古部落子孙繁衍，氏族支出，布于今鄂嫩河、克鲁伦河、土拉河三河上游和肯特山以东一带，组成部落集团，较著名的有乞颜、札答兰、泰赤乌、弘吉剌和兀良合等部落。贝加尔湖周围有塔塔儿部，贝加尔湖东岸色楞格河流域有蔑儿乞部，贝加尔湖西区和叶尼塞河上游有斡亦剌部，三部使用蒙古族语言。此外，还有占据回鹘汗庭故地的克烈部，西部的乃蛮部，靠近阴山地区的汪古部也属于蒙古部落。这些构成了蒙古族的先民。

　　1206 年铁木真在斡难河畔举行的忽里勒台大会上被推举为蒙古大汗，称号成吉思合汗，建立大蒙古国。蒙古汗国的建立，对蒙古族形成具有重大意义。从某个角度看，大蒙古国的建立标志着蒙古的最终形成。大漠地区被蒙古国统辖的各个部落，统称为蒙古人。1219—1260 年，蒙古人三次西征，先后建立窝阔台、察合台、钦察和伊利四大汗国。1260 年建立了以中原为中心的元朝。1368 年朱元璋建立明王朝，蒙古族政治中心退居漠北。明朝时蒙古族分为：东部蒙古游牧于漠北和漠南，首领为元室后裔，视为蒙古正统；游牧于漠西的瓦剌部称为西蒙古系。15 世纪，蒙古南北被达延汗重新统一，分东部蒙古为喀尔喀、兀良哈、鄂尔多斯、土默特、察哈尔、喀剌沁六部。明末清初蒙古以大漠为界，分为漠南蒙古、漠北（喀尔喀）蒙古、漠西（厄鲁特）蒙古三部分。清朝兴起后，在统一蒙古诸部后，实施盟旗制度。1947 年 5 月 1 日在乌兰夫领导下建立了内蒙古自治区，成为新中国建立最早的自治区。此后，还相继建立了 9 个蒙古族自治州、县。

第二节　蒙元时期蒙古族法律

　　蒙元时期，蒙古族的法律中主要由两部分构成：约孙与《大札撒》。约孙是蒙古族各部在历史上自然形成的习惯。《大札撒》是成吉思汗以汗王名义颁布的法律。两者的关系是：《大札撒》是国家层次上的法律，即成吉思汗建立汗国后颁行的法律；约孙是蒙古各部在建立大蒙古国前就已经形成的各种社会规范，学术界多用习惯法来指称。《大札撒》中很多内容源自约孙。

一　约孙

（一）"约孙"的含义

　　约孙，即"yusun"，是蒙古语音译，汉译为"习惯"。元代汉语里"约孙"有时又译为"体例"。《鞑靼馆杂字》中解释"约孙"是道、礼仪、道理；《蒙文三合便览》中解释"约孙"是"通行规则、习俗、传统；礼节、仪式、典礼；理由、缘由、道理"等；《蒙古秘史》中"约孙"有"道理、规矩、习俗；原委、事情的经过"等。学术界多认为约孙是蒙古族在历史发展中自发形成的各类社会规范，或称为习惯，或习惯法。"孙约"是"继承下来的蒙古习惯法"。① "约孙"一词在蒙古族语境中有两种含义：一是作为道，理由、原理的意思；二是作为一种社会规范，即蒙古族历史上称为习惯的社会规范。

（二）约孙的内容

对约孙内容，有学者认为有氏族长老制、氏族首领选举制、汗位继承制、祖先祭祀制、重大决策的忽里勒台制、氏族血亲复仇制、氏族外婚制、财产幼子继承制、生产围猎制和生活禁忌等。② 约孙的内容具体包括什么，现在无法进行精准的考证，要进行整体性整理也是不可能的，或说是不现实的。约孙作为一种习惯，在蒙古国时并没有明确、完整的整理记载。现在的考察多是对宋元时期各种文献及中外关于当时蒙古人社会习惯记载中的资料进行的一种辑录。

约孙的内容现在可以看到的不多，具体有下面这些：

蒙古先民有不在河中洗澡、洗手的禁忌。"蒙古人有这样的习惯：春天和夏天，任何人都不在光天化日之下坐于水中，不在河中洗手，不用金银器汲水，也不把湿衣服铺在草原上，因为按他们的见解，这样会引来雷电大劈，而他们〔对此〕非常害怕，会害怕得落荒而逃。有一次，合罕（按：窝阔台）和察合台一起出去打猎，他们看到一个木速蛮（按：伊斯兰教徒）坐在水中洗澡，在习俗上不放过〔一点〕细节的察合台，想要杀掉这个木速蛮。"③ 以上习惯来自于蒙古人对水和火的禁忌。《蒙鞑备录》记载蒙古人对水禁忌，"其俗多不洗手而拿擢鱼、肉，手有脂腻则拭于衣袍上，其衣至损不解浣濯"；"鞑人……其为生涯，只是饮马乳以塞饥渴，凡一牝马之乳，可饱三人。出入只饮马乳"。《黑鞑事略》中有"鞑人每闻雷霆，必掩耳屈身至地，若躲避状"。④ 约翰·普兰诺·加宾尼出使蒙古国时亲眼目睹所作的记述中有，"仲夏的时候，当别的地方正常地享受着很高的热度时，在那里却有凶猛的雷击和闪电，致使很多人死亡"，⑤ 形成了"于水中、余烬中

---

① 奇格：《古代蒙古族法制史》，辽宁民族出版社 2000 年版，第 37 页。

② 吴海航：《元代法文化研究》，北京师范大学出版社 2000 年版，第 43 条。

③ 〔波斯〕拉施特：《史集》卷二，余大钧、周建奇译，商务印书馆 1983 年版，第 85 页。

④ 赵珙：《蒙鞑备录》，上海古籍出版社影印本。

⑤ 〔英〕道森：《出使蒙古记》，吕浦译、周良霄注汉译本，中国社会科学出版社 1983 年版，第 6 页。

放尿者，处死刑"的习惯法。

由于生存原因，蒙古人形成对火的崇拜与禁忌。"死者的亲属和住在他的帐幕内的所有的人都必须用火加以净化。这种净化的仪式是以下列方式实行的：他们烧起两堆火，在每一堆火附近树立一枝矛，用一根绳系在两枝矛的矛尖上，在这根绳上系了粗麻布的布条；人、家畜和帐幕就在这根绳及其布条下面和两堆火之间通过。有两个妇女在两边洒水和背诵咒语。"① "以小刀去接触火"、"在火旁用斧子砍东西" 以及 "跨越炊事用火" 是禁止的，若是故意触犯，最高可以处以死刑。蒙古国时期有 "遗火而热地者，诛其家"。②

在婚姻上，坚持族外婚，只要是族外婚，可以通过抢婚、买卖婚姻等形式进行。椐《蒙古秘史》记载，成吉思汗母亲诃额伦系其父也速该从篾儿乞人那里抢得，后来成吉思汗的妻子勃儿帖又被篾儿乞人以 "复仇" 的方式抢走。蒙古建国后，鲁不鲁乞见到的婚姻现象是 "当任何人同另一个人达成一项交易，娶他的女儿为妻时，姑娘的父亲就安排一次宴会，而姑娘则逃到亲戚家里躲起来……于是他和朋友们到处寻找她，直至找到了她，这时他必须用武力把她抢过来，并把她带回家去，佯装使用暴力的样子。"③ 对买卖婚姻，鲁不鲁乞记载 "一个人如果不购买妻子，他就不可能有妻子"；《黑鞑事略》记载，"霆见其俗：一夫有数十妻或百余妻，一妻之畜产至富。成吉思立法：只要其种类、子孙繁衍，不许有妒忌者"。蒙古族中有北方民族中收继婚的习惯，这种婚姻在元朝时还得到保留。

马在蒙古人的生活中占据着重要的地位，形成对马的保护的习惯。"倚靠在鞭打马的马鞭上（他们不用踢马刺，而用马鞭），用马鞭去接触箭，捕捉或弄死小鸟；用马笼头打马"。④《黑鞑事略》中记载有 "捶马之面目者，诛其身"。蒙古 "国禁" 有 "履阈者，诛其身" 的规定，"履" 是 "踩、踏" 之义，"阈" 是门槛，意思是 "踩、踏毡帐的门槛，会惹来杀身之祸"。《加宾尼出使蒙记》记载有 "不要踩到门槛上面"，又记载 "我们极为小心，因

---

① 〔英〕道森：《出使蒙古记》，吕浦译、周良霄注汉译本，中国社会科学出版社 1983 年版，第 14 页。

② 《蒙鞑备录笺证》，《王国维遗书》（13），上海古籍出版社 1983 年影印本。

③ 〔英〕道森：《鲁不鲁乞东游记》，吕浦译、周良霄注汉译本，中国社会科学出版社 1983 年版，第 122 页。

④ 〔英〕道森：《蒙古史》，吕浦译、周良霄注汉译本，中国社会科学出版社 1983 年版，第 11 页。

为凡是有意踩着任何首领帐幕门槛的人，都要被处死刑"。① 从这些记载可以看到蒙古国时期习惯的一些内容。

（三）约孙与《大札撒》的关系

约孙是蒙古各部历史上自然形成的习惯。《世界征服者史》中有"当蒙古各部归并于他（成吉思汗）的时候，他废除了那些蒙古各族一直奉行、在他们当中得到承认的陋俗；然后他制定从理性观点看值得称赞的法规"。② 《史集》中对成吉思汗"足资垂训的言论"中记载有"将来，直到五百年、千年、万年以后，只要嗣承汗位的后裔们依然遵守并永不改在全体民族中普遍沿用的成吉思汗的习惯（yusun）和法令（yasaq），上天将佑助他们的强国，使他们永远欢乐"。③ 在成吉思汗训言中有"国君嗜酒者不能主持大事、颁布必里克（即训诫）和重要的习惯法（yusun）"。"约孙"在蒙古国时与法律并称，成吉思汗曾说过："我决不让祖居沦丧，决不允许破坏他们的规矩、习惯（yusun）！"④ "凡是一个民族，子不遵父教，弟不聆兄言，夫不信妻贞，妻不顺夫意，公公不赞许儿媳，儿媳不尊敬公公，长者不保护幼者，幼者不接受长者的教训，大人物信用奴仆（gulam）而疏远周围亲信以外的人，富有者不救济国内人民，轻视习惯（yusun）和法令（yasa），不通情达理，以致成为当国者之敌。"⑤ 这些记载说明成吉思汗时国家的法律由两部分构成，即由成吉思汗名义颁行及认同的《大札撒》，及蒙古族历史中形成的各种习惯，即约孙。从中可以看出，约孙与《大札撒》的关系是：《大札撒》中很多法律渊源是约孙，但《大札撒》并不全来自约孙。这样，约孙在蒙古国时期发展成为两个部分：一部分吸收到《大札撒》中成为正式的法律；另一部分仍然以习惯的形式存在，成为蒙古族社会中的传统社会规范被保留下来。

二　《大札撒》

《大札撒》是蒙元时期，特别是蒙古国时期重要的成文法律。《大札撒》的最初制定者是成吉思汗。铁木真建立汗国后，开始以汗王的名义制定法

---

① ［英］道森：《蒙古史》，吕浦译、周良霄注汉译本，中国社会科学出版社1983年版，第12页。

② 《世界征服者史》，何高济译、翁独健校，内蒙古人民出版社1981年版，第30页。

③ ［波斯］拉施特：《史集》第一卷，余大钧、周建奇，中华书局1983年版，第355页。

④ 同上书，第178页。

⑤ 同上书，第354页。

律。《大札撒》的来源有两个部分：建立汗国前蒙古人的约孙和成吉思汗根据汗国治理需要制定的法律。这就是《大札撒》存在与否存在争议的原因，因为根据来源看，它很像习惯法；根据制定主体看，它是一部新法典。《大札撒》是蒙古国时期以汗王，特别是成吉思汗名义制定的法律是可以肯定的，但是否一部严格意义上的法典还是一个散松的相关法律名称，或者就是指由汗王名义制定或认同的各类法律的综合名称是值得讨论的。从现在材料看，《大札撒》应不是严格意义上的法典，它应是一部较为松散的法律类型的总称。学术界对《大札撒》是成文法还是习惯法汇编是有争议的。认为《大札撒》是成文法典的代表人物是维尔纳德斯基，在他的《成吉思汗札撒的内容与范围》一文中指出"无可怀疑，札撒作为一个成文的文件确定是存在的"。俄国学者梁赞诺夫斯基在《蒙古法基本原理》中持此观点。认为《大札撒》是习惯法汇编的有俄国学者贝勒津，他在《成吉思汗的〈札撒〉》一文中指出，"这种札撒的基础当然是民族的习惯法，然而成吉思汗决不可能完成这些民族的札撒，成吉思汗纂成了新的法典，民族的习惯法依据法典仍然维持了其效力"；"《札撒》决没有写成文书，由轻率的人们的谈话，将民间传说误当成了成文法典，这是可以断言的"。这样他认为《大札撒》是习惯法的汇编。

（一）《大札撒》的含义

"札撒"（yasa），系蒙古语汉语标音，又读作"札撒黑"（yasaqha 或 yasaq），有"札撒"，或"雅萨"，或"札撒黑"、"雅萨黑"等译法。札撒（雅萨）一词是蒙古语或突厥语还存在争议。因为突厥语中"法令"是"yasaq"，蒙古语是"jasaq"。"札撒黑"（jasaq）一词在《蒙古秘史》第153节中，即狗儿年（壬戌，1202 年）秋铁木真在答阑。捏木儿格思地方与察合安。塔塔儿、阿勒赤。塔塔儿、都塔兀惕。塔塔儿、阿鲁孩。塔塔儿等四部塔塔儿交战前，第一次以命令、法令、军令、申令等意思出现，原文为"札撒黑，鸣诂列勒都仑"，旁注为"军法，共说"。蒙古语"札撒"是"纠正"、"治理"等意义的使役动词，名词形是"札撒黑"。《鞑靼馆杂学》解释为法度；拉德洛莆编《试用突厥语方言词典》把"jasaq"或"jasak"解释为：禁止；决定、决议、命令、法令、法典、法律；罚款、罚金、惩办、处罚；贡、赋、施给；军事纪律。道润梯步认为"札撒黑"有"政令"、"惩则"之意。《蒙古秘史》第153节里是战场的命令，自然成为军令。① 额尔登泰等认为，蒙古语"jasaq"与突厥语"yasaq"在词义上除决定、决议、罚款、罚金、贡、贡赋施舍外，基本上是相同的，但蒙语还有政务、政令的含义。蒙古语"jasaq"在清代成为一种政治制度名称。在现代蒙古语只有政务、政权、政府之意。② 在研究《大札撒》时应注意成吉思汗时期"札儿里黑"（jarlig）即命令与"必力格"（bilig）即格言两者的区别。

札撒在蒙古语中具有法令、法规的基本意思。《大札撒》之所以在《札撒》之前加"大"，在于它性质上的特殊性。因为它是成吉思汗以汗王名义制定的。《吏学指南》中对《大札撒》的解释是："《大札撒》，谓依条例法度也。"《大札撒》在元朝仍然有效，中统三年（1262年）《元典章·兵部·站赤》中两次提到对违反规定的使臣"依札撒断遣"。王恽在《为春水时预期先渝事状》中记有"河间路任丘县南史村军户刘阿李，为残害海青事"时提到"乞送有司，照依札撒断罪施行"。说明元朝时此法律依然适用在相应的领域。

（二）《大札撒》制定的时间

《大札撒》制定的时间学术界存在争议。学术界多认为始于1206年成吉思汗正式建立蒙古汗国。从史料看，成吉思汗在建立蒙古汗国前，即狗儿年（1202年）未与四部塔塔儿未作战之前，为了约束军队，曾制定军法，规定"战胜敌人时，不可贪财。战胜了敌人，那些财物都是我们的，我们共同分配。如果被敌人打退，退到最初冲出去的原阵地，就要反攻；退到最初冲出去的原阵地而不反攻者，处斩"。③ 此可认为是《大札撒》最早制定的开始。鼠儿年（1204年）同乃蛮部作战前制定了千户、百户、十户和委派扯儿必官，组织怯薛军的"札撒"。《蒙古秘史》第191节记载"成吉思汗从阿卜只合·阔贴·格儿起营，到合勒合河的斡儿纳兀地方的客勒贴该·合答驻下，点数自己的人马。每一千人，组成一个千户，委派了千户长、百户长、十户长"。又委派了六名扯儿必官。而且"设置了八十名宿卫（客卜贴兀勒）、七十名侍卫（土儿合兀惕）。在那里挑选轮番护卫士（客失克田）入队时，选拔千户长、百户长的子弟和白身人（自由人）子弟入队，选拔其中有技能、身体模样好的人入队"。此外，还制定卫宿制度，即"箭筒

---

①　道润梯步译注：《新译简注〈蒙古秘史〉》，内蒙古人民出版社1979年版，第125页。

②　额尔登泰、乌云达赉、阿萨拉图：《〈蒙古秘史〉词汇选释》，内蒙古人民出版社1980年版，第294页。

③　余大钧译注：《蒙古秘史》（第153节），河北人民出版社2001年版，第209页。

士、侍卫、轮番护卫、司膳、门卫、管战马人（阿黑塔赤），白天进入值班，在日落前交班给宿卫，骑自己的战马出去住宿。宿卫夜间让宿卫士卧在帐庐周围。应守门的，可轮流站立守门。箭筒士、侍卫在第二天早晨咱们喝汤时，向宿卫说了［后接班］。箭筒士、侍卫、司膳、门卫都要在自己岗位上执事，就位而坐。值班三夜三天后，依例住宿三夜后更替。夜间有宿卫，可卧与［帐庐］周围值宿"。① 这成为后来汗国行政组织与军事组织的基本制度。当然，这个时期"札散"很难成为《大札撒》，虽然成吉思汗建立汗国前的法令成为《大札撒》的组成部分，在当时可能仅称为扎散。

《大札撒》制定的时间应在 1206 年，或说蒙古汗国名义制定法律始于此年。1206 年成吉思汗建立蒙古汗国时，制定法令。《史集》记载 1206 年"举行了大聚会……他于订立完善和严峻的法令（yasaqha）以后，幸福地登上了汗位"。② 这成为成吉思汗以汗王名义制定法律的真正开始。1219 年成吉思汗出征花剌子模时重新颁布法律。兔十二年（1219 年）"成吉思汗对诸子及万户长、千户长、百户长进行了任命和分派。他召集了会议，举行了忽里勒台，在他们中间对［自己的］领导规则（ain-eye）、律令（yasa）和古代习惯（yusun）重新作了规定后，便向花剌子模王国出征了"。③ 这次成吉思汗对法律进行了较大规模的整理与正式颁布。

《大札撒》完成的时间存在两种意见：一种认为《大札撒》是指成吉思汗以蒙古汗王名义制定的法律，此种观点认为始于 1206 年，完成于 1225 年，或 1227 年。"至于札撒的颁布日期，拉施德（拉施特）和马克利齐两人说是在铁木真征服乃蛮、克烈、篾儿乞部落之后（1206 年）召开的大会期间。这种说法看来是可信的。因为就是在这次大会上铁木真正式称帝（大汗）并改用成吉思汗这一新的称号。也是在这个时候奠定了新帝国的军事和行政基础。因而成吉思汗的札撒和训令的编成法典大抵是在这一年（1206 年）提出来的……札撒的第一次修改可能是在 1218 年召开的大会上，这次大会批准了对突厥斯坦预定的作战计划。这部法典的修改到 1225 年才完成。"④ 《古代蒙古法制史》认为"《成吉思汗大札撒》颁布于 1206 年……经过 1210 年、1218 年两次大忽里勒台的增补，到 1225 年定型，1227

---

① 余大钧译注：《蒙古秘史》（第 191、192 节），河北人民出版社 2001 年版，第 143—145 页。
② ［波斯］拉施特：《史集》第一卷，余大钧、周建奇译，中华书局 1983 年版，第 185 页。
③ 同上书，第 272 页。
④ ［美］维尔纳德斯基：《成吉思汗札撒的内容与范围》，王嬉忠译、余大钧审校，见内蒙古大学蒙古史研究室编《蒙古史研究参考资料》第 18 辑，1981 年，第 1 页。

年完成"。① 二是把《大札撒》作为蒙古国时期的重要法律，这种观点认为始于 1202 年，完成时间应在蒙哥汗时，即蒙古国时历代以汗王名义制定与修改的法律都可以称为《大札撒》。② 对《大札撒》制定的时间上，若以成吉思汗以蒙古汗国的汗名义制定为标准，应是始于 1206 年，终于成吉思汗死亡；若是从《大札撒》的内容看，应始于 1202 年，终于蒙哥汗时期。从元朝记载或其他史料看，后者更符合《大札撒》内容反映出来的情况。

（三）《大札撒》的版本问题

据《世界征服者史》记载，成吉思汗命蒙古人习学畏吾尔文字后把所颁札撒（jasaq，法令）书写在卷帙上，称为"札撒大全"，保存在为首宗王库藏中，每逢新汗（新皇帝）登基、大军调动或诸王大会，就拿出这些卷帐，依照上面的话行事。汉文史料记载称为"太祖金匮宝训"，或"祖宗大札撒"。成吉思汗《大札撒》没有流传至今的版本。现在《大札撒》的内容散见于《蒙古（元朝）秘史》、《世界征服者史》、《史集》、《元史》、《柏郎嘉宾蒙古行记》、《鲁布鲁克东行记》、《马可波罗游记》、《长春真人西游记》、《詹然居士文集》、《蒙鞑备录》、《黑鞑事略》、《南村辍耕录》、《埃及志》③、《诸国史略》（希伯来把尔赫不列思撰）、《蒙古人史》（亚美尼亚马加基亚撰）等中外文献和 17 世纪以来的蒙古历史文献中。

（四）《大札撒》的内容

对《大札撒》的内容，不同学者辑考出来的结果不同。余大钧整理考辑出 71 条，分为 17 部分，具体是：（1）行政法令；（2）驿站法令；（3）军事；（4）护卫军法令；（5）围猎法令；（6）赋税法令；（7）徭役法令；（8）豁免赋税、徭役法令；（9）尊崇各种宗教的法令；（10）尊重所有各民族学者的法令；（11）对待降顺的各国和城市的法令；（12）刑法；（13）禁忌、习惯法；（14）婚姻与家产继承法；（15）商业法；（16）关于监督实施札撒的法令；（17）关于审判方式的法令。④ 维尔纳德斯基把《大札撒》，根据内容分为：（1）国际法；（2）公法，其中包括最高权力（汗）、国家、义务服役法令、豁免役税法令、军事法令、狩猎法令、行政

---

① 奇格：《古代蒙古法制史》，辽宁民族出版社 2000 年版，第 4 页。

② 那仁朝格图：《成吉思汗〈大札撒〉研究中的几个问题》，载《内蒙古大学学报》2009 年第 2 期。

③ ［埃及］马克利齐（1364—1442）著，他的著作中搜集整理了 29 条札撒条文。

④ 余大钧：《一代天骄成吉思汗——传记与研究》，内蒙古人民出版社 2002 年版，第 532—560 页。

与行政条例、赋税；（3）刑法；（4）私法；（5）商法；（6）司法六部分。①
台湾学者李则芬认为《大札撒》由：（1）总纲；（2）国际法；（3）政府及
军队；（4）刑法；（5）民法；（6）商法；（7）一般禁令；（8）成吉思汗嘉
言录等部分组成。② 赛熙亚勒考辑出 54 条，分为 6 个部分：（1）总法或宪
法；（2）朝廷法；（3）军法；（4）民众法；（5）专门法；（6）刑法。③

　　根据贝勒津《成吉思汗的札撒》、维尔纳德斯基《成吉思汗札撒的内容
与范围》和那仁朝格图《成吉思汗〈大札撒〉研究中的几个问题》等学者
辑考的内容，《大札撒》内容大体有：

　　1. 国际法

　　交战要公开宣告，劝告对方投降；自动投降免屠杀；外交使团受到法律
保护，不能侵犯；外交使团拥有特权，受驿站免费接待。

　　2. 公法

　　保护王权上有：汗或可汗专属蒙古皇帝，禁止任何王公贵族拥有此称
号；任何王公贵族不授荣号与头衔；汗王特使权力优先，任何将领服从特
使；汗由宗王、军队将领、部落族长公推，即由忽里亚勒台公议推举。

　　国家行政组织规定：严守十户、百户、千户和万户的规定，不得随意改
变；万户长、千户长和百户长，每年初和年终，两次来受教，归而身体力
行，若面从心违，致我令如石落水，如矢入苇，此人不可以典兵；禁止太守
等与国王以外任何人发生关系，违者处死；未经王汗许可，擅自改变官员任
职者处死；不允许反抗那颜的命令，如果有违犯的人，严加惩处。实行宗教
信仰自由；给宗教人士、专业人士特别待遇。

　　军法上：军队编织上采用十进制，分十户、百户、千户、万户；护卫军
编组，分宿卫、箭筒士和散班；男子二十以上，皆有服兵役的义务，违者处
死；护卫军战士，从百户、千户及白身人（自由人）子弟中选取有技能强
健者出任；大汗不出征，护卫军不能出动，擅动护卫军者处死；十户长、百
户长、千户长和万户长不能统率其部属作战者，连同妻子、儿女一并定罪，
另选他人为长；怯薛军是大汗护卫部队，直属于汗王；统将和士兵，平时要
做好战备，一旦诏令立即行动，不分昼夜到达指定地点，接受任务；设立驿

　　① 维尔纳德斯基：《成吉思汗札撒的内容与范围》，王嬉忠译、余大钧审校，见内蒙古大学蒙
古史研究室编《蒙古史研究参考资料》第 18 辑，1981 年，第 1 页。
　　② 李则芬：《成吉思汗新传》，台湾中华书局 1970 年版。
　　③ 赛熙亚勒：《成吉思汗传》，内蒙古人民出版社 1987 年版，第 485—503 页。

站，出征时候沿途设置驿站，由千户承担站役，出备车马；士卒鞍马，武器及日用品自备，缺者处罚；那颜出征须带从马六七匹，士卒二三匹；出师不以贵贱、可带妻奴而行，使其掌管行李，设立毡帐，装卸鞍马，轻重车驮等事；临阵前，统将必须检阅士卒及其武器装备。

士卒出征逃匿者斩；作战临阵先退者死；作战时，十人中如有一二人逃走，全班之人皆处死；一队中，如有英勇者数人领先出击，其余如不跟进者，处死；每单位，如有人被俘，如不能抢救回来，全单位皆处死；被敌击退时，须退之布阵初地，再回头力战，否则处死；战阵中，鸣号收阵以前，擅自偃旗收兵者处死；战斗间隙，要放马于草地饱食，禁止骑乘；士卒擅离所属部队者处死；破敌逐北，见弃物勿取，须待战毕共分之，擅取战利品者处死。

战利品须奉献可汗，皇子、那颜和各级军士，多寡比例，按地位高低分配；行军、作战中拾取同伙衣物、兵械，不交还失主者处死；不许各级那颜收容他队之人，虽宗王亦不得收容欲叛其首领之人；不经许可，擅给俘虏食物者处死；出军不得妄杀；在敌人投降以前，不得媾和；主动来降的敌国，实行宽赦；受处罚的将领，不管有何理由，必须绝对服从。

刑事法律：通奸者，不论有无妻室，处死；鸡奸者处死；故作妄语或使用巫术者，处死；捕获俘虏，未得许可，擅自与俘虏衣服或食物的，处死；偷盗财产，此奴及奴主皆杀，并没收此奴及奴主之妻、子、畜产；盗窃之物不重要者，杖之；禁止喝酒、嘲闹、打架以及大声谩骂等行为；偷马者偷一罚九，无力偿者以子外偿，无则处死；偷骆驼者处死；隐藏奴隶，提供衣服饮食的人，处死刑；抓住失踪奴隶时押送给原主；凡丧失他人寄托财物至三次者，第三次破产，处死。

继承法：诸子皆可继承财产；妾之子亦为合法，要按其夫之规定享有相当的继承权；对财产的分配上，年长者多于年少者；正妻的幼子继承父亲炉灶；若父亲或兄长死，除亲生母亲外都有权分配。

其他社会行为法：禁止毁草地而攫地；禁遗火而燎荒；禁止于水中和灰烬上溺尿；禁止跨火、跨桌、跨碟以及盛食物的各种器皿；禁民人徒手汲水，汲水时必须用某种器具；禁洗濯，洗破穿着的衣服；宰食牲畜，须用掏心式，不许砍头，其杀所食的动物，必须缚其四肢，破胸，入手紧握其心脏，禁止用穆斯林杀生法；围猎时对怠慢士兵以及使猎兽逃跑者处以鞭刑或死刑；禁止打马的头面；禁止百姓使用未经品尝的任何食物；脚踏首领门槛者处死；通过正在饮食者近旁要下马，不经对方准许也可共餐。

从这些辑录出来的法律看，《大札撒》很多内容被后来蒙古族制定的法典所继承，如给过客提供食物；偷马偷一罚九，没有可以用子女抵；军队采用十户、百户、千户和万户制等。当然，《大札撒》内容问题可能会继续存在争议，除非出土较为完整的文本。

第三节　明清时的蒙古族法律

1368 年元顺帝退出北京，从此蒙古族进入了新时期。明清时期蒙古族各地的王公汗王制定了大量地方性法律，延续了蒙元时期的法律特色，代表性法律有《图们汗大法》、《桦树皮律令》、《阿勒坦汗法典》、《卫拉特法典》、《蒙古律书》、《喀尔喀法规》（或称为《喀尔喀齐鲁姆》），其中《桦树皮律令》、《阿勒坦汗法典》、《卫拉特法典》、《蒙古律书》和《喀尔喀法规》等。《蒙古律书》是由清中央制定认可的，成为清朝时期中央政府的法律部分，这里不做分析。根据史料记载，1576 年北元王朝制定过《图们札撒黑图汗亦可察济》，即《北元大汗大法律》，此法律现在还没有见到文本，对其内容无法进行深入考察。这个时期较有影响的法典是 16 世纪蒙古右翼三万户阿勒坦汗根据《十善福经教白史》制定的《阿勒坦汗法典》，成为明清时期各地蒙古王公制定法律的典范，影响着此后各部法典的内容和特点。

一　《阿勒坦汗法典》

明朝中期蒙古右翼土默特部首领阿勒坦汗（1507—1582 年）制订了《阿勒坦汗法典》，成为明清时期蒙古族立法史上的重要法典。对《阿勒坦汗法典》制定的时间，一般认为在万历四年，即 1576 年，当年"召集六万户，制定了大法"。法典被发现是在 1973 年。1973 年德国学者拉·奥·麦斯札勒在英国利物浦博物馆中发现了《阿勒坦汗法典》。他对《阿勒坦汗法典》整理后发表在波恩大学《中亚研究》上，进而让学术界对法典有了全面了解，展开了对法典的研究。《阿勒坦汗法典》发现的版本是藏文，现在还没有蒙文本法典被发现。发表后，蒙古学者士·毕拉把藏文手写体改成楷书体后翻译成藏斯拉夫蒙文，发表在蒙古国的 1975 年《科学院通讯》上。毕拉在翻译时根据内容对《阿勒坦汗法典》条文进行了重新组合，分为 12部分。国内学者最先由暴彦奇格和宝音从毕拉的蒙文翻译成汉文，发表在 1983 年第 4 期和《内蒙古地方志通讯》和《土默特史料》第 16 集上。1996年苏鲁格根据发现时的藏文本进行了重新翻译，并发表在《蒙古学信息》

1996 年第 1、2 期上。让学术界对法典的认识得到了很好的推进。

对《阿勒坦汗法典》，学术界认为法典最初仅有 13 条，后经过不断增修，最后形成现在的《阿勒坦汗法典》。现在见到的《阿勒坦汗法典》共13 章，115 条。① 国内对《阿勒坦汗法典》的研究始于 20 世纪 80 年代，1981 年荣丽贞发表了《略述阿勒坦汗》一文，对法典时行介绍。1983 年奇格在《一部珍贵的古代蒙古法律文献——〈阿勒坦汗法典〉》一文中对法典发现的经过和内容进行了较详细的介绍；1994 年刑联禹在《〈阿勒坦汗法典〉研究与思考》中进一步分析了该法典的内容。② 这个时期的重要成就是1996 年苏鲁格对《阿勒坦汗法典》进行翻译与注译，他在翻译法典时附有藏文原文。2000 年后，对法典研究上，那仁朝格图的《〈阿勒坦汗法典〉及其内容浅析》③ 成为该法典研究上的新成果。

《阿勒坦汗法典》由序言、正文、结语和附录四个部分组成，结构是典型的人类社会法典的基本结构。

（一）序言

《阿勒坦汗法典》中"序言"说明法典制定的缘由和适用的范围。"序言"中叙说了蒙古地区佛教传播的概况，指出阿勒坦汗与索南嘉措间的关系。"序言"内容说明蒙古地区这个时期藏传佛教开始获得绝对地位，社会治理上出现政教两种法规。"佛教戒规之帛结如不坏金刚，世间法律如牛轭大金山"。"序言"指出法典适用于整个蒙古地区。"汝等作了蒙古四十部落之首领，尔等五首领及一切大、小鄂托克应铭记于心。"④ 在"序言"还要求蒙古地区民众要服从政权二法。

（二）正文

法典正文按苏鲁格的翻译本，分为 139 条。法典的条文数量，若根据内容与结构，法典条文数应在 139 条以下。如第 113 条与 117 条应是一条，因为 117 条规定"从河流、沼泽和火中救出骆驼者，每救出一峰骆驼赏上好绵羊一只"，后面有"救出牛群者，赏牛一头；救出马牛者，赏山羊一只；

---

① 法典的条文数量不同译本各不相同，还有 86 条的。

② 荣丽贞：《略述阿勒坦汗》，载《内蒙古大学学报》1981 年第 3 期；奇格：《一部珍贵的古代蒙古法律文献——〈阿勒坦汗法典〉》，载《内蒙古社会科学》第 6 期；刑联禹：《〈阿勒坦汗法典〉研究与思考》，载《前沿》1994 年第 3 期。

③ 那仁朝格图：《〈阿勒坦汗法典〉及其内容浅析》，载《内蒙古大学学报》（哲学社会科学版）2010 年第 1 期；

④ 苏鲁格：《阿勒坦汗法典译注》，载《蒙古学信息》1996 年第 1 期。

救出马群，赏马一匹；救出羊群，赏上好绵羊二只"。认真看这里的内容，本质上是一类，条文结构是：

> 从河流、沼泽和火中救出骆驼者，每救出一峰骆驼赏上好绵羊一只。救出牛群者，赏牛一头。救出马、牛者，赏山羊一只。救出马群者，赏马一匹。救出羊群者，赏上好绵羊二只。①

若对法典条文进行此类重新划分，数量可能在 80 条左右。从最新出版的《蒙古古代四部法典》中收录的版本看，条文数量被划分为 86 条。这个划分是较为适切的。

法典涉及人身安全、偷盗、婚姻家庭、传染病与尸体保护、救助、使臣权力和其他事类。

1. 人身安全，基本内容是人身伤害与死亡的赔偿与处罚。法典第一条规定杀人行为的处罚是打三组，罚牲畜一九或一五。对法典中"打三组"是什么，学术界没有明确统一的解释，可以肯定的是一种笞杖鞭刑。法典中第 4 条规定窃取财物、马、牛等财产时一人应被确定为"执为首"。"执为首"应指两人以上犯罪时一人为主犯，因为第一条中有"两人同案，执为首一人"。从这里看，应是对前两款中"执为首"的限定。在罚畜上，最高数额是九九。对"九畜"所指，法典有明确规定，即"一九"中九种牲畜是马二匹、牛二头、羊五只；"一五"中牲畜是指马牛各一、羊三只。杀害子女或养子女的，亲生父母杖罚，罚畜五九；养父母罚畜四九；杀女孩，罚从军，同时罚骆驼等九畜。杀所生有生理问题的小孩罚畜九九。由此看，这个时期，蒙古地区对杀人罪主要采用罚畜。此种方式被清朝时制定的《蒙古律书》所继承。在伤人上，区分故意、嬉戏和过失三种。故意的：打瞎人命杖一，罚牲畜九九，赔一人或驼一只。这是法典中处罚最重的，比杀人处罚还重。用利器伤人，罚马为首的九畜。用鞭、拳、脚、土块和石头打伤人，罚五畜。斗殴中揪对方头发、胡须，被揪者无罪罚五畜，双方互揪，且有错，不罚。斗殴致人手足残废的，罚畜九九；若可医愈的，罚五畜。斗殴中导致人失去性功能，罚畜九九。嬉戏致人死亡、致盲、致断齿、失去性功能的，按人社会地位分别罚马，肇事者罚三九；嬉戏中致人手足断裂者，以一人赔偿。过失误伤致死，以人、骆驼、马等赔偿；致妇女流产的，按怀胎

---

① 苏鲁格：《阿勒坦汗法典译注》，载《蒙古学信息》1996 年第 1 期。

月数罚九畜。男人揪妇女头发的，罚畜五九；扯破衣服的，罚五畜。杀管理财物的汉仆，或致伤残的罚五畜，或赔同等人；若是官吏的差役或母亲家仆，按蒙古人赔偿。恶棍、奴仆杀人没收财产。谎言陷害人，罚马；若是玩笑的，罚九畜。此外，特定人群与动物伤人，罚畜。如疯子杀人罚九畜；狗、疯狗、公骆驼、种马、种绵羊、公山羊伤人，按精神病人杀人处罚，即罚九畜；勃、额秃根占卜、作法致人死，杖一，罚牲畜九九；未死，罚畜九九。遇到疯子，擒拿捆绑的赏马一匹。

2. 偷盗。偷盗是法典中内容最多的部分，涉及对象从牛马等大牲畜到生产生活中各类生产、生活用具。内容达50多条款。偷盗罪的认定上，有年龄限制，十岁以上偷盗成立偷盗罪，十岁以下不成立。新来的汉仆偷盗，一年内不按偷盗处罚，二年按遗失物，三年后按偷盗处罚。从偷窃对象上看，可以分为偷马牛骆驼羊，或身上的毛，牛马骆驼身上的佩器等。如盗取马鬃罚九畜，马尾三九；牛尾五畜；骆驼的秋毛罚马牛合二，绊脚索马二匹，鼻绳罚马一匹；绵羊的毛、辔索、缰绳罚羊等。偷盗生活用品、武器等，如小刀、剪羊毛刀、头盔、大盆、扇子等；偷盗衣服，如上等裤子、鞭子等。此外，还有类比偷盗罪处罚的，如谎称使者，按窃贼论处；随意饮家宅或库房食品按偷盗处罚；偷猎野马、驴、黄羊、野猪等，按偷盗处罚。法典规定对偷盗者，当场杀死的不受处罚；若故意放走，要罚羊二只。下面是此方面的法律：

> 第五十六条　盗窃火镰、锉刀、纯质金属矛枪、铁盾、银嚼子、铁炉、头盔、手剑、狐皮、弓箭囊、腰带、银颈带等，罚牲畜三九。
>
> 盗窃剑、小刀、凿子、钳子、钻子、斧头、锤子、锛子、剪羊毛刀、刨子、墨斗、锯、缨路、围腰、小袋、帽尾缨子、料袋、搭链等物品者，罚五畜。
>
> 盗活物者，罚活物。盗无生命物者，罚无生命物。
>
> 盗窃大盆、碗、木勺、夹子、铜壶、斗篷、毡子、雨具、黄狗皮大氅、山羊皮大氅、皮条辔索、鞭子等，罚九畜。
>
> 盗窃匣子、梳子、抓挠儿、镊子、毛笔、竹笔、项环等，罚绵羊一只。
>
> 盗窃木棰、扇子、兽皮垫子、扯绳，罚绵羊一只。
>
> 盗窃箭、熊面具、帽翎三物，罚马、牛、羊三畜。
>
> 盗窃铠甲服、貂皮大氅、"克斯蒙"大氅及任何一种昂贵的猛兽皮

大氅，罚牲畜六九，赔偿一人或一驼。

盗窃靴子、上等裤子，马褂、被褥、西方的青蓝色或红色旱獭皮大氅，罚牲畜三九。

盗窃马鞍，罚牲畜六九。无论盗窃何种马袋，罚马一匹。盗窃马衬，罚牲畜三九。

偷取鸥之翎、岩雕之翎、狗头雕之翎，鹫之翎，罚牲畜二九。凡偷取水禽之翎、肉者，罚马一匹。

盗窃金碗、金帽、银碗者，罚牲畜六九，赔偿一人或一驼。

盗窃金、银者，盗窃大块的，罚牲畜六九；盗窃小块的，罚牲畜三九。①

此种列举式偷盗立法风格被后来《桦树皮律令》、《喀尔喀法典》、《卫拉特法典》和《青海卫拉特法典》等继承。而且这种偷盗立法规定得越来越具体，内容更加详尽。

3. 婚姻家庭法涉及结婚、父母对子女义务等。婚姻上，父母不能强迫女儿结婚，若以各种方式逼迫女儿，导致逃婚，罚畜九九；女儿回家的不罚。父母与人恶意同谋逼迫子女结婚的，罚牲畜七九。将清白的女儿许嫁给恶棍之家，父母要受处罚。从这里看，法典坚持婚姻自由原则，反对父母干预子女的婚姻。对举行订婚酒宴，男方若在赴婚礼途中死亡，婚姻成立；没有的婚姻不成立。

4. 对妇女特别规定。法典对妇女保护进行了特别立法，涉及妇女作为受害者或犯罪者主体。法典中对辱骂不同等级的妇女有明确处罚规定，具体是骂诺颜或诺颜的夫人，罚畜二九；骂好人的夫人，罚五畜；骂出身卑贱的妇女罚马一匹；骂由卑贱转成尊贵夫人的罚马二匹。若是被骂者挑衅的，不处罚。男子用尖状土块、木、石打妇女，罚畜三九；鞭打、拳打、脚踢的罚九畜；妇女口出秽语，扑打男人罚牛一头。调戏妇女，扯破衣服者罚牛马。

5. 传染病与尸体保护。由于蒙古族是游牧民族，传染病对他们社会影响十分大，特别是牲畜传染病，所以在法律上对此进行了明确规定。患恶病的人到他人家里，传给他人，死亡，杖一，罚畜九九；被染生病，未死，罚三九；没有生病，罚备有鞍辔的马一匹；生病致人眼瞎的，罚畜九九；触到、抓到死人尸骨的，没有驱邪的罚畜九九；盗死者随葬品，与盗窃活人相

---

① 苏鲁格：《阿勒坦汗法典译注》，载《蒙古学信息》1996 年第 1 期。

同；放走祭祀马，罚畜九；转移尸体、祭祀马的罚畜三九。

6. 救助。蒙古地区地广人稀，生产、生活中需要相互救助。对此，法典对救济人口和各类牲畜有详细的奖赏规定。《法典》第73、74条规定救助并携带迷途男童回家，赏好马一匹；女童，赏上好马或骒马一匹。从水、火中救出蒙古人，赏马二匹；救出汉族家仆，赏马一匹；救出一等汉族赏绵羊一只；下等汉人赏牛一头。此处可能有误。对各类牲畜上，根据救助的地点不同，略有不同，具体分为在风、雪和雨、狼群、沼泽和水火中。在风、雪和雨中救出羊群可以取上好绵羊一只。救出被狼驱赶的羊群，可取上好绵羊二只。沼泽中救出多少骆驼，赏马多少匹；救出马、黄牛的，每救出一只，赏绵羊一只。从火、水中抢出盔甲、手剑者罚马一匹。从河流、沼泽和水中救出骆驼，一只赏绵羊一只；牛群赏牛一头；马、牛的赏山羊一只；马群，牛一匹；羊群赏上好绵羊二只。此方面规定很详细，体现了游牧民族的生活特点。

7. 使臣权力。法典对使者权力进行了特别规定。殴打使者，罚五畜，使者先动手，不罚。使者在马群或家宅前不下马，罚马；执行紧急公务，不受处罚。打朝廷使者、普通使者罚五畜；拒绝供给驿马罚马一匹。用箭射或用刀砍使者，罚畜一九。

8. 其他社会规范。法典中有些内容涉及风俗习惯与蒙古地区特殊社会环境，如规定送葬后进入其他人家，罚数马。男子衣服破烂罚马一匹；自己行走或与人行走，帽尾断开分别罚三九与一九；帽带断开罚绵羊一只。家庭主妇拒绝给路过的好人食物、睡铺罚马一匹。给饮料者罚山羊一头。调解纠纷的人若被杀，杀人者要杖一，罚畜九九或赔人一人；未动手的，免杖，罚畜九九，赔偿一人或一驼。

《阿勒坦汗法典》虽然在"序言"中提到了佛教及佛法，但整个法典没有明显的受佛教戒律立法技术和内容影响的痕迹，法典也没有特别规定佛教僧侣的特权。此方面与后来的《卫拉特法典》存在明显的区别。从法典内容上看，整个法典体现蒙古族传统习惯法的特征十分明显。在现在没完整版本的《大札撒》出现之前，《阿勒坦汗法典》应是最接近蒙古族传统社会特征的法律，或说是没有佛教化前和受藏族法律文化影响前的法律特点的。

二　《白桦法规》

《白桦法规》，又称《喀尔喀七旗法典》、《桦皮律典》、《喀尔喀桦树皮上书写的法典》、《白桦法典》和《喀尔喀新发现的法典》等，是明朝后期漠北蒙古喀尔喀部各封建主制定的诸法律的总称。1970 年蒙古国学者呼·丕尔烈和原苏联学者莎符库诺夫，在蒙古国布剌干省南部达新其林苏木所在地附近的哈剌布罕·巴剌嘎孙古城遗址的一座塔墟中，发现了以蒙古文和藏文写在桦树皮上的文书，称为《桦树皮文书》。《桦树皮文书》内容有：佛教经文、佛教和民间宗教不同程度相融合的文献、民间宗教概念以及运用方面的文书、法律文书、语法和书写练习等。1974 年呼·王尔烈把《桦树皮文书》中的法律文书部分以抄本形式向学界公布。1999 年，根据蒙德两国协议将《桦树皮文书》中粘贴在一起的一部分文书送往德国，由德国波恩大学中亚语言文化研究所承担修复。2000 年完成了《桦树皮文书》中的某些文献研究，在德国出版。《桦树皮文书》中法律文书由 18 部大小律令组成，其中 15 部律令内容基本完整。《桦树皮律令》制定的时间上，18 部文本大致形成于 16 世纪后半叶至 1639 年之间，其中 15 部有明确的时间，6 部没有明确时间。制定年代不详的 6 部律令分别为《六和硕律令》、《猴年大律令》，《额列克汗、额尔德尼洪台吉二人颁布的律令》、《蛇年苏木沁律令》、《法门律令》和《小律令》。现在法典的排列顺序有两种：呼·丕尔烈抄排序和图雅的排序。① 图雅的排序是《六和硕律令》、《猴年大律令》、《额列克汗、额尔德尼洪台吉二人颁布的律令》、《水兔年小律令》、《木龙年律令》、《蛇年苏木沁律令》、《铁猪年小律令》、《水牛年小律令》、《阳木虎年四和硕小律令》、《阳木虎年赛罕寺律令》、《木虎年秋律令》、《木虎年小律令》、《火龙年小律令》、《龙年秋小律令》、《龙年一部律令》、《法门律令》、《小律令》和《土兔年大律令》。下面按图雅的排序对法典各部分内容进行介绍。

《六和硕律令》，或称为《六和硕大律令》，共 84 条，制定于 16 世纪后半叶，时间与参与人员不清楚。律令第 1—12 条有缺，有些条文可以补复，如第 7—12 条，但有些无法复原，如第 1—6 条。基本内容有伤人处罚、偷盗处罚、军事法、水源保护法。此部法律是对整个喀尔喀地区各个阶级制定的，具有综合性法律的特征。有些内容与《大札撒》和《阿勒坦汗法典》相同，但法律中已经出现针对宗教的特别立法，如第 37 和 38 条。

《猴年大律令》共 94 条。在制定时间上，呼·丕尔烈从序言记载的制定时间"猴年"，认为是 1620 年，图雅认为是 1596 年；制定地点是塔尔尼

---

① 图雅的博士论文对法典的排序进行了考辨，提出了新的排序，这里采用图雅排序。具体见《〈桦树皮律令研究〉——以文献学研究为中心》，博士学位论文，内蒙古大学，2007 年。

河畔；参与制定的人有"黄金家族之汗阿海、执政的哈坦巴图尔诺颜、执政的达尔汗土谢图诺颜、岱青巴图尔诺颜、昆都伦楚玻尔诺颜、卓尔玻勒诺颜、和硕齐诺颜、卓哩克图诺颜、绰克图诺颜、火凌阿拜诺颜、伊勒登诺、和硕齐诺颜、宾图诺颜、乌班第诺颜、鄂尔哲依图诺颜、墨尔根台吉、车臣台吉、挥台吉、岱青台吉、绰克图台吉、喇瑚哩台吉等大小诺颜为首，拟定了大律令"。这里列举了21位喀尔喀部的汗、诺颜、台吉的名字，说明此法律的制定是由喀尔喀部诸部落首领共同协商制定。这是整个《桦树皮律令》各部法律制定上的基本特征。法律中大量规定首领违反共同协议的处罚及各汗、诺颜、台吉之间产生纠纷如何解决等。从中可以看出，法律主要是调整部落之间头人、部民等的关系。此外，法律还对偷盗、伤人的处罚等进行规定。此方面内容与《阿勒坦汗法典》具有高度相似性，说明漠北与漠南蒙古的法律渊源是同源的，都是源自蒙古族的约孙，或说后来的《大札撒》。

《额列克汗、额尔德尼洪台吉二人颁布的律令》共14条，制定时间与地点没有明确的记载，根据内容推定在1596—1603年间，制定者是额列克汗和额尔德尼洪台吉。法令调整的是窃贼行为，因为"序言"中有明确说明，"额尔德尼洪台吉、额列克汗二人，于五六月间颁布了有关窃贼律令"。从此可知，此法律是两个首领制定的适用于两部落间盗窃罪的处罚法，而不是盗窃的基本类型法。

《水兔年小律令》共14条，制定时间1603年，地点在伯尔克。法律"序言"中有"昆都伦楚唬尔诺颜为首，鄂尔哲依图洪台吉、岱青台吉、绰克图台吉、车臣台吉、朝台吉、土谢图洪台吉、刺玛斯奇卜阿拜、额莫勒德尔（喇玛塔尔）阿拜、多尔济阿拜，这等大小诺颜于水兔年五月十五日，在伯尔克之阴布拉克水之滨制定了小律令"。从列出参与制定者的名字可知，此法律适用于左翼四和硕。此法律基本内容是规定诺颜、台吉之间的义务，违反了法律处罚的程序与机制。如第2条规定"这些诺颜结为一体。从此，若那个诺颜犯下过错，大家则一同惩治此人。所罚之'巴'大家分之。若惩罚有悖于所定之律令，则须重新断给有理之方。无论是异部族人还是亲族人的正义之事，大家勿放弃。对错谬之事，大家则磋商予以纠正"。此法律更像是部落间的联盟法。

《木龙年律令》共6条，制定时间是1604年，制定者在"序言"中有"守候者哈坦巴图尔诺颜为首，土谢图洪台吉、昆都伦楚墟尔诺颜，其几位子侄台吉以及阿巴海、塔布囊们，大家于木龙年秋末月至九月十九日，开始拟定律令。从七和硕大律令至龙年九月三十日的几个案例"。从参与制定人人员看，此法适用的范围为左右二翼，基本内容是伤人、通奸、杀害平民、喇嘛等僧侣出行的特权。法律调整对象具有普遍性。

《蛇年苏木沁律令》共 4 条，制定时间在 1605 年，地点和参与制定的人员是"赛因斡齐赖汗寺前，汗阿海、哈坦巴图尔、岱巴图尔、昆都伦楚琥尔等大小台吉于蛇年颁布了有关苏木沁律令"。此法律是蒙古地区制定保护寺院及寺院属户的专门法律。此法律是现在可以见到的蒙古地区专门针对佛教寺院和财产保护的较早法律。如法律第一条规定"汉人若侵犯寺庙，七和硕诺颜则一同追究此事。哈剌抽人若侵犯寺庙，杀其身，夺其牲畜"。

《铁猪年小律令》共 10 条，制定时间是 1610 年，地点是鄂尔浑河畔，制定者不清，适用范围是左翼四和硕。基本内容是规范诺颜会盟、军事支持、对各部逃户收捕的相互支持的义务，是诺颜间的专门法律。

《水牛年小律令》共 7 条，制定时间是 1613 年，地点为斡齐赖赛因汗寺，制定参与者左翼四和硕，适用左翼四和硕。此法律"序言"中说"努图克律令"，基本内容是规范诺颜管理范围的权限及越权的处罚，同时对诺颜行为进行限制。

《阳木虎年四和硕小律令》共 1 条，制定时间 1614 年，地点为赛因汗寺，适用左翼四和硕。基本内容是规范诉讼程序。"命两名犯罪嫌疑人前去受审，若一方拒不至，可等三日。仍不至，则察明汗。汗派额勒赤前往其拒不前来者处，罚取一匹马。若拒不交马，则以双倍罚取。仍不反省，则四和硕各派一名额勒赤前去罚取四匹马。对此仍不反省，则派八名额勒赤前去罚取八匹马。仍不反省，仍照前例，增加额勒赤之数前往其处索取马匹。所罚之马应向有罪者索取。"

《阳木虎年赛罕寺律令》共 10 条，制定时间是 1614 年，地点是赛罕寺，制定者是左翼四和硕的诺颜、台吉，适用左翼四和硕。基本内容是规范诺颜、台吉对属民违法负连带责任，同时涉及偷盗行为的处罚。

《木虎年秋律令》共 6 条，制定时间是 1614 年，地点是阿勒塔噶特河畔，制定者是左翼四和硕的诺颜和台吉，适用左翼四和硕。基本内容是规定诺颜和台吉间不能相互攻杀、婚姻上的禁止和偷盗处罚等。

《木虎年小律令》共 5 条，制定时间是 1614 年，地点是豁塔固尔哈屯、达赖车臣洪台吉二人寺，制定者是左翼四和硕的诺颜和台吉，适用左翼四和硕。基本内容是规范牧马人偷盗的法律责任。

《火龙年小律令》共 8 条，制定时间是 1616 年，地点昆都伦楚琥尔诺颜寺，制定者是左翼四和硕的诺颜和台吉，适用左翼四和硕。基本内容是规范诺颜、台吉违反法律的处罚。

《龙年秋小律令》共 4 条，制定时间是 1616 年，制定地点为达赖车臣洪台吉寺，制定者是左翼四和硕的诺颜和台吉，适用左翼四和硕。基本内容是规范偷盗处罚。

《（龙年）律令》，共 7 条，制定时间是 1616 年，制定地点不清，适用范围不清楚。基本内容是规定各诺颜和台吉在发生偷盗案时的互助义务。

《法门律令》共 9 条，制定时间、地点不清，制定者是左翼四和硕的诺颜和台吉，适用左翼四和硕。"以土谢图汗为首的四和硕全体台吉为寺院学徒事宜制定了法门律令"，基本内容是规范佛教僧侣的权利与义务。

《小律令》共 1 条，制定时间、地点、制定者不清。此法律内容与《阳木虎年四和硕小律令》基本相同。

《土兔年大律令》，制定时间是 1639 年，地点在赛因汗寺。律令只有首页，内容无法知晓。从"序言"看是适用于喀尔喀部的法律。"序言"中有"土兔年夏末月十一日，两位呼图克图、扎萨克图汗、土谢图汗、大小诺颜，于赛因汗寺前开始拟定大律令。汗和哈剌抽人若违背该律令，则七〔和硕〕……"

从 18 部法律看，称为大律令的有三部，即《六和硕大律令》、《土兔年大律令》和《猴年大律令》，三部律令的基本特征是由喀尔喀部全体王公台吉参与制定，适用于整个喀尔喀部；从内容上看，三个律令应是同一法律三次不同时间的修改，虽然从《六和硕大律令》和《土兔年大律令》条文上看，两者存在不同，但基本内容是相同的。其他 15 部法律多是补充或针对特定事项、或喀尔喀中某几部制定的。如《蛇年苏木沁律令》和《法门律令》是专门针对僧侣制定的，标志着这个时期漠北蒙古地区佛教僧侣开始纳入法律保护对象，同时说明佛教开始在漠北蒙古地区成为重要的社会力量。《阳木虎年四和硕小律令》、《火龙年小律令》是左翼四和硕制定。

《桦树皮律令》是喀尔喀部在 16 世纪后期至 17 世纪前期的系列立法成果的总称，不是严格意义上的法典。从现在的内容看，《桦树皮律令》系列立法最后成为了《喀尔喀济鲁姆》，即《喀尔喀法典》的直接渊源。《桦树皮律令》与漠南土默特《阿勒坦汗法典》相比，存在以下不同：立法形式上，《桦树皮律令》是喀尔喀部各首领联合制定，《阿勒坦汗法典》是阿勒坦汗统一漠南蒙古诸部后制定的专门法典；在内容上，《桦树皮律令》有大量调整各部落首领关系的法律，《阿勒坦汗法典》没有涉及部落首领间关系；《桦树皮律令》在内容上等级特征十分明显，《阿勒坦汗法典》没有出现大量的等级划分，法律上等级间差异相对较小。在宗教上，《桦树皮律令》有大量的宗教立法，《阿勒坦汗法典》没有对宗教进行特别立法。两个法典从内容上看，《阿勒坦汗法典》更具蒙古族佛教化前的传统法律特征，《桦树皮律令》更具佛教化后的法律特征。蒙古族在立法史上，自蒙古国以来，可以分为两个时期，从《大札撒》至《阿勒坦汗法典》为一个时期，从《桦树皮律令》后为一个时期。前期立法上以蒙古族传统"约孙"及北方游牧民族法律文化为基本渊源；后期以佛教因素、藏族传统法律因素和蒙古传统法律因素为渊源。

《桦树皮律令》从调整对象上，可以分为行政性质法律、民事性质法律、刑事性质法律、宗教性质法律和诉讼性法律。行政性质法律主要约束与调整喀尔喀部中七和硕和大小诺颜、台吉的权力、义务及各王公对整个部落承担的法律责任等。《桦树皮律令》对漠北蒙古喀尔喀部中各汗、诺颜关系调整成为此法律的立法重点。《桦树皮律令》在立法形式上，都由各部落汗王、诺颜们以会盟形式制定，让法律成为各部落间形成的一种公议协议。因为法律对各部落首领的法律责任较多，对违反法律的处罚十分明确。这是《桦树皮律令》与《阿勒坦汗法典》间的重要差异之处。这成为17世纪蒙古族各部立法的基本形式。基本内容涉及会盟时汗王、诺颜和台吉的义务与处罚，战时互助的义务与处罚，出现偷盗时的协助责任与违反的处罚。如会盟上有《火龙年小律令》第2条规定若从异部族传来紧急情报，诺颜们须亲自前往边境与和硕会集。若情属不急，则以单骑一人赴会。谁若拒赴聚会，则处以大例。从那个方向供来紧急情报，应立即报知该方向和硕握巴森扎。在兀鲁思内部商议政事，则聚集于汗、太后、诺颜之三大努图克中心地。《猴年大律令》第6、7、13条等规定：汗、诺颜、塔布囊、西格齐纳尔等若离阵逃遁，罚马一千匹、驼一百峰、盔甲一百副。哈剌抽人逃遁，若为披甲士兵，罚其盔甲和四匹乘骑马；若为无盔甲士兵，罚两匹乘骑马。《六和硕律令》第19条规定"各和硕首领相互打架，罚马百匹、驼十峰"。《火龙年小律令》规定四和硕内若有未偿还债务、雅拉者，则由汗所派额勒赤前去断理取之。若债务、雅拉系汗本人，应由两位洪台吉出面断理。有些小律令就是为调整各汗、诺颜和台吉的关系而制定的。1611年《铁猪年小律令》规定诺颜的会盟、重大议事、军事征伐支持、逃人管理、强娶他人定婚妻子的处罚等。

《桦树皮律令》对佛教僧侣地位界定、权力保护成为法律的重要特征及内容。《桦树皮律令》中三部大律令上就有两部涉及佛教僧侣的法律内容，具体是《六和硕大律令》和《土兔年大律令》。此外，还有两部小律令专门规定佛教僧侣，即《蛇年苏木沁律令》和《法门律令》。《六和硕大律令》中有四条涉及对佛教僧侣保护法律，即第 37 条"伊色勒人若以刃器击打班第，罚驼一峰"；第 38 条"拒绝向奉喇嘛、诺颜之命行事者提供驿马及汤羊，罚五"；第 44 条"将教法之心斡齐赖汗引入法界的父亲般的恩师、青卓里克图达瓦齐达尔罕彻臣巴克什，与他争夺驿马及汤羊者，作为阿拉宕吉，以五为首，罚五十头牲畜。若为苏木齐人，可减免"；第 59 条"凡前来这六和硕之喇嘛，须送到他所前往的诺颜处"。《土兔年大律令》中第 62 条"在修佛之路途杀害蛇、蛤蟆、鸭子、麻雀、大雁、狗等，罚一匹马"。16 世纪后半期喀尔喀社会已有了专门侍奉寺院的苏木沁人。当时以汗人为首的众人，都不得侵犯寺庙。谁若违反此例，均要受到严厉处惩。1603 年《水兔年小律令》第 10 条规定"阿弥陀佛！如冒犯寺庙、佛像，则以冒犯喇嘛罪例处罚"。1604 年《木龙年律令》中第 5、第 6 条规定僧侣权利，即"被邀请之喇嘛与额勒赤可索取三匹驿马乘骑"；"被邀请之班第与额勒赤可索取两匹驿马乘骑。晚餐可索取一只汤羊。午餐则不必给与"。1605 年《苏木沁律令》专门针对寺院及寺院的属民进行立法。第 1 条："汗人若侵犯寺庙，七和硕诺颜一同追究此事。平民若侵犯寺庙，则要杀其身，籍没其牲畜"；第 4 条"谁若损害额尔德尼梯卜寺，其身必遭报应！行善者，愿他长寿"。第 2、3 条规定寺院属民的义务及诺颜承担的义务，本质上是保护寺院权力。第 2 条规定"诺颜人可向苏木沁人索取午餐之汤羊及两匹驿马。其他额勒赤不得向苏木沁人索取驿马。若邻近诺颜拒绝追讨，七和硕须一同追讨并给还〔这些马匹〕"；第 3 条规定"诺颜可向苏木沁索取午餐和晚餐之汤羊。苏木沁若拒绝供汤羊，罚马一匹。苏木沁应向诺颜供两匹驿马。无需向其他额勒赤供驿马。若其他额勒赤向苏木沁索取蜂马，则论为阿拉宕吉"。《法门律令》专门针对佛教寺院立法，具体有约束寺庙班第，保护寺庙、喇嘛利益等。律令第 1—4 条是有关班第等僧侣日常戒律：

　　第一条　学徒若以言语攻击绰尔济，为全庙喇嘛熬一锅茶，献以一匹马为首的一九。若以言语攻击领经师、沙弥二人，则要向二人各献一匹缎子。若冒犯绰尔济之罪属轻，则为全庙喇嘛熬一锅茶，献一匹马。
　　第二条　学徒若破戒行窃，则手烙印记，驱出寺门。
　　第三条　若丢失驿马、经膳、乳食等，以双倍罚取。若行窃之学徒借故拒不偿还或逃回其家，则论为一九阿拉宕吉。

第四条 阿弥陀佛！俗人若冒犯佛像，则以喇嘛之例处罚。①

此外，第 5 条规定僧侣上层在驿站上的权力，规定可以获得驿马两匹、汤羊二只。第 6—9 条规定各部诺颜、台吉及使者不得向寺庙索取汤羊、马匹，及可以索取的特殊情况。除四大额勒赤外，其他额勒赤不得从寺庙索取午餐。

《桦树皮律令》在法律适用上体现出十分明显的等级性，这与《阿勒坦汗法典》体现出来的特点较为不同。如《六和硕大律令》：

13. 若击打额勒赤，则罚取三九、加二或一头牲畜。

14. 斥责侮辱博尔济吉特氏者，罚五。若出手打博尔济吉特氏，其处罚法度严于击打伊色勒人。

15. 斥责侮辱额勒赤，罚一九并加罚一匹马。

……

19. 汉人相互打架，罚马百匹、驼十峰。

20. 平民若以言语攻击斥责汗及夫人，杀其身，籍没其牲畜。

21. 拒绝向诺颜供汤羊，罚三九波达。

22. 西格沁、斡尔勒克、司旗司号、达尔罕、沙毕纳儿、太师，若这等人行窃，少罚二九。

……

28. 拒绝向阿巴海诺颜夫人供汤羊，罚一九波达。

29. 拒绝向塔布能供汤羊，罚五个波达。

……

31. 辱骂阿勒巴图之妻，罚马一匹。击打者，罚一半。误打，罚三九波达。

32. 犯塔布能击打伊色勒人仍照大例。若塔布能子弟，照塔布能例处罚。不是塔布能，则照博尔济吉特氏例处罚。②

从上面条文可以看出，在斗殴伤害处罚上，法律严格采用等级制分别

---

① 李金山主编：《蒙古古代四部法典》，内蒙古教育出版社 2010 年版，第 81 页。
② 同上书，第 12—13 页。

对待。

三 《蒙古·卫拉特法典》

《蒙古·卫拉特法典》，又称《察津·毕其格》，或《蒙古·卫拉特律书》。《蒙古·卫拉特法典》包括狭义的《卫拉特法典》、《噶尔丹洪台吉旨令》和《敦罗布喇什补则》三部分。《蒙古·卫拉特法典》是明崇祯十三年（1640年）由漠北蒙古喀尔喀部与漠西蒙古卫特拉部（又称厄鲁特部）在结束长期征战后为和平共处而共同制订的一部法典。法典采用畏吾体蒙古文书写成，原文不分条，现在是根据不同译者划分，所以法典条文数量上不同版本各不同，有121条、130条、110条等。两次补充分别是1676年和1678年，由噶尔丹洪台吉进行，即《噶尔丹洪台吉指令》二项；1741—1758年土尔扈特汗第七任顿罗布喇什汗对法典进行了修订，在对法典内容进行修改的同时还制定了50条补充条文，称为《顿罗布喇什补则》。《蒙古·卫拉特法典》在制定风格上继承了《桦树皮律令》，即由蒙古各汗、诺颜和台吉会盟制定，本质上是调整各部落之间的法律。法典在"序言"中明确指出，"以额尔德尼、扎萨克图汗为首的图什业图汗……都钦尔本二部的诺颜们开笔写下此大法"。[①]法典结构是蒙古传统法典结构，由序言、正文及简短的结语三部分组成。"序言"中由佛教开始序说，指出制定法典的时间、地点及参与人员。"结语"采用祝福语。从正文上看，法典内容具有更加明显的分类，虽然现在翻译出来的版本存在交叉，但从内容看，条文之间的性质十分明显。如偷盗及处罚的内容十分明显，每条调整的对象十分明显。法典第一条与第十条规定了法典效力及维持法典效力的机制。这是一种在没有国家公共权力组织下让法律生效的特别机制。第一条规定"蒙古人与卫拉特人应联合一起，对违反法典规定，杀人和掠夺大爱玛克人民者，全蒙古和卫拉特应团结起来［攻击打倒之］，犯人阙所，没收其全部财产，一半交给受害者，一半均分配"；第十条规定"谁也不许违反本法典。如大王公违反，科驼十只，马百匹；中王公科驼五只、马五匹；小王公科驼一只及罚三九；塔布囊及四达官科驼一只及罚二九；王地的官吏科驼一只及罚一九"。两条对法典实施的保证主体、机制及处罚进行了明确界定。

《噶尔丹洪台吉指令》，又称为《噶尔丹洪台吉训谕》，两道训谕中第一道涉及赡养、盗贼、户政、诉讼、债务、审断、奖赏、逃人和游牧地界等；

---

① 李金山主编：《蒙古古代四部法典》，内蒙古教育出版社2010年版，第88页。

第二道涉及蒙古人与回族诉讼时审理机构的确定问题，此训谕中明确指出制定的原因是"过去诉讼没有统一法律规范，审判中错判者很多，特制订此法。土马年之后按此法执行"。这是一部关于不同民族之间产生纠纷和诉讼时管辖权的法律。如规定回人与蒙古人离婚时如何适用法律。"与厄鲁特蒙古人结婚的回族人，如愿意离婚，给予审断离婚，与其他回族人一样地待。〔如为了离婚〕找各种理由，把错误加在厄鲁特人身上的话，不能随其愿而批准离婚，要维持原来的婚姻。这两族关系事，要由伊克札儿忽审断"。这里规定蒙古族人与回族人之间离婚时法律适用及审理机构。整体看，两道训谕内容都与诉讼有关，是解决诉讼问题。对两道训谕的翻译有五种版本，分别是李保文版、田山茂版、罗致平版、邵建东和刘迎胜版及奇格版。从五种版本翻译来看，差异较大。从翻译看，李保文版本较能体现原意，奇格版本较与当代法律表达接近。

《蒙古—卫拉特法典》是近年学术界对蒙古传统法典研究的中心。有对法典注译的，如宝音乌力吉、包格注的《蒙古—卫拉特法典》；① 有对法典中术语、用语、条文翻译考释的，这在 20 世纪 80 年代就有学者进行此方面的研究。② 2000 年后成为法典研究中重要成果，③ 其中策·巴图对《卫拉特法典》术语、词语进行了长期研究，最后出版了专著《〈蒙古—卫拉特法典〉词语研究》，成为这类研究成果的集大成者。④

---

① 宝音乌力吉、包格注：《蒙古—卫拉特法典》，内蒙古人民出版社 2000 年版。

② 齐格：《〈卫拉特法典〉中"别尔克"一词考释》，载《前沿》1996 年第 3 期；策·巴图：《〈卫拉特法典〉中的某些词语释义辨正》，载《蒙古语文》1999 年第 2 期；布仁巴图：《〈卫拉特法典〉中部分狩猎文释义》，载《内蒙古社会科学》（蒙古文版）1999 年第 2 期；道·巴图加甫：《对〈卫拉特法典〉中一些词语释的商榷》，载《语言与翻译》1990 年第 3 期；布仁巴图：《论〈卫拉特法典〉中的一条习惯法》，载《语言与翻译》1990 年第 4 期；策·巴图：《论〈卫拉特法典〉词汇解释中存在的一些误解》，载《语言与翻译》1999 年第 3 期。

③ 青格勒图：《〈卫拉特法典〉若干刑法条款解析》，载《蒙古语言文学》2003 年第 5 期；策·巴图：《〈卫拉特法典〉部分词语考析》，载《蒙古语言文学》2002 年第 4 期；策·巴图：《〈卫拉特法典〉中的某些词语释义辨正》，载《启明星》2000 年第 1 期；布仁巴图：《〈卫拉特法典〉中有关斗殴、戏虐处罚条文释义辨正》，载《内蒙古大学学报》（蒙古文版）2000 年第 3 期；策·巴图：《〈卫拉特法典〉中的某些词语释义辨正》，载《内蒙古大学学报》（蒙古文版）2002 年第 3 期；策·巴图：《〈蒙古—卫拉特法典〉某些词语考释》，载《内蒙古大学学报》（蒙古文版）2005 年第 5 期；才布西格：《〈蒙古—卫拉特法典〉中的某些注释的修正、补充和商榷》，载《内蒙古大学学报》（蒙古文版）2004 年第 4 期；布仁巴图：《1678 年〈葛尔丹皇太吉律令〉研究》，载《内蒙古大学学报》（蒙古文版）2004 年第 4 期；青格勒图：《〈蒙古—卫拉特法典〉中的"札尔忽"、"札尔忽赤"之探析》，载《内蒙古大学学报》（蒙古文版）2007 年第 2 期。

④ 策·巴图：《〈蒙古—卫拉特法典〉词语研究》，民族出版社 2006 年版。

《蒙古—卫拉特法典》基本内容有：

第一，喀尔喀部与卫拉特部各诺颜、台吉之间停止战争，停止互相掠夺。从火蛇年（1616年）至地龙年（1628）巴尔古族、巴杜特族、辉特族之间的俘虏，在各部的承认，投降的返还各部。喀尔喀和卫拉特共同抗击掠夺者，共同对违反法律掠夺的落部进行处罚。从条文上看，具体有第1、2、3、4、6、8、9、11、13、14、15条。第一、二条规定掠夺大小爱玛克的处罚；第4条规定各部相互支持作战及不支持的处罚；第11、12、13、14、15条规定作战时临阵逃脱的处罚，战争中救出陷于困境的王公贵族的奖赏或不救的处罚，军事情报的共享与通报，遇动乱时各王公参加会议不及时的处罚，敌人掠夺时帮助者的奖赏等。这部分是政治性法规，体现出当时卫拉特部与喀尔喀部想通过此法律联成一体，维护社会秩序的法律目标。

第二，宗教立法明显。对佛教财产与僧侣权力严格保护。法律体现出当时蒙古社会形成重佛教僧侣的社会风气，规定以语言或行动侮辱僧人的，给予重罚。整个法典中涉及宗教的法律有第5、9、16、17、18、19条。从内容上看，僧侣特权十分明显。第五条规定反对宗教、杀和掠夺属于僧侣的爱玛克者，处罚铠甲、驼百只、牛千头；第九条规定僧侣有权向贵族收赎金牲畜五头，平民牲畜两头或贵重物品一件。十人中要有一人献身于佛；第17条规定言词辱骂高级僧侣罚九九牲畜，最低乌巴什罚马一匹。这一条按佛教僧侣等级进行分级处罚，规定十分详细。第18、19条规定向僧侣征用物品及僧侣破戒的处罚。从六条内容看，这个时期佛教僧侣在蒙古社会中取得了特殊地位，不仅免除各种赋役，还受到多种权力的保护。

第三，婚姻家庭继承法得到完善。此部分有第29—37和39—41条等，十分详细。从内容上看，在家庭关系上，加强父母权力。如第29条规定父母在教育儿子、婆婆在教育儿媳时可以责打。当然，此条规定若无过错地责打，分为重、中和轻三等，分别处罚父亲与婆婆，重大处罚一九，中打处罚五，轻打罚马一匹。禁止公公打儿媳。法典中禁止父亲杀儿子，若父亲杀儿子，处罚没收财产及没籍。儿子有继承父亲财产的权利。婚姻上规定不同等级的人婚礼数量区别对待。结婚年龄上，女子为14岁以上，若14岁以下要得到得木齐及收楞额的证明才有效。第36条规定婚宴根据当事人等级区别进行，得木齐婚姻可杀头牲畜四头及羊五只，下等级的只能杀大牲畜一头及羊两只。第37条规定订婚后起过20岁后，经三次催告不娶的，可以报告王公后另嫁。

第四，财产保护严密，偷盗立法详尽。法典对财产保护主要体现在偷盗立法的完备。从法典看，偷盗行为的立法较为分散。第7条规定偷盗行为处罚时处罚物的分配。"偷盗牲畜的罚款：罚八九，罚一九人"。第38条规定偷盗各类武器的处罚，从头盔和铠甲到劣质箭筒及弓共九类，有些每类再分一种，如马、弓，分为良与劣。处罚从偷十罚九到罚母山羊一只。第60条规定偷盗牲畜的各类处罚，具体从骆驼、马、牛、羊四类，处罚从偷十五罚九，到偷六罚九等。第78条规定偷盗各类质地的衣服与马鞍及骑坐上装饰用品等，处罚有罚五九至羊一只。衣物分得十分细，具体到用不同的皮毛制成的。第108条规定偷盗物品分为生产用具和生活用器。此条从内容上看，应是三条内容构成。生活用具种类共有36种，从刀、锉刀到斧子、肉袋等；处罚是罚五畜。生活用器具体列了35种，还有"及未列入这一法典的任何小器物"，具体有针、线、梳到弓弦等，处罚是质好的罚带羔的母绵羊，质差的罚带羔的母山羊。第121条规定偷盗大锅、三脚架处罚是上等罚九，中等罚五，下等罚三岁母马一匹。从法典看，法典对偷罚的处罚继承了《阿勒坦汗》、《桦树皮律令》的立法特点，只是此法典规定十分具体与集中，共有6条。

第五，草原生活习惯立法继承较为完整。从《大札撒》、《阿勒坦汗法典》到《桦树皮律令》中都有大量草原生活习惯的立法。这种立法传统在《卫拉特法典》中得到了很好的继承。如法典规定"不给远行口渴之人马奶酒喝，罚绵羊一只，但如客人抢酒喝，罚其带鞍马"。第83和中有从狼中救出羊的奖赏和从泥塘中救出各种牲畜的奖赏的规定。第118条规定"（谁家的）儿子都不应对母方的亲属有债务上的账目，外甥偷母方亲属的东西不受科罚，只需支付而已"。

《蒙古·卫拉特法典》是蒙古人17世纪立法的典型代表，是蒙古族法典立法的典范。

四 《喀尔喀法典》

《喀尔喀法典》，又称《喀尔喀吉如姆》、《喀尔喀法规》。蒙古语称《喀尔喀吉如姆》，是漠北蒙古土谢图汗为首三部落（1724年增设赛音诺颜部以后，增之四部）汗以及其他29位僧俗封建主于1709年及此后1718、1722、1724、1726、1728、1729、1736、1746、1754、1770年间先后增订的多部法规的总称。从《喀尔喀吉如姆》制定时间看，此时外蒙古已经归附清朝。从国家层次上看，此法律是地方性立法。1789年《蒙古律例》颁行于蒙古后，《喀尔喀吉如姆》在大沙毕纳尔内继承适用，成为《蒙古律例》

的补充。法典是康熙四十八年（1709）至乾隆三十五年（1770）有关喀尔喀蒙古法令的汇编。法典有 19 部或 24 部两种。《喀尔喀法规》现在存在两种抄本：一是《西库伦喀尔喀法规》誊写的转抄本，二是《库伦沙毕衙门喀尔喀法规》标题抄本。道光年间开始制定库伦大沙毕《衙门法规》中记载："衙门所审事件与盟旗相涉之事皆依《蒙古律例》处置，沙毕单独之事依温都尔格根（即一世哲布尊丹巴呼图克图）时所定旧《喀尔喀法规》审结。"另一部库伦法规汇编《乌兰哈齐尔特》所收录的是道光至清末案例，混用《蒙古律例》与《喀尔喀法规》。

《喀尔喀法典》形式上由 1709—1770 年间喀尔喀部王公们制定的大法、补充立法和判例三部分构成。结构上与《桦树皮律令》十分相似。在内容上，《喀尔喀法典》继承《桦树皮律令》法规最多，特别是《喀尔喀法典》主体《三旗大法典》的很多条文多来自前者，至少有 40 条来自前者，达到《三旗大法典》194 条的 20%。《喀尔喀法典》由《三旗大法典》、15 部单行法律和两个判例构成。具体如下。

（一）《三旗大法典》

《喀尔喀法典》主体是 1709 年制定的《三旗大法典》。《三旗大法典》是康熙四十八年（1709 年）土谢图汗多尔济额尔德尼阿海为首的喀尔喀三旗僧俗封建主共 29 人，在斡尔浑河支流伊本河畔会盟制定，共 194 条。内容分为七个部分：

1. 规定供给呼图克图格根、大汗及其他人使者的驿马、汤羊的数量与责任，共 25 条。

2. 规定偷盗对象、方式和处罚，共 54 条。内容十分详尽，可以分为偷盗寺庙、王公贵族和平民财产和畜群等。其中对生产、生活用具、用器偷盗规定十分详尽，共有三条，即第 44、45 和 46 条，其中第 44 条是武器等物品、第 45、46 条是生产生活用品。如：

第四十四条　盗窃薄片胄甲、环甲、铠袍、枪、衬帽、盔、矛、铠甲围裙、胸环、护肩、皮甲胄、甲胄者，处罚七九牲畜。

盗窃箭筒与弓、五支以上箭、马刀与矛、双刃剑、火药、子弹超过十发者，处罚三九牲畜。

盗窃刀、锉、五支以下箭、十发以下火药及子弹者，处罚一九牲畜。

盗窃铠甲及其他武器者，必须支付赔付金。

盗窃香囊、经套、金银、貂皮、猪狲、一块以上之毛织物、剪下的妇女头发、锅、铁支架、里外两面毛皮袄、皮袄以及各种新皮帽、黑狐皮帽、棕黑狐皮帽、貂皮帽、银鼠皮毛帽以及胸饰项链等物，处罚三九牲畜。

第四十五条　割破血管、吸光马血，剪马尾，割马耳朵，阉割马和兀鹰及驴，剪去妇女冠帽饰穗，盗窃笼头、鞍、橙、三脚架、长耳风帽、耳环、大叉、小铁棒、锹、锤、钳、宽腰带、双面土拨鼠皮、皮袄、库尔玛、长袍、蓑衣、衣服、羊皮袄、鹿皮袄、背心、不里阿耳熟皮、地毯、刀匣、箱、箭、风雨羊毛、茶壶、铁桶、罐、桶、铜器、黄铜器或锡器、绸衬衫、丝绸床垫、双面绸枕头、整张中国油布——察尔达玛勒、呢袍、门、兽皮等，处罚一九牲畜。

盗窃帐幕的毡顶和毡墙、大毡块、通气孔盖、帐幕、毡门、帐篷、帐幕支骨架、通气孔木圈等，处罚二九牲畜。

偷窃酸马奶、瓶酒、绸哈达、黄油、记数念珠、茶叶、烟、鹰翎、髭兀鹰、半只兀鹰、鹰、排骨肉、弓弦、枪皮套、箭头袋、毡外套、毡鞍垫、盖布、剪刀、制钉器、刀具、刨、土拨鼠皮围裙、棉布、棉布衬衫等，处罚一五牲畜。

第四十六条　偷窃干牛粪、柴火、獾皮、土拨鼠皮，偷挤他人牲畜奶，偷窃绵羊皮、羊羔皮、鹿皮、缰绳、挤奶桶、马笼头、鞭子、皮袋、勺、碗、獠牙、粗针、书信木板、钩、锥针、扣、指环、顶针、马肚带、后鞧带、鬃毛绳、薰死兽、硫黄、箭、骆驼毛、洗衣盆、针盒、墨水瓶、垂饰环、火钳、铁片、念珠饰物、烟管、小钳、匙、水槽、木桶、高水罐、开水壶、托盘、放碗盒、破旧衣服、装碗袋、袋口环、鞋、裤子、长袜、谷物、猎狗、藏獒、煤、干草，处罚马一匹。

偷窃书写纸、牛粪篮、贝壳、顶针、寺庙干牛粪与柴火、私人内干牛粪与柴火、帐幕撑柱、幕顶大杆、帐幕格框、弹毛棍、门侧框、手帕、盐、茶叶、干烙、乳制品、梳与拢子、五件哈达、一块布、整束丝钱、糨糊、磨刀石、狗崽、普通狗、冰、鱼叉杆、矛杆、装针小筒，处罚羊一只。

凡偷窃以上物件，一律支付赔偿金。①

---

① 李金山主编：《蒙古古代四部法典》，内蒙古教育出版社 2010 年版，第 127—128 页。

3. 婚姻家庭、男女关系、债务和捕亡方法，共 37 条。

4. 规定"哈布其古尔"（即"被夹带而来之人"）和投靠户之间关系法，共 2 条。

5. 规定违背格根指令者的处罚和保护生态环境法，共 16 条。

6. 规定打架斗殴伤人处罚，包括骂人、顶撞大人和醉酒者的处罚，共 38 条。

7. 规定破坏墓地、住宿、宿营地、买卖、征用盔甲和伤人堕胎等处罚，共 17 条。

（二）十五部单行法律

15 部独立单行法律，制定时间从康熙五十七年（1718 年）至乾隆十九年（1754 年）；根据参与者可以分为大法与小律令两类，大法就是全体喀尔喀王公参与制定的，小律令就是部分王公参与制定的。

1. 1718 年土谢图汗旺济勒多尔济、商卓特巴、贝勒等众诺颜联合制定的武器、成人和驼马打烙印法规，共 8 条。

2. 1722 年，土谢图汗旺济勒多尔济为首的诸汗、王和众诺颜在斡尔浑河源头之塔米尔河畔会盟制定的法律，共 3 条。

3. 1722 年对第二部法规进行补充，仅有 1 条，规定"除'三大事'外，不得将打有烙印之驼马给予任何人使用，若使者和车夫有意取用，即按古法处置"。

4. 1724 年制定的法律，仅有 1 条。

5. 1724 年土谢图汗旺济勒多尔济为首召集寺庙上层喇嘛制定禁酒法规，共 6 条。

6. 1726 年土谢图汗斡齐责巴图为首及额尔德尼车臣商卓特巴和理藩院司官议定颁行贸易买卖法，共 5 条。

7. 1726 年制定禁止世俗人员给寺庙喇嘛喝酒和卖给他们酒的法律，共 4 条。

8. 1728 年斡齐责巴图土谢图汗、喀尔喀左翼军副将军及其他诸扎萨克在鄂尔浑河与土拉河相接沙滩上制定偷盗法，共 7 条。

9. 1728 年再次制定第八部法律补充法，共 11 条，内容是偷盗法。

10. 1729 年制定赛马法，共 13 条。此法律是蒙古法制史上最早、最完整的赛马法。

11. 1736 年土谢图汗、达赖车臣汗和大小诺颜在土拉河湾查千布隆制定对偷盗寺庙和喇嘛财物处罚法规，共 36 条。

12. 1745 年沙比衙门和托果伊特旗图萨拉克齐协理台吉乌巴什·磋克托·阿海达制定双方对无意杀人、谎告诋毁者、迁入格根帐幕地者、不得随意宣誓、砍伐寺庙之地树木者、禁宰杀牲畜日、不得杀死健康鸟兽等内容的法律，共 6 条。

13. 1746 年扎萨克图汗、车臣汗、岱青扎布亲王部代表、额邻钦多尔济亲王、副将军实咱、亲王副将军、贝勒副将军、公副将军等大小诺颜在大库伦会盟时制定盗窃法，只有 1 条。

14. 1746 年诸王公贵族在额尔德尼朝克查陶劳改「山」南孟克吉尔嘎郎图伯勒奇尔地方制定僧俗两界关系法，内容是喇嘛剃度、住宿、献物、纳赋税、债务、招待西藏喇嘛、赶走僧人或诽谤僧人等处罚，共 6 条。

15. 1754 年在格根旨意下额尔德尼车臣商卓特巴、格斯贵、赛特等制定禁酒法，共 4 条。①

（三）两个判例

法典有两个案例明确规定具有法律效力，成为判例。两个判例分别是乾隆三十五年（1770 年）"喇嘛达木乔伊夺取他人之妻"案和"策旺疫畜传染贡班第达哈木博诺们汗喇嘛畜群"案。

（1）1770 年"喇嘛达木乔伊夺取他人之妻"案

　　乾隆三十五年查干巴儿思雷革（铁虎年）五月廿二，讯问土谢图汗将军旗名官其的人，控告策凌岱青达日嘎的鄂托克，有达木乔伊喇嘛夺取其妻案；达木乔伊供认："我确曾携带甘楚克之妻。"因此土谢图汗将军、副盟长赫贝公、额尔德尼公、额尔德尼商卓特巴及诸喇嘛等议决如下："按蒙古法：平民私通平民之妻者，罚三十件珍物及三百头安租。喇嘛达木乔伊应处罚安租后，革除庙籍，令其还俗，永为俗民。此判决状作为法律条例明载于此。今后有如达木乔伊亵法教戒者，按同例处罚。"②

（2）1770 年"策旺疫畜传染贡班第达哈木博诺们汗喇嘛畜群"案

---

① 参见金山《清代蒙古地区地方立法问题研究——以〈喀尔喀吉如姆〉研究为中心》，博士论文，内蒙古大学，　　年。
② 李金山主编：《蒙古古代四部法典》，内蒙古教育出版社 2010 年版，第 157 页。

萨木王勒阿勒达尔达鲁嘎鄂托克有一名策旺的人，被控告他的病牲畜混入贡·班迪达·哈木博·诺们汗喇嘛的畜群，传染疾病，致牛死亡一案，判决如下："按《蒙古法典》病畜混入他人畜群，传染他人牲畜，致使牲畜死亡，应用何种处罚办法没有规定。今既查明策旺隐瞒自己牛的传染病，传染哈木博·诺们汗畜群，土谢图汗将军、副盟长赫贝公、额尔德尼商卓特巴以及各位喇嘛议决如下：凡有传染病的牲畜者迁靠近、混入他人畜群，传染其他人牲畜死亡的，应如数赔偿病死牲畜。此决议作为法律条文明载，今后若有类似案件，按此条例处罚。"①

两案件在判决时明确写明成为同类案件的先例，这是中国古代传统典型的判例法样式，即某个先例成为判例在判决中预先明确写明。这种司法的出现，说明清中央司法技术被蒙古地区王公采用。

法典从内容上看，主要体现出以下特点：

首先，宗教立法更加完善，权力保护更加全面。宗教法对僧侣、寺院进行详细保护的同时，加强了对僧侣的约束。法典规定僧侣要遵循寺院法规和世俗法规。

在俗界一切日常契约中，僧徒应遵从他所住旗内之法规。若僧徒去他处违犯其誓愿，即由其历来之诺颜查寻并拘走之。僧徒从他处来至寺庙、库伦或达禅者，应遵从该部之规章直至离去。

在处罚上，对僧侣采用特别处罚，如罚念经或煮茶和跪拜。如"1709年法规续文"中有具体规定，如：

第二十六条 偷盗格根牧场之察干·苏日克，没收全部财产，鞭打八十，并令其绕库伦罚走三百圈，跪拜三千次。

第三十一条 偷盗一头牛，处罚二十波达，其中十头为四岁齿，十头三岁齿。

窃贼一经判罚，必须在诺颜与赛德面前鞭打八十，并令其绕库伦走一百圈、跪拜一千次。诺颜务须派人监督，令其十天内完成。

执行处罚的额力齐偏袒盗窃者，剥夺获取酬劳——伊德实的权利。

---

① 李金山主编：《蒙古古代四部法典》，内蒙古教育出版社 2010 年版，第 158 页。

再次行窃者，强令其走二百圈，跪拜三千次，并须在二十天内完成之。

三次犯窃者，强令其走一千圈，跪拜万次，并在三月内完成。此项处罚不得赎免或求免。①

"1724年法规"中规定对喝酒僧侣采用罚煮茶给众僧喝的处罚方式。

格隆、格楚勒、班第饮酒，于全体僧众祈祷时煮茶、分钱，并念忏悔经，格隆念二十一遍，格楚勒念十四遍，班第念七遍，并令其在僧众集会时跪拜。普通僧人饮酒，令其用规定的小木桶运送煮茶的水，每日六桶，为期三个月，期满按规定方式忏悔。再次饮酒者，按教规中窃贼罪处罚，上铐一年。刑满按规定忏悔。②

这方面内容十分详尽，体现出这个时期佛教在蒙古生活中的复杂性。

其次，债务与契约法规定更加完善。蒙古族在债务上，承认债权人的权益。法律规定债权人要提起诉讼，由特定的官员来对债务人执行强制履行，否则债权人要受法律制裁。规定若债权人采用公开的武力掠取债务人的财产，白天导致债权的丧失，晚上则是视为犯盗窃罪。对此在"1729年斡齐赉·土谢图汗第五法典"中有明确规定，即：

第十三条　白天逼债威吓，债务即告废除；夜间逼债威吓，与盗窃罪等同。③

为防止债务问题出现混乱，规定借贷要得到管理官员的同意才能得到法律的救济，"1724年法规"规定：

讨还债务，债主与负债人在大库伦寺近郊者，未经汗、商卓特巴及王允准而借出的债，不得起诉；经汗等准可许借出的债务，方可诉讼并受理。乡间的苏木及鄂托克，无论何人，未经台吉、章京或达日嘎批准

---

① 李金山主编：《蒙古古代四部法典》，内蒙古教育出版社2010年版，第123—124页。
② 同上书，第153页。
③ 同上书，第12—13页。

的债务，不得起诉；不同苏木及鄂托克人，未经双方管旗章京批准的债务，不得起诉。此类债务仅有一方批准，也不得起诉。①

法律对采用赊卖方式产生的债务进行了规范，明确规定这种债务必须让官方知道才能得到保护。在"1726 年行政命令"中有规定：

> 第二条　经商者应领取为期一年的经商批准书，再行赴库伦贸易。并于一年内返回，交换批准书。如果用运来的货物赊贷取利，返回时没有收齐债务者，不得起诉。和蒙古人贸易赊贷货物，必须予以禀告，不偿还债务者由当局处置。否则出现拐骗欺诈，易使商人蒙受损失，应对此三思而行！②

在契约上，加强契约的效力，规定契约具有法律的效力。在"1746 年教俗两界相互关系条例"中有规定，如：

> 第五条　为祈祷敬献给僧徒之喇嘛的物品及为治病所献的物品，不视为债务。
> 第六条　僧徒除遵过教义外，还须遵守所在旗的各项法规；僧徒违犯法规，由原籍的诺颜拘捕处置。③
> 最后，所有权保护更加明显。法典规定对领地纠纷采用先占原则，在"1729 年斡齐赉·土谢图汗第五法典"第八条中有明确的规定。
> 第八条　移牧至某地，有先行驻牧者，不得与先行驻牧者抢夺；两人同时到达一地，抢先放箭或以鞭着地者优先占用。④

为了加强对牲畜所有权的确认，法律规定加化烙印制度，在"1729 年斡齐赉·土谢图汗第五法典"的"法规最后部分"中规定打烙印的条款如下：

---

① 李金山主编：《蒙古古代四部法典》，内蒙古教育出版社 2010 年版，第 155 页。
② 同上书，第 156 页。
③ 同上书，第 143 页。
④ 同上书，第 152 页。

有骆驼三至四峰者，打烙印一；有骆驼者群，每五峰打烙印一；每十匹马打烙印一。

打烙印骆驼及马，除三大事外，不提供给任何额力齐使用；额勒力齐与乌拉齐使用打烙印的牲畜，按旧法典处置；移牧时，无驮用及骑用牲畜者，可驮用或骑用打烙印的牲畜；妄用打烙印的牲畜驮物或骑乘外出，按旧法典处置。①

对烙印的强化，本质上是对牲畜所有权加强保护，从后面对额勒齐使用禁止规定上可以看出，这种保护是相当严格的。这种保护还体现在对拾得遗失牲畜的详细规定上。法典规定拾得遗失牲畜，必须做登记及公告。在"1709 年法规补充条款"中有详细规定。

第十七条　抓获走失牲畜者，不得私自赶走；记录抓获日期，就近通知他人看护；擅自赶走牲畜视为盗窃。

于抓获地点留埋畜毛以为标记。

第十八条　见失群或迷途走失的牲畜，应通知他人后再行抓获；若就近无人，于抓获地点留埋畜作为标记；三天内不得骑用抓获捉的牲畜，三天后先报告诺颜与或赛特，方可骑用；错报牲畜毛色者，处罚牛一头。除马匹外，一切失群牲畜先报告诺颜或赛特后，方可抓获或使用；三天内主人未来领取牲畜，因其迟来认领，应支付一后丘作为酬劳；牲畜丢失或倒毙，必须报告赛德；不报者等于侵占失群牲畜；侵占失群牲畜，必须支付赔偿费，并处罚一九牲畜；揭发侵占之者的证人，从九畜中获一上等牲畜。抓获的牲畜为母畜，抓获后产下仔畜，应全部归抓获者，吃奶的幼畜除外，即归牲畜的主人。②

从上面的规定可以看出，对拾得遗失牲畜的归还、取得酬劳等都有十分详细的规定，体现出游牧民族对牲畜的保护。

此外，在遗失财产返还上在"1729 年翰齐赍·土谢图汗第五法典"中有规定。

---

① 李金山主编：《蒙古古代四部法典》，内蒙古教育出版社 2010 年版，第 154 页。
② 同上书，第 148 页。

第六条　捡到失物，必须报告诺颜，宣布捡到的物品名称。查证属实，交归失主。隐匿失物被检举，处罚宰杀畜一腿。冒领失物者，按偷窃罪处置，可不予体惩罚。不管捡拾何种失物，捡到者均得三分之一。捡到佛像、经书、护身符等，必须归还失主。①

这里规定拾得物要返还所有者，不返还要受到处罚，但拾得者可以获得三分之一价值的酬劳。

五　《青海卫拉特联盟法典》

《青海卫拉特联盟法典》，又称《青海会盟法典》，1685 年青海和硕特部首领额尔敦达赖洪台吉联合众多大小诺颜和高级僧侣喇嘛共同商议制定。《青海卫拉特联盟法典》原文现存于青海省海西蒙古族自治州乌兰县档案馆，原文手抄本用蓝色布做封皮，用羊毛线装订，以中世纪回鹘蒙古文写成，用竹笔蘸黑墨手写，共 66 页、33 张，一张十行排版。现存的版本仅有 46 页、23 张，其中 20 页、10 张（第 46—64 页）比较完整无损，字迹基本清晰，其余部分经历岁月沧桑，已经残缺不整或破旧腐烂，词句断断续续无法连贯，已经无法探究相关部分的详细内容。

法典由序言、正文和结语三部分组成。

《法典》中"序言"由达赖喇嘛写，具体分两部分：一是赞美佛教及黄教领袖达赖喇嘛，叙说佛教在蒙古族中传播的历史，为 1—12 页；二是固始汗制定的《蒙古律》，由于内容大多破烂，无法辨认，为 13—23 页。这种序言格式是藏族《十五法典》的模式。法典正文 23—62 页，除 23—44 页部分页码破损和字迹不清外，45—62 页保存完整。基本内容分为 15 部分，分别是：

1. 驿站使者法，包括有关诺颜和喇嘛们驿站使者、衙门使者和无衙门使者、做别尔克者、伪使者、有益于财产的使者和为国而奔波的使者等。

2. 逃亡者法，包括有关外出流浪者、无力逃亡者、各村之间的流亡者、重罪逃亡者、交出或阻碍逃亡者、轻罪逃亡者、外来的逃亡者、异国来的逃亡者、释放或合伙或隐藏逃亡者等犯罪者、休夫之妇和丢弃主人之奴、蒙骗他人使其逃亡者、反叛者等。

3. 说谎者法，包括有关叛国而说谎迁移鄂托克者、诺颜哈屯之间或大

---

① 李金山主编：《蒙古古代四部法典》，内蒙古教育出版社 2010 年版，第 151—152 页。

臣之间或平民之间谗言者、没有诺颜指令而骗取事物者、谗言真伪证词、假借诺颜名誉等犯罪。

4. 公告法，包括有关内外敌人的公告、出征军队之公告、偷盗者公告、狩猎公告、物公告和狂犬公告等内容。

5. 误伤法，包括有关对敌误杀人者、对猎物误杀人者、诺颜汗涅槃者、庶民死亡者和传染病的传染者等。

6. 商业贸易法，包括有关买卖双方收买的原则、掺杂蒙骗出售者、蒙骗出售病畜者、内外唐兀武、蒙古等违规制造指南针、秤、桶皿者、减去茶烟分量而出售者、买卖双方间担保者等。

7. 债法，包括有关大诺颜之债、小诺颜之债、婚宴之债、熟食或奶食及骑乘之费用、父母接受养育之子女、他人家奴等法律内容。

8. 订婚法，包括有关汗的订婚、大小诺颜之未到 20 岁女子的订婚、有证与无证订婚、与诺颜夫人或订婚之女间的来往关系、到 20 岁之女、与未订婚之女间来往关系、与有夫之妇来往关系、掀开被褥或摸乳头或亲口者、强奸寡妇者、暗中男女和好者、鸡奸牲畜者、拐走他人女人者和男方服刑订婚女的婚约效力等法律。

9. 荒火法，包括有关失火烧东西者、故意放火者、灭火者、阻碍灭火者等法律。

10. 救助法，包括有关救出掉水者、雨中迷路牲畜、救出被狼追牲畜者等法律。

11. 萨满巫师等邪教法，包括请萨满巫师跳查玛者、观看者、有翁滚之人者、抢夺翁滚者等法律。

12. 住宿法，规定国与国之间使者食宿待遇。

13. 教学文书法，十岁以上儿童教书育人等法律。

14. 禁杀野生动物日法，规定正月 1—30 日禁杀无主野生动物等法律。

15. 孝敬法，规定要尊重父母聆听教导者，无理指责或动手打或责骂父母者受到财产处罚，汗王宠爱者和忠于国事者要受到无比敬重等法律。

从法典正文看，制定的内容较为全面，包括了当时社会生活中的方方面面。

结尾从第 64—66 页，主要有法律制定的参与者、制定的时间、起草者和制定的地方，可以说是法典的结语。"奉以达赖台吉为首的部分诺颜之命，由斯卡博尔图地方的多杰旺楚克执笔，于木丑年在青海卫拉特联盟会议上，经过以额尔敦达赖洪台吉为首的大大小小的诺颜、喇嘛以及诸臣相共同审议，或增或减，直至众人赞同方才制定。""结语"明确指明法典的直接渊源，"先奉诺们汗之命编撰此法典，后从《阿勒坦汗法典》、《蒙古·卫拉特法典》、《喀尔喀七旗法典》以及藏族法律制度中补充部分合理性条款，并以自己的意愿作了或增或减"。[①] 这里指出法典渊源由两部分组成：蒙古族以前的立法及藏族的法律。法典在立法上公开承认受藏族传统法律影响。藏族法律文化随着蒙古族立法中的佛教因素的增加，开始大量在蒙古族立法中体现出现。从现在法典看，蒙古族法律中藏族法律因素出现始于《桦树皮律令》，至《卫拉特法典》中开始明显，至此法律全面体现出来。

一　思考题

1. 简述《大札撒》在大蒙古国时期的地位与性质。
2. 简述蒙古族古代法律发展中不同时的影响因素及法律发展的表现。
3. 简述蒙古族古代法律发展的基本特征。

二　阅读扩展

1.《成吉思汗札撒的内容与范围》（［美］维尔纳德斯基著，《蒙古史研究参考资料》第 18 辑，1981 年），该文对成吉思汗时期的大札撒内容进行了全面的考察，并且按现代法律分类进行了分类，辑录出了相关条文，是了解成吉思汗大札撒的重要文献。

2.《古代蒙古法制史》（奇格著，辽宁民族出版社 2005 年版），该书对蒙古族古代法律制度进行了全面梳理，考察不同法典的来源及基本内容。该书是蒙古族古代法律资料与法典考察的重要著作，是了解蒙古族古代法律制度的重要入门书。

3.《蒙古古代四部法典》（李金山主编，内蒙古教育出版社 2010 年版），该书收集了明清时期蒙古族历史上重要的四部法典，即《阿勒坦汗法典》、《白桦法典》、《蒙古·卫拉特法典》和《喀尔喀法典》。该书把四部法典的正文进行了整理，是蒙古原始法律文献的最好读本。

三　法律史料摘抄

（一）《成吉思汗大札撒辑录》（此版本为内蒙古典章法学与社会学研究所编辑出来，作为参考收录）。此版本在编排格式与表述方式具有很强的后

---

① 参见张福祥《〈青海卫拉特联盟法典〉研究》，硕士学位论文，内蒙古大学，2011 年。

构建性。整个辑编分 11 章，最前面是总则，后面是分则。虽然存在很多问题，但从内容看，来源皆有出处，仅是表达方式进行了改造，基本内容并没有发生变化。这里不再分章，抄录作为参考。

第一条　天赐成吉思汗的大札撒（法令）不容置疑。

第二条　一个民族，如果子女不遵从父亲的教诲，弟弟不听从兄长的劝诫；丈夫不信任妻子，妻子不顺从丈夫；公公不赞许儿媳，儿媳不尊敬公公；长者不管教幼者；幼者不尊重长者；那颜（官员）只宠信其亲属而疏远陌生人；富有者吝惜私有财物而损害公有财物的，那么必将导致被敌人击败、家户衰落、国家消亡。因此，成吉思汗颁布大札撒，提醒所有民众必须提高警惕，所有那颜和哈剌楚（平民）都必须遵守，这样长生天就会保佑我们完成大业。大札撒不能改变，必须千年、万年、世代遵守下去。

第三条　大蒙古国选举汗位继承者、任命札尔忽赤（断事官）、发动战争和进行重大决策实行忽里勒台（会议）制度。忽里勒台由黄金家庭主要成员、万户长、千户长和主要那颜组成。各汗国确立汗位及作出重大决策也按照该规则进行。

第四条　大蒙古国实行札尔忽赤制度。通过忽里勒台，成吉思汗任命失吉忽秃忽（人名）为国家的札尔忽赤（最高断事官），其职责为裁判诉讼、拟制青册和记录分封。

札尔忽赤将判例与成吉思汗商量后用白纸黑字造册保存，命名为阔阔迭卜尔（青册）。后人不得更改，更改都要受处罚。

第五条　大蒙古国儿童必须学习畏兀儿文字。

第六条　男子年满 15 岁皆有服兵役的义务。

第七条　每个人不论贫富与贵贱都平等劳动。

第八条　尊重任何一种宗教信仰，任何一种宗教都不得享有特权。

每个人都有信仰宗教的自由。

第九条　社会组织实行十进制。分为十户、百户、千户和万户，成吉思汗任命万户长和千户长，千户长任命百户长，百户长任命十户长。

第十条　建立户籍制度。每个人都辖属于十户、百户和千户，并承担劳役。

每人都只能居住在指定的十户、百户、千户辖区内，不能随意迁移到另一个单位去，也不能到别的地方去寻求庇护。如有违抗该命令的，迁移者要当众被处死，收容的人也要受到严厉惩罚。

第十一条　民众有承担赋税、劳役和驿役的义务。

第十二条　各宗派教主、教士免征赋税，免服兵役和驿役。

第十三条　贫困的民众、医生和有学问的人免征税收。

第十四条　大蒙古国建立驿站制度，驿站的职责是收集情报、传递信息、保障通商、保障官员和使节通行。

第十五条　驿站的供给和维护由所在区域的千户负责，千户向辖区内的民众分配驿役。

第十六条　负责驿站的那颜定期对驿站进行检查，每年至少一次。

第十七条　应经驿站中转的人员不得扰民。

第十八条　大蒙古国建立以狩猎为基础的军事训练制度。

第十九条　狩猎时，按战时组织进行，确立指挥官，由指挥官统一指挥狩猎。

第二十条　对于使野兽逃跑的情况，应仔细调查原因，根据调查结果对责任千夫长、百夫长和十夫长处以杖刑或死刑。

第二十一条　狩猎结束后，要对伤残的、幼小的和雌性的猎物进行放生。

第二十二条　两国交战前应先行宣战，向敌方军民宣告："如顺从，则你们会获得善待和安宁；如反抗，则其后果唯有长生天知道，非我方能预料。"

第二十三条　军队编组实行十进制，包括贵族、奴隶在内，分为十夫、百夫、千夫和万夫。十人推举十夫长，十夫长推举百夫长，百夫长推举千夫长。

第二十四条　只有在行军时能考虑到不让军队饥渴、牲畜消瘦的人，才配担任首长。

第二十五条　十夫长不能完成任务的，撤销他的职务，连同其妻子、儿女一并处罚，另从其十人队中选一人任十夫长、百夫长、千夫长、万夫长与此相同。

第二十六条　百夫长、千夫长、万夫长应在每年年初和年终参加军事会议，听取成吉思汗的训言，并保证训言的实施，管理辖区军士。若面从心违，致使大汗命令落空，或不参加此会议的，予以撤职。

第二十七条　如战争需要，每个人无论老少贵贱都有作战御敌的义务。

第二十八条　民众有负担战争物资的义务。由十户长、百户长负责征收征用。

出征前，要检阅军备，如准备不足，严厉惩罚百户长、十户长。

第二十九条　参战人员接到集结命令后必须按时到达指定地点，既不能迟到，也不能早到。

第三十条　交战时，专心作战，禁止掳取财物。

破敌后，见弃物不能取，待战争结束后统一分配。

在战争中，若军马退至原排阵处，军士应返身力战，不返身力战的，处以死刑。

第三十一条　军士遇事要慎重，在敌情不明的情况下不可轻易向敌人出击。

第三十二条　战场上拾到战友衣物和兵械而拒不归还的，处死刑。

第三十三条　丈夫在外参加战争或狩猎时，妻子应料理好家务，并代理丈夫完成赋役义务。

第三十四条　保护战死者。奴隶将牺牲于战场上的主人背出来的，将主人的牲畜和财产送给该奴隶；其他人背出来的，将死者的妻子、奴隶和所有财产都送给该人。

第三十五条　建立怯薛（护卫军）制度，从千户长、百户长、十户长和白身人（自由民）的子弟中选取健壮的、有能力者当怯薛军。

符合上述条件自愿加入怯薛军的，任何人不得阻挡。

被征为怯薛的千户长子弟须带那可惕秃（亲近的人）10人和迭兀（弟弟）1人，百户长子弟须带那可惕秃5人和迭兀1人，十户长和白身人子弟须带那可秃惕3人和迭兀1人。

被征怯薛须在规定范围内自备马匹、物品；自备不足的，可从千户、百户内征调其余部分，违反此命令的，予以严厉惩罚。

第三十六条　怯薛的地位高于在外的千户长，在外的千户长和怯薛斗殴的，严厉惩罚千户长。

第三十七条　怯薛的那可秃惕高于在外的百户长、十户长，在外的百户长、十户长和怯薛的那可秃惕斗殴的，严厉惩罚百户长、十户长。

第三十八条　怯薛军违反管理，免死。初犯的，处鞭刑3下；再犯的，处鞭刑7下；仍不悔改的，处流刑。

四位怯薛长和不传达上述罚则的，予以严厉惩罚。

没有成吉思汗的命令，怯薛长不得擅自处罚怯薛军，违者对其处以同样的处罚。

怯薛长不服的，可向成吉思汗申诉，由成吉思汗作出最后的决定。

第三十九条　宿卫神圣不可侵犯，任何人不得坐宿卫上座，不得跨越宿卫身体，不得靠近宿卫，否则予以逮捕。

第四十条　夜间未经宿卫允许不得在大汗翰尔多禁区附近行走和进入翰尔多禁区；违反的，宿卫可将其拘押，待次日审问。

有急事禀报的，必须先得到宿卫允许，和宿卫一同进入翰尔多。

第四十一条　怯薛军由成吉思汗亲自指挥；擅自调动的，予以严厉惩罚。

第四十二条　民众对待国人要温顺，对待敌人要凶狠。

第四十三条　经过三位以上贤人一致认可的话为可靠的话。

民众要慎言，在说每一句话之前都应当同贤人的话进行比较，同时，也应把别人的话同贤人的话进行比较，如果合适，就可以说，否则就不应当说。

第四十四条　醉酒的人，就成了瞎子，他什么也看不见，他也成了聋子，喊他的时候，他听不到了，他还成了哑巴，有人同他说话时，他不能回答。他喝醉了时，就像快要死的人一样，他想挺直地坐下也做不到，他像个麻木发呆头脑受损伤的人。喝酒既无好处，也不能增进智慧和勇敢，不会产生善行和美德。在醉酒时人们只会干坏事、杀人、吵架。酒使人丧失知识、技能，成为他前进道路上的障碍和事业上的障碍。他丧失了明确的途径，将食物和桌布投进火中，掷进水里。

嘉奖少喝酒的人，重用不喝酒的人。

国君酗酒者不能主持大事、颁布必里克（训言）和重要的习惯法。

十夫长、百夫长和千夫长酗酒的，免除其职务。

怯薛军士酗酒的，予以严厉惩罚。

哈剌楚酗酒的，没收其全部财产。

如果无法制止饮酒，一个人每月可饱饮三次。

第四十五条　以信托资金经商累计三次亏本的，处死刑。

第四十六条　杀人的，处死刑。

第四十七条　男子—女子公开通奸或通奸被当场抓获的，通奸者并处死刑。

第四十八条　男子之间鸡奸的，并处死刑。

第四十九条　收留逃奴的或拾到财物不归还的，处死刑。

第五十条　以歪门邪道伤害他人的，处死刑。

第五十一条　尊重决斗的双方和决斗的结果。在决斗过程中，任何人均不得参与和帮助决斗中的任何一方；违反者，处死刑。

第五十二条 撒谎的，处死刑。

第五十三条 偷盗他人重要财物的，处死刑，并将其妻子、儿女和所有财产没收后送给被盗的人。

第五十四条 偷盗他人非重要财物的，处杖刑；根据情节的不同，分别杖 7 下、17 下、27 下、37 下、47 下，而止于 107 下。

第五十五条 主人应对奴隶的行为负责。奴隶偷盗他人财物的，将其本人和主人都处以死刑，并将他们的妻子、儿女和财产没收后送给被盗的人。

第五十六条 保护草原。草绿后挖坑致使草原被损坏的，失火致使草原被烧的，对全家处死刑。

第五十七条 保护马匹。春天的时候，战争一停止就将战马放到好的草场上，不得骑乘，不得使马乱跑。

打马的头和眼部的，处死刑。

第五十八条 保护水源。不得在河流中洗手，不得溺于水中。

第五十九条 遗产不得收归国有，任何人不得干涉遗产的分配，一般由死者继承人继承。

如果死者没有继承人的，遗产送给其徒弟或奴隶。

第六十条 妻妾所生子女均有继承权。

第六十一条 家里的事情尽量在家里解决，野外的事情尽量在野外解决。

第六十二条 最高札尔忽赤裁判诉讼时，由宿卫组成裁判宿卫，保障札尔忽赤命令的执行。

第六十三条 除当场被抓获或自己认罪之外，一般不得处以刑罚，但当有人被许多人控告时，其又不承认的，可以用拷打的办法使其认罪。

第六十四条 黄金家族成员违犯大札撒的，应予以处罚。初犯的，口头训诫，按成吉思汗的必里克处罚；第三次违犯的，流放到遥远的地方。流放后还是不改的，判处其戴上镣铐进监狱；如果仍未悔改就通过宗亲会议作出处理决定。

第六十五条 那颜们需认真传达大札撒，有传达义务而不传达的，予以严厉惩罚。

（二）《阿勒坦汗法典》（苏鲁格翻译，载《蒙古学信息》1996 年第 1、2 期）。苏鲁格在翻译时没有排条文序号，这里根据内容进行排条文序号。此法典从内容上看，虽然序言用佛教的表达风格，但从具体条文上看，佛教因素并不明显，整个法典反映出蒙古族的传统法律特点。法典是明朝中前期蒙古族法律的真实反映。此外，法典在内容上没有涉及蒙古社会组织的立法，体现出当时的社会结构现状。

愿得吉祥，一切诸佛殊胜灌顶，一切六道众生之救主观世音菩萨为调伏众生而化身为法王阿勒坦汗，汗之教诲有云："六道众生无不可转为父母者"，因是之故，佛之圣洁法旨中亦云："我之佛法将向北方再向北方传播和昌盛。"金刚座之北面，即吐蕃黑暗之洲。称为"法王松赞干布"之化身，将吐蕃众百姓纳入政教二法规，故能永享安康。金刚座及吐蕃之北面，即蒙古地方，此亦为不知善恶取舍之黑暗之洲。为给黑暗中之众生指明利乐之路，法王阿勒坦汗作了施主。遍知一切之殊胜化身幻变为索南嘉措喇嘛，调伏十方，德被一切众生。关于引导众生坚信利乐，趋向善道，兹略述于上。

而今之政教二法规，佛教戒规之帛结如不坏金刚，世间法律如牛轭大金山，遍及广大国土的政教二法规之中，法律系统中之大小法律条款都是按照怎样妥当就怎样制订的。汝等作了蒙古四十部落之首领，尔等五首领及一切大、小鄂托克之官员和民众应铭记于心，倘若不铭记或排斥、藐视之，则必将按照阎摩狱主之指令，以政教二法规严厉制裁。故一切人等都要明确地铭记于心。要知道，不真正顺应政教二法规而各行其是者，无不变作罗刹女的眷属，必被永久镇压。

第一条　杀人者，打三组，罚头等牲畜一九，执为首者一人。或罚头等牲畜一五，执为首者一人，二人同案，执为首者一人。

九畜者：马二匹、牛二头、羊五只。

五畜者：马、牛合二，羊三只。

第二条　窃取财物、马、牛者，亦执为首者一人。

第三条　罚牲畜九九的案子，如果是穷人犯案，没收其所有财物，被盗之物无论是耗损了还是完好的，都要追究。

第四条　致人眼瞎者，杖一，罚牲畜九九，给受害者赔一人或一驼。

第五条　致人牙齿断裂者，罚牲畜三九和一人或一驼。

第六条　用锋利尖状石或锋利尖状木击人者，罚一人、一驼和以马为首之九畜。

第七条　用鞭、拳、脚、土块或石打人者，罚五畜。

第八条　斗殴中揪断对方头发、胡须者，而且对方无过错，罚五畜。

第九条　双方同等相打，不予处罚。

第十条　致人手足残废者，罚牲畜九九，执一人；若手足无残疾痊愈，则罚五畜，并酬医者。

第十一条　因斗殴中之伤害而致人失去性功能者，杖一，罚牲畜九九。

第十二条　嬉戏中致死、致盲、致断齿、致失去性功能，按参与嬉戏的人数罚马；肇事者，罚牲畜三九，执一人或以一驼顶替。

第十三条　嬉戏中致他人手、足断裂者，以一人顶替，并酬医者。

第十四条　误伤人命者，以人、骆驼、马、衣物等顶替；受害人若系有功德者，则多罚。

第十五条　致妇女流产者，按怀胎月数，每月罚九畜。

第十六条　男人揪妇女头发者，罚牲畜五九，扯破衣服者，罚五畜。

第十七条　男女搞不正当的性行为者，罚牲畜七九；已染梅毒者，加罚九畜，杖一；勾引少女为奸者，罚牲畜九九，杖一。

第十九条　拉扯妇女的被褥者，罚牲畜三九。

第二十条　父母以各种方式逼走女儿者，罚牲畜九九。女儿逃回家，不受处罚。

第二十一条　与恶意之人同谋者，罚牲畜七九。

第二十二条　将清白女儿身许配恶棍之家，或父母强迫女儿嫁人者，处罚其父母。

第二十三条　杀死管理财物之汉仆，或致其器官残废者，以五畜及一人赔偿。若被杀者系官吏之差役、好家仆，则依蒙古惯例处置。

第二十四条　恶棍、奴仆杀人，没其一切积蓄、食物和财产。窃贼偷盗，最好不要怜悯，不杀则有碍法律尊严。

第二十五条　以谎言陷害人者，按参与制造谎言的人数罚马。若系玩笑所致，则罚九畜。

第二十六条　疯子杀人，罚九畜。

第二十七条　遇到疯子，擒拿并捆绑后送来者，赏马一匹。

第二十八条　疯子杀人，赔偿九畜和骆驼一峰。

第二十八条　狗、疯狗、公骆驼、种马、种绵羊、公山羊等致人死亡者，与精神错乱者杀人之处罚同。

第三十条　勃、额秃根占卜、作法者，被占卜或作法之人死，杖一，罚牲畜九九；未死，免杖，罚牲畜九九。

第三十一条　由送葬之处返回，进入他人家宅者，按进入家宅的人数罚马。

第三十二条　患恶病者至他人家宅，传染他人疾病并致死者，杖一，罚牲畜九九；虽传染疾病，但未致死者，罚牲畜三九；未传染疾病者，罚备有鞍辔之马一四；传染疾病致他人眼瞎者，杖一，罚牲畜九九。

第三十三条　触动、抓握死人之尸骨者，应驱邪，否则，罚牲畜九九。

第三十四条　盗窃随葬之何物与盗窃活人之何物同罪。

第三十五条　放走祭祀之马者，罚九畜。

第三十六条　转移尸体、祭祀之马者，罚牲畜三九。

第三十七条　辱骂诺颜或诺颜夫人者，罚牲畜二九。

第三十八条　辱骂好人的夫人者，罚五畜。

第三十九条　辱骂出身卑贱的妇女者，罚马一四。

第四十条　辱骂出身卑贱转变为尊贵夫人者，罚马二四。

第四十一条　若系对方前来挑衅，则不予处罚。

第四十二条　男子的衣服破烂者，罚马一匹。

第四十三条　自己行走中帽尾断开者，罚牲畜三九。

第四十四条　与他人同行中帽尾断开者，罚牲畜一九。

第四十五条　帽带断开者，罚绵羊一只。

第四十六条　许诺给男方之女子，女婿依约赴订婚酒宴途中死亡者，其女子归女婿之父；虽许诺，但未举行订婚酒宴者，其女子之去向，由女方父母决定。

第四十七条　拒绝供给好人的夫人食物、睡铺者，罚马一四。拒绝供给饮料者，罚山羊一只。

第四十八条　男子用尖状土块、木、石打妇女者，罚牲畜三九。鞭抽、拳打、脚踢者，罚九畜。妇女口出秽语，扑打男子者，罚牛一头。

第四十九条　殴打使者，罚五畜。若使者先动手，则不予处罚。

第五十条　使者在马群和家宅前面不下马，而是驰至马群和家宅后面下马者，罚马。若系执行紧急、重要任务，则不为使者之过失。若非执行紧急、重要任务则根据其驰过马群和家宅距离的远近不同罚马。

第五十一条　毁改牲畜的印记者，罚牲畜三九。

第五十二条　经询问后阉割雄畜生殖器者，不予处罚。未询问者，罚五畜。给种马、公骆驼、雄黄牛、种绵羊和公山羊去势者，罚牲畜三九。

第五十三条　盗取马鬃，罚九畜。盗取马尾，罚牲畜三九。盗取牛尾，罚五畜。

盗取骆驼秋毛，罚马、牛合二。盗取骆驼绊脚索，罚马二四。盗取骆驼鼻绳，罚马一四。

盗取绵羊毛、辔索、缰绳者，罚羊若干只。

盗取马的三腿绊，罚马三匹。盗取马的前腿绊，罚马二匹。

盗取牛的前腿绊，罚牛二头。盗取牛鼻绳，罚牛一头。

第五十四条　随意饮家宅或库房中之酒、酪浆、乳、酸奶者，按偷饮者的人数每人罚五畜。

第五十五条　盗窃旅途中之军队的途中食品者，罚牲畜三九；盗窃旅途中之军队的绳索者，罚马三匹；盗窃营地之绳索者，罚马二匹；若属于询问过长官的错误，则不予处罚。

第五十六条　盗窃火镰、锉刀、纯质金属矛枪、铁盾、银嚼子、铁炉、头盔、手剑、狐皮、弓箭囊、腰带、银颈带等，罚牲畜三九。

盗窃剑、小刀、凿子、钳子、钻子、斧头、锤子、锛子、剪羊毛刀、刨子、墨斗、锯、缨路、围腰、小袋、帽尾缨子、料袋、搭链等物品者，罚五畜。

盗活物者，罚活物。盗无生命物者，罚无生命物。

盗窃大盆、碗、木勺、夹子、铜壶、斗篷、毡子、雨具、黄狗皮大氅、山羊皮大氅、皮条辔索、鞭子等，罚九畜。

盗窃匣子、梳子、抓挠儿、镊子、毛笔、竹笔、项环等，罚绵羊一只。

盗窃木锤、扇子、兽皮垫子、扯绳，罚绵羊一只。

盗窃箭、熊面具、帽翎三物，罚马、牛、羊三畜。

盗窃铠甲服、貂皮大氅、"克斯蒙"大氅及任何一种昂贵的猛兽皮大氅，罚牲畜六九，赔偿一人或一驼。

盗窃靴子、上等裤子，马褂、被褥、西方的青蓝色或红色旱獭皮大氅，罚牲畜三九。

盗窃马鞍，罚牲畜六九。无论盗窃何种马袋，罚马一匹。盗窃马衬，罚牲畜三九。

偷取鹞之翎、岩雕之翎、狗头雕之翎，鹫之翎，罚牲畜二九。凡偷取水禽之翎、肉者，罚马一匹。

盗窃金碗、金帽、银碗者，罚牲畜六九，赔偿一人或一驼。

盗窃金、银者，盗窃大块的，罚牲畜六九；盗窃小块的，罚牲畜三九。

第五十六条　偷猎野驴、野马者，罚以马为首之五畜。

偷猎黄羊、雌雄狍子者，罚绵羊等五畜。

偷猎雌雄鹿、野猪者，罚牛等五畜。

偷猎雄岩羊、野山羊、麝者，罚山羊等五畜。

偷猎雄野驴者，罚马一匹以上。

偷猎貉、獾、旱獭等，罚绵羊等五畜。

第五十七条　取掉入水中、陷入泥淖或被狼咬死之死畜肉者，应给牲畜的主人赔偿。取狼吃剩下的骆驼肉者，罚牛一头。

第五十八条　盗取他人套住的野兔十只，罚绵羊一只；盗取五只，罚山羊一只。盗窃黄羊网、鸟网者，罚牲畜三九。盗窃兔套者，罚牲畜一九。

盗窃蒙古包门，罚牛一头和绵羊一只。盗窃多少根椽子，罚多少只绵羊。

第五十九条　捕杀小的或中等的鱼、鸢、大乌鸦、喜鹊等，不受处罚。

第六十条　十岁以下偷盗者，不按盗窃行为对待。十岁以上者，方以盗窃论处。

第六十一条　刚来一年的汉族家仆偷盗者，不按窃贼对待；已来二年者，取其遗失；已来三年者，则按盗窃论处。

第六十二条　无故加入两个人的斗殴并帮助一方，致对方死亡者，其罪行和处罚与杀人者相同。

第六十三条　进行公正调解的中间人被杀，杀人者，杖一，向被害人家属赔偿牲畜九九和一人。未动手者，免杖，罚牲畜九九，向被害人家属赔偿一人或一驼。

第六十四条　从风、雪、雨中救出羊群者，可以从每群羊中取上好绵羊一只。救出被狼驱赶之羊群者，可以从每群羊中取上好绵羊二只。

第六十五条　谎称使者，按窃贼论处。

第六十六条　盗窃地弩、夹子、套索等此类物品者，罚五畜。盗窃捕兽器、拉网等此类物品者，罚马、牛。

第六十七条　从沼泽中拽出多少峰驼，赏多少匹马。救出马、黄牛者，每救出一匹或头者，赏绵羊一只。

第六十八条　杀死窃贼者，不受处罚。若放走窃贼，则罚羊二只。

第六十九条　杀害子女或养子女者，若系亲生父母，杖之，罚牲畜五九。若系养父母，罚牲畜四九和骆驼一峰。被杀害者若系女孩，凶手从军，罚骆驼等九畜。

第七十条　出生在蒙古人家的女孩或男孩被杀害，被杀害者若系意识混乱或眼有毛病者，其父母免杖，罚牲畜九九。携带逃亡者一同逃走者，应赔偿。

第七十一条　窃贼用箭射人，无论射中还是没射中，皆罚牲畜九九，并以一人或一驼顶替。

第七十二条　用箭射或用刀砍使者，罚牲畜一九，并以一人或一驼顶替。

第七十三条　从火、水中救出蒙古人者，赏马二匹。救出汉族家仆，赏马一匹。救出一般汉人，赏绵羊一只。救出下等汉人，赏牛一头。

第七十四条　从火、水中抢出盔甲、手剑者，赏马一匹。

从河流、沼泽和火中：救出骆驼者，每救出一峰骆驼赏上好绵羊一只。救出牛群者，赏牛一头。救出马、牛者，赏山羊一只。救出马群者，赏马一匹。救出羊群者，赏上好绵羊二只。

救助并携带来迷路的儿童者，赏好马一匹。若系女孩，赏上等好马或骒马一匹。

第七十五条　取窃贼杀吃之剩留食物者，罚五畜。

第七十六条　失火致人死亡者，罚牲畜三九，并以一人或一驼顶替；烧伤他人手足者，罚牲畜二九；烧伤眼睛，罚牲畜一九；烧伤面容，杖一，罚五畜。因报复出于恶意纵火者，杖一，罚牲畜九九。

第七十七条　盗窃铜碗，罚牲畜二九。盗窃马搭链，罚绵羊二只。盗窃使者的马搭链，罚马一匹。盗窃铜嚼子，罚牲畜二九。盗窃银项环，罚牲畜三九。盗窃铜项环，罚牲畜一九。盗窃铅或锡铁项环，罚绵羊一只。

第七十八条　用鞭、拳、脚殴打朝廷使者、普通使者或侦察使者，罚五畜和一马。

第七十九条　乘骑使者之驿马者，罚物品二件。

第八十条　朝廷使者带二名贤者、二名侍从随行。

第八十一条　长官叛逃，其部属中之任何人都可以招集人追赶。

第八十一条　拒绝供给驿马者，罚马一匹。驿马死亡，应予赔偿。

第八十二条　逃亡之汉人杀人，其罪刑与其他杀人罪相同。

第八十四条　调戏妇女，扯破妇女的衣服者，罚马、牛。

第八十五条　嬉戏致使牲畜落水死亡者，罚牲畜三九。

第八十六条　无故驱赶畜群，驱赶五头牲畜远弃之者，罚马一匹；驱赶四头者，罚牛一头；驱赶三头者，罚绵羊一只；驱赶二头者，罚山羊一只；驱赶一头者，免予处罚。

驱赶不固定之马群者，驱赶十匹以上者，按每十匹罚马一匹；驱赶十匹以下者罚牛一头。

无故驱赶骆驼者，按被驱赶的骆驼群中的驼羔计算，每峰驼羔罚牛一头。

（三）《蒙古·卫拉特法典》（李金山主编，内蒙古教育出版社 2010 年版，法典由额尔德木图译），该法典反映出西部蒙古族在 17 世纪 40 年代法律中佛教因素在上升，法典很多内容涉及佛教内容。同时，法典在立法上出现由蒙古各王公协议一致立法的形式。蒙古族从《桦树皮律令》开始，立法上由各王公之间进行公议协商，这说明蒙古族在社会结构上已经失去了一统蒙古的政治力量，只好由各王公通过协商制定。法典还有两个补充部分，即"噶尔丹洪台吉敕令"和"敦罗布·剌什补充条款"。这里仅录主体部分。

颂　辞
奥咣·赛音·阿木古朗·宝勒图贵
——祝吉祥安康

向两个丘日干之海洋当中
出自空性之经身
圣识一切的神威

三身合一之瓦奇尔达赖喇嘛膜拜
统领一切的释迦牟尼
用温暖的光辉
赐予开化解释
相互抵触的疑惑

彼圣僧托音后嗣神主
将完整法轮传播到此之
对宗喀巴脚下
顶礼膜拜

为所有生灵之益
显示阿毕达佛黄金神威的班禅额尔德尼
作为圣洁雪山之顶的偶像之
救苦救难的达赖喇嘛等二位圣僧脚下叩首

圣识一切的本性
我之慈悲无斑的菩提心
祈求呼图克图·尹禅·仁布察
赐予一切的广益

引　言

萨嘉僧父尹禅·仁布察以及曼殊室利、安巴·西迪·曼殊室利这三位呼图克图·格根坛前，于英雄的查干鲁斯音勒（蒙古语，即龙年，1640 年）秋中月初五吉日，以额尔德尼·札萨巴图·汗为首的图什业图·汗、斡巴西·达赖·诺颜、达赖·洪·诺颜、彻齐勒·诺颜、岱青·洪·台吉、伊勒登·诺颜、墨儿根·诺颜、额尔德尼·洪·台吉、太琫·洪·台吉、腾格里·托音、阿尤西·哈丹·巴图尔、额尔德尼·巴图尔·洪·台吉、昆都伦·斡巴西、顾什·诺门·汗、乌尔鲁克、楚琥尔·岱青、伊勒登、岱青·和硕齐、瓦奇尔图·台吉、墨儿根·岱青、楚琥尔·彻辰·台吉、莫德齐·太师、布克·伊勒登、墨儿根·诺颜·达木林等都钦都尔本（卫特拉四万户）二部的诺颜们开笔定下了此大法。

第一条　无论何人，违背国法，杀戮或蹂躏民众，蒙古与卫拉特将合力讨伐，着将其一人流放，没收其一切财产。财产之一半付给受害者，剩余的一半分成两份，蒙古与卫拉特各取一份。

第二条　居住在二部边缘地带的少数人，如果掳掠部落之民众，罚十副铠甲、一百峰骆驼、一千匹马。将掳掠之财产全部归还原主，并补偿所损失的一切人与牲畜、财产。违法者如果是有官职的人，罚其掳掠之五倍；如果是无官职的人，罚马、牛、骆驼、羊各一。

第三条　从乌拉克钦毛该吉勒（火蛇年，1617 年）到锡剌鲁斯音吉勒（土龙年，1628 年），在巴儿虎、巴图特、辉特等部人，在蒙古居住生活则归籍蒙古，在卫拉特居住生活则归籍卫拉特。除此之外，所有归属蒙古的，一律由蒙古管辖；归属卫拉特的，一律由卫拉特管辖。违反此法则每人口处罚二十四马、二峰骆驼，另将其遣送原籍。与朝克图一起进入卫拉特而逃亡到其他部落者，将他遣反卫拉特。

第四条　蒙古与卫拉特有外敌入侵，必须立即通报。得到通报而不前来救援的邻近部落之大诺颜①处罚一百副铠甲、一百峰骆驼、一千匹马；小诺颜②处罚十副铠甲、十峰骆驼、一百匹马。

第五条 杀戮或蹂躏寺庙喇嘛所属人员，处罚一百副铠甲、一百峰骆驼、一千匹马。如果一个人则按大法处置。

第六条 潜逃者无论投奔何处，一律将其财产牲畜没收一半，并遣返原籍交还原主；出现命案，按大法处置。杀死或偷窃牲畜，处罚八九③牲畜。证人获得一九牲畜。诺颜等接收隐匿逃亡者，处罚一百副铠甲、一百峰骆驼、一千匹马。并分成两份，双方各得一份。

第七条 喇嘛属辖上等人赔偿五头牲畜，毛乌·珲赔偿二头牲畜。或者赔偿一博尔和④。从十个人中应有一人充当寺庙属民。

所有人不得违犯此大法，违犯者为大诺颜，处罚十峰骆驼、一百匹马；违反者为墨儿根、岱青、楚琥尔等，处罚五峰骆驼、五十匹马；违犯者为小诺颜，处罚以骆驼为首的三九牲畜；违犯者为塔布能或执政的四类诺颜，处罚以骆驼为首的二九牲畜；违犯者为鄂托克诺颜，处罚以骆驼为首的一九牲畜。

第八条 外敌来外犯时，大诺颜逃命则处罚一百副铠甲、一百峰骆驼、五十户属民、一千匹马；岱青、楚琥尔等诺颜逃命则处罚五十副铠甲、五十峰骆驼、二十五属民、五百匹马；小诺颜逃命则处罚十副铠甲、十峰骆驼、十属民、一百匹马。

塔布能、执政的四类诺颜逃命则处罚五副铠甲、五峰骆驼、五户属民、五十四马；鄂托克诺颜逃命则处罚三博尔和、三户属民、三十四马。

图克钦、布热钦逃命，按塔布能之例处罚；和硕齐逃命，按爱玛克诺颜之例，令其脱下盔甲，穿女人短衣。

额尔克腾、恰逃命，处罚一户属民和以盔甲为首的一九牲畜。

穿长袍之士兵逃命，处罚以盔甲为首的四匹坐骑；戴战盔者逃命，处罚一副铠甲、三匹马；穿铠甲士兵逃命，处罚一副铠甲、二匹马。普通百姓逃命，处罚一张弓箭、一匹马；奴隶逃命，着令其穿女人短衣。

第九条 战场上救援诸诺颜，免除和硕赋税；情势危急而不给予救援，

---

① 拥有汗、洪台吉称号的王公。
② 拥有墨儿根、岱青、楚琥尔称号以下的诺颜。
③ 一九指马二匹、牛二头、山羊和绵羊五只。
④ 蒙古语中的计量词，一博尔和为马、骆驼、山羊、绵羊各一。

没收其所有财产或处死；救援塔布能、诺颜为首的诸诺颜则依前例赏赐；临阵脱逃者，依据证人证词处置。

第十条　大敌当前而不予通报者，处以极刑，没收全部财产；见到贼寇而不通报者，没收其牲畜的一半充公。

第十一条　发生动乱则必须集中到诺颜处听候调遣，拒绝调遣按前例处置。驻牧地过远而耽搁，酌情处置。

第十二条　贼寇抄没人家，驱走马群时，奋勇上前抢回马群者，获得牲畜之一半；抢回马群过程中，有被杀者，必须得到赔偿；为抢回马群而与贼寇搏斗致死，马群主人之兄弟以一博尔和予赔偿；拒绝或逃避者，赛音·珲①处罚财产牲畜的一半；敦达·珲②处罚一九牲畜；毛乌·珲③处罚五头牲畜。

第十三条　无论有权无权，一切人等必须为办理三件要紧事务提供驿马：政教要务、诺谚哈屯患病和大敌侵袭的紧急讯息之公差，必须得到提供驿马之助。拒绝提供者处罚九九牲畜。

第十四条　攻讦绰儿济处罚九九牲畜；攻讦为诺颜巴克什之喇嘛处罚五九牲畜；攻讦格隆处罚三九牲畜，殴打则处罚五九牲畜；攻讦班第或尼姑处罚五头牲畜，殴打则处罚九头牲畜；攻讦斡巴西或居家查布根赤，处罚马一匹，殴打则视其家境酌情处置。

第十五条　托音任意违背戒律则处罚其财产牲畜之一半；攻讦娶妻之班第则处罚一匹马，殴打则处罚二倍。

第十六条　让喇嘛、班第提供额力齐的乌拉④，处罚一头牛；骑色特尔马处罚马一匹；额力齐帮助抓色特尔马则处罚额力齐；公差自己骑色特尔马则处罚公差；不知而骑色特尔马则拷问弄清真相。

第十七条　攻讦大诺颜，没收其财产；用言词攻讦有官职的诸诺颜、塔布能则处罚一九牲畜，殴打则处罚五九牲畜；攻讦诸小诺颜、塔布能则处罚五畜，动手重殴则处罚三九牲畜，轻殴则处罚二九牲畜；诸恰以言词攻讦西古楞格则处罚马羊，重殴则处罚一九牲畜，轻殴则处罚五畜。

第十八条　有官职的诺颜、塔布能、赛德、小诺谚、德木齐、西古楞格

①　蒙古语，意为上等人。
②　蒙古语，意为中等人。
③　蒙古语，意为下等人。
④　蒙古语，意思是驿马。

等执行公务，对妨碍公务者可予鞭打，妨碍严重而鞭打致死也不予追究。诺颜为显示威风，无故寻衅，重殴则处罚一九牲畜，中殴则处罚五畜，轻殴则处罚马一匹。

第十九条　谩骂无辜，指名侮辱戏谑其人父母者，罚马一匹。

第二十条　非公务差使，可骑本爱玛克之马。骑其他爱玛克之马，罚三岁大母畜。额力齐未经主人允许而骑其马者，当日则罚一只绵羊；过宿则罚三岁大母畜。

第二十一条　殴打公差者处罚一九牲畜；拽公差下马者处罚五畜；公差抢骑其马而殴打公差则处罚一匹马。

第二十二条　冒充公差骗骑乌拉马或抽吃首斯①处罚一九牲畜；或鞭笞五下，处罚五畜；诓骗其中之一者，罚五畜。

第二十三条　必须为公差提供中餐和晚餐，非饭时索要滥吃则没收公差坐骑；公差乘马疲劳，不提供乘马者处罚三岁母畜；不提供公差食宿者处罚三岁母畜；孀居无子女者免除提供食宿义务，但须上缴短衣一件；借故推诿，不提供任何帮助则予追究。

第二十四条　在诸诺颜所属禁猎区破坏宿营地、驱惊野兽则处罚以骆驼为首的一九牲畜；不知禁猎等情属实可以免罪。

第二十五条　无故中断诸大诺颜为首斯处罚九九牲畜；中断有官职诸诺颜及诸塔布能的首斯处罚九畜；中断诸小诺颜及诸塔布能的首斯则处罚一匹马；假借诺颜之名征首斯自己享用则处罚一匹马；骗吃午餐处罚一匹马。

第二十六条　殴打师长、父母严重者处罚三九牲畜；殴打者处罚二九牲畜；有殴打倾向者处罚九畜。

第二十七条，儿媳乖张，重殴公婆者处罚三九牲畜，中殴者处罚二九牲畜，轻殴者处罚九畜。

补充条款：重殴者鞭笞三十，中殴者鞭笞二十，轻殴者鞭笞一十。

第二十八条　父亲管束教训儿子，婆婆管束教训儿媳，如果动手鞭打，重则处罚九畜，中则处罚五畜，轻则处罚马一匹。

补充条款：公公重殴儿媳处罚二九牲畜，中殴处罚九畜，轻殴处罚五畜。

第二十九条　凡见到儿子杀死父母者，须押送至诺颜处；押送之人可获博尔和为首的九畜；没收案犯全部财产充公。父亲杀死儿子，则抄没全部

①　蒙古语，驿站提供给的整羊。

财产。

第三十条　杀死男奴处罚五九牲畜；杀死女奴处罚三九牲畜。

第三十一条　谋害弃妻处罚五九牲畜；谋害与丈夫通奸之女按杀妻罪论处，并割其耳朵配给他人；女犯用牲畜赔偿被杀者。

第三十二条　按习惯法分配财产给儿子，父亲贫穷，则儿子获得不超过五分之一的财产。

第三十三条　有官职的诺颜、塔布能之女的聘礼牲畜数为三十博尔和、一百五十四马、四百只绵羊；小诺颜、塔布能定亲，聘礼牲畜数为十五博尔和、五十四马、一百只绵羊。女方随礼之引者，① 依据男方所送聘礼酌定，具体聘礼数目由男女双方家庭协商确定。

第三十四条　都钦的德木尔之女聘礼和陪送牲畜数为五峰骆驼、二十五头牛、四十只绵羊；随礼为十个札哈、二十个札达盖、鞍辔、衣物坎肩、马二匹等物引者。随礼中如果有人引者，② 则配送备有鞍辔的骆驼，根据人引者数确定备有鞍辔的骆驼数目。

第三十五条　洁仁的西古楞格之女聘礼和陪送牲畜数为四峰骆驼、二十头牲畜、三十只绵羊；物引者为五个札哈、十五个札达盖、骆驼与马各一峰；根据物引者数配送备有鞍辔的骆驼。诸恰亦按此数目执行。

第三十六条　敦达·珲之女聘礼和陪送牲畜数为三峰骆驼、十五头牲畜、二十只绵羊；物引者为骆驼与马各一峰、四札哈、十札达盖；根据物引者数配送备有鞍辔的骆驼。

第三十七条　阿达格·珲之女聘礼和陪送牲畜数为二峰骆驼、十头牲畜、十五只绵羊；物引者为马与骆驼、衣物坎肩、鞍辔等。

第三十八条　女方年满十四岁始可定亲。十四岁以下的女方父母如若许聘并强索聘礼，男方应向德木齐、西古楞格通报暂缓。违犯此令者，无权接受聘礼。

第三十九条　都钦的德木齐嫁女宴席所用阿勒什数为四头牲畜、五只绵羊；洁仁的西古楞格所用阿勒什数为三头牲畜、四只绵羊；敦达·珲所用的阿勒什数为二头牲畜、三只绵羊；阿达格·珲所用的阿勒什数为一头牲畜、二只绵羊。

第四十条　每年一个都钦可为四个男青年娶亲。十个男青年资助一个成

---

① 蒙古语，意为妆奁，包括财物、奴婢等。

② 蒙古语，意为陪嫁的少年女奴，与物引者相对称。

婚。资助牲畜者可从新人物引者中接受一札哈；资助绵羊者可从新人物引者中接受一札达盖；不得索要新人衣物；拒绝参加资助者，处罚二峰骆驼、五匹马、十只绵羊。

第四十一条 每年一人都钦保证二户人家作十件甲袖；不按规定完成任务者，处罚马、骆驼各一匹。

第四十二条 女方年龄已满二十岁还未婚嫁，可向男方家长通告三次。男方家长不予理会，向诺颜报告并可另选婆家。不向诺颜报告而擅自另嫁，女方父母退回聘礼。聘礼牲畜头数按本法所定第三十三、三十四、三十五、三十六条、三十七条执行。

第四十三条 女方婚后亡故，物引者如数陪送；尚未出嫁而亡，有权分得一半牲畜。

聘礼禁止陪送盔甲、甲袖、枪支。陪送盔甲处罚五头牲畜，陪送甲袖处罚骆驼为首的三九牲畜，陪送枪支处罚五头牲畜。

第四十四条 偷窃盔甲处罚十九牲畜，偷窃甲袖处罚三九牲畜，偷盗短襟铠甲处罚三九牲畜，偷窃头盔处罚一九牲畜，偷窃枪支处罚一九牲畜。

第四十五条 偷窃上好刀剑处罚一九牲畜，普通刀剑处罚五头牲畜；偷窃上好长矛处罚三匹马，普通长矛处罚一匹马；偷窃上好弓带、十支箭处罚三九牲畜，中等弓处罚一九牲畜，一般弓处罚带羔山羊。

第四十六条 有沙盖图（订有婚约）关系一方的忽达（亲家），权利受到损害时，有权提出诉讼；无沙盖图（婚姻）关系则没有诉讼权利。已有婚约关系的女方父母违背婚约，将女儿另外许配他人，赛音·珲则处罚以骆驼为首的五九牲畜，敦达·珲处罚以骆驼为首的三九牲畜，下等人处罚以骆驼为首的一九牲畜。女方为孤儿，处罚数额为以上所定三条的三倍。违背婚约者的父母有无责任，拷问确定。处罚的财物与牲畜由后聘男方支付。女方父母可以接受后聘男方聘礼。

第四十七条 被收养儿子若自愿回生父身边，许可独自回生父家生活，免除向养父赔偿财产义务；成家男子则必须偿清娶妻及生养子女所花销费用。

被收养女儿，养父母有权做主许配；聘礼和随礼，生父母与养父母有同等权利义务。

第四十八条 与无婚约关系女方私奔，赛音·珲之女，赔偿七头牲畜，敦达·珲之女，赔偿五头牲畜，毛乌·珲之女，赔偿一峰骆驼。

第四十九条 有逃亡者，着令遣归原籍，有诺颜出资助其成家立业者，罚没所得财产之一半。

第五十条　疯狗咬死牲畜，疯狗主人赔偿五分之一。疯狗咬人致死，疯狗主人是赛音·珲，赔偿九头牲畜；疯狗主要是敦达·珲，赔偿七头牲畜；疯狗主人是毛乌·珲，赔偿五头牲畜。

第五十一条　疯癫者致人死命，处罚常人处罚额之一半，或视其病情酌定；疯癫者侵害他人而死，不追究正当防卫者责任。

第五十二条　牧场山沟中死人，牧场拥有者是赛音·珲，赔偿一博尔和为首的一九牲畜；拥有者是敦达·珲，赔偿五头牲畜；拥有者是毛乌·珲，赔偿一博尔和。畜群无主或无放牧者，畜群中抓一头牲畜抵偿。

第五十三条　公驼、公牛、公马离群伤人或致人死命，无赔偿责任；其他散畜致人死命则按本法第五十二条规定赔偿。所乘之马致人死命，按本法第五十二条规定赔偿。

补充条款：在人家中呛食、泻肚、醉后大小便，可不问责。

第五十四条　战争中击杀敌方挑战者，有权利获其妻子；击杀穿甲胄者，有权掳获其甲胄；后到达战场者，只能选取战利品中甲袖或盔甲一；最后到达者，只能得到普通什物；击杀无甲胄之敌，按前例所定。

第五十五条　战斗中援救被困者，可以用其铠甲及乘马；援救冲锋被困者，从其战利品中可得以博尔和为首的一九牲畜；呼图其战死，用战利品予以抚恤，可获博尔和为首的一九牲畜。

第五十六条　进行中有贪财隐匿者，鞭打诺颜坐骑头部；没收所掳获之牲畜，并处罚一九牲畜。隐瞒所得牲畜逾三宿者，处罚五头牲畜；胁从者受相应处罚。

第五十七条　战斗中误杀同伴，证明属实则赔偿一九牲畜，无事实证明则赔偿三九牲畜。

第五十八条　狩猎中误伤致人死亡，罪责减轻一半，以原定之法赔偿；损伤身体则赔偿以博称和为首的五九牲畜；大拇指或食指折断则赔偿二九加五头牲畜；中指折断则赔偿一九牲畜；无名指折断则赔偿五头牲畜；小指折断则赔偿三头牲畜。

误伤严重被救活，赔偿博尔和为首的一九牲畜；流少量鲜血，赔偿五头牲畜；衣物受损则赔偿一匹马。

第五十九条　狩猎时马匹被误伤致死，赔偿相等马匹；乘马者不忍收取死马皮肉则赔偿良马一匹。

第六十条　迁徙者于驻牧地留有火苗隐患，给及时处置者支付一只绵羊；野火或洪水中救出人命，须给予五头牲畜；野火或洪水中救人而死，获得以博尔和为首的一九牲畜赔偿；野火或洪水中救人而死乘马，获得博尔和加一匹马赔偿；野火或洪水中救出奴隶，捞出甲袖、铠甲等，可获一匹马奖赏；捞出盔甲，获马与绵羊各一匹奖赏；捞抢出帐篷及什物，获得马、牛奖赏；野火中救出畜群，数量多则获二头牲畜奖赏，数量少则获一头牲畜奖赏；季节不同，酌情定量。

第六十一条　夙怨复仇纵火者，处罚博尔和；纵火致死赛音·珲，征讨缉拿首犯；纵火致死敦达·珲，赔偿三十博尔和加三百头小畜；纵火致死毛乌·珲，赔偿博尔和为首的十九个九牲畜。

第六十二条　偷盗骆驼，处罚十五个九牲畜；偷盗骟马与公马，处罚十九牲畜；偷盗骒马，处罚八九牲畜；偷盗犍牛、二岁马、绵羊，处罚六九牲畜。以上处罚包括骆驼在内的九数。

第六十三条　被偷盗者按实数上报。多报者，赔偿所得降低为应罚数额的一半。

第六十四条　怀胎牲畜过产期产仔，处罚一匹马；没收牲畜须有牲畜主人在场，主人不在场，有其诺颜负责支付。

第六十五条　缉捕盗贼，得到赛音·珲举证可直接抓捕，抓捕即可结案；没有赛音·珲举证则拷问弄清事实；缉捕盗贼到艾里，须找到阿哈了解情况；阿哈不了解实情或回避，从艾里缉拿盗贼后，因未尽管理之责，处罚阿哈博尔和为首的一九牲畜。

第六十六条　债务关系必须有充分证据。产生纠纷向西古楞格通报，西古楞格拖延或不予协助解决，罚没其乘马；不向西古楞格通报而白天去逼债，取消其债务；擅自夜间去逼债，处罚债主一九牲畜。

第六十七条　取消了应给博拉太师的债务。取消了妇人带着羊去借的债务，债额多则取消其一半。

第六十八条　赶回离群牲畜，通告三天后可骑乘使用；不予通告，未到三天而骑乘使用者，处罚三岁母畜。捡到离群牲畜，私下做标记，处罚一九牲畜；私下修剪鬃尾，处罚五头牲畜；通告之后骑乘则不问责。

第六十九条　捡到离群牲畜，须交给西古楞格，西古楞格负责交给贺热格；抓到离群牲畜者不交给西古楞格及贺热格，处罚离群牲畜数的二倍；对牲畜主人隐瞒实情，处罚一九牲畜；捡到牲畜私自转送居住地遥远者，按大法处置；私自转送邻人，处罚三九牲畜；捡到死畜，不予通告而占为己有，处罚七头牲畜。

第七十条　已婚男女私通，处罚女方四头牲畜，处罚男方五头牲畜；女方被迫，处罚男方一九牲畜；强奸奴婢，处罚一匹马，奴婢自愿则不问责；强迫未婚女子同床，处罚男方二九牲畜；未婚女子自愿则处罚男方一九牲畜。

奸狎牲畜者，牲畜收归检举者；奸狎者赔偿牲畜主人五头牲畜。

第七十一条　二人斗殴，有偏袒致死亡者，赔偿以博尔和为首的一九牲畜，并罚没所有偏袒者乘马。

第七十二条　用利器刺、砍、击伤人者，重伤处罚五九牲畜，中伤处罚三九牲畜，轻伤处罚一九牲畜。

用利器而未致人受伤，处罚一匹马；用利器威吓，没收利器；被人制止，处罚使用利器者一匹马。

第七十三条·用木棍或石器重击他人，处罚以博尔和为首的一九牲畜，中击则处罚马或绵羊，轻击则处罚三岁母畜或相等财物。

用拳头或马鞭重打他人，则处罚五头牲畜，中则处罚马或绵羊，轻则处罚三岁母畜。

第七十四条　撕坏他人衣物，处罚二岁马一匹；揪断他人帽缨或头发，处罚五头牲畜；触损他人胡须，处罚绵羊或马；同时啐人脸面、向人撒土、鞭打他人马头、撩掀他人衣襟、掠扰诺颜乘马，处罚马一匹、绵羊二只；其中有两种行为者，处罚马和绵羊各一匹，有一种行为者，处罚带羔绵羊一只。

第七十五条　揪断妇女帽缨或头发，处罚一九牲畜；使之堕胎，按怀胎月数罚九数牲畜；触摸妇女乳房或私处、公开接吻，处罚一引者；触犯年满十岁以上的女性，依法处置；触犯十岁以下幼女，还未有处置法规。

第七十六条　引诱、玩弄已婚或未婚妇女，在其脸部或其他部位咬出牙痕等，处罚五头牲畜；恋爱男女，在公众场合举止轻浮有失风雅，处罚五头牲畜之半。

第七十七条　未成年人玩耍、游戏时致人死亡，按人数处罚马匹；成年人玩耍、游戏致死则处罚一博尔和；二人戏耍致死其一则处罚一九牲畜；致人死亡而隐匿不报，处罚三九牲畜。

第七十八条　玩耍、游戏中损伤眼睛、牙齿、手脚，已经治愈则不予处罚，致残则赔偿五头牲畜。

第七十九条　给逃亡者提供乘马、干粮，处罚七九牲畜；窝藏逃亡者则产牲畜，处罚三九牲畜。

第八十条　偷盗绸缎衣服，貂皮大衣，虎、豹、水獭皮大皮，地毯，绸缎垫子，骚鼠皮大衣，处罚五九牲畜；偷盗狼、狐狸、沙狐、脆生、水獭等兽类皮做的大衣以及野猫皮大衣，处罚三九牲畜；偷盗优质大衣，虎豹、貒鼪、香牛水獭皮，脆生、水獭、绸缎大衣等，处罚一九牲畜；偷盗狼、猞猁、脆生、水獭、棉布大衣，中等大衣等，处罚七头牲畜；偷盗貂、狐狸、银鼠、沙狐、野猫、狸猫、骚鼠等皮，区分其大小，大皮处罚三岁母畜，小皮处罚绵羊；偷盗落入套夹野兽，处罚同上。

第八十一条　偷盗优质银鞍、辔鞯与偷盗貂皮大衣同罪；偷盗中等银鞍、辔鞯与偷盗狼皮、猞猁皮大衣同罪；偷盗锤子、砧子、钳子，处罚一九牲畜；视偷盗物质量，酌情增减处罚数额。

第八十二条　架设萨阿里①先予通告，误中萨阿里致死，获得一博尔和赔偿，伤者抢救痊愈则不予赔偿。通告后架设萨阿里，但过于隐蔽而伤人死亡赔偿三九牲畜；抢救未死但饱受折磨，获赔马一匹加汤羊。架设萨里阿未予通告而误伤致人死亡，赔偿五九牲畜；抢救未死，赔偿五头牲畜。

第八十三条　未通告架设萨阿里，误伤致死牲畜，赔偿相等牲畜；已经通知则不问责。中萨阿里之野兽，由萨阿里主人享用；偷窃中萨队里之野兽，则赔偿相等价值钱物，赔偿相等一头畜。无通知则索取五头。

第八十四条　羊群受狼袭击，驱赶野狼，保全羊群者，羊群主人奖励绵羊死羊一只、活羊一只；保全十只以下羊，奖励五支箭；索要狼咬死羊只，赔偿三岁母畜。

第八十五条　救活陷泥骆驼，骆驼主人奖励三岁母畜；救活陷泥马匹，马匹主人奖励绵羊一只；救活牛，奖励五支箭；救活羊，奖励二支箭。

第八十六条　救活上吊者和临产者，受益人奖励马一匹；病人病愈，应将许诺之物付给医治者，没有许诺则赠送马还一匹。

第八十七条　远程途中或狩猎时失去乘马而困顿，帮助送其致家者，受益人奖励马一匹。

第八十八条　原告与被告诉讼，被告反诉原告有罪，停止诉讼受理；反诉证据确凿，拷问定罪。

第八十九条　独身者成为原被告，申告无财物牲畜，由西古楞格作证；无财产牲畜属实，则予羁押。

第九十条　饥渴者可得酸马乳之助，拒绝帮助者赔偿绵羊；以饥渴之名

---

① 蒙古语，意为设在野外狩猎的暗弩。

强抢酒食，则赔偿全鞍马。

第九十一条　毁人屋帐，用乘马作赔偿；他人火灶里插木棍，诺颜人家，赔偿六九牲畜；阿拉巴图人家，赔偿一九牲畜。

第九十二条　耍弄牲畜致死，赔偿相等牲畜，并用乘马作额外赔偿；不承认耍弄所致，依法弄清真相。

第九十三条　讹占失群牲畜为己有，处罚五头畜；讹占者反诬他人偷盗，弄清真相后依法处置，并返还全部讹占牲畜。

第九十四条　偷盗的牲畜粪便或骨头扔到别人营地，赔偿营地主人一九牲畜，偷盗者隐踪灭迹，由西古楞格协助缉捕；西古楞格回避，处罚犯五头牲畜，罚没其他同案及胁从者乘马。

第九十五条　众人行窃，其中一人自首，自首者免罪；偷盗之物由其他案犯悉数赔偿；抢劫盗窃物为己有，处罚以博尔和为首的一九牲畜。

第九十六条　公差不执行公务，处罚一九牲畜；拒绝给公差等提供驿马，处罚双倍；公差执行公务不得饮酒，饮酒则关禁闭，诺颜赏赐酒水例外。

第九十七条　擅自杀害逃亡者，处罚五九牲畜；有担保逃亡者，按担保者弓箭数处罚同数乘马；抓捕逃亡者，获得其财产牲畜之一半的奖励，另一半充公。

第九十八条　娶赛音·珲遗弃的女人，陪送弃妇父母以博尔和为首的一九牲畜；娶敦达·珲遗弃的女人，陪送弃妇父母五头牲畜；娶阿达·珲遗弃的女人，陪送弃妇父母骆驼与马各一峰（匹）。

第九十九条　奴婢不得作为诉讼证人；作证者须以亲生子女作保。

第一百条　讹占或处置他人牲畜，按讹占牲畜数处罚，并按本法第六十五条处置。

一百零一条　破坏狩猎序列者，处罚马五匹；擅自离开序列三射程者，罚没其乘马；擅自离开序列二射程者，处罚绵羊一只；擅自离开序列一射程者，处罚五支箭。

第一百零二条　隐匿中箭的野兽，处罚五头牲畜；隐匿带伤的野兽，罚没其乘马；不交还捡拾的箭镞，罚没其乘马。

第一百零三条　杀死有标记的猎鹰，以乘马作为赔偿。

第一百零四条　对诉讼案件作证者，处罚没的牲畜中获得一九牲畜奖励。

第一百零五条　火镰、刀子、弓箭、钢锉、縻绳、马绊子、辔子、戴眉子、脖套、帽盔、靴子、裤子、剪子、锯子、铁镫子、木鞍子、蓑披、披蓬、毡鞴子、坠儿、布匹、长衫、带子、倭缎布、薄萨、甲胄匣、锛子、斧子、好锹、谷物类食品、袋装羊肉以及旧衣物、坎肩、其热额、有印记的绵羊、镊子、戒指、鸟网、渔网、夹子等，偷盗者砍断手指，或者处罚五头牲畜，即二头大畜加三只绵羊。

第一百零六条　偷盗马缰绳、套马杆套绳、骆驼缰绳、针、锥子、梳子、顶针、线、筋线、扣子、碗、勺子、盘子、水桶、皮囊以及旧帽子、鞋袜、肚带扯肚、皮鞦、褡裢、佛灯碗、朱砂、扣槽子、钻、马鞭、驮箱、木箱子、披盖子、皮被、脱衣皮、绵羊皮、尖箭、弓弦、弹弦，诸如此类的随身零星饰品，质量好，处罚带羔绵羊；质量一般，处罚带羔山羊。

第一百零七条　原被告缺失不得立案；原告状告被告三次，被告不到案，则由公差强制执行。

第一百零八条　隐匿赃物或贼寇，依法处置；处置时无证人证言，须有嫌犯家族长作证。

第一百零九条　请斡都根（女萨满）、孛（男萨满），罚没乘马；见证者回避，罚没乘马；见到翁衮（萨满使用的偶像）者，必须没收翁衮；同情翁衮者，没收乘马。

第一百一十条　以赛音·珲作殉葬，处罚五头牲畜；以毛乌·珲作殉葬，处罚二匹马；用黄鸭、云雀狗作殉葬，处罚一匹马；除山蛇外，用其他蛇作殉葬，处罚二支箭或刀。

第一百一十一条　按受暴晒十天死畜者，处罚三岁母畜。

第一百一十二条　抢救乘马摔伤的少年，获得绵羊奖励。

第一百一十三条　除母驼、骒马、乳牛，给其他牲畜挤奶，处罚三岁母畜。

第一百十一四条　有婚约女方，由父母教唆逃亡，罚没女方父母财产；非教唆逃亡，按本法第四十六条处罚。

第一百一十五条　与赛音·珲的已婚妇女私奔，赔偿骆驼为首的九九牲畜；与敦达·珲的已婚妇女私奔，赔偿以骆驼为首的五九牲畜；与毛乌·珲的已婚妇女私奔，赔偿以骆驼为首的三九牲畜。

与已婚妇女私奔无音信者，由其妻子负责赔偿牲畜；男方家庭没有牲畜，男方兄弟向女方兄弟赔偿一九牲畜；男方兄弟没有牲畜，由诺颜赔偿。

第一百一十六条　被收养的儿子提出回生父身边生活，养父母不得拒绝；被收养的女儿不得离开养父母。生身父母强行领走，年满九岁者赔偿一九牲畜，受虐者赔偿半数；年满十五岁者不得离开养父母；女儿出嫁时，养父生父提出接受聘礼要求，则必须同等陪送妆奁。

第一百一十七条　父母或舅父向儿子或外甥借贷，无还贷能力时，可以免除。外甥偷拿母舅财物，可不问罪，但需要还齐财物。

第一百一十八条　饲养失群牲畜逾一年，饲养者与牲畜原主人同等获得仔畜的权利，即各得一半。一年后抓获者将索要自己种马、种牛、种驼的全部仔畜。

第一百一十九条　抓获一两头失散牲畜，原数返还牲畜主人；抓获十头失散牲畜，可获二头牲畜奖励；抓获三至九头失散牲畜，可获一头牲畜奖励。

第一百二十条　偷盗锅、火撑子，赔偿一九牲畜；中等质量，赔偿五头牲畜；质量一般，赔偿三岁母畜。

第七章 藏族法律史

藏族属于历史上法律制度较为发达的中国少数民族，形成了具有特色的法律文化体系。藏族法律发展史可以分为三个时期：吐蕃王期时期、宋元明时期；明末至清朝时期。藏族历史上的法律成果，可以分为三个部分：吐蕃时期的《十善法律》、《人道十法》、《法律二十条》、《基础三十六法》和吐蕃三律等；元末至清朝时期藏族的三法典，即《十五法典》、《十六法典》和《十三法典》；最后，安多、康区的部落法律。后一方面法律很多，但多是习惯法，但仍然体现出传统藏族法律的特征，其中较有特色的部落法律有三部，即《果洛旧制中的部落法规》、《德格法律十三条》和《西宁番夷成例》、《夷列》。《西宁番夷成例》和《夷列》具有相当高的相似性，可以说是同一法律。藏族历史上的法律文化体现出很强的佛教化倾向。

第一节 藏族简介

藏族是汉语称谓。藏族自称"蕃巴"，或"博巴"，意思是农业人群。藏族最早起源于雅鲁藏布江流域的一个农业部落。西藏在藏语中称为"蕃"，"蕃巴"下分为"堆巴"（阿里地区）、"藏巴"、"卫巴"（拉萨地区）、"康巴"（四川西部地区）和"安多洼"（青海、云南、川西北等地区）等次地区。藏族两汉时属于西羌一支，7世纪赞普松赞干布建立吐蕃王朝，唐宋称其为"吐蕃"，元朝称"西蕃"，明代称"乌斯藏"，清代称"唐古特"，或"藏番"。清朝康熙年间有"西藏"之称，藏族称谓亦由此而来。藏语属汉藏语系藏缅语族藏语支，下分卫藏、康区、安多三种方言。藏文是7世纪初根据古梵文和西域文字创制的拼音文字。藏族据2010年第六次人口普查时有628.2万人。

最早的藏族先民由分布在雅鲁藏布江南岸雅隆地区六部组成，即六牦牛诸部落。公元6世纪，雅隆部落首领做了部落联盟的领袖，号称王（藏语称"赞普")。藏族经历了吐蕃王朝时期、萨迦时期、帕莫珠巴时期和噶丹颇章政权时期。

吐蕃王朝时期是藏族发展史上的重要时期,其中松赞干布对吐蕃历史发展起到了重要作用。松赞干布是西藏历史上第三十二代赞普。公元7世纪初,兼并了邻近诸部落,完成统一吐蕃的大业,建立了西藏历史上第一个王朝——吐蕃王朝,创制了藏文,引进中原地区先进文化和生产技术。吐蕃赞普赤松德赞创建西藏第一个出家僧团修习场所——桑耶寺。桑耶寺被尊为西藏寺庙之祖,标志着吐蕃、唐朝和印度三地宗教文化在赤松德赞时期开始融汇。877年吐蕃王朝在起义军打击下崩溃。

吐蕃王朝崩溃后,西藏陷于长达400年的分裂割据与战乱动荡时期。1247年,萨迦派高僧班智达·贡嘎坚赞同蒙古汗国皇子阔端在凉州(今甘肃武威)议定,西藏诸部归顺蒙古汗国,接受规定的地方行政制度,标志着萨迦地方政权建立。1260年元世祖忽必烈封贡嘎坚赞侄子、萨迦派法王八思巴为国师。1264年,忽必烈设释教总制院,命八思巴以国师身份兼领院事,总制院下设"宣慰使司都元帅府",负责管辖现今西藏大部分地区军政事务。宣慰使司下辖管理民政的万户府、千户所。1265年西藏设立了13个万户府。同年八思巴受命返藏,扩建了萨迦北寺,设立管理地方政权的"本钦",建立了西藏地方萨迦王朝。元朝时期中央政府三次派官员在西藏清查户口,设立了15个驿站,确立了西藏地方"乌拉"(意为差役)制度。萨迦地方政权在西藏维持了近100年,后被帕莫珠巴政权代替。

1322年,藏族历史的上重要人物强曲坚赞就任第十任帕竹万户。1348年,强曲坚赞率兵打败蔡巴;1354年攻下萨迦寺,取代了萨迦政权,建立起控制西藏大部分地区的帕竹地方政权。元顺帝封强曲坚赞为"大司徒",赐给世代执掌西藏地方政权的诏册和印信。但这个时期,西藏佛教出现各教派戒律废弛,僧人腐化,丧失民心和宗教号召力。于是,出现宗喀巴的宗教改革,宗喀巴提倡严守戒律,得到帕竹政权支持。1409年,宗喀巴在帕竹政权资助下,在拉萨发起有西藏各地僧人10000多人参加的传法大会,在拉萨附近兴建甘丹寺。甘丹寺的建立,标志着倡导严守戒律的格鲁派(黄教)正式创建。从1354年到1618年,帕莫珠巴王朝共传12代,统治西藏地方264年。

格鲁派(黄教)创始人宗喀巴的事业由达赖和班禅两大传派弟子传承,其中五世达赖喇嘛是西藏历史上的重要人物,他生活年代跨越明、清两朝。1618年,噶玛政权推翻帕竹王朝,但噶玛政权统治西藏仅24年。这时期,执政藏王藏巴汗嫉恶黄教，对黄教采取压迫打击政策。1641年，五世达赖与四世班禅商议后，派人赴青海密召信奉黄教的固始汗率兵入藏。1642年，固始汗由青海率大军入藏，灭掉噶玛政权。五世达赖在固始汗支持下建立了噶丹颇章政权，黄教在藏族社会上的优势地位得到确立。1652年，五世达赖率领藏官侍众3000余人赴京，顺治皇帝册封五世达赖金印，全文是"西天大善自在佛所领天下释教普通瓦赤喇怛喇达赖喇嘛之印"。"达赖喇嘛"封号和达赖在西藏的地位由中央政府正式确定，以后历代达赖必须经由中央政府的册封成为定制。1645年，五世达赖下令动工修缮并扩建布达拉宫。噶丹颇章政权从1642年至1959年民主改革前，成为西藏地方政权。1717年，蒙古准噶尔军占领西藏，清政府两次派大军入藏，驱除准噶尔，收复拉萨，彻底结束了蒙古诸部汗王长期统治西藏的局面，扶持以达赖喇嘛为代表的黄教势力，加强中央对西藏的直接管理。1721年，清朝中央在西藏建立了噶伦制度。1725年，设西宁办事大臣，1727年，设驻藏办事大臣，代表中央监督西藏地方行政。1750年，清中央政府废除郡王制，建立西藏地方政府，即"噶厦"，规定驻藏大臣与达赖喇嘛共同管理西藏事务。1792年，清朝击退入侵西藏的廓尔喀军，1793年颁行了著名的《钦定藏内善后章程》29条，对西藏地方官制、军制、边防、财政、司法、户口、差役和涉外事宜等进行了详细规定，确立了驻藏大臣监督办理西藏政务的治理机制。

近代西藏受到外国势力的入侵。最早是英国从印度入侵藏地。1888年，英国侵略西藏隆吐山，西藏地方政府派遣藏军和英军激战；1904年，英国军队入侵西藏的江孜，江孜保卫战失利后，英军一度占领了拉萨。于是，清朝政府被迫与英国签订了《中英会议藏印条约》、《中英会议藏印续约》、《拉萨条约》、《中英续订藏印条约》等涉藏条约。

1911年辛亥革命后，建立了联合汉、满、蒙、回、藏等民族为一体的中华民国。1912年中央政府设蒙藏事务局，1914年改称蒙藏院，主管西藏地方事务，并任命中央驻藏办事长官。南京国民政府1929年设立蒙藏委员会，主管藏族、蒙古族等少数民族地区行政事宜。1940年，国民政府在拉萨设立蒙藏委员会驻藏办事处，作为中央政府在西藏的常设机构。西藏地方政府多次选派官员参加国民代表大会。1951年5月23日，中央人民政府和西藏地方政府代表签订了《中央人民政府和西藏地方政府关于和平解放西藏办法的协议》（简称"十七条协议"）。1959年3月，西藏地方政府多数噶伦和上层发动武装叛乱。1959年3月28日中央政府发布命令解散西藏地方政府，设立西藏自治区筹备委员会行使地方政府职权，推行民主改革，废除封建农奴制度。1965 年 9 月正式成立西藏自治区。同时，在西南、西北藏族聚居区相继成立了多个以藏族为主体的自治州、自治县和民族乡。

藏族历史由于文化以佛教为中心，政治权力历史上高度自治，制定了丰富的法律。如 7 世纪初吐蕃王朝的《神教十善法》、《入教十六净法》和《法律二十条》，元朝帕竹政权的《法律十五条》，17 世纪巴汗政权的《十六法典》，五世达赖制定的《十三法典》，以及大量地方部落、寺院制定的各类法律，其中最重要的法律有《十六法典》和《十三法典》，《十三法典》从清朝初沿用到 1959 年民主改革前。

第二节　吐蕃王朝的法律

一　吐蕃王朝的立法成就

吐蕃王朝是藏族立法的开始与奠定时期。从各种记载看，吐蕃王朝的立法始于松赞干布时期。《汉藏史集》记载松赞干布因为信佛而入关潜修，引起大臣议论，出关后有"如今，我要仿照十善法为臣民制定法规。于是规定，杀人者罚合价银二万一千两，偷盗者罚八十倍赔款，奸淫者割去鼻子，说谎离间者拔去舌头。又制定了清净人法十六条，作为制定的基础"。① "在此期间，有娘·莽布支尚囊等贤明六臣，制定了六六三十六种文书契约式样，将全吐蕃划分为四个如茹及各个东岱，即千户所，并在四方设置了禁卫军，给人们颁发告身"。② 这样松赞干布时期通过立法，创建起了西藏历史上的重要法律制度。赤德松赞时期，达察东色制定了杀人赔偿命金法。据《吐蕃王臣记》载，赤热巴巾时期吐蕃法律"大体内容有三十二制，其中第十九制为根本大法"，大法中有"王位最尊法、金色鹿形法、王朝范例法、审讯定案法、三宝宗教法、王妃内庭法等六法"。吐蕃王朝的法律主要有《神教十善法》、《法律二十条》、《纯正世俗大法十六条》（或《入教十六净法》），"六大法律"——《以万当十万之法》、《度量衡标准法》、《王朝准则之法》、《扼要决断之法》、《权威判决之总法》、《内库内法》，《狩猎伤人赔偿律》、《纵犬伤人赔偿律》、《盗窃追偿律》、《对仇敌之律例》、《杀人命价律》、《谗言断话律》、《不实澄清律》、《三喜法》、《医疗赔偿命价标准

<hr/>

① 达仓宗巴·班觉桑布著、陈庆英译：《汉藏史集》，西藏人民出版社 1986 年版，第 79 页。
② 同上。

法》、《婚姻离异法》和《受诬辩冤法》等，构成了整个吐蕃王朝的法律体系。由于松赞干布、芒松芒赞和赤松德赞是吐蕃王朝的三位重要立法赞普，被誉为"法王祖孙三人"。《十六法典》中称他们三是"法王祖孙三人之恩惠，创立、译释和发展了藏传佛教"。①

（一）松赞干布时期

松赞干布是吐蕃王朝的立法创始者和重要奠基人。松赞干布以佛教教义、戒律为基础制定了《十善法律》和《纯正世俗大法十六条》，建立起吐蕃社会生活法律制度的基础与社会法律价值体系，成为整个吐蕃王朝的立法基础和后来藏族历代立法的渊源。史书记载"吞弥桑布札，噶尔·东赞域宋，止塞汝恭顿，聂·赤桑和羊敦等地位相等之一百大臣，秉承王命，又制定十善法律如下：使行善者得赏，作恶者受惩，在上者受法律之制约，在下者得因法律而受保障。诸如是等，均仿照（佛教之）十善法，在吉雪雄热制定藏律二十条，王臣等均加盖印信，则行颁布，使全藏区如日光普照焉"。② 据《贤者喜宴》记载，松赞干布时期还制定了《以万当十万之法》、《度量衡标准法》、《王朝准则之法》、《扼要决断之法》、《权威判决之总法》和《内库内法》。这六大类法律称为"吐蕃基础三十六制"。此外，还有不杀生、不偷盗、不妄语、不饮酒、奴不反主、不邪淫、不盗掘坟墓等七大法律作为补。松赞干布时期吐蕃三十六制构成了吐蕃王朝的基本法律体系。对松赞干布的立法，《十六法典·序言》中如此评价："彼之宫殿高大，领地幅远；彼之法律条文及遗教，皆为取舍之律，易懂易通。此法律条文皆参考古代诸贤者撰写的法典、传记、旧文献及传闻等编纂而成。"③

（二）芒松芒赞时期

芒松芒赞时期吐蕃最为强盛，立法上进入了新的高潮。他的大臣噶尔·东赞域宋成绩最为突出。据《敦煌本吐蕃历史文书》记载，"至兔年（公元655年），赞普驻于美尔盖，大论东赞于'高尔地'，写定法律条文"。④ 这个时期的立法，现在可以见到的是敦煌吐蕃历史文献中的"吐蕃三律"，即《狩猎伤人赔偿律》、《纵犬伤人赔偿律》和《盗窃追偿律》。"三律"成为

---

① 杨一凡主编：《中国珍稀法律典籍续编·少数民族法典法规与习惯法（上）》（第九册），黑龙江人民出版社 2002 年版，第 70 页。

② 索南坚赞著，刘立千译：《西藏王统记》，民族出版社 2000 年版，第 47 页。

③ 杨一凡主编：《中国珍稀法律典籍续编·少数民族法典法规与习惯法（上）》（第九册），黑龙江人民出版社 2002 年版，第 70 页。

④ 王尧、陈践译注：《敦煌本吐蕃历史文书》，民族出版社 1980 年版，第 102 页。

了解吐蕃时期法律基本内容的重要史料。

（三）赤松德赞时期

赤松德赞时期大臣桂·赤桑雅拉进行了再次立法，具体有《医疗赔偿命价标准法》，即"九双木简"，主要是对前期立法中赔命价、赔血价规则确认和具体化；《没卢氏小法》是王妃没卢氏绛秋制定的法律，具体是教导男人行男性礼节，教导女人行女性礼节。并令富豪放债、于天地中树立卜石、又规定秋春之间的（季节时间）相等。[①]《佛教大法》是赤松德赞弘扬佛教的法律依据，规定"一切众生听从王者命令，一切王臣当顶礼出家僧侣，尊崇供奉"。[②]《三喜法》，即赞普、属民和舅臣等三者都高兴的法律，规定"王者如杀死属民则如母亲打孩子一样，无法可言；如果杀死（属民），则属民不得起来（反抗），赞普应将去看视属者"。[③] 此外，还有《婚姻离异法》、《受诬辩冤法》等。赤松德赞时期吐蕃法律体系已经建成，形成了有自己特色的法律体系。

二　吐蕃法律内容

（一）《十善法律》和《人道十法》

《十善法律》，又称《神教十善法》，是松赞干布制定的基本立国法律价值准则。松赞干布时期，大臣吞弥桑布扎翻译佛经中《十善经》，主要讲解佛教"十戒"（或称"十善法"）。"十戒"内容是"身三"，即不杀、不盗、不淫；"口四"，即不两舌、不恶口、不妄言、不绮语；"意三"，即不贪、不嗔、不痴。身、口、意代表了人的行为、语言和思想。"五戒"重于止恶，而"十戒"重于行善。"十戒"形成的"十善"以净观离贪欲，以慈悲观离嗔恚，以因缘观离愚痴，以诚实语离妄语，以和合语离两舌，以爱语离恶口，以质直语离绮语，以救生离杀生，以布施离偷盗，以净行离邪淫。"五戒十善"是佛教人伦道德的基本行为规范与价值基础。松赞干布根据佛教的基本原则，制定了《神教十善法》作为吐蕃政权的法律的基础。松赞干布的十善法是：

（1）不许杀生造罪，（2）不能偷抢大于针线的财物，（3）不能邪淫，（4）不许谎言，（4）不许挑拨人和，（6）不许恶语咒骂，（7）不许散布谎

---

① 巴卧·祖拉陈哇著、黄颢译：《贤者喜宴》，载《西藏民院学报》1983 年第 1 期。

② 娄云生：《雪域高原的法律变迁》，西藏人民出版社 2000 年版，第 154 页。

③ 巴卧·祖拉陈哇著、黄颢译：《贤者喜宴》，载《西藏民院学报》1983 年第 1 期。

言，（8）禁贪欲，（9）禁害人心，（10）不做违背因果之事。①

《神教十善法》从行、言、意三方面对臣民提出要求，与佛教对信徒的规范从"身、语、意"三者出发是一致的。当然，这种法律是人类最早的法律特征，若比较"摩西十戒"，会发现具有很高的相似性。

《纯正世俗大法十六条》，或《入教十六净法》，或《人道十六则》。从《神教十善法》看，主要是针对个体，没有涉及家庭、社会等方面。松赞干布在佛教"十善法"和《神教十善法》基础上制定了《入教十六净法》，该法规范的内容扩张到个人的社会行为、家庭行为等。该法是：

（1）敬信三宝，（2）求修正法，（3）报父母恩，（4）敬重有德，（5）敬贵重老，（6）利济乡邻，（7）直心小心，（8）意深亲友，（9）追踪上流，高瞻远瞩，（10）饮食有节，货才安分，（11）追认旧恩，（12）及时偿债，秤斗无欺，（13）慎戒嫉妒，（14）不听邪说，自持主见，（15）温语寡言，（16）担当重任，度量宽宏。②

此法涉及信仰、家庭关系、社会交往、商业行为、社会责任等，比《十善法》更加具有社会规范性功能。但与《十善法》一样，属于一种社会道德规则，说不上真正意义的法律。

自松赞干布订立《十善法》为立法依据、《人道十六则》为社会道德标准后，它们成为后来历代吐蕃王朝赞普立法的准则，后代仅是对此内容进行完善和细化，没有改变过此方面的基本原则。如赤松德赞时期颁行的新人伦法则，从《五部遗教·讲述人道时期》看，提倡的伦理道德准则仅是松赞干布时期确立原则的具体化。清代十三世达赖喇嘛撰写的《佛法十善及人道十六则》把"十善"作为"一切僧俗人等所应实践的根本准则。世俗的人们应在遵循《十善》的基础上努力实践《人道十六则》，即令只是从事此生的俗务也应是符合文明的上好举动。应当努力弃恶从善，取舍无误。不应沉溺于眼前的利益，而应以坚定的厌离之心实践佛所指出的道路"。从这里可以看，两部法律在整个藏族传统法律文化中的影响与作用是基础性的。

（二）《法律二十条》

《十善法律》和《人道十法》从法律性质上看，缺少强制性，因为法律没有规定处罚。为了让前两部法律更具可操作性，松赞干布制定了《法律二十条》。该法才是吐蕃历史上真正意义上的法典。法典有：

---

① 编写组：《西藏自治区概况》，西藏人民出版社 1984 年版，第 332 页。

② 孙怡荪主编：《藏汉大辞典》，民族出版社 1985 年版，第 2068 页。

（1）争斗者罚金，杀人者依其伤轻重抵罪。

（2）盗窃财物者罚赃物之八倍，并追还原物。

（3）通奸者断其四肢，流放外境。

（4）诳语者割舌。

（5）使民皈依三宝，恭敬诚信不疑。

（6）孝顺父母，报答慈仁。

（7）于有恩者及父叔长辈勿拂其意。

（8）以德报德，承顺上流者和贵种族人之意志，勿加违拗。

（9）凡诸行事，宜以正人为楷范。

（10）深信业报因果。

（11）读经书，学文字明其义理。

（12）对纯不善品，应有所忌惮。

（13）助汝亲友及邻里，不为损恼。

（14）品行端正，心存忠直。

（15）酒食有节，知耻存礼。

（16）依期偿还债务。

（17）勿用伪度量衡器。

（18）非受命或委托之事，不应干预。

（19）有所筹谋，应有主见，勿听妇之言。

（20）若值是非难决之事，宜凭地神护法为证而为发誓。[①]

《法律二十条》不同版本略有不同，在《藏族史略》中具体是：

（1）杀人者偿命，斗争者罚金；（2）偷盗者除追还原物外，加罚八倍；（3）奸淫者断肢，并流放异地；（4）谎言者割舌或发誓；（5）要虔信佛、法、僧三宝；（6）要孝顺父母，报父母恩；（7）要尊敬高德，不与贤俊善良人及贵族斗争；（8）敦睦亲族，敬事长上；（9）要帮助邻里；（10）要出言忠信；（11）要做事谨慎，未受委托，不应干涉；（12）要行笃厚，信因果，忍耐痛苦，顺应不幸；（13）要钱财知足，使用食物与货物务期适当；（14）要如约还债；（15）要酬德报恩；（16）要斗秤公平，不用伪度量衡；（17）要不生嫉妒，与众和谐；

---

① 索南坚赞著、刘立千译：《西藏王统记》，民族出版社 2000 年版，第 47 页。

（18）要不听妇言，自有主张；（19）要审慎言语，说话温雅，讲究技巧；（20）要处世正直，是非难判断时，对神发誓。①

法典虽然仍然具有前两部法律的一些特征，涉及道德伦理与宗教信仰，但法典中有实体法与诉讼法。实体法有刑法，如有第 1 至第 3 条；民法，第12、14、16；程序法，第 3、20 条。

（三）《基础三十六法》

松赞干布时期的具体法律内容是《三十六制》，称为六类大法律，具体由六大法典、六大政要、六种告身、六种标志、六种称号和六种勇饰组成。

1. 六大法典

六大法典具体是《以万当十万之法》、《度量衡标准法》、《王朝准则之法》、《扼要决断之法》、《权威判决之总法》和《内库内法》。在名称上还有另一种称谓，即《王廷、衙门职官安置之法》、《十万金顶具鹿之法》、《王朝准则之法》、《据两造申诉判决之法》、《总法》和《内府管理之法》。

（1）《以万当十万之法》，又称《王廷、衙门职官安置之法》，具体规定吐蕃王朝的中央、地方行政设置、职官职权和社会阶层划分等法律规范，相当于行政法典。吐蕃王朝中央行政组织由贡论系统、囊论系统和喻寒波系统构成。三者职能分工是贡论系统是议政、判事、主兵，官员有大相、僧相、天下兵马大元帅、天下兵马副元帅等组成；囊论系统是内相，职责是财政、税收、民事、王室安全等；喻寒波系统司法系统。地方设立"茹"（军营）和"东岱"（千户）两级。每个茹管辖八个东岱，一个小东岱和一个近卫东岱。等级上采用十一级告身，由三等、六阶和十一级，具体是玉告身有大玉、小玉，金告身有大金、小金和颇罗弥（金间银）；银告身分大银、小银；铜告身分大铜、小铜；铁告身；一般属民是灰白色硬木并画水纹的文字告身。此法律为吐蕃王朝建立起了一个充满等级的有别秩序社会。

（2）《十万金顶具鹿之法》，又称《度量衡标准法》，规定吐蕃全境度量衡标准的法律，具体规定"秤、斗、普、掬、钱、厘、豆"等长度、重量的度量衡标准，为商业贸易和物资交流提供标准，成为吐蕃王朝的商业基础，促进了整个社会商业的发展。

（3）《王朝准则之法》，又称《伦常道德法》，有 15 条，具体是三做、三不做、三褒奖、三谴责、三不迫害、七大法律，即不杀生法、断偷盗法、

---

① 黄奋生：《藏族史略》，民族出版社 1989 年版，第 71—72 页。

禁止邪淫法、禁止说谎法、禁止饮酒法、禁止奴隶起义法、不盗掘坟墓法和在家道德规范 16 条，构成吐蕃王朝的基本人伦道德准则。

（4）《扼要决断之法》，又称《敬强护弱法》，规定案件审理法律，属于诉讼法范畴，主要解决审理是强与弱时应遵循的原则。

（5）《权威判决之总法》，又称《判决权势者的法律》，规定诉讼双方有罪（或过错）时审理的法律，具体是若诉讼双方皆有错，审理时要公正处罚，权贵者也不例外。

（6）《内府内法》，又称《内库家法》，规定审理时诉讼双方均有理时的判决原则，提出在此种情况下，应让双方都获得利益，即所谓"双方有理、三方欢喜"的处理原则。

2. 六大政要，或六大决议

主要是政府的行政准则，具体有孝养主人、偿清利息；抑制豪强、扶助臣仆；驯奴不充豪奴、王政不及女人；守卫边界、不践民禾；征服敌人、抚育臣民；奉行十善、舍弃非十善。从内容看，涉及吐蕃行政官员应遵循的基本行政准则和道德原则，属于行政法方面的内容。

3. 六种褒奖，或称告身

主要是对吐蕃大小官员与民众采用特定的饰物作为身份标志，体现不同的权力。六种告身具体是：（1）大相为大翡翠，副相与内相是小翡翠；（2）小相与内副相、大噶伦为大金，小内相、副噶伦为小金；（3）小噶伦为银镀金，寺院规范师和座前法师（秘咒师）、上下权臣为大银，侍身苯教师与侍寝官、羌塘堪舆师、边防哨兵、城堡警卫为小银书；（4）千户长、茹本等为铜书；（5）英雄为铁书；（6）普通百姓为木纹书。

4. 六种标志

主要是规定不同吐蕃人员与权力机构由不同标志来标志，具体是：王命标志是"诰命匣"；军队标志是军旗；圣神标志国王住所或象征王宫；佛教标志是寺庙；英雄标志是告身；官员贤者标志是告身。

5. 六种称号

主要是对吐蕃境内不同品德的人员采用不同的象征与法定称谓来体现，具体是褒英雄以虎豹皮袍，贬懦夫以狐尾；褒上等人为佛教徒、贬奴隶为纺织奴和苯教徒；褒贤者以告身，贬坏人为小偷。

6. 六种勇饰

主要是规定吐蕃战士的荣誉象征，具体有虎皮上衣、虎皮围腰、大麻袍、小麻袍、虎皮袍和豹皮袍六种，不同的勇士穿不同的衣服作为标志。

这些法律对当时吐蕃社会进行了整体性的改革，创建起了新的社会规范体系，让吐蕃社会进入了新的法制时代，整个社会构建起一种有差别但有严格秩序的社会，为吐蕃的治理提供了强有力的管理机制。

（四）吐蕃三律

"吐蕃三律"是出土在《敦煌古藏文写卷》P·T·1071 号、P·T·1073 号和 P·T·1075 号文献中关于吐蕃时期的法律，分别是《狩猎伤人赔偿律》（简称《狩猎法》）、《盗窃追赔律》和《纵犬伤人赔偿律》，其中后两部是残本。三部法律制定的时间，从史料记载看是"及至兔年（高家永徽六年，655 年）赞普（指芒松芒赞，650—676 年）居于美尔盖，大论东赞于'高尔地'写订法律条文"，① 即公元 655 年。

1. 《狩猎伤人赔偿律》

《狩猎伤人赔偿律》，简称《狩猎法》，是狩猎时误伤、出现危险时救助与不救助的奖罚、猎物打中的确认与分配、打猎时出现放跑等处罚。整个法典对狩猎行为规定十分详细，体现出吐蕃社会中狩猎还是十分重要的社会行为。从法律规定看，充分体现出社会中的等级性，因为对打猎误伤或救助不救助的规定上严格实行等级制度。

（1）狩猎致人死亡赔偿法

对狩猎致人死亡的处理是整个法律的主要部分。对狩猎致人死伤的，明确规定必须由当事人及找 12 名其他公证人连同发誓自己不是出故意。"放箭人发誓非因挟仇而有意射杀，可由十二名公正且与双方无利害关系的担保人，连同事主本人十三人，共同起誓。如誓词属实，其处置可与《对仇敌之律》相同，不必以命相抵"，但若不发誓，或不承认的，"如射中他人，进行抵赖，不予承认，或谓'此箭非我所射'，无论中箭人身亡与否，均按《对仇敌之律》处死；如若不抵赖，已起诉亦可按《对复仇人起诉处置律》对待"。② 这里规定狩猎中过失致人死亡、伤残的处理上有两种基本情况：当事人承认，并且发誓，采用赔偿；当事人不承认，采用处死。在赔偿数额上必须全额，否则一律处死。"少付一两则处死"。对赔偿金分配上，由受害人与告密的知情人平分，没有告密人，由受害人全部所有。在赔偿金上，

---

① 三个法律文本来自杨一凡主编的《中国珍稀法律典籍续编·少数民族法典法规与习惯法（上）》（第九册）收录本（黑龙江人民出版社 2002 年版）。

② 杨一凡主编：《中国珍稀法律典籍续编·少数民族法典法规与习惯法（上）》（第九册），黑龙江人民出版社 2002 年版，第 8—9 页。

根据受害人与加害人之间身份不同而不同，最高的命金为 1 万银，最少的 50 两。当然，这是指同级命价之间或上级命价的人致伤残下等级命价的人，若是下等级命价的人致上等级命价的人死伤则加重处罚，如第一级命价的人员，若被下面等级命价的人伤亡的处罚是："银告身以下，铜告身（包括命价相同者）以上之人射中致死，则将致害人杀死，并绝其嗣，没收全部奴户、库物、牲畜归被害人所有；若他们被大藏以下、平民百姓以上之人射中，无论伤亡与否，将致害人及其子孙一并杀之，并没收其全部奴户、库物和牲畜"。具体情况如下：

死亡命金一万两、伤残金五千两的是：大尚论、大论、大诞论、赞普舅氏、大论助理本人及其祖、父之间相互或被瑟瑟告身以下、颇罗尔告身以上人射死伤。

死亡命金六千两、伤残金三千两的是：瑟瑟告身、大尚论本身及瑟瑟告身之祖、父，大尚论四种人之子倒、叔伯、继母、儿媳、姜媵、未婚之妹等人狩猎时相互伤害，或被大尚论本人或相同命金之人，颇罗尔告身及相同命金的人狩猎时伤害。

死亡命金五千两、伤残金二千五百两的是：金字告身尚论本人和有金字告身之祖、父及瑟瑟告身尚论之子侄及叔伯昆仲、无身者诸人、继母、儿媳、姜媵、未婚之妹相互射伤，或被大尚论和与之命坐相同者以下，铜告身者和与之命价相同的人。

死亡命金四千两、伤残金二千两的是：颇罗弥告身尚论本人与有此告身的祖、父，及尚论有金告身的子侄、叔伯昆仲、继母、儿媳、姜媵、未婚之妹相互射伤，或被大尚论和与之命金相同者以下，铜告身者和与之命价相同的人。

死亡命金三千两、伤残金一千五百两的是：银告身尚论本人与有此告身的祖、父，及尚论有金告身的子侄、叔伯昆仲、继母、儿媳、姜媵、未婚之妹彼此间，或被大尚论和与之命金相同者以下，铜告身者和与之命价相同的人。

死亡命金二千两、伤残金一千两的是：黄铜告身尚论本人与有此告身的祖、父，及尚论有金告身的子侄、叔伯昆仲、继母、儿媳、姜媵、未婚之妹彼此间，或被大尚论和与之命坐相同者以下，铜告身者和与之命价相同的人。

死亡命金一千两、伤残金五百两的是：红铜告身尚论本人与有此告身的祖、父，及尚论有金告身的子侄、叔伯昆仲、继母、儿媳、姜媵、未婚之妹彼此间，或被大尚论和与之命坐相同者以下，铜告身者和与之命价相同的人。

死亡命金三百两、伤残金一百五十两的是：大藏本人和红铜告身的子孙以外，父系家族以内无告身诸人和继母、儿媳、妾媵、未婚之妹，王室家臣之一切武士、尚论和百姓之耕奴、岸本之助手男女彼此间，或被大尚论和与之命金相同者以下，铜告身者和与之命价相同的人。

死亡命金二百两、伤残金一百两的是：王室家臣一切佣及尚论和百姓之耕奴、蛮貊、囚徒等人被尚论黄铜告身和相同命价的人射中。

死亡命金五十两、伤残金十两的是：王室家臣一切佣及尚论和百姓之耕奴、蛮貊、囚徒等人射中。

（2）狩猎身处牦牛之中救助与否奖罚法

吐蕃时期把狩猎牦牛作为最重要的打猎行为，同时也是最危险的行为。为此专门制定法律，规定在打猎过程中，若某人误处牦牛身下，周围的人若救助或不救助时应进行奖赏与处罚。根据法律，救助分为公牦牛或母牦牛下，再分为救助或不救助两种。身处公牦牛身下，对救助者给予人口奖赏或白银，白银数量从二百两至十两；不救助者给予罚银、处死、给马或挂狐皮，罚银数量从三百两至五十两。身处母牦牛身下，对救助者给马一匹，不救助的罚马一匹，有的还罚挂狐皮。对挂狐皮，规定尚论之下、平民以上，友人、佣人不救助，最近的人采用挂狐皮。对于救助在牦牛下的人，若两人皆死，被救助者的家人要给救助者葬礼经费；救助者用各种办法积极救助，不成功的，救助者不承担法律承认。"死则死矣，救而未成，不应惩罚"。若被救助者是多人，一律按法律分别赏奖。

（3）猎物分配法

打猎时往往由集体进行，如何确定猎物射中者和分配猎物成为法律调整的重点。根据此法律，打猎时公牦牛以六箭计算，母牦牛以三箭计算，麋鹿和野驴以下、羚羊以上以两箭计算。按箭计算分配较为复杂，如射中公牦牛六箭计算是："头名射中者，得右侧下部肉并朝左下一拃之内；弧形割下，左右侧皮子，肋骨、尾、心、胸脯、舌、一半牛血、牛筋也归头箭射中者。第二名射中者得左侧下部肉，皮子及一半牛血，内腑、膀胱和四肢之筋等亦归二箭射中者。第三名射中者得右侧上部肉。第四名射中者得左侧上部肉。第五名射中得后肢。第六名射中者得前肢。"[1] 判断射中的办法是"打猎时，

---

① 杨一凡主编：《中国珍稀法律典籍续编·少数民族法典法规与习惯法（上）》（第九册），黑龙江人民出版社2002年版，第24页。

不能以手中握箭为依据，而以射中第几箭为准。有谓'未见、不知'等，则不能算数"。① 打猎时对箭的处理是：射中猎物，从猎物身上拔下来的为偷盗，偷一罚二；从地上拾到的不算，只是要还原主。对围猎时放跑猎物的，按放走猎物数量处罚：一头公牦牛打四十下；母牦牛打二十下，野驴四十下，岩羊、盘羊、藏羚羊，打八下，黄羊，打六下等，十分复杂详细。

2. 《纵犬伤人赔偿律》

《纵犬伤人赔偿律》只是残本，从内容看，主要是家狗管理不好，或故意让狗咬伤、或致人死亡的处罚规定。从中可以看出，西藏地区，由于藏獒的凶猛，在吐蕃时期就成为法律调整的对象。从残本看，法律把主体分为男性与女性，男性再分为自立门户或不自立门户，女性分为已婚或未婚两种，分别承担不同的法律责任。法律规定一般男子纵犬咬伤人，罚骏马二匹，并承担医药费；女子纵犬咬伤人，罚母马一匹并承担医药费。处罚上最重的是尚论颇罗弥告身，或相同命价者之上的人被银告身以下，铜告身，包括相同命价者以上人纵犬咬死，或因纵犬惊骇，从所骑牦牛身上坠地而死的，处罚时不仅要将纵犬者处死，还根据情况处理，具体是：（1）如果纵犬的是男子，则赶走他妻女，没收全部财物、牲畜。（2）如果是没有另立门户的男子，就将父子共有的财产、牲畜中分家后属于他的部分，判给被伤害者。（3）如果是已婚妇女，就将她从娘家带来的陪嫁物赔给死者家属。（4）如果是未婚女子，则将她全部佣奴、牲畜赔与死者。此外，纵犬咬尚论受伤未死，或受惊从牦牛上坠地受伤未死，纵犬者将被单身赶走，把伤人者四分之一财物、牲畜赔受伤者；纵犬者若是妇女，要被驱出家室，没收他的财物、牲畜一半给受伤者。尚论颇罗弥告身，包括相同命价者以上的人被大藏以下、平民以上的人纵犬咬死，或因纵犬惊骇从牦牛身上坠地而死，纵犬者不仅要承担事后费用，还要将纵犬者全家成年以上男子杀绝，成年以上女子驱逐，把他的全部财产、牲畜赔死者。②

3. 《盗窃追赔律》

此法律是残卷，主要规定盗窃罪的处罚。从残卷看，偷盗处罚受到群盗、个人盗、偷盗的数量、偷盗的地点、货物的性质等影响。在用数量与实物为标准上有：两人以上，盗窃价值四两以下、三两黄金以上珠宝的，首犯

---

① 杨一凡主编：《中国珍稀法律典籍续编·少数民族法典法规与习惯法（上）》（第九册），黑龙江人民出版社 2002 年版，第 25 页。

② 同上书，第 26—27 页。

处死，从犯流放短程，偷盗其他财物的处以赔偿。这里把偷盗用对象与价值来区分，进行不同处罚。一人盗窃，价值二两一七雪二南姆黄金以下、二两以上珠宝的处死。两人合伙偷盗同样数量则分别赔偿。一人若偷盗价值一两七雪二南姆黄金以下、一南姆以上采用追赔。对入室偷盗未遂犯，盗窃赞蒙（指王后）、夫人、小姐、女主人以及尚论以下、百姓以上诸人，价值二两黄金以上的，首犯放驱远方，其余人犯按偷盗二两黄金财物处罚。偷盗二两黄金以下的，在行窃时被抓，按偷盗半两黄金财物处罚。此外，对偷盗青稞、非军营野外的财物、偷盗佛像的按数量计算，偷盗青稞按克数、升数折成黄金两数、雪数计算；偷盗商旅住地、帐篷、野外仓库的财物，以小两计算后折成马匹，按盗窃马匹头数计算；偷盗佛像按佛像价值折成黄金两数、雪数计算。盗窃百姓以上人等的财物则处以劳役刑，具体是戴厚拃的“小拷”修城堡一月。劳役未满死去由兄长代役。从此法律残卷看，吐蕃时期在偷盗处罚上采用数量作为量刑的基础，只是计算数量时主要采用黄金两雪或马匹为准。[①] 整个法律分类体系十分复杂和成熟，说明当时国家在立法上的成就已经有很高。

第三节　五代至清朝时期西藏法律

吐蕃王朝自 877 年被起义军打击灭亡后，西藏地区出现了分裂割据的状态。9—14 世纪藏族的重要法律成果分别是《俗法精要蔓珠》和《萨迦格言》。11 世纪藏传佛教噶当派创始人仲敦巴·嘉哇勋乃写成《俗法精要蔓珠》，该书以格言的形成，对人们的思想与行为进行调整。他在书中写道：“请听，在此基础上，我要说你所期望的话，我要说所有明辨是非的话，说能与神龙接近的教戒。所有的法中俗法如此深奥。”[②] 该书分世俗与佛法两个方法规范人们的思想行为和维护社会秩序。12—14 世纪，西藏出现政教合一的萨迦政权，萨迦政权的法律主要适用元朝法律。《红史》中有“元代西藏执行的法律实际上是元朝的法律”的记载，《郎氏家族史》中的记载，记载“从 1240 年蒙古军队入藏，就开始推行蒙古法度”。萨迦政权时期的法律成果是具有法律式格言的《萨迦格言》。《萨迦格言》是吐蕃王朝后第

---

① 以上参见杨一凡主编《中国珍稀法律典籍续编·少数民族法典法规与习惯法（上）》（第九册），黑龙江人民出版社 2002 年版，第 27—28 页。

② 杨士宏：《藏族传统法律文化研究》，甘肃人民出版社 2004 年版，第 52 页。

一部以政治标准与道德法则出现的宗教性质的法律格言。《俗法精要蔓珠》和《萨迦格言》两书虽然继承了吐蕃时期《十善法》和《人法十五条》的特点，但不是严格意义上的法律规范，是一种宗教性、道德性的指导性规范。按《十六法典·序言》记载，萨迦政权时期制定法典，"为防止出现违法乱纪之行为，其编纂了大卷法典……发布从神变节至十月间的封山令和封川禁令"。① 藏族法律成就新的代表出现在元朝末年，清朝前期，其中最具代表性的是《十五法典》、《十六法典》和《十三法典》。下面又细说《十五法典》是帕竹政权时期大司徒绛曲坚赞综合萨迦时期蒙古法律和吐蕃时期法律制定的。三个法典从结构上看，分别由 15 部、16 部和 13 部分组成，而不是"条"，因为每个部分都是一个类，内容可以细分为很多独立的法律规范，有些甚至有不同的次部分。如"亲属离异律"中涉及离婚与分家时财产分配两个次部分，按现在的法律分类涉及婚姻法与继承法。甚至是一个篇目就是现在法律分类体系中的一个部门法，如《十六法典》中"英雄猛虎律"是现在的军事法。《十六法典》是第司藏巴噶玛丹迥旺波执政时期由贝赛哇根据《十五法典》、《桑主孜法典》、《奈邬德澜宫的吉祥圆满之法律》、《蔡巴法律》和古代法则、传记等，在《十五法典》的基础上增加一条"异族边区律"而制定。《十三法典》是五世达赖喇嘛以《十六法典》为基础，修改第 1、2、16 条后形成。三个法典成为吐蕃王朝的立法继承，并根据时代进行了相应修改和发展，体现出西藏地区法律发展中法典化后的成就。

一　《十五法典》②

《十五法典》，又称《奈邬德澜宫的吉祥圆满之法律》，是帕竹政权时期大司徒绛曲坚赞综合萨迦王朝时期的蒙古法律和吐蕃赞普制定的《十五法典》而制定的。《十五法典》在《西藏历代法规文献选编》中有两份：一是《大司徒·绛曲坚赞时期制定的十五法典条目》，仅存有条目名称，没有具体内容；二是《霹雳十五法典》，存有法律条目和具体内容。有学者认为两者仅是名称不同，本质上是同一法典。"不是说在《霹雳十五法典》之外，

① 杨一凡主编：《中国珍稀法律典籍续编·少数民族法典法规与习惯法（上）》（第九册），黑龙江人民出版社 2002 年版，第 74 页。
② 《十五法典》分析文本来自杨士宏《藏族传统法律文化研究》，第 89—104 页。

还有一部《十五法典》"。① 两份文本从名目上看，仅条目排列上略有不同，《霹雳十五法典》第九条是"平衡度量律"、第十条是"多少清算律"和第十一条是"损失平摊律"，其他条目都相同。五世达赖喇嘛在《西藏王臣记》中对《十五法典》的评价是：

> 司徒欲以吐蕃先代法王所制十善法规作为准绳。若能如此遵行，则既不舍弃贫弱，又不纵容强悍，洞察真伪，分清皂白，则能使全藏安宁，虽老妪负金于途，亦可坦然无虑……有杀人者不抵命，不作二命同尽等造罪之事，而行赔偿命价之法。诸如此等运用巧智做出详规，犹如展开白练笑迎远来佳宾。②

《大司徒·绛曲坚赞时期制定的十五法典条目》记载的条目名称是：1. 英雄猛虎律；2. 懦夫狐狸律；3. 官吏执事律；4. 听讼是非律；5. 逮解法庭律；6. 重罪肉刑律；7. 警告罚锾律；8. 胥吏供应律；9. 杀人命价律；10. 伤人处刑律；11. 狡赖赌咒律；12. 盗窃追赔律；13. 亲属离异律；14. 奸污赔偿律；15. 过时逾约律。③

《霹雳十五法典》内容分为两部分：序言和正文。"序言"中说明制定法典依据，认为是用佛教的十善行压制十不善行，并用十个具体故事阐述了十种犯罪行为，即杀生罪、偷盗罪、邪淫罪、妄语罪、恶语罪、绮语罪、离间罪、贪欲罪、嗔心罪和邪见罪。用佛教的《意乐天女的故事》说明制定法律的重要性，指出法律在治理社会中的重要性，提出法官和公证人员应遵守三誓言、四遵守。"三誓言"就是公正断案、认真听案情和有极强的耐心；"四遵守"是不遵守调解书约不判案、公正无私、坚持以事实为依据和向无私心的智者征求意见。对当事人要求舍弃三罪恶、四遵守和三要求。其中"三罪恶"是盗贼者狡辩、淫乱者狡辩、不育母牛宜犁地；"四遵守"是不把司法人员当敌人，不让亲属当辩护人，不要得理不饶人和不欺骗担保人；"三要求"是说话要和声细语，对己不利的证词要给予精辟的反驳。

《十五法典》具体篇名与主要内容如下：

（1）杀人命价律。命金赔偿采用按身份等级区别对待，普通人采用上

① 杨士宏：《藏族传统法律文化研究》，甘肃人民出版社2004年版，第88页。
② 《西藏王臣记》，民族出版社1957年版，第139页。
③ 《西藏历代法规选编》，西藏人民出版社1989年版，第44页。

中下，其中每一等级再分三种，即上上、上中、中下；中上、中中、中下；下上、下中、下下，共九级命金。上上等命金额是 115 两，下下等命金额是 20 两。

（2）伤人流血抵罪律。规定伤人赔偿根据过错大小、伤势轻重分别对待。一般的赔整羊一只、青稞 2 驮、酥油 5 斤、盐巴 1 斗和油 2 斤。

（3）盗窃追赔律。规定偷盗外地的偷七罚一，或偷四罚一；偷盗邻居的采则返还原物、道歉和适当处罚；偷盗寺院财物，逐除寺院；偷盗佛的供品，罚被偷物 80%；偷盗村长库房的罚 90%。

（4）赌咒昭雪律。详细规定发誓程序、适用对象、发誓的具体流程等发誓内容。

（5）奸污罚缓律。规定奸污别人妻、母亲或妹子，处以剁手指或脚趾后驱逐。对奸污者罚款。奸淫别人妻子的，交媾时按所接触部分分罚金、银、驮、袋、匹等。

（6）离异调解律。规定夫妻离婚时按男女双方过错补偿赔偿。此外，承认协议分割财产的效力。

（7）听诉是非律。规定审理人员审理案件的时限与程序，具体是审理人员三天从知情人处了解情况，考虑三天后，在弄清双方是非基础下裁判。

（8）诽谤污辱律。当众污辱人或以势欺人，以及假借法律的名义实施抢劫，均视为污辱人，处以下跪敬酒处罚。

（9）平衡度量律。规定交易以自愿为基础上公平交易；不同度量衡之间的换算比例。如金与银比价是一比六、八驮青稞折为一钱金子，二驮盐或钱折为一钱金子。

（10）多少清算律。规定买卖计算错误的追诉期限为三年。借贷利息、买卖中计算错误，应当面计算核准。

（11）损失平摊律。规定抢劫中失主与盗主之间出现争抢财物导致损失，通过相互发誓后双方平均分摊损失。

（12）半夜前后律。规定邻里借贷牲畜出现死亡时损失承担，具体是还回后前半夜死由借者承担，后半夜由物主承担。牲畜先前有毛病的损失由双方平均承担。

（13）英雄猛虎律。规定双方出现误会的调解办法。

（14）懦夫狐狸律。规定偷盗者主动返还财物处理。

从内容上看，第 13、14 条具体内容与其他同类名篇下内容规定不一致，出现此种变化的原因没有明确的解释。

（15）诉讼费用律。规定诉讼费用在双方当事人间承担问题，具体是杀人案中，凶手若是先动嘴动手，承担三分之二诉讼费和三分之二的润笔费，被害人承担三分之一。诉讼费分配是一半归法官和中间人，其余六分之一归担保人，六分之二归管理人员，六分之一归书记员。①

《霹雳十五法典》的内容与《十六法典》相比，名称上虽然大体一致，但内容却多有差别。然而按《十六法典》记载，该法典是按《十五法典》制定，可能存在《霹雳十法典》和《大司徒·绛曲坚赞时期制定的十五法典》是两个不同法典的问题。

二　《十六法典》②

《十六法典》产生于 17 世纪初西藏噶玛政权时代。西藏噶玛政权始于辛夏巴·次丹多杰，在噶玛丹迥旺布时期命令官员贝赛哇叨制定一部法典。贝赛哇遵循第司噶玛丹迥旺布旨令，前往乌斯藏、门域、洛瑜及蒙古族聚居的地方进行了 11 年的调查研究。在漫长的岁月里，贝赛哇每到一地都细心地观察当地的风俗习惯，调查了解民事纠纷，拜访谙熟法律的专家，并先后参考了帕木竹巴时期的《十五法典》以及《桑主孜法典》、《奈邬德漾宫的吉祥圆满之法律》、《蔡巴法律》和古代法典之附则、传记等，最后按照噶玛丹迥旺布的旨意，在藏历第十一饶迥的金羊年（1631 年）制定出《十六法典》。《十六法典》是在对帕木竹巴时期的《十五法典》基础上有所增删制订而成。《十六法典》的最大特点是有很长的序言和每个法律条目都有翔实、完整、具体的解释，说明立法的依据与渊源。③

"序言"主要解释了制定法典的原因、以前不同时期法律发展的情况，法典制定的过程和依据。按"序言"记载，《十六法典》还制定过一个文本，后来遗失后出现伪造本，不得不进行再次修订。"藏巴第悉噶玛丹迥旺布之令遍传整个乌斯藏。桑主孜宫亦急要此法律条文，故加盖水晶大印，请示呈文。迄此，管理仓库者和主管仆人之诸老翁草拟了一份完整的法律条文，并命名为《吉祥圆满之法律》。编辑后，放在奈邬德漾宫内。此后，因此法律条文遗失，故有人将一卷假的法律开头赞颂词和主要内容冒充放在奈

---

① 参见杨士宏《藏族传统法律文化研究》，甘肃人民出版社 2004 年版，第 94—103 页。
② 《十六法典》文本在杨一凡主编的《中国珍稀法律典籍续编·少数民族法典法规与习惯法（上）》（第九册）中第 70—114 页（黑龙江人民出版社 2002 年版）。
③ 周润年：《西藏古代〈十六法典〉的内容及其特点》，载《中国藏学》1994 年第 2 期。

邬德豁卡地方。"① 后来在修订时编者参看了旧法典、附则、传记以及龙巴奈手中掌握的一份可靠《蔡巴旧法典》，还到乌斯藏、蒙古、珞渝、门或等地进行考察。《十六法典》的内容包括有教法、王法和自在法三种。法典体现出"教法像绫罗结一样柔和，即温和柔顺；王法像金牛轭一样沉重，即以武力压制；自法具有很高的德性，自觉遵法守纪"。②"序言"用印度的传说大象、兔子和鹧鸪的故事说明守法的重要性，并引用谚语说明法律执行的重要性与公正在执法中的重要性。"执法者须要带头守法，倘若有一位不守法的头领，有谁还能听从其之指挥"；"派遣虎皮衣者不一定办成中证人之事，派遣居心正直之乞丐亦可做公正之王"，指出法典制定是"要把佛经所述的根本善恶和法律所述的根本王法的汉文高挂于空，藏文平铺于地。按照藏巴王所规定的法律条文以及地方法律条文为范本，并广泛搜集有自法之卷宗，从而制定了《十六条法律》。世间文武官员、僧俗众人皆要把此十六法铭记于心"。③

《十六法典》正文共有 16 条，每条由条文内容和制定原因、渊源等组成，具体如下：

（1）英雄猛虎律。规定军队指挥人员应具有的品质与能力，行军中应注意的事项。在作战上，认为破敌上策是不战而胜，即"外部不使莲花蕊瓣凋落，内部不使百灵巢穴受损；惊动禽鸟而取其卵"；④ 指挥官应具有"摧毁、引诱、伋多施、辨别和完成"的五种能力。接着对五种能力进行了详细的解释。在军队中要信守承诫，作战中可以使用欺骗等手段，但不能用吃咒、投毒等行为。行军中要注意侦察。军队中要有四种人。行军时要处理好三件事。军队要服从指挥。对战斗中英勇杀敌、功勋卓著者，要大力表扬奖励，并授予"英雄猛虎"称号。此法律主要规定军队行军作战方法，但不全是军法，其中有很多是军官和行军作战的原则和方法。

（2）懦夫狐狸律，就是对战斗中胆怯者的处罚法。军队在作战时要勇敢，不能乱用办法。固守阵地时，不能胡乱射弹掷石，谨防关隘和陷阱，敌我不能混淆，绝不可攻击善良的调解者。若战时败阵的，不论其地位高低，均须将他们的盔甲献于英雄。若遇败阵的，不宜杀害。若以计谋抓捕敌人，

　　① 杨一凡主编：《中国珍稀法律典籍续编·少数民族法典法规与习惯法（上）》（第九册），黑龙江人民出版社 2002 年版，第 78 页。
　　② 同上。
　　③ 同上书，第 80 页。
　　④ 同上书，第 81 页。

要赏予所有参战官兵适当财产。禁止虐待投降者，对投降者要给奖赏，但不能过度。此部分主要是规定对待战争中的对手和失败者。

（3）镜面国王律，又称地方官吏律。规定地方官吏应有的品质、遵守的行为准则。法律规定地方官吏皆须摈弃谋私的恶习，以操持公务为主，尽力效忠于历代第司和法王所开创的业绩。官员在审理案件时必须公正无私，不能有私情。"官方大小诸事，均依世间之法妥善办理，不可认人为贤或左右摇摆不定，故请诸位应以此为鉴"。

（4）听诉是非律。规定官员审理案件时应有的程序与遵行的规则。首先审理案件，诉讼双方需到场对质，然后调查审讯。审讯时，要辨明是非后，才能依法判处。对诬告者予以严惩。诉讼双方均不坦白事实真相，双方各负一半法律责任。已向法庭起诉后撤诉要求和解的应允许。

（5）逮解法庭律。规定哪些犯罪行为人应实行逮捕。法律明确规定逮捕的对象有：王宫前持刀殴斗者、饥寒行窃者、向头人造反者、恶意起诉者、以恶语攻击地位高于自己者。对逮捕者关押时要加盖关防、套上枷锁、脚夹。处以肉刑者，须在大庭广众之下宣布罪行，并公开施刑。根据被害人身份高低实行赔偿。

（6）重罪肉刑律。规定适用肉刑的对象和肉刑的种类。适用肉刑的对象有：对弑父母、阿罗汉者，伤僧、往佛身上洒血者，抢劫上师、僧人和国王的财物者，严重损害官方声誉者，放毒者，挑拨离间者，杀人劫马者，打家劫舍、持械行凶、阴谋叛逆等。肉刑有刺目、削膝、割舌、剁肢、投崖、屠杀等。对集体造反者，主犯处于投水淹死。

（7）警告罚锾律。规定不适用肉刑的犯罪处罚办法。主要是关于罚金的计算。罚金采用黄金或合金，黄金用"两"为单位，合金用"钱"为单位。严重罪行处罚黄金八至十五两；较轻处以合金三两或视情而定；稍有触犯法律的处以合金二至三钱，同时予以警告。重的处罚具体有：聚众行凶杀人，报复抢劫和阴谋反叛；较轻的有过失杀人和因饥饿行窃等。同时规定黄金与其他财物，特别与实物折算的九种办法。

（8）使者薪给律。规定官吏外出办事时的接待标准。官吏不能私自外出征税，收税时计量税负的标准衡器不能改变。官吏外收税，金额不足一两者，不得设宴，不交其他费用。此法律规定了官吏外出办公时各地及民户承担的义务。

（9）杀人命价律。规定故意杀人的命金赔偿办法。藏族在佛教影响下，取消了杀人抵命的处罚，转而采用支付命金的处罚办法。命金又称命价。藏族传统社会等级森严，把人按血统贵贱和身份高低，划分为上中下，每等再分三等，形成三等九级。上上命价的人命最贵，不开具体数额，此类人员是赞普；上中命金三百至四百，人员是有仆从三百以上的头领、政府宗本、寺院堪布，上下命金二百两，人员是扎仓活佛、比丘、政府仲科和有 100 名的仆从官员；中上命金一百四十至一百五十两，中中命金五十至七十，中下命金三十至四十两；下上命金三十两，下中命金二十两，下下命金十至十五两。《杀人命价律》按照这些等级对命价作出具体规定。法律中认为如果命价太少，影响劝诫凶手，即起不到惩诫的作用；如果命价太重，凶手未能承受，地方众人也会因此而发生争执，互不搭理；倘若凶手交付不起，就会把人肉拿来作抵押品，由此会发生不安宁事件。除了命金外，还要赔偿死者家属"压悲钱"、抚养金。法律规定命金支付时间是 49 日。

（10）伤人抵罪律。规定伤人案件中依据伤势轻重，责令斗殴伤人者赔偿财物。具体是凡使人受严重内伤者，须赔偿金二至三两；无内伤，只有外伤者，若外伤面积为四指宽，须赔偿金二两；骨折者，若受伤面积与豆子大小相等，赔偿金一钱；对受伤流血太多者，尚应罚付血垫、徽键等物，血垫的多少视出血的多少而定。对打掉牙齿或揪掉头发者，指出旧有法律中有"掉牙偿马，拔发偿羊"的规定，后来不再适行。法典中规定，对被打掉牙齿者赔偿费要比骨折者赔偿费略多一些。对拔掉二、三根以上头发者，对方须酌情赔偿金一钱。倘若致人五官以及手、脚、指头等多处伤残者，按受害人的命价的四分之一、三分之一或五分之一赔偿。赔偿金数量多少根据致残程度轻重决定。

（11）狡诳洗心律。规定诉讼中出现狡赖欺诈时采用发誓或神判，具体有在神前吃咒发誓、捞石子、掷骰子等。对发誓，法律有详细规定，规定不能适用发誓的人和可以发誓的人。"立誓，即像自己的鼻子处于面部之位置，相当正直。所谓'立誓'亦要由具有智慧眼和幻化身等先知先觉的护法神作证，以明鉴真伪。"不能发誓的人，按格言是"金鹅无须用纲抓，黑毒蛇不可往下坡追，无须用石块打乌鸦，无须用木棍打母狗，无须串联小红璁石"，[①] 意思是喇嘛、善知识、尊者等人；饥饿、馋食等穷人；具有法力的咒师；妇女为了丈夫、孩子的利益；不能分辨是非的幼童和傻子等。可以发誓的人有：懂得或知晓自利和他利者、明见事理者、正直诚实者、能遵循

---

① 杨一凡主编：《中国珍稀法律典籍续编·少数民族法典法规与习惯法（上）》（第九册），黑龙江人民出版社 2002 年版，第 102—103 页。

因果规律者、胸怀宽阔，即可视仇敌为己友者。不能采用发誓神判的，采用煮油抓石、煮泥抓石和掷骰子等神判。

（12）盗窃追赔律。规定盗窃赔偿与拾到遗失物的处理。对盗窃犯根据盗财物多少和被盗者身份高低区别处理，具体有退赃、课罚、赔新三种。在盗窃上，对饥饿不能忍受的傻子或边地语言不同的流浪者，不进行处罚，而是给予"羞耻同情费"，即给予适量食品和衣服；诬陷他人为盗，对诬陷者进行必要处罚，同时令他赔偿与所诬盗物相等财物；捡到财物不归还失主的，或将财物隐匿他处者、狡诈欺骗者，要判处退赃和赔新。打伤及打死偷盗者的法律责任，打伤盗窃者无须赔付费用，用弓箭或石块打死，支付"松那贝觉"和"东久隆其"命价；捕后打死要支付命价，或善后费用；捕后死于狱中的，须根据罪的轻重，酌情赔偿一至五两命价。

（13）亲属离异律。规定离婚和分家时财产分配，属于婚姻家庭法。基本原则是根据具体情况，合理分配。离婚时过错方要赔偿无过错方。离婚赔偿具体是：妇弃夫，实行"虎纹赔偿法"，即女方三次付给男方十八钱黄金和一套衣服或照顾好饮食和衣服等，丈夫理多的还要赔活人命价，理少的赔偿丈夫三分之一活人命价；夫弃妇，实行"豹斑赔偿法"，即男方付给女方十二钱黄金，及"侍赔偿费"，即日薪为三藏升青稞，夜薪为三藏升青稞，具体数量根据女方人口多少及占理比例决定。妇女出嫁时从娘家获得的嫁妆属于女方。子女分配上基本采用"子由父养，女由母养"的原则，对子女财产进行合理分配。家庭中兄弟分家、父子分家：根据家庭人口多寡，合理分配财产，具体是女方分得财产是男方的四分之一，土地、房屋和其他动产等所有家产按人头合理分配，父母和长辈有权优先选择所需财产，剩余财产采用掷骰子等方法轮流挑选。有要出嫁的姑娘，嫁妆等陪嫁物从共有财产中提留；有出家的尼姑，要分给厨具、份地、僧粮、衣物和小马等；有出家的僧人，亦依照上面原则，妥善办理。非血亲关系组成并且以往能同甘共苦的家庭离异，要查清共居时双方拥有的财产，做出合理公正的判决。

（14）奸污罚缓律。规定通奸行为的处罚。具体分为不同地位之间的通奸、相同地位之间的通奸和女性主动与人通奸三类。不同地位之间的通奸，处以三两罚金及活人命价的四分之一罚金，及茶叶为主的七份赔礼费；同等地位之间通奸，处以活人命价总数的二至三两金，同时支付衣服和食品为主的五份或七份赔礼费；女性主动勾引男性所致，处罚男方一两罚金，赔礼费以瓷碗为主三份，不偿活命价。奸污尼姑，按寺院法规惩处。若女人勾引邻居有妇之夫，勾引之妇要赔偿被勾引男子的妻子以茶叶为主的七份，或以瓷碗为主的五份赔礼费等。

（15）半夜前后律。规定借贷货物、买卖物品等法律责任。借租牛马骡牦牛家畜，若在借者手中死亡，借主须赔付价金；若所借牲畜无病无伤归还，过了一夜而死，主人自己承担损失；所借牲畜无病无伤归还后，于前半夜死亡，借者须承担赔偿；后半夜死亡，主人承担损失。借租牲畜因鞍疮造成牲畜死亡，借租者根据鞍疮情况承担赔偿。出卖货物者通过秤斗欺骗顾客的，赔偿买主物价三分之一。此外，对烧毁他人麦秸、木料，夏天往他人田地乱灌水及拔青苗、牲畜，要进行赔偿。这部分相当于侵权赔偿法。

（16）异族边区律。规定西藏四周异民族，如门巴族、珞巴族和蒙古族等聚居地区命金赔偿的法律。此部分重定规定各地命价的差别。在门的地方，中等官员被杀，赔偿八十眼绿松石作为命价，若以一眼价值为一头黄牛计算，须缴付八十头黄牛；蒙古地方，中等官员被杀，赔偿六十"牛载"，即交付六十头挤奶犏牛或驮牛；藏区则以"松坠"方法计算，即以合金赔偿命价。

三 《十三法典》①

《十三法典》，全称是"五世达赖喇嘛时期的颂词十三法"，在五世达赖喇嘛时期制定。五世达赖喇嘛命令第悉索南饶登借鉴吐蕃、元代及帕木竹巴时期制定的典章制度，在对第悉噶玛丹迥旺布时期制定的《十六法典》基础上进行综合调整，删除《十六法典》中第一条英雄猛虎律、第二条懦夫狐狸律和第十六条异族边区律制定。《十三法典》制定的时间晚于 1653 年，早于 1658 年。②《十三法典》的直接渊源是藏巴汗的《十六法典》，这从法典的"序言"中看出。《十三法典》"序言"中有：

> 这主要是依据以前《白色口传法》和昔之《十六法典》而编纂的。其时，索要初稿者较多，因其不在手上，故未能满足。本法典仅对前言和个别语句作了校正，对一些名词重新作了法律上的解释。此条文中虽缺英雄猛虎律、懦夫狐狸律、地方官吏律等不完整的三条，但除听讼是非律稍作修改外，其余十二均根据旧事为例而成，故内容丰富。颁布

---

① 《十三法典》文本在杨一凡主编的《中国珍稀法律典籍续编·少数民族法典法规与习惯法（上）》（第九册）中第 115—134 页（黑龙江人民出版社 2002 年版）。

② 何峰：《五世达赖喇嘛〈十三法〉探析》，载《政治学研究》2004 年第 4 期。

前，对文中不准确的地方，已作详细修改。①

从《十三法典》具体内容看，此法典较《十六法典》更加简练，一些内容进行了适当的调整，反映出时代的变化。

（二）法典的基本结构与内容

《十三法典》由序言、正文和结语三部分组成。法典的结构采用传统式法典结构。

"序言"首先按照藏族传统的创作理论，作偈文顶礼、祈祷，概括介绍五世达赖喇嘛的功业，法典起草人的简历和为起草工作提供帮助的人；其次，简述一世至四世达赖喇嘛传承，介绍五世达赖、固始汗和第司索南群培身世，列举五世达赖喇嘛在他们二人支持下，在政教方面取得的成就；最后，联系实际阐述五世达赖的立法思想，分析佛法、王法和自在法的内涵、相互联系及社会功能，扼要提及制定本法典的原因和过程。"结语"比较简短，劝诫地方官吏秉公执法，祝愿法典能够发挥其惩治顽凶、扶助良善的作用。"无论事之大小，均依法而办"。正文分别论述了13项条款的内容。

正文分13部分，十三法典在每一部分编纂上采用格言式的解释，再规定具体法律，与《十六法典》相比，条文更加简练，内容更加简要。具体是：

（1）镜面国王律，或地方官吏律。"法王预言如太阳，光芒照耀地方官，属民百姓如莲花。"规定地方官吏遵循的行为标准。凡任公职者，均须舍弃自私的恶习，以公务为主，尽力效忠于历代第悉，强调官员处理政事与审理诉讼时应守法、公正。《十三法典》改变了《十六法典》结构，把《十六法典》中第三条"地方官吏律"放在首位。编排体系的这种变化，体现出甘丹颇章政权对官吏管理的加强。

（2）听讼是非律。"法律公文如海洋，听讼是非律似明月，光照正义之甘露，驱除虚假之黑暗。"该法律规定审理案件时应坚持的原则。《十三法典》把"诉讼是非律"从《十六法典》第四位提到《十三法典》的第二位上，体现出对诉讼的重视。规定诉讼要双方出庭，公开质正，打击诬告，依法判决。

（3）拘捕法庭律。"蛮横歹徒犹如黄刺树，须以法庭之火焚毁之。纲纪

---

① 杨一凡主编：《中国珍稀法律典籍续编·少数民族法典法规与习惯法（上）》（第九册），黑龙江人民出版社2002年版，第119页。

修明，法规俱在，方能如丝丝细雨，滋润大地而使五谷丰登。"规定那些人犯应采用逮捕羁押和羁押的形式。采用巡捕羁押的人犯有：王宫前持刀打架者、因饥饿行窃者、不按领主旨意办事者、向别人讨教坏主意者、顶撞上级等行为不轨者、不怀好意的告密者、流寇打家劫舍者。羁押时被羁押的人采用上锁脚架。杀人者根据被杀者身份具体情况赔偿数量不等的命价。

（4）重罪肉刑律。"本性恶劣之死神，情理难容侵人身；浊世蛮横之徒，须以利刃处之。"规定重罪的具体类型和适用肉刑的种类。适用肉刑的对象有谋害上师、轨范师，抢掠僧尼物品及王者仓库，投毒、施咒、奸淫、耍弄阴谋，强行杀人为盗马，打家劫舍、绑架勒索，犯上儿乱，持械行凶等人。肉刑种类有：挖眼、刖膝、割舌、投崖和溺死等。此部分规定相当于刑事法律中重罪罪名和刑罚。

（5）警告罚锾律。"凡做恶事须予警告，贪恋财物者犹如被绳缠绕失去自由，似铁钩紧抓着的仪规鸟。"规定较轻犯罪处以罚款，罚款适用的对象和处罚的数量。适用对象有：结伙杀人、报复抢劫、蓄意干坏事等严重触犯法律者。罚金分重罪从八到十五两；轻罪三至五两。此外，还规定实物与金银的折算比例。

（6）使者薪给律。"前往讨税之官员，须持合法之文书。抛却贪欲之恶念，以法护佑众百姓。"规定官员外出办事时驿站或百姓提供的住宿及饮食数量；规定属民等对差使应尊敬，但官吏、使者要注意自己的行为，不能扰民。

（7）杀人命价律。"以畏饰之箭、刀、石等各类武器，酿成伤害之源，须据所生之事因，酌情超度命价，或绳之以王者之法。"规定故意杀人者承担赔偿命金；谋杀人的，必须向死者家属赔偿命价；命价数额依被害人社会地位和等级而定；各等级命价数额具体可以由当事人协商决定。

（8）伤人赔偿律，是斗殴致人伤残的赔偿法律。"斗殴致伤重与否，认真处理需赔偿；地方官吏戒亲疏，公正无欺不偏倚。"斗殴伤人按照等级划分，查明谁先动人，分清责任，无理一方赔偿；鉴定伤情，查清是内伤还是外伤，是否流血，是否裂唇露骨，依据伤势决定血价数量多少。此外，血价数量还受到当事人的身份等级的影响。

（9）狡诳洗心律。"对行为不端狡诳者，需由正直公道之人协助，以'沸油取石'、'沸泥取石'等法，辨明是非，详加审定。"规定诉讼中发誓适用的对象与程序，不适用发誓的群体及神判的具体情况。诉讼中不能查清事实时，采用"山盟神证"，发誓赌咒、捞油锅、烧泥汤等神判的方式审理。此部分具体内容与《十六法典》相同部分是一致。

（10）盗窃追偿律。"盗窃之罪，依其赃物判定，命价赔偿要适宜，公正处理须合法。"规定盗窃行为的具体处罚。盗窃赔偿原则：同等级平民间盗窃，罚赔7倍、8倍或9倍不等；盗窃赞普财物罚赔原物的百倍；偷"三宝"（佛法僧）财物罚赔80倍。对诬告他人盗窃的，与盗窃者一样对待。拾到遗失物不归还失主，将财物隐藏他处，狡诈欺骗的以退赃和赔新等处理。打死、打伤盗窃者一般不支付命价和血价。

（11）亲属离异律。"亲属不和、夫妻离异，须慎重处理。根据各自的理由，依法公平判决之。"规定离婚时财产分割和家庭分家时财产处分。赔偿情况基本与《十六法典》相同部分一致。

（12）奸淫罚锾律。"奸污尼姑、佛妻一类与普通邻居主妇等，均按惯例合法判决。"规定男女通奸处罚。与喇嘛、官人之妻通奸者处以重刑；女人勾引男人，罚一两金和以碗为主的三件或五件实物；有妇之女与邻里有妇之夫通奸，该女人处以茶等七件或碗等五件财物。

（13）半夜前后律。"对邻人互借牛马财物等出现的纠纷，需认真对待。执法之人所作所为均须公正合法。"规定借贷牲畜使用中死亡和损坏他人农作物的赔偿。借用马匹、牦牛等驮畜或耕畜，死于借用者手中，要照价赔偿；完好交还，过夜死亡，借用者不承担赔偿；前半夜死亡的，由借用者赔偿。死于鞍疮等原因，依具体情况作适当赔偿。

第四节　安多、康区地区的法律

藏族历史上有名的法律除了上述之外，还有大量存在于安多、康区藏族中的部落法规、寺院法规和清政府认可的《番夷成例》、《夷例》。《番夷成例》和《夷例》是同一法律的两个不同版本，内容具有高度一致性。据张济民等的收集，安多、康区各类法律有19种之多，具体是《阿哇铁吾部落制度及法规》、《浪加部落制芳及法规》、《莫坝部落旧制与法规》、《果洛旧制中的部落法规》、《玉树部落制度及法规》、《千卜录部落制度及法规》、《黄科部落制度及法规》、《阿曲部落法规》、《汪什贷海部落制度及法规》、《刚察部落制度及法规》、《阿巴部落制度简介》、《当雄宗政治制度》、《罗马让学部落制度》、《德格的社会结构与法律制度》、《巴底邛山村土司制度》、《理塘藏区旧法规》、《庙顶村藏族习惯法规》、《美武部落法规》和《甘加思柔、仁青部落法规》等。从这些部落法规看，多是在20世纪50、

60 年代民族大调查时整理的，很多是调查者的归类，但其中有三部法律较具原始性，具体是《德格法律十三条》、《果洛旧制中的部落法规》和《西宁番夷成例》。这些法律很多是部落的法律习惯。本节重点介绍较有影响或特点的《果洛旧制中的部落法规》、《德格法律十三条》和《西宁番夷成例》、《夷列》。

一　《果洛旧制部落法律》

《果洛旧制部落法律》是部落法律中最具体、最有特色的法律代表。从法典结构看，采用与《十三法典》相同的结构，分为序言与正文。"序言"说明制定的原因、依据、渊源和作用。"正文"的基本结构在"序言"中有说明，"为人有首劲肩，为土有山原川，类似鸟羽叠覆，官有佐而佐有属，以序遮蔽压服，其律乃征服外敌法，治理内部法、帐营迁布法、护田苗穗法，是四数"，[①] 具体由四部分组成。

（一）"征服外敌法"

此部分是军法，具体由兵阵旗帜、呼警追击、搜寻侦探、敌掠复仇、戒客禁行、昼之巡逻、夜之轮哨、集众聚首、点兵筹械、伺隙袭掠等九类组成。此部分涉及军队纪律，作战时的纪律，行军驻宿时的纪律和行为。如兵阵旗帜律有兵律，士兵的征发；阵律，主要是对士兵的奖罚，基本与懦夫法律一致。旗帜律是军队的编制。

（二）"内部管理法"

此部分内容最为复杂，涉及行政法、人法、诉讼法和债法等，具体由"二制通则和四法八调"组成。

1. "二制通则"指佛法与俗法两方面，具体是"维护法政二制之通则，乃名望、职守与放牧三训，各自须以身份贵贱与人伦德行尽善执之"。[②]"名望"是指法师优于官，僧官与内总管优于佐，寺院管家优于什长或领工，僧院优于俗部。"职守"是指佛法的总管、僧官、官家对教法与世俗都有职权。世俗官员中官佐、总管与领工只能治理俗户，世俗官员是从俗户中富豪"依序轮流任总执事，每任数年一易，任期内执行经商业、营利贷、化布施等事务"。"放收"是指"放出收回之租与贷，招来付出之劳酬。无论贫富高下，彼此租贷之约皆遵从"，具体是租借的利率与劳动报酬的规定。"年

---

① 张济民主编：《青海藏区部落习惯法资料集》，青海人民出版社 1993 年，第 27 页。
② 同上书，第 29 页。

租之制为：一头犏乳牛之年祖为三斤酥油，一头当年领犊牦牝牛为十斤酥油，一头上年犊牦牝牛为五斤酥油。年贷之制为：贷利分为黑白花三种，白即每年四分之一利，黑即每年翻倍利，花即每年增半利。细算之法尚有长、增、本之说，增乃孙，本乃前之母数。"① 对租税利息规定得较为具体。

2. "四法"是"毙命则赔命价，偷窃则加倍还，妄言则勒于誓，夺妇则付身价，此乃断讼之准"。② 由此看，"四法"是指审理案件时处理的原则和规定。对审理诉讼案件人员由"执准"，又称斯巴，即主审人员掌握；"斯奏"，即陪审人员；记录人员三类组成。审理时采用"'执准'之官佐入正席，'斯奏'与记录列坐垫"。

（1）"毙命则赔命价"原则是"此有死与伤，男与女，未遂活付，并各依其人身份上中下三等，赔偿数额亦如等次"，③ 具体指在赔命人价时要区别是男女、身份分别进行。命价赔偿上男性分上中下三等，上等命价100头牝牦牛、中等命价70头牝牦牛，下等命价50头牝牦牛；女性命价分上中下三等，数额是同等男性的一半。

（2）"血价及未遂活付"，指审理武器伤害或凶器逼对方要害时的诉讼，具体分"视双方人品优劣，失血多少，伤口大小，动手先后，正面争斗之伤与背部逃遁之伤，对准何处要害以及划服擦肤诸细节而断"。④ "血价及未遂活付"用"呷达尔"布计算，每段"呷达尔"布与五钱银相等。血价赔偿分上中下三等，"上等丈夫遭刃逼则赔、中等丈夫遭伤痛则赔、下等丈夫遭毙命则赔"。⑤ 上等血价赔九九八一段、九五四十五段、九三二十七三段"甲尔达"；中等是九九或九五；下等是九九或九三两等中选赔。"未遂"是指斗殴中武器逼对方要害而未动真，或虽动真但仅损伤衣服，此种赔偿称为"活付"，分三等，上等是九九，中等是九五，下等是九三段布。

（3）"偷盗加倍还"，基本原则是"偷盗区分为部内偷与部外偷，以及偷于何等门户，偷于当否之时，待之亦不同"。⑥ 偷盗赔偿分为赔九倍、五倍、三倍、二倍，或一赔一等。此外，偷盗赔偿上，偷盗僧家或寺院财产的加重赔偿，偷盗部落内部的加重，偷盗外部落从轻处罚等。

---

① 张济民主编：《青海藏区部落习惯法资料集》，青海人民出版社1993年，第31页。
② 同上书，第31页。
③ 同上书，第32页。
④ 同上书，第33页。
⑤ 同上书，第33页。
⑥ 同上书，第34页。

（4）"妄言则勒于誓"，是在"偷盗之讼，因狡辩妄言，清白与浊黑难断时，视案情轻重，于执准官监视之下，聘请一信佛法、重人德之公道为中人，由原告与被告罪责双方取相等数量财产作抵押，勒誓于被告罪责者，以求清白自身，后益他人"。[①] 此部分规定无法用通常办法审理清楚，或被控者不承认时采用立誓和神判。神判具体是"贤良白三关、小人黑三关，以誓言、罚量、赌保三法勒之"。白三关是"投骰子、裹食丸、摸取黑白石子"；"黑三关"是油锅捡石、火中取斧、沸粥试手。发誓是"起誓若有罪迹，愿受神人共诛；认罚量于官，即言明若日后有罪责，甘愿受何等重罚；赌保于众亲，即召亲友共同起誓，以彼等财产、名声、身价担保"。[②] 从这里可以看出发誓是采用财产和亲人连保办法。

（5）"夺妇则付身价"是"凡婚姻败离、争夺未嫁之女、婚外私生、分家析产皆据此律"，[③] 具体看是离婚、违反婚约、私生子等的相关赔偿与处罚。

3. "八调"指司法的目标与原则。司法目标是压制强暴、扶持弱小、外护声威、内持节操、表彰高尚、贬斥小人、褒奖贤能和惩处劣徒。惩处分体罚与财产罚、食用罚。体罚有手铐、脚镣、裸体鞭挞，贬为家奴或终身为仆，地牢囚禁。财产罚有"黑蛇蜕皮"，即没收全部财产充官；"黑三折"，又称"二突凸"，即没收三分之二家产；"纵析箭杆"没收一半财产；"白三折"，或称为"一突凸"，即没收三分之一财产。食用罚有皮张、茶叶、酥油等食物。

（三）"帐营迁布法"

此部分规定公共牧场的使用及产生纠纷时的解决。公共草场的使用由长官召集各佐和什长商议划分；夏季与冬季草场的使用；草场与水源出现纠纷时的解决原则等。

（四）"护田苗穗法"

此部分规定"农田为其主所有，买卖、交换、赠送、租托可自行操办。凡劳作勋在，依时令成制，又有应税、换工及劳酬之规"。由此看，涉及田产所有权、田产买卖、交换、租佃，庄稼的种植规则等，农业生产中交税、换工、工价等规定。工价规定一天一人耕种或脱粒的价金是"二邦巴"，每

---

① 张济民主编：《青海藏区部落习惯法资料集》，青海人民出版社1993年，第35页。

② 同上书，第35页。

③ 同上。

邦巴约为七升。①

　　法典是非卫藏地区最有特色的部落法，内容体现了藏族传统法律的基本特点和当地社会的特色。

二　《西宁番夷成例》与《夷律》

　　《西宁番夷成例》是雍正十二年中央政府制定颁行于青海藏族中的正式法律，共 68 条。《夷例》是颁行于康区藏族中的法律，共有 60 条。两法律是清朝国家立法上对少数民族习惯认可制定成法律的典范。两部法律虽然条文上略有不同，但内容高度一致。《西宁番夷成例》68 条分别是派兵出征不准时处罚律、敌人犯界会剿不按时处罚律、部落民众逃跑处罚律、聚众携械同逃处罚律、追赶逃人奖赏律、会盟不到处罚律、越界放牧律、越界头目处罚律、奸淫妇女处罚律、谋娶他人定婚妻律、少纳牲畜计算处罚律、无力纳罚畜立誓律、对被窃牲畜处理律、头目窝盗处罚律、出兵被盗马匹处理律、挟仇出首人罪律、隐匿盗贼处罚律、搜查贼赃律、移放遗留踪迹律、偷盗猪狗等畜者处罚律、偷盗金银皮张处罚律、踪迹远近立誓律、偷杀牲畜处罚律、告言人罪律、私报失牲处罚律、纵火熏洞处罚律、擅动兵器处罚律、斗殴伤人赔偿律、戏误杀人赔偿律、砍杀牲畜赔偿律、失去牲畜邻近寻找奖罚律、收取遗失牲畜不还主人处罚律、犯罪私了律、过往人员不让歇宿处罚律、故意传播恶病处罚律、毁谤头人处罚律、不设十户头人处罚律、私索乌拉秫素处罚律、罚服牛马的计算规定律、出兵越次先回处罚律、敌败绩及行军纪律、不拿逃人处罚律、给逃人马匹处罚律、拿获逃人奖赏律、获逃人解送律、杀死逃人，头人不报处罚律、头目抢劫杀人处罚律、偷窃四项牲畜罚律、讨贼不与处罚律、头目庇贼发觉不认处罚律、夺回盗窃牲畜奖赏律、获贼交头目看守赏奖律、看守斩犯逃脱律、抢夺罪犯律、挟仇放火处罚律、打伤奴仆处罚律、冒认马匹处罚律、出妻赔偿律、唐古特人不许远处番回贸易律、拿送逃奴奖赏律、私报失去牲畜律、重犯不招认处理律、家奴弑主处罚律、解送掏人赏奖律、私进内地处罚律、偷盗喇嘛牲畜处罚律、行窃殴死追赶人处罚律和番民自相殴杀处罚律。

　　两个法典主要采用赔偿处罚，特别采用赔牛马等，构成了整个处罚体系。两个法律规定了一九之数的具体马牛数量。《夷律》九样是马 2 匹、驮

---

　　①　法律版用张济民主编的《青海藏区部落习惯法资料集》中的记载文本，青海人民出版社1993 年，第 26—39 页。

牛 2 头、奶牛 2 头、黄牛 1 头。《西宁番夷成例》九件是马 2 匹、牦牛 2 头、乳牛 2 头、2 岁牛 3 头。两者的区别是《西宁番夷成例》比《夷律》多 8 条。《西宁番夷成例》的第 7、11、16、17、19、20、22、24、27、33、36、42、43、59、60、61、62、63、64、65、67、68 条与《夷例》的第 14、16、29、30、31、32、41 条是独立的条文。《夷律》14 条、第 16 条与《西宁番夷成例》不同是在盗窃处罚上；《夷律》第 29、30、31、32、41 条是地方官吏及差役的行为规范。在对人分类上，《西宁番夷成例》分为千户、百户、管束部落百户长、小百户长、小头目、十家长、平人等七等；《夷律》分为上中下及大头人、小头人、再小头人和百姓七级。[①]

三 《德格法律十三条》

《德格法律十三条》是德格地区部落法规，内容是：（1）杀人罪：被杀者为盗贼或造反者，应受处罚；杀无辜者，吊打 9 次，赔银 18 藏称。杀官员、喇嘛和重要人员抵命，赔命金是一般人的 10—20 倍。（2）伤害罪：按伤害他人的眼耳、鼻、手、足等，致其残废，按受害人的身份，赔命金的二分之一。（3）盗窃罪：按偷盗对象处罚，僧侣、官员的财产罚赔 3—9 倍，吊打 1—9 次、鞭笞 100—900 下；商人财产罚 50 元。（4）土地纠纷的审理：认真调查，排除误会，若因仇视入侵他人土地，处罚重于盗窃；提倡和平解决。（5）罪犯间纠纷处理：若可断定为恶人和骗子的给予严惩，若无办的新罪要谨慎安抚。（6）百姓应安守本分：普通百姓应恪守本分，不逃离，不违法。（7）罪大恶极者处死：罪大恶极的处以死刑，同时按情节给予处罚。（8）夺人妻室：按对方等级赔偿。已婚与他人私通，并生育子女，处罚 1—10 藏称银。（9）利息偿还：还债付息上是有偿还能力的，必须在 4 年内还本息；时间太长，要减轻利息。（10）交易原则：交易必须公平，若倚仗权势强行赚钱，将会受舆论谴责。（11）借物归还：借他人东西，有字据，不论时间长短，必须归还，无字据的，时间长可按价值二分之一赔偿。（12）土地等纠纷审理原则：官员在处理土地及私事纠纷时，要秉公办理，因私情或强权处理的一切命令、字据必须焚毁。（13）官员守则：各级官员要各尽其责，为辖区民众着想；民众要敬重上级、遵守法令。[②]《德格法律

---

① 杨士宏：《藏族传统法律文化研究》，甘肃人民出版社 2004 年版，第 192 页。

② 具体参见张济民主编《青海藏区部落习惯法资料集》，青海人民出版社 1993 年版，第 145—146 页。

十三条》内容上看受到《十三法典》影响较大，但内容与其相比更为简单。从此可以看出，此法律是对《十三法典》的本地化结果。

一　思考题

1. 吐蕃时期立法有何特点？
2. 简述佛教在藏族法律发展中的作用与体现。
3. 简述盟誓制度在藏族传统法律中的作用与特点。

二　阅读扩展

1.《藏族传统法律文化研究》（杨士宏编著，甘肃人民出版社 2004 年版），该书对历史上藏族法律制度进行梳理，整理了各个时期的立法成果，是了解藏族传统法律的重要入门书。

2.《青海藏区部落习惯法资料集》（张济民主编，青海人民出版社 1993 年版），该书对青海地区的藏族法律习惯及 20 世纪 80 年代以来调查的个案进行整理，是了解青海地区藏族法律习惯的重要文献。

3.《藏族盟誓制度研究》（牛绿花著，中国社会科学出版社 2011 年版），该书对藏族历史上的盟誓制度进行了全面的考察，是了解藏族盟誓制度和相关审判制度的重要文献。

三　法律史料摘抄

（一）《吐蕃法律二十条》。该法典是松赞干布时期制定的基本法律，是藏族传统法律中成文法典的开始，对此后藏族法典制定产生了深远的影响。据《贤者喜宴》记载："吐弥等率领一百大臣居中理事，遵王之命，仿照'十善法'的意义在雪尼玛地方制定《吐蕃法律二十部》。"《法律二十条》条文为：

1. 杀人者偿命，斗争者罚金。
2. 偷盗者除追还原物外，加罚八倍。
3. 奸淫者断肢，并流放异地。
4. 谎言者割舌或发誓。
5. 要虔信佛、法、僧三宝。
6. 要孝顺父母，报父母恩。
7. 要尊敬高德，不与贤俊善良人及贵族斗争。
8. 敦睦亲族，敬事长上。

9. 要帮助邻里。

10. 要出言忠信。

11. 要做事谨慎，未受委托，不应干涉。

12. 要行笃厚，信因果，忍耐痛苦，顺应不幸。

13. 要钱财知足，使用食物与货物务期适当。

14. 要如约还债。

15. 要酬德报恩。

16. 要斗秤公平，不用伪度量衡。

17. 要不生嫉妒，与众和谐。

18. 要不听妇言，自有主张。

19. 要审慎言语，说话温雅，讲究技巧。

20. 要处世正直，是非难判断时，对神发誓。

（二）《五世达赖喇嘛时期十三法典》。该法典在公元 1613 年由噶玛登窘旺波在五世纪达赖喇嘛的指示下把《十五法典》中删去两条编纂而成。《十三法典》一直沿用到 1959 年，是藏族历史上最有影响的法律。《十三法典》体现了传统藏区法律风格，同时整个法典中佛教成为基本因素。

愿得吉祥，人间涅槃圆满路宽广，稀有福德、智慧俱圆满，赐法与僧伽具妙善、吉祥。嗡！如同光明之劫来临，供施宛如日月，转动法律之轮，属民生逢太平盛世，幸福之日升于顶空，目睹如此盛世良辰，久蓄福泽缘时力，特向教化众生的千手千眼观世音佛敬礼！雪域净土先后显现祖孙三法王、大译师、贤哲、师友、君臣……均为圣观世音利益众生之预言和智慧所致。今世，由于圣贤佛主开创了伟业，供施双方创制了法律，因而出现天下太平，安居乐业。老妪手执金羊头，亦可无虑而行。且向释迦牟尼佛叩首，接自身所发誓愿求得圆满。而今，人们财富丰盛，释迦牟尼佛前供品亦如云，为众僧侣大行善事。政教合一制为众生有情，实非虚假，而为真实之事业。此所有业绩均系佛之福田所为，非我等愚痴之辈能知晓，唯望稍诉小人所知的真实往事。

本人曾在桑俄德钦宗居住数年，曾聆听人主之师深甚深妙道五次第的教诲；良师林麦巴·夏仲仁波且口传，在拉萨河下游有一具智慧天资广博的教法者。我知晓他深谙显密经典，热知宗教史，遐迩闻名的故事。古时的拉萨是各地各类人来住之地，可闻南北上下之事，加之自阅部分文书记载，如同自大海中取一水滴，吾且述供施之事业；上述其人即为圣观世音之化身——仲敦巴甲瓦迥乃，其化身又为一切知者根敦朱巴和一切知者根敦嘉措，此二

位贤哲双具智者之化身为遍知一切的索南嘉措。其之化身为圣贤偏各一切之
大德。这些在其各自的传记里都有清楚的记载。法王一切知者云丹嘉措与前
辈法王慈悲之心如大海显现的如意宝。佛洛桑嘉措之业绩，名声远扬，更是
显赫。如同先前在古印度的转轮王传记均有讲述各代事迹一样，大宝师尊索
南嘉措在世时期，广阔的蒙古地方有位俺答汗法王，他依据显密经典等预言
佛教将至北方兴盛弘扬，因祈祷之果，一切智者索南嘉措即与俺答汗法王结
为供施关系，使佛教之光普照蒙古偏僻之地。索南嘉措的化身云丹嘉措，出
生于蒙古无籍王室中。其时，国王宝力雄厚，两者遂为供施，使佛教尤其是
秘咒金刚乘大大发展。云丹嘉措的转世洛桑曲吉嘉措犹似日月之显明，执掌
政教两权。此时，蒙古法王呈现异常之奇兆，遂奉天承运，授其藏区雪域之
王，而为法王、佛主，即为政教之首领。王族雄健而英武、胸襟开阔、恭奉
佛教、信守誓言、仁爱百姓，法律严明、不贪钱财，实为名副其实之法王。
如若略叙王族世系，则当时世界上有六大王系，即古印度教法之王，汉地历
算之王，格萨尔军队之王，巴达霍尔王、大食宝王、雪域洛布王等。古印度
教法之王是以大象鼻子举起瓶子使受灌顶而执掌王权，汉地历算之王依止仙
鹤呈送奉天承运之琉璃官印而占有王位；巴霍尔王是靠捉住一万跳蚤而占据
王位，大食宝王则是由外海取来如意宝而获得王位；格萨尔军队之王是克敌
制胜而占有王位；藏地雪域之众敬王却是因上下和睦相处而执掌王权。比较
起来，古印度、汉地和藏区易通达，大食宝王是印度与克什米尔边际的蒙古
人，是他们由外海取来宝贝；巴达霍尔王则为蒙古六支之王。格萨尔军王系
厄鲁将蒙古六部的王统传承。此中持教法王犹如龙王的顶饰宝珠一般，为最
高。须对法王世代传承不断祈祷，如此佛、圣人等功业的策士，国师即智
慧、福泽双具之豪杰等依次降临。初，帕竹噶举时代，仲译铁莫仁波且太司
徒，从政教两制入手，发展了佛教事业和历代坚俄巴的功业。他至今仍被称
为"第悉"，或乃东孜巴。向蔡巴时，在向喇嘛的古寺里，曾出现功业卓著
的蔡巴万户长格瓦白等为内地皇帝担任职务，并护持佛法的历代官员。初任
官员名为朗索甲勒奈，他具有英雄金刚概的智慧。这些依次出现者的姓氏是
这样的：青康地区丹玛地方，有一个叫列马的村子，村里的汉官性情善良、
颇具福德，虔诚信仰佛教。他是由外地迁往多康，来到列马村的。其种族进
渐繁衍，崇信释迦佛的名声遐迩闻名，当听到东方佛宗喀巴·洛桑扎巴的教
派在拉萨河一带盛传时，即去卫地，居住在堆龙的地方，因其属汉族，再加
康地村名，故称堆龙甲勒。两兄弟的族姓里具备勇气和圆满、智慧，所以成
为拉萨河一带所有人的依怙和询问处，地上大梵甲勒这位超越古今智者的伟

大事业，名声远扬，福泽极盛。他担任过圣佛索南嘉措和云丹嘉措的师傅。总之，使藏传佛教，尤其是吉祥噶当派大为发展。从这一血统中衍生的当今第悉索朗曲批亦做出不可思议之政教伟业，圆满完成极高福泽的盛德，被王族及一切尊卑奉为顶饰。唯此，其与佛圣人由于祷告和缘分而同时到来，遂为事业之车的御者和法王同心同德。可谓天上的日月，地上的福田和施主。此说并非夸张，是圣人使佛教发扬光大。如升起的太阳，将内地皇帝与活佛结为福田与施主。他慈悲和神变地莅临中原一年半，名声大震。先辈法八思巴到内地的霍尔建立供施关系的传记中也载有圣佛慈悲神通之美名，这三种福田和施主以政教两制繁荣佛教，享受众生欢乐的福德，尤其是使吉祥噶丹派再度弘扬，相继恢复了色拉、哲蚌、甘丹三大寺为首的古寺，新建众多寺庙和大小扎仓，聚集数万名僧伽。自格鲁派盛行以来，使拉萨大昭寺又添吉祥法轮的新礼，宫殿式屋顶、顶周围的短墙、屋檐、廊院，规模为108根柱，并堆砌12次方装饰起来，木漆壁画尤为灿烂，搜集有尊敬的贤哲先辈的遗言，涂上纯金而现光明相。金、银、宝贝和缎、帛等供品众多如云，并在红山上布达拉宫现世音殿建成奇幻多变的圆满结构。主佛像圣者洛根夏日安置在其中，其他古印度和汉地的优质响铜佛像、佛菩提心舍利、《甘珠尔》、《丹珠尔》等藏族共同的福泽均供养于此。大师宗喀巴最初创立拉萨大祈愿法会，十分隆重，向上万多僧众发放布施，供养享受如降雨一般。在释迦佛像前也安放了众多供品，圣地拉萨是朝佛供佛的中心。虽然古代高官显贵与喇嘛活佛不分教派均予供奉的文书和历史记载很多，然而这福田和施主的供奉却是无比的。

福田和施主这三者两制的好法律中用红、黑两色笔所写公文预示：从上部肉寇辊子敲打，到下部汉女织帛的范围内，盛行的好法律如丝帛之结细而柔软，又如金质牛轭重而有力。法王作了如下的定论，指出法律的根本意义："法王预言如日升中天，光芒照耀地方官吏，臣民百姓如莲花盛开。"从此，法律文告将如阳光普照，一切众生部将享有那如柔绢遍布全境，名扬藏汉区的仁政。法典的用意之深，实系为众生幸福，依赖佛教而成立。凭借圣者的讲、修、发展，已预音佛教之根本，即为解脱。首先，大小寺院的堪布和僧人为佛教尽心尽职，所有僧伽认真学习，遵循戒律，不得犯遮性罪、他胜罪，发挥闻思和说闻的技能。修行于不同禅院之僧众皆习精粹之佛教原理，以促修行，而封闭戒律之时限，按历代喇嘛所行定期法会等良规勤勉行事。俗人则须抛弃不崇信佛教之品行，使一切内外得到胜解，为供养卫藏上下数万僧人，而布施斋僧茶，坐褥、金、银、绸缎财物及其他所需之物。召开大法会时，除布施出家人的装束以外，其他无资粮。国法犹如金质牛轭，具微妙甚深之用意。旧法典记载："对奸淫者肢解流放异乡"，即施行剜眼、刖膝、断肢后发配。而今福田和施主之法律，其特点则为，因先前大乘发菩提心，不忍心肉体上的痛苦，为使其尽快超度，而将福禄抛于水中，用威光破灭后路。因此将有罪之身即刻清净，不必再去体验瞎、跛等残疾人之痛苦。并把"十善法"中的杀生，特别是玷污高贵之人身的恶行作为重罪，将杀人者家中全部财产及尸体一起抛入河中，使无畏者获得佛的施舍。另外，还颁布了封山蔽泽的禁令，使除野狼而外的兽类、鱼、水獭等可以在自己的居住区无忧无虑地生活。同时，还公布了免除长年纠纷、放债的文告，使当事人化解怨恨，并隔年减免臣民百姓的税收和利息，对小宗的商业附加税、集市的减税等都比以往任何一个朝代之法律更具威力，执行亦果断，威仪更服众。所谓弱小的父母官，确为名副其实，人们在自由的天地里享受天伦之乐。

　　本法典的各条是在早先旧法典的基础上形成的，因而使供施二主所指定的地方官吏们心情愉快，颇感清新。这主要是依照以前《白色口传法》和昔之《十六法典》而编纂的。其时，索要初稿的较多，因其不在手上，故未能满足。本法典仅对前言和个别语句作了校正，对一些名词重新作了法律上的解释。此条文中虽缺英雄猛虎律、懦夫狐狸律、地方官吏律等不完整的三条，但除听讼是非律稍作修改外，其余十二条均根据旧事为例而成，故内容上丰富。颁布前，对文中不准确的地方，已经作详细修改。

　　第一条　镜面国王律（地方官吏律）。其言：法王预言如太阳，光芒照耀地方官，属民百姓如莲花。

　　根据法王预言，凡任公职者，均须舍弃自私之恶习，以公务为主，尽力效忠于历代第悉、法王传承为推行佛法的功业，不改同派之冠，不崇信异教。在假日的五个月里发布《封山蔽泽令》，清扫仓库，修缮身、语、意的佛塔，维修险道。至藏历七月，要求各地举行初十活动，进行祈祷。在此期间，涅沧工作不得中断，故临时物资支出除加盖该处印章之批文外，宗本不得擅发指令。

　　凡私人欠公债者，不得由个人前往索要。除因战乱流离失所者外，不办理粮食租借手续。对已满一年到期的旧账，应尽多收回，但不必彻底清算。要做到属民与胥吏之间差别不致太大。

　　要敢于督促法庭对混淆是非的违法者进行处罚，要维护、关心守法者。对内外纠纷均不进行挑拨。对在公堂喊冤者，要立即进行规劝协调，对其讲清事理，使之满意，不得以权压人。执法者在法庭上，无论亲仇，均须公正处之。总之，不能明知故犯，不辨是非，偏倚一方。官家之大小诸事，均须认真妥善办理，以免招致厄运。

第二条　听讼是非律。法律公文如海洋，听讼是非律似明月，光照正义之甘露，驱除虚假之黑暗。

首先要讲清取与舍。诉讼时，双方均须到场。一方缺席，则不能当堂对质，要通过明察暗访，明辨是非。世间常有一些胡作非为之徒，凡事以私利为重，于法庭上相互告发，自讨苦吃。对此类人虽要处罚，但不宜过重。经诉讼后，辨别是非，即依法判决。诬告者必须严惩。如对诉讼双方情况不甚清楚，可暂缓审理，先使其修性后发誓。如双方均不能详陈事实，则各负一半责任，依情节轻重予以判决。当事人已向法庭提起诉讼，又思协调解决者，双方须将情况如实上报法庭，请求允准。

第三条　拘捕法庭律。蛮横歹徒犹如黄刺树，须以法庭之火焚毁之。纲纪修明，法规俱在，方能如丝丝细雨，滋润大地而使五谷丰登。

本律裁明；王官前上告吵闹者拘捕；持刀斗殴者拘捕；乞丐为盗者拘捕；流寇打家劫舍者拘捕；对头人造反者拘捕；不怀好意探查揭露秘密者拘捕；与高于本人地位者争辨拘捕；与官殴斗者拘捕。对重罪犯要强行拘捕，加盖关防，并套上锁脚架。对肉刑犯须发布告示，严厉惩处。此外，杀人者尚须按被害人身份地位，赔偿命价，并予赔礼认罪。总之，根据罪行轻重，行施以上处罚。

第四条　重罪肉刑律。本性恶劣之死神，情理难容侵人身；浊世蛮横之徒，须以利刃处之。

行五无间之罪孽，谋害上师，轨范师，抢掠僧尼物品及王者之库，使人身领主出丑。或投毒、施咒、骨肉残杀或奸淫，耍弄阴谋，强行杀人盗马。太平世界，而行打家劫舍，绑架肇事。持械行凶，犯上作乱。总之，凡从事以上违法活动者。当施肉刑，处以剜眼，刖膝、割舌、剁肢、弃崖、溺水等刑，须据情予以惩处，以免效尤。

第五条　警告罚锾律。凡做恶事须予警告，贪恋财物者犹如被绳缠绕失去自由，似铁钩紧抓着的仪规鸟。

此即对未构成肉刑罪的违法者要予警告，处以相应惩罚。这种处罚须由法庭执行。处罚的轻重一般以黄金的两数来定。或以合金的两为单位，或以"玛肖"的钱为单位。对聚众作乱杀人，寺院骚乱，因仇视报复而抢劫，阴谋反叛等重罪，法庭根据罪行轻重，给予8至15两黄金的处罚。对罪行较轻的误杀，因饥寒而被迫行窃者需根据情况罚合金3至5两。对一般性的违法者据情罚"玛肖"2至3两。重罪者不得以物替金，一钱黄金计为24厘，8钱为1两，犏牛、牦牛等则根据价值判罚。1钱为24厘，1厘值后藏的一藏克青稞。一钱折合青稞24克。普通合金的优劣，多以其形而定。以此划出不同财物之价值。合金1两中含金4钱。黄金4钱，即4玛肖，使用日喀则官秤，折合青稞为后藏藏升8克。黄金一钱翻番折合青稞16克。按一般行商例行的裁定，合金一两按官家秤换算，可得青稞96克。按商品质量换算，一驮砖茶可换合金1两，1头牦牛可值黄金1钱。此外，还可以因地制宜，换算为当地价格，以8克换算成黄金1钱裁定。价格要视当时情况而定。

第六条　使者薪给律。前往讨税之官员，须持合法之文书。抛却贪欲之恶念，以法护佑众百姓。

总之，官员行事须循合理章法，百姓亦须尊重官员。但是，当今有人却无视法纪，公私不分，依仗权势，手持盖有布达拉官大印的文书，在"雪"等地带领一些无业游民四处敲诈，根本没有一定之规。须知官员临行之时，要按三次集会的范围计算，每个人一次一升，一人一天为三升。他们所到之处都须按此标准算。后藏藏斗被称为标准的计量衡器，但由于此衡器标准过高，且税务繁重，无论大小事均难按时催讨。而今如再依此办理，属民负担则过重。为此特作适当规定：凡政府派出的催税官员，须切记昔日旧律之规定，若税金不足一两，不得设宴敲诈，达到一两，则可以税金的四分之一为官员设宴，并支付脚钱等。而今对零散黄金判罚较多者，除令其为官吏及其随众添加狗、马、骡之费用外，还要支付羊脚一支，物品一驮及脚钱等。在未交付税款前，拖欠税金者须要一日两次为税官分别提供大小羊脚各一支，并要求每日三次给所有随行人官提供小羊腿一只、茶叶五包、青稞酒适量；另供应每匹马骡饲料二升，还需付给膳后金一钱。膳后金及税金所余部分等的计算是酌情根据催税官吏到日至结清账款之日付给，所需物款及脚钱等费用加在一起，但其数额不能多物所欠税金。税金超过一两的，一般可派二人或二人以上前往催收。款额未到手期间，须向催税官员支付膳食羊腿，一日两次支付小羊腿、茶、青稞酒。对乘马者，还得交付适当马料。物品及脚钱等全部结算后再付，但不得从税金中支付。欠税仅几钱者，不派合适人。其间要如上面所规定的，交付膳食羊腿半只，脚钱等则不得超过税金的四分之一，并为催税官员准备好必要的膳食。主事的根保在减免税差时，为催税官吏准备膳食，如不能减免，则须其从村民中收取肉类、青稞酒等，每日两次交予税官。凡按时交纳税金的属民，不再支付脚钱，延误支付税金者，每天须交纳价值五升青稞的脚钱。时间系根据税官抵达所在地之日算起，催税官吏足到之处，每日收青稞三升，但不催要。对个别不按时交纳税金，且又不服根保管理束者，催税官吏要严加要求，责令其付清所有官差开销及膳食费用。除特殊情况，且持盖有布达拉官涅巴之印的公文外，不得为个人私利，派人催税，否则视为无理，即使盖有其他各类印章，亦可不付任何物款。今亦有人刁滑投机，领每日值班之朗生，假公济私，藉收税而谋私利。对此，如值班郎生已去，则按月处以罚金。倘仅从"雪"地而去，可酌情判罚金二至三钱不等。审判盗贼，收取事主十分之一的钱财，另多盗贼手中索要所有罚金，除接受适时提供膳食外，不再收取其他钱物。除有十人以上者，应收取多少，须据情而定。对竭力争辩喊冤者，要收取脚金一钱。对为政府办事，却不遵守誓言者，令重复当地之誓，处以一至二两罚金。或重复本人所立之誓，视当地情况处相同罚金。对中下等打手要支付一至二两黄金，自己发誓要要支付一钱黄金。用于以石立誓的神帘、神像、铁锅、铁碟、钳子等，不论公私何方，场须酌情其分为五、七、九份一组。无论盛油容器是钱或铜锅，一驮油则付一两黄金，多少亦可酌情而定。对一般的打手付二钱黄金，自己发誓的支付一钱黄金。按前藏习惯，藏升青稞，十二克为十二升，自己发誓的可领六克或六升。

对家庭不和，产生财产纠纷，且各执己见，不听调解，则按拉萨等地的惯例，分成三份。一般各拿十份，先分配；然后各拿十份，直至分完为止。通常是根据双方占理的多少来合理分配。逮捕罪犯后，可将其身上所有的衣服拿去，偿付超度命价费。按通常应得部分，裁决办理。按前藏惯例，也可取十份。但此种做法不太适宜。如按后藏之俗，两人相互交换财物，须采取"松普松垫"的方法，即交换财物的双方，先由交者拿出"松普"，取方则拿出"松垫"。而后，双方公平地各取一种。倘若要交付金银等物，交者要点清数字，取者须量好粮食的克数。这样，交者可得到四幅升垫或一围裙，取者可得到适量的合金。以上诸种习俗，初见于昔之旧法典中。

为免世仇再起或驱散阴魂，须按习惯法，以杀人凶器代替罚金。一般在文书之后，写清偿付代金的数量，如须付脚钱的替代物，则要当面付清。此例可统一分配，亦可各自拿取。总之，方法可据情而定。如无土地充作替代物，则要向参加点交、判决的有关人员支付以磁碗为主的礼品三至五份，以茶包为主的礼品七至九份，或酌情付予以铠甲、犏牛、牦牛等为主的适量礼品。

第七条　杀人命价律。以畏怖之箭、刀、石等各类武器，酿成伤害之源，须据所生之事因，酌情超度命价，或绳之以王者之法。

昔之旧律谓：上亚孜王为霍尔人所杀，其命价即为与尸等量的黄金；下格萨尔王被丹玛人所杀，命价则无法偿付。此意指人分上、中、下三等。上等上级者命价为最高，次上等上级者除逢战乱外，不会被杀，倘若被害，则须酌情因时制宜判以土地与沙金，而不以命价及财货珍宝判罚；上等中级者至下等下级者，命价之多少，均有定例，判以财货珍宝等。

上、中、下三等人须按其血统之尊贵、地位之高低、职能之大小而定。对此三等人的划分，通常以身份或地位而论，同时也可根据其实权之大小，公私之情分而定。

妇女、流浪乞丐、铁匠、屠夫等皆入下等下级。昔之旧律谓：杀铁匠及屠夫等，偿命价为草绳一根。此系以下等下级人为例。按近之习惯法，上等中级者为善知识、轨范师和大寺院管家，高级俗官，其命价为120两金，并须付惩戒罚金6大两。此款可付金银，亦可钱物各半。如何交付，酌情而定。上等下级者为中等俗官和受持戒律的出家人；中等上级者系一般俗官、侍寝小吏、官家之办事员，其命价大小，如上所述。中等中级者则为政府职员等，命价为60两；惩戒罚金为钱物各半，计3大两。中等下等级者以中等世俗贵族为例，按以上命价计算，视罪之大小，实际收到命价为60两，超度粮食60克，超度酥油6克，惩戒罚金为钱财各半，计3大两。

在命价交付事宜方面，须顾及上层僧侣之脸面或称"佛教减差"，为此减交6两。昔之旧律载明，为死者做佛事的粮食、酥油必须用于佛事，于49天内付清。如期付清，可算作成倍数额。否则，则只交命价。但是，大法官认为，一旦死人是重大损失。因此超度所用粮食、酥油不应计算在命价以内，而须另付。所用计算单位是8钱为1两。赔付命价之时，过去系"玛"8钱，"查"6钱，"松"4钱。偿付命价可用各类物品，甚至有孔之石亦可作为赔偿。一般来说，牲畜、物品等也可根据以上计量办法折算。但是，在计算和判决时，尚无统一的规定。计算命价的金银财物不分多少，均按牲畜6钱的标准计算。法律上判罚的用两、升都是根据日喀则的计量方法而定。除此而外，一般还要付为死者作法事的青稞，即抚慰费一半。命价的三分之一要付茶叶、依、帛，价格依照金银的单位计算。牲畜、物品抚慰费的一半可用能使的东西和可役使的牲畜折算。这些钱物的标准价格是以市价而定。如按前藏的升量，则比后藏多一倍。"雪"的升是盖有涅沧印信的，为四克，是大两的一钱，每三克是以牲畜折算的一钱，二克是以物品折算的一钱。用作超度的粮食也根据此法折算，其他地方的计量也与此计算单位一样。前藏的习俗，除了命价还要加上见面礼，后藏则不用。执法人办事的费用是根据命价的高低规格收取。每 80 两收取一块茶叶、一条哈达以及铠甲为主的五种一份或七种一份，多少酌情而定。其中的四分之一要扣下以作他用，其中四分之一为墨水费。聚会之钱物的需要量，则酌情写在附加判词中。前藏习惯法中，他人无罪而亡，领主不用命价而处罚。倘被狗咬致死，要向狗之主人追赔命价。而八岁以下的孩子扔物打死人则依对神经错乱者之法而定，只需付进行佛事活动的费用，不偿付命价。神经错乱者用箭、石、刀等各类武器致伤人命，导致死亡，亦只付进行佛事活动的费用，而无付命价之习俗。但因神经错乱而导致较大事件，则要负担命价的三分之一。边远蛮荒之地的小偷被抓住处死，要给予超度的钱物。盗者初次被擒后死亡，不需付命价等。以上诸条均见于旧法典中，要查清原委，公正处理。旧法典中还载明"死后不问伤害罪"一说。在斗殴中致死人命者，如其本人也受伤，则不再问期罪。如将公正放在首位，则要根据伤势轻重而从命价中偿付。

第八条　伤人赔偿律。斗殴致伤重与否，认真处理需赔偿；地方官吏戒亲疏，公正无欺不偏倚。

旧法典载明：尊者滴血值一钱，卑者滴血值一厘。伤人上下有别。属民伤官，视伤势轻重、断致伤人之手足。主失手伤仆，治伤费用视医生的情况而定。主殴仆致伤，无依地位高低而赔偿之说。地位同等者则可相互治伤。旧日有"伤下人弃赔偿"之说，此规定容易被颠倒是非，故要依据事实，判明伤人缘由。如以暴力殴打他人，被打者无法忍受，率而还击，致伤对方，除负治伤之责外，无需赔偿。对斗殴中先拔刀者须予严惩。如有不当，要在认真调查的基础上，依法办事。相互间因私利而持刀行凶，除赔偿治疗费用外，另加命价一两或半两合金，作出合乎情理之判决。受伤者若系贵族，则需赔偿其"命价胜利金"和"补养费"的四分之一。总之，要依据伤势的轻重而决定赔偿的钱物。在衣物方面，需为受伤者披挂缎子肩帔。血垫方面，则要交付毡子和白色氆氇等。这是旧日的传统习俗。如今，伤害贵族之案不多见，如出现，可根据情况而处理。如对中等受伤者，要按其伤势之轻重和事由的真伪而定赔偿。此系根据上述情况而定，并按今日著名的"买秀摘桑"法。"买"由一钱为其价；"摘"以一两为其价。总之，应用此法认真做出判决。"摘"亦须根据伤势轻重，决定需要赔偿数的多寡。对内伤严重者要偿付二至三两金；对虽无内伤，若外伤面积达四指宽者须付赔偿金一两。总之，可视具体情况而妥善解决。斗殴中发生缺臂断腿之事，虽然有"按骨折轻重赔偿等量金"之说，但仅这点不完全足以治疗伤病，虑及如此会使伤者吃亏，故规定伤豆粒大之骨，即须付赔偿一钱金。对流血过多者，酌情给予血垫氆氇等。倘若系上述伤者无理，则伤者应付对方以五成之胜利金，对方则不再付赔偿费。如斗殴双方均受伤，则按各自伤势之轻重，计算所付赔偿费用。伤人者要在七日之内付予伤者一至六克的糌粑，少则整羊肉腔，多则整牛肉腔，一克酥油、酿酒之青稞等。按伤势之轻重给予赔偿费及延请医生治疗两次。治伤期间，医生的一切费用要妥善解决。医生如未能治好伤，亦可不负责法律责任。伤人者不请医生替伤者治伤是不允许的，必须根据法律规定支付治伤费用。交付费用时，过去有的治疗费和医生的衣、食、住、行等费用按双倍计算之法。在斗殴中被打掉牙或扯掉头发，旧日法典中有"失牙偿马，掉发赔羊"的说法，而今则不再沿用，而今规定对打掉牙者判罚的赔偿费要比致人骨折者之偿金略多。而拔掉二、三根头发，须酌情偿付一钱金。若五官中之眼、手、肢等致残，须赔偿受害者命价的三分之一、四分之一，或五分之一。总之，要根据五官、手、脚作用的大小而判罚偿金。

第九条 狡诳洗心律。对行为不端狡诳者，需由正直公道之人协助，以"沸油取石"、"沸泥取石"等法，辩明是非，详加审定。

无论怎样，狡赖欺诈之诉讼者，需立誓。所谓"立誓"，即需如鼻之于面部，不偏不倚。立誓得由具智慧眼、幻化身、能预见之护法神为证，始可明辨真伪。

旧法典谓："金鹅不得用网擒，毒蛇勿须赶下坡，以石击鸦行不得，路遇母狗不可打，小绿松石勿串链。"召集发誓人即须照此办理。所谓"金鹅"，意指喇嘛、善知识、上等人。彼等不需立誓，故不列于立誓人之内；"毒蛇"，意指具法术之咒师，其可以魔力消除罪孽，亦不需立誓；"乌鸦"，则指饥寒交迫之人，因其为衣食之欲，而无正确取舍，以致随意发誓，也不在立誓之列；所谓"母狗"，喻妇人，彼等虑及丈夫及子女，亦随意发誓，自不在立誓人之列；"小绿松石"，指不谙世事之孩童及傻子。此类人等不明誓言取舍之利害关系，也不列入誓人之中。

那么，何等人可以立誓呢？一般来讲，凡知晓自利和他利，明事理，崇公正，心胸开阔，能化敌为友，具备以上诸条件者即可立誓。若诉讼者条件不符，则可采用"沸油取石"、"沸泥取石"等法来辨别是非，最终则是看实施之后是否会出现山盟神证之征兆。虽以真实为主，盟誓确切，也不能生效。因为无论何事，虽在人们心中客观存在，但人的思想变化却很快，随时可能产生错综复杂的想法。故表明这类想法的语词，便不能用于发誓。虽无征兆，却呈现因缘，系护法神之甚深法力所致。

理智之人将他人的头巾缠于自己头上，在此头巾下，就所要做之事发誓，尔后扔掉头巾。如此，即会依次出现征兆。对立誓之过失者，要进行惩处，即使其裸体卧于湿波垫之上，用盛满血之牛肚将血涂抹于胸。经思虑后，誓言之过失即会显于脑中。若此人不再狡诳，而是真正专注，无论怎样考虑，他都会认为自己是正确的，从而一心一意地向智慧神请求辨别真伪之法。以智慧神作证，即会出现无罪之征兆，但一般人由于心情复杂，易在心神不定的情况下立誓。因而立誓要有一位执法人员或中间人进行决断。首先，要具慧眼以分辨过去、未来、现在三个时期内之真伪，随即由世间法力无比之神很快进行判决。立誓者须以自己崇拜的阳神等为证，供养其神饮誓水。若以"沸油取石"和"沸泥取石"等法辨真伪，则需事先准备好神帘、神垫、铁匠工具和完好无损的石子。"沸油取石"，即在铜或铁锅中倾入干净之菜油，油量以淹没拳头为宜，然后把拇指大小、重量相等的黑白各一的石子放入锅内。"沸泥取石"则是在锅内倒入稠如乳酸的泥浆浊水，以淹没拳头为宜，随后放入拇指大小、重量相等、黑白各一的石子，人们看不见石子，方可用手去抓。这种仪式要与盟誓相互结合而行。执法者和中证人要坐在距离适当的地方。立誓人要把自己的愿望和誓词如实地写于文书上。立誓人首先要表明心愿，报上姓名。如果对这种立誓仪式看法殊异，可以掷骰子判定。依上述文书之誓词所言，获胜者可挑选中证人，负者可选择立誓仪式。不论掷骰子后显出何种迹象，中证人均要向立誓人宣读三遍誓词，使之入耳，牢记心中，并能熟练地念一二遍。如果这些都做到了，即可将立誓人引入护法神殿，大地神地狱王者之库，而后令其披散头发，卸去罩衣，解去佩刀和护身符，神露上身。无论出身贵贱，成就大小，均须依此酌情而定。除卸衣解刀外，不用再交其他誓物。奉献上神水后，即在文书上盖印，然用唾沫沾上。如有手链、绳索等要把手连起来，识字者要念诵誓词，不识字者也要先念"按誓词而办会有好事，否则厄运缠身"等语。如果要用石子发誓，须用像"吉热拉康"那里的石子。需要拉康献上供礼，计有糌粑五藏升，制作酥油花的五块酥油，每个护法神的哈达，庙祝的三盘供物，三分布施，神像的哈达及灯油五勺，做酥油花费一藏钱，"吉热"降神师的三种礼品。石洞为公付七种礼品。另外还须向石匠付做石阶的青稞三克，连同口袋、铁锅铁盘、取石的夹子、匙子、围垫用毡子一块，火帘所需布匹，红色火旗，蓝色水旗及彩箭等。另熬粥尚需整羊一只及牛前腿一条，集会所需细糌粑一克，粗糌粑一驮，酒料青稞一驮，茶叶两秤，盛满酒之献新小瓶，盛有青稞之献新小盘或小碗等。以上物品均需准备妥当。

抓石时，要先将洗净之石放于誓物之上，表明真理就立足于雄厚的事实基础之上，并非靠碰运气，找窍门。抓石者如需交换的品，则将上述物品准备好后，向"阿聂"祈祷诉说。随即由铁匠分别点燃各灶之火，将拳头大小的耐火石放入灶内。此时，抓石者要用奶和水将手洗净，要将手上原有的疤痕等记清。当石头烧成灰白色后，取出放入铁锅内，从中挑选出没有尘土和灰烬的石子，置于碟中，再由两位立誓人拿起行走三到七步，两手来回搓动，然后放下。如果石头七次都未到手而碎于火中，则视为有理，不需抓取。于是，将手用布裹住，由执法人员盖上封印。待三至七天打开，如在手上发现称为"夺朗"的一点黄斑，即属有理。手上无痕，仅出现豆状水泡，系有轻微过失，算作非真非假。若三天后仍不出现其他症状，不可把原有的伤疤、黑痣记号等算在内，而是需要重新进行分辨是非的仪式，即用神帘、神垫、"阿聂"的财路，锅和碟的选择、铁匠的财中等仪式辨别。

如果进行"沸油取石"，立誓仪式与上基本相同。立誓者也需要首先念诵誓词，在大庭广众前举行洗心立誓仪式时，油和油具从政府仓库中支取，交换物品由各自准备，倘若一方拿用具，另一方则拿油。用具如出现问题，怀疑者要重新准备，将这些物品交执法人员。取捞之时，立誓者要净手，念判决书，盖印等，仪式均如上述程序。"如能自沸没中捞出，手抚白石则如柔软的汉地哈达；如不能办到，手将被油烫伤。"将黑白石子扔进锅中，油沸之时，犹如青稞在锅内爆裂，即由第一个在判决书上签字者先取。取者将手伸入油中一搅，无论抓到哪个石子，都要取出来。如果抓到的是光滑闪亮的白石子，除留下石子之痕迹外，不会出现其他问题。如不能抓出，便会呈现油溢火旺之状。如搅动油后，抓出的是黑石子，手上出现水泡或被烫伤，便为无理。若手被烧伤，抓到的却是白石子，则表示其占有一半之理。而今则将此类现象说成是油溢所为，仍按上述所定。

另外还有一种办法，即不用石子，将手在沸油锅中搅动后，最终以是否被油烫伤及伤势之轻重论真伪。用铁立誓之法系据教法戒律而行，而今多不实行。虽有部分立誓人沿用，但做法则与取石类同，即以是否受伤来判明是非。"沸泥取石"等法，即于煮沸之浊泥中取石，与上述"沸油取石"法相同。

第十条　盗窃追赔律。盗窃之罪，依其赃物判定，命价赔偿要适宜，公正处理须合法。

旧法典规定：窃藏王财物罚赔原物万倍；偷僧寺财物罚八十倍；偷与已同等之人财物罚七至八倍。而今则罚八至九倍，或七至八倍不等。依退赃、科罚、赔新三法，财物须按所述种类退赔，如判决有争议或窃贼对此抵赖狡辩，除退赔外，则由法庭根据双方提出的确凿事实进行判决。

第十一条　亲属离异律。亲属不和、夫妻离异，须慎重处理。根据各自的理由，依法公平判决之。

夫妻离异，则由一中人居间调解，不论其财产情况如何，均须按最初结合时的协议，认真查清分开的原因，以事实为重，务必公正判决。对此，旧法典规定：弃夫者罚十八钱，如虎纹清楚；弃妻者罚十二钱，如豹斑明了。综上所述，夫有理而遭妻抛弃，妻方须分三次付十八钱，并付一定欠理金，并须给予其衣、食和服待费。要向理多者赔偿活人命价，理少者可分三次付。总之，要根据占理的多少来赔付。妻方有理，而被夫弃，男方要付十二钱，谓服待赔偿费。日薪为青稞三藏升，夜薪亦为三藏升，或付日薪一厘金和夜薪三藏升，具体付法根据情况而定。女方独身期间，男方要保持女方出嫁前，由其父所给的衣食水平。父亲所给的财物由女方所有，男方所带财物为男方所有。女方即使有理，丈夫也不必因理亏而送与女方。子女的归属，则遵循子归父，女随母的原则。儿子的乳金，根据年龄判付女方，分属女儿的食粮及母亲的口粮、土地、房屋、衣饰等均须合适。至于兄弟父子的离异，则根据各处人口的多少合理分配财产。男方的份子为四分之一，而对女方、土地、财物等所有财产则需平均分配。父母及老人由其依个人意愿选择家产，剩余者可通过抓阄等法公平分配产。如妻子回娘定，其所有嫁妆一般应按习惯法留下。家里出家在外的僧人，也须予其厨具、份地或者代分其僧粮、衣物等。有尼姑者，亦同等对待。不同种族在共同生活后，须离异者，一定要据情查清双方结合之初，各自拥有财产的多寡，做出合理的判决。

第十二条　奸污罚锾律。奸污尼姑、佛妻一类与普通邻居主妇等，均按惯例合法判决。

昔日法王旧律中，规定对奸污犯剁肢后，放逐异乡。这是针对强奸、诱奸高僧、官员等上层人物的妻子采取的处罚。一些旧法典中还有对其他类似罪的判决，即判决赔偿金钱、羊、羊皮、快马、耕牛等。判决此类案件，首先要公正。判罚金额不等，即有三两活人命价，与身体等量的四分之一。赔礼费则系以茶叶为主的七份。犯有事实确凿的奸情，判罚淫金、活人命价等，一般为二至三两不等。赔礼系以衣食为主五份或七份均可。如系妇人自揽罪责，罚淫金一两，赔礼为以衣为主的三份，勿庸赔命价。奸污尼姑，按寺庙法规处置。如系丈夫被邻女勾引，要据情付予主妇赔礼费，即以茶叶为主七份或瓷碗为主的五份。

别外，丈夫在野外或只是偶然一、二次犯奸，则不用送赔礼费。奸污有被称作"六十白毯"的说法，即通常要支付六十克青稞和一块白色毛毯。

第十三条　半夜前后律。对邻人互借牛马财物等出现的纠纷，需认真对待。执法之人所作所为均须公正合法。

无论借骒、犏牛、牦牛等各类牲畜，如其死于借者之手，则必须赔付偿金。牲畜如非意外，过夜而亡，不得诿过于借者。但是，如果牲畜非意外，归还后不足半日而亡，借者须付偿金。如逾半日，则不需赔偿。以上均见于旧法典，今仍照此办理。牲畜如因鞍疮等疾而亡，则须根据其优劣等级，赔付偿金。其他物件的借还，亦照此办理。

另如烧毁他人柴草，也须依照前理，讲明情况，并向物主付清偿金及适当赔礼费。如系居心不良，而于夏日放水冲淹邻人田地，或践踏青苗，或纵牲畜入田，则须酌情予以惩处。赔付的钱款等必须与主人春播撒下的种粒及可能收获的庄稼相符。对有意将牲畜赶入他人所属草地，如有旧日的协定，则按牲畜进入范围，公正判罚。如系牲畜自行进入者，可不付偿金。

综上所述，无论事之大小，均要依法而办，执法官与中间人必须不偏不倚，以三宝为证，做到支持公正之人，防范狡诈之徒，安慰弱幼之人，揭发有罪之人，宽容无辜之人。总之要依照事实，公正处理，属民无论做何事，均要遵从首领。善行必得善报，因而中间人须照此正确取舍。如此，即会呈现太平盛世。这样，虽系凡俗之人亦会积德行善，事久如意，犹如捧其为众敬王一般。从慈悲宝贝佛出现之源，产生福德与智慧二资粮，似如意宝称心遂意。南赡部州之宝幢于顶圆满安乐，光耀二部论著，法律似阳光普照大地，典律条文六十具音犹可信，此地之幸福而后为佛。对无数劫，昔有之二资粮。善行的天之气力无边相续遍大地。转动法轮而对众生灌顶，法典之格言皆具奇迹，昔日王者之鉴及松赞干布颁布之法传于今世而无误，此等善业使众生祛病长寿，幸福圆满，终获金刚手。

第八章　彝族法律史

　　彝族是西南诸少数民族中拥有较为丰富传统法律文化的民族。彝族在历史上建立过一些地方性政权，如夜郎国、南诏国和罗殿国等。这些地方政权有的存留下来了法律，如《夜郎君法规》。从现在来看，最能体现彝族法律传统的不是这些民族政权的法律，而是大小凉山地区民主改革前社会中所存的法律文化体系。大小凉山地区的传统法律文化体系是人类社会中最为重要的一种法律制度体系，它以家支为社会组织、德古为执法者、黑白分类体系为习惯体系的结构等构成了自成体系的法律文化体系。大小凉山彝族的法律体系虽然只是彝族历史上法律文化内容的一部分，但在人类法律发展史上却具有十分重要的"个案"意义。

第一节　彝族简介

　　彝族是我国少数民族中人口较多的民族，全国彝族人口据 2010 年统计有 871 万，主要分布在云南、四川、贵州、广西等省（区），其中云南、四川最集中。彝族历史上名称较为复杂，有自称和他称达上百种。1949 年后，按照彝族人民意愿，正式定名为彝族。

　　彝族族源上，学术界有土著说、羌氏说等多种说法。土著说中又分为西南土著说和云南土著说两种。西南土著说认为彝族自古居住在西南地区，特别是金沙汇两岸，依据除了汉文文献资料外，更多是古彝文文献资料和神话传说等。云南土著说认为云南是彝族的起源地，依据是六祖分支及彝族指路经记载，据 18 部彝文《指路经》记载终点多指向滇东北，特别是现在云南昭通。羌氏说认为彝族是六七千年前居住在我国西北青海地区古羌氏人向西南迁徙后与当地土著部落融合，形成了西昌地区邛蕃和云南地区滇蕃等民族群体，成为彝族先民。

　　彝族先民在 3000 年前广泛分布于西南地区。史书上所称"越嶲夷"、

"昆明"、"劳浸"、"靡莫"、"叟"、"濮"等部族是彝族先民。汉朝至三国时称为"西南夷"。隋唐分化成乌蛮和白蛮。西汉至魏晋时期，彝族先民出现了一批叟帅、夷王，开始建立起一些民族政权。8世纪大理地区的蒙舍诏建立了南诏国。元朝统一西南地区后，在彝族居住地区建立了大量彝族土司。明朝在云、贵、川三省彝族居住地区设有水西、乌撒、乌蒙、芒部、东川、永宁、马湖、建昌等彝族土司。彝族土司形成彝族中特权阶层——兹莫。彝族社会中开始分划出土司阶层——兹莫、黑彝阶层——诺伙、白彝阶层——曲伙和家奴等。清朝康、雍年间在彝族土司地区推行"改土归流"，给彝族土司、土目沉重打击，大量彝族地区进入流官政府的有效治理中，仅有大小凉山地区保留了较为完善的彝族传统社会制度。

彝族根据彝语方言、土语和服饰划分为不同支系。彝语属于汉藏语系藏缅语族彝语支。彝语支下分为六大方言，即北部、东部、南部、东南部、西部和中部方言。各方言内部又可细分为许多次方言和土语。彝族方言间差异较大，基本上难以通话和交流。彝族服饰种类繁多，彝族服饰有300多种类，3600多款式。学术界把全国彝族服饰分为凉山型、乌蒙山型、红河型、滇东南型、滇西型、楚雄型等六大类型，300余种。彝族服饰不仅有性别、年龄、盛装、常装之别，还有婚服、丧服、祭祀服、成年服、老年服等各种专用服饰。彝族支系名称存在自称与他称。据《彝族简史》统计，彝族自称有35种，他称有44种。彝族历史上有名的自称有：诺苏、聂苏、纳苏、罗婺、阿西泼、撒尼、阿哲、阿武、阿鲁、罗罗、阿多、罗米、他留、拉乌苏、迷撒颇、格颇、撒摩都、纳若、哪渣苏、他鲁苏、山苏、纳罗颇、黎颇、拉鲁颇、六浔薄、迷撒泼、阿租拨等上百种。

历史上，彝族分支始于阿普笃慕时期，史称六祖分支，当时有武、乍、糯、恒、布、慕六个儿子，以两个儿子为一支，分别迁徙到云南、四川、贵州等地。当前彝族主要支系有阿细、撒尼、阿哲、罗婺、土苏、诺苏、聂苏、改苏、车苏、阿罗、阿扎、阿武、撒马、腊鲁、腊米、腊罗、里泼、葛泼、纳若等。彝族自称体系总体上经历了："尼"时期，这是彝族最早的统一自称。后来演变成三大自称体系，即尼泼自称体系、倮（罗）泼自称体系、俚泼自称体系。

第二节　彝族法律的起源

从彝族神话和传说看，彝族认为人类社会经历了母权时代和父权时代，即传说中的"尼能"时代和"希慕遮—笃慕"时代。"尼能"时代是彝族传说中的母权时期。对此，彝族史诗、神话和彝文典籍都有相关记载。《西南彝志选》中记载当时母系社会时期社会状态是"那时的人类，男的不知娶，女的不知嫁，知母不知父"；"人父是我父，人母是我母；人兄是我兄，人弟是我弟，人人一个样，天下是一家"。这是"知母不知父"的母系社会。这个时期社会权力结构以女性为中心。社会生活中女性长者为社会权力主体。她们安排生活劳动、分配食物、掌管火塘，主持宗教祭祀和调解纠纷，主持氏族议事会议，彝语称为"莫格"，意思是事务汇集议处。彝语中"莫"是母（雌）、长的意思，即以"母"为长。这在汉文史料中得到了证明，因为汉文史料有"母总管"、"女鬼主"的记载。这个时期世系系谱以母氏为主。彝族系谱中早期的是母女连名，后来才是父子连名。贵州古籍《尼能》世系最先12代都是母女连名；武定彝文古籍《系谱》中载尼能时期谱系是"罗婺谱系/先妣德布氏，冬美美姑娘，阿古阿助母，勒梅梅姑娘，阿助阿斯母，亮乃海古娘，阿斯助之母，唯柯道姑娘，兹（助）柏勒之母……道姆乃这一代，联姻另开亲……德汶能姑娘，先祖笃慕母"。经历26代母女连名后到笃慕才进入父子连名。《毕摩叙谱书》中有"天地呗二十，天呗尼始祖，呗祖斯乌图，古时尼能（部落名）毕，呗祖特乍姆，古时神勺呗，呗祖勺豪清，古时六祖呗，六毕呗乍施，乍呗乍乌梭……树枝为神座，特仲尼能吹，施诺德施呗……鸿雁伴吹舞，黑鹰伴呗翔"。凉山彝族《勒俄特衣》有"远古的时候，吾哲施南一代生子不见父，施南兹额二代生子不见父，兹额地列三代生子不见父……雯治世烈——世烈俄特八代生子不见父，世烈俄特要去找父亲，要去买父亲"。凉山地区存在大量母女连名系谱，彝语称为"诺莫波帕"（黑彝女子系谱），如《凉山白彝曲木氏族世家》中有"木乌杂曲符（上天和白土开亲），杂曲杂诺符（白土与黑土开系），黑土女杰哩，杰里女兹聂……鲁迪布布都，布布女阿牛，她是彝族母亲世系"。凉山彝文典籍记载在雯治世烈以前，尚有4个王朝共33代，都是母系氏族王朝。①

这种母权社会结构在彝族婚姻中还有遗俗。如滇中中部方言的"姑娘房"习俗；彝族婚礼后新娘不落夫家习俗；凉山彝族禁止姨表婚。彝族谚语有"姨兄妹和亲兄妹一样，差别只是不住在一道门里"，"人间母亲大"，姐妹所嫁两个氏族（父系）联盟对敌。彝族生活中母权较大、婚丧

---

① 马长寿：《彝族古代史》，上海人民出版社1987年版。

事中舅权最大等习俗反映了母系社会的影响。彝族"毕摩"（祭司）在举行祭礼活动时请毕摩神时，在念诵毕摩先祖时有女性毕摩（鬼主）。《系谱》中有"尼女十代作毕摩，舍什八代作毕摩，姑乌二十代，媒妮六代"。《勒俄特衣》记载石尔俄特用9驮白银、9驮赤金和9个差使去"找父亲"、"买父亲"的故事。从系谱看，彝族从阿谱笃慕时代开始进入父权时期。因为从此后，谱系以父亲为计算。父权时代开始出现职业与社会阶层。据彝文书籍记载，哺额克开始种植植物、饲养动物，由采集转向牧耕。社会中出现工匠、农民和牧民等职业分工。社会结构上出现"兹"阶层，即氏族首领，后来形成"莫"、"德古"等调解纠纷的人员，后来出现专职从事祭祀的"毕摩"阶层，社会中出现"吉"和"吉比"阶层。父系时代彝族先民社会形成了"兹、莫（"德古"）、毕、革、卓"等社会阶层。当出现兹、莫和毕等阶层时，彝族社会开始出现法律制度，因为这些阶层开始对彝族社会进行管理，特别是进行纠纷解决时需要规则体系，法律规范开始出现。

在法律起源，彝族多坚持功能主义的解释。彝族谚语中有"人类循法而居，牛羊分群而居"，"无法的人群必然纷乱，无箍的木桶必松散"，"人类不依法招，邪恶必滋生"等，说明规范在社会秩序形成中的重要性。这种现象可以从彝族神话与史诗中看出，不同神话史诗中都描述了人类有一个时期是没有法律规范时期，那个时期人类社会由于没有规范，出现社会秩序混乱。《阿谱笃慕节》中认为人类出现过独眼和横眼人时代。两个时代分别是"独眼一朝人，独眼不识，不给父母吃，父死不献酒，母死不献饭；直眼睛时代，直眼不讲理，十五不烧香，初一不作揖，不孝敬老人，不教育子女；独眼不懂理，直眼不依理"，于是导致人类社会必须改变，"两种人心里，两朝人要换，洪水满天下，两朝人淹沉，葫芦飘天上，洪水降一层，洪水退潮了，葫芦落大地，一蓬竹下面，开了葫芦门，阿卜笃慕得幸存，涅嫦四仙女，下凡到人间，去做笃慕妻"。由此改变了人类社会的组织结构和秩序形成体系。楚雄彝族史诗《洪水泛滥》记载在独眼睛时代，"吃食不祭神，不礼貌，不讲理"。江城史诗《洪水连天》中记载有叫"切爸"的独眼人，有叫"补能"的直眼人，两种人不懂道理，有叫"补歹"的横眼人，祖先不讲理。新平史诗《洪水泛滥史》记载远古时，36代竖眼人心不赤诚，有理不行理，咒骂天和地。洪水后，"从这时以后，年蓖欧姑娘，铁蓖得伙子，重新理规章"，人类才得到繁衍。《梅葛》中记载婚姻规范出现是因为

"天有天的规，白云嫁黑云；月亮嫁太阳；天嫁俗地；男女相配，人间才成对"。①《勒俄特衣》说洪水遗民居木武吾与天女所生的彝族祖先武吾格自，格自之子浦合及其后裔在若干年寻找"兹祖浦"后，进行了若干征战。后来出现大哥与二哥为争亡者的财产，为吃"革哲"（绝业）而相敌，为争母猪吃庄稼而斗，为争母鸡饮水池而厮杀，为着你卑我尊而争，为着你强我弱而相争，争斗不停。于是社会中出现专业解决纠纷的——"莫木槎"。在《罕叶迪古》和《细惹》中记载远古时期，由于男女间争不该争的，为荞粑粑不熟而口角，儿童为赶牛棍而争执，捡石互击；氏族人为牛羊越栏争，为母猪吃庄稼争，刀剑相向。兹敏阿吉家与阿革惹尔家发生争执，阿吉派使都叫罕叶迪古来助战。他两家为了女人的口舌天天械斗，为了猪吃庄稼争执，次日想开战，战争一触即发。有挑拨离间的比尔惹尺，使两家打了起来。罕叶迪古为阿吉报仇而战。出现混乱的社会，后来慕柯迪智来调解社会纠纷，杀了九条黑牛、九条红牛、九条花牛调解才成功，人类社会才进入秩序状态时期。彝族谚语中有"指挥战争的始祖是兹敏阿吉，战斗英雄是罕叶迪古，德古始祖是慕柯迪智"。说明开始出现专业的纠纷解决者。

第三节　夜郎君法

一　法典的时间与性质

　　夜郎国是战国至汉朝时期彝族先民建立的国家，范围在今天贵州省绝大部分和相连的滇黔、黔桂交界地区。《史记》、《汉书》和《华阳国志》均有记载。1998 年出版了彝文手抄本《夜郎史传》的汉译本。该书详细记载了夜郎国的政治、经济、文化等多方面的情况，与汉文史料相互补充、印证，其中有《夜郎君法规》记录了夜郎王制定的 20 条法令和两个具体的个例。学术界对此法典反映的是春秋时期古夜郎国的法律，还是三国以后形成的水西罗殿国的法律存在争议。有学者认为该法典是古夜郎国时期的法典，时间在春秋战国时期。② 有学者认为法典制定的时间应是水西土司时期，不是古夜郎国时期，即认为法典反映了水西地区罗殿国的法律情况。从现在翻

---

① 楚雄文联编：《彝族史诗选·梅葛》，云南人民出版社 2001 年版，第 107 页。
② 邹渊：《〈夜郎君法规〉——一部贵州彝族古代地方政权习惯法》，载《夜郎研究》1999 年。

译过来的文本看，《夜郎国史》中所载法典应是后来人的记载，并不是当时法典的全部抄录。理由：一是记载者在法律条文中增加了自己的评价，如第十二条中对一夫三妻制与鼓励生育制原因上，法条中增加了制度出现的原因解释，第十条中规定王国文化由毕摩阶层垄断中增加了写史者的评价，认为此条导致文化不能遍及平民。二是后面两个个案明显说明不是当时记载，因为两个事件反映出两个内容：第一武夜郎君王严格执行了法律，说明法典是得到执行的；第二，记载者对法典内容持有批判的态度，特别对法典中第七条不准臣民哭的规定持有严厉的批判态度。记载上对此法律产生原因进行了解释，原因是"夜郎有宿疾，曾经冤杀人。这死者之妻，这死者之妻，昼夜哭不停，哭得人心慌，最后哭死了"。这些内容的出现，说明记录者不是当时的人。因为当时严格执行这一法律，这种记载是对君王揭丑，不能出现。从法典反映内容上看，法典反映的政权应是奴隶社会性质。法典采用典型的重刑主义、专制主义和酷刑主义等，这是奴隶社会时期法律的基本特点。

二　法典基本结构与内容

从结构上看，法典由序言、正义与结语三部分组成，是人类较早时期法典的基本结构。如《汉谟拉比法典》、《摩奴法典》等。

法典序言内容较为丰富，与一般法典序言多是简明说明制定原因、来源与效力不同，法典序言不仅涉及制定的原因、适用的对象，还有臣民的基本义务、法律特点等。在制定原因上，明确指出是武夜郎政权建立后为了治理更有效而制定法典。"武夜郎君长，他在可乐城，坐定了之后，他的思想明，他的心里亮，在他地盘上，要有新法规。他是这样说，也是这样讲：'凡是我的民，凡是我的臣，都听我命令。'"适用的对象是王国内所有人员，包括臣民与贵族。"不管是哪方，无论是何人，若是不照办，君长的强兵，就前来征服。条令发下后，四方的百姓，各地的臣民，彝人和濮人，或是武家人，全都要听从"；"凡君的臣民，人人要牢记，个个要遵守，不准谁违抗。夜郎这道令，四方都传到，八面都知晓"。此外，序言最大特点是规定臣民的义务，法典规定："这样一来呢，夜郎的城池，所有的人们，只要长大后，力气大又好，健壮要当兵，勇敢要从军。这样一来呢，有着不少人，不断去服役，还有不少人，去为夜郎家，上山去放羊，到处去牧马。四方的百姓，家家都一样，定时交租粮。"从中看，臣民的基本义务有服兵役、交纳赋税。序言还规定了土地所有制采用国王所有制，"所有的山区，所有的林地，划好的良田，指定的沃土，全属武夜郎"。臣民包括君国所有的人员，"条令还规定，所有男和女，都属君的民"。法典公开要求臣民服从君令，鼓吹君权至上。"君长的法令，服从君施政，听君发号令"。对法律实行公开的威慑主义，明确规定"凡是国中人，都得按令行，谁要是不听，死期就来临，说的是这样，传的是这些。武夜郎君长，他下的禁令，条条都苛刻，条条都严峻。法令二十条，条条都如此，看来是不错。说起那刑法，全部是严刑。看起心肉麻，听来耳刺痛，看起眼发花。如此的法令，世上实罕见"。这里充满了公开的威胁，是一种法律的"暴政"主义。

正文共 20 条，整体可以分以下几个部分：

第一部分规定社会财产与社会基本秩序，从第一条至第四条。具体看第一条涉及财产保护，对偷盗行为进行禁止，规定偷盗者处以砍手指。这与人类社会中法律首先保护财产是一致的。此外，从内容看，法典反映的社会至少是奴隶社会。第二条规定了人身安全保护，主要是反对骗人和抢人。规定若有此种行为者处以挖眼。第三条涉及家庭关系，提倡敬老与孝顺。从第三条看，对不孝罪的规定处罚十分重，与夏商周时期不孝罪为诸罪之首有相似之处。法典规定不孝罪"轻者则重罚，重者则剥皮"。第四条涉及社会基本治安与政治权利保护。认真分析是两个不同罪类，聚众、结伙与聚众谋反是两类不同的罪。从这里看，对此两类罪采用死刑，体现出君权至上。"第四条禁令，一不准聚众，二不准结伙，若是不听从，聚众谋反者，不论是大臣，或者是平民，一律要处死。"这是一种公共政治秩序的维护。

第二部分规定臣民的基本义务，共六条。具体是第五条至第十一条，规定臣民有交纳税租、认真耕作、养殖的义务，具体看是交纳牛马羊。第十一条规定每年每户交纳猪羊各一只。"各家与各户，要在每年里，交一头肥猪，交一只肥羊。"从这里看，法典反映的社会是彝族传统社会。因为西南地区彝族传统社会以放牧为基本生活方式，牛马羊是基本财富。第六条规定臣民每年要向君王贡美女 30 名。第七条规定臣民不能哭。"凡是君臣民，人间的四方，无论是哪方，大人和小孩，一律不准哭，哭者要挖眼，男哭挖左眼，女哭挖右眼。"按后面的个案记载，此条源自武夜郎在乱罚后引起受害人家属悲痛，让自己内心无法承受而制定。此条体现出当时社会中君权的滥用。第八条规定对国王命令的服从与国王法律的服从。这是把服从国家法律与君王命令作为臣民的基本义务。"君令要遵守，对君无二心。若有哪一方，对君有嫌言，君就要下令，出兵讨伐他。"第十条规定臣民每年十月初一那天要为君王祝寿。"凡是君臣民，每年十月间，到初一那天，要为君祝寿。若有不从者，轻者要坐牢，重者要斩首。"从这里看，法典体现出东方法典的基本特征，即重刑主义与专制主义。

第三部分涉及婚姻制度、生育制度和奴隶的地位。从内容看，在婚姻上主张男女自由恋爱，反对父母干预。第九条规定"四方的民众，所有的臣民，男女婚姻事，不准许硬逼，男女相慕爱，歌场定终身。男女各双方，相互都愿意"；婚姻制度主张一夫三妻子。鼓励生育，"地的民众，要多子多孙，多生男儿者，奖大牛一头，奖田土三块"。第十二条中指出实行一夫三妻制和鼓励生育的原因是战争多导致男少女多，人口少。国家采用这种婚姻制度与生育制度的目的是实现国家利益。第十三条规定战俘奴隶在法律上可以获得平民地位，分到土地，进行耕种，交纳赋税，但若逃跑，要处以死刑。

第四部分涉及文化政策。从第十四条看，采用文化专制主义，明确规定文化知识只能由特定阶层——毕摩掌握，禁止其他人学习文字与知识。"凡文字书契，经典与书籍，祭经和医书，各支史书等，全归呗耄管。平民和百姓，不得乱收藏。凡是平民中，有书不交者，严惩不宽容。"这种规定导致彝族传统社会文化知识无法在平民中广泛推广，进而阻碍彝族文字使用面和文化知识的发展。

第五部分是军法，具体有六条，从第十五条至第二十条。整个法典中军法占有重要位置，体现出当时立国上具有很强的军国主义色彩。第十条规定军官与士兵的基本职责是"一不准学偷，二不准抢劫，三临战不逃，四不准卖主"。第十七条规定军官与士兵首要义务是忠君，服从指挥，严罚临阵逃跑。"凡是将帅卒，都要孝忠君。谁要乱言者，谁敢乱行者"、"宁可上阵死，不可临阵逃，谁退却一步，谁就是怕死，谁就是逃兵，就立刻斩首"。第十八条规定战死者的荣誉和认定战争中逃跑而死的条件。第十九条规定将帅职责是"一要带好兵，二要打好仗，三要严军纪"，同时要悉知敌情。第二十条规定涉外战争时禁止出卖军情。"武家的人们，人人要齐心。谁要去卖主，引敌入内者，只要一查明，先将手脚砍，再挖去双眼，一律不留情。"这些内容说明当时武夜郎国的社会中战争是重要的社会问题，说明与当地其他民族存在很大的矛盾。

结语部分再次指出法典的内容是完备的，制定是高明的，臣民的遵守将带来了社会秩序，同时再次强调法律威慑主义，指出法典内容是严厉的，执行是严格的。从法典后面附的两个个案看，武夜郎王时期法律得到严格执行，具有很强的秦国时期的"法家"倾向。

三　法典的基本特征

整个法典反映出的特点有：

（一）公开鼓吹重刑、威慑主义的法律思想。法典中公开鼓吹法律恐怖主义，采用威慑主义的刑罚原则。如偷盗上采用砍手指与砍手，抢劫上采用挖眼等肉刑。此外，还动辄采用剥皮、砍头、乱箭射死、喂鸟兽和喂鱼等处死方法。这些刑罚具有很大残酷性。如"序言"中有"条条都苛刻，条条都严峻。法令二十条，条条都如此，看来是不错。说起那刑法，全部是严刑。看起心肉麻，听来耳刺痛，看起眼发花。如此的法令，世上实罕见"；"结语"中有"谁犯上半条，就有死无生"；第五条规定"凡属于臣民，要缴纳租税。牛马羊都交，按规定交齐，不许谁违抗。若有违抗者，收回种的地，没收所有物，轻者进牢房，重者要处死"。从这些可以看出，整个法典行文充满了法律威慑主义思想。

（二）专制主义。从整个法典看，具有很强的专制主义特征，政治上宣扬君权至上，鼓吹君令就是法律，百姓必须严格遵守。文化上采用文化专制主义，公开规定夜郎国的文字书契、经典、书籍只能由毕摩阶层垄断，不允许其他人学习、收藏，构成了文化专制。禁止大臣与民众集会，对聚众谋反者一律处死。第四条规定"聚众谋反者，不论是大臣，或者是平民，一律要处死"。重点保护专制统治，把君令提到无上的地位，违抗君令者一律处死与讨伐。第八条规定"君令要遵守，对君无二心。若有哪一方，对君有嫌言，君就要下令，出兵讨伐他"。

（三）军国主义。法典中涉及军法内容较多，从第十五条至第二十条，占法典30％。从具体内容看，当时夜郎国社会具有很强的军国主义倾向，国家以军队作为中心。这可能与当时社会战争较多有关。因为法典在第十二条中对采用一夫三妻制原因上指出"由于战争多，男的战死多，如今的人间，女多男子少，便作此规定"。对此，记载者在第二个事件中指出国家军队的地位及影响。"武家的军队，确实很威风，享尽了荣华，享尽了富贵。可是这些呀，那时间一长，他就不满足"。

（四）国家主义。法典反映出国家利益至上，在家庭与国家利益上，以国家利益为中心。第四条规定"一不准聚众，二不准结伙，若是不听从，聚众谋反者，不论是大臣，或者是平民，一律要处死"。婚姻上反对父母权利，婚姻制度上采用一夫三妻制。这些制度保护的是国家的利益。当时人口数增加对国家力量增加具有至关重要的作用。

（五）公开承认习惯。法典中很多内容是本民族习惯的公开承认。如法典在婚姻上承认男女可以采用"歌场定终身"，主张婚姻自由，不准旁人干涉，如有违反，严重的可以处以死刑，租税以牛羊为主等。这些内容体现出法典对习惯的承认。

（六）宣传平等的法律适用主义。整个法典与人类其他法典一样，公开宣称法律适用上的平等主义。如"序言"中宣称"凡君的臣民，人人要牢记，个个要遵守，不准谁违抗"；第十条规定法律适用时"人人都一样，定不留情面"。这种法律面前人人平等的思想具有很强的战国时期"法家"思想的特征。

（七）刑罚以肉刑为中心。法典刑罚体现出以肉刑为中心，基本刑罚有断手、挖眼、剥皮、斩首等。与人类社会中奴隶社会时期刑罚以肉刑为中心是一致的。

《夜郎君法规》反映出夜郎国时期的社会性质、社会特点与法律取向，是了解历史上彝族地方政权法律制度的基本材料，同时，可以比较法典与中央政府制定的法律基本内容上的相同点与不同点。当然，法典从内容上看，整体反映出人类最初制定法律的基本特征，如重刑主义、专制主义和肉刑主义等。此外，与人类最初法典结构有相同的地方，如法典分为序言、正文与结语三部分。当然，法典反映的社会性质大体可以确定是奴隶社会性质，但时间上很难确定，因为秦汉时期的夜郎国与三国后的罗殿国都具有奴隶社会性质。从法典反映出来的内容看，制定法典的政权以彝族为主体是可以确定的，因为法典很多内容与彝族的社会特质是一致的。

第四节　家支：凉山彝族传统社会的组织制度

凉山彝族传统社会组织结构中虽然元明清时期存在中央政府承认的土司制度，但土司阶层中的兹莫群体并没有构成整个凉山社会中的基本社会秩序的维持者，特别是在凉山核心区。有学者认为家支让"家支成员之间相互认同。在亲情弥漫的家支大家庭中，人们彼此认同，获得感情上的满足。这种满足感、亲和感是彝人特有的凝聚力；这种同家支的亲和力，使人们一见如故，使人与人之间的冲突、矛盾得以控制、得以化解；这种认同心理使人们团结一致，强调和睦相处。由此可见，家支对彝族民众具有深刻的历史感和归属感……是凉山彝族文化的灵魂所在"。① 从记载看，凉山地区，包括大小凉山地区整个社会中的基本组织结构是家支制度。家支制度成为凉山彝族传统社会结构中的基本社会结构，是整个社会秩序、法律制度运行的社会组织基础。学术界对家支制度研究主要集中在性质上，而家支对凉山彝族地区社会秩序和法律规范运行，甚至是纠纷解决机制、复仇制度和德古制度等形成都具有决定性的影响。家支制度的强有力的运行让凉山地区社会秩序形成和法律秩序的形成成为人类历史上，一个社会在没有出现有效的国家公共权力组织下，社会秩序形成与法律规范运行的典型性代表。

一 "家支"的来源与特点

家支是凉山彝族传统社会中的基本社会组织，以父子连名作为系谱构成而形成的具有高度认同的父系血缘集团的社会组织形态。

（一）家支来源

家支组织，又称家支制度，"家支"是"家"和"支"的总称。家支制度主要流行在凉山彝族1956年民主改革前的社会中。彝语称家支为"楚西"，或"楚加"。"楚"意思是"人"，"西"意思是"种姓"、支脉、源出何处等。从某个角度看，彝语的"楚西"很难用汉语"家支"来完整概括它的社会意义。有学者认为家支在彝语中称"此伟"，意思是"骨根"，指出凉山彝族家支中7代以内的群体称为"此"；7代以上群体称为"伟"。② 从此看，"此伟"主要是对家支内不同代系之间关系的分类。由于家支的特殊性，学术界有用家支、氏族和宗族等三种不同概念来指称"搓西"组织的争议。③ 有学者认为家支与汉族的宗族社会组织是存在区别的。"家支是一种父系继嗣的世系群，与汉族的'宗族'类似，但又相当不同。家支是指拥有同一个父系祖先，成员彼此可通过父子联名制的谱系而相互认同的奉行外婚制的血缘集团……家支与宗族最大的不同，在于它由父子联名

---

① 徐铭：《凉山彝族家支问题散论》，载《凉山彝族研究》（2），民族出版社2012年版，第177页。

② 周星：《家支·德古·习惯法》，载《社会科学战线》1997年第5期。

③ 何耀华认为"家支"是"氏族"。"我认为凉山彝族的家支是一种父系氏族组织，尚保留着许多古代父系氏族制度的特征。但它已不是原生形态即原始社会时代的氏族，而是次生形态即阶级社会中的氏族。"（《论凉山彝族的家支制度》，载《中国社会科学》1981年第2期）易谋远认为家支应是"宗族"才是正确的。易谋远在《对凉山彝族"家支"概念的研究》（《西南民族学院学报》1986年第4期）中主张用"宗族"来替代"家支"称谓。"我建议学术界用'宗族'来概括'家支'较为确当。"

制的谱系界定和确认，不仅属性是父系的，还拥有几乎是可以真实追溯的某位共同祖先。"① 彝族家支制度可以推到六祖分支，即彝族有共同的祖先——阿普笃慕磁。凉山彝族家支可以推到六祖中"古候"和"曲涅"两兄弟。1949 年前后从"古候"和"曲涅"分别传到七十代或七十五代间。②两兄弟子孙在繁衍中各自滋衍成若干家支。每个"家支"由若干"房"组成，彝语称为"搓尼"；"房"下由若干具体家庭构成。彝族家支是指出自某位共同男性祖先，具有同一名称、共同居住地，成员间相互保护、共同承担责任、共同祭祀活动，并以血缘关系作为纽带而紧密结合成的家族团体。

（二）家支特点

对家支特点，有学者认为有十点：共同祖先，有特定的祭祀，有共同供奉祖先神灵的场所，有共同特殊的称号，有共同的"宗族渊源学"，宗族外婚、有自己的族长和头人，公共墓地，同宗共财，收养异族人为宗族成员。③ 认真分析，家支拥有以下特点：

每个家支是拥有共同男性祖先的血缘团体。彝族家支男性祖先是真实的不是虚拟的。家支成员通过父子连名系谱可以确认自己在家支成员中的身份。家支系谱是维系家支的纽带。家支成员依赖系谱纽带，把具体个体联系成为一个家支团体。家支充满活力，以至所有社会矛盾都受它的影响，所有成员都能背诵自己的家支系谱。有学者指出家支系谱是"彝族民众人生观的表现形态。人们背诵家支谱系，主要是让家支成员对本家支出自同一始祖的历史的一个准确的认识，使家支成员知道相互间共同的血缘，及以每个人在家支谱系中的确切位置。家支谱系记录了该家支的历史渊源，即该家支存在的合法性，以及每一个人所处地位的历史依据"。④ 家支让个体实现了"社会人"，找到了自己在社会中的生存支撑点和力量。

每个家支有共同名称，家支成员以家支名称为姓氏，成员之间严禁通婚。家支名称不是图腾信仰，是某个共同男性祖先的名字或某一个地名。多数家支有固定的地域，在家支地域内，以支为中心聚居，但可以自由迁徙。

① 曲比石美、马尔子：《旧凉山彝族家支、姻亲人命案及案例》，载《凉山彝族研究》（2），民族出版社 2012 年版，第 213 页。
② 据《凉山彝族奴隶社会》编写组：《凉山彝文资料选译》第一集所附系谱表，古候下传至阿候家为七十一代，恩扎家为七十六代，阿诺白彝家为七十六代；曲涅下传至金曲家为七十五代，沙马白彝家为六十九代。
③ 易谋远：《对凉山彝族"家支"概念的研究》，载《西南民族学院学报》1986 年第 4 期。
④ 徐铭：《凉山彝族家支问题散论》，载《凉山彝族研究》（2），民族出版社 2012 年版，第 176 页。

每个家支是共同崇拜的对象。这个对象不是民族图腾，而是祖先神灵。家支成员共同祭祀、共同祭祖。祭祖时，全体成员围坐在一起，用牛、羊等祭牲时在人群周围转九圈后献牲祭祖，每个成员以手沾一下同一碗水后献水祭祖。家支和家支联盟对外作战时，全体成员共同参与出征仪式。彝族家支的最大特点是可能通过特定仪式进行分家。彝族家支通过一定代数后，可以举行分家仪式，把一个家支分成两个家支。举行分家仪式后的家支之间可以通婚。"后因通婚的需要，一般六七代可从原'家'中分出而另建新'家'。分家时要举行分家仪式，做法是请毕摩念经诵咒，宰牲祭奠祖灵，将所要分出的那支的祖先灵牌从原来所供的祖先岩洞中移到新的岩洞中供奉。"① 当然，也可以举行特定仪式，把两个家支组成一个家支。这样可以通过特定仪式来实现凉山地区家支组织的稳定与变化。

二　家支组织

（一）家支内部组织

家支虽然是一种血缘集团，加上家支常集族而居，它本质上构成了一个政治实体。作为一种社会政治组织，家支内部形成了完整的社会组织结构，对家支内的社会秩序进行维持与治理。家支内部有家支头人、家支会议两种基本组织。诺伙家支与曲伙家支都有自己的头人和家支会议。家支头人称为苏易；家支会议有两种形式：吉尔吉铁和勿尼蒙格，前者称为吉尔会议，后者称为蒙格会议。

家支头人主要有苏易、德古、毕摩和扎柯等。每个家支头人数量多少不等，一般家支头人有"苏易"、"德古"和"扎柯"三种。"苏易"和"德古"是那些阅历深、见识广、娴于习惯法，并善于依据习惯法排难解纷而自然形成的领袖人物。家支头人不经选举而自然形成。家支成员中某人只要具备处事公正、正派、能言善辩，有为本家支事务服务的公益心，并且勇武善战、有谋略，就能上升为头人。家支头人根据习惯法调解家支内部成员间的纠纷，主持家支会议，执行家支会议决定，动员、组织、领导、指挥家支成员进行冤家械斗，安排命价赔偿筹集和接受赔偿金的分配。遇到自然灾害时，如雹灾、风灾、水火，主持请毕摩作法禳解。家支内部出现需要救济时，分派人手帮助，安排救济、安排社会保障等。在社会救济事务上有"杂拉热"（筹工筹粮）、"勿尼洛拨"（扶弱济贫）、"西约则撮"（主持娶

媳嫁女）和"撮死也那"（疾病丧事）。"扎柯"是家支中冤家械斗时勇敢善战、带头冲锋陷阵的人，是军事方面的头人。

家支头人最初称为苏易，彝语称为"此布此易"，即一房一家苏易，影响力仅在家支内部。当某人影响力超过家支，成为某一地区社会纠纷解决者，对当地社会有重大影响力时就成为"德古"。"德古"一般是家支头人，但家支头人不一定能成为"德古"。德古分为一般德古和"德古阿莫"，即大德。对德古与苏易的区别，有学者指出，相同之处是：德古与苏易都是自然形成；德古与苏易都是本家的头人和代表者；德古与苏易的存在依赖于个人的能力与威信；德古与苏易都是家支内的权威与权力人物；不同之处是：德古必须有丰富知识，超人口才，善于演说，民主作风，以理服人。① 从中可以看出德古在品质与能力要求上比苏易更高。

家支会议中吉尔会议与蒙格会议的区别是，吉尔会议由少数头人和家支成员参与，蒙格会议由家支多数成员参与。吉尔会议有两种形式：一是由家支头人参与，二是家支头人及部分一般成员参与的小型会议。吉尔会议解决的事务有：家支内的伤害、盗窃、财产等纠纷案件，有时研究是否采取家支复仇、发起家支械斗。后者吉尔会议仅能提出议案，是否最后采纳得通过蒙格家支会议。蒙格家支会议由同一家支全部男性成员，或亚家支代表参与，人数可达几百或上千。解决的是家支内部，或家支与家支之间、家支与外族之间的重大社会纠纷或重大事件，具体有讨论家支或外甥家妇女被人拐走、本家支人被人打死、出嫁女儿被夫家虐待至死、已婚妇女到25岁尚未来夫家居住、娃子（奴隶）被抢、家门亲戚遇害等事项。蒙格家支会议上每个家支成员都可发表意见，会议上争执不下时，头人或有经验的老人意见往往起决定性作用。蒙格会议有一种特殊形式，称为诺合蒙格会议，具体由数个家支联合举行，具有家支联盟组织和功能。会议举行后需要进行特定盟誓形式，如喝血酒、钻牛皮和击牛肚等。家支蒙格会议可以分为专门性蒙格会议与各类人参与的蒙格会议。专门性蒙格会议有阿伙蒙格，即儿童会议；尼蒙格，即妇女会议；吐蒙格，即毕摩会议；尼蒙格，即家支全体成员大会等多种形式。②

（二）家支种类

凉山彝族传统社会中家支类型基本上可以分为黑彝家支与白彝家支两

---

① 罗家修：《德古与苏依浅议》，载《凉山彝族研究》（2），民族出版社2012年版，第211页。

② 陈金全、巴且日伙：《凉山彝族习惯法田野调查报告》，人民出版社2008年版，第150页。

种，黑彝家支又称为诺合家支组织，白彝家支称为曲伙家支。诺合家支由黑彝集团构成，成为凉山地区的权力贵族集团。诺合家支与曲伙家支相比，更具血缘性、地域性，同时封闭性较强；曲伙家支在地域性上更弱，主要通过血缘性来构成，具有更强的开放性。曲伙家支可以通过举行仪式，让"汉根"的阿加与呷西加入自己的家支。诺合家支与曲伙家支通过特定的"主—臣"关系构成特殊政治结构。凉山彝族家支数量，据吴恒统计有526个，黑彝家支168个，白彝家支358个。① 这个统计数据是大凉山地区的彝族家支数字，应较为准确。有学者认为白彝家支有上千个，诺伙家支有100多个，兹莫家支有10多个。② 凉山地区每个诺合家支都会通过两个以上的曲伙家支来支持自己，构成一种主仆结构的社会力量。如巴且诺合家支是吉布、拉依曲伙家支，瓦扎诺合家支是阿底、阿西曲伙家支，果基诺合家支是莫勒、曲莫曲伙家支。

诺伙阶层中"兹莫"是掌权者的意思，是元朝后被中央政府封为土司的黑彝阶层。兹莫阶层在民主改革前凉山彝族总人口中占0.1%。诺伙是黑彝，是一般的黑彝阶层，原意是"主体"、"主人翁"、"有勇气的人"和"敢于承担责任的群体"，认为是天生高贵者、血统纯洁者，占民主改革前凉山彝族总人口的6.9%。黑彝中的兹莫与诺伙两者虽然都是黑彝阶层，但相互之间很少通婚，特别是兹莫阶层不愿与诺伙阶层通婚。兹莫有"兹惹第普觉"之说，即"兹莫贵在少"，所以他们本身并不努力增长本阶层的人口。1956年兹莫家支有利利、斯兹、阿都、阿卓、沙马、斯普、比尔、彭伙、阿勒、马黑、海来、莫色、吉觉、阿硕、尔恩、吉恩、格依、瓦地、惹伙、依吉、哈拉等20多家。诺伙家支在民主改革前约有168个，男性成员在千人以上的仅有10个，总人口在7万人左右。诺伙家支有努力增加家支人口数量、壮大力量的倾向。

节伙阶层占93%，其中曲诺家支在凉山彝族总人口中占60%，构成了整个社会的主体，阿加占33%，呷西占10%。③ 曲诺意思是"彝根属民"，曲伙包括诺合和兹莫所属的全部曲诺和曲诺下降的阿加群体，是凉山彝族的主体部分。曲伙有自己的家支，即曲伙家支。曲伙家支虽然受到诺伙家支的

---

① 云南省编辑组：《四川贵州彝族社会历史调查》，云南人民出版社1986年版，第95页。

② 胡金鳌、米正国：《论彝族谱牒的特点及功能》，载《凉山彝族研究》（2），民族出版社2012年版，第194页。

③ 卢汇：《论凉山彝族双则交错表兄弟姐妹优先婚姻》，载《凉山彝族研究》（2），民族出版社2012年版，第231页。

统治与支配，但每个诺合家支都有自己独立的社会力量，可以对抗诺伙家支。对曲伙家支的来源，学术界有两种看法，一是汉人演化成的彝族，二是由彝族中演化出来。1949 年前后，很多凉山彝族曲伙家支的系谱多在 15—17 代。当然，有人提出真正的白彝始于古侯、曲涅时期。曲伙家支实行家支外婚和等级内婚，但等级界线不十分严格。曲伙家支会通过特定仪式吸收在彝区居住较久的阿加加入本家支，以壮大本家支力量。曲伙家支通过定期会议联络感情，显示力量。曲伙家支内部由曲伙头人治理。曲伙家支的德古、苏易调解家支内的纠纷。

三 家支的社会功能

凉山彝族家支组织在整个彝族传统社会的秩序形成上起到了组织的支持力量，是整个彝族社会构成的组织基础。对此，凉山彝族谚语中有："老虎靠嘴巴，土司靠百姓，奴隶主靠家支"；"马有劲在腰上，牛有劲在颈上，黑彝有劲在家支上"；"没有树林在，哪有鸟兽存？没有家支在，哪有黑彝存"；"猴靠树林生存，人靠家支生存"；"少不得的是牛羊，缺不得的是粮食，离不开的是家支"；"树有树皮靠树皮，人有家支靠家支"；"青蛙生存靠水塘，猴子生存靠树林，人类生存靠家支"；"大河是鱼儿生存的依靠，山岩是黄蜂生存的依靠"。这些说明凉山彝族社会中，在社会秩序形成上家支起到十分重要的作用。分析彝族家支的社会作用，可以分为以下几个方面。

（一）家支对内社会功能

家支内部职能是凉山彝族地区社会成员得到安全与归宿的基本前提。家支成员之间相互有援助和保护的义务。家支成员出现赔偿命金时，家支成员出份钱，共同赔偿人命金；家支成员被杀获得命金时，家支成员均分所获命金。家支成员之间有相互帮助的义务，家支对家支成员中的孤寡老幼有赡养、抚养的义务。家支成员相互间有财产继承权利。家支成员间出现寡妻，先由同胞兄弟收继，没有由近房收继。家支内部，生产资料公有，共同耕作和消费。公共事务由家支成员公认的头人管理，重大问题由家支成员大会决定。彝族谚语有"家支有的就是我有的，我没有我家支有，我的生命是家支的"。成员必须无条件地维护家支利益。家支成员之间严禁相互杀害。杀害家支成员的，若是黑案一律自杀抵命，黑花案若不自杀抵命，采用开除家支，或赔偿两条人命的命金数额，即赔九十九锭九两九钱九分；家支命案花案赔偿七十七锭七两七钱七分；白案赔偿五十五锭五两五钱五分。家支成员间不能偷盗抢劫，侵犯家支成员利益。这种严禁家支成员之间相互伤害，保证了家支成员联成整体。"如穷黑彝阿侯德给，当他没有粮食吃的时候，家支内的族人，就凑粮给他吃，或邀他去吃饭，他死时，安葬用的一切，如酒、羊子等，也是家支内族人凑的"；① "八年前，沙马角的妈妈死了，连一粒粮食也没有了。家支头人邀集了十余户家支族人商量后，各家凑合银买了二只猪打了给来吊丧的人吃，另外又以各户的自愿原则，有的出一斗荞子，有的出半斗或几升，作模模给来人吃，才安葬了她。又十四年前，沙马德莫和他的妻子先后病了，不久其子亦病倒了，做饭的人都没有，地里的庄稼也没有收割。家支头人邀请家支族人帮助把庄稼割了，把粮食打出来搬到屋里，每天还叫人给他推磨做饭侍奉他们"。② 这些例子说明在没有公共福利机构的社会中，家支承担了社会保障和救济的功能。彝族谚语有："离不开粮食，离不开羊子，离不开家支"，家支组织对家支成员的抚养、婚姻家庭、救济乃至生命等各方面进行全面而有力的介入，让家支成员所有社会生活都带有家支的背影。家支组织像一张网，成员仅是网上的结点，成员的社会意义必须通过家支这张网来实现。家支成为彝族传统社会生物上个体成为社会个体的基础。家支是彝族认同的机制，是彝族人社会意义与历史意义存在的前提与基础。

（二）家支对外社会功能

家支是整个凉山彝族传统社会中的法律主体与社会政治基本单元。凉山彝族传统社会中个体与家庭不是严格意义上的社会主体，特别是法律责任的主体。家支在涉及家支成员利益时，成为法律主体，负责对整个家支成员的对外法律责任。格言有"不保护一穗谷子，十穗会被割光；不保护一个人，全家支都被杀光"，"不维护一户，全家支保不住；不维护家支，一片被抢光"，"一个人惹事，十个人赔偿"。这些格言反映出家支在彝族社会中的作用。当家支成员受到外家支人员欺侮、杀害时，家支动员所有成员进行报复。凉山彝族传统社会中家支为社会主体的结构是整个社会得到维持的基础，同时也是凉山彝族社会出现家支之间、等级之间长期打冤家械斗的"无政府状态"的社会原因。按统计，1951—1954年"人民政府在自治州范围内就调解了新旧及大小冤家达12000余件，仅布拖一县从1952年至1956

---

① 四川省编写组编：《四川省凉山彝族社会调查资料选辑》，四川省社会科学院出版社1987年版，第68页。

② 同上书，第7—78页。

年底，共调解 2000 余件"。① 这在当时仅有 526 个家支的凉山彝族社会中，
冤家械斗纠纷数量可谓十分庞大。家支械斗发生时，家支各户要派人参战。
在械斗中，如有家支成员被俘，家支一定要集体摊款设法赎回。在家支社会
结构下，脱离家支的人会受到别人无所顾忌的欺压，甚至残杀，而无法在社
会中生存。凉山彝族传统社会开除家支成为最严厉的处罚，甚至对家支成员
来说重于处死。因为处死还会得到家支的认同。

（三）家支在社会分层中的功能

彝族传统社会中自公元前 3 世纪至公元 2 世纪时，开始分化成兹、莫、
毕、格和卓五个阶层。元明时期分化成黑彝、白彝阶层。1949 年前，凉山
彝族社会阶层有兹莫、诺合、曲诺、阿加和呷西。若按彝族传统社会划分，
兹莫（土司）和诺合（黑彝）是诺合阶层，即黑彝阶层；曲诺、阿加和呷
西称为节伙阶层，但不能用白彝阶层称之。从家支社会组织看，彝族社会分
层中仅有诺伙阶层和曲伙阶层。其中诺伙阶层可以分为两个次社会阶层，兹
莫，即土司和诺合与一般黑彝；曲伙阶层，即白彝阶层。其中阿加和呷西，
即安家娃子和锅庄娃子情况较为复杂，可以分为两个群体，即有家支谱系和
彝族血统的阿加和呷西，称为"彝根"阿加和呷西；非彝根阿加和呷西，
属于杂姓等级。从家支结构看，只有黑彝家支与白彝家支两阶层。若仔细考
察，彝族中诺伙等级又可细分为诺博（骨头好）、诺低（骨头差一些）、诺
比（骨头很差）三个亚等级；曲伙等级可细分为博足（头等）、"朵朵苏"
（次等）两个亚等级；阿加和呷西可分为彝根与非彝根两个群体。家支制度
下，彝族社会分层上采用血缘等级制，即诺伙家支等级与曲伙家支等级之间
互不通婚，同一等级之间没有统属关系。

在等级森严的凉山，诺合与其他等级的界限不可逾越，曲伙与其下群体
等级界线亦然。这种等级通过家支血统得到强有力的维持。违反这种习惯，
由家支给予惩罚。家支以保护家支的声誉对此强力执行。彝族社会分层在血
缘家支内实行等级内婚、家支外婚，家支内部严禁通婚，以保证等级内血缘
的纯洁。

（四）家支在纠纷解决中的功能

凉山彝族传统社会中家支在客观上成为社会纠纷解决的主体，影响着整
个凉山彝族地区社会纠纷的解决。在没有有效的公共权力作为社会纠纷解决

---

① 四川省编写组编：《四川彝族历史调查资料、档案资料选辑》，四川省社会科学院出版社
1987 年版，第 99 页。

的保证时，家支力量成为整个社会纠纷解决中的重要力量。彝族传统社会采用赔偿解决纠纷的机制之所以能够有效运行，与承担纠纷解决结果中赔偿是由家支全体成员集体承担有关。在产生人命等社会纠纷时，当家支成员出现赔偿，其他家支成员必须出"茨伟尔普"，意思是家支份子钱。否则，家支名声将扫地，其他家支将不齿。家支在凉山传统彝族社会中，既是纠纷产生的重要原因，同时也是纠纷得到有效解决的组织保障。家支内部形成纠纷时，家支头人出面调解，通过家支力量维持家支成员之间社会纠纷解决和解决协议的执行。在不同家支成员之间产生纠纷时，通过家支组织力量，让纠纷双方接受调解，执行纠纷协议。在没有公共权力的社会组织中，纠纷在当事人之间形成后要得到有效解决是很难的。正如彝族《古法典》中所说莫可迭知时代是"藐视你就霸占你，敬畏你就偷窃你，小瞧你就抢劫你，视你愚钝就诈你，玩弄你就哄骗你"。① 由于家支在社会纠纷中起到决定性作用，让整个彝族传统社会纠纷解决中赔偿成为基本形态，而且赔偿数额巨大，但能得到执行。从赔偿形式看，最早是实物赔偿，具体是赔偿牛马羊，近代由于白银大量流入，开始转向赔偿白银。在赔偿上看，本质是在家支之间进行，而不是当事人。因为接受赔偿金后要在家支成员中均分；支付赔偿金时，家支所有成员要出份子钱。

（五）家支在社会秩序形成中的作用

家支在凉山彝族传统社会秩序形成中的作用体现在两个方面：家支内部，通过家支力量，严格维持家支成员之间的社会伦理关系，如禁止家支之间出现相互伤害、偷盗等。对外，通过家支力量维持家支与家支之间的力量相对平衡，执行家支之间达成的社会协议。对家支在彝族社会秩序中的作用，可以由"想家支想得流泪，怕家支怕得发抖"的格言中看出。这体现出在彝族人生活中对家支的依赖和控制。前句是人们在生活中必须得到家支的帮助、支持和救济，后句是指个体在生活中受到家支强有力的约束和管控。家支通过各种形式的集会、事件来强化家支成员之间的关系。从某个角度看，凉山彝族之间喜械斗的传统对家支认同起到了强化作用。家支遇到复仇、出征、赔款分摊、互助集资、制裁、分家或合族等事项时召开家支蒙格会议。会议上，德古、苏易通过摆家谱、认家门、集体聚餐、举行各种宗教仪式和对不能开错亲之类的家支习惯法的重申，制定家支之间的新规约，强化成员之间相互认同，提高家支内部社会秩序的形成与维持。

---

① 陈金全、巴且日伙：《凉山彝族习惯法田野调查报告》，人民出版社 2008 年版，第 103 页。

第五节 黑白分类：凉山彝族社会中的法律知识体系

彝族法律文化中形成了较为独特的分类体系，支持了它的法律制度的技术化发展。彝族法律分类体系较为明显的是四川大小凉山和云南中甸①彝族。分类"是指人们把事物、事件以及有关世界的事实划分成类和种，使之各有归属，并确定它们的包含关系或排斥关系的过程"。② 分类是人类认识世界的知识体系，是人类社会中每个民族智识成熟程度的标志。分类在法律发展中尤其重要，因为法律从某个角度看是对人类社会行为的一种分类知识体系的网格化与标准化。涂尔干和莫斯在《原始分类》中指出分类在人类社会发展中的作用，"社会并不单纯是分类思想所遵循的模型；分类体系的分支也正是社会自身的分支。最初的逻辑范畴就是社会范畴，最初的事物分类就是人的分类，事物正是在这些分类中被整合起来的。因为人们被分为各个群体，同时也用群体的形式来思考自身，他们在观念中也要对其他事物进行分门别类的处理"。③ 分类在人类社会发展中与其他社会文化相互作用，形成重要的文化体系。法律作为一种秩序设制和正当价值的追求，只有在相对完整的分类体系中，才能在运作中发挥应有的作用和体现应有的价值，同时保持法律体系的相对自洽与稳定。

分析大小凉山地区法律分类体系，对研究彝族传统法律文化具有重要的意义，同时也是对人类法律发展研究的重要方法。学术界对大小凉山地区法律分类问题的关注始于 20 世纪 50、60 年代民族大调查时，当时在记载他们习惯法时开始关注他们的法律分类体系。20 世纪 90 年代后，随着学界对凉山彝族地区法律习惯研究的深入，对彝族法律分类有了较好描述。当然，从现在看，对彝族法律分类体系进行较全面研究的成果还没有出现。本书对凉山彝族地区的黑白分类为基础的法律分类体系进行系统的讨论。此种分类体系内在的结构体系，呈现出人类法律发展中的一个样式。

---

① 这里分析的彝族群体和地域范围是大小凉山和云南中甸地区的彝族，其他地区的彝族在社会发展上存在差异，社会中的法律习惯反映出更多的多样性和不完整性。

② ［法］爱弥尔·涂尔干、马塞尔·莫斯：《原始分类》，汲喆译，渠东校，上海人民出版社2003 年版，第 4 页。

③ 同上书，第 89 页。

一 黑白观念的出现

大小凉山地区彝族法律分类的哲学基础是黑白二元分类的哲学观。彝族黑白二元分类形成与他们对世界本源与分化的认识有关。彝族认为世界本源是混沌，混沌中首先分离出清、浊二气。云南楚雄、红河彝族史诗《查姆》第一章中认为"远古的时候，天地连成一片。下面没有地，上面没有天，分不出黑夜，分不出白天"；"空中不见飞禽，地上不见人烟；没有草木生长，没有座座青山；没有滔滔大海，没有滚滚江河；没有太阳照耀，没有星斗满天；没有月亮发光，更没打雷扯闪"；"只有雾露一团团，只有雾露滚滚翻"。① 但宇宙在发展中开始由混沌分离出清、浊二气。这让彝族社会出现正、反二元观，为社会中出现正义、邪恶等道德观念提供了前提，同时成为法律形成的认识论基础。彝族神话中认为："宇宙是由清浊二气构成，清气浊气相生相混，相分相离，反复无常变化，清气上升为天，浊气下凝为地"；② "在清气上升和浊气下降之前，天和地都不曾出现。一片空旷旷的。那时又经过一次变化，出现了清气和浊气。清浊二气相结合，清气翻变的青色，浊气翻变有红色。青与红配成一对，又起了变化，青色发展，青幽幽的，红色发展，红彤彤的。再起变化，出现天和地"。③ 有学者认为，彝族哲学中，"诺"包含"青"、"黑"的意思，引申为"美"、"良"、"好"，"深、长、大"等意思。④ 这里说明"诺"在彝语中含有"青"与"黑"的意思，反映在彝族法律谚语中有"纠纷分正反面，两面须调和"；"判案分轻重，重的黑案要严办，轻的白案要教化惩戒"。这种观念在彝族法律观念中是刑罚中轻重二元、阴阳、黑白等观念，认为法律是对事物或纠纷（矛盾）正反（阴阳）两面的调和。法律规范是宇宙万物自然运行法则的体现。

黑白二元哲学成为彝族知识分类体系的基础。对此，有学者认为彝族有黑色崇拜。楚臣在《论黑白崇拜》中指出彝族形成了独特的黑白分类世界的万物、社会分层等知识体系。⑤ 彝族传统社会中，形成用黑白来分类社会中相关事物，进而在社会分层中把人分为两个基本阶层——黑和白阶层的社

---

① 《彝族史诗选·查姆》，云南人民出版社 2001 年版，第 223 页。

② 罗国义修订，陈英注，马学良审定：《彝族历史文献选集》（第一集），中央民族学院彝族历史文献编译组 1982 年油印本。

③ 同上。

④ 李明泽：《彝语"纳"（黑）义演变浅析》，载《彝族文化》1989 年年刊，第 238—239 页。

⑤ 楚臣：《论黑白崇拜》，载《彝族文化》1989 年年刊，第 184—212 页。

会结构。对彝族最早采用黑白分类的社会结构，现在可以看到的记载始于隋唐时期，当时彝族开始分为乌蛮和白蛮。当然，唐朝乌蛮和白蛮并不是严格意义上后来彝族内部的阶层分类体系。元朝史料上明确记载了彝族社会内部社会分层上采用黑白分类，其中李京《云南志略·诸夷风俗》中记载有"然今曰白人为白爨，罗罗为黑爨"。① 明朝，对此记载更为具体，（景泰）《云南图经志书》卷二中记载彝族大本营曲靖军民府彝族时有"罗罗一名爨。而有黑白之分，黑爨贵，白爨贱"；同书记载霑益州彝族婚姻制度时指出彝族婚姻存在等级内婚。"婚娶论门第，罗罗以黑白分贵贱，其婚娶论门第，则礼以牛马多者为贵。"② 这里明确记载了黑、白之分是彝族内部等级分层，并指出"黑"为"贵"、"白"为"贱"的社会结构。整个滇中、滇东北在唐朝时称为乌蛮的彝族在宋元明时期演化成了两个基本阶层——黑爨和白爨。清朝史料对云南、贵州、四川三省交界彝族记载更加详细，黑白分类使用十分普遍。乾隆二十九年四川靖远营所属凉山地区冕宁县档案有"倮倮，内有黑白骨头分别。其白骨头系黑骨头之家奴，应听黑骨头所管"。③ 这是对凉山地区彝族社会分层最明确的记载。《黔南识略·大定府》中对彝族有"倮倮，本卢鹿，有黑白二种，黑者为大族……白倮倮又名白蛮，与黑倮倮同，而为下姓"。④ 清朝随着对彝族了解深入，对彝族社会记载更加具体。当然，黑白分层体系是否是整个西南地区彝族的社会分层体系，学术界存在不同看法。尤中认为在"罗罗"中以黑、白分贵贱主要集中在川、滇、黔三省相邻彝族地区，其他地区彝族没有用黑、白进行分类社会阶层结构。⑤ 从 1949 年后的民族调查材料看，用黑、白分类社会阶层主要存在于云、川、贵三省交界地的彝族区，典型代表是大小凉山和中甸地区。黑爨与白爨是彝族社会中政治分层。彝族社会中阶层上存在"兹莫"、"诺"、"曲诺"、"阿加"和"呷西"五种。具体是前两种阶层属于"黑"彝阶层。"诺"在彝语中基本意思是"黑色"，引申为"主人"、"主体"等含义。"诺"阶层称为"黑彝"、"黑骨头"等阶层。"曲诺"阶层中"曲"在彝语中是"白"的意思，"曲诺"是黑中有白，属于"花"的阶层。有

---

① 李京著、王叔武辑校：《云南志略辑校》，云南民族出版社 1986 年版。
② （景泰）《云南图经志书》卷二，云南民族出版 2002 年版。
③ 四川编辑组：《四川彝族历史调查资料、档案资料选编》，四川省社会科学出版社 1987 年版，第 235 页。
④ 《黔南识略》卷 24，"大定府"，贵州人民出版社 1992 年版，第 202 页。
⑤ 尤中：《云南民族史》，云南大学出版社 2001 年版，第 373—374 页。

一种观点认为曲诺是由黑彝男子与白彝妇女发生关系所生的后代；"曲诺"阶层中还有一个群体，即"曲伙"，"曲伙"就是白彝。"阿加"和"呷西"中存在彝根群体与非彝群体。从中可以看出，彝族社会在群体分层上，严格意义上存在黑花白三个阶层，其中"花"属于黑白杂会而成，介于黑白之间。分类在大小凉山地区彝族中，不仅用黑白进行哲学分类、社会分层，还用在法律分类上。通过黑白为基础的分类，构建自己的法律制度体系。

二　黑白分类在法律体系中的结构

大小凉山和中甸地区彝族把自身哲学中的黑白分类引入了法律分类中，形成了对整个法律知识技术上的分类体系，具体是把案件根据性质、特点和内容等在黑、白的基础上，进行相应变化，加上介于两者之间的"花"，形成对案件用黑、花、白三类进行分类的体系。彝语把案件分为"阿诺"，即"黑案"；"阿则"，即"花案"；"阿曲"，即"白案"。对此，雷波县八寨乡牛龙村收集到的《牛龙村彝族古代法理典章》中记载这种分类形成较早，在彝族提皆乍木要时代就存在。"打伤杀人，黑、花、白三等，黑三等，花三等，白三等"，① 说明"黑、白、花"是案件的基本分类，认真分析"花"是"黑"与"白"的过渡型。在基础上，可以进一步细分为两种：即四大类和五大类两种。四大类是：黑、花黑、花白、白；五类是黑、花黑、花、花白、白。四类分法是把"花"作为中间过渡型，在偏黑与偏白中形成"花黑"与"花白"。五类分法是把"花"作为独立种类，在"花"与"黑"之间形成"花黑"；在"花"与"白"之间形成"花白"。彝族格言"尔比"中对三类分类标准是："目睹者为重，耳闻者居中，猜疑者从轻"；"黑色命案如鸡屎，花色命案如喜鹊，白色命案如蝴蝶"。有学者认为凉山彝族案件分类有四类。"凉山彝族社会的传统，把刑事案件和民事纠纷分为四大类十二种类别来处理。"② 彝族格言中有"猪蹄十二节，两节亦不齐；案件十二种，两种亦不同。"四类分法中：黑案性质最严重，花黑案性质严重，花白案性质重，白案性质较轻；五类分法中：黑案性质最重，其次是花黑案，再次是花案，再次是花白案，最后是白案。20 世纪 50 年代民族

---

① 陈金全、巴且日伙主编：《凉山彝族习惯法田野调查报告》，人民出版社 2008 年版，第 104 页。

② 海乃拉莫等：《凉山彝族习惯法案例集成》，云南人民出版社 1998 年版，第 23 页。

调查中有"中甸和凉山彝族社会习惯法历来习惯以黑、花、白三个等级作为衡量案情的标准"。考察凉山地区黑花白分类体系适用对象，不仅有刑事案件，也适用于民事案件，如争土地、婚姻、争财产和债务等。"欠债有欠债的黑、花、白等"。① 从调查材料看，这种分类体系运用于整个社会纠纷的分类中。

三　黑、白、花法律分类在案件中的运用

凉山彝族法律体系中根据案件性质分为三大类："却"、"衣的和米"和"木略"。② 在此分类下根据不同案件的具体情况，用"黑"、"白"和"花"分类每类案件。

（一）却，又称为"搓却"，即人命案。凉山彝族传统社会中与人命相关的案件统称为"却"。有学者认为凉山彝族人命案根据亲缘关系可以分为杀家支成员案、杀姻亲案、杀妇女案、杀外侄案、杀夫或杀妻案和杀无亲缘关系等；按职业可以杀德古案、杀毕摩案、杀卓卓案；按等级可以分为杀兹莫案、杀诺合案、杀曲伙案、杀阿加案和杀呷西案。③ 人命案件可以分为家支内部人命案、一般人之间人命案和斯吉比人命案三类。对三类人命案中黑案类型有：（1）在判案时被杀；（2）无故被杀；（3）谋财害命；（4）睡着时被杀；（5）偷袭杀人；（6）酒醉时被杀；（7）骗至家中被杀；（8）妻被拐人被杀；（9）没有争吵打架而被杀；花案有：（1）吵架后被杀；（2）斗殴致死；（3）欠债久拖不还被杀；（4）争夺钱财被杀；（5）拐走他人妻被杀；（6）长期遭受欺凌而反抗杀人；（7）自杀死给对方。根据凉山彝族传统社会的分类，"却"类案可以具体分为五个次类。

1. 维却。"维"是同一家支，"却"是致人死亡，意思是同一家支成员之间相互致死的命案。彝族以家支为社会结构基础，家支内成员间严格禁止相互伤害。"本氏族人互相残杀，不分贵贱，必须顶命；本氏族的人生命是披蓑衣的和戴金首饰的一样宝贵；氏族的语言如雷劈。"④ "维却"命案根据

---

① 《四川广西云南彝族社会历史调查》，云南人民出版社1987年版，第216页。

② 这里采用白芝、尔姑阿呷在《凉山彝族习惯法》（载《彝族文化》1989年年刊）中对彝族案件的分类体系。从笔者阅读的材料看，此文分类体系较为科学。同时，从文章分类体系看，此种分类体系较真实地反映了凉山彝族传统社会法律分类体系。从文章写作看，时间始于1983年9月29日初稿，到1988年3月27日发表时第七次修改。说明写作上经过作者长期反复的修改。

③ 曲比石美、马尔子：《旧凉山彝族家支、姻亲人命案及案例》，载《凉山彝族研究》（2），民族出版社2012年版，第213页。

④ 海乃拉莫等：《凉山彝族习惯法案例集成》，云南人民出版社1998年版，第27页。

杀人的情节、动机和手段等，具体分为黑、花黑、花、白四类，具体如下表：

类型	黑案	花黑案	花案	白案
标准	杀死酒醉或熟睡本家支成员；图财，图人妻而谋杀家支成员；诱骗家支成员到家里杀害	本家支成员因互相争吵、打架、斗殴致死	家支成员之间无冤仇无意失手，导致家支成员亡，或因争吵后一方自杀	家支内某人品行不端，无恶不作，被氏族成员请人杀害，其他成员异议的

　　家支内人命案另一种分类是：黑案是挟嫌故杀，赔偿 1700—2000 锭银子；花案是因酒醉或其他原因引起杀害案，赔偿 80 锭银子；白案是误杀，赔偿 50 两银子。① 不同记载在分类标准上根据调查者的深入情况，有详有略，但都存在，且有具体个案支持。如 1983 年 11 月昭觉县支尔木村那么与叔叔海乃产生纠纷，导致海乃自杀。此案由于那么打过海乃，按家支内部人命案中"黑案"定性。1968 年 2 月在雷波县莫红区坪头乡责波祝村发生了黑海史丹家嫁女儿，同家支海乃曲喝醉到黑海史丹家闹事。争吵后海乃曲自杀。德古认定此案是"花黑案"，原因是海乃曲有错在先。家支大会认定为花白案，赔偿七十七锭七两七钱七分白银，折合人民币时 2333.31 元，擦眼泪金 100 元，闭口牛一头，死者代言金 250 元。② 1945 年黑彝俄其克尼吾支打侄儿俄其达伙，俄其达伙避开时不慎把火钳尖头戳进俄其支尼吾的颈部动脉致死案。此案由于是意外，被定为家支命案中的"白案"，赔偿六百两百银，五亩耕地，并抚养两个孤儿到 16 岁。③ 三个个案体现出家支人命案在实践中的运用与分类特点。

　　2. 舍却，指不同家支成员之间的命案。"舍却"案件根据被杀者身份，可以分为不同类型，如杀兹莫、杀德古、杀毕摩、杀工匠和同等级之间的命案等。具体分类如下表：

---

① 四川省编写组编：《四川省凉山彝族社会调查资料选辑》，四川省社会科学院出版社 1987 年版，第 135 页。

② 海乃拉莫等：《凉山彝族习惯法案例集成》，云南人民出版社 1998 年版，第 100 页。

③ 同上书，第 152 页。

类型		黑案	花案	白案
标准	兹莫	谋财害命，无故谋杀，无自卫能力、醉酒时	打架斗殴、争夺钱财或拐骗妻子、诈骗他人、抢劫他人被杀	盗窃他人、冤家械斗时、打架、妻子被拐复仇、误杀
	德古	无故杀	办案不公杀	办案中挑拨离间、诈骗钱财、刁难弱者、延判赔款等
	毕摩	做法事、教徒念经时	有因杀	有过错杀
	工匠	做工艺品和工具时	有因杀	有过错杀
	同等成员间	催讨债务和熟睡时被杀	被殴致死	冤家械斗、行窃或抢掠财产时

彝族法律中对打伤人的案件分类有"打伤杀人，黑花白三等，黑三等，花三等，白三等，打和杀为黑案，打死是黑中黑案，惨象马两匹，须额外增加，调解打死人案与杀人案同罪"。[①] 具体把人命案中分为打杀 17 岁以下，17 岁以上有子女和 17 岁以上无子女三种。这样构成了人命案中九种类型。具体情况如下表：

种类	黑案	花案	白案
标准	17 岁以下	17 岁以下	17 岁以下
	17 岁以上无子女	17 岁以上无子女	17 岁以上无子女
	17 岁有子女	17 岁有子女	17 岁有子女

从具体个案看，人命案中除了上面三种分类外，还存在黑花案分类。1989 年布拖县特木地镇新凤村发生美色伟格与李则顶粗等四人打扑克中由于口角导致美色伟格自杀，后发生家支间械斗。最后此案定为"黑花案"处理。1979 年越西县中所区五星村发生曲木曲铁与格玛因口角斗殴导致格玛死亡，此案在 1985 年按习惯法解决时定为"黑花案"。

不同家支之间产生命案按黑、白、花案处理。人命案中就是黑彝杀他人阿呷，若主人出面，案件按黑、花和白三类处理。[②] 1948 年 8 月越西县中普雄区勒波刻村黑彝果吉比正与吉克阿纳等赌博，吉克阿纳借用白彝吉克氏族作为自己姓氏。果吉比正在纠纷中枪杀了吉克阿纳，引起吉克家支的报复，

---

① 陈金全、巴且日伙主编：《凉山彝族习惯法田野调查报告》，人民出版社 2008 年版，第 104—105 页。

② 海乃拉莫等：《凉山彝族习惯法案例集成》，云南人民出版社 1998 年版，第 114 页

最后此案按黑彝阶层杀死家支成员"黑案"处理，赔偿命金120锭，舅舅损失金60锭，代言金10锭。①

3. 息却，"息"是妻子，具体就是各种原因导致妻子死亡案。凉山彝族传统社会中导致妻子死亡原因分为两种：一是丈夫杀死妻子和导致妻子自杀；二是他人导致妻子死亡和自杀。两类下具体分为黑、白、花等。凉山彝族传统社会中妻子死亡是十分严重的社会问题，因为会导致妻子家支和妻子舅舅的家支复仇。1989年6月喜德县洛共乡三河村已婚的吉克吉仆古与阿莫相恋并发生性关系，他的妻发现后自杀。此案被定为上吊"花"案，由吉克吉仆古赔偿死者父母和家支。1980年越西县中所区妈托乡五里村发生阿额莫阿干因提出与丈夫惹夫热布离婚未遂自杀；同县普雄区勒青乡洛波村在1987年5月发生莫洛达儿惹与妻子色阿共因家庭琐事发生纠纷而妻子上吊事件，两个案被定为"花案"。② 凉山彝族传统社会中，妻子杀丈夫，或丈夫杀妻子，按黑花白分类，黑案赔20—30锭；花案赔15—16锭；白案按6—11锭。赔偿时要分别赔给父母及家支，或妻子舅舅家。

4. 机却，"机"是上吊自杀之意。凉山彝族社会中凡因斗殴、口角、诬陷等导致对方自杀的人命案，统称为"机却"。在这种案件中，有关当事人要负法律责任。这类案件分为黑、白、花三种。在具体自杀方式上，分为四种，具体是"吊死者密密，跳崖者凄凄，投河者呻吟，服毒者叫喊，剖腹者悲泣，上吊、跳崖、投河、服毒、剖服，白黑花三等"，③ 此类案件具体分类如下表：

类型	黑案	花案	白案
标准	动手打架后自杀	仅是发生争吵，没有打对方，对方自杀	没有争吵和打架就自杀的

此类案件由五种自杀方式和三种自杀原因构成，可以组成15种具体自杀案件。1943年2月在今天雷波的马劲子区古妈村发生黑彝别子组叶与所属百姓阿约克地一同吸烟，后阿克约地不小心对着别子组叶头放屁，别子组

① 海乃拉莫等：《凉山彝族习惯法案例集成》，云南人民出版社1998年版，第115页。
② 以上案件分别参见海乃拉莫等《凉山彝族习惯法案例集成》一书中第157页、第166页和167页。
③ 陈金全、巴且日伙主编：《凉山彝族习惯法田野调查报告》，人民出版社2008年版，第109—110页。

叶用枪打伤约地屁股，约地羞于见人而自杀，处理时被定为"黑案"。①

5. 阿斯俄各却，指没有出现人员死亡但按人命案件处理的案件，即"准人命纠纷"案，具体是那些由暴力导致他人重伤，但没有死亡的案件。案件根据不同案件情节划分为黑、白、花等。

（二）衣的和米，意思是纠纷，多指不是因为人为原因引起他人死亡的案件。这类案件多由于牲畜在放牧时导致他人死亡，主人没有过错，在法律上不应负直接负责，但得承担一定的赔偿责任，在案件分类上有黑、白、花、花白等案。1944年3月现在美姑县柳洪区尔且村发生吉克作哈家山羊在山坡上放牧时踏落山石，导致山下割草的切吉作达被打死。此案被德古认定为"花白案"，赔偿了五锭白银，五锭代言金。②

（三）木略，指一般纠纷，具体是指人命案件以外的案件。"木略"下具体分为十类。

1. 苦略，彝语中指偷盗行为。在凉山彝族传统社会中，偷盗行为是根据偷盗对象不同进行划分，而不是以偷盗价值大小来区分案件性质。如彝族以偷鸡为最耻，偷猫处罚最重，两者处罚上不以盗窃物的价值为标准。具体偷盗行为中根据偷盗方式和地点用黑、白、花进行分类。黑案是指白天或黑夜入人家屋内偷盗的行为；花案是同一家支内部相互偷盗，或偷别人看管的财物行为；白案是野外偷盗或偷其他民族财物的行为。偷盗案件划分上有这样格言："撬洞钻屋黑；拔篱拆笆花；放牧跟随白。"③ 这构成整个偷盗案件划分黑花白三类案件的标准，具体是在家里偷盗，特别是挖墙撬门偷盗定为黑案；在被圈住，或家屋周围偷盗定为花案；在野外偷盗定为白案。偷羊案件根据季节和地点分为四类，分别是冬天羊关在住处被偷，称为"处火西杜"，归为黑案；春天羊被圈在坡地围栏中被偷，被为"里纳此文波"，归为黑花案；放牧归来时混入他人羊群中，被牧羊人杀吃，称为"鲁格个程"，归为"花案"；羊散失在野外，被路人赶回去，称为"友节洛保嘿"，被归为"白案"。羊在凉山彝族传统社会中是重要财富，成为法律保护的重点，处罚上较复杂。有"偷羊的情形有三种，山坡上的花有三样，各种不一样"，处罚上有格言是"盗公羊赔十一只，盗母羊赔十二只"。具体处罚

---

① 海乃拉莫等：《凉山彝族习惯法案例集成》，云南人民出版社1998年版，第196页。

② 同上书，第180页。

③ 吉克·则伙·史伙：《彝族尔比与习惯法》，《西南民族学院学报》（哲社版）1998年第3期。

情况如下表：

类型	黑案	花黑案	花白案	白案
标准	家里偷盗	野外圈内偷盗	归时跟错羊群	偷遗失在山林中的羊
赔偿	偷一罚三，赔牧人马一匹，绸子一匹	偷一罚三，赔牧人马一匹	赔一只羊，羊毛三斤	赔一只羊，羊毛一斤

1932 年 2 月在现越西县普尔村发生果吉伟体与奴隶挖墙偷阿吉史莫家一只母羊，案发后被定为"黑案"。原因是他们到人家内偷盗，适用了"撬洞钻屋黑"的标准。赔偿了 12 只羊，其他赔偿金总计十七锭。[①] 偷牛处罚除了按三种类型外，还根据被偷牛查出时间分别加赔，如一年内查出，赔两头牛；三年内查出，赔五头牛。偷猪的按偷时大小、公母和查出时间长短计赔，彝族有"周年三代猪，三年长一百"之说。

2. 吉嘎，即斗殴，不包括家支成员之间的争殴。斗殴中，根据斗殴当事人被伤害的不同部位分为黑、白、花三类。耳朵伤害案分为三种，具体是耳朵上部是黑案，耳朵中部是花案，耳朵下部是白案。凉山彝族对耳朵伤害很敏感，有"耳朵缺了魂魄离身"、"大雁的翅膀被鼠咬，不能与群雁飞翔；猴儿有伤疤，不能与群猴爬岩；缺耳的人，其灵魂不能到祖灵那里生活"之说。对耳朵伤害，赔偿数额是"耳杂上部赔黄金九钱银九锭；耳朵中部赔黄金七钱银七锭；耳朵下部赔黄金五钱银五锭"。1991 年 2 月 15 日金阳县南瓦区丙乙地乡赶集时发生阿敏乌达与尔日果共因争吵发生斗殴。斗殴中阿敏乌达扯了尔日果共的天菩萨和咬掉他的耳垂，最后被定为"黑案"。[②] 鼻子伤害案分为三种，具体是气味不辩是白案，气不畅是花案，伤到内骨是黑案。整体看，凉山彝族传统社会中对不同的伤害部位，根据不同部位的特点，再分为黑花白三类案件。

3. 木色利果，即通奸、强奸等案。通奸黑案主要有：上等级女子与下等级男子通奸，具体是黑彝女子与白彝或家内奴隶通奸；同一家支内男女出现奸情或不正当关系；不同家支之间，具有一定姻亲关系的特定人发生奸情，如舅舅与外甥女，或外祖父和外孙女等。花案是姑舅表或姨表没有婚姻关系而发生性行为；白案是男主子与女奴隶发生性关系。[③] 强奸罪中黑案是

① 海乃拉莫等：《凉山彝族习惯法案例集成》，云南人民出版社 1998 年版，第 104 页。
② 同上书，第 191 页。
③ 《四川广西云南彝族社会历史调查》，云南人民出版社 1987 年，第 216 页。

强奸杀人。1988 年 8 月越西县普雄区斯甘普瓦只村的麻莫阿各被若古木加和马黑克则二人强奸并杀死。此案发生后，以强奸杀人"黑案"处理。①

4. 夫居木略，因婚姻问题产生纠纷，主要是离婚和夫妻有外遇等引发的案件。夫妻因争吵导致妻子上吊的，在野外是"白案"；在房屋四周树上是花案；屋内大梁上是黑案。② 1953 年马边县友合乡阿鲁尔普村曲比特西在嫁给乌木沟村硕目甘马后，夫妻感情不和，发生典比特西与节央伟哈通奸，最后此案处理时被定为拐妻"黑案"。1947 年在现美姑县三岗乡协新村别子铁莫在与其他黑彝战斗中死亡，其妻被配给他的弟弟别子伟哈。但别子伟哈是痴傻，所以其妻与原夫从堂弟别子纠史子坡同居。此案定为拐骗本家支成员妻子的"黑案"。可以看出，彝族社会中与他人妻子非法同居和发生不正当关系时，常按拐人妻子案处理。彝族中，拐人妻子罪很重，有"杀人赔一命，拐妻赔九命"的格言。拐人妻子分为黑花白三类，赔偿数额分别是九十九两九钱白银加九钱金子；七十七两七钱白银加七钱金子；五十五两五钱白银加五钱金子。③ 1935 年马边县大燕子区铁合乡丹府奔村甘干迪么的陪嫁丫头阿尔莫呷被奴隶节会里惹木甘拐走，处理时被按三节三层拐妻案赔偿，即按拐人妻案件中"黑案"、"花案"、"白案"处理。④

5. 赫克木克木略，即土地纠纷案件，主要是家支、兄弟间发生耕地、牧场或森林权属纠纷。此方面案件不少，但从现在资料看，还没有明确记载通过黑、白、花分类的个案，但从相关案件处理上看应当有对应分类。

6. 其他纠纷，如"咱赫略"，放牧时产生的纠纷；"则克西"，狗咬死猪羊等出现的纠纷；"则纳吉谷"，牲畜传染病形成的纠纷等。由于凉山彝族传统社会以放牧为主，当牲畜有传染病时，若畜主故意传染的，如故意把得了传染病的猪羊骨头丢入畜群，引起传染病流行的，归为"黑案"；畜主不是有意行为，但不进行积极防止导致传染给他人牲畜的，归为"花案"；畜主未察觉自己的牲畜有传染病，而传染给他人牲畜的，归为"白案"。凉山彝族对男人头上的"英雄髻"很在意，若被他人抓扯，根据原因、当事人之间的身份关系，分为黑花白三类。1955 年马边县竹山村吉克为报复史

---

① 海乃拉莫等：《凉山彝族习惯法案例集成》，云南人民出版社 1998 年版，第 165 页。

② 陈金全、巴且日伙主编：《凉山彝族习惯法田野调查报告》，人民出版社 2008 年版，第 255 页。

③ 海乃拉莫等：《凉山彝族习惯法案例集成》，云南人民出版社 1998 年版，第 31 页。

④ 同上书，第 176 页。

达，在喝酒时故意抓了史达"英雄髻"，调解时认定为扯"英雄髻"黑案。[①]从记载看，凉山彝族好像所有类型的案件都存在这种分类体系。

四　黑白分类体系的法律适用

凉山彝族法律分类主要是让各类案件在法律适用上有标准，让整个社会案件能在传统习惯中保持稳定性与可操作性。正如彝族格言所说"办案有既定法规，铸烨有现成模子"。凉山彝族传统社会在法律适用时，通过黑白花案的分类体系，让所有类型案件适用上有标准，德古在调解时具有稳定性与可操作性。从处罚与赔偿程度上看，在黑、白、花案，或黑、花黑、花、花白、白，或黑、花黑、花、白分类中，处罚程度和赔偿数额依次降低，且每类都有法定的赔偿数量与种类。同类案件中，黑案处罚最重，赔偿数额最大；白案处罚最轻，赔偿数额最小。赔偿数额上依次减少，如人命案中基本命金数额最早采用赔畜，具体是黑案罚九九，花案罚七七，白案罚五五。九九罚是赔偿九条黑牛，九条黄牛，九条花牛；九只黑羊，九只白羊、九只花羊；九只黑猪，九只白猪，九只黄毛猪；九只黑鸡，九只黄鸡，九只白鸡。各九匹黑、白、花的毛的马，各九条三种毛的狗，九十九坛酒，各九匹三色的羊毛布，九十九萝荞等。其中花案以七为基数，白案以五为基数。清朝后期，转成用白银赔偿，具体是黑案命金为九十九锭九两九钱九分白银；花案赔偿命金为七十七锭七两七钱七分白银；白案赔偿命金为五十五锭五两五钱五分白银。当然，这是命金数额，具体到某类案件中，会根据不同案件性质具体增赔不同名称的象征、补偿赔偿。凉山彝族传统社会赔偿上，除了赔基本命金外，还存在大量象征性赔偿。象征性赔偿种类繁多，根据不同案件各不相同，基本有"口阿坡勒"，即勿须开口牛；"约比斯木者"，即擦眼泪钱；"莫达者"，即代表死者参与调解的亲属费用；"莫尼古合者"，即给死者一般亲属的钱；"俄尼俄勒者"，给死者舅舅的钱；"尼莫惹莫者"，给死者的姐妹钱；"俄卜俄坡者"，给死者父亲舅舅的钱；"西过则"，发誓罚；"依点拉点，即安魂金"；"依查"，热汤。多达 20 种。如偷猫案，象征性赔偿最为明显，最有代表性。由于猫喜欢在锅庄边睡觉，要赔偿三锭银作为三只银猫，赔偿猫金眼、银眼各一对，折合银为二两；猫的四肢为金脚、银脚，折合银四锭；猫尾一匹红绸，折合银一锭；家庭主女赶老鼠酬金两匹马，折合银两锭，衣服被老鼠咬损失金二锭；失主屋基被老鼠打洞，找人堵

---

① 海乃拉莫等：《凉山彝族习惯法案例集成》，云南人民出版社 1998 年版，第 186 页。

塞的劳务费二锭。每一种象征性赔偿都有法定数量，以前用银子锭两计算。这样德古在处理相关案件时有了依据，让案件处理上具有可操作性与稳定性。

通过分类，让不同类型的案件在解决时首先确定性质，即是黑、白、花案，就能很快得出赔偿的种类，计算出数额。如在杀兹莫、德古、毕摩、工匠和普通人命案中，不同种类的案件赔偿标准如下表：

类型		黑案	花案	白案
标准	兹莫	九十九锭九两九钱九分	七十七锭七两七钱七分；外加开口牛和牛各一头	五十五锭五两五钱五分
	德古	七十七锭七两七钱七分；外加七锭白银，再加两头野猪，折为银两锭	五十五锭五两五钱五分白银，外加五锭治丧费	三十三锭三两三钱三分白银，外加猪一头，鸡一只
	毕摩	五十五锭五两五钱五分	三十三锭三两三钱三分	二十五锭五两五钱五分
	工匠	五十五锭五两五钱五分	三十三锭三两三钱三分	二十七锭七两七钱七分
	普通人	二十五锭	十七锭	十二锭

在打杀普通人上，又分为三种，分别是 17 岁以下、17 岁以上有子女和 17 岁以上无子女者。在赔偿上三者不同，其中黑案是"杀死未满十七岁者，唤天理金一两，唤道义黄金一两，父母白发人看黑发人亡，睹蓝色惨象黄金一两；断绝媳姻马九匹，割舍婿缘马七匹；一房赔一马，请家族九房骑九匹马。杀死十七岁以上，赔断根马两匹，赔绝户马两匹。杀死十七岁者以上已经有儿女者，附加超度祭祀费用，祭祀送灵为天理，传宗接代是首位，鸡十只，外加一只婚育鸡；猪十头，外加一头人祭祀猪；羊十只，外加一只招魂羊；牛十头，外加一头献鬼牛；山羊十只，外加一祭凶山羊；马十匹，外加一匹驮魂马，白鸡蛋（白案）十箩，黑鸡蛋（黑案）十箩，炒面十斗荞面十斗"。[1] 这里把人命案根据受害人年龄和生育情况进行分类，实现赔偿的标准化。

家支内部人命案上，根据案件性质采用不同处罚，具体是黑案杀人者必

---

① 陈金全、巴且日伙主编：《凉山彝族习惯法田野调查报告》，人民出版社 2008 年版，第 106—107 页

须自杀偿命,这在黑彝和白彝家支中都一样。彝族传统社会有"杀死本氏族人的人,为死者抵命者为英雄,不抵命者是小人;自愿抵命者为上,被迫抵命者为耻"的格言;黑花案采用开除家支组织;花案赔偿白银九十九锭九两九钱九分;花白案赔偿七十七锭七两七钱七分;白案赔偿命金五十五锭五两五钱五分白银。此外,还要附加其他赔偿,如"加上附加部分时有一百九十九锭九两九钱"。① 另一种分类体系是,人命金的赔偿数额具体分过失杀人命金、杀死本家命金、诺合亲戚之间命金和曲诺亲戚之间命金四类,具体情况如下(银子,单位:锭):

	过失杀人	杀死家支成员	诺合亲戚	曲诺亲戚
黑案	120	170	22	17
花案	75	130	19	15
白案	50	90	17	13

在通奸案,黑案处罚上采用处死,通常是逼使当事人自杀;花案处罚一定数额的白银。若女方已许配他人的,奸夫受处罚,一般是白银 100—200两;怀孕的处罚加重,一般为 500—600 两。② 若女方没有许配给他人,只要男方给女方父母一定赔偿就行。白案是男主子与女奴隶发生性关系。这种行为不受任何法律制裁,仅受社会舆论谴责。

在不同等级之间人命案采用黑花白分类。黑彝打死自己的曲伙不抵命,但得赔偿:黑案赔 17 锭,花案赔 12 锭,白案赔 10 定。黑彝打死非本家支黑彝时,赔偿上采用黑花白分类赔偿;曲伙打死曲伙,采用黑花白分类赔偿。曲伙打死黑彝,四名抵一名,即一个黑彝命金是四个白彝的命金。打死出嫁女时赔偿要四份,丈夫、父母及其家支、舅舅家。这是彝族社会中出嫁女的社会力量所在。

偷盗案根据作案地点、时间来区分,黑案是指白天或黑夜入人家偷盗东西被发现,偷盗者杀人,偷盗者必须处死,同时返还原物和赔命金,命金高于一般杀人案;花案处理办法是返还赃物,同时向主人赔礼;白案处理办法是退还原物。偷盗牲畜上,根据不同牲畜的繁殖速度,进行相应的分类。如在偷羊上,定为黑案,偷一赔三,这是及时发现的。若一年后破案的加一

---

① 陈金全、巴且日伙主编:《凉山彝族习惯法田野调查报告》,人民出版社 2008 年版,第 111 页。

② 《四川广西云南彝族社会历史调查》,云南人民出版社 1987 年版,第 216 页。

只；数量随破案时间延长而增加；黑花案偷一赔三，并赔牧羊人一匹马；白花案，赔一只羊，三斤羊毛；白案赔一只羊，一斤羊毛。[①] 在凉山彝族传统法律中，打死偷盗者按白案赔偿死者家属。

拐骗人妻案中黑案赔偿九十九锭九两九钱白银加九钱金子；花案赔偿七十七锭七两七钱白银加七钱金子；白案赔偿五十五锭五两五钱白银加五钱金子。这是在彝族传统社会中，对拐人妻子十分反感，有"杀子赔一命，拐妻赔九命"格言。[②] 对夺人妻的有"如拆房前的篱笆，夺妻须赔九条人命金，一般赔偿九条人命金"格言。若是拐夺同家支成员的妻子，还要增加处罚数额。"若是族妻九条人命金外，外加十牛十马，十绵羊十山羊，十猪和鸡，还有拴马围圈大一块地，还有庭外的菜园，再加放灵牌的那块地。"[③]

伤害案中黑案赔五锭白银；花案赔三锭三两白银；白案赔羊、猪、鸡做法事，加 20 斤酒。

凉山彝族神判形式根据案件性质规定适用的类型，具体是黑案神判采用端炽铧，黑花案采用沸水捞鸡蛋，花白案采用捧炽石，白案爵生米。[④] 这让彝族传统社会神判类型适用上了有标准，德古等在裁定纠纷时适用何种神判有了规范依据。

凉山彝族传统社会中，通过黑白为基础的分类，在长期发展中形成了复杂的法律分类体系。通过此种分类体系，把社会中的各类案件进行分类，让法律适用有了标准，使自己的法律体系有了稳定的支持体系，可以发展的法律技术手段。

第六节　斯吉比：一种生命的救赎

彝族法律制度中存在自杀复仇的制度。这种自杀复仇制度在彝族法律制度中称为"斯吉比"。由于斯吉比案件较为复杂，且个有重要的特色，本节重点分析此种制度的基本内容和特点。

[①] 海乃拉莫等：《凉山彝族习惯法案例集成》，云南人民出版社 1998 年版，第 30 页。

[②] 吉克·则伙·史伙：《彝族尔比与习惯法》，载《西南民族学院学报》1998 年第 3 期。

[③] 陈金全、巴且日伙主编：《凉山彝族习惯法田野调查报告》，人民出版社 2008 年版，第 111 页。

[④] 海乃拉莫等：《凉山彝族习惯法案例集成》，云南人民出版社 1998 年版，第 53 页。

一　斯吉比和斯吉比案

"斯吉比"是彝语音译，直译是"互相死给"。斯吉比，就是"死给某人"的简称。这是彝族社会中一种较为普遍社会现象。"斯吉比"属于自杀行为，是自杀中的一种特殊社会现象，可以称为他因自杀。"斯吉比案"是指凉山彝族传统社会中因斯吉比事件而产生的一类社会纠纷，彝语称为"斯吉比却"，直译是"互相死给案"。凉山彝族社会中只要出现斯吉比事件都会引发复杂的斯吉比案，导致家支之间的社会纠纷，成为具有重要影响的社会事件。

斯吉比是因为两人间因某种社会纠纷或口角，在纠纷或口角过程中某人感到尴尬、侮辱、难堪，或认为自己的面子和自尊受到伤害，感到气愤难平时，他或她通过自杀以死相争。当出现自杀身亡时，纠纷另一方要承担自杀者死亡的责任，构成斯吉比。斯吉比事件出现在家支成员之间会导致家支出面解决；不同家支之间，会转换成两个家支之间的纠纷。凉山彝族传统社会中，斯吉比出现后，死亡者家支会对另一方提出赔偿，甚至采取袭击被斯吉比者，实施打砸抢烧，然后再提出赔偿。凉山彝族传统社会中对斯吉比不认为是自杀，认为是一种特定的"他杀"。凉山彝族传统社会中斯吉比事件发生率很颇高，构成了社会中重要的事件，也是社会纠纷的重要事件。从文化心理看，斯吉比事件导致社会纠纷出现的原因是彝族传统社会中认为自杀是十分不吉利的事情，而且会导致这种行为在家庭或家支成员中流传。这从斯吉比事件出现后，当事人家庭和家支都要举行除魔仪式中可以看出，斯吉比事件在彝族人心中有着十分复杂的社会心理。

二　斯吉比案类型

斯吉比案可以分成家支内成员、非家支成员、夫妻之间和亲戚之间等类型。每种类型下用黑花白分类，即夫妻之间斯吉比案可以分为黑花白三种。根据自杀的手段，具体分为上吊、服毒、投河、跳崖和剖腹等五种类型，其中吊死、服毒、投岩和投水是四种常见形式。投岩和投水一般视为相同，地点都在野外。吊死与服毒多是相同，地点可以在家里，或野外。在赔偿时服毒与吊死有一项"抢救费"，投岩和投水有一项"羞辱金"。投岩和投水斯吉比获得的命金赔偿低于吊死与服毒斯吉比，剖腹最高。斯吉比案件划分的基本标准是：动手打架，导致对方自杀，特别是无过错打对方，划为黑案；只因争吵，没有出现动手打人，对方自杀，划为花案；没有争吵，对方自杀，划为白案。白案有已婚妇女对婚姻不满，找不到解决办法自杀；或做了某种见不得人的事，罪不至死，但遇到他人言语刺激，或因羞辱而自杀的。由于斯吉比案件的特殊性，在凉山彝族社会中当某人偷了他人家的鸡，被偷家庭往往要给偷盗者送礼，让对方不要自杀。

三　斯吉比案处理体系

凉山彝族传统斯吉比案作为一种案件，由于社会影响较大，形成了较为完善的法律制度体系。斯吉比案的处理体系受到当事人之间的关系、斯吉比当事人之间的等级关系、斯吉比形式和斯吉比的原因和斯吉比的地点等因素影响。相互成员关系可以分为家支内部、不同家支、黑白彝、互妻关系等。斯吉比的形式有上吊、服毒、投河、跳崖和剖腹；斯吉比的原因有过错、无过错；斯吉比的地点有家内、住房周围和野外。自杀方式主要有上吊、自杀和剖腹等。这些因素的综合，构成了对斯吉比案每种类型黑花白分类标准，根据三种分类决定处罚的种类与处罚数量。按《古法理》记载，斯吉比案赔偿始于莫可狄基时代的博史阿波兴，因为有"由博史阿波兴，在此之后啊，始有上吊、服毒、投河、跳崖、剖腹之命债。吊死命金二十二锭银，跳崖命金十九锭银，投河命金十八锭银，服毒命金十二锭银，剖腹命金二十四锭银。天理黑案框架，未含额外部分，仅是主要部分"。[①] 从此看，这里斯吉比案中五种类型的黑案命金数量各不相同。此外，在彝文古集《德古目地》中记载德古始祖莫科地解决斯吉比案命金赔偿金数额是：上吊死案赔12 只羊，服毒、跳河、跳崖赔 13.5 只等。后来，斯吉比案处罚演变成："阿诺"（黑案）要求肇事者自杀抵命；"阿则"（花案）开除家支，并赔偿命金 6000 两（白银）。在等级之间，黑彝命金数额远远高于白彝。

斯吉比案中黑、花、白三类具体是：经常打骂或打骂人导致人斯吉比的是黑案；虽有争吵并不动手打人的是花案；有争吵不严重的是白案。在赔偿时不同案件赔偿数额各不相同，跳水自杀时加赔 6 锭白银，称为"小马河中漂流，母马河岸逆水行，马驹河边转"；跳岩自杀加赔一锭五钱，称为"岩上山羊叫，岩下母羊叫"；用锐器自杀加赔"洗手"费一锭，超度亡魂费 2.5 锭。具体情况如下表：

---

① 陈金全、巴且日伙主编：《凉山彝族习惯法田野调查报告》，人民出版社 2008 年版，第 106 页。

类型		黑案	花案	白案	备注
标准	上吊	25	23	20	外加调解金一锭、亲属擦眼泪金一锭、砍上吊绳一锭、解上吊绳各一锭，马一匹
	服毒	25	23	20	外加调解金、亲属擦眼泪金、洗毒汁金、打鸡金各一锭，猪一头
	投水	25	23	20	外加特别金六锭
	跳崖	25	23	20	外加特别定一锭五钱
	剖腹	25	23	20	外加洗手费一锭，亡魂超度费2.5锭

上面仅是一般人之间自杀案件赔偿数量，具体到特定家支之间和不同等级之间，会存在不同。1989年2月的一天，布拖县特木地镇新凤村美色伟格与李则顶粗等四人打扑克，约定输者买酒给大家喝，美色伟格输后不买，李则顶粗指责美色伟格"吝啬鬼，不是彝族男子汉"。美色伟格不能接受，买"敌敌畏"自杀。案发后德古认定为自杀复仇，是黑花案。理由是"被告出言侮辱人格，伤了死者的心，损了死者的面子，是被告间接害死死者"。最后，赔偿人命金2000元，姐妹与舅舅损失金2000元。① 1989年越西县普雄瓦井乡莫搬史村伟色火钉家搬新居杀羊祭祖，地日达尔的小儿子在玩耍时被倒下的墙体压死，赔偿中因为一只鸡的问题，伟色家出言不谨，导致地日达尔的父亲服毒自杀。调解时被德古认定伟色家因为一只鸡而出言污辱对方，让对方自杀，定为斯吉比案中的"花案"，赔偿人命金800元，擦眼泪金100元，超度亡魂费100元。② 在斯吉比案赔偿上，会因为不同的案情而不同，1989年12月发生在昭觉县日惹千托村马黑氏族马黑克哈与美姑县甲谷区古次约合、阿牛伍吉、斤火尺尔四人之间因渔网引起的纠纷，四人在获得按习惯赔偿后二次索赔，不果时打砸马黑氏族家的新房，同时殴打53岁的女主人，让女主人在打斗中出现百褶裙翻回盖在脸上，导致女主人因耻服毒自杀。调解时德古把此案认定为一般女性斯吉比男性案，定为黑案，进行四个层次赔偿，具体是：第一层次是人命案的一般赔偿，二层次是舅舅家的人命金，三层次是丧葬金，四层次是姐妹损失赔偿金。③

---

① 海乃拉莫等：《凉山彝族习惯法案例集成》，云南人民出版社1998年版，第112页。
② 同上书，第118页。
③ 同上书，第124页。

凉山彝族传统社会中家支内部成员之间相互死给赔偿与一般人之间相互死给赔偿数额略有不同，且区分男女之间相互斯吉比。男女斯吉比具体可以分：男性斯吉比女性、女性斯吉比男性、男性斯吉比男性、女性死斯吉比给女性四种类型。基本原则是：男性斯吉比给女性命价要远远低于男性斯吉比男性的命价；女性斯吉比男性的命价一般比男性斯吉比女性的命价低；男性斯吉比给未婚妇女或婚后丈夫去世、不再嫁人的寡妇，则无命金；斯吉比给已婚妇女，命金一般由夫家负责赔偿。

1. 黑彝家支之间的斯吉比案命金赔偿具体如下表：

种类	上吊			服毒死			跳崖死			投水死		
	阿诺	阿则	阿曲	阿诺	阿则	阿曲	阿诺	阿则	阿曲	阿诺	阿则	阿曲
本家支男性死给女性	17	13	9	17	13	9	19	15	11	19	15	11
本家男性死给男性	70	50	35	70	50	35	100	80	60	100	60	9

黑彝家支内男性服毒斯吉比女性的，多赔一项"抢救费"，或谓替死者洗胃时，需要去秽的额外费用，黑、花、白三个级别都是1锭；在子女抚养费和赔给舅父数额上三个级别分别是7锭、5锭、3锭和15.5锭、11.5锭、7.5锭。黑彝家支内男性以投岩或投水方式斯吉比给女性的，多赔一项"羞辱金"，三个级别亦均为1锭：子女抚养费依次为7锭、5锭、3锭；赔给舅舅依次为17.5锭、11.5锭和9.5锭；赔给外祖父依次为5.5锭、3.5锭和2.2锭。

黑彝家支内男性服毒斯吉比给男性的，多一项"抢救费"，不同级别均为1锭。黑彝家支内男性以投岩或投水方式斯吉比给男性的，多一项"羞辱金"，不同级别的赔偿数额均为1锭，但在命价、打露水金、超度送终金和赔偿给舅父等项目额度上略有差别，如命价依次为100锭、80锭和60锭；打露水金依次为0.5锭、0.3锭和0.2锭；超度送终金依次为11.5锭、9.5锭和7.5锭；赔给舅父的依次为81锭、61锭和40.5锭。

2. 白彝家支之间的斯吉比案命金赔偿具体如下表（银，单位锭）：

种类	上吊			服毒死			跳崖死			投水死		
	阿诺	阿则	阿曲	阿诺	阿则	阿曲	阿诺	阿则	阿曲	阿诺	阿则	阿曲
本家支男性死给女性	12	9	7	12	9	7	15	13	11	15	13	11
本家女性死给男性	11	9	7	11	9	7	14	12	9	14	12	9
本家男性死给男性	50	35	22	50	35	22	70	50	35	70	50	35

白彝家支内部成员斯吉比案中人命金如上表外，在其他赔偿上，略有不同，具体如下：

白彝家支内男性服毒斯吉比给女性有一项"抢救费"，其中黑、花、白三种案型数额均为1锭。白彝家支内男性以投岩或投水方式斯吉比给女性时，多一项"羞辱金"，其中三个级别数额分别是1锭；但其命价和赔给舅父的额度稍高，依黑、花、白三个级别，命价分别是15锭、13锭和11锭，赔给舅父额度分别是13.5锭、11.5锭和9.5锭。

白彝家支内女性服毒斯吉比给男性的，多一项"抢救费"，三个级别均为1锭。白彝家支内女性以投岩或投水斯吉比给男性的，多一项"羞辱金"，三个级别的赔偿额度亦均为1锭，禳邪超生金额度三个级别3.5锭、2.2锭、1.7锭；赔给舅父的额度12.5锭、9.5锭、7.5锭。

白彝家支内男性服毒斯吉比给男性的，多赔一项"抢救费"，三个级别皆为1锭；白彝家支内男性投岩或投水斯吉比男性，多一项"羞辱金"，三个级别均为1锭，禳邪超生金依次为3.5锭、2.2锭和1.7锭，赔给舅父依次为50.5锭、30.5锭和15.5锭）、赔给祖父依次为3.2锭、2.2锭和1.7锭和赔给外祖父依次为5.5锭、3.2锭和2.2锭等。

家支内斯吉比与亲戚间斯吉比在赔偿项目上略有不同。如亲戚斯吉比案有"焚烧房屋款"、"糟蹋庄稼款"和赔给"死者方妇女"等项目；家支内斯吉比特别有"子女抚养费"与"女儿陪嫁"。相同等级亲戚之间斯吉比案赔偿数额不同，具体如下。

诺合（黑彝）亲戚之间死给案的命金赔偿如下表（单，单位：锭）：

种类类型	上吊			服毒死			跳崖死			投水死		
案件类型	黑	花	白	黑	花	白	黑	花	白	黑	花	白
男性死给女性	19	15	11	19	15	11	19	15	11	19	15	11
男性死给男性	100	80	60	100	80	60	100	80	60	60	80	60

曲诺亲戚之间死给案的命金赔偿如下表（银，单位：锭）：

种类	上吊	服毒死	跳崖死	投水死
男性死给女性	12	12	15	15
女性死给男性	11	11	13	13

（三）伤害妇女的斯吉比案

强奸等对妇女伤害引起受害人斯吉比案是斯吉比案中的重要类型。强奸等伤害妇女引起的斯吉比案，一般采用抵命。此外，根据情况分为三类案件进行赔偿，具体是因暴力强（轮）奸，使妇女受伤，让其他人看见，导致受害人自杀的是黑案，赔偿时除了命金外，还要赔偿死者的母亲、舅舅、姐妹、表姐妹、姨妈、姑妈、侄女等"雪耻金"，赔冲撞生育神、福禄神的祭祀费用，赔目睹者灵魂被污秽的"洗洁灵魂"法事的费用；其他强奸案引起的自杀，分为花案、白案赔偿。妇女婚后与人通奸被丈夫察觉，奸夫因受刑致死或斯吉比的，女方丈夫要负责赔偿命金；黑彝强奸白彝妇女，受害者斯吉比时，视自杀方式赔偿一定数量的命金。

斯吉比案中有一大类是因家庭纠纷引起，此类案件较为复杂，具体有：公婆斯吉比儿媳妇，若儿媳妇离异，命金由新夫家负责赔偿；如未离或离异后不再嫁，则无命金；儿媳妇斯吉比公婆，公婆负责向死者娘家赔偿命金；妻子斯吉比丈夫，丈夫负责向死者娘家赔命金，并打酒宰牲赔偿；丈夫斯吉比妻子，如有子女，妻子不另嫁，则无命金，如另嫁他人，命金由新夫家负责赔偿；父母斯吉比子女，子女要向其舅父赔偿，并给本家支打酒宰牲，赔礼认罪；子女斯吉比父母，无命金；女儿出嫁后斯吉比父母，父母要退还夫家聘金和赔偿夫家用于结婚时的费用；孙子、孙女斯吉比祖父、祖母或外祖父、外祖母，按家支内斯吉比的命金或斯吉比亲戚的命金赔偿；祖父、祖母斯吉比孙子、孙女或外孙子、外孙女，按家支内斯吉比的命金或斯吉比亲戚的命金赔偿等。

夫妻之间斯吉比案在处理上采用黑花白三种分类，在实践中有具体适用的个案。1989 年 6 月喜德县洛共乡三河村已婚吉克仆古与阿莫发生婚外情，被妻子发现，妻子上吊自杀，案件发生后被定为花案，赔偿人命金 900 元给女方父母。此案定为花案是因为丈夫有外遇，导致夫妻吵架，妻子自杀。[①] 1987 年越西县普雄区勒青地乡洛波村莫洛达儿惹的妻子某色阿共怀孕六个月，要回盐边探亲，丈夫认为有六个月身孕，不便远行。为此夫妻争吵，莫色阿共上吊自杀。德古在调解时认定为花案。[②] 1986 年越西县新民区联合乡屏一村沙马克惹因结婚六年的妻子一直不到家里居住。同年 6 月请妻子时在妻子家服毒自杀。案件发生后德古认定是黑花案，是马沙克惹自杀报复妻子和岳父。由于妻子不到夫家居住，丈夫多次请不果，妻子有过错，认定为黑花案。[③]

四　举行特定仪式

凉山彝族斯吉比案件之所以大量存在，主要与彝族人认为斯吉比是一种非常不"洁净"的行为有关。家支之所以对斯吉比行为非常在意，是认为家支中出现某人斯吉比后，整个家支会被鬼魂缠身，若不进行有效解决，以后会向家支其他成员传染。斯吉比案出现后，在赔偿中必须有举行洗魔的费用。家支或家庭在获得赔偿后，都要举行仪式，进行驱魔清洁仪式。"彝俗，非正常死亡者，即被刀枪杀死、服毒、上吊等死尸，忌把灵柩停放在家里，认为这类凶死者的灵魂会污了屋子，而且他们多会变成恶鬼，勾走人"。[④] 这就是斯吉比案中家支会很在意的原因，因为斯吉比会给家支成员带来不正常，导致家支成员出现大量的此类行为。家支对此种行为极力反对，有防止此类行为再出现的目的。当然，从社会实证分析看，此种反对导致的社会结果却是相反的。由于家支对此种行为的极力反对，导致很多当事人看到此种行为获得的社会效果，而加剧了采取此种行为获得自己报复目标的动力。这是这种社会行为在彝族社会中存在的内在社会结构。

第七节　德古：凉山传统社会中纠纷解决职业化群体

凉山彝族传统社会中由于家支作用，加上没有形成强有力的公共社会组

---

① 海乃拉莫等：《凉山彝族习惯法案例集成》，云南人民出版社 1998 年版，第 157 页。
② 同上书，第 167 页。
③ 同上书，第 169 页。
④ 同上书，第 84 页。

织，在各种利益与社会习惯之下，社会纠纷出现频繁。为了让社会保持在适当的秩序状态中，社会由此形成了相对特殊的社会群体——德古，专门从事社会纠纷的解决。德古群体在凉山彝族传统社会中起到的作用十分特殊，是人类社会发展中纠纷解决群体专业化形成原初状态的典型代表。彝族谚语中有"彝区的德古，汉区的官府"，"德古睡觉不理事，纠纷就会闹翻天"。

一　"德古"的含义

"德古"在凉山彝族传统社会中是对从事纠纷调解、执行彝区法律习惯的专门群体的称谓。对"德古"的原义，学术界有不同解释。有学者认为"德"在彝语中原义是"瘦"、"脊"的意思，"脊"和"瘦"是一种病态的象征。"病"又通"劣"、"恶"。"古"是"治"的意思。"治"是"处理"、"解决"。"德古"字面上的意思是指治理社会中病态现象的人，即治恶者。① 有学者认为德古中"德"是"重、稳重"的意思，"古"是"圆、圆圈"，"德古"直译是"一个稳定的圆圈"。② 凉山彝族传统社会中，认为社会出现不正常现象时，若是神灵之事，则由有毕摩解决，若是人类之事，则由德古解决。两者都是解决彝族社会中不正常现象的群体。有学者认为德古有三层含义：一是形容词，指口才好，善于演说的人；二是名词，指众多头人议事的场合；三是指有威信、知识丰富、智力过人，熟悉彝族习惯法和古规古俗，能按习惯法和案例处理纠纷、办事公道果断，能言善辩，能为家支（或地区）解决纠纷，处理各种刑事、民事案件的调解纠纷者。③ 有学者认为德古不是自称，是他称，专指社会纠纷的调解者，为首的称为"德古阿莫"，意思是德古之母，即大德古，就是德高望重的著名调解者。④ 有人把德古译为"善于辞令的尊者"，认为德古是熟知习惯法、神话传说、历史典故、格言谚语，并能熟练运用于调解纠纷，因他们阅历深、见识广、巧言善辩、处事公道并成功地调解了几次纠纷案件，故而他们的威望，一般都超出本家支外，别的家支冤家纠纷也来请他们调解，同样他们也会在几个家支的联合活动中发挥更大的作用。⑤ 有学者认为德古不是一种职务，也不是一种职业，它是一种在群众中自然形成，为人们所公认，有一定威性的人物的

---

① 马尔子：《浅谈凉山彝族德古》，载《凉山民族研究》1992 年刊，第 99 页。
② 巴且日伙：《凉山彝族聚居区法律生活分析》，载《凉山民族研究》2000 年刊，第 66 页。
③ 罗家修：《德古与苏依浅议》，载《凉山彝族研究》（2），民族出版社 2012 年版，第 211 页
④ 阿期的确：《独到的彝族调解法》，载《凉山民族研究》2003 年第 2 期，第 37 页。
⑤ 《凉山彝族奴隶社会》，人民出版社 1982 年版，第 135 页。

统称。他们必须是公正、知识渊博、熟悉古往今来许许多多典故，有口才、善辩、能熟练地掌握、运用习惯法，并在处理重大事件中显露过才能，为众人所信服的人。①

结合各种资料，可以看出德古是指熟悉彝族传统社会中习惯法及判例、知悉彝族历史文化、格言谚语、掌握社会纠纷解决技术，并能综合运用各种知识与技术调解社会纠纷，实现社会纠纷解决的专业化人员。德古在凉山彝族法律文化中的角色，是彝族法律知识的载体，是法律知识的传播、修订者、完善者。

二　德古形成的历史

彝族传统社会中德古形成与历史上"莫"的阶层形成关。彝族最初把调解纠纷的人称为"莫"，或"莫木搓"、"莫萨"、"莫图莫机"、"莫木萨体"、"木呷牛呷"等。德古源于远古彝族氏族社会阶层中专门从事纠纷解决的群体——"莫"。

彝族纠纷解决者的演变史反映出彝族社会发展中母系氏族社会与父系氏族社会的变迁与融合。彝语中"莫"是女性，反映了彝族社会中母系氏族社会的存留。彝族原始崇拜中以母体崇拜为首，日常生活中以母（雌性）为大。彝语中，"大"就是"母"，"小"就是"子"。如大石头叫"尔莫"，"尔"为石，"莫"为母，小石头叫"耳惹"，"惹"为子为小之意。在母系氏族社会中女性，特别是母亲是社会政治权力中心。女首领主持生活事务、调处纠纷，被称为莫。彝族称社会纠纷为"莫纽"，意思是女人之间的矛盾纠纷。"莫"是妇女、争端、矛盾纠纷等的意思，"纽"为活计、事务之意。如称土地纠纷为"普纽莫纽"，杀人案件为"搓确莫纽"。父系氏族社会，以父系血缘为社会主导，以父子连名系谱维系父系血缘组织，称系谱为"搓茨"，"搓"意思是人，"茨"意思是世系。称家支为"楚西"，称父系家支为"此伟"。"伟"是父系氏族之意，即一个父亲、祖父、始祖之子孙。称纠纷为"莫纽伟克"，反映出在社会纠纷称谓上把母系氏族与父系社会内容结合在一起。"伟克"中"伟"是父系氏族；"克"是口舌之争、主要的、为首的事务，"伟克"是父系氏族社会中的纷争事务、行政法律事务等。"莫纽伟克"泛指一切行政事务和纠纷案件。

有了纠纷就需有人调解。调解纠纷的人称为——"莫纽"。"莫纽"词

---

① 白芝尔姑阿呷：《凉山彝族习惯法》，载《彝族文化》1989 年年刊，第 121 页。

根是"莫"。母系时代以女性调解纠纷，调解纠纷者称为"莫姆"。"姆"意调处、办理。调解纠纷委员会称为"莫（蒙）格"，"莫"即女性，"格"为汇总、归纳、议论、判处之意。家支大会称为"茨伟莫格"；解决凶杀案称为"搓确莫格"。随着社会发展，由女性充当行政、法律、祭祀于一体的"莫"调解纠纷不适应社会发展需求。彝族社会中出现"莫"的职能再分化，出现了专门调解纠纷的"莫"；专门祭祀的"毕莫"。父系社会时期，"莫"中分化形成德古。彝族进入父系氏族公社后，社会职业分化更为明显。彝族谚语有"兄（长子）分衍繁衍的后代成为'兹咪'，弟（次子以下）的后代成为'尔吉'"，"兹咪"即主事的、为首的人，"尔吉"是从属分散的人。父系时代，彝文史料中出现"兹、莫、毕、革、卓"的职业分化。"兹"是主事者，掌管大事，作决定当统帅，掌权者。"莫"本意是母亲，长者，有知识有威望、熟悉习惯法和彝族文化并能以此排难解纷者。"毕"是后来的毕摩，专事为人祈福禳鬼治病超度祖灵，熟知彝文祭祀经及各种经典史传，掌管文书等。"革"是工匠；"卓"是百姓。

在"莫"群体中，根据"莫"的学识和人品、能力、威望等，可将他们分为上、中、下三个不同群体。彝谚说："莫上莫三类，为了道理争；莫中莫三类，判案如劈柴；莫下莫三类，下话传上家，上话传下家。"莫和德古在彝族传统社会中的作用，可以从谚语中看出，"莫来排纷解难救人命，毕来净化灵魂保健康。儿孙争理依父母，人类争理靠德古"。

对彝族社会中出现纠纷专业解决者的原因，大量彝文文献都有记载。彝族古籍《威克博帕》中说，远古时期最早的兹是楚克普里，莫是毕乌毕地，毕是史祖扎木，格（革）是阿尔阿底，卓是库都车博。民间故事《格俄勒与依俄勒》中说，最先的莫是大比乌、体比达。《端铧口的来历》上说，武部落的武地阿约说合了与外族人矛盾，那时是"天地津梁断"时期。史诗《勒俄特衣》记载，古侯、曲涅两大部落由战争到联姻，先后有达价斯里、木施杂惹、斯惹阿武来担任莫，但都没有调解成功。彝族英雄时代的英雄史诗《罕叶迪古》和史料《源流》中记载，当时的氏族战争、血族复仇的冤家械斗，积尸成山，血流成河，冤仇似黑云压顶，双方杀了99条黑色调解牛，杀了99条黄色的和解牛，杀了99条花色的闭口牛，都没成功和解，后来由大德古莫科德直调解成功，人们推崇他作为德古的始祖。

三　德古的形成条件与要求

德古在凉山彝族社会中是自然形成的，这已经为人类学调查所证实。德古是从家支头人苏易中发展而来的自然领袖。当某位家支头人苏易解决纠纷的能力超越家支范围，成为某一区域内公认的纠纷解决者，就自然形成德古。德古地位的保持与自身能力有关，当某人出现处理纠纷不公正，或处理纠纷出现反复时，就自然失去德古地位。凉山彝族德古的特殊性还在不受严格等级限制，同时没有严格年龄和性别限制。从现实看，德古来源具有超越等级、家支、男女和年龄的特征，与整个凉山彝族传统社会中重等级、重家支和重男性的结构表现出不一致。"德古不能世袭，也不意味着权势或财富，不论是黑彝、白彝或安家奴隶，一经被公认为德古以后，在调解纠纷时，都具有同等的权威。"① 德古形成没有规定，各等级的人，包括奴隶，甚至女人都可成为德古。彝族谚语有"只要你说得在理，披蓑（草）衣的不怕披披毡的"。残疾人也可当德古。凉山州越西县申果庄乡的一位海乃德古（1996 年 60 岁），自小双目失明。但他从小向他父亲和伯叔们学习习惯法等知识，经常参加调解纠纷，积累了丰富的调解经验和很多判例。在 25岁时开始为邻里调解纠纷，得到好评。30 岁时调解成功了一件久拖不决的婚姻纠纷，因而名声大震。之后就有很多人找他调解纠纷，成为有名的德古。找他调解纠纷的人，有相邻的美姑县、喜德县、昭觉县等地，已调解了近千件案子，其中有人命纠纷数起、婚姻纠纷、斗殴、互相口角成仇等，调解成功的没有翻案的。他说除了他的业务熟、处事公正之外，主要还在于他不可能看别人脸色行事，而能公正作判决。德古职业不是世袭，能否成为德古主要看当事人能力。彝族谚语有"老人懂事是德古，其子无才去牵马"；"田鼠不能走老虎的路，雀儿不能像苍鹰一样飞，愚蠢的人当不上德古"。在形成上德古遵循"唯才是举"的原则，保证了凉山彝族传统社会纠纷解决机制中解决者是最优秀的群体，让纠纷解决具有高质量的人才保障。有学者认为德古的基本条件是知识丰富，口才好，善于演说，为人公正，作风民主，以理服人。并指出仅有口才好，没有其他品质，也不能成为德古。②

家支头人苏易要成为德古有以下基本要求：

第一，熟知凉山彝族社会中的"节威"和先例。作为彝族社会中的"法律人"，成为德古的首要条件是要对传统社会中的节威（习惯法）和先例十分熟知。"办案子比照先例，犹如做生意仿别人路子"。此外，对彝族

---

① 白芝尔姑阿呷：《凉山彝族习惯法》，载《彝族文化》1989 年年刊，第 121 页。
② 罗家修：《德古与苏依浅议》，载《凉山彝族研究》（2），民族出版社 2012 年版，第211 页。

社会中各类与法律有关的知识有良好的掌握。如对历代德古的典故和著名德古所判案例有全面了解，特别精通彝族的"尔比尔吉"（格言谚语）。德古在调解纠纷时主要采用说理，说理的依据是彝族传统社会中的各类知识、规范等。对凉山地区的法律习惯、格言警句有多少，学术界没有进行全面整理。凉山彝族习惯法内容散存于世代传承的口碑文化中，保留于史诗、彝文古籍、毕摩经、格言谚语、德古的传说及事迹案例中，大多数以谚语、成语、俗语的形式固定下来。内容大概包括人身占有与保护、婚姻家庭与氏族法规、土地财产的所有与继承、租佃、债务、抢劫、偷窃及侵犯人身自由及名誉权等。① 据彝文古籍及传说记载，彝族习惯法具体有："牧俄史俄勒的"（刑法）有129条，"木普瓦纳"（民法）有83条，② 此外，还有"勿兹节威"（程序法）。格言谚语中体现法律原则很多，有上千条。如："大山垮盖不住正理，大河涨水冲不走公道"；"说错须治嘴舌，做错要赎行动"；"高的任风吹散，低的让水冲走"；"拐族人妻案最大，杀族人的命案最大"；"贪色莫奸幼（女），否则被活埋"；"忌杀母猪，忌打妇女"；"猪蹄十二节各节不一样，案子十二类，各案不同地判"；"偷猫赔九两金子，偷蜜蜂赔七两金子"等。这些内容是德古必须掌握与学习的知识。

第二，良好的道德素养。德古作为社会纠纷的解决者，是彝族社会中公正的维持者与体现者。在凉山传统彝族社会中，德古阿莫是"大仁大义、大知大慧、大彻大悟"的智者。德古在道德上要求处事公道正派，刚正不阿，不畏权势及强权，不为金钱和私利所动。德古要注意自己的言行，有教养、守信誉，顾全自己的尊严。德古对纠纷不能选择，只要需要就要解决。"骏马不择所走的道路，德古不择所遇的纠纷，毕摩不择来约仪式的主人。"这说明彝族传统社会中两种特殊职业群体在工作上的要求。

第三，具有公益心。德古作为彝族社会中纠纷解决者，在家支、等级森严的彝族社会中，要得到其他家支与等级的信任，必须有公益心。德古在处理案件时要做到公正无私，具有高度责任心，具有超越家支、民族甚至敌我的胸怀。德古要用"为众人平屋基"（为他人幸福无私奉献）的原则来处理不同家支之间的纠纷。德古需要付出的职业。因为在家支械斗时，德古在调解时往往需要几天不停地工作。为了维护德古群体的声誉，不计较报酬和名

---

① 海乃拉莫、曲木约质、刘尧汉：《凉山彝族习惯法案例集成》，云南人民出版社1998年版，第8页。

② 海乃拉莫：《彝族法律研究》，载《凉山彝学》1998年刊，第99页。

利，以"人活着名誉为贵，虎活着皮张为美"为原则。德古在调解纠纷中，不能以获利为目的。很多德古在调解工作时很少收费，大多时候德古调解完成纠纷后，仅带走调解时所杀牲畜的头蹄和皮子。彝族社会中有"当德古常穷，做圣人若愚"之说。这说明德古职业不以获利为目的。

第四，具有丰富的人生经验。德古依靠品德与才智解决纠纷，所以德古一般有丰富的人生经验。德古在客观上看，年龄上以 30 岁以后，70 岁以前为多。很多德古的形成是经过长期的学习与实践发展而成的。很多德古从小旁听别人解决纠纷，耳濡目染，或接触大量社会纠纷，增加自己的实践技能。德古很多先从调处小纠纷开始，再逐渐调解重大纠纷。很多是在调处某一特殊纠纷后产生重大社会影响而"一炮走红"，成为大德古的。

第五，具有良好的表达与说理能力。德古在调解纠纷时是通过讲道理劝说双方当事人。这需要很好的演讲才能、说理技巧。德古在说理时会引用彝区的一些典故、习俗、谚语来论证自己的主张。如"打死人，黑沉沉，杀死人，血淋淋"，表达杀人罪为诸罪之首。所以良好的口头表达能力成为德古的重要条件之一。

第六，具有裁断能力。德古是处理纠纷的专业人员，要成为德古，对社会纠纷要有裁断力。很多纠纷在调解时需要调解者作出裁断，不能和稀泥。有时德古遇到突发事件时要有把控大局、统揽全局、当机立断的能力。

四　德古在彝族法律社会中的作用

德古在彝族法律生活中的作用可以从以下谚语中看出，"发生案件服从德古，病魔缠身毕摩治愈"；"彝区是德古管事，汉区是官吏管事，藏区是喇嘛管事"。德古的作用可以分为：解决彝族社会中各类纠纷；完善彝族社会中的规范。

（一）解决社会纠纷

彝族传统社会中纠纷复杂，特别是家支之间的械斗，若不进行有效的调解，会导致整个社会秩序的混乱。于是，人们在现实生活中形成了必须有一个群体对社会纠纷进行有效调解的需要与制度设置，德古阶层的出现就是这种社会需求的产物。彝族认为社会纠纷是可以解决的，在彝族格言中有"没有锅庄大的金子，没有大到天上去的纠纷"；"纠纷须尽快解决，就像山林火灾，不及时扑灭则会扩大，就像人生病，不及早医治就会加重病情"。这说明彝族认为社会纠纷是可以解决的，不管是什么类型的社会纠纷。为了保证德古的安全，彝族社会形成了对德古的特别保护，若有人打杀正在调解纠纷的德古，凶手和他的家支将会受全体彝族围攻，人们将不与其家支开亲和交往。

（二）完善法律规范

彝族习惯法必须随着社会发展而发展，德古作为彝族传统社会中的"法律人"阶层，不仅要适用法律，调解纠纷，还要发展习惯法。德古通过家支大会进行一些新规则的创制，发展习惯法。此外，通过实践，发展习惯。德古在调解社会纠纷时。若遇到疑难案，特别是案件或社会纠纷实属罕见，情况复杂，牵涉面广，处置不当会影响社会安定的，原有习惯法或德古所知的其他规范体系与法理原则不能适用，同时此类案件也没有先例，主持调解的德古会与毕摩商议，在德古调解委员会达成共识后，对纠纷作出首创性裁决。裁决将会成为处理此类纠纷的原则和先例。这构成了德古和毕摩对彝族习惯法的修正和完善。德古调解纠纷时根据纠纷特点和当时社会大众习惯，可以废止一些过时的规范。要对习惯规范修正时，德古会举行"德古蒙格"仪式，达成一致意见后宣布。若宣布在某一区域行使习惯法中需要废止特定规范时，要由毕摩做法事后才能生效。如人命案中"亲属擦泪金"的确立，按美姑县原政协主席恩扎解释，在七八代人之前美姑县牛牛坝的毕坡家出了人命案，德古果史阿博调解凶手向毕坡家赔偿命金。调解成功后，德古阿博见毕坡家的人天天到火葬坟边哭诉。有鉴于此，果史阿博认为必须安抚死者家属，便召集德古商议，形成决议，要求凶手再赔一锭白银给毕坡家，作为抚慰补偿。把此赔偿金确定为"亲属擦泪金"。在此以后，涉及人命金赔偿上，德古以此为例，增加了"擦泪金"一项。

五　德古调解社会纠纷的机制

德古在彝族传统社会中解决纠纷基本形式是调解。调解时采用的手段是综合运用各种知识，依据人们熟知的习惯法，通过说服、沟通、舆论、谈判和利用家支内外的社会力量，同时，充分考虑事件发生的背景、过程、情节、类别、当事人等级和事件在社区里的意义及影响等因素形成的社会合力来解决纠纷。

（一）德古调解纠纷的两种方式

德古调解纠纷时介入方式有两种：一是纠纷出现，德古为防止纠纷扩大，主动介入；二是产生纠纷后，纠纷中一方主动请德古介入调解纠纷。在凉山彝族社会中，不管发生什么样的纠纷，就是家支之间的械斗，只要有德古介入，当事人就得停止械斗。彝族社会中，当出现冤家械斗、仇杀事件，特别是家支之间，当事双方出现力竭时都会寻求调解。由于双方是仇人，不能直接对话，这时就需要由特定人员出面传话约定调解。这时，一方或双方会各自请德古出面传话，承担传话人员称为"莫当"。双方达成调解协议后，莫当请德古委员会在特定时期与地点举行"蒙格"调解仪式，后派出"莫玛吉资"作为使者，把双方意图传达到对方。蒙格仪式上让使者分别带着代表双方印信的信物，主要是请毕摩打鸡诅咒并洒上鸡血，或鸡毛的木刻信物，称为"斯洛莫"。信物传送到对方，并讲出具体事项，通知蒙格约定的时间与地点。① 纠纷双方接受了信物，就得停止械斗，进入调解程序。

当有纠纷发生，人们即找德古来调解，无论纠纷大小难易，无论发生地的远近或他是否有时间，都必须立即前往，除非调解能力有限，否则都要立即前去调解。如无故延误，会失去德古的地位。

（二）德古调解形式

德古调解纠纷有两种形式：小纠纷，采用面对面的调解；重大纠纷采用背对背，即纠纷双方不是面对面，而是通过德古们从中反复劝说，最后达成协议。从调解组成上看，有一位德古调解与多位德古组成调解委员会调解两种形式，具体看，重大纠纷，特别是涉及家支之间的纠纷，往往采用德古委员会调解制度。

德古调解小纠纷时，由纠纷一方请德古到家里。德古先到请人一方家里了解情况后，再到纠纷另一方家里了解情况。根据掌握的情况，请上纠纷一方当事人到另一家里，在火塘边让纠纷双方当面陈述自己的理由，德古综合双方意见，逐一解答疏导，提出自己的调解意见，得到双方同意后，作出调解协议。完成后，敬双方一杯酒，或由纠纷当事人家杀鸡、猪招待。当调解使用的木刻沾上所杀动物的血后，纠纷调解成功，不许翻案，当事人要执行。

调解械斗案、陈年积怨案和凶杀案等重大纠纷时，在野外进行。纠纷双方当事人及家支、亲戚们各自在相距较远的两边山头上驻扎，一般各方都有数十人，多者成百上千人，各自生锅造饭，以状声威。双方派代表来到两山之间的一个地方，相隔一段距离对坐。他们之间由德古组织调解委员进行穿梭协商调解。目的是避免双方出现意见不一而大打出手。调解过程中若双方意见差异较大而不能达成谅解，双方代表不能直接见面。由大德古（主持者）派人分别向两边传话，分别向双方代表了解案情。开始调解时，德古

---

① 海乃拉莫：《彝族法律研究》，载《凉山彝学》1998 年刊。

委员会杀一条"开口牛"，意思是开始调解，毕摩做法事，解除凶死者的邪气和对参与调解的人的灵魂除去污秽和祸祟。当双方代表基本接受调解意见，各派一名代表来到德古的"吉尔吉铁"地方辩论，德古进行评判。对案情清楚的，德古根据习惯法对照条款向双方代表解释，他们派人回到本方传达情况。本方意见由其代表及派去说教劝解的德古带回中场汇总。如此往返多次后，双方代表聚于中场，由德古主持调解。最后达成协议后，德古分别到双方阵营宣布调解情况，宣讲法规，劝说论证，听取大家意见后，回中场举行德古和双方代表"蒙格"仪式。合议后得出最后调解协议。德古率各自代表回到本方宣布结论。最后，举行和解协议达成大会，双方众人聚于一处，杀一条"闭口牛"，让大家喝酒吃肉后由毕摩做法事打鸡诅咒，不许双方翻案。德古最后向双方讲从此合好等教育劝解。德古会被当事人请回家里招待。德古回家时要请毕摩做解除邪秽的法事。

德古在调解过程中，存在以下环节与机制，具体是：

首先，由德古和毕摩组成调解委员会。调解委员会成员由莫当、莫目、丘西和毕摩等组成。对此，彝族比尔有"一个德古，也要三个人协商"。调解进行前，德古组成的调解委员会先举行"吉尔吉铁"会议，即商讨纠纷性质、类型和特点，统一调处方法、安排调解程序，决定调解时间、地点和参加的人员，协调统一调解的口径。纠纷双方当事人可请德古举行"吉尔吉铁"会议，向德古提出本方意见和要求。

其次，在背对背调解过程中，纠纷双方家支通过举行蒙格会议，对调解事项提出意见，统一思想。德古在调解纠纷时多次主持或参与纠纷双方家支单独召开的"蒙格"会议。德古委员会在调解纠过程中，根据需要，会举行数次或数十次蒙格会议，对纠纷双方意见进行综合考察。当纠纷双方家支成员经过"蒙格"会议达成统一意见，纠纷双方意见统一后，主持调解的大德古把双方代表请到调解地，当众宣布调解结果。

最后，调解中德古委员会成员有不同分工。在重大社会纠纷中，德古委员会中不同人员作用是不同的。具体分工在"莫"的时代就存在。"莫"在调解社会纠纷时，批准调解的莫，称为"克波"；接纳答应的莫，称为"莫达"；扫除邪恶，举行清除污秽仪式，清洁场合的莫，称为"遮嘎"（或称"摸布"），具体由毕摩担任；传达莫（德古）与当事双方意见的莫，称"莫嘎"，或称"朵则"、"朵解"即接话、传话；据案件前因后果判决案件的莫，称"莫开"；为首主持和总控整个调解过程的称德古阿莫；德古侍从、辅助德古判案，称"丘西"。在德古时代，调解中分工具体情况是"莫当"、"莫目"、"莫凯"、"莫嘎"。德古参与纠纷解决时，出现的身份和角色不同，称谓也不同。在纠纷中，明显理亏一方愿意赔偿和解，代表他们站出来调解的德古称为"莫当"。"莫当"彝语是接受、担保的意思。两个家支出现械斗，出面调解的德古称为"莫目"。"莫目"是调解疏导的意思。彝族谚语有"莫目平屋基，劝架救人命"。两个家支发生一般纠纷，请来调解、评理的德古称为"莫凯"。"莫凯"，意思是裁断、判断、判决。纠纷双方仇恨较深，不能直接进行协商，邀请第三方家支德古来传递调和意见，这样的德古称为"莫嘎"。"莫嘎"彝语为传递意见的意思。① 此外，还有调解中充当德古的助手、辅助调解的人员，称为"丘西"。

（三）德古解决纠纷采用调解

德古解决纠纷采用调解，一般采取询问、疏导，耐心倾听当事人的倾诉，做当事人的出气筒，引经据典，举一反三，以习惯法及判例耐心说服。动用一切可以用的手段，用说服、劝解、反证、推理、心理学，甚至用威胁、强制等方法来达到和解纠纷。调解仪式中，不仅要有当事人的家属参加，还要通知当事人的家支头人和相应成员、舅舅家的人、姨妈、姑妈家的代表、姻亲代表、姐妹代表等到场，由他们为当事人出谋划策，作出决定。当德古作出依裁判时，要得到这些人认可，就是当事人不同意也会得到执行。德古要对这些人把道理讲清说透，把利害关系讲清，把结论说得合情合理合法。在调解中，德古对纠纷定性、得出结论时，要引古论今，讲明习惯法和案例涉及当事人的利害关系，引导双方当事人服从公正的道理。如果双方提出歪理，德古会宣布停止调解，并倒酒给当事人喝，说明自己退出调解，让有能力的德古来调解。德古对纠纷只能采用调解，不能采用审判。这在纠纷解决中，当德古认定的案件性质与当事人认为的案件性质不一致时，会出现失败，或德古采用妥协的办法解决。如在1985年越西县中所区五托乡五里村阿额莫阿要与丈夫离婚，丈夫不同意离婚，妻子自杀复仇。案件发生后，德古调解时认为此案中丈夫没有过错，因为妻子上吊前夫妻间没有发生争吵，认定此案是斯吉比案中的白案。但阿额家认为是黑案。双方在案件性质上存在争议，调解了十次都不成功，最后德古只好同意把案件性质定为花案。② 从中可以看出，双方在案件性质上都采用了妥协。这是调解的基本特征。此案中，德古按习惯法认定为白案是有依据的，但当死者家支不同意

---

① 马尔子：《浅谈凉山彝族德古》，载《凉山民族研究》1992年刊，第99页。
② 海乃拉莫等著：《凉山彝族习惯法案例集成》，云南人民出版社1998年版，第167页。

时，只能采用妥协办法解决。

德古成功调解纠纷后，在赔钱时，德古作为见证人并主持赔钱仪式。赔钱时德古从当事双方手中交接，具体是把赔偿金放在篾箩内，内装两杯酒和烧肉、粮食等，交到接受赔偿者长辈面前，由长辈交给当事人。如赔偿命金，则由毕摩做完法事后交付。赔偿金须限期交清，不许拖欠。彝族谚语有"纠纷决断钱是当机立断钱，婚姻聘礼钱是拖拉半辈钱"。如判决为死刑时，德古主持罪犯自杀仪式，或主持执行死刑仪式。

（四）纠纷解决成功后举行特定仪式

凉山彝族社会中没有公共权力组织凌驾于家支之上，德古调解完纠纷后，调解协议的执行没有外在的公共强力组织保证执行，全靠纠纷双方当事人自愿执行。为了让纠纷解决协议得到双方有效执行，德古在调解完纠纷后，都要举行特定仪式让调解协议有约束力。从记载看，举行的仪式有两种程序：一是喝和解酒，称"依查"（热汤），即杀牛宰羊，具体是大案杀牛，中案杀羊，小案杀猪，纠纷双方与德古一起喝和解酒；二是举行"西过则"（打鸡头）发誓仪式。彝族尔比有"打一只鸡，管九代人"之说，具体由毕摩主持，当众拧死一只鸡，表示永不反悔；如有反悔，就像鸡一样死去。重大纠纷，特别是家支械斗，有时要举行钻牛皮仪式，以示永不反悔。"判案如豺嘴，一咬留齿印。莫的判决如铁锁，挂哪儿都牢靠。"打鸡发誓在彝族传统文化中有重要意义。彝族谚语有："人命如鸡命，祖灵收鸡命也就会收去人命；鸡翅能长出九架抬人的尸架，鸡头能冒出九股烧尸体的火焰。"彝族认为鸡与人相同。正因如此，调解协议达成后，纠纷双方通过打鸡发誓成为保证纠纷执行的重要机制。当然，从记载看，有些轻微纠纷解决后，只通过吃和解酒，而不举行第二步盟誓仪式。

一 思考题

1. 凉山彝族传统法律分类制度对其法律规范的确定性有什么作用与影响？

2. 凉山彝族家支作为一种社会组织是如何影响凉山彝族传统法律秩序的形成的？

3. 凉山彝族传统法律制度中德古是如何完成法律秩序的维持的？

4. 凉山彝族传统法律制度的运行机制说明人类社会在没有公共社会组织下如何通过构造一种内在的社会机制来实现社会秩序？

二　扩展阅读

1. 马尔子：《浅谈凉山彝族德古》，《凉山民族研究》1992 年（创刊号），该文较全面地介绍了凉山彝族传统社会中德古的形成、来源与作用。

2. 白芝尔姑阿呷：《凉山彝族习惯法》（载《彝族文化》1989 年年刊），该文较全面介绍了凉山彝族传统社会中的习惯法体系与基本内容。

3. 四川省编写组：《四川省凉山彝族社会调查资料选辑》（四川省社会科学院出版社 1987 年版），该书中附有《普雄地区习惯法》（第 83 页）、《美姑县习惯法》（第 126 页）、《昭觉县习惯》（第 320 页）三个部分。此外，正文中有大量内容涉及彝族的家支制度，注释中有大量的具体个案，是了解凉山彝习惯法的重要的基础资料。

4. 海乃拉莫、曲木约质、刘尧汉：《凉山彝族习惯法案例集成》，（云南人民出版社 1998 年版）该书是对彝族习惯法及个案收集第一部较为全面的著作，是了凉山地区习惯法及运行的重要基础著作。

5. 陈金全、巴且日伙主编：《凉山彝族习惯法田野调查报告》（人民出版社 2008 年版）该书中对凉山彝族习惯法进行了较新的调查，收集了大量的资料。书中对凉山习惯法内容及个案进行较为全面的整理，是研究凉山彝族习惯法的重要资料。

三　法律资料摘抄

本章摘录了彝族两部最能体现传统法律度特征的法典。第一部是《夜郎君法典》，这部法典体现出很大的成熟性与完整性，从法典结构与内容上看都十分完整。第二部法典是凉山州雷波县八寨乡牛龙村在吉木阿龙家收藏整理出来的法典。根据收录者介绍，法典用竹、木简写成，提供彝文本的是雷波县检察院的吉兹曲者，翻译的是巴且日伙。从内容看，法典虽然较为原始，但内容能很好地反映凉山地区历史上的法律基本内容与特点。从行文看，法典是较为真实的。两部法典反映出彝族历史上不同社会形态下的法律结构与内容，同时，也可以看出两者之间的相似性与不同点。

（一）《夜郎君法典》，该法典出自 1998 年出版彝文手抄本《夜郎史传》汉译本（尧、刘金才主编：《夜郎史传》四川民族出版社 1998 年版，第53—76 页）。

武夜郎君长，他在可乐城，坐定了之后，他的思想明，他的心里亮，在他地盘上，要有新法规。他是这样说，也是这样讲："凡是我的民，凡是我的臣，都听我命令。"这样一来呢，夜郎的城池，所有的人们，只要长大后，力气大又好，健壮要当兵，勇敢要从军。这样一来呢，有着不少人，不断去服役，还有不少人，去为夜郎家，上山去放羊，到处去牧马。四方的百姓，家家都一样，定时交租粮。所有的山区，所有的林地，划好的良田，指定的沃土，全属武夜郎。条令还规定，所有男和女，都属君的民。不管是哪方，无论是何人，若是不照办，君长的强兵，就前来征服。条令发下后，四方的百姓，各地的臣民，彝人和濮人，或是武家人，全都要听从。君长的法令，服从君施政，听君发号令。凡是国中人，都得按令行，谁要是不听，死期就来临，说的是这样，传的是这些。武夜郎君长，他下的禁令，条条都苛刻，条条都严峻。法令二十条，条条都如此，看来是不错。说起那罚刑，全部是严刑。看起心肉麻，听来耳刺痛，看起眼发花。如此的法令，世上实罕见。凡君的臣民，人人要牢记，个个要遵守，不准谁违抗。夜郎这道令，四方都传到，八面都知晓。

第一条禁令，凡属于臣民，切记莫遗忘。一不许偷盗，若谁敢违抗，就得砍手指，一次砍五根；二次砍十指。

第二条禁令，一不准骗人，二不准抢人，若不听从者，定将眼珠挖，一次挖一只，二次挖两只。

第三条禁令，凡人须敬老。如有不孝子，对父若不孝，对母若不顺，绝不轻饶他，轻者则重罚，重者则剥皮。

第四条禁令，一不准聚众，二不准结伙，若是不听从，聚众谋反者，不论是大臣，或者是平民，一律要处死。

第五条禁令，凡属于臣民，要缴纳租税。牛马羊都交，按规定交齐，不许谁违抗。若有违抗者，收回种的地，没收所有物，轻者进牢房，重者要处死。

第六条禁令，四方的臣民，每年要向君，献美女三十。若有谁不从，主管者坐牢。

第七条禁令，凡是君臣民，人间的四方，无论是哪方，大人和小孩，一律不准哭，哭者要挖眼，男哭挖左眼，女哭挖右眼。

第八条禁令，君令要遵守，对君无二心。若有哪一方，对君有嫌言，君就要下令，出兵讨伐他。

第九条禁令，四方的民众，所有的臣民，男女婚姻事，不准许硬逼，男女相慕爱，歌场定终身。男女各双方，相互都愿意。要是谁违犯，以强去欺弱，违反了规章，重者要砍头，轻者就说教。

君令第十条，凡是君臣民，每年十月间，到初一那天，要为君祝寿。若有不从者，轻者要坐牢，重者要斩首。人人都一样，定不留情面。

君令十一条，凡属君臣民，要认真耕作，家家要丰收，年年有肥猪，月月有肥羊。各家与各户，要在每年里，交一头肥猪，交一只肥羊。谁家不丰收，交上瘦猪来，交上瘦羊来，这样的臣民，就用人抵押，抵押的这人，终身为奴仆。

君令十二条，凡属君境内，所有的男子，都可娶三妻。由于战争多，男的战死多，如今的人间，女多男子少，便作此规定。各地的民众，要多子多孙，多生男儿者，奖大牛一头，奖田土三块。

君令十三条，凡在战争中，所俘的奴隶，都可在各地，安家分田地，同样成平民。若其不听从，私自逃跑的，偷偷逃跑的，无论到哪方，只要一抓获，就当场处死。

君令十四条，凡文字书契，经典与书籍，祭经和医书，各支史书等，全归呗耄管。平民和百姓，不得乱收藏。这样一来后，百姓没有书，无法识文字。凡是平民中，有书不交者，严惩不宽容。

君令十五条，凡是当兵将，人人都一样，做到这四条：一不准学偷，二不准抢劫，三临战不逃，四不准卖主。谁要是不从，当一次逃兵，立刻就处死。

君令十六条，凡是将帅卒，都要孝忠君。谁要乱言者，谁敢乱行者，只要一查出，立刻就用刑。

君令十七条，君长的兵将，作战要上前，斗敌要勇敢。宁可上阵死，不可临阵逃，谁退却一步，谁就是怕死，谁就是逃兵，就立刻斩首。军规从无情，君令遵守了，就可打胜仗。

君令十八条，凡是善战者，战死疆场者，他就是英雄。这样的英雄，要好好祭献，让活人跪拜。若不是英雄，死尸无好葬，由鸟兽去吃，放河里喂鱼，让他的灵魂，永不能超度。逃死和战死，是这样检验：凡是将帅卒，若是战死者，箭从前胸进，这就是英雄。若是逃跑死，箭伤在后背，这样的死卒，他准是逃兵。定是他怕死，心想往后逃，自己人看见，一箭把他射。君令这样定，兵将齐上战，只要一开战，有进而无退；拼死往前冲，人人都卖命。

君令十九条，将帅的条令，带兵的将帅，一要带好兵，二要打好仗，三要严军纪，将帅和士兵，都要扣得紧，在打仗当中，将帅知敌情，要心中有数，这就可取胜。将帅和士兵，只要打胜仗，各自都有赏。有的赐马匹。有的给金银，按功来奖给，若要是败兵，若要是败卒，就找将帅问，若是说不

出，战败的根源，就将他处死，杀死示军威

君令二十条，对外的战争。凡是外族人，故意来犯者。武家的人们，人人要齐心。谁要去卖主，引敌入内者，只要一查明，先将手脚砍，再挖去双眼，一律不留情。

君长定的令，四方都遵守，臣民无不从，君令二十条，条条说分明。武夜郎君长，法令二十条，条条都严厉，条条都完备，这些法令呀，定得真高明。这样一来后，四方各地呀，都按君令行，各地的臣民，都安分度日，谁犯上半条，就有死无生。

二、《牛龙村彝族古代法理典章》。该法典名称是收录者所取，名称若与凉山地区的法律相比较，可能称为《凉山彝族古代法典》较为确切。法典内容是法理与法律条文混合在一起，与《摩奴法典》结构相同。这是收录者取名为《古代法理典章》的原因所在。法典现在收入陈金全、巴且日伙主编的《凉山彝族习惯田野调查报告》（人民出版社 2008 年版，第101—115 页）。法典在文本上分为两个部分，第一部分论述世界形成，社会纠纷的出现；第二部分把彝族先民的法律发展历史分为四个时代，具体是九代无法时代，由于没有法律规范，导致社会出现混乱；莫可迭知时代，出现以调解为中心，没有采用大量的祭祀神判，调解结果没办法得到严格执行，社会秩序仍然混乱；提毕乍木时代，出现神判，祭祀成为调解时的重要手段，且出现法律规范；莫可狄基时代，法律较为完善。从法典记载的法律发展时期看，与人类社会发展大体一致，因为在人类社会较初的阶段，主要采用的是世俗的解决，神判与世俗裁判结合是人类社会法律发展的第二时期。对时代划分上，莫可狄基时代是原文所有，其他三个时期，原文中没有明确列出，是笔者所取。

一　天地初创

苍天之初始，雷鸣声在前，电光闪在后。下为玄土之原野，草木争相荣，白鸟诸兽竞鸣唱。水潺潺，木森森，万物齐向上，茂密盛昌，但求如意啊！世界黑压压，大地现希望。玄土厚，玄土苍生竞争荣。显希望，但愿如此啊！造天在上方，上方天蓝蓝；造地在下方，下方草木生。

二　九代无法时代

果尔代，韦尔代，后成列尔代，变列尔，都尔代，金尔代，至瓦木九代，蓝色的惨相（有人被杀死的惨相），绿色的葬礼（人被火化时的情景）。

三　莫可迭知时代

这一代祖先，兴厮杀击射，是哈依迭古，调解案件莫可迭知创。

远古兹敏阿基家，哈依迭古家，恩则尼乍家，阿乌木拉家，波俄韦纽家，则洛觉俄阿嘎惹尔家，木乌则火家，金箭如飞碟，莫可狄知来调解，没借到铠甲，用石头还击，赫有撤兵意，赫兵往回撤，石击入林有杉阻，玄土人没死，若死不作祭（死了不作调解），作祭能拯救（调解定能赢），击棒折了用弓箭，弓箭折了成箭杆（无用了），护肘破了成箭筒，生灵死了有纠纷；法理有三种，典章有三制。藐视（你）就霸占你；敬畏（你）就偷窃你；小瞧（你）就抢劫你；视你愚钝就诈你；玩弄（你）就哄骗你，这是莫可迭知说。

四　提毕乍木时代

提毕乍木，问天的时代，向日月献祭，晨出启明星，豹星（二十八天）一轮回；虎星（三十天）一轮回。法理在大地，法理在天上，闪电不击它，法理在地上，蛇毒不咬它，法理存人间，风吹雨打不伤它，在此之后啊！有莫可迭知时代。

问天时代，是提毕乍木，向天祈祷，是上天体古斯都兴起，体古斯都去木哈施祖家，手握祈祷苍天书（法理书），将草木播向四方。来上天寻理处火毕史祖处，火毕史祖在下界，拯救七十（众生）生命，在上天给八十（众生）洗礼。

杀"毕"（祭师）罪三百，"莫"（司法官）为众奠基；劝者救人命，劝者说者为一家，杀"莫"罪三百，"莫"为人立髻，杀"君"（首领）罪三百。

清晨、夜晚，驯马和骑马，支格阿龙兴，马命如人命，打伤杀人，黑、花、白三等。黑三等、花三等、白三等。

打和杀为黑案，打死为黑中黑案。惨象马两匹，须额外增加。调解打死人案和杀人案同罪，杀人案啊凶光红。杀死未满十七岁者，赔偿一百三十三锭银。杀死十七岁以上者，当杀死十七岁者同罪，或当杀死已经有子女者同罪。

五 莫可狄基时代

(一) 杀人命案

杀人黑案有，往日本无冤，近日也无怒，未发生口舌，未曾被羞辱，如有被羞辱入地（过分），风吹所至皆知而死的，是蠢人违法的行为，当作血光杀人案，这是要当黑案来说的。人头九拃黄金一两，人身九勒马九匹，说理马两匹，传话马两匹，道理马两匹，唤父马两匹，唤母黄金一两，与家支分离，维持家支黄金一两。对婚媾，婚媾繁衍马一匹，繁衍兴旺马两匹。

1. 杀儿童者重罪，杀死未满十七岁者，唤天理（日神）黄金一两，唤道义（月神）黄金一两。父母白发人看黑发人亡，睹蓝色的惨象黄金一两，受绿色情景震惊金一两，断绝媳姻马九匹，割舍婿缘马七匹，一房赔一马，请家族九房骑九匹马。

2. 杀死十七岁以上未曾有儿女者，赔断根马两匹，赔绝户马两匹。

3. 杀死十七岁者以上已有儿女者，附加超度祭祀费用，祭祀送灵为天理，传宗接代是首位。鸡十只，外加一只婚育鸡；猪十头，外加一头人祭祀猪；羊十只，外加一只招魂羊；牛十头，外加一头献鬼牛；山羊十只，外加一只祭凶山羊；马十匹，外加一匹驮魂马，白鸡蛋（白案）十箩，黑鸡蛋（黑案）十箩，炒面十斗，荞面十斗。

世人无法规，就伤风败俗。寻法理约束，人应存规范。牛羊已群处，田地有埂坎，木桶套圈箍。世界尚有山石木水之分，生者争出兵，向东向西而出兵，猎犬去追豹要看是不是真去。有理就向南向北而寻找，起兵真到战场仅三人。马缰向左转，星相往外转。前辈爷爷上方先说话，后生儿孙下方道原因。大树倒，压小树，断枝残叶飞上天，请"莫"来商讨。

4. 一般人命案：

人死人亡的问题，杀人黑案，开口金一两，开口牛一头，先出这些之后，丧宴牺牲，丧服粮食，牛羊牺牲。闯入宅第银两锭；人庭院马两匹；住宅周围被杀银七锭；兄死争兄命债马两匹；儿死为儿申冤马两匹；妹死兄申冤马两匹；兄死妹申冤马两匹。

(二) 马命金

莫可迭知时代，清晨，夜晚，蟒蛇繁衍出马驹，驯马骑马支格阿龙兴。

马命金：马口马眼马气马耳朵，骏马命金十二锭，马手马足马四匹，金二两，在此之上，包裹赤金之绫银两锭，骏马命金七十四锭银，规范这样定。各有各的责任，铁要铁匠来淬火，因战争而死，死案先说死者盛装事，死案再说和好事，死案再说了断事。

（三）上吊、跳崖、投河、服毒、剖腹之命债

在这之后啊，知识文化居木四子兴，发明创造武吾三子兴，谋略斗智居木六子兴。布与默两家，吾阿乍两家，合与候两家，吊死者密密，跳崖者凄凄，投河者呻吟，服毒者叫喊，剖腹者悲泣。上吊、跳崖、投河、服毒、剖腹，白黑花三等，居木六子立，用金、马赔偿；阿哲、乌撒、勒格、曲赤四家族兴，擦眼泪马，源于古候九子时，是古候木乌普俄扎扎立；揩眼泪马，由博史阿波兴，在此之后啊！始有上吊、跳崖、投河、服毒、剖腹之命债：吊死命金二十二锭银，跳崖命金十九锭银，投河命金十八锭银，服毒命金十二锭银，剖腹命金二十四锭银。天理黑案框架，未含额外部分，仅是主要部分。

（四）夺妻杀族人案命金

杀族人缘过失，只因黑帽蒙了头，夺妻属蓄意，犹如刮起雨前风，犹如老虎未死便砍足。

1. 夺族妻：如拆房前的篱笆，夺妻须赔九条人命金，一般赔偿九条人命金。若是族妻九条人命金外，外加十牛十马，十绵羊十山羊，十猪和十鸡，还有拴马围圈大一块地，还有庭外的菜园，再加放灵牌的那块地，这就是乌撒斯义舍耶·斯阿木毕儒创立。

2. 杀族人命金：不包括额外部分，仅大体部分有九十九个九两九钱九厘，加上附加部分时有一百九十九锭九两九钱，赔偿杀族人制度由勒格三子立。

（五）牙命金

应赔偿赤金刀一把，银菜板一个，金刀银九锭，菜板银七锭，铜弹子铁弹子，铜弹子银两锭，铁弹子银两锭，包裹金银，包裹赤金的银两锭，一共二十四锭银，外加一个切肉奴，这是阿哲四子创立的。

（六）天菩萨、耳、鼻、眼、手、足命金

这是德布依尔勒格阿史创立：

1. 天菩萨赔偿：天菩萨发髻黄金一两，一两黄金马十匹，一马银七锭，外加绸缎五锭银，一共二十二锭银。

2. 耳朵赔偿：齐耳根被割，耳被划破，耳坠破，犹如猴裹树苔藓，癞猴难寻伴，黑熊腰侧白，癞熊无路走，古制法理在彝区，我的理由在他方，他的理由在我处，耳朵上部赔黄金九钱银九锭，耳朵中部赔偿黄金七钱银七锭；耳朵下部赔偿黄金五钱银五锭。上中下须分清而论，耳廓外加一只羊，

耳廓外加白公鸡一只，外加祛秽酒和毕摩仪式的费用。

3. 鼻子赔偿：闻一下，气味不辨马两匹，气不畅马两匹，伤到内骨黄金一两，共计白银十四锭。

4. 眼赔偿：远古俄木且俄祖辈时代，有竹简取眼刑，左眼是银珠，右眼是金珠，银珠白银三十锭，金珠白银九十锭。外加看山奴两个，看水奴一个，走平川马两匹，望陇头马一匹，共是一百二十八锭银。

5. 手赔偿：雄鹰折翅失去神猛，红虎断足失去威风，人若伤残困难重重，应赔春天耕牧奴一个，秋天收获奴一个，入冬烧火奴一个，夏季剪羊毛奴一个，手残应赔奴一个，御敌守家人一个，复仇伴一个。一个计一两黄金。这是乌蒙狄乌齐霍君主时代和勒格阿史时代创立的。

6. 脚赔偿：脚残有马一匹，一个牵马奴，坎上挖地奴一个，坎下耕地牛一头，犁地牵牛共三人，二百四十一锭。这是莫可迭知时代立。额外部分要另加一百八十一锭，这是阿哲乌撒时代立。如果在理，要赔马赔金。

第九章　傣族法律史

　　傣族传统法律文化是南方农耕民族特有法律传统的典型代表。傣族在发展的重要时期受到佛教的全面影响，在傣族传统法律中佛教及相关法律因素成为傣族传统法律发展中的重要因素，决定着傣族传统法律制度的结构、体系、内容及表达方式等。在历史上，傣族建立过很多有影响的地方政权，如元明时期德宏地区的麓川地方政权、西双版纳地区的景龙金殿国、勐连地区的勐连宣抚司等。从现存法律史料看，西双版纳和孟连成为傣族传统法律制度的典型代表。西双版纳地区法律以《西双版纳傣族封建法规》、《西双版纳傣族封建法规和礼仪规程》、《西双版纳傣族社会民刑法规》、《西双版纳傣族法规》和《勐海线傣族寨规与勐礼》等为代表；孟连以《孟连宣抚司法规》为代表。两个地区的法律都受到《芒莱法典》的直接影响。傣族传统法律中民事立法最有特色，其中婚姻和继承法是他们传统法律的代表，在中国古代法律文化中体现出不同于中原汉法风格的法律样式。

第一节　傣族简介

　　傣族自称有"傣仂"、"傣雅"、"傣那"、"傣绷"等。傣族他称，不同时期略有不同，汉晋时称为"滇越"、"掸"、"擅"、"僚"或"鸠僚"；唐宋时期称为"金齿"、"黑齿"、"茫蛮"、"白衣"等；元朝时期称为"白衣"，或写作"百夷"、"白夷"、"伯夷"等；清朝称为"摆夷"。20世纪50年代国家进行民族识别和认定时定名为傣族。据2010年第六次全国人口普查统计，傣族人口为126万人。傣语属于汉藏语系壮侗语族壮傣语支。现在通行文字有西双版纳和德宏两种傣文，系拼音文字，由印度南部巴利文演化而成。傣族主要分布在云南边境一线，从滇西北至滇东南，呈半月形分布。

　　傣族先民称为"百越"。"百越"一词出现在战国晚期，最早见于《吕氏春秋·恃君》，该处记载"扬汉之南，百越之际"。《汉书·地理志》中颜师古在注时引臣瓒，"自交趾至会稽，七八千里，百粤杂处，各有种姓"。"百越"是中国古代东南和南方地区分布最广的族群。百越群体发展成为今天的水族、布依族、侗族、壮族、黎族和傣族等。

　　傣族先民在公元前1世纪前后，生活在四川、贵州、云南、广西等地，称为"掸"。"掸"是"越人"西部中一支，又称"滇越"。其中居住在今德宏州及其西南地区的"掸"人，是今天傣族的直接先民。公元69年，东汉王朝在云南西部越人区域设置永昌郡（在今保山），管辖永昌徼外广大傣族先民。8—13世纪，傣族地区先后隶属于以彝族、白族为主体建立的云南南诏蒙氏政权和大理段氏政权。唐宋时期傣族先民称金齿、银齿、茫蛮和白衣等。据樊绰《蛮书》和《新唐书·南诏传》等记载，唐朝时傣族先民分布在今保山、凤庆、临沧、孟连、景东、西双版纳、德宏及红河州一带，与现在傣族分布区域大体一致。8世纪南诏地方政权设立永昌节度使辖区今天德宏全部，开南节度使管辖今天西双版纳全境，傣族主要部分纳入南诏控制之中。

　　1253年蒙古灭大理国后，在傣族地区实行土司制度，具体是在西部傣族地区设六路一赕，以德宏为中心设金齿宣抚司；以西双版纳为中心设彻里军民总管府。1384年，明朝在西双版纳设立车里军民宣慰使，在德宏设麓川平缅宣慰司，后在滇西增设干崖、南甸、陇川等宣抚司，猛卯、路江等设安抚司和芒市长官司，在怒江以东设耿马安抚司、孟定御夷府，在滇南景东、元江等地设府。1670年，车里宣慰使刀应勐将辖区分为12个承担封建赋役的行政单位，傣语称为"版纳"，开始有"西双（"十二"的傣音）版纳"之称。清朝沿袭元明旧制，在傣族地区实行土司制度。民国时期，傣族地区多采用土流并治的行政体系。国民政府在西双版纳设立"思普沿边总局"，分置八个区。1925年将西双版纳改设车里、佛海、五福、镇越、象明、普文、卢山等七县。德宏地区设立芒遮板（今潞西）、南甸（今梁河）、干崖（今盈江）、盏达（今盈江西）、陇川、勐卯（今瑞丽）、盏西（今腾冲西）等行政委员，后改设设治局，全面推行土流并治的行政体系。

　　20世纪50年代后，新政权在傣族地区推行民族区域自治制度。1953年建立了西双版纳傣族自治区，1955年改为自治州；1953年建立德宏傣族景颇族自治州，1956年改为自治州。1954—1980年先后建立了孟连傣族拉祜族佤族自治县、耿马傣族佤族自治县、新平彝族傣族自治县和元江哈尼族彝族傣族自治县等。

　　傣族历史上较有影响的地方政权有三个：滇西由勐卯国发展成为的麓川王国，滇南景龙金殿国和孟连宣抚司。

　　滇西在 7 世纪，傣族先民分别在现在的德宏瑞丽江河谷为中心建立勐卯国，至 11 世纪勐卯与勐生威、勐兴古、勐兴色三个傣族部落政权联合建立"果占壁王国"。发展至思可法时期，建立了称雄滇西 200 余年的麓川王国，傣语仍称"勐卯果占壁"国。《百夷传》记载其辖区，"景东（今云南景东县）在其东，西天古刺（今缅甸白古）在其北，八百媳妇（今泰国清迈、清线一带）在其南，吐蕃（今西藏）在其北"。明宣德（1426—1435 年）开始，麓川王思任法不断扩张，威胁到明王朝在云南边疆地区的稳定与统治。于是，明王朝在 1441—1448 年三次派军征麓川，果占壁王国最后覆灭。滇南傣族建立的政权称为"景龙金殿国"，又称景勐泐国。宋孝宗淳熙七年（1180 年）"景龙金殿国"首领叭真受大理国封号，正式成立国家政权。据《泐史》记载，其国"有人民八百四十四万，白象九千条，马九万七千匹"。孟连宣抚司是元朝至元二十六年（1289 年）由第一任土司罕罢法建城孟连。孟连宣抚司经历了元、明、清和民国时期，虽"地处极边、界连外域"，但与历代统治集团关系密切，朝贡不断。明永乐元年（1402 年）孟连第三代土司刀派送在募乃等地发现银矿并开采，至清朝康熙年间，采矿规模已发展到几十万人、几千座"九环炉"，成为清王朝主要白银产地。孟连宣抚司品级从六品擢升为从四品。辖区由东隔澜沧江与威远州（今景谷）相望，北与车里宣慰司（今西双版纳）相连，南与孟艮府（缅甸景栋）为界，西与查里江（萨尔温江）与木邦宣慰司（今缅甸东枝腊戍一带）为界，北与勐缅司（双江县）和孟定府（耿马县）毗邻的傣族地方重要政权。

　　从现在可以看到的法律文献看，三个傣族政权中，西双版纳与孟连两地法律文献最多，反映出来的法律文化也较有特色。

第二节　西双版纳地区的法律制度

　　西双版纳的"景龙金殿国"从宋孝宗淳熙七年（1180 年）首领叭真建国，经历了大理国时封国、元朝后成为土司，到 20 世纪 50 年代民主改革后才结束。土司制度经历了 13 世纪至 20 世纪 40 年代，共传 54 代，存有 765 年。在西双版纳景勐泐国社会结构中，最高统治者称为"召片领"，意思是"广大土地之主"，傣语称为"松列柏宾召"。"召片领"下由各版纳"召勐"组成。"召勐"，意思是"一片地方之主"。西双版纳"召片领"管辖三十多个"勐"。宣慰使司署是西双版纳最高政治机构，下设议事庭，由"召景哈"主持议事庭；"怀朗曼凹"总揽行政、财政税收；"怀朗庄往"掌管粮米杂务；"怀朗曼轰"掌管司法户籍等四大部门组成。四大部门首领和各勐波朗组成议事庭，成为最高议事机构。各勐设勐议事会，称为"勒贯"会议。勐由"陇"，"火西"组成。"陇"由大头人"叭"管理，火西由"叭火西"，或"召火西"管理。设有"火西议事长"，由"叭火西"主持，各村社头人参加。

现在可以看到的西双版纳地区历史上的重要法律文献，有《西双版纳傣族封建法规》、《西双版纳傣族封建法规和礼仪规程》、《西双版纳傣族社会民刑法规》、《西双版纳傣族法规》、《勐海线傣族寨规与勐礼》和《傣族家族纠纷裁决法》等。下面对这些重要文献进行简要介绍。

一　《西双版纳傣族封建法规》①

《西双版纳傣族封建法规》是较全面反映西双版纳地区 20 世纪 50 年代民主改革前传统社会中法律情况的基本法律文献。现在译本是老傣文本，翻译者是刀光强，收藏者是他的长子刀志达；② 此法律文献还有高立士译本。③刀光强译本和高立士译本有学者比较后认为有五不同点：所藏人员级别不同，后本的藏者是宣慰司议事庭头人，前本所藏人员是勐一级头人；两个版本中的官名不同，后本中官名较少，最高统治者只有叭召勐，之下没有倒叭，即头人，丕勐，即百姓，卡很，即家奴，前本中出现宣慰、叭诰、波朗等官名及议事庭等社会组织，百姓阶层中出现"鲁澜倒叭"，即贵族后裔；后本币制只有白银及贝，计量主要是傣族古代的"罢"，前本中采用的币制有元、角、分，计量用斤、两、钱；后者中行政级别仅有勐与寨，前者中有版纳、陇、火西等行政级别；前本中家奴五条，后本有 10 条。④ 从这些内容看，后本年代更早，前本年代较晚，两个文本内容基本一致。此外，还有《西双版纳傣族社会民刑法规》。此法律与《西双版纳傣族封建法规》条文

---

① 法典内容出自杨一凡主编的《中国珍稀法律典籍续编》（第九册）（黑龙江人民出版社 2002 年版）中收录的版本，第 454—482 页。

② 此文本收录于《西双版纳傣族社会历史经济史料译丛调查（三）》中，1958 年全国人大民委办公室编。

③ 此文本收录于高立士的《西双版纳傣族的历史与文化》中（云南民族出版社 1992 年版，第 213—238 页）。

④ 杨一凡主编：《中国珍稀法律典籍续编》（第九册），黑龙江人民出版社 2002 年版，第 554—555 页。

数量一致，都有 183 条，只是前者最后三条没有采用编条，所以排序上有 180 条，但数量上两者是一致的，内容也一致。这里不再对两个法律分开介绍。从内容上看，《封建法规》涉及行政、刑事、民事、商事和诉讼等，具体内容如下：

（一）"犯上"，共 11 条，具体是保护政治秩序与社会秩序。政治秩序是第一至第九条；公共社会秩序是第十至十一条。第一条规定低等级人在路上遇到上等级人不让路时的处罚；第二条规定低等级人辱骂上等级人的处罚；第三条规定低等级人得罪高等级人的处罚；第四条规定低等级人告诉上等级人的处罚，"即使有理也不能让他们告赢"；第六条规定对师父、父母、召勐、纳帕、阿章、西纳阿玛、西梯、倒叭等人不能等罪；第七条规定拆毁佛像、佛寺、佛塔，砍菩提树，杀害无罪僧侣等人的处罚；第七条、条八条规定杀死召勐、父母的处罚；第九条规定砍"梅色曼"，即"寨子神树"的处罚。从这些内容看，主要涉及公共政治秩序，处罚上采用罚银、银蜡花、处死或逐出村寨等。第十条、第十一条规定若无大事、要紧事敲土司头人大鼓，白天、夜晚无故在村寨中吹牛角的处罚，处罚采用罚银，两条主要是维持社会公共秩序。从内容上，此部分用"犯上"作为篇目，具有不适当性，应是"社会公共秩序"。

（二）家奴，共有 10 条，即第十二条至第二十一条，内容涉及家奴买卖、家奴出家条件、成为土司家奴条件、家奴互拐处罚、两个不同家庭家奴结婚、拐他人家奴处罚、家奴逃跑处理、家奴家亡时财产处理、家主打死家奴的处罚等。其中第十二条规定家奴买卖试用期为一个月，若所买家奴有"披丝"、"披播"等病，或惯偷、惯骗、欠债、与人淫乱等恶行，或有癫痫、精神病、夜盲症、传染病、慢性病等，属于"瑕疵"财物，可以退回原主。第十四条规定百姓成为土司家奴要排除六种人：欠债、小偷、嘴硬傲慢、杀人犯、懒汉和骗子。第二十一条规定家主打死家奴，依据故意还是因家奴过错区别对待，若故意打死，罚主人三千三百罢银。

（三）破坏村寨习惯及财产。此部分可再分四个次类，即违反家规、破坏房屋、破坏农业生产和破坏牲畜等。从第二十二条至第五十九条，共 38 条。

1. 违犯家规，共 4 条，即第二十二条至二十五条，主要涉及客人到他人家里借宿时应遵守的习惯，是西双版纳地区家庭内各类习惯的法律化。第二十二条规定借宿者没有得到主人同意，不能自立或搬动主人家的火塘三脚石或三脚架；第二十三条规定不能到其他人家洗脸，第二十四条不能到他人家里做饭，第二十五条规定入人家不能戴簔帽、揹挂包或揹长刀等禁止性规定。

2. 破坏房屋，共 4 条，即第二十六条至二十九条，主要是对他人房屋进行破坏的行为及处罚。第二十六条规定砍他人楼房柱子的处罚，第二十七条规定用抢打停歇在他人房顶上的鸟的处罚，第二十八条规定晚上去摇晃或用石头打砸他人房子的处罚，第二十九条规定过失烧坏他人房子的不处罚，但要赔偿他人损失。

3. 破坏农作物，共 18 条，从第三十条至四十七条。此部分涉及破坏他人水田、水利、水稻等财产，具体看，主要是保护水田及水稻生产。第三十条是破坏水坝的处罚，第三十一条是拆毁他人田房的处罚，第三十二条是踩踏他人水田的处罚，第三十三条、三十四条是在他人田里捕鱼的处罚，第三十五条是打歇在他人谷堆上鸟的处罚，第三十六条、四十二条、四十三条、四十四条、四十五条、四十六条是水牛、黄牛等牲畜吃践他人水稻和田的处罚；第三十九条是砍他人的槟榔树、贝叶树、辣子树、绿叶树和芭蕉树的处罚。

4. 破坏牲畜财产，共 12 条，从第四十八条至五十九条。此部分涉及破坏他人牛马财产的处罚与赔偿。第四十八条、四十九条是破坏他人放牧牛马的吊杆、私自拿走他人的吊杆的处罚；第五十条是在村寨边上设地弩、插竹尖造成他人牲畜死亡时的赔偿；未经主人同意，将他人象、马、黄牛和水牛骑走的处罚；砍伤他人水牛、黄牛和马等尾巴的处罚；把他人牛马放走导致被盗、虎咬、眼瞎、脚断等赔偿；赶他人牛去打架导致牛脚断、眼瞎、角断、流血致死的赔偿；牛在放牧时触死人，牛主要赔偿一半，同时将牛出卖后一半价款赔死者家属；两头牛打架致另一头牛死亡时的赔偿；打死进入自己家田内的黄牛、水牛和马的处罚；园主对进入自家庄稼地内牛拉回的时限及不报的处罚。此部分详细规定了牛马等大牲畜的保护，体现傣族社会中牛马等大牲畜在民众社会生活中财产上的重要性。

（四）婚姻法律。此部分可分订婚、离婚和离婚时财产分割三个次部分，共有 10 条，从六十条至六十九条。从此部分法律看，傣族传统法律体现出婚姻自由、承认婚约、离婚自由、过错离婚要赔偿、财产处理平均分配等原则与制度。

1. 订婚，规定婚约的效力与解除，共 4 条，即第六十条至六十三条。规定订婚后不按时娶，婚姻无效，女方可以再嫁；男方只把婚礼交给女方父母，女方不同意的，女方可以不受约束，再嫁不处罚；女方同意订婚且接受婚礼后再嫁，要受处罚；男方不知女方已经结婚而与之结婚，男方不承担重婚处罚；知而与之结，要受处罚。从此部分法律看，婚约的有效是以女方同意且接受婚礼为标准，父母在婚姻订立上没有决定权。

2. 离婚，规定离婚的条件与过错离婚有过错方要赔偿，共 3 条，即第六十四条至六十六条。规定丈夫离开妻子三年不归，婚姻自动解除，即三年为婚姻解除的法定期间；夫妻因感情不和可以离婚，离婚时谁先提出，谁支付对方补偿金；妻子因通奸导致离婚，女方要罚 330 罢滇银。从这里看，傣族传统社会中离婚有法定离婚、约定离婚和过错离婚三种。

3. 离婚财产处理，共 3 条，即第六十七至六十九条。规定百姓结婚，男方带财产到女方居住，离婚时不能让女方赔；因岳父、岳母或妻子与人通奸等原因造成离婚，男方带来的财产可以带走；结婚后共同创造的财富平均分配，但两者在家庭中贡献不同的，勤劳的分三分之二，懒惰的分三分之一。在离婚财产分割上，傣族传统法律对婚姻一方带来财产处理上采用过错赔偿，无过错不赔偿，共同创造财富平均分配，若双方在新财产的创造中出现明显的不同贡献，采用比例分割。

（五）财产继承及债务清偿。此部分按现在法律看，属于继承法、合同法和债务清偿等方面，具体有财产继承、债务清偿、租牛租船、拾得财物处理和受人之托五个部分，共 30 条，从第七十条至第一百零九条。

1. 财产继承。此部分主要是遗产继承，共有 14 条，即从第七十条至第八十三条。第七十条、第七十一条是结婚不满一年，或满一年后妻子死亡，丈夫财产的分配。未满一年，若没生育子女，妻子死亡，丈夫只能得到适当的劳动报酬和带回聘礼；一年后，若收了一季庄稼，无子女，丈夫应得到劳动所得财产的一半。第七十二条规定若夫妻结婚后自立门户，死了任何一方，财产分割按遗嘱或生者的意思处理。第七十三条规定夫妻自立门户后，双方死亡，无子女的，财产由双方父母继承，无则由双方亲族继承；若无亲族的，则由召勐、西纳继承一半，另一半赕佛。第七十四条规定夫妻老年死亡，财产由配偶及子女继承，若配偶一方有遗嘱的按遗嘱处理。第七十五条规定祖父母、父母死前没有遗嘱的，由子女协议分割；诉讼时按三分处理，子女继承一份，官府分得一份，赕佛一份；第七十六条规定父母给子女的财产，若有遗嘱的按遗嘱处理，没有的则由女子所有。第七十七条规定子女继承财产时按对父母的赡养贡献，至少要给一半，基本原则是“应根据对父母的亲疏，功劳的大小来判决遗产的分配”。第七十八条规定继父母所生子女之间财产继承采用平均分配。第七十九条规定义子女与同胞子女的财产继承是同胞子女分四分之三，义子女分四分之一。第八十条规定大小妻子所生子女平均继承财产。但法典中存在不一致的地方，因为第八十条与第八十一条规定存在矛盾，第八十条规定大小妻子的子女继承财产平均，第八十一条规定则是按大妻所生子女分五分之三，小妻所生子女分五分之二处理。第八十二条规定父亲在两家娶妻子，分别成家，财产继承按各家子女独立继承，若有遗嘱的按遗嘱。从以上内容看，傣族传统法律中，财产继承上基本原则是遗嘱优先，子女均分，配偶之间根据年限处理，子女继承根据对父母赡养贡献区别对待。第八十三条内容不属于此部分内容，因为此条是解决财物、田、地、勐界、村界纠纷。

2. 债务清偿。此部分主要是借贷时利息的计算、债务的转让、承担等，共6条，即第八十四条至条八十九条。债务清偿基本上采用父子连带，第八十四条规定"借钱已付利息一部分，后来不论借钱人死了或未死，若无钱还本，应卖儿女还债"。第八十五条规定向人借债，就是头人，也要还，若不还，咋勐强制头人还债，可以获得三分之一，债主获得三分之二。丈夫借债，妻子不知道的，可以不代偿。祖父母、父母的债务则由子孙代偿，只是仅偿本金不支付利息。利息必须借贷时约定，无约定的，过后一律不支付。故意借债，不劳动的，亲属、家族和村寨可以出卖他，把卖价偿还借贷，但不支付多余的数额。从此条看，傣族传统社会中债务清偿采用连带制，而且连带制的对象有亲属、家族与村寨等。

3. 租牛租船。此部分主要规定租牛马出现损伤、死亡时的责任承担、租船及其他财物损坏赔偿等，共6条，从第九十条至第九十五条。前三条规定租牛被盗要按协议赔偿，若没有使用就被盗，仅赔牛价，不出牛租金。租牛被累死及腰脱脚断，要由租赁者赔偿。租牛生病死，没有通知牛主的，由租赁者赔偿一半；若通知牛主，合作医治，治不好死亡，不承担赔偿。第九十三条规定开荒时不知有田主，田主来认时四年内不返回不交租，五年后才交租或还田主。第九十四条规定租船时船坏或被盗要赔。第九十五条规定借衣服，若衣服出现损坏，要照价赔偿。

4. 拾得财物。此部分涉及拾得物的归属问题，共9条，从第九十六条至一百零四条。第九十六条至第一百条涉及拾得牛等家畜。拾得黄牛、水牛、马、驴、鸡、鸭、猪和狗等，不告诉村寨其他人就杀吃的按偷盗罪处罚，告诉后杀吃的赔偿市价。若失主找到，失主要支付适当的报酬。"若还未杀，给一定报酬赎回"。拾得牛马象等动物的报酬数量按拾得的地理位置不同而不同，具体分为坝子、山上，外勐等，酬金从20罢到880罢。第一百零一条和一百零二条规定拾得船和衣服的报酬。在衣报拾得规定上采用严格形式主义，具体是拾得者要在原地大喊三声"是谁的，掉在这里"，回家后要告诉村寨人。失主来寻时按三分之二还原主，拾得者获得三分之一；若不喊、告诉村寨其他人，要无偿还给原主。别人忘在村寨内或别人屋内的财物，物主来找时要归还原物，不得要报酬。挖到黄金白银，要交给叭召勐一半。从此部分法律看，傣族在拾得物的处理上，基本原则是还给原主，但原主要支付适当的报酬。

4. 受人之托，此部分是寄存或代管，具体有5条，从第一百零五至第一百零九条。寄存与代管的财物被人偷的，保管人要赔偿。同时寄存财产，错拿的，区分是同类物还是异类物，若是同类物，不是故意的返还原物或照价赔偿，否则要按偷盗处罚；异类物的，要加一倍赔偿。寄存财产时没有打开看，后来出现水淹、火烧或被盗，看管人不赔偿，若只损失寄存物的，户主要赔偿。委托他人看家房的，若因管理过失等原因造成被小偷偷盗的，抓到小偷由小偷赔，否则由看管人赔。帮别人看管小孩的，若因管理不尽责，导致小孩死亡、跌伤的由看管人赔偿330罢银。

（六）经商及交通。此部分规定经商者的法规和做生意时路上行走的规则。共20条，从第一百一〇条至一百二十九条。

1. 经商。此部分规定商队行走时的规范，共10条，从第一百十条至一百十九条。经商时拆毁街房的处罚。商队在行走、驻宿时的规范有商队成员不能将篾帽盖在马鞍或马驮子上，戴篾帽、揹挂包、揹长刀的人坐在牛马商队驻地要处罚。商队马牛在驻地或白天放牧时被虎等野兽吃的赔偿损失。商队在做饭时出现甑子损坏时的处罚。傣族商队认为出现甑子损坏是不好的事情，要进行处罚。商队杀猪杀牛时头应分给商队领头。他人的牛、马和象跟牛、马和象帮走，商队要用竹片写上通告，放在驻宿地，连续三天后，若牛主来认，要支付放牧费；若过七站，无人来领，可以杀吃；若第八站主人来认，有肉的还一半；若已经吃完，按一半价赔偿。

2. 交通，规定牛马象踏死人时的赔偿和商队中不同牲畜帮的让路原则，共10条，从一二〇条至一二九条。规定砍村寨门的竹栏杆、破坏村寨篱笆的处罚。骑马时把人踏死、伤时的赔偿。骑牛、马和象出现失控时，当事人要大声叫行人让路，具体情况是"若叫喊而不让路，踏死无责任；若已来不及让路而被踏死，赔偿一半；若被踏伤，要出叫魂费一罢，并负责医治好"。牵着牛把人踏死与触死的要赔偿人命，若不让时没有责任。骑象时的责任与此相同。在路上行走时，行人让牛帮，牛帮让马帮，马帮让象队，象队让车队，车队让叭召勐，不让时进行处罚。船长因不负责导致船翻造成损失要赔偿；导致人死亡时，要赔偿人命金330 罢银。

（七）奸辱妇女。此部分涉及对妇女调戏、通奸、强奸、拐骗和嫌犯五个部分，基本上看，是对妇女的各类强奸污辱等，共20 条，从一三〇条至一四九条。

1. 调戏，此部分属于现在的猥琐妇女行为，具体有 5 条，即一三〇条至一三四条。具体规定傣族男子拥抱本民族或山区其他民族妇女330 罢，山区其他民族男子拥抱傣族妇女罚 220 罢。头人男子拥抱头人妻子，罚330 罢，召勐头人拥抱召勐头人妻子罚550 罢。百姓或头人拥抱叭召勐的妻子一律处死。

2. 通奸，此部分处罚区分民族之间、不同等级之间，共11 条，即一三五条至一四五条。傣族男子与傣族妇女、傣族男子与其他民族妇女通奸时分别罚330 罢或550 罢。百姓与百姓、百姓与头人妻子通奸罚330 罢，头人与百姓妻子通奸罚550 罢。头人与召勐妻子通奸罚770 罢，召勐与百姓或头人妻子通奸，罚990 罢。贵族官僚家族内通奸，处罚做金花或银花。若到人家内通奸的，被亲夫当场杀死的不承担法律责任。结婚前是情人的通奸减轻处罚。

3. 强奸，共2 条，从一四六条至一四七条。具体是马官、象官、司署大臣、地方头人等，按等级不同分别处罚。

4. 拐骗，1 条，即一四八条，规定百姓拐百姓妻子，算“新安龙”（大案），罚银6600 罢；拐走后又送回，不罚。

5. 嫌犯，第一四九条，规定无故到人家竹楼下转悠而不进他人家的处罚。被查出有通奸的，处罚330 罢，不是而想偷盗的罚100 罢，若导致离婚的，由女方出银330 罢。

（八）偷盗。此部分分偷家禽农副产品、盗窃家畜财产、包庇分赃和诬陷报复四个部分，共20 条，从一五〇条至一六九条。

1. 偷盗家牲畜财产。此部分包括偷家禽农副产品、盗窃家畜财产，共12 条，从第一五〇条至一六一条。规定偷鸡，偷一罚二；偷鸭，偷一罚九；偷猪，偷一罚三；偷羊、牛、人，偷一罚三；偷谷子、槟榔，偷一罚九。此方面详细规定偷盗不同财产的处罚数额。

2. 包庇分赃，共5 条，从一六二至一六六条。规定偷盗中主人留宿小偷、帮助藏赃、分食赃物等的处罚。

3. 诬陷报复，共3 条，从一六七至一六九条。规定诬陷他人偷盗或杀人的处罚；因有私仇，诬告他人的处罚；有私仇，但告发偷盗属实，不作诬陷。

（九）斗殴伤人。此部分共分斗殴伤人、杀人害命、过失犯和巫术杀人四个部分，共 11 条，从第一七〇条至一八〇条。

1. 斗殴伤人，共 3 条，从一七〇条至一七二条。具体是与人吵架，分为手提长刀行凶未遂；口说杀人，刀未出鞘；刀已经出鞘，但没有伤人三种情况，分别罚款 330、220 和 100 罢。打伤人分为未死出血、未残重伤、轻伤不出血三种情况，分别罚 550、330 和 100 罢银。夫妻吵架，打到别人家里，处罚 100 罢。

2. 杀人害命，共 4 条，即从一七三条至一七六条。夫妻不睦，放毒谋杀对方死亡的一律处死，未死的，妻放毒处罚 330 罢，夫放毒处罚 550 罢。与人吵架，持刀、枪、矛、棒等凶器到对方家行凶，被对方打死的，一律不承担法律责任，属于自卫。请凶杀人，主谋者与行凶者各罚一半。无故杀人的，处罚 3300 罢，人命金 1100 罢。

3. 过失犯，共 3 条，从一七七条至一七九条。规定误伤人及家畜的，人死亡的赔命金，受伤的赔医疗费，家畜赔偿价金。丈夫打死妻子的，有意要偿命，无意的财产分成三份，二份给妻子家属，一份是丈夫的。客人来访，若酒醉的，要送客人回家，不送导致死亡，主人要赔偿。主人留宿，客人不依，出现死亡的，主人不承担承责。

4. 巫术杀人，共 1 条，即一八〇条。规定不分男女，若"将人形咒语咒符、神牛等拿到寨内、大咱上或坟山去埋"，导致人死亡的处死；没有造成死亡的，处以罚款。诬术谋害叭召勐、司署官员、百姓分别处罚 990、770 和 550 罢银。

（十）三大原则，此部分规定法律适用时的具体情况，共分三个部分，即杀人无罪、重罪不能轻判和应判处极刑的三种详细情况。本法律中没有进行编条号，在《民刑法规》中条号为 181—183 条。

1. 杀人无罪有五种：奸妇奸夫在行奸现场被杀；盗窃犯在作案过程中被杀；手持凶器杀人而被人所杀；夜半三更闯进他人屋里被主人所杀；破坏人家房子，在进行中被杀。从法律看，这五种情况必须是行为人正在进行时才能免除法律责任，因为后面有"若事后寻机杀人报复，就必须依法治罪"。

2. 重罪不能轻判有 11 种情况：械斗杀人、谋财害命、拆毁佛寺佛像、拦路抢人、霸占财物、留宿犯人、盗窃佛寺财物、盗窃佛像金身财宝、杀死父母、夫杀死妻、妻杀死夫。共有 11 条，认真分析这 10 条，因为夫杀妻与妻杀夫可以算作一条，可以作为西双版纳地区傣族法律制度中的"十恶重罪"。

3. 应判处极刑的有：偷佛主的钱，拆毁佛像佛塔；杀死召勐；杀死父母。具体是第一、二条处以死刑，子女罚为寺奴或召勐家奴；第三条处以砍去手脚，赶出勐界。

整个法典内容十分丰富，规定较为详细，体现出版纳地区传统法律的基本特征。

二　《西双版纳傣族封建法规和礼仪规程》①

《西双版纳傣族封建法规和礼仪规程》共分两部分，即法律与礼仪规程。从内容上看，此法律与《西双版纳傣族封建法规》有较大不同，具体是在"法律"部分存在大量关于诉讼法、勐与勐之间的行政法方面的内容；在"礼仪规程"方面有宣慰使及官员的称谓、百姓遵守的礼仪习惯、儿子的处世原则、丧葬礼仪、经商牛马队规矩等规范。从整个法律内容看，两部分内容与《西双版纳傣族封建法规》存在相同或相似的地方，但也存在差别。从用语与内容看，此法律文本反映的社会情况较近，《西双版纳傣族封建法规》反映出的傣族社会更古老。从两个文本内容看，《西双版纳傣族封建法规》至少在清朝中期前，《西双版纳傣族封建法规和礼仪规程》反映的应是1840年以来、民国时期傣族法律的情况。

（一）法律

1. 处理诉讼时应持有的态度与方法。此部分规定大小头人审理案件时应遵循的原则、不受理的案件、解决纠纷时的原则、调查事实的方法等四个方面。

首先，官员审理案件时应有的原则。官员审理案件时应遵循五个原则，具体是：第一点，"满达呷底"，审理案件时应坚持原则，有理就有理，无理就无理，不因亲戚朋友或爱人而颠倒是非。第二点，"躲沙呷底"，审理案件时不能公报私仇。第三点，"本沙呷底"，不能用自己的权力而颠倒是非。第四点，"六帕呷底"，不能接受贿赂而颠倒是非。第五，"叭呷底"，要根据当事人等级、职业等身份分别处罚。从这里看，主要是提倡案件审理时审理者要公正、正直。提出审理案件时不能因某方当事人有钱有势、有地位就偏袒他们。提出案件审理中应坚持以下公正的立场，即不说某人与我是

①　法典内容出自杨一凡主编的《中国珍稀法律典籍续编》（第九册）（黑龙江人民出版社2002年版）中收录的版本，第438—521页。

亲戚朋友，不说某人是我的仇人，不说谁有福、不说谁没有福、不说谁是穷人、谁是富人、谁是二流子，不说害怕养鬼或放鬼的人，不说谁对佛忠心实信，不说某人笨或哑巴，不说这个勐是大勐、那个勐是小勐等。这里提出法官在审理案件时不能对当事人提出任何有可能影响自己公正裁判的言论、立场。

其次，不能受理的诉讼案件有百姓诉土司、和尚诉佛爷、家奴诉主人、儿子诉父亲、百姓诉和尚、佛爷等案件。

再次，处理案件时要按当事人的身份来处理，具体是"偷钱的处以偷钱罪；偷宝的处以偷宝罪；偷衣服的处以偷衣服罪"。审理案件时要由四个头人一起审理，发怒时不能审理案件，开会由女人主持不合理。从这里看，审理案件由四个头人审理，是采用合议庭的方式。

最后，查清案件的方法有三种，团伙犯要分别审问、审问时观察当事的脸色、了解人犯的祖父母父母的身世。通过上面三种方式不能审清时才可以使用神判。

以上四个方面分别是审理案件时官员的态度与原则、不受理的案件、判决时的原则和审理案情适用的方法。

2. 地方与地方间违反公约时罚款的规定。具体是勐与勐之间的公约与处罚。规定勐与勐之间有互助义务，若对方遇敌不支援的处罚33000两白银。勐与勐、版纳与版纳、头人与头人之间的公约，西双版纳110个大勐头人之间请叭麻火孙定了三条公约，即忠诚老实，说到做到；相亲相爱，互相信任；友好合作，共同遵守。根据条约，大勐与大勐之间、小勐与小勐之间、版纳与版纳之间、怀朗级头人之间、村寨头人之间违反上面三条公约，分别处以不同罚款。佛寺与佛寺之间则采用罚蜡条谢罪。

3. 关于罚款和赎罪的一些规定，规定不同罚款的具体数字与赎罪时的数量。罚勐与火西时，罚十九两八钱的实收六分六钱，罚款分配大头人三两、中头人适当、小头人一两。内理，即轻罪，罚九两九钱实罚三两三钱；外理，即重罪，罚九两九钱实罚十九两八钱。通奸罪罚款，根据通奸是否在屋内与屋外，已婚、未婚进行不同处罚。死刑罪用银子赎时，除了交赎金外，还要附加金，如绳子、刽子手的刀钱、解绳子、拴绳子等钱；一般罪赎时要交拨根银、文书银、站抗银等。诉讼费是议事庭银三两、槟榔二串。分作两份，土司得一份，议事庭和原告平均分配另一份。这一部分涉及诉讼中的处罚与罚款的数量。

4. 民刑法规。杀人方面共有12条，基本内容与《西双版纳傣族封建法规》相同，只是在处罚上较轻，如妻子毒死丈夫、丈夫毒死妻子，罚款是十元五角和十六元五角。伤人与斗殴、霸占别人财产、侵害别人财产等处罚较轻，多在十五元至三元之间。偷盗采用偷一罚三至九倍的办法处罚。婚姻法分婚约、离婚和离弃三种，根据丈夫与妻子的过错分别处罚。强奸妇女根据等级、地位进行严格处罚；通奸根据主体不同区别对待，具体分哈尼族与傣族、百姓与头人、头人与土司、百姓之间、头人之间，处罚从七元半至三十六元不等。调戏妇女分哈尼族与傣族、头人之间、百姓之间分别处罚。此方面与《西双版纳傣族封建法规》不同的是在强奸与奸辱妇女案中规定能作证的人有 8 类，不能作证的人有 18 类，但列举出来的有 20 种。财产及债务分为财产继承、债务清偿、租地租牛、拾得遗失物、货物买卖等，基本内容与《西双版纳傣族封建法规》相同。

5. 有关家奴和其子女身份的规定及逃亡案件的处理。规定六种人不能接受成为家奴，具体是会借别人钱的、偷东西的、骗人的、身体不健康、本身问题不能解决的、想站在别人头上的人。家奴结婚后子女归属、家奴逃跑的处理等。

（二）礼仪规程

1. 宣慰使及其亲属，各勐土司的称谓。西双版纳傣族进入等级社会，规定不同等级的人称谓是法定的，喊错要处罚。规定宣慰使祖父、祖母、父母等亲属有法定的称谓，不能随便称呼。

2. 委令与节日祝文。规定宣读宣慰使的公文时应有的态度，具体是不能左看、右看等；开关门节，各勐给宣慰使的祝文要按法定格式进行。委任官员的委任书有法定格式，各勐迎接宣慰使的差官要按法定形式进行，如用蜡条八条，谷子八把、槟榔八串、蛋八个、绿叶八把和酒一瓶等。

3. 土司对百姓的训条。此部分是百姓应遵守的法规与习惯，具体看就是要求百姓按自己的等级行事，如要求不同头人、百姓有不同行为。在盖房子时不能把梁做得比柱子大，不能在村寨中心修路、不能砍龙山的树、不能在佛寺对面盖房子。借别人东西要还、不要破坏别人的婚姻、不说别人的坏话、不和坏人做朋友。

4. 教训儿子处世的道理。此部分是对子女行为的规训。要求对人要和气、不以势压人、尊重传统、尊敬佛爷与老人、不说谎话、不和坏人交往等。此部分是通过故事进行说理，是对少年人的教育法规。

5. 教训妇女做媳妇的礼节。规定妇女作为媳妇应遵行的原则与做的事务，如要求媳妇为人要勤劳、尊老爱幼。

6. 丧葬礼俗。丧葬分成年人与未成年人两种，丧礼分七岁至十五岁、十五岁至二十岁、三十岁以上三种，第一种不能请和尚念经，第二种可以请和尚念经，但不能读古刹经，第三种可以念古刹经。仪式分为家里死、离婚后死、夫妻中一方死等，不同的人出殡时所抬人员不同，有二人和四人两种。官员与土司根据不同级别，"帕萨"制作的层数不同，叭竜与宣慰土司亲属可以制作三层、棺材上可以贴金箔花两朵；宣慰司的弟兄、小祜巴、大佛爷可以制作四层；宣慰和祜巴勐可以制作五层、金花二十朵。因跌死、淹死、处死、患痢疾死、肿病死、被牛马踢死和被野兽咬死的，不能念经举行葬礼。此部分主要是规定不同死亡类型的丧葬形式。

7. 经商牛队的规定。规定经商的牛马的组成与习惯。规定商队组成由正领队即"乃怀"、副领队即"乃怀西"和账目管理者组成。商队住宿时安排、行走时的安排，出现牛的不同损失时责任承担等。

8. 防火通告。规定每年傣历五月至七月为"大太阳"时期，要注意防火，吃早饭后要把火塘火熄灭，违反导致火灾要赔偿。

这一部分是西双版纳地区社会风俗习惯的具体化，反映出傣族社会中的生产生活习惯，具有很高的民俗意义。

三　《西双版纳傣族法规》[①]

《西双版纳傣族法规》与《西双版纳傣族封建法规》、《西双版纳傣族封建法规和礼仪规程》相比，内容更少，主要规定不同犯罪行为的处罚数额。有些内容与前两部法律相同，如偷盗与破坏生产等处罚上。

（一）兴安竜，即大法，规定谋杀召片领至勐的怀郎，采用罚款。罚款时有两种类型：从重处罚与从轻处罚；一般分三等，或二等。从重处罚是罚银，从轻处罚有的是罚金花束。如谋害召片领的，从重处罚，头等罚银三阌，金三版；二等罚银二阌、金二版；三等罚银一阌，金一版。从轻处罚，头等，银九版、金九怀；二等银三版，金三怀；三等，银一版，金一怀。具本看有谋害召片领、召版纳或勐的召顿帕的处罚。若赦免罪的，要赔偿，赔礼是做金花束，称为"顿罗罕"给召片领或召勐，具体根据是召勐家族、乃曼家族、象官、牛官等家族等级别，分别进行赔偿。如召勐家族的头等一百束，二等的八十束，三等的六十束。这一部分规定较有特色，是前两部法

---

① 法典内容出自杨一凡主编的《中国珍稀法律典籍续编》（第九册）（黑龙江人民出版社2002年版）中收录的版本，第529—538页。

律中没有的，体现出傣族社会在佛教文化影响下处罚上的变化。

（二）民事纠纷处罚款条例。此部分分为两个部分，具体是纠纷处罚与赔礼。纠纷处罚分为百姓与不同等级之间。百姓之间民事纠纷罚款，头等罚三怀三伴；二等罚二怀二伴；从宽处理，罚一怀一伴。产生纠纷后赔礼，根据条文看，此部分是指产生纠纷后，在解决时要进行相互赔礼，以达到和解，恢复社会关系。百姓纠纷时赔礼是伴滇伴来，即三钱三分。具体分在路上、在街上、在路途中等，略有不同，因为除赔礼银外，还要赔鸡、酒、槟榔等财物。

（三）其他规定。有"上诉献礼条例"，此部分具体是诉讼费用的收取与分配。规定勐议事庭的费用是酒一瓶、槟榔一串、猪一口；宣慰使议事庭是银一怀、酒一罐、槟榔二十斤、猪一头。有时还要交过失银、洗黑锅银、洗口舌费等。"杀人罪的判决"规定对杀死父母的人，处以砍手脚后驱除村寨。"诬陷罪的判决"规定诬陷他人的，重的罚银三怀三伴，即九两九钱和九钱九分；轻的罚银三怀三伴，即六两六钱和六钱六分。"财产分配法"，规定父母遗产有遗嘱按遗嘱，没有遗嘱的，亲属相争，处理时采用三份分：一份给死者赕佛超度，一份给儿孙亲戚，一份给召勐。此外，犯上处罚、争田地、偷盗和破坏生产、违反水利、牛马进菜园等方面处理与前面两个法律相关内容一致，只是处罚数量上略有不同。在"无事生非扰乱地方秩序处置"上有三条，前两条与《西双版纳傣族封建法规》法律相同，第三条规定地方没有战争，无故在夜间击鼓处罚三版三怀，即一百零八两九钱银子。

四 《勐海傣族寨规与勐礼》[①]

《勐海傣族寨规与勐礼》属于西双版纳地区勐一级的法律，体现出勐一级的法律制度。法典有 55 条，共分六个部分，具体是寨规 12 条、勐礼 14 条、教规 15 条、佛寺纪律 6 条、经商规定 3 条、召勐法规 5 条。不同群体遵守不同法律，具体是："本勐所有土司、头人、教徒须知：是召，必须懂得十二条规矩；是头人，必须懂十四条礼；是教徒，必须懂十五条教规。"对召勐、头人提出了要求，"是召要有善心；是头人要无私；是教徒要慈善。当召，要使本勐本寨繁荣；当头人，要使百姓喜欢"。在处罚上，"罪大的人罚一百块；罪小的人罚酒和槟榔"等。

（一）寨规，共 12 条，规定村寨民众吃住要按传统习惯，建房要供寨

---

① 法典内容出自杨一凡主编的《中国珍稀法律典籍续编》（第九册）（黑龙江人民出版社2002 年版）中收录的版本，第 522—528 页。

神，来客要尊重主人家的神，不能把马拴在柱子上或弄翻三脚架。到哪个村寨要服从哪个村寨头人管理，遵守村寨的规定，遵循祖先的习惯。进出村寨要向家神祝祷。出门做事要向亲人告别，搬家出逃者一切财富不得变卖，死者财产归亲属继承等。

（二）勐礼，共 14 条，规定召勐死亡的葬礼与仪式。人死亡在忌日，如每月十五、三十两日不得请佛爷、和尚念经。孕妇死亡，要剖腹深埋。因病死亡，不得火葬。和尚不得死在家里。子女出嫁上门后不得死在家里。其他勐的人死在本勐的，得"买土盖脸"。本勐土司生子女，全勐百姓要祝贺。女儿出嫁不得回娘家生育。他人到本村寨生育小孩的，必须满月后才能离开村寨。生双胎的，后出生者为老大。同一家庭两怀孕，同时产生的，必须分开。有两个头的人或牲畜不得留在村寨。人或牲畜缺手短脚的不得留在村寨。生六指的，不许住在村寨内，至少要满月后才能回村寨。从这些内容看，主要涉及村寨内的死葬与生育习惯。

（三）教规，共 15 条，规定佛爷、和尚不得私自乱拿佛寺的财产，佛爷、召勐、头人要严守教规。不得用佛寺的砖头、木料盖房、修仓库。佛爷和尚不能谈论国事、村寨事务，不得佩金银首饰、不得做生意。有人到佛寺内，佛爷和尚不得谈论婚姻、丧事、牛马牲畜之事。各勐土司只能在本勐内，各勐的管理权只在本勐境内。各勐的法律只能适用在本勐，不能跨勐适用。子女要孝敬父母、赡养父母。此部分涉及三个方面的内容，佛爷和尚的行为规范、各勐土司的权力与法律适用范围及子女的义务。

（四）佛寺纪律，共 6 条，规定佛爷对佛寺财产有保管之义务，若因私自还俗，失职导致财产损失的赔偿。佛爷的设立要按户数来设置，不满一百户的不得设立"古巴"级和尚。佛爷不得歧视外来的佛爷。佛爷要严格遵守十五条教规，按"佛祖、经书、众教律"准则办事。年轻佛爷在开门与关门节时要向全勐领松或大佛爷祝福。佛爷和和尚严禁与人有奸情，在寺内与人有奸情，要罚一万两黄蜡、一千两银子；在寺外则处罚一千两黄蜡、一百两银子。此部分主要是规范佛寺内佛爷职权。

（五）经商规定，共 3 条，规定行商时不能贱买贵卖、买少卖多、缺斤少两，即"两杆秤、两个箩箩做生意不对"，插手倒卖东西不对。从这里看，主要规定了经商上不能有的行为，提倡公平、公正、诚实行商。

（六）召勐法规，共 5 条，规定勐的法律只能适用在本勐，勐的召只能由本勐人出任。召勐王公贵族不能与百姓、家奴通婚。不同等级的人只能按本等级行为从事，不能越级。如小头人不得同大头人相比，百姓不准同召勐、头人相比等。此部分主要规定勐的召出任人员，召勐贵族不能与百姓通婚等内容。

整个法典体现出较强的适用性，是当时召勐一级法律的典型代表。

第三节　孟连宣抚司的法律制度

孟连宣抚司在历史上使用过的法律，根据 20 世纪 50 年代整理、20 世纪 80 年代出版的法律史料看，主要有《芒莱·干塔莱法典》、《坦麻善阿瓦汉绍合》（25 种难案裁决）、《孟连宣抚司法规》和《孟连傣族封建习惯法》四部，前三部收于《孟连宣抚司法规》一书中。分析《孟连宣抚司法规》，会发现该法典基本内容是《芒莱·干塔莱法典》和《坦麻善阿瓦汉绍合》（25 种难案裁决）的混合，加上孟连宣抚司地区傣族社会中的习惯法而成。其中，很多内容直接来自《芒莱法典》和《干塔莱法典》。从现在的文本看，孟连地区的法典最能体现佛教立法的特点，即立法时通过个案或寓言故事等对立法、条文内容进行说明。《芒莱·干塔莱法典》和《坦麻善阿瓦汉绍合》（25 种难案裁决）由占达伴亚康郎桑扁重抄于"'龙劳'年（即 1921 年）四月下旬（20 日）至'道射'年（1922 年）9 月 30 日"；《孟连宣抚司法规》由任职宣抚司衙署官员帕雅龙干塔腊写成。

一　《芒莱·干塔莱法典》[①]

《芒莱·干塔莱法典》由《芒莱法典》和《干塔莱法典》两部法典构成。《芒莱法典》是泰国北部芒莱王朝（1259—1217）制定的法典。《芒莱法典》，包括《帕雅桑木底建立法规》、《摩奴萨坦摩萨》、《芒莱法典》及《帕雅芒莱》等内容，是傣族社会最古老、最完整的法典。[②] 传说是傣族首领帕雅桑木底制定。其中《帕雅桑木底建立法规》用文学手法描述了人类早期原始生活状态和部落社会初创时期社会现象和基本行为规范；《摩奴萨坦摩萨》规定社会管理者的职业操守和断案原则，用生动翔实的案例阐释了公正执法的具体标准；《芒莱法典》、《帕雅芒莱》以"帕拉西与老虎"等寓言故事，确立了"四不行处行"基本准则，制定了许多具体惩处标准。

---

① 法典内容出自云南省少数民族古籍整理出版社规划办公室所编《孟连宣抚司法规》（云南民族出版社 1986 年版）中收录的版本，第 1—65 页。

② 《芒莱法典》被收在《中国贝叶经全集》第 42 卷中，现在没有翻译成中文，仍然是傣文，内容主要是在卷的提要中有简介。

其中《芒莱法典》是古代傣族社会法令法规和行为准则的集大成。内容有具体的法律规范、道德自修信条、约定俗成的民族习惯等。其中《芒莱·干塔莱法典》的内容中前六部分都是勐的内容，具体看就是勐级行政机构要遵循的相关法律法规。整个法典由 58 个部分构成，内容上有些部分有数条，最多的有 51 条，有的仅是案例、寓言故事，如第 52 部分"两条蛇争吃一只青蛙"、第 53 部分"蛤蚧吞大象"就是两个寓言故事。《芒莱·干塔莱法典》分别是：我兰勐法规、咋星勐、广勐、哈析勐、巴维尼勐、哈谢勐、布算烂、坦麻拉札安雅·的萨巴莫哈、两人争吵、打架的处理办法、凡斗殴到官府须有证人、坦麻散·接札安雅、哈单拉尼、薄汉好、盗贼进村、象马牛猪糟蹋庄稼、拾物、借牛耕田、借衣服及财物、小偷小摸、奴隶偷盗、寄托、困难户借债、财产继承、徒弟、儿女、养子、孙、不能作为断案依据者、婚姻、酗酒犯罪、懒人会丢失财物、打抢、射弩、甩木棍无意伤人罪、两人闹架罪、夜行走路、偷盗牛马财物、诬陷、儿子是父位的继承者、召拉西抢占住地、残废、无能者不能继承父位、霸占山水地界、争权夺利、雇工放牧；分物要合理，办事要公道；好心不得好报、老虎终究要吃人；重罪不能轻处，轻罪不能重判；说话要算数；哄骗与食言；疑难事案传统办；心邪带来灾祸；常洁身者多得金；救人危难不成，反遭连累；聪明反被聪明误；兼听则明，眼见为实；贼喊捉贼；两条蛇争吃一只青蛙；蛤蚧吞大象；诈骗产业，移多田界；国芒果树争吵，捉贼要有证据和片领罚款法规。下面对法典中具体内容进行介绍。

（1）我兰勐十二条。"我兰"的意思是传统法规，勐是地方，即勐的法规。基本内容是勐内统治者与当权者要遵守的 12 种不能作为的行为。12 种行为涉及政治性社会行为，如分封食邑、能不能做、该不该保留等行为。"凡以上违反众愿者，为叛逆行为"，要"以犯《我兰勐》罪论处"。

（2）咋星勐十二条。"咋星"的意思是禁忌，意思是勐的禁忌。基本内容是社会生产方面，具体有开渠、开田不能破坏村寨，建坝、开田、建塘、盖房、建寨等行为要遵循当地社会习惯，举行节日要按当地社会风俗等。违反要按触犯咋星勐罪论处。

（3）广勐十五条。"方勐"就是勐的地方法规。基本内容涉及官员、百姓之间的等级、职业与行为等规范。规定百姓与官员严格区分，上级官员与下级官员不能平坐，百姓不能与官员同坐等，具有严格的等级制度。违反称为触犯广勐罪。

（4）哈柏勐十条。勐地方设立行政区及官员的规定。此部分虽然目录上有 10 条，但内容上只有 8 条。基本内容是要严格按行政区设立不同官职，如圈官与闷官不能混淆，土司之地要设土司，不能设成其他官员。

（5）巴维尼勐四条。勐的地方礼仪。基本内容有要求百姓做好事、信佛、听经、参加关门节、开门节、斋僧、拜年。遵循种姓制度，提出帕雅种是酋长、嫡种是嫡、官种是官种、百姓种是百姓的社会等级原则。

（6）哈谢勐二条。勐的节日规定。规定傣历新年举行三天三夜的庆祝活动，要到佛寺拜佛。

（7）布算烂四十五条。布算烂的意思是祖先的训诫。基本内容是要求人们日常生活中遵循的行为规则。要求与智者接触、不作恶、学各种知识、经商守法、乐于助人、以礼待人等，提出"思为师必须懂习惯法；想当规范师，必须懂佛教经典；欲知道德法规，必须勤问老师；想当酋长，要用法规约束自己"等。

（8）坦麻拉札安雅·的萨巴莫哈十一条。意思是三好、三不好和五不要。其中三好、三不好是人们的日常行为规范，具体是三好：不失约、不争吵、不和无理的官员争吵；三不好是早睡晚起，坐别人家的门槛，两面三刀，乱讲他人坏话、丑话。五不要是审理案件时的原则，是诉讼法的原则，具体有班加戛底，即不要偏袒亲戚好友，强权加于人；散底戛底，即不要接受贿赂，故意出入人罪；朵萨戛底，办官要明辨是非，公正裁决；莫哈戛底，不要不懂装懂，错判错处；帕雅戛底，即判案以事实为依扰，不因言词而改变。总之，审理案件时要做到不错判、重罪轻判、轻罪重判、有罪判无罪、无罪判有罪等。

（9）两人争吵、打架的处理办法二条。此部分是打架斗殴的审理原则。规定审理案件时一定要充分听取双方意见，不能单听一方陈词。断案时要弄清争执的原因、事情发生的时间、地点、有无证人等。

（10）凡斗殴到官府须有证人。此部分规定了斗殴诉讼时审理要证人，其中重点是规定可以作证的人，具体有信教的人、富人、家族兴旺的人、有名望的人、正直的人、儿孙满堂的人、农民、商人、诚实的人等。不能作证的人有 17 种，如老人、小孩、女人、疯人、贪财的人、偷盗者、财博者、憨人、耳聋眼瞎的人、两面三刀的人、罪犯及其家族子女、和当事人有仇怨的人、和当事人有亲属关系的人、喜欢别人破产的人、平时不接受别人劝告的人、经常犯罪的人、乱搞男女关系的人等。从内容看，主要是从人品、认识能力、与案件当事人的关系等方面对可以作证的人进行限制。

（11）坦麻散·拉札安雅六条。土司的法规、指令规定。对于违反坦麻散·拉扎安雅都属于违上。其本内容有规定不同等级、官员违反"坦麻散"、"星勐"的处罚数量。不执行土司命令,三次劝告后再犯的处罚。召混、召乃在自己的封地内乱征赋税的处罚。百姓经商向土司、头人借贷三年后才能计息。新来居住的人建房三年后才能征税。不能把百姓征当官奴、做差役。只有六种人才能做官奴、差役,具体是无力还债者、奴隶的子女、在外勐、外地犯法后逃来的人、偷盗牛马无力支付罚款的人、无路可走的人、判处死刑的人、无钱医病自卖为奴的人。

(12)哈单拉呢,意思是奴隶逃跑,共4条。主要内容有对奴隶逃时收留者、留宿者、藏匿者等人的处罚。

(13)薄汉好,即埋设竹签暗器。规定任何人在村寨旁、房前屋后埋设竹签等暗器没有告诉其他村民的,导致其他人家的牛马等家畜被伤害或死亡,要论价赔偿。晚夜伤人,不承担责任;白天致人死亡,要赔偿人命金;致伤的赔偿。

(14)盗贼进村,共9条。主要内容是对盗贼进村偷盗知情不报的处罚。此外,重点规定了购买赃物的处理办法,具体分为一般财产、大牲畜及购买的地点、有无证人,能否找到盗贼等情况进行分别处理。明知赃物而购买的,且不承认,因盗贼捉拿归案后才承认的,要返回赃物且罚款,买主只能向盗贼索回价款。买主不知是赃物,失主认出的,应返回失主。买主有权向盗贼索回价款。偷盗者在集市上出售一般赃物,任何人买到,失主只有赎回权,且必须按价赎回,买者无罪;集市上购买大牲畜时,买主提供证人时,买主只负责返回原物,不承担法律责任;集市上购买大牲畜,无证人,买主要罚款半价,且返回赃物给失主。在路边、村寨旁购买,有人证,失主只能索回一半价。

(15)象、马、牛、猪糟蹋庄稼,共2条。规定大牲畜闯入田地糟蹋庄稼时田主可以扣留,若在扣留期间出现死亡的,通知畜主的不承担责任,畜主承担赔偿庄稼损失;不通知畜主,要照市价赔偿,畜主赔偿庄稼损失。通知畜主后,畜主要赔偿庄稼损失后才能牵回自己的牲畜。家禽闯入他人田园,田主三次通告对方,再发生时,田园主人有权打死;庄稼损失照价赔偿。未通知而打死的,要按双倍价赔偿。

(16)拾物,是关于拾得物的归属与法律责任,共4条。基本内容是拾得物应归还物主,但物主应支付相应报酬。在路上拾物,应大喊三声"谁的东西,丢失在这里"后才能拾走,没有喊的,拾到后要报告村寨头人。通过以上程序,拾得者与物主平分;没有向村寨头人汇报的,拾得者只能分三分之一,失主分三分之二。若不喊、没有汇报的,要返还原物;若不返还，要进行处罚。村寨内、屋内拾得东西必须归还物主。拾得时间长，物主不再寻找的，拾得者可以获得所有权。战场上拾得的东西归拾得者。

（17）借牛耕田，共 2 条。规定借牛、象、马等大牲畜使用时的法律责任承担问题。具体是借用时出现被盗或劳累致死的论价赔偿，同时支付租金；借后没有使用就突然死亡的，不支付租金；使用中生病死亡，赔偿半价；管理不当致伤残照价赔偿。生病时通知畜主，双方共同医治，无效死亡，不承担责任；发生瘟疫，借方来不及通知畜主死亡的，不承担责任。

（18）借衣服及财物，共 3 条。规定借他人衣服，被火烧、被盗或撕坏，赔偿。借物已经归还，且物主已经验收，借方责任消失。亲友之间互借东西，没有告诉对方，若在借者家丢失就由借者承担；若在物主家，则由物主承担。

（19）小偷小摸，偷盗财物，不论是一人或是集团，赃物追还，同时罚款六两六钱；赃物已经销赃，每人罚银三两三钱，同时赔偿物价。

（20）奴隶偷盗，共 16 条。详细规定奴隶偷盗不同财物的处罚，基本内容是奴隶偷盗，主人承担连带责任，具体是偷盗要代赔；杀人要代赔偿，但有例外，就是奴隶因饥饿偷盗蔬菜的可以免于处罚。对奴隶的处罚主要是采用关押，最长的是杀人罪，关押 320 天，最短的是偷盗土司家公文罪，关押 3 天。

（21）寄托，即寄存，共 7 条。规定寄存财物出现遗失的法律责任。寄存财物，若寄存时保存者不当面清点，出现遗失，就得按寄存者提出的数额赔偿，只是寄存者要保证所说属实；寄存财物因被盗、火灾、落水等天灾人祸，可以免除保存者的责任；因寄存者原因导致财物损失的，要照价赔偿。寄存者把财物私自转移，且没有告诉物主，导致财物损失，照价赔偿。

（22）困难户借债，共 4 条。规定借贷不能还时的处理办法。不能偿还所借债务时可以用人身为奴抵债，具体可以用自身、妻子或子女。在借贷上，本金还清，利息要减半，减半后还不能偿还的，再减一半。

（23）财产继承，共 36 条。此部分对财产继承进行了详细规定，体现傣族传统法律中的特色。基本内容是承认遗嘱在财产继承上的优先地位，遗嘱自由原则。"凡父母有了遗嘱，就按遗嘱分配"，"凡死者留有遗嘱，不论遗嘱指定的合法继承是奴隶也好，还是侄儿男女，都应按遗嘱办理"。继承基本上采用财产继承与债务继承相结合；财产包括债权。在继承上，基本位序是夫死，财产归妻；妻死，财产归夫；父母死，财产归子女；子女死，财产归父母；哥死，财产归弟；弟死，财产归兄；祖父母死，财产归孙男女；

孙男女死，财产归祖父母；师父死，财产归徒弟；徒弟死，财产归师父。傣族传统继承法中，夫妻相互之间具有继承权，师傅与徒弟的关系是父母与子女关系，相互间有继承权。子女继承中，若有四个儿子，则按长子四分、二子三分、三子二分、四子一份分配。理由是长子赡养父母责任多。若四个儿子中有当沙弥、比丘，种田、经商、当官的，为父母保管家财的。财产继承是比丘二份，经商、种田一份，当官的不能继承；其他的归看管财产的儿子。妾生子与正妻所生子女同等享有继承权。在没有其他继承时，养子可以继承养父母的财产。子女若是经常犯罪者、哑子、憨人、聋子、瘫痪病人、瞎子和麻风病人等没有继承权，但其他子女要承担抚养他们的责任。法律还详细规定了财产继承的构成、夫妻双方各自财产的继承等问题。若产生财产继承纠纷诉讼到官府时，财产按三份处理，具体是一份为死者献佛、一份给儿女、一份归公。

（24）规定子女的法律范围。规定法律上徒弟、养子、孙等属于法律上的子女范围。从内容上看，更像是继承法的一部分。傣族传统法律规定"儿女"包括亲生的儿女，孙男女、侄男女，学手艺、学技能、学知识的徒弟，收养的子女及买来的、战俘、因难投为奴隶的。有四种人不属于子女，具体是同一家族的人，共事者，共同学习技术、知识的学友，亲密的知己等。

（25）不能作为断案依据的10类证人。规定10类不能作为断案依据的证人，具体是丢失文书凭据者的证言、没有证据者的证言、道听途说的证言、醉汉的证言、疯人的证言、仇人的证言、发火者的证言、痴呆人的证言、憨人的证言和小孩的证言。

（26）婚姻法，共14条。规定订婚和抢婚两部分的内容。从内容上看，是规定婚约与结婚形式。婚约有4条，承认婚约的有效，同时婚姻以男女双方自愿为基础。法律规定婚姻有效要以女方同意、父母同意才成立，否则不能成立。订婚后一个月完婚，超过婚期，女方可以自由结婚。禁止抢婚，若抢订婚的或已结婚的人，罚银五十二两八钱。调戏妇女根据不同职业与等级，分别处罚。此外，丈夫无故外出三年后，妻子可以改嫁。规定婚姻形式有20种，但法律中具体列举的只有13种：自愿婚姻、父母指腹为婚、父母同意且到官府登记的婚姻、买卖婚姻、协议离婚、男女互送礼物定婚、父母包办订婚、男女以花为媒婚姻、主人与女奴同居婚姻、当长工或临时工与雇主同居婚姻、帮助订婚、同居婚姻、无长者自己订婚等。

（27）酗酒犯罪，共2条。规定办喜事，客人醉酒，主人要护送；不送在回家路上导致死亡的，主人要承担法律责任；客人拒绝，有人作证的，可以免除责任；若属于客人家人照看不周，导致死亡的，则要处罚家属。

（28）懒人会丢失财物。规定畜主若因自己懒惰，让人无偿帮助自己照看家畜，导致受伤与死亡的，代为照看者不承担法律责任。此处附有一个具体的个案对此进行说明。

（29）打枪、射弩、甩木棍无意伤人罪，共2条。规定打枪、射弩、甩木棍、抛石头等无意导致伤人、牲畜要赔偿损失，若仅伤的赔偿医药费。若有财产损失，赔偿价金。因藏刀、矛、枪保管不当，导致无意伤人，若致死，赔偿一半命价金。

（30）两人闹架罪，共8条。基本内容是两人因争吵打架斗殴导致伤害的法律责任。斗殴处罚分为有理者、无理者，先下手者、后下手者，使用凶器者；伤人时分流血与不流血等，根据不同情况进行分别赔偿。

（31）夜行走路，共2条。规定夜间行走须持火把，两人同行；持武器行夜路，要罚四两四钱，未带武器行商赶路的罚黄蜡20斤。

（32）偷盗牛马财物，共5条。主要规定偷盗牛马等大牲畜时，各村寨要承担协助义务；若不承担协助义务，要赔偿。旅客在村寨居住，若报告头人，发生偷盗，旅客损失由村寨赔偿；若没有报告村寨头人，出现财物损失或死亡，村寨不承担责任。规定村寨对盗贼要进行全体搜捕，不参与的，要处罚。此部分规定了偷盗在村寨上的连带责任。

（33）诬陷，共3条。规定不同当事人之间诬陷时的处罚，如百姓诬陷官家，拘留一个月；诬告罪，罚银三两三钱八分八厘。帕雅的儿子请百姓做工，必须支付报酬。

（34）儿子是父位的继承者，共2条。规定身份继承上采用儿子继承。在儿子继承上，不以长子为优先，而以才智品德者优先。对此，（37）中规定残废、无能者不能继承父位，对此进行了补充与界定。从内容上看，（34）与（37）两部分应是一个整体。

（35）"召拉西抢占住地"通过个案说明土地所有权上先占者取得所有权。

（36）"霸占山水地界"规定土地所有权以界标、凭据为依据，移动者属于侵占他人财产。

（38）"争权夺利"规定若有人用欺骗或制造流言夺取他人职官或食禄的，以偷盗罪论处；争夺他人的职田、职禄的属于偷盗。以上三个部分都属于财产保护与确定，表现形成上有个案与条文两种形式，内容具有相似性。

（39）"雇工放牧"到（57）"捉贼要有证据"主要涉及如何审理案件，如何判定纠纷及审理者应有的立场、品质，内容多是通过个案和寓言故事等形式表现出来。

（39）"雇工放牧"确立要信守协议，诚实履约。

（40）"分物要合理，办事要公道"由九个故事组成，涉及不同情况下财物的分割，① 通过九个个案确定了财产纠纷在分配时的原则。其中第三个是一个寓言故事，内容是两个魔鬼共抓到一个人，谁都想多吃，产生纷争，后请帕雅牙即魔王裁决，结果是分成三份，当事人各得一份，魔王得一份。此故事确立了官府审理此类财产纠纷时，官员得一份费用的原则。

（41）"好心不得好报，老虎终究要吃人"是通过寓言故事确立司法适用上不能对坏人怜悯。

（42）"重罪不能轻处，轻罪不能重判"有三条，具体看是确立处理纠纷时要根据纠纷双方的关系及当事人的意图分别处理。第一条规定"罢的办"，即内部纠纷要采用和解，即"底密塔腊干"，即用药敷疮，不让恶化，象牛踩土堆，踏平为目标，具体是官员之间、师徒之间、乡邻之间、兄弟姐妹之间、家族之间、夫妻之间等有特殊社会关系的当事人之间有纠纷时解决要采用以上原则处理。第二条是夫妻是吵架、比丘与世俗人之间争吵，不能记仇、复仇、问罪，应采用互送蜡条、鲜花等形式和解。第三条规定对哪些居心叵测、专想利用、谋害人的人要加重处罚。

（52）"两条蛇争吃一只青蛙"确立的法律原则是"不贪婪财物，凡发生纠葛，应以礼相让，不多吃多占"；

（53）"蛤蚧吞大象"确立的法律原则是"因贪图他人财物，企图据为己有而与之无端争吵者，实为强盗"。这里大量用此类故事确立相应的法律原则与规则。

（58）召片领罚款法规，共51条。基本内容是对各类偷盗、投毒杀人、破坏风俗习惯、诉讼费用、行商等进行规定，调整对象十分广泛，没有严格的分类与排列。从内容上看，有些条文与前面57个部分中的内容有重复。此部分内容体现出很高的独立性。可能是作为一个独立法律形式存在，这从标题上也可以看出。

从上面58个部分的内容看，《芒莱·干塔莱法典》可以分为三个部分：第一部分是（1）至（38）部分，是具体的立法，内容以条文形式表达；第

① 这里的财物是广义的，因为第七至第九涉及对"人"的争夺。

二部分是（39）至（57）个部分，主要通过个案与故事说明法律原则和条文含义；第三部分"召片领罚款法规"作为一个相对独立的法律形式存在，内容与前两部分略有不同，体现出很高的世俗性，是世俗化的法律，但有些条文内容与前面两部分中的一些内容存在重复。

二　《坦麻善阿瓦汉绍哈》①

《坦麻善阿瓦汉绍哈》是通过具体个案与条文界定偷盗行为，是佛教中五戒中的偷盗戒的法相。② 当然，内容上比佛教广，主要是此法律涉及世俗人及世俗偷盗行为。法律共有 30 个部分，内容形式有条文和案例两种，多数部分由条文和案例构成，也有仅有条文，或仅有案例的。案例由两部分组成，共有 32 个，其中有两部分中有 2—3 个案例。这些案例涉及的社会主体有佛教僧侣与世俗人员两类。从内容上看，存在界定佛教僧侣犯罪与世俗犯罪两个方面，特别是在偷盗、拐骗等行为上对僧侣与世俗人员的界定十分明显。法典中第十一部分是"信聘、信宰、信干、信卖、胆腊干"，该部分是解释不同法律术语、界定偷盗行为和对偷盗的处罚等，而不是具体案例。从内容上看，可以分为物权界定、偷盗行为界定、市场交易规定、拐骗行为和偷漏税等。物权保护有第一部分"不准抢占佛寺"、第二部分"抢占果园"、第六部分"财物寄存"和第十二部分"自杀"；市场交易有第二十六部分"旧翻新"、第二十七部分"制造假银罪"和第二十八部分"制造假砝码罪"；偷漏税是第十六部分"尼夏许"；拐骗行为有第七部分"比丘拐卖妇女"、第八部分"比丘骗取奴隶"、第九部分"贼偷奴隶逃走"和第十部分"拐骗女孩"，其他 17 部分属于偷盗行为的具体类型和界定。当然，在佛教戒律中，拐骗、欺诈等不正当获取财物的行为都属于犯偷盗戒。对僧侣与世

---

① 法典内容出自云南省少数民族古籍整理出版社规划办公室所编《孟连宣抚司法规》（云南民族出版社 1986 年版）中收录的版本，第 71—110 页。

② 佛教五戒中偷盗戒构成要件有六个，满足六个条件就可以构成不可悔罪，具体是：（一）他物——他人的财物。（二）他物想——明知是他物而非自己之物。（三）盗心——起偷盗的念头，亦即存有偷盗的预谋。（四）兴方便取——假借种种方法，达成偷盗目的。（五）值五钱——所盗之物，价值五个钱。这是佛陀比照当时印度摩羯陀国的国法制定。国法偷盗五钱以上，即犯死罪，所以佛也制定佛子偷盗五钱以上，亦成重罪不可悔。五钱究有多少价值，殊难衡定，唯据明末读体大师考核，相当于三分一厘二毫银子。（六）离本处——将所盗的财物，带离原来的位置。但此中包括移动位置、变动形状、变更颜色等。凡是以盗心使物主生起损失财物之想者，皆称离本处。不论是自身不与而取，教人不与而取，或派遣他人为自己不与而取他人的财物，皆为偷盗；获得五钱以上的赃物者，即成不可悔罪。（圣严法师：《戒律学纲要》，上海佛学书局 2003 年版。）

俗人员的偷盗行为的界定和处罚是整个法典的主要内容，可以说此法律是偷盗行为界定和处罚方面的法律汇编。此部分是佛教五戒中偷盗戒的法相。整个法典主要通过案例构成，具有很强的判例法结构特征，但又很难用判例法汇编来定性。法典 30 个部分具体内容是：

第一，"不准抢占佛寺"。五位和尚借住他们寺院，后五位和尚提出寺院是自己的，引起纠纷，最后管理佛寺的罗汉审理，确定五位和尚强占他人寺院成立。确立"佛寺的主持与管理，以及寺院的财产，任何不得干预或争夺"，即保护寺院的财产与管理权。

第二，"抢占果园"。船商巴夏与车商萨里巴八达是朋友，两家是邻居。船商把自己果园中 25 棵果树每年的采摘权赔给车商。后船商外出经商死亡，留有遗嘱，全部财产由儿子继承，25 棵果树的采摘权属于车商，但所有权属于船商儿子。后车商认为 25 棵果树所有权属于自己，引起纠纷。审判者判决车商属于抢占他人土地，所有权属于船商儿子。

第三，"哈来牙金"，即后悔。罗汉与比丘共同外出，比丘为罗汉背佛钵和袈裟，见到两件物品漂亮，产生偷盗意念，随即后悔，主动把财产还给罗汉。此案确立僧侣偷盗行为的成立以出现偷盗之心为标准，即偷盗之心形成时就构成了偷盗行为。

第四，"朋友的儿子偷盗"。一个人外出做生意，请朋友儿子背行装，朋友儿子见财起偷盗之心，后因后悔，主动返回财物。后朋友儿子因与妻子诉说此事，被人听到，告发到官。官员认为朋友儿子虽然有偷盗行为，但过后主动返还财物，不承担法律责任。此案确立，世俗人偷盗，不管行为还是意思，就是偷走若干天后，只要把赃物主动送还给物主，就不承担法律责任，不受处罚。若偷去原物遗失，则要按价赔偿。最后，此案确立世俗人与僧侣偷盗行为的成立标志，即"世俗人偷盗，应以事实后果为准；佛寺则以思欲为准"。

第五，"阿瓦哈来牙金"，即触法后悔。一位比丘和熟人因防盗共同藏匿财产，后比丘因贪财私自盗出，后因后悔，通过用计把财物还给熟人。比丘被佛寺判为偷盗行为，强制还俗。此案是第四部分确定原则的具体化。

第六，"财物寄存"。一位农夫把自己的金子一半拿到邻人家寄存，后因三个盗贼挖墙偷盗，偷走农夫寄存的金子。查出盗贼时，农夫金子已经被花光。于是产生争议，审理时判决保管人赔偿农夫五怀金子，即赔偿寄存价值的一半。

第七，"比丘拐卖妇女"。三位比丘外出化缘，遇到一位妇女而产生拐卖的意图。在拐的过程，路遇两位比丘，两者同意参与，后再遇一位比丘，知道情况后表示不同意参与，但提出给他分一定好处。最后，比丘把妇女交给两位酒商出卖。案发后对六位比丘进行处理，判决三位起意者和两位参与者拐卖罪成立，最后一位参与者因表示不同意，仅接受好处，判决教育不必还俗，其他五位判还俗与罚款。此案从本质上确立了共同犯罪成立的要件及法律责任承担划分。

第八，"比丘骗取奴隶"。一位比丘外出办事，要请人帮他挑行装及经书。见人奴隶到寺内挑水，诱骗他与自己同行。后主人发现，比丘说是自己让奴隶送自己，不是拐骗。比丘因为后来后悔，向寺院管理者诉说，被判拐骗成立。此案确立佛寺比丘拐骗奴隶，只要走出两步就成立，若奴隶主动回到主人家，比丘不受处罚，但得还俗。这与偷盗只要有盗心就成立是一致的。

第九，"贼偷奴隶逃走"。七位盗贼共谋偷盗他人奴隶，其中一人因生病没有直接参与，分得赃款。案发后判决六人死刑，没有参与的人处罚分得赃款的数量。此案确立共谋但没有参与，却参与分赃的世俗人偷盗处罚原则。

第十，"拐骗女孩"。五人共谋拐骗女孩，一人实施，四人接应。后因事情败露被抓。四人不承认参与拐骗，虽然没有成功，但五人拐骗行为成立。确立拐骗人只要实施诱骗行为，拐骗罪就成立。

第十一，"信聘、信宰、信干、信卖、胆腊干"，即"信聘"是犯罪者，"信宰"是原价赔偿，"信干"是官府断案，"信卖"是罚一倍至十倍，"胆腊干"是偷盗者只要把财物拿离开10丈远就构成偷盗。此部分除对以上五个概念解释外，规定发生盗窃，若罪犯不能捕获，偷盗行为发生在那户、那个村寨，就由他们承担赔偿和捕盗责任；偷盗处理上除返还原物外，还要进行赔偿。此部分是对偷盗行为的认定、赔偿原则确立，在整个法典中属于较为特殊的部分。

第十二，"自杀"。此部分共有两个案件，都是因为奴隶不堪主人虐待自杀。第一个自杀时被三位牧象人救助，第二位自杀后财产被鱼人拿走，腹中小孩被二位牧牛人剖腹救活。第一案中确立奴隶自杀时与主人脱离关系；第二案中自杀者身上财产和婴儿自杀时就自动脱离主人。确定奴隶因主人虐待自杀就产生法律上与主人自动结束关系的法律效果。

第十三，"比丘偷鸟"。一位比丘外出化缘时见人养驯的鸟而起意偷走，就用食引诱，后被人看到，不成功。判比丘偷鸟行为成立。

第十四，"偷鸡亡命"。两位官差到别的村寨办事，偷人鸡时被人发现射死。此案确立偷盗时若被人当场打死，打人者不承担法律责任。

第十五，"偷猪"。象官与四位冒宰去牧象时路过村寨，其中象官与一位冒宰偷了一头猪杀吃，另外三位要参与分肉，但偷盗者不同意，于是再次进村偷猪时被发现。此案确立了多个偷盗的处罚方法。

第十六，"尼戛许"，即偷漏税。此部分由三个案组成：一是一位比丘带贵重物品蒙混过关，逃避税收；二是一位比丘过关时把珠宝放在另一位比丘的佛钵内逃税；三是商人绕道逃税。通过三个个案说明偷漏税罪成立与处罚的原则与法律。

第十七，"比丘指使徒弟偷盗"。一位比丘在家指使两位徒弟出去偷盗，后案发。此案确定主使者与被唆使者同犯偷盗罪。

第十八，"偷船商的财物"。有窃贼意图偷盗船商财物，但没有下手机会，后通过引诱船商妻子，骗取船商财产。此案确立妻子与人有暧昧关系，私拿丈夫财产给对方，不属于偷盗罪。

第十九，"散塔巴腊金"，即共同犯罪。四位比丘共谋偷盗，但夜间有一位先于其他三位偷盗。此案确立四人偷盗行为仍然成立。

第二十，"偷牛杀吃"。七人共谋偷牛，后三人偷牛宰杀，四人没有参与。四人没有同吃，并告发其他三人。此案确立共谋但不参与、不分赃物还有告发的预谋参与者不成立盗窃。此部分确立的原则是世俗人，不是僧侣，因为僧侣中此种行为已经构成偷盗行为。

第二十一，"抢权"。一位官员任命后不到任期就急着到任，并夺取前任官员的俸禄。此案确立强夺侵吞他人俸禄田或薪俸的以诈骗罪论处。

第二十二，"脱离佛门"。比丘师徒二人共谋偷盗一只金戒指。徒弟偷盗时被人发现，只好把赃物丢在路边。案发后，两人偷盗罪成立，具体是师父是唆使者，徒弟是被唆使者。此案确立了师父与徒弟同共偷盗时师父为主犯，徒弟为从犯。

第二十三，"偷牛下酒"。一位官员指使手下去偷黄牛，手下却偷了水牛。指使者对偷盗者进行责骂，并没有参与分赃，但仍然成立共犯。此案确立主使者是教唆者，偷盗者是共犯。

第二十四，"暗示教唆罪"。一位比丘带徒弟外出化缘，见到他人白布，暗示徒弟偷盗。此案确立在偷盗中暗示教唆与明示教唆相同，同样要承担法律责任。

第二十五，"盗贼偷布"，两人共谋偷布，相互装着不认识。一人去偷，一人协助。此案确立共谋偷盗中不同行为者只要有共同目标就构成共犯。

第二十六，"旧翻新"。两位比丘交换袈裟，一位采用旧翻新的，导致交换后新者反悔，指出交换要对等，若不对等，自愿不能成立。此案确立以物易物交换虽然是自愿，但价值必须相等，否则交易不成立。

第二十七，"制造假银罪"。一位比丘让另一位比丘帮助制造假银币，完成后案发，产生纠纷。使用者因为不知是假银币，要返还原物或补物价，制造者构成制造假币罪。

第二十八，"制造假砝码罪"。一个银商通过制作两种不同砝码牟利，后有一位布商通过同样方法，制造不同砝码与银商交易，套取银商的财产。案发后判银商罚款，布商免除处罚。

第二十九，"摆赛牙密乃牙"，即强夺财物。一位比丘到佛寺，遇到两位比丘争布，比丘强拿走其他一匹布。引起纠纷，后确立强夺他人财物以偷盗罪论处。

第三十，帕雅的奴隶偷文书官的牛。帕雅的七位奴隶偷盗文书官家两头黄牛。文书官把偷盗者捆绑关押，没收其全部家产，还准备处死。案件告发到帕雅处，帕雅认为文书官无权处死偷盗者和没收财产，并认为文书官私自没收他人财产，犯了偷盗罪。

三　《孟连宣抚司法规》①

《孟连宣抚司法规》从内容上是看融合《芒莱·干塔莱法典》和《坦麻善阿瓦汉绍哈》，加上孟连地区傣族社会风俗习惯等组成的一部综合性法典。法典结构分为地方行政法规、民事法规、刑事法规、维持奴隶主统治权的法规、诉讼法规和礼仪、种姓、节日和宗教法规等六个部分。但从条文内容看，这种分类是翻译者的分类，因为各部分具体条文的内容往往存在与标题不符的现象。《孟连司抚司法规》在内容结构上通过对《芒莱·干塔莱法典》和《坦麻善阿瓦汉绍哈》内容重组，成为具有较强内在逻辑性的法典。整个法典各部分主要内容如下。

第一部分是"地方行政法"，其中前五个部分及第六部分"礼仪、种姓、节日和宗教法规"是《芒莱·干塔莱法典》中"我兰勐法规、昨星勐、广勐、哈析勐、巴维尼勐、哈谢勐、布算烂、坦麻拉扎安雅·的萨巴莫哈"部分的照搬，多数内容仅是表达方式上略有不同，其中"布算烂"在《芒

---

① 法典内容出自云南省少数民族古籍整理出版社规划办公室所编《孟连宣抚司法规》（云南民族出版社 1986 年版）中收录的版本，第 117—216 页。

莱·干塔莱法典》是 45 条，《宣抚司法规》中是 43 条，少了两条，原因是后者中把前面中两条压缩成一条。"三好"中，后者与前者在第 12 条中表述略有差别，前者是"不失约、不争吵"，后者是"勐与勐、头人与头人之间的协定，盟约要履行；不要与人无端争吵，遇事要冷静，不要发脾气"。在"诉讼法规"中（二十五）"不能作为断案依据者"上前后两者共有 10 条，但内容上略有不同。《宣抚司法规》中有"审理案件的官员，不得以推测、感想代替事实"，《芒莱·干塔莱法典》是"发火的人"。

《孟连宣抚司法规》中"召片领罚款条例"部分共有 50 条，内容与《芒莱·干塔莱法典》中同样部分略有不同，具体是：（1）《宣抚司法规》中第七条夫妻药杀对方条只是一条，在《芒莱·干塔莱法典》中有两条，分别是"丈夫毒杀妻子"与"妻子毒杀丈夫"；（2）《芒莱·干塔莱法典》中第二十条在《宣抚司法规》中变成 6 条，即从第十七条至第二十二条；（3）《宣抚司法规》中第 41 条是《芒莱·干塔莱法典》中第三十一部分"夜间行路"；（4）《宣抚司法规》中第 42 条至 49 条是《芒莱法典》中第三十二部分"偷盗牛马财物"；（5）《宣抚司法规》中缺《芒莱·干塔莱法典》上第十八条和十九条，即"应该尊敬父母及老人、村寨头人、扎范师、协纳阿曼、富翁、帕雅及其家族成员"；"不准破坏佛像、菩提树、佛提树、竜林"。

《孟连宣抚司法规》第二部分"民事法规"下有权力继承，财产继承，婚姻，房屋、山水、果园、地界纠纷，租贷、租赁，税务和财物纠纷等七个方面的内容。"权力继承"是身份与官位的继承，共有四条，是《芒莱·干塔莱法典典》中第三十四部分"儿子是父位的继承者"和第三十六部分"残废、无能者不能继承父位"两部分内容的结合。"财产继承"在《宣抚司法规》中采用总则、法定继承与遗产处理、遗嘱继承四个部分，共 39 条。从内容上看，此部包括《芒莱·干塔莱法典》中第二十三部分"财产继承"和二十四部分的"徒弟、儿女、养子、孙"的整合。从内容结构上看，《孟连宣抚司法规》的结构更为合理，条文序顺更具内在逻辑性。《宣抚司法规》中"婚姻"分订婚及婚姻解除、抢婚、戏弄、另娶、改嫁和正式婚姻关系 20 种加上五个个案。此部分是《芒莱法典》中第二十六部分"婚姻"的照搬，仅是条文排序上略有不同。《宣抚司法规》中"房屋、山水、果园、地界纠纷"内容由五个案例和一个条文组成，具体来源是《芒莱·干塔莱法典》中第三十五"召拉西抢占住地"、三十七"霸占山水地界"、五十四"欺骗产业"、五十五"移动田界"、五十六"为杧果树争吵"和《坦麻善阿瓦汉绍哈》中第二个案例"抢占果园"。"借贷、租赁"部分由 12 条构成，此部分内容由《芒莱·干塔莱法典》中第十一"坦麻散扎拉安雅"、十七"借牛耕田"和十八"借衣服及财物"整合而成。"税务"是《坦麻善阿瓦汉绍哈》中第十六，即尼戛许（偷漏税）。"财物纠纷"由 29 条和多个个案组成，来源有《芒莱·干塔莱法典》和《坦麻善阿瓦汉绍哈》，如第二十条至二十六条是《芒莱·干塔莱法典》中"寄托"部分，第二十九条"以物易物要等价"是《坦麻善阿瓦汉绍哈》中第二十六"旧翻新"。

《孟连宣抚司法规》中第三部分"刑事法规"由"诬陷"、"诈骗"、"窝赃、销赃"、"拐骗人口"、"杀人、斗殴及其伤害罪"、"偷盗"、"制种过假银、假币、假砝码罪"等组成。分析来源，都可以在《芒莱·干塔莱法典》和《坦麻善阿瓦汉绍哈》中找到。只是此部分中，很多在《坦麻善阿瓦汉绍哈》中是通过故事、个案表达出来的被抽象成为条文，再用故事、个案进行说明。"诬陷"是《芒莱·干塔莱法典》中第三十三"诬陷"，只是附的两个个案在《芒莱·干塔莱法典》中没有。"窝赃、销赃"是《芒莱·干塔莱法典》中第十四"盗贼进村"中第五条至第九条。这一部分内容中对《芒莱·干塔莱法典》和《坦麻善阿瓦汉绍哈》两部分整合最为突出，有些类目下的内容分别由两者不同部分调整后整合而成。有些部分则由《坦麻善阿瓦汉绍哈》构成，如财物纠纷、拐骗人口、恩将仇报、害人终害己和偷盗等部分。虽然基本上采用条文化表达，但内容却是《芒莱·干塔莱法典》和《坦麻善阿瓦汉绍哈》中的具体个案，如"拐骗人口"中第一条来自《坦麻善阿瓦汉绍哈》中第七"比丘拐卖妇女"和第八"比丘骗取奴隶"，第二条来自第九"贼偷奴隶逃走"和第十"拐骗女孩"等。

《孟连宣抚司法规》中第四部分"维护奴隶主统治权的法规"中"奴隶偷盗"和"奴隶逃跑"是《芒莱·干塔莱法典》中第二十部分"奴隶偷盗"和第十二部分"哈单拉尼"，即奴隶逃跑两部分内容组成。

四　《孟连傣族封建习惯法》①

《孟连傣族封建习惯法》由藏于孟连宣抚司署的版本翻译过来，按法典后记在傣历 1283 年 11 月 15 日写完，即 1921 年，写作者，是叭竜敢塔腊，翻译是月波坦。原书共 74108 字。从内容上看，很多与前面三部法典内容大量重合，只是在表达上更加通俗化，分类上较为混乱，有些内容更具当地习

---

① 法典内容出自杨一凡主编的《中国珍稀法律典籍续编》（第九册）（黑龙江人民出版社 2002 年版）中收录的版本，第 571—625 页。

惯。从时间上看，具有当时通用法律与习惯的描述特征，因为法典中很多用语与货币都是 20 世纪 20 年代的，如用"元"，没有傣族传统计量单元等。法典分为社会秩序、子女教育与家庭维护、处世之道、对偷盗的处理、继承的规定、个人修行、婚姻规定、待客交友之道、财务纠纷、损坏与伤害、财产分配与处分、人性善恶、为人之戒共 13 个部分。整体看，内容有法律的、道德伦理规范、人品修养原则等。从这些内容上看，应是当时整个孟连宣抚司地区的社会道德法律规范的大全。这从后记来看，确实如此，因为写者是长期在孟连宣抚司为官的人员。当然，这当中应有当事人的理解、阅读所得等。若把它与前面三种法律进行比较，会发现相同之处与不同之处。

"社会秩序"是《芒莱·干塔莱法典》中的"我兰勐法规、咋星勐、广勐、哈析勐、巴维尼勐、哈谢勐"的内容；"子女教育与家庭维护"是《芒莱·干塔莱法典》中的"布算烂、坦麻拉扎安雅·的萨巴莫哈"内容。只是这里采用更加口语化的表达，没有采用严格的条文形式。

第三部分"处世之道"基本内容是官员行为准则，特别是官员审理案件时应遵循的法律原则、百姓要服从官长。很多内容来自《芒莱·干塔莱法典》。

第四部分"对偷盗的处理"，此部分内容较为复杂，不仅是偷盗问题，还有赃物购买的处理、牲畜食践庄稼的赔偿、拾得遗失物的返还、租赁耕牛的法律责任、寄存财物的处理等。其中有些内容比《芒莱·干塔莱法典》的相关规定更为详细，如种田者不告诉养猪鸡的人，又不设围栏，猪鸡进入田中被打死，肉各分一半；猪鸡吃了毒药后到他人田地死亡，田主可以处罚猪鸡主人。在寄存物上，用了寄存物的要赔价，用寄存物做生意的，要付利息。主人不同意，物主强制寄存，遗失不责。

第五部分"继承的规定"。此部分与《芒莱·干塔莱法典》不同的是有大量的债务继承问题的详细规定，涉及夫妻、父母子女、兄弟之间借贷债务的继承问题。如夫妻借酒喝、借药来吃、借钱赌博、借水果来吃，由借者赔，对方不承担责任。还涉及离姻时夫妻财产的分割。

第六部分"个人修行"，指出个人在社会行为中应遵循的原则，其中有部分内容是《芒莱·干塔莱法典》中第二十五部分"不能作为断案依据者"的内容。

第七部分"婚姻"规定是《芒莱·干塔莱法典》中第二十六部分"婚姻"的内容。

第八部分"待客交友之道"基本内容涉及客人到家里喝酒的责任、过失打伤他人的责任和夜间行路的规范等。在《芒莱·干塔莱法典》中属于第二十九"打枪、射弩、甩木棍无意伤人罪"，第三十"两人闹架罪"，第三十一"行走夜路"等部分的内容。

第九部分"财产纠纷"基本内容是关于财产纠纷的审断，在《芒莱·干塔莱法典》中属于第四十"分物要合理，办事要公道"、第四十四部分"哄骗与食言"部分。

第十部分"损坏与伤害"基本内容是打架斗殴时的赔偿，其中夫妻吵架中打死、导致离婚和毒死对方时的处理，一般人打架斗殴的处罚、巫术杀人等的处罚。在《芒莱·干塔莱法典》和《西双版纳封建法规》中有相似的内容。

第十一部分"财产分配与处分"基本内容是夫妻离婚、死亡时的财产分割、偷盗家畜的处罚。其中三条规定较为特殊，即对叭不礼貌、战争中不支援别一方，百姓之间的吵架罚款，三类行为处罚时都分为九等，在其他法律中等级没有这么多，最多有三等。如百姓吵架处罚：一等二十四块，二等十六块，三等八块，四等蜡五两，五等蜡四两，六等蜡三两，七等蜡二两五钱，八等蜡二两，九等蜡一两五钱。在房内吵架罚一块等。这些内容较为特殊。

第十二部分"人性善恶"，认为人生来就有两类，即好人与坏人。具体内容来自《坦麻善阿瓦汉绍哈》。因为文中有 29 个具体的案例与故事，都是《坦麻善阿瓦汉绍哈》上的案例与故事。

第十三部分"为人之戒"基本内容是提出人们在社会行为中应遵循的言行等规则，是为人的道德戒律。规定十分详细，涉及交友、对待师长、父母，社会中言行的原则，如不要乱说等。这一部分的内容在前两个法典中没有直接相关的内容。

《孟连傣族封建习惯法》从内容和结构上看，基本上与《孟连宣抚司法规》相同，只是前者内容更加通俗化与本土化，说明前者在当时实用性更强，更具民族性与地域性。当然，整个法典绝大多数内容都与《芒莱·干塔莱法典》和《坦麻善阿瓦汉绍哈》有直接渊源，说明孟连宣抚司地区历史上的重要法律直接来源于两者。此点，孟连地区比西双版纳地区更加明显。

第四节　傣族传统法律的基本特征

从西双版纳与孟连法律史料看，两处傣族传统法律在渊源上具有高度的相似性，基本渊源是佛教相关内容、本民族传统习惯，直接的渊源是《芒莱·干塔莱法典》和《坦麻善阿瓦汉绍哈》。其中，从法律形式渊源上看，不管是西双版纳地区的还是孟连都直接从《芒莱·干塔莱法典》来，两个地区现在翻译过来的不同法典在内容与条文上很多都可以在《芒莱·干塔莱法典》中找到相关法律条文与内容，有些十分明显，如拾得物法、租牛借物、婚姻法、继承法、寄存法、租赁法、行政法与诉讼法等方面。

一　傣族传统法律中的习惯因素

从傣族现存法律文献看，傣族传统法律在法律渊源上，通过承认习惯进行立法是重要的途径。同时，这方面的内容也较为丰富。这种立法表现：在行政立法上，不管是在孟连地区还是西双版纳地区，调整他们关系的法律称为"我兰勐"、"咋星勐"、"广勐"和"哈析勐"四类规范，其中"我兰勐"有12条，"咋星勐"、有12条，"广勐"12条，"哈析勐"8条，分别规定召片领、勐官、寨官和圈官行为和职权等。这个法律的名称也说明是习惯，因为"我兰勐"中"勐"是地区、地方，"我兰"是传统法规、传统规范的意思；"咋星勐"中的"咋星"是禁忌；"广勐"是地方法规。在民事立法上，傣族传统法律有很多民事法律都与他们的习惯有关，具体表现为物权、债权及婚姻家庭及继承、生产生活等方面。在物权方面，傣族传统法律中对谷物、牛马、水稻的保护立法较为丰富，其内容大量是由习惯转成法律的。傣族在财产保护的立法中就把谷物上的小鸟认定为谷物主人的财产。这种习惯是较为特殊的，它与傣族社会中水稻的特殊作用有关，所以对与之相关的所有权保护体现较为特殊，所以把吃别人家谷子的小鸟归入谷物所有者的财产，明显是傣族社会中特有的习惯。债权方面，傣族传统法律中的债权是采用惩罚性赔偿。此类债明确指出赔偿不是处罚，仅是赔偿。这方面具体表现在偷盗各种财物采用偷一赔三、五、九或者十等惩罚性赔偿。《西双版纳傣族封建法规》中在"偷家禽农副产品"和"盗窃家畜财物"下对偷鸡、鸭、牛、羊、牛等分别采用偷一赔三、偷一赔五、偷一赔九等。[①]《孟连宣抚司法规·召片领罚款条例五十条》中规定偷窃鸡、鸭、鹅、猪采用惩罚性赔偿，即偷一赔九，并加罚一只。如第二条"偷盗瓜果者，按实物

---

① 杨一凡主编：《中国珍稀法律典籍续编》（第九册），黑龙江人民出版社 2002 年版，第 476 页。

论价，以十倍数赔偿"；① 婚姻立法上，在婚姻的形式、离婚等问题上都存在习惯入法律的现象。《孟连宣抚司法规·婚姻》第四条规定"凡女方不愿而且父母又不同意者，不能允许订婚，不论谁，强逼订婚，都不合道理，女方另找对象，不愿问罪"。② 这里承认了婚姻中当事人的自主权，与汉法采用的"父母之命"的婚姻形式是不同的，体现了傣族人的传统习惯。在继承立法上对习惯的吸收较为明显，在财产法定继承上规定"夫死，财产归妻；妻死，财产归夫；夫妻双亡，财产归子女；子女死，财产归父母；兄死，财产归弟；弟死，财产归兄；祖父母死，财产归孙儿女；孙儿女死，财产归祖父母。如果一方家族后继无人，财产归另一家族所有；双方家族后继承无人者，财产分为二份，一份给本寨头人道帕雅，一份作死者善后之用"。③ 刑事法律立法上，西双版纳地区在法律上把对各类神树的破坏上升为罪，形成砍伐、破坏村寨神树罪。《西双版纳傣族封建法规·犯上》第九条规定砍伐"梅色曼"（寨子神树），要给"丢瓦拉曼"赎罪。④《西双版纳傣族封建法规和礼仪规程·破坏公共财产、私人财产和生产》第四条规定"砍掉别的寨龙树，须负担该寨全部的祭费；若该寨死了人，按每人的价格赔偿"。⑤ 刑事处罚的有效性与民族性、地方性有相当高的关联性。采用罚蜡条、新花、罚贝币、"纹面'败卒'二字等方式和形式。在生产、生活的立法上，把对村寨、家中的家神、火塘中神崇拜写入法律。《勐海傣族寨规与勐礼·十二条寨规》规定"来客必须尊重'家神'，若把马拴在主人的神柱上，要罚款十二元；弄翻'三脚架'（架锅的）要罚款十二元"。⑥ 傣族社会有客人住宿他人家必须遵守特定规范的习惯，这些习惯被写入法律中，成为强制遵守的法规。在《西双版纳傣族封建法规·违犯家规》中有"借宿者未经主人同意，自立或搬动火塘三脚石或三脚架，罚银一百罢滇；第二十三条规定"在这家住宿，到那家洗脸，罚银一百罢公"；第二十四条规定"在东家泡米，到西家蒸饭，罚银一百罢滇"；第二十五条"戴篾帽、揹掛包或揹着长刀进入人家屋里，罚银三百三十罢滇"。⑦ 在纠纷解决的立法

---

① 《孟连宣抚司法规》，云南民族出版社 1986 年版，第 124 页。

② 同上书，第 140 页。

③ 同上书，第 131 页。

④ 杨一凡主编：《中国珍稀法律典籍续编》（第九册），黑龙江人民出版社 2002 年版，第 456 页。

⑤ 同上书，第 491 页。

⑥ 同上书，第 522 页。

⑦ 同上书，第 459 页。

上，把神判习惯明确写入法律。《孟连傣族封建习惯法·继承的规定》中有"债主说不清就祈祷天神，赢了，欠债人要加倍赔还"。① 若夫妻之间感情不和要离婚，双方父母不同意离婚的，就要采用送鬼叫魂仪式，维持婚姻。

二　佛教对傣族传统法律的影响

整个傣族地区的传统法律，在立法思想、立法技术及法律表达形式上都受到佛教教义、经典和思维方式的影响，其中佛教的戒律内容与概念、术语等是主体要影响部分。立法中大量使用佛教经典、言寓和案例来说明具体的立法含义和内容等构成了傣族传统立法的特征。佛教对傣族传统立法思想和原则产生重要影响。如《孟连宣抚司法规·广勐》中明确规定"一、百姓等级的人，永为百姓；百姓不得担任地方任何大小官员。二、地方官员等级的人，不能降为庶民"；② 在"巴维尼勐"（礼仪、种姓四条）中明确规定"第二条，是'帕雅'（酋长）种为酋长；是'嫡'（小姐）种为嫡；母亲是嫡，儿子应为'召'（官）；……第四条官种为官，百姓种为百姓；旧的不毁，新的不立"。③ 这一制度成为傣族地区整个法律制度中的重要内容，在西双版纳等地区同样有体现。不管从孟连地区还是西双版纳地区的傣族的传统法律看，佛教的教义、思想、价值和原则都成为傣族传统立法的基本指导思想和价值取向。

佛教对傣族传统法律中的术语有重大影响。云南傣族地区传统法律制度中大量吸收佛教技术典型地表现在佛教很多术语成为这一地区法律术语的直接来源和影响他们的法律术语的含义。如对"儿女"的概念定义上采用了佛教术语。《芒莱·干塔莱法典》明确规定"儿女的概念：包括亲生的儿女，凡在家庭内出生的儿女（包括孙男孙女，侄儿男女）；来学手艺、学技能、学知识的徒弟；收养的子女；还有用钱买来的奴隶，打仗时俘虏来的战俘，外地来投奔的，困难户来投奔的，都可算为儿女，所以儿女包括了这些概念和内容。另外四种人不能算儿女，即同一家族的人，共事者，共同学习技术、知识的学友，亲密的知己者"④ 这里把"儿女"的概念扩张得很大，不是汉区传统意义上的"儿女"概念，它是佛教意义上的"儿女"概念。

---

① 杨一凡主编：《中国珍稀法律典籍续编》（第九册），黑龙江人民出版社 2002 年版，第 583 页。

② 《孟连宣抚司法规》，云南民族出版社 1986 年版，第 119 页。

③ 同上书，第 216—217 页。

④ 《芒莱·干塔莱法典》，载《孟连宣抚司法规》，云南民族出版社 1986 年版，第 31 页。

佛教对傣族传统法律的影响还表现在法律表达形式上，如大量采用禁止性规定和劝诫形式，具体表现在什么不准等形式上。以佛教戒律的方式进行立法。如"三好"和"三不好"这样充满道德戒律式的立法。佛教在傣族立法中的影响表现在大量使用与佛教有关的人物、事件、典故和个案等进行立法和说明立法，其中大量采用佛教典故、个案说明立法的目的、含义是很具特色的。傣族传统法律在立法中还有一个重要特征是采用寓言故事的方式来说明立法，这是受到佛教说法形式的影响[1]。如第二十一条"不贪婪财物，凡发生纠葛，应以礼相让，不多吃多占"条下举的例子是有两条蛇争吃一只青蛙，一个咬住蛙脚，一个咬住蛙头，各不相让，最后请帕拉西比丘调解。[2] 通过这种方式对所立法律进行说明和解释成为傣族立法中的一大特色。受到佛教对事物分类和表达风格的影响，让整个立法表现出分类详细、内容区别明确。如在财产继承、婚姻等方面的立法上体现出与传统中原汉族立法不同的风格和表达方式，具体表现出分类细致和繁杂，究其原因是受到佛教及古印度文化的影响，具体在财产继承上有三十六条、婚姻上有十条详细的规定。此外，在婚姻形式上分为 20 种，从 20 种婚姻形式的分类看，是受到印度传统婚姻分类的影响。研究傣族地区传统的法律，从表达形式上体现出不同于汉法的立法表达形式。

此外，佛教对傣族传统法律的影响不仅存在于立法思想、法律技术、法律形式上，还体现在具体法内容上。整个傣族传统法律不管是在刑事、民事和宗教法律上，都受到佛教中戒律的深刻影响。佛教传入还影响到傣族传统司法制度，表现在司法中审判人员行为准则和对不同类型案件证据的证明力确认等方面。

一 思考题

1. 简述傣族传统法律中习惯因素。
2. 简述傣族传统法律中佛教因素。
3. 简述傣族传统法律与藏族传统法律在佛教因素上的异同。

二 扩展阅读

1. 《孟连宣抚司法规》（云南民族出版社 1986 年版），该书收集了孟连

---

[1] 《孟连宣抚司法规》，云南民族出版社 1986 年版，第 165 页。
[2] 同上书，第 166 页。

宣抚司时期适用的相关法律，具体由《芒莱·干塔莱法典》、《坦麻善阿瓦汉绍哈》和《孟连宣司法规》三部分组成，是全面了解傣族法律传统的重要原始材料。

2.《西双版纳傣族社会历史调查（二）》（民族出版社 2009 年修订版），该书中收有《车里（西双版纳）宣慰使司署的政治组织系统》、《西双版纳傣族封建寨规、勐礼等译文》、《解放前勐海曼蛮寨的头人和封建负担情况》和《勐养曼那庄婚姻状况》等傣族历史上法律制度的原始材料，是了解西双版纳地区傣族传统法律制度的重要材料。

3.《百夷传校注》（钱古训撰，江应梁校注，云南人民出版社 1980 年版），该书对明朝初期德宏地区傣族地方政府麓川政权的法律制度进行了较为详细的描述，是了解明朝初期傣族法律制度的重要历史文献。

三　法律资料摘抄

（一）《芒莱·干塔莱法典》中前六部分涉及行政法规，具体有我兰勐、咋星勐、广勐、哈析勐、巴维尼勐和哈谢勐，是傣族地区行政设置、官员行为等方面的法规。此内容虽然出自《芒莱·干塔莱法典》，但影响较为广泛，成为傣族地区行政法规的基本渊源。

1. 我兰勐（勐的法规）法规十二条

第一条　大家认为应该分封食邑，而有人提出不应该分封。

第二条　大家认为不应该分封食邑，而人有主张分封。

第三条　大家认为可以去，有人说不能去。

第四条　大家认为不能去，有人说可以去。

第五条　大家认为可以做的，有人说不可以做。

第六条　大家认为不该做的，却又主张应该做者。

第七条　大家认为应该保护的，他说不该保护。

第八条　大家认为不该保护的，他说应该保护。

第九条　大家认为应该保留的，他说不该保留。

第十条　大家认为不该保留的，他说应该保留。

第十一条　大家认为应该耕种栽插的地方，他说不应该耕种栽插。

第十二条　大家认为不宜耕种栽插的地方，他说应该耕种栽插。

凡以上违反众愿者，为叛逆行为。

2. 咋星勐（勐的地方禁忌）十二条

第一条　毁寨开渠，毁田建寨。

第二条　毁寨开田，毁田建村。

第三条　应该要者不要，不应该要者强要。

第四条　宜建坝蓄水的地方，不建坝蓄水；不宜建坝开渠的地方，硬要开渠建坝。

第五条　应该开渠排水的地方不去开渠排水；不应开渠排水的地方，硬去开渠排水。

第六条　将田开成鱼塘；将鱼塘开为田。

第七条　宜建寨的地方，不得开为田地。

第八条　宜开田的地方，不得建立村寨，建房盖屋。

第九条　用来作为各种庆祝活动、集会的场所，不让庆祝集会者。

第十条　不应该举行庆祝活动的事，强逼大家庆祝。

第十一条　应该让大家知道的事，而又严密封锁者。

第十二条　不应让大家知道的，却又故意传播者。

凡违反上述条例，均为触犯昨星勐罪论处。

3. 广勐（即勐的地方法规）十五条

第一条　百姓不得升官。

第二条　官员不得降为庶民。

第三条　小官不能升为大官。

第四条　大官不得降为小官。

第五条　乃哈西不得升为乃怀。

第六条　乃怀不能降为乃哈西。

第七条　列有大官席位不坐，却去和下级官员列坐者。

第八条　乃怀等级的官员，列有小官等级席位不坐，却和上级官员列坐者。

第九条　高级官员，排行应在前，却列坐于下级官员之后者。

第十条　下级官，排行在后，却列坐于上级官员之前者。

第十一条　身为官员，却和百姓坐在一起者。

第十二条　身为百姓，却和官员坐在一起者。

凡违反以上条例，均为触犯了广勐法规。

4. 哈析勐（即地方行政区划中的职官设置）十条

第一条　宜设圈官的小地方，却设置闷官。

第二条　宜设闷官的地方，却又去设置圈官。

第三条　官职当乘象，却去骑马者。

第四条　官职只能骑马，却又去乘象者。

第五条　应封委为帕雅因的地方，却设了帕雅龙。

第六条　应封委为帕雅龙的地方，却去设帕雅因。

第七条　该设土司的地方，却不设置土司。

第八条　不该设土司的地方，却又设置土司。

凡违反以上惯例者，以犯哈柏勐罪论处。

5. 巴维尼勐（即地方礼仪）四条

第一条　要做好事，信教、听经、参加关门节、开门节、斋僧、拜年。

第二条　是帕雅种为酋长；是婻种为婻。

第三条　信仰宗教者为宗教徒。

第四条　官种为官，百姓种为百姓；旧的不毁，新的不立。

6. 哈谢勐（即节日规定）

第一条　傣历新年，应该举行三天三夜的庆祝活动。玩藤球、赛龙船、采山花团拜。

第二条　到佛寺拜佛。

以上两个方面，称为哈谢勐。

（二）《孟连宣抚司·继承法》，该部分摘录于《孟连宣抚司法规》，从内容上看，继承法包括权力继承或说身份继承和财产继承两部分，为了方便阅读，摘录时对条文进行了排序，同时一些部分与条文内容无关的文字没有摘录，以便让法律看起来更具法律规范性。财产继承部分根据内容，分为两节：第一节是法定继承，第二节是遗嘱继承。整个继承法体现出了傣族传统法律上的基本特征与内容。继承法基本原则是遗嘱优先，权利与义务相应，贡献与权利享有对等。

第一章　权力继承（身份继承）

第一条　帕雅和女奴发生关系后所生的子女，应对女奴和所生子女视为正式妻儿，不得抛弃；女奴所生的儿子有权继承父位。

第二条　帕雅的儿子是未来父亲的权力继承人，但有专横跋扈、目无法纪、不听从教育、不遵守地方法规以及无行为能力的人不得继承。

第三条　除亲生儿子外，女婿、奴隶出身的妻子所生的儿子、侄儿等，谁有学识、能遵纪守法者，都可以作为各种权力的继承人。

第四条　不论道帕雅、混协纳、阿曼以及官府里的差役、百姓等，谁的儿子具备"广召巴底万（为官的才能）"者，都是父位的继承人；如果"麻戛坦乃"（腐化堕落，无能，品德败坏者）不能继承父位。

第二章　财产继承

第一节　法定继承

第五条　继承人有下列行为之一者，应丧失继承权：

1. 经常犯罪者。

2. 聋哑人、憨人、瞎子、痴呆人、瘫痪病者、麻风病患者等有特殊困难的缺乏劳动力的人，这些人不享有财产的继承权，但其他子女必须像父母在世那样怜惜他们，分给一定数量的能维持生活的一部分财产，并应关心照料他们。

第六条　遗产按下列顺序继承：

第一顺序：配偶、子女、父母；

第二顺序：兄弟姐妹、孙男女、祖父母。

这里所说的子女，包括婚生子女与奴隶长期同房所生的非婚生子女、养子。

兄弟姐妹，包括同父母的兄弟姐妹，同父异母或同母异父的兄弟姐妹。

第七条　夫死，财产归妻；妻死，财产归夫；父母死，财产归子女；子女死，财产归父母；哥死，财产归弟；弟死，财产归兄；祖父母死，财产归孙儿女；孙儿女死，财产归祖父母。如果一方家族后继无人，财产归另一家族所有；双方家族后继无人者，财产分为二份，一份给本寨头人道帕雅，一份作死者善后之用。

第八条　父母生育了四个儿子，排行为艾、依、桑、赛（即老大、老二、老三、老四）。后来父母双亡，没有留下遗嘱，其财产由官府派员帮助分配，共分为十份。长子得四份，老二得三份，三子得二份，老四得一份。这样的分配办法，就合乎法规的规定，因为长子赡养父母，应该多分。如果父母留有遗嘱，就按遗嘱分配。

第九条　父母生育了四个儿子，一个出家当沙弥、比丘；一个在家种田、经商赡养父母；一个在官府担任官职；一个专为父母保管家财，不让其损失。后来父母双亡了，其财产的分配方法是：分给出家当比丘的二份；分给经商、种田的一份；担任官职的儿子不应分配，因为父母养育了他，在他任官职后，父母没有得到他的什么好处。如果父母留有遗嘱，应分割给他的，则按遗嘱进行分割。为父母理财，操持家务的儿子分享四份。父母在世时，因偏爱某个子女，曾给了他一部分财产作为个人所有，这部分财产在进行遗产继承时，不应分割，他人也不应提出要求或责备。

第十条　出嫁了的子女和入赘的儿子，其财产继承权，应视出嫁和入赘时，是否以陪嫁分到了一部分财产，或者带着部分财产到女方。如果当时已得到了一份财产，就不能再参加财产分配；如果父母留有遗嘱，按遗嘱该分多少就分多少，没有遗嘱的，全部留给在家的子女；如果出嫁的子女和入赘的儿子家境贫寒，而父母的遗产又多者，应视与娘家的联系情况来定，凡与家族关系紧密联系的，都应分得一份，因为谁也不能强行割断这种家族关系。

第十一条　父母的债权，由子女继承。不论谁，同死者生前有债务关系，子女有权向他索回。

第十二条　父母的财产不论是被盗贼偷走，或者是被道帕雅勒索强行占有了的，其子女谁有能力追回者，归谁所有。

第十三条　带着部分家产到女方家入赘的儿子，先于父母前死亡，其父母有权索回这部分财产；如父母先亡，而家境清贫，其他子女也有权索回进行分配。如果入赘者也死亡，归其妻子所有。

第十四条　到女方家入赘的儿子，父母给了他一部分财产作为经商资本。如本人死后归子女继承。如果妻子儿女都均已死亡，则归女方家族继承。如女方家族无继承人，则财产分为两份：一份归公，一份留作献佛，让死者在天之灵享用。

第十五条　女儿出嫁，其陪嫁的财产处理权同入赘的财产处理权相同。

第十六条　死者无子女，又无家族，如生前有过继的子女为养子的，则财产由养子继承。

第十七条　妾所生子女，享有和正妻所生子女同等财产继承权。有了妻子，又和女奴长期同房而所生的子女，应视为妾所生之子女看待，享有同等地位的继承权。女奴及其所生子女有权与正妻及其子女住在一起。如果丈夫死了，其遗产分为五份：两份给女奴的子女，一份给女奴；两份给正妻及其子女。如果正妻有自己的私房财产，此份财产归本人所有。

第十八条　妾从娘家带来的财产不多，其家族家境比正妻家庭家境困难者，遗产应分为三份：两份给正妻，一份给妾所。正妻从娘带来的财产不多，其家族的家境又比妾的家族家境困难，但正妻能勤劳治家而妾懒惰，遇有此种情况，遗产应平分；如正妻懒惰，遗产应分为三份：正妻一份，妾二份。

第十九条　同父异母或同母异父的兄弟姐妹，享有同等继承权。

第二十条　死者生前有债务关系，死亡时尚未归还他人者，如子女无力偿还，死者的家族成员应负责偿还。谁代偿还，死者的遗产就由本人继承。

死者的子女也应由代还债务的人抚养；如果死者既无子女，又无财产，由债权人自己负责；死者无子女，又无直系亲属，但有一定数量财产，旁系亲属中为了维护家族关系，债务由他偿还，死者财产由本人继承。

第二十一条　在官府担任官员，有俸禄者，死亡后其财产归妻所有。如留有遗嘱，则按遗嘱分割，他人不得干预。

第二十二条　职官田产，是道帕雅封委各等级职官时赐给的薪俸官田。谁接任职官，任职期间有权享有这份官田，同时并享有该等级职官佩戴和使用的象、马、车、轿、金桌、银桌以及珠宝首饰、官帽官服、封委令和印信等。如果该职官死亡，上述财产应全部归还道帕雅，即使本人留有遗嘱，要分给其他人，都不能生效。

第二十三条　道帕雅在职期间所享有的职官田。本人死亡后，该份职官田应收归官府。此外，如本人还有自己的私有财产并留有遗嘱，则按遗嘱分割。如果后继无人，应由新任道帕雅保管。

第二十四条　夫妻双方各自都有自己的私有财产者，经商时双方都拿出同等数量资金，夫妻双亡后，丈夫的资本归儿子继承，妻子的归女儿继承，所得利润均分。如夫亡，则财产归妻；妻死，财产归夫。夫妻离婚，这份财产均分，儿子归父，女儿随母。

第二十五条　父母双亡后，子女中如有人私藏部分财产者，应责成全部交出并分为三份，一份给私藏者，其余两份给其他兄弟姐妹，对私藏者本人不应上诉判罪。

第二十六　夫妻恩爱时，丈夫将妻子的钱拿去献佛或者治病、缴纳税收、贡纳等，不应向其夫索还；妻子如有同类情况，夫也不应向妻索还。

第二十七条　妇女带着陪嫁的财物，婚后和丈夫另立门户，但因某种原因，带着陪嫁的这部分财产回到娘家居住，父母也未规劝回夫家，男方也未同妻分过财产，后来，若发生女方死亡，男方有权索回这部分财产。女方将财带回娘家，男方索要，女方父母当着乡亲的面同意归还，并约定了归还期限，但归还的日期未到妻子突然死亡，那么，女婿应得的部分，仍应归还；妻子应得的部分其夫不得索取；如女婿先于妻子死亡，本人应得部分归妻及其子女继承。

第二十八条　入赘的女婿不务正业，为人骄横，对创业持家理财无所作为，又不听从妻子的劝告，为此，双方经常发生争吵，造成家庭不和。后来，丈夫死了，家庭财产全部归妻子继承。如男方家族进行索要时，不能判给；或者丈夫生前带着女方财产出走，应将其追回交还。

第二十九条　夫妻感情不和而离婚，不得对任何一方判罪。男方入赘时带来的财产应全部归还本人，但婚前男方赔送给女方的礼物不应退还；婚后夫妻双方共同积累的财产应分为三份：两份给女方，一份给男方。如果借有债务，按此办法共同承担债务的偿还；如果有儿女，男跟父走，女随母居；只有独生子女者，判给女方抚育。

第三十条　女方嫁到男方，因不能勤劳操持家务。受到丈夫指责跑回娘家者，其父母既不教育规劝，也不表示任何态度，男方为了和解，曾多次亲临接回，女方仍不回夫家，那么，女方父母应将结婚时男方送的彩礼全部退还，这样就算办了离婚手续。如果夫妻双方共同积累的财产也不应分割给女方，因为是她主动脱离家庭关系。

第三十一条　男方到女方家入赘，由于既不勤劳，生活又放荡，在外寻花问柳且又横蛮粗暴者，家族乡老规劝无效，同时，对妻子的劝告进行报复者。对此，不能再容忍其惹是生非，女方有权将其赶出家门，割断夫妻关系。结婚时送给女方的彩礼不予退还，如有双方共同积累的财产，也不应让其分享。

第三十二条　父母包办的婚姻，婚后因感情不和而离婚，双方的私有财产归己所有，共同积累的部分，平均分割；若有子女，愿跟谁生活，由子女自由选择。

第三十三条　男方到妇方家入赘，由女方拿出一部分资本交其丈夫经营，但后来因夫妻感情不和而离婚时，这部分资本应归还女方；双方共同积累的财产分为四份：男方分割割一份，女方分割三份；如果男方不善经营，纯属为了谋生而投靠女家入赘者，财产一概不予分给。如果女方不努力从事劳动，但双方共同积累的一定财产，分为三份：男方分割一份，妇方分割二份；如果经营的资本是男方入赘时带来的，共同积累的财产应平均分割；如果双方各拿出一部分资本，离婚时，各人收回自己的部分；女方不从事劳动生产，共同积累的财产，分为三份：男方分割两份，女方分割一份；如果女方嫁到男方，女的不从事生产劳动，男方双方平均分割。

第三十四条　以买卖婚姻关系而结合的夫妻，女方父母已经收取了男方的银两，婚后男方提出离婚时，原付给女方父母的银两应如数赔还。婚后共同积累的财产，分为四份：男方分割三份，女方分割一份；如女方不从事生产劳动，则不应分割；如果男方死亡，财产由儿女继承，如无儿女妻继承，父母不应干预。

第三十五条　死者未留有遗嘱而发生财产继承纠纷，由乍勐出面调解，将财产分为三份：一份为死者献佛，一份给儿女，一份归公。

第三十六条　夫妻之间发生争夺财产的纠纷，其处理办法是：原各自从父母家带来的财产，仍归个人所有；共同积累的财产平均分割。如果男勤女懒，应分为三份：男方分割两份，女方分割一份；反之，以同等办法处理。

第三十七条　父母是道帕雅、协纳、阿曼或是富翁者，拥有大量财产，生前对外又有债权关系，死亡时未留遗嘱，分割财产时，将其动产和不动产分为三份：其中两份分割给在家负责侍奉老人者，其余的子女分割一份。

第三十八条　凡占有大量财产的人，生前未留有遗嘱，其家族成员都是财产的合法继承人，按继承顺序继承。

第三十九条　死者生前长期同某一女儿生活，死后财产归该女儿继承，其他子女提出要求分割时，不能给予，也是合法的。

第四十条　在一个大家族内的成员组成中，有父母、儿女、孙辈或有血缘关系的人及其奴隶，在老人长期患病期间，儿女虽然是第一继承人，但没有侍奉照料老人，而由奴隶侍候直至送终，那么，奴隶就是财产的合法继承人；如果儿孙及奴隶在死者患病期间未过问，而由亲戚侍奉照料，他就是财产的合法继承人。

第四十一条　比丘的财产留存在本寺院或其他寺院里，生前未曾提及分给谁，死后，本佛寺的其他比丘是这份财产的合法继承人；保存在其他佛寺的财产，为该佛寺比丘共同财产而不得分给个人所有。

第四十二条　比丘死亡在世俗人家里，其本人财产仍应由该寺院其他比丘继承。

第四十三条　比丘死在父母家里或亲戚家里，抑或外人家里，不论死者留有遗产多少，留有遗嘱的，按遗嘱分割；未留有遗嘱的，其财产原在何处，该处的主人就是财产的合法继承人。

第四十四条　儿女不听从父母劝告，不赡养父母者，应从家族成员中除名；谁听从父母的教诲，赡养父母，就有权继承父母的遗产。

第二节　遗嘱继承

第四十五条　凡死者生前留有继承其财产遗嘱的，按遗嘱指定继承人继承，他人不得干预。

第四十六条　当任官职，食贡又食田的官员，积累了大量财产，死后，如留有遗嘱，按遗嘱分配继承。

第四十七条　不论什么人，当了他人的奴隶，死后，亲属不得继承其财产。

（三）《西双版纳傣族封建法规》（高立士《西双版纳傣族的历史与文化》，云南民族出版社 1992 年版，第 213—238 页）

第一章　犯上

第 1 条　百姓路上遇着"倒叭"（头人）、"召勐"（土司）不及时让路，罚蜡条 3000 支"松玛"（赎罪）；倒叭、召勐不让路给佛爷和尚，罚赎罪的蜡条 5000 支；和尚不让路给佛爷，罚赎罪的蜡条 8000 支；学生不让路给老师、徒弟不让路给师傅，罚赎罪的蜡条 11000 支。

第 2 条　百姓辱骂着和尚佛爷、土司头人及长辈，罚"罗梅顶"（蜡花）一束，跪着赎罪，被骂者用脚踏着骂者的头，口说"阿奴雅德"（恕你无罪了），才能起来。或用拳打头六至十下，然后放行。若不这样就罚银三百三十罢。

第 3 条　百姓得罪了土司头人，要按该土司头人受封时所出的"买官费"处以罚款，名曰"布扎"（赔礼道歉）。若赔不起"召"级的买官费，按"叭竜"级赔，若"叭竜"级也赔不起，就按"叭"级。或根据情节轻重，罚蜡条 10、15、20 对三等赎罪。包括得罪了还未受封的官家子女，也要罚蜡条赎罪或处以罚款。

第 4 条　学生告老师、徒弟告师傅、俗人告僧侣、随从告主子、儿女告父母、百姓告召勐，即使有理也不能让他们告赢。因这些人是不懂礼教、不通人性的。"咋勐"（有如法官）这样判决就合理合法了。

第 5 条　师傅、父母、召勐、祜巴、纳帕（圣贤）、阿章（祭佛师）、西纳阿玛（文武大臣）、西梯（富翁）、倒叭他们是懂经识礼、知识渊博、道德高尚的人，不能得罪他们，得罪了这些人，就没有依靠了。

第 6 条　拆毁佛像、佛寺、佛塔，砍菩提树、杀害无罪僧侣、圣贤、祭佛师者，判处死刑，其子女罚为寺奴。

第 7 条　杀死召勐，判处死刑，其子女罚为召勐的家奴。

第 8 条　杀死父母，判处比死刑更重的刑法，就是砍去手脚，赶出勐界，让其活受罪一辈子。

第 9 条　砍"梅色曼"（寨子神树），要给"丢瓦拉曼"（寨神）赎罪，具体按该寨规矩办，若不照办，该寨人畜生病或死亡，由其负全部责任。

第 10 条　无大事、紧急的事，乱敲土司头人的大鼓，罚银 3300 罢。

第 11 条　无大事、紧急的事，白天乱吹牛角，罚银 100 罢滇；晚上乱吹牛角，罚银 330 罢滇。

第二章　家奴

第12条　买卖家奴及家畜，都有一个试用期，家畜一至二个街期（5—10天），家奴一个月。在试用期内，若发现是鬼，如"披丝"、"披捧"及"披播"，或贯偷、贯骗、一贯欠账、一贯搞他人妻子，或害有癫痫、精神病、夜盲症、传染病、慢性病等，可以退回原主。若不准退，要罚330罢滇。因为出售不健康的家畜、家奴，是想让他人吃亏，就是嫁祸于人。

第13条　家奴要出家当和尚，寺主必须征求奴主的意见，若奴主不同意就不能收。

第14条　百姓要求做土司头人的家奴，以下六种人不能收：（一）欠债，（二）小偷，（三）嘴硬傲慢的人，（四）杀人犯，（五）懒汉，（六）骗子。

第15条　男奴拐走人家的女奴，若只追回男奴，应将男奴出卖，按卖价赔一半给女奴主；若后来女奴也追回，女奴主应将那一半退还男奴主。若男女家奴都同时追回来，应将女奴卖给男奴主，让男女家奴结婚。

第16条　两家的男女家奴相爱，若女方奴主愿卖，男方奴主不想买，以后家奴相约逃走，应由男方奴主按女奴身价赔偿女方；若男方奴主愿买，女方奴主不卖而造成私奔，就共同去找，这叫"有奴得祸"。

第17条　拐骗他人家奴，又自动送回来者，不罚款，只赔误工费，每天按银十罢计。

第18条　家奴逃走，不论与谁同路或到谁家住宿，已满三天不报寨上，也不通知奴主，以拐骗犯论罪，按家奴身价的一倍处以罚款；病死也要赔一半，若自杀、被杀、淹死、逃跑要收留户赔全价。若已报寨上，奴主找上门来，应由奴主开给收留户伙食费，每天以银一罢计。若通知奴主后，未来领走前发生病死、逃跑、或其他原因死亡，收留户概无责任。

第19条　家奴在农村的亲属死了，不能仗着土司头人之势，去抢占财产，只能按死者遗嘱办。

第20条　土司头人的家奴，到农村与百姓结婚，家奴死了，其农村财产应归其妻儿继承，更不能将其妻儿拿来作家奴。这是对土司头人的约束，目的是不让百姓绝种。

第21条　奴主将家奴打死，不能按人命案判处，首先应区别是有意或无意，若无意打死，不应降罪。若确是用凶器打死，也要搞清楚打死的原因，也许是因与人通奸、偷东西、挖得金银、其有罪怕主人告发治罪而要行凶等，应根据情节论处。若是有意打死，罚奴主3300罢。

第三章　破坏私人财产及农业

第一节　违犯家规

第22条　借宿者未经主人同意，自立或搬动火塘三脚石或三脚架，罚银100罢滇。

第23条　在这家住宿，到那家洗脸，罚银100罢公。

第24条　在东家泡米，到西家蒸饭，罚银100罢滇。

第25条　戴篾帽、背挂包或背着长刀进人家屋里，罚银330罢滇。

第二节　破坏房屋

第26条　砍他人楼房的柱子，罚银330罢滇：砍他人扛在肩上的木头，罚银330罢公。

第27条　用火枪打停歇在他人房头上的鸟，罚银100罢滇。

第28条　晚上去摇晃或用石头木棒打砸他人的房子，罚银330罢滇。

第29条　烧火不注意而烧了房子，不应罚，因他的房子也被烧，根据情节，分300、600、900罢三等出银，向火神赎罪。

第三节　破坏农业生产

第30条　破坏水坝，罚银440罢滇。

第31条　拆毁他人田房，罚银330罢滇。

第32条　骑马骑牛踏着耙好整平的田，罚银100罢公；踏着已栽的田，罚银330罢滇；踏着抽穗的田，罚银550罢滇。

第33条　未经田主同意，用鱼笼安放在灌沟中捕鱼，罚银220罢公。

第34条　将鱼笼安放在田埂的水口处捕鱼，在孕穗时，罚银220罢公；在抽穗时，罚330罢公。

第35条　枪打歇在谷堆上的鸟，罚银220罢滇；枪打谷席上的鸟，罚银330罢滇；枪打割倒的谷把上的鸟，罚银100罢滇。

第36条　水牛在秋田中打滚，应按秋田损失的大小，出"布扎"（赔礼）费，若不服罚贝3300个。

第37条　犁错了田，以银二罢为"松玛"（即赔礼道歉）费。

第38条　不经田主同意，挖沟从他人田里经过，罚银220罢公。

第39条　砍他人的槟榔树及贝叶树，罚银550罢滇。

第40条　砍他人的辣子树及绿叶树（傣族嚼槟榔的代用叶），罚银220罢滇。

第41条　砍他人的芭蕉树，罚银100罢公。

第42条　水牛黄牛吃刚栽的稻田，牛主要出鸡三对、银三罢、谷子及大米各三饭盒、蜡条三对祭谷魂；若在抽穗时，除罚牛主出三拳大（即三个拳头垒起来，用绳绕一圈，再用此绳去量猪的胸部）的猪一头祭谷魂外，还要赔偿稻谷的损失。若田主已通知牛主三至九次，仍放牛来吃，罚牛主出银五罢和五拳大的猪一头祭谷魂。

第43条 栽了秧以后，不论牛吃或踏着，不分田头、田脚、田中间或沟头，都要罚牛主祭谷魂，谷魂是大事，要按"兴安竜"九级判处。

第44条 若水稻已成熟，被牛马吃着或在田里睡觉打滚，除要牛马主人赔偿全部损失外，还要罚牛（马）主出鸡一对、蜡条一对、大米一盒、酒一瓶祭谷魂。

第45条 牛马主人不拴、不用吊杆也不用人放牧，有意放牛马吃庄稼者，损失大，照价赔偿，损失小，分两等赔偿，一等：水牛一头赔田主九挑谷子，黄牛一头赔五挑，马一四赔八挑；二等：水牛六挑、马五挑、黄牛四挑，因为谷米是人及"丢瓦拉"（神）的重要粮食。

第46条 水牛、黄牛、驴、马进他人园地糟蹋庄稼，损失多少，应折价赔偿，若园主已将牲畜送交主人达三次，仍放来吃，园主可将牲畜牵去送交叭召勐，让他向召勐去赎，让"召"教育大家爱护庄稼，管好家畜。

第47条 鸡、鸭、猪、狗进田吃谷子，田主通知家畜主已达三次，仍不管好，放出来吃，田主杀死后，自己吃一半，还家畜主一半，若畜主不来拿，将这一半献给叭召勐；若未通知畜主，田主折价赔偿畜主，畜主赔偿稻谷损失。

第四节 破坏牲畜发展

第48条 破坏放牧牛马的吊杆，罚银330罢滇。

第49条 未经牧主同意，将放牧的吊杆拿去放牧自己的牛马，罚银100罢滇。

第50条 在寨旁安地弩、插竹尖，造成牲畜死亡，要赔偿；受伤，要负责医好；晚上，人去碰着而死，不追究责任，谁知他是去干什么坏事；白天碰着而死，要赔人命钱330罢滇。

第51条 未经主人同意，将他人的象、马、黄牛、水牛骑走，被畜主发觉，罚银330罢滇。

第52条 砍水牛、黄牛、马等家畜尾巴者，罚银330罢滇，被砍伤的家畜要强制卖给他。

第53条 在他人的田地边放牧牛马，田地主自行把牛马放跑了，若发生被盗、虎咬、眼瞎、脚断等情况，应由田地主人赔偿全部损失；若田地主人也警告三次，仍拉来放牧，以后放跑、被盗、虎咬、眼瞎、脚断，放者皆无责任。

第54条　有意赶牛去打架，造成脚断、眼瞎、角断、角掉、流血至死，皆由肇事者全部负责，伤由他买、死由他赔。

第55条　放牛在田坝中，牛将人触死，将牛卖了，赔死者一半，牛主一半。

第56条　两条牛打架，一条被打死了，应将打赢的那条卖了赔；若未死，应由赢方的牛主负责医好。

第57条　黄牛、水牛、马进田，被田主戳死了，由田主赔偿，并罚银330罢滇。若牛未死，应将伤牛卖给田主，并罚银100罢滇。

第58条　牛马进园子，园主将牛拴住，告诉牛主限期拉回，牛主未按期来拉而牛死了，牛主赔偿园子的损失，园主赔偿牛价。

第59条　将他人的家畜拴着不报，隐瞒下来，以偷盗论罪，按牛价加一倍罚款；若杀吃了，赔牛主三头，罚一头（召勐头人吃）。

第四章　婚姻
第一节　订婚

第60条　订婚后，若不按期来结婚，可另找对象，原未婚夫不能有什么话说。

第61条　男方以礼物交给女方的父母，姑娘未同意，以后另找对象，不罚。

第62条　姑娘原来已同意，并接了男方的订婚礼物，后来又反悔另找对象，罚女方出银200罢公。

第63条　男方不知女方已婚而与之结婚，女方犯重婚罪，罚220罢滇；若已知，罚男方330罢滇。

第二节　离婚

第64条　丈夫离开妻子三年不归，就自动解除夫妻关系；若未满三年归来，仍是夫妻。

第65条　夫妻无法生活下去要离婚，若夫先提出，应补偿妻400罢，并罚银330罢滇；若妻先提出，应补偿夫500罢，罚银220罢滇。

第66条　妻子与人通奸，父母也不喜欢，因女方而造成离婚，罚女方330罢滇。

第三节　财产处理

第67条　百姓与百姓通婚，男方不论有多少银钱财产，带去与女方同居生活，后来离婚，不能让女方赔还。

第68条　岳父岳母将女婿赶走，或因妻子与人通奸而造成离婚，女婿带来的财产要全部赔还。

第69条　两个相好的朋友，子女互相通婚，双方都有财产，如金银、象、马、水牛、黄牛、家奴等，后来离婚，各人带来的归各人带走；共同创造积累的财产，先抽本再分利，利润分配，按双方劳动表现而定，若劳动表现一样，就平均分配；若表现不一样，勤劳的分三分之二，偷懒的分三分之一。

第五章　财产继承及债务清偿
第一节　财产继承

第70条　招入的女婿不满一年，没有子女，种的田也未收，姑娘就病死了，岳父岳母应分给女婿适当的劳动报酬，女婿送给姑娘的聘礼，如金银首饰要送还，至于结婚时请客的费用就不应赔了。

第71条　招入的女婿满一年后，已收了一季庄稼，而姑娘病故，又无子女，岳父岳母应将他夫妻俩共同劳动所得的财产分一半给女婿。

第72条　夫妻结婚立户时，双方亲属曾支援，后来死了丈夫，夫方亲属要分财产，只能根据死者遗言及妻子的心意办，先死了妻子也同。

第73条　已立户的夫妻双双死了，又无子女，其财产应归双方父母，若无父母，应归双方的家族亲属，若无家族亲属，应分一半给叭召勐及"西纳"（大臣），另一半赕佛超度死者。

第74条　夫妻白头到老，无论谁先死，共同劳动积累的财产，男女双方家族亲属都无权来争，应由妻子儿女继承；若无子女也只能分走结婚时带来的财产。即使是其夫带来的财产，若夫遗言要给妻子多少，也应照分。

第75条　祖父母或父母死前，未交代清楚遗产归谁继承，子孙后代为分遗产而告到官府，"诈勐"判决，应分三份：一份赕佛超度死者，一份分给子孙，一份装进叭召勐的箱子（原文如此）。

第76条　倒叭、"玛哈西梯"（富翁）或百姓，有金银借给子女另立户去经商或作生产垫本，父母死时交代下，应将这笔钱还三分之二给供养父母到死的子女，三分之一留给另立户，必须照办，若父母生前说不要他还，也就算了。

第77条　凡子女单独立户或与父母同居，只要他对父母有特殊贡献，应将遗产分一半给他。总之应根据对父母的亲疏，功劳大小来判决遗产的分配。

第78条　继父与母亲婚后所生弟妹，若父母死，财产应平分，因是同母所生；若父亲娶继母，所生弟妹，财产也应平分。

第79条　同胞子女与义子义女，在父母死后，其财产的分配是：同胞子女四分之三，义子义女四分之一。

第80条　大小老婆所生子女，应平均分配遗产，不应歧视小老婆所生子女。

第81条　若父母死前未交代财产继承权，大小老婆子女分财产应该是：大老婆生的分五分之三，小老婆生的五分之二。（与前条有矛盾）

第82条　父亲到另一家娶小，成了两个家，父亲未娶前，那边无子女，两家所生子女，有权继承各自的财产。另一家或其亲属家族无权去分。若父母死前明确交代，分给亲属家族多少，照办。否则，全部由各子女继承。

第83条　抢占他人的财物或田、地、园界、勐界、村界，告到官府评理判决，谁告输，罚其"编沙"召勐（即召勐受封时缴纳的买官阶费）；谁告赢，要经受"点蜡烛闷水"的考验（即借神验证）。最后真正输的一方，罚银990罢。若仅是寨、园、田界，输的一方，罚330罢或550罢，赢的一方，不需"点蜡烛闷水"，找当事人出庭作证即可判决。

第二节　债务清偿

第84条　借钱已付利息一部分，后来不论借钱人死了或未死，若无钱还本，应卖儿女还债。父母应留着承担门户，继续出"召"的负担。

第85条　倒叭（头人）或"西纳阿玛"（司署文武官员）向富户借钱粮不还，"诈勐"要保护富户，强制头人还债，"诈勐"得三分之一，赔债主三分之二。

第86条　丈夫借债不告诉妻子知道，丈夫死了，妻子可以不赔。

第87条　祖父母或父亲借债，子孙不知道，祖父母或父母在世，由他们还债，若他们死了，子孙只还本不付息。

第88条　借钱时没有讲利息多少，后来债主要利息，不应该给。若超过定期，年利100罢应付息3罢。

第89条　专靠借债为生，不想劳动，屡教不改，亲属、家族及寨子上的人也因其欠债而曾受过牵连，其亲属、家族及全寨百姓有权集体将其出卖还债。卖得多少还多少，不应再连累亲属、家族及同寨亲人。

第三节　租牛租船

第90条　租牛被盗，按原来议定赔偿，若还未犁田就被盗，只赔牛价不交牛租。

第91条　耕牛被累死或腰脱脚断，应由租牛者按价赔偿。

第92条　耕牛生病而死，没有事先通知牛主，应由租入者赔偿一半；若已通知牛主，应合作医治，若医治不好而死，那是命中注定免赔。

第93条　若开荒田不知有主，开了以后，田主来认，不赔也不交租，应让开荒者种五年。五年以后才交租或送还田主，开鱼塘也同。

第94条　租船，若船碰坏或被盗，应由租借人赔偿。

第95条　借衣服，若撕破、穿烂或被火烧坏，应照价赔还。

第四节　拾得财物

第96条　拾得黄牛、水牛、马、驴、鸡、鸭、猪、狗，不告诉寨里人知晓，自己杀吃了以偷盗论罪；若告诉寨上人知道后才杀吃，不罚，失主找到，照价赔偿；若还未杀，给一定报酬赎回。

第97条　在坝子中拾得水牛、黄牛，每头赎价银100罢；若在山上拾得，每头赎价银200罢；若从外勐拾得，每头赎价银：黄牛300罢，水牛500罢。

第98条　若过了地界拾得水黄牛，应对半分，拾得猪、狗、驴、马也同。

第99条　在坝子拾得鸡一只，赎价银20罢；鸭一只，赎价银30罢；狗一只，赎价银40罢；猪一头，赎价银100罢。

第100条　在坝子里拾得象一头，赎价银660罢，从野象群中拾得象，每头赎价银880罢；从勐界以外拾得逃走的象，分一半。

第101条　拾得顺水淌下来的船，要向寨上报告，将船拉到寨中，不能藏、卖、斧破，船主来认，大船每张赎价银220罢，中等船每张赎价银100罢，小船每张赎价银40罢。若拾得船后告诉寨上人，按盗窃论处，除赔船外，还要罚银100罢滇。

第102条　拾得衣服钱财，要在原地大喊三声："是谁的，掉在这里"，若无人来认，回到家告诉寨上人；若失主来认还物主三分之二，拾者得三分之一；若拾得不叫，回到家里又隐瞒不告，问了才说，既不罚，也不给报酬，将原物送还失主就算了。

第103条　若将东西忘记在寨上或屋内，物主来找，原物送还，不要赎金。

第104条　谁挖到黄金白银，必须交叭召勐一半，倒叭不要再罚，因他只得一半，另一半不罚了。

第五节　受人之托

第 105 条　倒叭将金钱、象、马、家奴、牛或其他物品托人看守保管，后来被保管者偷了一定要赔还，三代人以后，物主的子孙来要也要负责赔清。

第 106 条　两人将财物合在一起保管，甲将财物取回，乙说是甲偷了他的，应区别有意或无意，若财物相似，属于错拿，不罚，送还原物或按价赔偿；若财物并不相似，实属有意，应加一倍的赔偿。

第 107 条　将财物寄留他人家，物主未告诉是什么东西，寄留户也未当面打开看，以后不论水淹、火烧或被盗，都不应由户主赔；若户主未损失，只损失托寄人的，应由户主赔偿。

第 108 条　因事外出，将房子委托他人看守，若已承担责任而不在心，该户财物被盗，抓着小偷，由小偷赔，抓不着小偷，由看守人赔。

第 109 条　因有事暂将小孩委托亲朋邻舍招呼，已受人之托而不负责任，致使小孩爬树跌下来，水淹、失火、牛马踏而死亡，应由承担招呼的人赔偿人命银 330 罢。

第六章　经商及交通
第一节　经商

第 110 条　拆毁街房，罚银 3 罢。

第 111 条　将篾帽盖在马鞍子或马驮子上，罚银 330 罢滇，因只有送丧的马才这样做。

第 112 条　戴篾帽、背挂包、背长刀坐在商人牛马帮的"开稍"（打尖）处，罚 330 罢滇。

第 113 条　商队牛马帮到路上打尖或露宿，必须先由"乃怀"（百头之商）查看牧场后，随从按"乃怀"指定的范围去放牧，被虎吃了，随从无责任；若被盗，属于随从未看守好，应赔一半。

第 114 条　商队在途中打尖或露宿，若在白天放牧时，牛马被虎咬，应由随从赔一半；若晚上被咬，算主子应得的祸。

第 115 条　商队的牛马晚上被盗或被虎咬，应由随从赔偿一半，另一半分成三份，由"乃怀"、"乃哈西"（五十商之头）及同伙各赔偿一分（与前条有矛盾）。

第 116 条　商队在打尖处，随从蒸饭，将甑子弄倒或饭泼出来，要罚随从银 5 罢，鸡 5 对作"树宽"（叫魂）。另，"乃怀"、"乃哈西"及同伙按人头及牛马头数，各出银一罢、鸡一对集中在一起"布扎可"（即送祸赎过之意）。

第 117 条　商队的随从将倒叭（地方头人）、西纳阿玛（司署文武官员）及百姓的饭甑子弄倒，饭泼出来，罚随从出银 330 罢滇，给主人家"布扎可"。

第 118 条　商队杀猪杀牛，应将猪牛头分给赶头把的人吃。

第 119 条　他人的牛跟着商队的牛帮走，要用竹片写通告挂在打尖或露宿的睡棚处。内容是：我们商队至此，不知谁的牛跟着我们的牛帮来了，望牛主速追上来领回，我们无力再放养。连续写三天，若牛主来认，需出放牧费；若超过七站，无人来一认领，可以杀吃。若在第八站以内牛主跟上来，肉还在，分一半，若已吃了，按半价赔偿。象、马跟着商队走，也按此原则处理。

第二节　交通

第 120 条　砍寨门的竹栏杆，罚银 80 罢。破坏围寨的篱笆，罚银 220 罢滇。

第 121 条　骑马把人踏死，要赔偿人命；若未死，要负责医好，并罚银 330 罢滇。

第 122 条　骑马，缰绳断；骑牛，穿牛鼻子的绳断；骑象，象链断，要大吼：行人让路。若叫喊而不让路，踏死无责任；若已来不及让路而被踏死，赔偿一半；若被踏伤，要出叫魂费一罢，并负责医治好。

第 123 条　牵着牛将人踏死或将他人的牛触死，应由牵牛人赔偿，若牵牛人已喊而不让，牵牛人没有责任。牵马、象遇到此情也同。

第 124 条　走路人途中遇着牛帮，若走路人不让路，罚 100 罢公。

第 125 条　牛帮遇着马帮，若牛帮不让路，罚 220 罢公。

第 126 条　马帮遇着象队，若马帮不让路，罚 330 罢公。

第 127 条　象队遇着车队，若象队不让路，罚 330 罢滇。

第 128 条　车队遇着叭召勐，若车队不让路，罚 550 罢滇。

第 129 条　因船长不负责而翻船，造成人及财物的损失，应由船长赔偿，若人被淹死，要赔偿人命银 330 罢滇。

第七章
第一节　污辱妇女

第 130 条　傣族拥抱着本族的妇女，罚 330 罢公。

第 131 条　傣族拥抱着山区民族的妇女，罚 330 罢公；山区民族拥抱着傣族的妇女，罚 220 罢公

第 132 条　头人甲拥抱着头人乙之妻，罚 330 罢滇；召勐甲拥抱着召勐乙之妻，罚 550 罢滇。

第 133 条　不论百姓或头人拥抱着叭召勐之妻子，判处死刑。

第 134 条　在衣服外摸他人妻子的乳房，罚 220 罢滇；若在衣服内，罚 100 罢滇。

第二节　通奸

第 135 条　山区民族与傣族妇女通奸，罚 330 罢滇；傣族与山区民族妇女通奸，罚 550 罢滇。

第 136 条　百姓与百姓、百姓与头人的妻子通奸，罚 330 罢滇；头人与百姓的妻子通奸，罚 550 罢滇。

第 137 条　头人与召勐的妻子通奸，罚 770 罢滇；召勐与头人或百姓的妻子通奸，罚 990 罢滇。

第 138 条　还未封官阶爵位的召与召勐之妻通奸，不罚，根据情节轻重，做 10 朵至 100 朵蜡花向召勐"布扎"（赔礼道歉）。

第 139 条　山区民族与山区民族妇女通奸，罚 330 罢滇；傣族与傣族妇女通奸，罚 990 罢滇；召勐与召勐之妻通奸，应给召勐"编沙"，即赔偿他被封为召勐时之"买官费"。

第 140 条　傣族与傣族妇女通奸，罚 550 罢滇；"哈滚西纳"（头人的家族）与百姓妇女通奸，罚 770 罢滇；哈滚叭勐召（召勐的家族）与百姓妇女通奸，罚 990 罢滇，若是叭召勐的儿子与百姓妻子通奸不罚，做"罗梅罕"（金蜡花）向其丈夫赔礼道歉（布扎）；按情节轻重，分 60、80、100 朵三等。

第 141 条　头人家族内部通奸，要做银花向其丈夫赔礼道歉，分 20、30、40 朵三等，要是村寨头人的子女内部通奸，做银花向其丈夫赔礼道歉，分 3、5、7 朵三等；若是召勐之间的子女通奸，要做金花一株，头上 100 朵，尾上 40 朵向召勐赎罪。

第 142 条　自大臣家族至村寨头人、管船官、渡口官、象官、马官、牛官等四个家族通奸，要做银花一株，头上 40 朵，尾上 8 朵，向召勐赎罪。

第 143 条　不管是当官的或一般平民百姓，若到人家内房与有夫之妇通奸，被其夫亲手或请人将奸夫奸妇当场杀死，无罪。不准追究。

第 144 条　领有夫之妇下箐通奸，罚 220 罢滇；若领上山坡通奸，罚 100 罢滇（自愿）。

第 145 条　山区民族与山区民族，傣族与傣族妇女通奸，若是婚前的情人，只罚 330 罢公；否则，罚 330 罢滇。

第三节　强奸

第 146 条　马官强奸妇女，罚 2200 罢；象官强奸妇女，罚银 9900 罢。

第 147 条　司署大臣及地方头人家族强奸妇女，罚银 22 罢；小勐的召勐强奸妇女，罚银 6600 罢。

第四节　拐骗

第 148 条　百姓拐走百姓之妻，算"新安龙"（即大案大罪），罚银 6600 罢，若拐走后又送回来，不罚，因为若不送回，还不知是谁拐走的呢？抵补"同床费"330 罢滇。若回来后，弄清楚并非女的自愿，要补罚 990 罢滇。

第五节　嫌疑

第 149 条　甲说要到乙家去玩，到了乙家附近，不上楼去说明一下，又转到另一家，乙碰上问为何不上楼，支支吾吾就避开，这种形迹可疑的人，不是来串姑娘、偷东西、偷听话，就是与女主人有约会，可能女主人看到丈夫还在，而不敢赴约。若女主人没有情夫，丈夫不能怪罪。若是企图偷，罚银 100 罢；若是情夫，罚甲出银 330 罢，若造成离婚，罚女方出银 330 罢。

第八章　偷盗
第一节　偷家禽农副产品

第 150 条　偷鸡 1 只赔 2 只；偷鸡诱子 1 只赔 3 只，罚银 100 罢公；偷鸭 1 只赔 9 只，罚银 100 罢公。

第 151 条　偷砍好放在山上的木料，罚 330 罢；偷搭桥的木头，罚银 550 罢滇；偷楼下柴火，罚 100 罢公；偷砍好堆在山上的柴火，罚 200 罢公。以上既罚还要赔原物。

第 152 条　偷竹笋一个或偷砍竹子一棵，罚 100 罢滇；砍围园子的篱笆，罚 330 罢公；偷围稻田的篱笆，罚 330 罢滇；若水稻已收，罚 330 罢公。

第 153 条　拿鱼笼偷放他人的鱼塘，罚银 220 罢滇。若偷撒鱼塘，鱼未到手罚 330 罢滇，若鱼已到手，没收并罚款。偷拿鱼的笼，密渔笼罚 100 罢公，渔笼两边有门的罚 220 罢公。稀渔笼罚 330 罢公。

第 154 条　偷谷子 1 箩还 9 箩。偷槟榔 1 串赔 9 串。偷 10 串罚 5 万贝。偷 20 串，罚 6 万贝。偷 100 串，罚 34 万贝。

第 155 条　偷他人田里的水放进自己田里，罚银 100 罢公。偷犁、耙 1 件还 9 件，损坏要赔，另罚银 80 罢。

第 156 条　偷下鸟的扣子或鸟，罚银 4 罜半。偷蜂桶 1 只，罚 2200 贝。偷土蜂儿 1 窝，罚银 80 罜。偷砍有大葫芦蜂儿的树，罚银 230 罜。

第 157 条　女人进他人家屋里偷看，不论白天或晚上，罚银 100 罜滇。若作案未得逞，罚银 330 罜滇。

第二节　盗窃牲畜财物

第 158 条　偷猪 1 头赔 3 头，罚银 220 罜。偷怀孕母猪 1 头赔 5 头；腹中小儿，1 头赔 2 头，偷阉猪 1 头赔 9 头。

第 159 条　偷羊 1 只赔 3 只，罚银 400 罜。偷黄牛水牛 1 头赔 3 头，罚 1 头。偷怀孕的母牛，1 头赔 3 头，肚中小牛，1 头赔 1 头半。

第 160 条　偷人 1 人赔 3 人，罚 1 人。

第 161 条　盗窃犯进房作案，被主人杀死无罪。若杀而未死，罚偷盗者 330 罜滇。

第三节　包庇分赃

第 162 条　留小偷宿食者，区别两种情况，若主人明知是贼不报，属有意包庇，酌情罚款；若主人不知是贼，办案明智的人，应依靠主人提供线索，将案查清，不应降罪于主人。

第 163 条　小偷偷了他人的东西，却从另一户家中查获赃物，户主与小偷同罪；如果是户主协助才抓到小偷及赃物，应奖。与盗窃犯分赃者，以后发觉，同罪。

第 164 条　明知是盗贼，来投宿不报，罚户主 3300 罜；若不知是盗贼，其作案也未得逞，罚户主 1100 罜。

第 165 条　小偷偷牛杀了分给寨上的人吃，凡是吃着肉的，按一倍半折价赔偿牛主外，每人罚银 100 罜滇，谁叫你嘴馋，吃来历不明的肉。小偷偷牛杀了卖给本寨或外寨的人吃，若不知是偷来的，即使后来牛主发觉，买肉吃者无罪。

第 166 条　盗贼偷了百姓的财物，头人得到赃物来留着，应将财物送还原主，不应要脚钱或赎金。

第四节　诬陷报复

第 167 条　诬陷好人偷盗或杀人，罚银 330 罜滇。

第 168 条　不论头人，百姓或家奴，若因私仇而借机报复，捏造并扩大事实，诈勐（法官）应视情节轻重，以处罚款，重的罚 330 罜滇。轻的罚 330 罜公。

第 169 条　虽然原有矛盾，有私仇，但他所揭发控告或出庭作证的情况基本属实，就不能算报复或有意陷害，不能降罪或罚款，相反应依法惩办罪犯。

第九章　斗殴杀人

第一节　斗殴伤人

第170条　与人吵架，手提长刀，追赶人行凶未遂，罚330罢滇；口说要杀人，但刀未出鞘，罚220罢滇；虽然刀已拔出鞘，但未追人行凶，罚100罢滇。

第171条　打人未死，但已出血，罚550罢滇；打人虽未致残，但已重伤，罚330罢滇；打人轻伤不出血，罚100罢滇。

第172条　与妻吵架追打妻子，追到他人家里去打，罚100罢滇。

第二节　杀人害命

第173条　夫妻不睦，不论妻放毒药将夫毒死或夫将妻毒死，都要判处死罪，以命抵命。若中毒未死，妻放就罚妻330罢滇，夫放就罚夫550罢滇。

第174条　由于吵架，一方持刀、枪、矛、棒等凶器到对方家中行凶杀人，反被户主所杀，属于自卫，"诈勐"不应问罪。

第175条　出钱请凶手杀人致死，主使者与凶手各赔偿一半，罚款也同；若只是口议，行凶未造成事实，各罚550罢滇。

第176条　没有罪而被杀，罚凶手3300罢，赔人命银1100罢。

第三节　过失犯

第177条　用枪、弩、弓射鸟而误伤了人及家畜，人死要赔偿人命，畜亡要折价赔偿。若未造成死亡，必须负责医好。枪、弩、弓箭等凶器，应归伤亡者所有。人医好后，要出鸡和银手镯一对，给受伤者叫魂。若不医，轻伤罚330罢滇。若家畜伤重，就卖给肇事者。

第178条　丈夫打死妻子，若不是有意打死，将财产分成三份，一份留给丈夫，两份分给妻子的亲属，另罚丈夫330罢。若是有意将妻子打死，就要以命偿命，或罚款3300罢。

第179条　客人来访，用酒招待，客人酒醉主人应送客人安全回家。若不送，客人在途中被杀或发生什么意外，抓不到凶手，主人应负全部责任。若非客人自己来访，而是有事相求，请来的，返家途中被杀或跌、淹而死，应赔偿人命3300罢，并罚银100罢滇。若主人留宿，客人不听，（有人证明）而归，途中被杀或发生什么意外，主人无任何责任。主人已将客人送到家，客人若不留宿，主人归途中被杀或其他原因造成死亡，客人应赔偿八个人命钱，并罚银100罘。若客人已留宿，而主人不听劝阻，归途被杀或发生什么意外，客人皆无责任。

第四节　巫术杀人

第180条　不分男女，若搞巫术杀人，如将人形咒语咒符、神牛等拿到寨内、大路上或坟山去埋，已将人害死，证据确凿，放巫术者应判处死刑。若未造成死亡，应按"新安龙"处以罚款。巫术谋害叭召勐，罚银990罘；巫术谋害司署大臣，罚银770罘；巫术谋害百姓，罚银550罘。

第十章　三大原则

第一节　杀人无罪

一、奸妇奸夫在行奸现场被杀。

二、盗窃犯在作案过程中被杀。

三、手持凶器杀人而被人所杀。

四、夜半三更闯进他人屋里被主人所杀。

五、破坏人家房子，在进行中被杀。

若事后寻机杀人报复，就必须依法治罪。

第二节　重罪不能轻判

1. 械斗杀人；2. 谋财害命；3. 拆毁佛寺佛像；4. 拦路抢人；5. 霸占财物；6. 留宿犯人；7. 盗窃佛寺财物；8. 盗窃佛像金身财宝；9. 杀死父母；10. 夫杀死妻；11. 妻杀死夫。

第三节　应判处极刑

1. 偷佛主的钱；拆毁佛像佛塔；2. 杀死召勐；3. 杀死父母。

犯第一、第二条罪的，罪犯判处死刑，其子女罚为寺奴及召的家奴。犯第三条的罪犯，砍去手脚，赶出勐界，让其受一辈子活罪。

第十章 维吾尔族伯克制度

清朝在新疆地区治理上的重要制度是伯克制度。伯克制度是维吾尔族的一种传统制度，清朝在对新疆地区治理时对该制度进行了改革，让它具有传统制度与国家设在新疆地区基层社会制度的双重功能。该制度运行与作用成为中国古代民族法制中较有特点的部分。由于清朝在边疆民族法制建设上，没有其他民族的制度与此制度相同，所以本章以此制度为中心进行分析。

第一节 维吾尔族简介

"维吾尔"是自称，含义是"联合"、"协助"的意思，主要分布于新疆维吾尔自治区，其中大多聚居在天山以南各个绿洲，有少数分布在湖南省桃源、常德等县。据2010年第六次全国人口普查统计数据，维吾尔族人口为1006.9万人。维吾尔族属于阿尔泰语系突厥语族。古代使用回鹘文，11世纪伊斯兰教传入后，使用以阿拉伯字母为基础的老维吾尔文。中华人民共和国成立以后，曾创制以拉丁字母为基础的新文字，但20世纪80年代初恢复使用老维吾尔文。

维吾尔族历史悠久，较早就有"Uygur"的族称。公元前3世纪至公元3世纪称为丁令（即丁零）。3世纪以后称为高车、狄历、敕勒、乌护、韦纥、回纥、回鹘、畏兀儿。公元前，丁零分布在匈奴以北，主要在贝加尔湖一带，一部分在当时西域额尔齐斯河流域。5世纪以后，西域丁零，或称铁勒人口大量增加，主要有三支：一支分布在沿天山由伊吾（今新疆哈密）至焉耆一带；一支分布阿尔泰山西南；另一支则分布在昆仑山北侧由鄯善（今新疆若羌）至于阗（今新疆和田）一带。有学者不同意新疆南部地区有铁勒之说。7世纪，居住在蒙古和西域境内的铁勒人受突厥汗国的统治。唐天宝三年（744年），回纥消灭突厥汗国，建立回纥汗国。贞元四年（788年），改回纥为回鹘。开成五年（840年），回鹘汗国破灭，向西分三支迁移，其中一支南下附唐。咸通七年（866），回鹘建立了西州回鹘政权。10世纪中叶，葛逻禄建立喀剌（哈拉）汗朝。从此，维吾尔族生产方式由游牧生产为主逐步转变到以定居为主。天山一带和新疆南部原来各民族逐步被回鹘同化。1124年至13世纪初，今新疆境内维吾尔族曾先后受西辽与乃蛮贵族统治。1209年，高昌"亦都护"臣属于蒙古成吉思汗，同年置达鲁化赤监管。1324年并入察合台汗国。明洪武四年（1371年），察合台汗国灭亡，今新疆境内分裂为许多割据政权，"地大者称国，小者止称地面"。其间维吾尔族中伊斯兰教成为基本宗教。宗教人士中部分上层把圣谱加在自己家族头上，以圣裔——和卓相标榜，形成白山和黑山两个不同教派。17世纪初，在天山以南，包括天山间诸盆地——焉耆、吐鲁番、哈密建立了叶尔羌汗国。叶尔羌汗国居民主要是信仰伊斯兰教的维吾尔族。清康熙十七年（1678年），白山派和卓勾结准噶尔蒙古统治贵族攻入南疆，叶尔羌汗国遂亡。乾隆二十至二十二年（1755—1757），清朝政府平定了准噶尔贵族之乱，乾隆二十三至二十四年（1758—1759）平定了大小和卓图谋建立"巴图尔汗国"之乱。1762年清朝在惠远城设立伊犁将军，统管今新疆及巴尔喀什湖以南和以东的军政事务。清朝对新疆统治后，对新疆境内采取三种不同的政治制度：南疆维吾尔族聚居地区沿用伯克制，对其进行改造，废除了世袭制；乌鲁木齐附近及以东的地区，除哈密以外，实行府县制；蒙古贵族和归附清朝较早的哈密、鲁克沁等地维吾尔族地区实行札萨克盟旗制。光绪十年（1884年）建立新疆省，实行划一的行政体系。

清朝民族法制史和维吾尔族法律史中，伯克制度是学术界研究的重点。它是清中央治理天山以南回部的重要法律制度。学术界对伯克制的研究近年有了很大的推进，主要研究伯克制度的来源，特别是"伯克"两字的来源，伯克制度在新疆的作用，伯克制度的内在结构，伯克制度在国家治理中的作用与变迁。[①] 有学者认为伯克制度基本特征是半土半流，以回治回，政教分离。[②] 伯克制度作为清朝在新疆地区改造创设的一种社会组织制度，对中央

---

① 丁立军：《清代伯克制的废除与新疆政治中心的转移》，载《黑龙江民族丛刊》2009年第2期；张明山：《伯克制略考》，载《新疆地方志》2006年第6期；牛海桢：《试论清王朝对维吾尔族伯克制度的改革》，载《喀什师范学院学报》（社会科学版）2006年第1期；王娟娟：《关于清政府对回疆伯克制度改革的几个问题》，载《和田师范专科学校学报》2007年第10期；聂红萍：《清朝统一新疆进程中伯克阶层投清述论》，载《周口师范学院学报》2004年第5期；王东平：《关于清代回疆伯克制度的几个问题》，载《民族研究》2005年第1期；周泓：《伊斯兰教在近代新疆的世俗化与地方化——伯克制度及新疆伊斯兰文化与内地的相异》，载《西北师大学报》2003年第4期。

② 闫宗森：《清朝回疆民族政策——伯克制度研究》，硕士论文，石河子大学，2010年。

政府对新疆的治理起到了积极的作用是学术界基本的共识。

第二节　伯克制度的演变与设置

一　伯克制度的起源

伯克是新疆维吾尔族地方设立的本民族官员的总称。"回官皆伯克，其职以号别之。""伯克"是突厥语的对音，有王、首领、头目、统治者、官吏以及老爷、先生等多种意思。伯克原来是突厥汗国的官号，见于 8 世纪突厥文碑铭，为显贵和统治者的尊称。古代维吾尔族中有"伯克"这一名称的官职。古代汉文献中译作"孛阔"、"孛可"、"别乞"、"别吉"等。其语源说法有：源于波斯语，汉语中"匐"即是"伯克"的异音。一般认为唐代文献上的"匐"即是"伯克"的异译。古代维吾尔族中，"伯克"这一称号一直被沿用，系世袭地方官吏或头人们的通称。

乾隆二十四年（1759 年），清政府平定大小和卓叛乱后，根据新疆民族特点，任命阿克苏的阿奇木伯克为三品官，伊沙噶伯克为四品官，并陆续推广到其他地区。对"伯克"制度加以改革，废除世袭制，作为对新疆地区统治的基层行政制度。从此，伯克制度在维吾尔族地区逐渐确定下来。后清政府废除了伯克的世袭制，给伯克加以三品至七品品级，并授予一些特权。实行二元治理，上层行政权由驻南疆地区的各城参赞、办事、领队大臣等掌握；基层社会中的具体社会管理事务由伯克管理。光绪十年（1884 年），清政府将新疆改设行省，以州县制代替维吾尔族地区的伯克制度。伯克的职务虽然被裁撤，但仍然保留了伯克品级，伯克成为州县衙门的书吏或乡约，对维吾尔族基层社会产生影响。

二　伯克设置情况

伯克制度除在哈密、吐鲁番以外，在南疆维吾尔族地区普遍确立，形成清朝乾隆朝至光绪朝期间重要的社会组织制度。伯克名目据《西域图志》、《西域见闻录》和《回疆志》等记载，南疆维吾尔地区所设伯克名目达 35 种之多，品级从三品至七品不等。清朝对新疆维吾尔族的制度设置，乾隆朝《理藩院则例》中有"各著以号而之职，其级有五：一曰三品伯克、二曰四品伯克，三曰五品伯克，四曰六品伯克，七曰七品伯克。皆有常额，额外则无级。凡授伯克，大者侯旨，小者选用而汇奏焉。凡伯克，皆制以俸"。①
这里说出伯克是一种职官，级别有五级。采用任命制度，有法定的薪俸。从
中可以看出，在南疆还有没有品级的伯克。对这类伯克，采用的是给顶戴，
但没有实权。

伯克设置的地区是南疆七城，喀什噶尔有 2 城，本城和英吉沙尔，17
个村；叶尔羌有 1 城和 16 村；阿克苏有 3 城和 12 村，三城是本城、赛里木
和拜城；和阗有 3 城和 3 村，三城是伊里齐，即本城，哈喇哈什和克里雅；
库车有 2 城，具体是本城和沙雅尔；喀喇沙尔 2 城，具体是布吉尔和库尔
勒；宁远城。总共有 14 个城，48 个村。当时南疆社会结构以城和村为基本
组织形式，但城中有附城，村有附村，即南疆地区城与村的数量多于具体所
列的城与村的数量。

伯克职官种类可以分为 8 类，八类伯克 28 种，伯克官名有 31 种。三品
伯克有 10 名，四品伯克有 24 名，五品伯克有 42 名，六品伯克有 82 名，七
品伯克有 148 名，共 306 名伯克。从乾隆朝抄本《理藩院则例》看，伯克
名目与具体分类上略有区别。

三　清朝对伯克制度的改造

清朝对南疆伯克制度进行了系统改造，让伯克制度在维吾尔族的传统外
衣下，改造成国家官僚体系，对南疆地区进行全面治理。当时，南疆地区实
行二元行政体系，军事国防、各城重大社会治安等由驻各城的将军、大臣负
责，各城村的社会日常民事行政管理由伯克全面管理，国家驻当地行政官
员、军事官员不进行直接管理。乾隆朝《理藩院则例》中有"凡回众，惟
哈密，吐鲁番治以札萨克，内属者回城八，各统其治于将军，若大臣，而以
达院……皆分治于回城回村，而任以伯克"。② 这里对清朝伯克制度进行了
较为全面的说明。从中可以看出，伯克制度设在新疆维吾尔族中，仅有哈
密、吐鲁番除外。伯克的作用是具体治理维吾尔族居住的城村。清政府对伯
克制度的改造有以下四个方面。

（一）改世袭为任命

清朝对南疆伯克的改造中，最重要的是把伯克由世袭改成为任命。让伯
克成为国家任命的地方官员，改变了当地社会管理阶层的权力来源，改造了

---

① 《乾隆朝内府抄本〈理藩院则例〉》，中国藏学出版社 2006 年版，第 390—392 页。
② 同上书，第 390 页。

当地社会权力结构来源。在任命上，高级伯克要得到皇帝的特旨，低品级的由驻城将军、大臣得汇总任命。具体是高级伯克由清中央驻南疆各城大臣保荐，参赞拟定，奏请皇帝裁准任命；低级伯克由中央驻各城大臣自己选择补用，年终时奏报中央备案。清朝对新疆回部伯克的选用上，乾隆二十三年（1758 年）谕旨兆惠的条件是"将来办理回部，惟于归顺人内择其有功而可信者，按月以职任管理贡赋等事"。[①] 这里选用标准是"归顺"中"有功"且"可信"的维吾尔族人员。平定张格尔叛乱后，那彦提出了较为详细的选任标准。

　　　　查定例：各城大小伯克出缺，由本城大臣拟定正陪数人，咨送喀什噶尔参赞大臣验放，分别奏咨。倘照旧例办理，其弊仍不能绝，终非长策。应请嗣后各城遇有三品至五品伯克缺出，由本城大臣查明，先尽出力受伤或家口被害之人，次尽死事人之子孙，次进出力世家，并视其人才能否办事，逐细声明，照内地体制，造具四份清册，一劳绩，二资格，三人才，四世家，填注事实，出具切实考语，将应升应补之人，开列四、五员，咨送参赞大臣验放。[②]

这里对伯克候选人提出标准，首先是为国家效力的人员，其次是家世好，再次是能力是否胜任，最后是否任过伯克，即资格。从这里看，伯克选用的原则与世袭无关，而是对国家是否忠诚，是否有能力等。伯克制度的选官除选用本地维吾尔族外，其他标准越来越与中原流官选用制度相同。

（二）以职务为标准对伯克种类进行分类设置

清朝对新疆伯克改造上，在设置上采用以职务作为依据，对伯克制度种类进行法定设置，让整个伯克制度成为国家治理的职官体系，改变了南疆地区伯克制度的社会功能。对此，《理藩院则例》中有明确的说明，"回官皆曰伯克，其职以号别之"。[③] 根据清朝乾隆朝内抄本中的《理藩院则例》的记载，清朝南疆地区的伯克可以细分八类伯克 28 种，伯克官名有 31 种，其中 3 种是某类职官伯克的副手。下面把乾隆朝内抄本中的《理藩院则例》和《钦定皇舆西域图志》记载的伯克名称与职责考述详说。

---

① 《清高宗实录》卷五百七十，中华书局影印本。
② 那彦成：《那文毅公奏议》卷七十八，上海古籍出版 1995 年版。
③ 《乾隆朝内府抄本〈理藩院则例〉》，中国藏学出版社 2006 年版，第 390 页。

1. 行政管理伯克

《则例》中"阿奇木伯克"是管理城市及村庄伯克称谓；《图志》名与此相同，职责是"总理城村大小事务，职繁权重，为诸伯克之冠"。阿奇木伯克有副手伊什伯克，或写作伊沙噶伯克，《图志》是"伊什罕伯克"，职责是"协同阿奇木，以办理庶务，职任亦重，位即次焉"。首令官都噶伯克。阿奇木伯克就是行政管理员，包括城、附城和村。

管理不同数量民众的伯克有三种。《则例》中管理千人的是明伯克，管理百人的是玉资伯克，数十人的是鄂尔沁伯克。《图志》对三者职责记载如下：明伯克，"分领回众头目，职如千总"、"征输千户粮赋"；玉资伯克，"征输百户粮"、"管回子一百名"；鄂尔沁伯克，"征输数十人粮赋，职在明伯克、玉资伯克之下"。这里管理人员的伯克不是按地域，而是按人口数量多少来划分。相当于千夫长、百夫长和十夫长。

2. 钱粮赋役管理伯克

管理钱粮赋税的伯克共有五种。《则例》中"噶杂那齐伯克"是管理库藏钱粮；《图志》是"噶匝纳齐伯克"，职责是"管理地亩粮钱"。《则例》中"商伯克"是管理粮务。《则例》中"阿尔布巴伯克"是管理派差催科；《图志》职责是"管理派差催课事务，犹内地之里正乡长"，"催交违限钱粮，帮办攒凑杂费"。《则例》中"克勒克雅喇克伯克"是征收商税；《图志》名与此相同，职责是"商贾贸易，征收其税入者"；《则例》中"巴济格尔伯克"是稽查税务，《图志》名是"巴济吉尔伯克"，其职是"专管抽收税务"、"平定价"。

3. 市场商贸管理伯克

管理市场交易的伯克共有三种。《则例》中"密特瓦里伯克"是管理买卖田园、房屋契税；《图志》名为"木特斡里伯克"，"职司售授田园房产，掌其质剂，治其争讼，兼收其税入焉"。《则例》中"赛特里伯克"是管理整齐市场、调停行贩。《则例》中"巴匝尔伯克"是管理市集细务；《图志》名与此相同，职责是"管理市集细务"、"职司巡察市集细务"。

4. 管理诉讼、缉捕的伯克

管理诉讼、缉捕的伯克有四种。《则例》中"哈子伯克"是总理刑名的；《图志》名与此相同，职责是"总理一切刑名事务"。《则例》中"斯帕哈子伯克"是分理回子头目词讼；《图志》名与此相同，职责是"分理回子头目讼词"。《则例》中"拉雅哈子伯克"是分理小回子词讼；《图志》名与此相同，职责是"办理细民词讼"。《则例》中"帕提沙布伯克"是缉奸捕盗兼管狱务；《图志》名是"帕察沙布伯克"，"帕察沙布，帕尔西语，帕察，头目之谓，沙布，夜也，职司夜巡及提牢诸务"，"巡辑奸宄、捕访盗贼及提牢诸务"。

5. 管理水利、种植的伯克

管理水利、种植的伯克有两种。《则例》中"密喇布伯克"是专管水利疏通灌溉；《图志》名与此相同，职责是"职司水利疏濬灌溉之务"，"管理该处回务，兼通沟渠，导引水利浇灌田地等事"；《则例》中"巴克玛塔尔伯克"是管瓜果园。

6. 管理手工业、采矿业的伯克

管理手工业、采矿业的伯克有五种。《则例》中"讷克布伯克"是管理营造稽察匠役；《图志》名与此相同，职责是"专管修造兼管各行匠役"。《则例》中"伊尔哈齐伯克"是修治城濠开山垫路；《则例》中"哈什伯克"是承办采玉事务；《则例》中"阿尔屯伯克"是承办淘金事务；《则例》中"密斯伯克"是承办挖铜事务。

7. 管理军械、卡伦军务的伯克

管理军械、卡伦军务的伯克有三种。《则例》中"哈喇都管伯克"是管理台站军械；《图志》名与此相同，职责是"安设台站，修整兵械"。《则例》中"哲博伯克"是"哈喇都管伯克"副手，《图志》职责是"专司修造甲械"；《则例》中"什呼尔伯克"是管理馆驿供给；《则例》中"喀鲁尔伯克"是管理卡伦。《图志》中有两种伯克，即"都管伯克"，"原管书札等事，今管供应外夷来使所需口粮衣物马匹，兼理诸凡接济需用事务"；"什和勒伯克"，"为都管伯克之次"，"职司驿馆米刍杂务"。两个伯克与《则例》中什呼尔伯克职能相似，但略有不同。

8. 管理宗教事务的伯克

管理宗教事务的伯克有两种。《则例》中"摩提沙布伯克"是管理回教经典、整饬教务与民事者；《图志》名为"茂特色布伯克"，职责是"管理经典，整饬教务，不与民事"，《回疆志》中职务是"调停规矩，教化风俗经事等事"。《则例》中"杂布提摩克塔伯克"的职责是宗教经典教育；《图志》名是"匝布梯墨克塔布伯克"，职责是"专司习经馆事务"。

（三）有明确的品级

清朝改造南疆伯克的重要措施是对伯克设立品级，让伯克进入国家官僚体系，进行科层化管理。清朝把伯克改造成为国家设立的正常职官，采用品级制。设立五级品级。对不同伯克有法定的品级。

三品的伯克都是阿奇木伯克，南疆有 7 个城及属城，分别有 10 人，分布在喀什噶尔 1 人、叶尔羌 1 人、阿克苏及属城 2 人、和阗 1 人、库车及属城 2 人、喀喇沙尔及属城 2 人和宁远 1 人。

四品伯克有阿奇木伯克 8 名、伊什罕伯克 11 名、噶杂那齐伯克有 2 名，商伯克有 3 人。

五品伯克有阿奇木伯克 9 人、伊什罕伯克 1 人、噶杂那齐伯克有 7 名，商伯克有 9 人，克勒克雅喇克伯克 1 人，哈子伯克 1 人，斯帕哈子伯克 1 人，拉杂哈子伯克 1 人、纳克布伯克 2 人、哈喇都管伯克 1 人；帕提沙布伯克 1 人，密喇布伯克 2 人，密特瓦伯克 3 人、哈什伯克 1 人，摩提沙布伯克 1 人，都噶伯克 1 人。

六品伯克有克阿奇木伯克 9 名、伊什罕伯克 1 名、噶杂那齐伯克有 1 名、哈子伯克有 23 人、哈喇都管伯克 1 名、帕提沙布伯克 2 名、密喇布伯克 13 名、巴济格尔伯克、摩提沙布伯克 1 名、明伯克 7 名、者噶伯克 9 名、阿尔巴布伯克 2 名、巴济格尔伯克 3 名、什呼尔伯克 2 名、巴克玛塔伯克 2 名、杂布提摩克塔伯克 1 名、哲博伯克 1 名、伊尔哈齐伯克 2 名、鄂沁伯克 1 名、赛特里伯克 1 名、客鲁尔伯克。

七品伯有哈子伯克有 4 人、克讷克布伯克 4 人、哈喇都管伯克 1 人、帕提沙布伯克 5 人、密喇布伯克 25 名、密特瓦伯克 3 人、摩提沙布伯克 3 人、明伯克 71 人、都噶伯克 8 人、阿尔巴布伯克 3 人、巴济格尔伯克 1 人、什呼尔伯克 4 人、赛特里伯克 1 人、巴匝尔伯克 14 人、玉资伯克 6 人、阿尔屯伯克 1 人、密斯伯克 7 人、喀鲁尔伯克 1 人。

（四）采用法定的薪俸制度

清政府对伯克采用法定薪俸制度，让伯克成为国家的官员。南疆伯克的薪俸采用俸地与现金两种，具有一定的变通。"各城伯克，皆给予俸地，额什噶尔、叶尔羌、和阗兼给俸普尔。"俸地的数量多者二百巴特满，一百臁齐，少的十巴特满，二臁齐。薪金多的是八百腾格，少的是五十腾格。一巴特满相当于五石三斗；普尔是钱的计量单位，五十普尔为一腾格。薪俸数量的多少取决于品级大小和职官事务的繁杂与否。"各以品级大小、职司繁简为差。"[①]

（五）法定朝觐制度

清政府对伯克管理的特殊之处是采用法定朝觐制度，与其他流官有所不

---

① 《乾隆朝内府抄本〈理藩院则例〉》，中国藏学出版社 2006 年版，第 394 页。

同。清朝伯克朝觐制度始于乾隆二十四年（1759 年），最初中央对入觐人数、伯克级别没有限制。办完第一次四班后，乾隆二十八年（1763 年）规定四品以上伯克四年入觐一次，对入觐伯克品级作了规定，每年入觐人数为 20 名。乾隆三十九（1774 年）年改四年班为六年班。嘉庆十六年（1811 年）改六年班为九年班。道光十九年（1839 年）时，改九年班为两班间隔入觐时间。每年朝觐的人员由各城驻扎大臣选定后上奏中央批准。伯克来往京城的费用由驿站提供。从中可以看出，作为一种特殊的官员，清政府通过法定朝觐制度让伯克认同中央政府，加强权力来源上的合法性与权威性。

（六）推行回避制度

清政府在任命维吾尔人出任伯克时采用回避制度，最先是对阿奇木伯克等高级伯克推行，后来推行到一般的伯克。乾隆二十七年（1762 年）八月，乾隆谕令驻扎回疆大臣酌定调补伯克规则时，对永贵奏折批复时有：

> 升补伯克，若不构本地，准其调用别城，自属疏通之法，但伊等内，如阿奇木、伊沙噶、噶匝纳齐等缺，俱承办要务，若照内地之例，回避调补，则伊等无掣肘之虞，且奉调时，尚不觉烦苦。至小伯克等，既毋庸回避，徒虑伊等得缺壅滞，调用别城，将来迁移之际，动需费用，恐于伊等生计无益，自应分别办理。著传谕各城驻扎大臣等，嗣后补授伯克，应按品级，分别照例回避，及坐补本处额缺，会商妥议具奏。①

这里规定伯克任命时，根据品级不同，分别对待。高品级的伯克，实行回避本城原则，如阿奇木、伊沙噶、噶匝纳齐任职时回避本城。小伯克不回避。这是清朝在南疆实行治理前期的回避制度。嘉庆年间，在平定张格尔叛乱后，那彦提出对伯克官员推行严格的回避制度，以加强对伯克的管理。

> 乾隆年间旧例，大伯克回避本城，小伯克回避本庄……近来办事各大臣不能悉数秉公，便矜营私，不特阿奇木伯克多用本城回子……嗣后升补各城阿奇木、伊什罕、都官等伯克避本城，五、六、七品伯克回避本庄。如有蒙混错误补放者，理藩院查出照例请旨交部议处。②

---

① 《平定准噶尔方略续编》卷十八，文渊阁四库全书本。
② 那彦成：《那文毅公奏议》卷七十八，上海古籍出版社 1995 年版。

那彦提出强化推行回避制度，对大小伯克一律严格回避制度，具体是大伯克回避本城，小伯克回避本庄。此后得到中央政府较为严格的执行。道光十一年（1831 年）有所改变。《清宣宗实录》记载：

> 现例：大伯克回避本城，小伯克回部本庄。补回情殊有未便。嗣后，三品阿奇木伯克之缺及各大城阿奇木、伊什罕伯克，仍令回避本处……其各城庄六品以下伯克出缺，均毋庸回避本处，由该大臣拟定正陪，咨请参赞咨部补放，勿庸送检。①

这里提出五品以上伯克实行回避制度，六品以下伯克不采用回避。清朝在伯克回避问题上出现反复的原因是伯克中五品以上多管城市，六品以下伯克多管乡村等事务，对村级官员实行回避制度在行政管理上难以达到预期效果。

四　伯克制度的作用

清朝在沿用维吾尔族传统伯克制度时对其进行了改造，把世袭的封建领主伯克制度基本上改造成中央政府对南疆维吾尔族治理中的中下层官僚社会制度，实现了国家对南疆地区治理有途径和力量，而不完全干预传统社会秩序的目标。伯克制度主要适用在南疆地区城市与村社两级行政体系中。《西域同文志》中有"伯克，回语，长官之称，后凡言伯克者仿此。按回部伯克，旧自阿奇木以下，小大咸有专职。入版图后，其名不易，而以秩为差，自三品至七品不等"；②《钦定皇舆西域图志》记载"按回部官职大小旧有等差，伯克其统名也。我皇上抚定西隆，设官置辅，仍其旧名，而宠以天朝之品秩，自三品以下，至七品不等"。③从这两处记载可以看出，伯克制度在清朝本质上是通过沿用维吾尔族旧有伯克体系，通过改造，形成新的国家治理体系。这样国家在治理上通过变通，让新制度披着旧制度的外衣，实现对当地社会治理上的权力改变。

一　思考题

1. 简述伯克制度在清朝回疆治理中的作用。

---

① 《清宣宗实录》卷一三八，中华书局影印本。
② 《西域同文志》卷十二，民族古籍丛书 1984 年影印本。
③ 傅恒：《钦定皇舆西域图志》卷三十，"官则二"，西北文献丛书本。

2. 简述伯克制度在清朝边疆民族地区社会治理中的作用。

3. 试比较清朝在回疆与蒙古地区立法、司法的异同。

二　扩展阅读

1.《清代回疆法律制度研究》（王东平，黑龙江教育出版社 2003 年版），本书重点分析了清政府在回疆地区的立法、回疆法律制度的形式、法律渊源；清代回疆地区的司法机构、执法原则；大清律与回疆伊斯兰教法的冲突与融合等问题，是国内系统研究清代回疆法制的重要成果与基础著作。

2.《边疆的法律：对清代治边法制的历史考察》（杜文忠，人民出版社2004 年版），本书对中国古代边疆、边疆民族法制及回疆、苗疆的法律制度进行了考察，其中回疆与苗疆法制成为本书研究的重点，是了解回疆与苗疆清朝立法的重要著作。

3.《蒙古则例·回疆则例》（全国图书馆文献缩微中心，1988 年），本书收录了清朝两部重要的法律，即《蒙古则例》和《回疆则例》，是了解两部法律的重要原始资料。

三　法律资料摘抄

1.《新疆回部志·刑法》卷四中记载当地的习惯法：

（回疆地区）亦有杀人者死之说，若犯者能出一千或数百腾格普尔给死者家，亦可免抵斩罪。非军阵不用致死之刑，则押赴巴杂尔当众挂死。剁手折足，施于惯逃积贼，枷号木鞋施于窃盗匪徒。其囚楚罪人，则掘一深坑，上用柴栅留一小窍，置人于中，谓之地牢，其余鞭棍朴责而已。

2.《西域地理图说》记载清统一回疆以前的习惯法：

询其（回疆地区）罚罪行刑之规，却又有刑无例，有罪无律焉。以马鬃穿人小便者，拷问犯人之刑也。以锅底黑灰和尿水灌入口者，催人急供之刑也。以天秤吊人者，折磨仇人之刑也。活取人膀臂者，振示大盗之刑也。活剖人腹，取人心者，拿获敌人，以壮军威之刑也。吊挂死人，乃因谋奸利，杀伤人命，抵赏之罪也。令人穿木鞋者，晓示光棍、匪类，并枷号逃人，窃盗等刑也。下入地牢，乃监禁犯罪之刑。夹夹棍乃审犯之刑。立斩之罪，非在军阵获敌者不用。凌迟之刑，非弑其父兄及谋反、叛逆者不用。剁人手者，大盗惯偷不能退悔者，方施之以示众。外此，则鞭责、棍打、罚以财帛而已。依其例，虽如此，然有犯其法者，并不依此议罪，全凭阿浑看经酌量行之。概犯人若与其阿浑有亲友之情，及行贿者，便不致有重责。故曰有刑罪而无例律者也。

3.《钦定西域图志·风俗一·回部政刑条》卷三十九记载当地的习惯法：

回人有小罪，或褫其衣，墨涂其面，游行以徇。次重者击之，又重者枷之，最重至鞭腰而止。阿奇木以下，犯小罪夺其职，当苦役，或派课耕，或派监畜牧，或责令入山取铜铅，三年、五年而复之。窃物必断手，视其直十倍输之，无则械其足，锁于市上以示众，役其妻以输直，再犯者刑之如前，掘地为牢，幽之一月，乃出之。斗殴者，视其被伤之情形而坐之，伤人目者抉其目，伤人手足亦断其手足。犯奸者依回经科断则杀之，宽则罚令当苦役，终其身不复。有证则坐之，无则释之。杀人者抵，有证者，据证佐之言以定谳，无证则鞫之。鞫之法，或仰卧犯者于地，以水灌之，或攒缚其手足悬诸高处，或缚于柱，令足不著地，而以绳勒其腹，不服则鞭其腰，继则刖其足，甚则囚之于地牢，期岁而出之，给苦主为奴。吐实则定谳，设木架于市，悬于上以示众，至三日鲜有不死者。逋逃外附之人，辑获时施罪亦如之，甚则枭之，佐证有诬证人罪者，即以有罪罪之，有职者夺其职，褫其衣，鞭其腰，以墨涂其面，令倒骑驴游行示众以辱之。

第十一章　村寨社会结构中的法律秩序

在中国历史上，少数民族在村寨社会结构中如何构建自己的社会秩序，为了说明此问题，这里选择景颇族的山官制度、云南藏区的属卡制度和拉祜族的卡些卡列制度进行分析，以揭示人类社会在缺少国家公共权力组织下如何通过组织化、制度化制度来实现社会秩序的获得。景颇族的山官制度体现了一种村社制度如何向国家制度过渡的中间状态；云南藏区的属卡制度是当某个民族已经形成完整的公权组织后，内部村社如何在自己的领域内自治；拉祜族的卡些卡列制度则体现出村社自己是如何在外来力量下运行与变迁。

第一节　景颇族的山官制度

景颇族山官制度是一种村社组织与官僚社会组织的混合体，它体现出人类社会发展中由村社转向公共权力社会组织的过渡时期。它的运行机制体现出很特殊的社会组织特征。

一　景颇族简介

景颇族是云南省跨境居住的少数民族，在中国境内称为景颇族，在缅甸称为克钦，在印度称为新福，主要分布在中缅交界边境地区，东起高黎贡山、怒江，西至更的宛河及印度阿萨姆边境，北起喜马拉雅山麓的坎底，岔角江，南至腊戌、摩哥克山的广大地域内。在中国境内主要居住在德宏傣族景颇族自治州下的潞西、陇川、盈江、瑞丽、梁河等县，其次有少部分散居在怒江傈僳族自治州、临沧市、思茅市、西双版纳傣族自治州的一些县中。2010 年人口总数 14.7 万人。中国境内景颇族按方言分为景颇（大山）、载瓦（小山）、勒期、良俄、布罗①等五个重要支系，其中景颇支使用汉藏语

---

①　又译为"布拉"。

系藏缅语族景颇语支，其他四支属于汉藏语系藏缅语族缅语支。景颇族虽然在语支上略有不同，但族源却相同，在起源溯源上都指向同一祖先。

"景颇"是景颇支自称。"景颇"（Jinghpo）一词含义有两种说法：一种说法认为是从景颇语中"董颇"（Dumhpog）一词演化而来，"董颇"为"文明"之意。古代景颇人认为自己文明高于其他群体而使用它，今天德宏州西部景颇人依然自称为"董颇"。二是源于景颇语中"种颇"（Jumhpo）一词，"种"（Jum）在景颇语中是"盐"，"颇"（hpo）是"开"，"种颇"就是"开采盐矿的人"。景颇族传说自己祖先在青藏高原穆珠新亚崩山下开采盐矿，因而有"种颇"之名，而"景颇"是"种颇"演变而成。① 现在景颇族作为一个民族称谓，是各支系的总称。

景颇族族源，从迁徙路线和地区看，属于古代氐羌集团，后来经过向南迁徙，形成今天的分布格局。景颇族先人有相对明确记载始于唐宋时期。这个时期很多史料中记载有"寻传蛮"，而"寻传蛮"与明清时期记载的景颇族情况有很高相似性。"寻传"名字最早出现在南诏国的《南诏德化碑》中，该碑中有"寻传、禄郫、丽水、祁鲜"等族群名称。唐时《蛮书》中记载寻传城西面有裸形蛮、野蛮等。寻传蛮、裸形蛮和野蛮居往地区应是澜沧江以西至缅甸克钦邦境内，与现在景颇族分布地区大体相符。元明清时期景颇族被称为峨昌蛮②、寻传蛮、野人、野蛮、结些等。"清初，中国境内的景颇族主要分布在永昌府所属地区，即今德宏傣族景颇族自治州境内。他们自称为景颇、载瓦、勒期、浪峨等，但史书上仍沿用清代'峨昌'、'野人'等称呼，因其居往高山，又有'山头人'之称"。③ 清朝时"山头人"和"野人"是现在景颇族的重要他称。

景颇族发源地按景颇族创世"目脑斋瓦"和发展诗史"根如根萨"以及祭祠时送路经的指向都一致，最后都到达"木砣省腊崩"山（有时又称"毛吐阿松崩"山），汉语是"天然平顶山"的意思。多数学者认为"木砣省腊崩"山在今天青藏高原上，但具体指那座山没有统一。对此，景颇族各支系都相同。在分支时间上各支说法不一，共同点是景颇支、载瓦支、喇斯支、浪峨支等都认为有共同的祖先。景颇族先人迁到江心坡是重要的转折

---

① 德宏州政协文史委编：《中国景颇族山官》，德宏民族出版社2001年版，第1页。
② 元明时期称为"峨昌蛮"的群体，学术界一般认为它们是现在阿昌族与景颇族先民的总称。至今一些地区的傣族仍把景颇族中的浪峨支、茶山支、载瓦支称为"峨昌"、"阿茶"、"阿昌"，而"峨昌"与"阿茶"是同音异译。
③ 龚庆进：《景颇族》，民族出版社1988年版，第21页。

点。现在景颇支各个姓氏都认为自己的"老家"在江心坡，其他支系也认为自己的"老家"在片马一带。有学者认为景颇族先人自青藏高原分支南下到片马、江心坡一带时，各支的分布情况大体是"恩梅开江以西为景颇支；载瓦、喇斯、浪峨三支则居恩梅开江以东，载瓦居其北，喇斯在其南，浪峨则在东北部"。① 景颇族进入德宏州的时间，根据20世纪50年代调查时多数景颇族人家族的家谱、墓碑、世系记载约在300年前左右，即明末清初时期。如石婆坡隘的木日·道光督（雷氏山官）山官家族在康熙年间迁到石婆隘地区，因为第一代山官木日·布强斋佤约任山官时间是在康熙六十年到乾隆九年（1721—1754年）之间。当然，"木日"家族作为五大景颇族贵族官种之一，老家在江心坡，是得到他们的证实的。② 景颇族大量迁入德宏、腾冲等地区是在清朝乾隆年间，特别中缅战争以后。乾隆《东华录》记载乾隆三十四年（1769年）八月庚午傅恒在奏疏上提到"查盏达以外，均系野人地界"。对此，王昶在《征缅纪闻》中在同年七月十八日也有记载："有野人早立来献瓜菜。野人散处诸山，人多少不一，各自为头目统率。"而胡启荣的《腾越屯防记》中还有"腾越有野人一种，向在八关、七隘之外。因乾隆年间，进攻缅甸，各土司利用转粟，招入关内，迨军务告藏，野人不愿回归，遂分住各土司山头，猎兽为生。数十年来，呼朋引类而至，更难以数计"。③ 这与现在德宏地区景颇族各村寨建寨后的世系相推出的时间是相符合的。中国境内的景颇族多数是清朝中前期从江心坡、片马等地迁来的。

从相关材料看，景颇族社会中规范体系主要由禁忌和可以称为习惯法的两部分规范体系构成。这些规范体系对景颇族社会产生了"法律"性质的功能。习惯法在景颇族传统社会结构——贡萨山官制度下被称为"贡萨德拉法"，又译为"督德拉"法，"督"的意思是"官"，"德拉"的意思是"法"、"法律"，"督德拉"就是"官法"。对"督德拉法"传说是山官制度创始人——瓦乾娃创立，所以又称为"瓦乾德拉"，有时又称为"阿公阿祖的道理"，构成了山官制度结束之前的主要规范体系。从"督德拉法"相关内容看，是景颇族对本民族传统习惯法的一种专称。从相关调查材料看，山官制度下不管是百姓还是山官，都必须遵守"督德拉法"，若山官不遵守

---

① 云南省编辑组编：《景颇族社会历史调查》（四），云南人民出版社1986年版，第4页。

② 德宏州政协文史委编：《中国景颇族山官》，德宏民族出版社2001年版，第72页。

③ 刘毓珂：（光绪）《永昌府志》卷六十五，"艺文志"，1936年重印木刻本。

"督德拉"法会导致百姓反抗，百姓不遵守会受到相关处罚。督德拉法具体内容没有一个完整的整理，历史上也没有一个法典式的东西，景颇族一直没有文字，到了近代才有文字，过去主要通过口头传承，特别是通过"董萨"群体来传承。文字创建以后，按记载 20 世纪 30 年代，垒良山官曾用景颇文颁布过"景颇文波德拉"法，但文本现在不能见到，多认为是"贡萨德拉"法。① 从景颇族各种记载和调查资料看，督德拉法在不同地区虽然具有一定差异性，但还是存在一些整体内容，如对山官的权力、权利和义务的规定等。

二　景颇族山官制度的起源和结构

景颇族在历史发展中形成了独特的、具有相对完整体系的山官制度。山官制度是景颇族在 1956 年社会主义改造前的基本社会制度。要了解景颇族固有社会制度或社会运作机制就必须先了解山官制度。山官制度有自己起源和发展的历史，在历史发展中，特别在景颇族迁入德宏地区后，由于受到傣族和汉族等周围其他民族的影响，一些地区山官制度开始向封建性质转变，但多数地区山官制度到 1956 年前还存在。② 若说人类社会文明中基本特征是拥有一个相对完整的结构化的制度体系的话，那么景颇族人在自己的历史中完全拥了一个完整结构化的制度体系。

"山官"是其他民族对景颇族中这种特殊制度下的一种称谓，景颇支系中自称"山官"为"督"、"都瓦"；载瓦支系中自称为"怕藻"，即"山的主人"。按景颇族的传统"贡萨德拉"，"督"必须由出身于"瓦乾"的贵族木日、勒佗、勒排、恩孔、木然等五姓出任。这五姓被尊为"正宗山官"，在景颇语中称为"督阿谬"，③ 其他姓的山官是"傍门"，不是严格的官种。其中勒排、勒通是载瓦支山官的官种大姓；恩孔、木然、木日、勒佗是景颇支山官的官种大姓。五姓贵族的山官在名字上使用"早"、"扎"、"南"等词作为与其他百姓种区分标志。每个"山官"都有自己的辖区，但

---

① 德宏州政协文史委编：《中国景颇族山官》，德宏民族出版社 2001 年版，第 18 页。

② 学术界对景颇山官制度的研究取得了不少成绩，主要有龚佩华的《景颇族山官制社会研究》，此书对山官制度的产生、组织等方面进行了讨论。此外，还有桑耀华的《景颇族山官问题初论》（载《民族学研究第五辑》，1983 年），龚佩华的《景颇族的山官和山官制度》（载《民族学研究第八辑》，1986 年），华世的《试论景颇族山官制度》（载《云南教育学院学报》1996 年第 3 期）等论文。

③ 又译为"杜阿缪"。

在辖区上可以分为直辖区和保头区。现实中每个山官必须有自己的直辖区，但并不必须有保头区。保头区是山官对外族人村寨进行保护的地区。"所居或数户一寨，或数十户一寨，寨各有长，称为头人或山官"。①

关于山官制度的起源，按传说起源于瓦切娃的儿子勒排娃·腊章时期，即永乐年间。学术界一般认为若勒排娃·腊章是明史所载的早章，这说明山官和山官制度至少产生于明代永乐年间。因为"勒排娃"是姓勒排的人，"腊"是"男子"，"章"（或为"张"）是名字，而"早"即为"官"或"山官"的意思。② 这一切都能很好地说明两人的一致性，同时也说明其可靠性。《明史·云南土司三》中有"茶山长官司，永乐二年颁给信符、金字红牌。八年，长官早张遣人贡马。宣德五年置滇滩巡检司"。③ 对此，民国《腾冲县志稿》中有"茶山长官司，土司早张，旧属孟养。永乐三年，孟养纠上江刀猛永叛，夷目早章（按即早张）愤其不忠，遂不附。五年诣阙下，赐印授早张为茶山长官司"。④ 此外，一些学者进行保守的推断，认为景颇族的山官制度产生的时间最迟可以推定为明末清初时期。⑤ 当然，也有认为产生于更早，至少在公元 8 世纪，即唐朝时期就已经出现了山官制度。⑥

在山官起源的原因上，按景颇族传说《战争的起源》中认为"有了战争，才出现了杜瓦"，这里的"杜瓦"其实是"督瓦"的不同翻译，就是战争导致了山官的出现。⑦ 从这里可以看出景颇族山官制度的起源其实是由于在发展中出现不同部落之间的征战，为此各部落必须有首领来领导部落群体进行抵抗，同时对本部落内部进行管理的需要下产生的。从《景颇族传统祭词译注》看，山官的出现是由于宁贯杜为人类造福，而得到了人们的尊敬，把他尊为山官。后来因为其他人的反对，他用洪水毁灭了人类，并回到了天上。人类再生后因为缺少领导者，出现了无序的社会状态，为了获得秩

---

① 云南省编辑组：《景颇族社会历史调查》（四），云南人民出版社 1986 年版，第 154 页。

② 龚庆进：《景颇族》，民族出版社 1988 年版，第 31 页。有学者认为山官制度产生于景颇族生活在江心坡时期。茶山景颇族世系中提到"峨罗章"，传说此人是掌印，到过北京受封。有人认为此人就是茶山长官司的长官早章。见云南省编辑组《景颇族社会历史调查》（四），云南人民出版社 1986 年版，第 9 页。

③ 《明史》卷三百十五，"传二百三·云南土司传"，中华书局 1974 年点校本。

④ 李根源、刘楚湘：（民国）《腾冲县志稿》卷二十三，第十五"种人·野人"，云南美术出版社 2004 年点校本。

⑤ 德宏州政协文史委：《中国景颇族山官·序一》，德宏民族出版社 2001 年版，第 1 页。

⑥ 德宏州政协文史委：《中国景颇族山官》，德宏民族出版社 2001 年版，第 3 页。

⑦ 龚佩华：《景颇族山官制度社会研究》，中山大学出版社 1988 年版，第 27 页。

序，人类只好再次去接他来出任山官。"远古，发了洪水后，宁贯杜住在赛如山，大地上的人们因为没有王子，天下不稳定，人心不安宁，大地上的人们，商量着去接宁贯杜。"通过多次的迎接，说当"宁贯杜骑着马回到戛昂王宫后，天下稳定了，人心安宁了"。①这里说明了山官主要是景颇族社会发展后秩序需要的产物，是一种功能主义的解释。这也进一步说明当时氏族社会出现后，不同部落之间出现了战争，氏族内部也需要秩序的维持者，所以才出现新的领导群体。当然，在景颇族传说中还有一种说法，说山官最早称为"龙独"，即主人之意，后来才称为"都瓦"。"龙独"就是征服了其他人的人，即主人，也就是山官起源主奴关系，有学者认为这是一种家长奴隶制度时期，②到后来才发展成山官关系。但这种说法认真分析起来存在一定的问题，因为百姓与山官权力结构上并没有表现出征服者与被征服者的关系。

山官职位和身份传承上采用幼子继承制，只有幼子才是正统的山官继承者，威信较容易获得。只有幼子死亡后，才能由其他兄长继承。若幼子年幼时，可以由官娘代理摄政，到幼子成人后转给他执政。按记载仅在陇川地区历史上就出现了多名有名官娘，如早诺东之妻、邦瓦早汤之妻、邦掌尚成年之妻等。幼子继承制度可能与景颇族在结婚前采用公房制度交往有关，因为在这种制度下长子的身份往往难以得到保证。

（一）山官制度起源

山官制度是景颇族社会中基本的社会制度，此制度构成了景颇族整个社会存在的制度保障。在整个景颇族社会中都有山官社会制度。景颇族社会是以村寨为单位构成、以山官制度为政治权力中心组成的一种社会政治体制。所谓山官制度就是景颇族人民在长期历史生活中形成的以村寨为地域的、以世袭首领为承袭的社会政治制度。其实山官制度的产生说明人类社会从氏族社会转向阶级社会之间存在着一个过渡时期，这个时期社会已经出现分层，但这种分层更多的一种职能分层，而不是阶级分层。③当然，山官制度的官种与百姓种的严格区分又具有阶级分层的特征。所以说山官制度是阶级分层

---

① 石锐：《景颇族传统祭词译注》，云南民族出版社2003年版，第628、634页。

② 中国科学院民族研究所云南民族调查组、云南省民族研究所民族社会历史研究室编：《云南省德宏傣族景颇族自治州社会概况：景颇族调查材料之九》，1963年，第61页。

③ 职能分层是指社会中结构组织的主体不是来自于身份，而是来自某种职能的需求，社会主体只要满足这方面的需要都可以出任，即社会结构中职能要求决定着人员的来源；阶级分层是指社会中权力的分配自身份的承袭，而不是来自社会主体的才能。

与职能分层交混状态的产物，因为山官从权力结构上看更多是以一种职能分层，因为山官在职责上是高度的一致性，并没有形成明显的特权和超越百姓种的权力结构。但从来源上看，又具有身份特征的阶级分层，因为山官必须从官种中来选任，表现出世袭的特征。对于山官的作用，景颇族有这样的谚语："没有屋脊，盖不成房子；百姓没有官，成不了寨子"；"野兽中没有豹子不成，百姓中没有官不成"。① 当然，从这里看，山官在景颇族社会中更多是以一种组织者、领导者的身份出现，也就是职能的需要是山官出现的本质。

在山官制度形成的时间上，按传说起源于瓦切娃的儿子勒排娃·腊章时期，即永乐年间。一些学者认为景颇族山官制度产生的时间最迟在明末清初。② 也有学者认为产生于公元 8 世纪，即唐朝。③

（二）山官的结构

山官制度内部结构上详细可以分为官僚化的山官衙门，称为"督荣"，以及具有较为散松的村寨与山官衙门的组织体系。一个完整的山官组织机构具体分为"督荣"、司朗荣（长老议会）、诗瓦达（群众院）、片达（军事部）、钦曼达（总管部）等机构组成。山官衙门的官署结构，具体人员分为钦曼，即总管，负责衙内事务；董萨，负责祭祀的神师，景颇族社会中董萨分为大董萨和小董萨两类。其中大董萨权力很大，在景颇族社会中拥有特殊地位，同时是山官高参，为山官提供各种咨询和建议，在万物有灵的社会中，他们掌握着人神之间的通道渠道，在山官政权中具有十分重要地位。山官制度下山官没有特权，他仅是大事件处理时的召集者和主持者，在具体处理上受制于百姓种的各类头人。民国初年编志时陇川地方上报的地方志资料中有"各以山官、头目自为部落，然遇事酋长不独裁，皆谋之野"。④ 对山官组织，不同地区略有不同，如陇川最大山官邦瓦山官组织是山官下设夏堵、管、苏温和董萨等组织结构，由这些人负责具体事务，遇到重大事件时，山官召集他们商量。

山官辖区内分为直接辖区和保头区。直辖区内多是景颇族。山官辖区以

① 全国人民代表大会民族委员会办公室编：《云南省德宏傣族景颇族自治州社会概况：景颇族调查材料之五》，1958 年，第 61 页。

② 德宏州政协文史委：《中国景颇族山官·序一》，德宏民族出版社 2001 年版，第 1 页。

③ 德宏州政协文史委：《中国景颇族山官》，德宏民族出版社 2001 年版，第 3 页。

④ 德宏州志编委会办公室：《德宏史志资料》（第一集），德宏州志编委会办公室 1985 年版，第 165 页。

村寨为单位，连同周围的山岭、土地，辖区之间一般以山岭、河流等自然标志作为界限。各山官之间互不隶属。一些大的山官，特别是同一官种家分出的山官之间，往往存在着一些特殊关系。每个独立山官的最大特征是建立一个官庙，载瓦语称为"能尚"。官庙多在山官所在村寨附近，是辖区内宗教性活动的中心。保头区多是汉族寨、傣族、傈僳族和德昂族村寨等其他民族村寨。保头区主要是向山官交纳一定的粮食、官工或大烟等物品，山官保证他们免受其他人的掠夺等，或者提供一种公共安全。

山官管辖区具体由村寨构成。每个村寨设有一名"苏温"，汉语称为寨头。现实中，山官一般管辖几个甚至是几十个村寨。山官管辖的村寨中设苏温负责每个村寨内各种日常事务和解决小纠纷。景颇族是多神崇拜，形成无事不祭祀的社会现象，各村寨中设有专门负责祭祀的人，称作"董萨"，是宗教活动的中心。董萨是景颇族中传统知识的载体，社会中的知识群体，具有特殊的地位，特别是能吟颂特定经书的董萨，称为大董萨，具有很高地位。董萨往往是山官的参谋人物，在山官制度运行中起到重要作用和地位。苏温、董萨与山官构成了景颇族社会组织中的核心人物，成为整个社会的支柱。此外，村寨中大姓长者在山官制度运作中发挥着重要的作用，山官在解决各种事务时一般会听取长老们的意见。景颇族社会中存在大量械斗，称为"拉事"，一些勇敢、有智慧的人成"拉事头"，但在山官制度中并不是关键人物，他们地位更替很快。山官、苏温、董萨、大姓长者和拉事头构成了山官制度中的政治中心人物。据 20 世纪 50 年代调查统计，德宏州景颇族山区共有山官、苏温、董萨、拉事头四种人物 1444 人，其中大小山官 433 人，占总数的 29.98%；寨头 511 人，占 35.38%；董萨 318 人，占 22.02%；拉事头 182 人，占 12.6%。① 这些人构成了山官制度社会得以运行的政治人物。

景颇族山官制度具体管理村寨事务，或协助山官管理村寨事物的人员主要有以下几种：

苏温，是载瓦语，景颇语称为"司郎"，汉人称为寨头，是山官制度中具体管理村寨的人员，主要是协助山官解决山官辖区内各种纠纷，小纠纷可以由苏温单独解决，大纠纷必须在山官参与下解决。苏温可以由百姓种出任，但需由山官认可并任命，不能世袭，但是开创某村寨大姓中有能力者出任。苏温有大小之分，在一些地区，大苏温权力往往很大，可以与山官抗

———————————

① 德宏州政协文史委：《中国景颇族山官》，德宏民族出版社 2001 年版，第 415 页。

衡。山官与苏温关系很特殊，山官可以责骂苏温，苏温也可以批评山官，但百姓不能评论山官与苏温。出任苏温的条件是经济条件好，能说会讲，办事能力强，能解决各种纠纷，效忠山官。苏温的权力和职责是：协助山官调解命盗案，如抢人、偷盗、拉事等大纠纷；处理村寨内因债务、婚姻、偷盗、口角所引起的纠纷和土地纠纷等；处理纠纷时分享或独享"嘴钱"；帮助山官向百姓收各种法定财礼；领导百姓祭官庙；免出官工。苏温在贡萨与贡龙两种山官制度下地位不同，贡萨制度下权力相对小，贡龙制度下权力较大。有些山官地区有"苏温田"，如弄弄乡峨穹寨苏温有三箩"苏温田"，相当于"薪俸田"。从权力结构上看，苏温构成了对山官权力的制约。

　　"戛堵"是景颇语，"戛"是"地"，"堵"是"官"，"戛堵"是地官的意思，是专门负责山官家地鬼祭祀的宗教人员。当山官家做"总戈"时，由戛堵和大董萨负责，别人不能承担。戛堵由山官委任，可以世袭。戛堵不能说谎和偷盗，否则其职位自动取消。"戛堵"的权力和职责有：在宗教上，主持官家的总戈和祭祀官庙。官家有四个鬼，即地鬼、水鬼、官庙鬼和山鬼。每年祭鬼时要出一定的财物。祭鬼的物品由戛堵承担，所以免除他们官工。在政治上，参加山官举行的各种行政活动。山官不在时可以处理山官职权范围内的各种事务，但人命案除外。"戛堵"与山官互称兄弟。山官或戛堵死时互送牛。这种职务在山官地区很少，陇川县在20世纪50年代调查时仅有邦瓦山官、瓦慕山官、撒丁山官存在戛堵。[①]

　　"管"是山官为了处理好各种事务而设立的助手式职官，主要是因为山官管有多个村寨。不是山官直辖的寨子就任命"管"来管理。山官在选定"管"人后往往举行授职仪式。授职仪式上，山官授予"管"牛一头，表示让他带领群众耕地、种庄稼；长刀一把、犁头一个，表示开荒种地；枪一支，表示授予他管理村寨，对外反抗侵略，保护生命财产安全。"管"是山官从百姓中选，一般是经济条件较好，本姓氏在村寨内人户多，有威信，能说、能办事，与山官关系好的人员。"管"位可以继承。"管"有自己的权力与职责，具体是：管家持有日月牌，可吃牛腿，叫管工。处理本寨的一般事务，调解纠纷，管理官庙，给百姓讲道理。遇有重大命盗案件和事件时，如杀人、纵火、战争时，与山官一起处理。山官家有婚、丧事和总戈时，负责在本寨内收礼。每年种谷子时，先种，然后百姓才种。有新来户时，"管"有帮助义务，如借给牛，分给一定田地，三年内不收任何财物。免出

---

　　① 云南省编辑组：《景颇族社会历史调查》（四），云南人民出版社1986年版，第68页。

官工。不能养奴隶。这种职官不是每个山官辖区都设有。陇川县在 20 世纪 50 年代调查时邦瓦山官有"管"的寨子是曼街寨、背熊寨、撤定寨、曼窝寨、曼冒寨、弄丙寨、岗巴寨、关外寨、弄浪寨和街册寨等。①

三　山官制度的类型

山官制度在历史发展中形成了两类：一是贡萨，又称贡晶贡萨，意思是"老道理"、"陈腐"；二是贡龙，又称为贡荣贡咱，意思是站起来。另外一种解释是"贡萨"是平静、无争夺、世代相传的幸福社会；"贡龙"是不平静，争权夺利，平地起峰，不是世袭的多事社会。② 两类山官制度在很多方面有很大区别，主要区别是山官的权限不同。贡萨山官制度是传统山官制度，基本特点是山官权力较大、官位世袭、特权明显和有严格的社会等级制度；贡龙山官制度是通过革命方式推翻了传统山官制度后建立起来的新山官制度，最大特点是山官权力被极大削弱，山官不再世袭、没有明显特权和严格等级制度。贡龙山官制度多认为最初产生在缅甸六莫附近的耐陇耐瓦寨，后来才发展到卡枯地区，即江心坡地区。③ 有人认为这种制度据传开始于江心坡地区，出现时间在 18 世纪末到 19 世纪中前期，是百姓和奴隶通过推翻旧有山官制度建立起来的一种民主制度。贡龙制度主要存在于支丹山区，那里 18 个景颇族村寨中有 14 个实行"贡龙制度"，仅有 4 个实施"贡萨"制度。④ 这两种山官制度分布大体是贡萨山官制度主要存在于德宏州南部的陇川、潞西、瑞丽三县，大部分属于载瓦支系；贡龙山官制度主分布在德宏州北部的盈江县，多为景颇支系。⑤ 两种山官制度的区别具体是：

第一，贡萨山官制中山官必须由五大世袭官种后代出任，一经出任采用严格的幼子继承制度，即"乌玛"制度。贡龙山官制中山官在世袭的前提下表现出更多的灵活性，山官出任有世袭或推选两种方式。

第二，贡萨山官制中山官有固定村寨辖区，辖区内村寨与山官具有隶属关系。贡龙山官制中山官辖区内各个村寨没有隶属关系，相互间平等。

---

① 云南省编辑组：《景颇族社会历史调查（四）》，云南人民出版社 1986 年版，第 70 页。

② 中国科学院民族研究所云南民族调查组、云南省民族研究所民族社会历史研究室编：《云南省德宏傣族景颇族自治州社会概况：景颇族调查材料之九》，1963 年，第 81 页。《景颇族社会历史调查》（四）中认为"贡萨"是压迫统治的意思，"贡龙"是大家起来、大家平等、相互帮助的意思。（第 19 页）

③ 云南省编辑组：《景颇族社会历史调查》（四），云南人民出版社 1986 年，第 32 页。

④ 同上书，第 13 页。

⑤ 龚佩华：《景颇族山官制度社会研究》，中山大学出版社 1988 年版，第 56 页。

第三，贡萨山官在辖区内有很多特权，如收取"宁贯"的权力、具有特别祭祠权等。贡龙山官在辖区没有传统山官的这些特权。

第四，贡萨山官制下村寨土地实行村社公有制度，各家庭不再把耕地出卖到寨外，只能出租或出典。贡龙山官制度下各民户可以随便买卖土地，山官无权干预，土地私有制较为明显。

第五，社会等级上，贡龙山官制下严格区别官种和百姓种，相互间不能通婚，婚姻上严格遵守"木育—达玛"婚姻制度，即采用"丈人种"与"姑爷种"的婚姻。贡萨山官制下没有此种严格的婚姻限制。

第六，贡萨山官制下百姓不能自由迁徙，迁入与迁出必须得到山官同意，迁出者要向山官交"夺沙木脱"后才能迁出。贡龙山官制下百姓有自由迁徙的权利。

第七，在宗教上，贡萨山官供的鬼是载奔娃，贡龙山官供的鬼是乌干娃。两者有不同含义，贡萨山官祭祀时念的祝词是"早龙能布，早发腾努"，意思是官家像磐石一样稳固；或"早龙木戛，早发木戛"，意思是保护官家，保护寨子。贡龙山官在祭祀时念的祝词是"勒门贡陇，拱扎木戛"，意思是一个地方的人共同负责，保护地方；或"拱劳灵布，拱扎腾努"，意思是我们百姓像磐石一样稳固。从两者祝词上可以看出，这两种制度的区别主要是在官种与百姓的关系和官家权力来源上。

综上所述，可知两种山官在传统和权力上，贡萨相对封闭、传统，贡龙相对开放、非传统。要指出的是，这仅是比较结果，贡萨制度中，山官权力没有形成绝对特权化。

四　山官职位的获得

在传统景颇族社会中，每一个村寨必须隶属于某个山官，而不同村寨的山官来源各不相同。根据记载，山官取得主要有以下几种形式：

第一，建寨取得。某个山官种的后代到一个新地方建立村寨，他取得了法村寨山官地位，并让自己的后代承袭。

第二，承袭取得。承袭是取得山官的主要方式。景颇族传统社会中存在着严格的等级制，官种和百姓种之间不能混淆。遵循"南瓜不能当肉，百姓不做官"[1]的原则。在山官官位继承上，正常情况下采用幼子承袭制。这种继承制度称为"乌玛"。如果幼子无能可以由长子或其他儿子承袭，但

---

① 云南省编辑组：《景颇族社会历史调查》（三），云南人民出版社 1986 年版，第 83 页。

很少。

第三，分出建寨取得。此种方式是官种家长子们分居出去后在新的地方建立村寨，在送给弟弟一定礼物后，如一头牛、一面锣。经弟弟召集原山官辖区内的头人商量后，弟弟给哥哥一定象征性物品后，如一把刀，因为建寨要铲草，砍地基；一枝矛，意为柱子，哥哥取得新建村寨的山官职位。

第四，通过战争或其他征服方式取得。具体是某个山官通过战争或其他方式征服了某个村寨或山官地区，取得了山官权力，成为新的山官。

第五，被邀请来当山官。当某村寨山官出现无子承袭，或村寨由百姓种先建立，建寨后没有山官时，他们到其他地区邀请具有官种身份的人来做山官。现实中，往往是一些百姓种的人到某地开荒建寨，发展到一定程度后再去请具有官种血统的人出任人官，即先有百姓后有官。如支丹山五寨的山官死后无子继承，便到缅甸新娃请山官来任；同地区省断寨山官是由腾腊拱请来。按《中国景颇族山官》一书记载，这种方式在德宏地区比较普遍。

第六，用钱买山官。此种方式是在对外交往频繁后才产生的，现实中比较少。如盏西李家山的山官普冠家是通过向傈僳族买来熊家山后成为山官，后来把熊家山改为李家山。

山官必须由具有官种身份的人出任，百姓种不能出任，因为只有官种中才有"压平房头竹竿"的人，就是管理好村寨的人。

五　山官的社会职权与职责

山官作为景颇族传统社会中社会秩序的形成与维持力量，是整个传统社会的政治力量中心。山官作为一种刚分离出的公共权力组织的形成阶段，具有较为特别的职权与职责。

（一）山官的职权

山官作为几个，甚至是几十个村寨的管理者，在辖区内拥有各种权力，具体可以分为政治权力、经济权力、宗教权力和司法权力等。政治上，山官有保护本辖区内百姓不受侵犯、抵抗外山官侵略等方面的权力；经济上，山官拥有收取"宁贯"、"拾瓦戛"（官工、公众工）、"章贯"和"夺沙木脱"等权力。这是山官的主要权力。宗教上，山官有建立官庙、供献"木代"鬼和举行"目脑纵歌"等特权。按传统山官制度，这些宗教活动只有山官才能拥有；在司法上，山官有调解辖区内各种纠纷的权力。具体看，山官制度下山官权力有：

1. 收取"宁贯"（又称"恩贯"）的权力。这是山官基本的、古老的特权。"宁贯"是指山官辖区内百姓在杀牲祭祀或狩猎获得大猎物时送给山官所杀牲畜或猎物一条后腿的习惯。此种权力是"贡萨德拉"法的基本内容。一般情况下，山官在接受百姓"宁贯"时得还礼，具体是还一面锃和一支枪，以表示对狩猎英雄的奖励。按《天神木代斋瓦祭词·洪水泛滥》记载，"宁贯"在宁贯杜瓦时就出现，原因是他创造了新天地，受到百姓的爱戴，具体百姓向他交纳官腿、官工与官谷三种赋税。"只因打出了新的天，造出了新的地，宁贯杜瓦，深受百姓的拥戴。美味的官腿，只献给宁贯杜瓦，无偿的官工，只出给宁贯杜瓦，如山的官谷，只交给宁贯杜。"从这里看"宁贯"有三种，但从景颇族社会发展看，"宁贯"基本是官腿，其他两种并不是，是后来才出现的。因为从当时社会看，只有官腿才有可能，因为景颇族山官制度形成应在父系氏族社会后期，那时主要以打猎为生，还没有农耕，不会出现官谷、官工。官谷应是到德宏地区后出现的，起码是学会种谷类后才出现，即进入了半猎半耕后才会出现。"宁贯"的出现是景颇族社会出现分化后，相互之间出现战争，必须要有相关组织者后出现。[①]　当然，从记载看，当时宁贯杜收取官腿、官工与官谷时曾受他哥哥诗瓦鹏九个儿子的极力反对，最后宁贯杜采用发洪水手段获得了此权力。说明这种权力出现时经过了激烈斗争才形成。"九兄弟不听劝告，宁贯杜愤怒了，再也不能原谅了，准备发洪水了"。[②]

2. 享有"拾瓦戛"，又称"拾瓦约"，即"官工"的权力，即山官家有重大生产、祭礼和婚嫁等活动时，百姓必须无偿提供一定劳役帮助官家，其中为官家无偿进行农业生产是最重要的义务，劳动时间多为三天，即付劳役三天，具体是砍地、除草和点种各一天。山官家盖房时百姓要为山官家建造，特别是山官抬"夺朋"大柱子时要出力。传统中山官家住房的中柱"夺朋"必须大于百姓家，若百姓家的中柱大过山官家，属于"同艾"，即造反，要受到处罚，驱赶除村寨。山官家子女结婚时百姓要担负三日劳役。这些百姓为山官进行无偿劳动统称为"官工"。

3. 享有"拾瓦约"，即官谷。在景颇族进行种植时期后，山官获得了新的权力，收取官谷。山官拥有"拾瓦约"，即公众田，又称"官谷"。这类公共田由百姓出劳力种植和收割，收入归山官所有，成为山官收入的重要来源。

---

① 石锐：《景颇族传统祭司译注》，云南民族出版社 2003 年版，第 616 页。
② 同上书，第 621 页。

4. 享有"章贯"。"章贯"是指山官结婚或山官家子女结婚时，山官辖区内各村寨百姓得给山官家牛一头，谷子一驮，每户出水酒一筒。

5. 山官有建立官庙、祭礼"木代"和举行"目脑纵歌"等特权。说三类宗教活动是特权是因为只有山官才有权力举行三种宗教活动，是山官在宗教上的权力体现，也是山官身份获得的宗教力量。其中只有正统官家才能供"斯跌"鬼，又译为"拾滴鬼"，正统官家是指按"乌玛"继承的官种山官。这三种祭礼权只能由山官专有。山官家举行这三方面祭祀时辖区内百姓要出一定的猪或牛，山官所在村寨以姓为单位，其他以村寨为单位送牛一头，支持山官的宗教活动。

6. 百姓家有婚、丧、建房等大事时必须向山官禀告，并送一定米酒后才能进行，否则山官会进行处罚。这是一种象征性批准，体现山官对辖区内民众的权力。

7. 百姓迁出或迁入村寨要得到山官批准。百姓向山官申请迁出与迁入时要向山官送一定礼物，得到许可后才可以进行，特别是迁入时必须得到山官同意，迁出时得交"夺沙木脱"（意思是拔去竹楼下的木桩），具体是一头牛，或一面锣，并拔掉迁出者过去家里的拴牛桩。

8. 山官对辖区内的土地有最后处理权。当百姓迁出或户绝没有近亲继承时，土地（水田）由山官管理或处理，并且不允许水田向辖区外出卖。有些地区，山官对旱地可以自由决定使用，即可以把百姓旱地拿来使用。正常情况下，山官不会过多干预百姓土地使用权。

9. 山官有任命各村寨头人的权力。山官在治理辖区时会任命"苏温"和董萨，特别是董萨中的大董萨，因为地位特殊，只有他才能吟颂一些特定的祭祀词，而山官家在举行重大祭祀时又必须吟颂这些祝词。山官的一项重要职权是任命各村寨的苏温和董萨。山官任命苏温时一般要举行仪式，具体是山官送给受命者一把长刀，表示授权他帮助管理寨子。

10. 收取百姓家嫁女儿时三分之一的聘礼。山官拥有收取百姓家嫁女儿时聘礼三分之一的特权。

（二）山官的职责

山官在景颇族传经社会中拥有前面所述的职权与特权，但若比较山官职责后就会发现并没有构成特权，景颇传统社会并没有演化到正式阶级分层和治理者职业化的程度，山官更多是公共事务的提供者和公共秩序维持者。从记载看，山官职责主要有两个方面：首先是维持本辖区内的社会秩序；其次是维持本辖区内的安全。

1. 山官的对内职责

第一，调解辖区内的各类社会纠纷。从各类记载看，山官的基本义务和职能之一是解决辖区内百姓出现的各种纠纷，不管是民事、刑事，重大的或苏温等村寨头人不能解决的社会纠纷，山官必须出面解决。若山官不能有效解决辖区内百姓的各类社会纠纷，就会失去存在的基础，导致山官权力的丧失。现实中，很多村寨往往由百姓种创建，当人口多了，民事纠纷会增加，为了有更好解决，就去请具有官种身世的人来做山官。如勐秀棒达寨最初由百姓种雷氏家族建立，后来去请陇川广瓦山官种人来做山官，目的是有效地解决各类社会纠纷。对此，王莲芳在工作回忆录中认为"山官的主要职责是解释习惯法，处理裁决纠纷"。有效解决辖区内社会纠纷是山官获得权威的基本要素。"山官必须熟悉习惯法，对习惯法作出权威的解释，按景颇族的说法就是会'讲事'。否则山官就没有威信，甚至会被撵下台。"1949 年以前在弄垱寨出现过一个官种有人请他去做山官，因为自己不会解决社会纠纷而不敢出任，成为一个笑柄。① 反之，能干的山官往往成为新村寨的治理者。如清朝乾隆年间邦瓦山官邦中腊死后，他妻子委堵执政。王子树的弄丙寨百姓出现打猎误伤人命案，本寨山官没有能力解决，百姓请她去解决后，因百姓对她解决该案件的结果满意，而转向她的管辖。② 山官在解决社会纠纷时会收取一定的调解费用，但这不是特权。因为在山官家里解决纠纷时，吃住都由山官负责任。若所解决的社会纠纷花时长，山官的支付会很高。

第二，保护辖区内百姓生命、财产的安全和维护社会治安。景颇族传统社会中山官的基本职责是维持辖区内百姓的生命、财产安全，社会治安。在山官制度下，山官之间没有属隶关系，虽然很多山官形成上服从傣族土司，但傣族土司对山官的权力十分弱，对山官内部社会秩序的干预很少，甚至没有。后来的流官政府也同样如此。山官制度构成了一个个独立的政治实体。山官成为本辖区内的重要社会治理者，山官必须维护辖区内的社会治安，查处偷盗、抢掠、强奸、杀人等案件。

第三，百姓家因社会纠纷出现赔偿或婚、丧、祭鬼等活动时有经济困难，山官得给予适当的帮助，对寨内没有生活来源的人员承担帮助，在百姓没有粮食吃后，往往到官家吃。"民食既尽，仍往食官，官家亦无可食，始

---

① 王莲芳：《王莲芳云南民族工作回忆》，云南民族出版社 1999 年版，第 89—90 页。

② 德宏州政协文史委员会：《中国景颇族山官·邦瓦山官》，德宏民族出版社 2001 年版，第 89 页。

入山觅食，以至新粮登场而后已。"① 山官在现实中对全体百姓生活负责，是辖区内公共福利的提供者，社会救济的承担者。

第四，资助百姓家娶亲。山官辖区内百姓家娶亲时山官得出一头牛作聘礼，到百姓家生了儿子后再归还山官。

第五，资助百姓家做木脑。山官辖区内百姓家做"木脑"时，山官得出牛一头资助百姓举行宗教活动。

2. 山官对外职责

景颇族传统社会中各山官构成了相对独立的政治实体。各山官区之间又进行相互交往。山官成为本辖区内法定的代表人物，履行对外交往的职责，同时代表山官辖区百姓维护百姓的利益。山官对外责有：

第一，山官作为本辖区的法定对外代表者，当出现辖区间纠纷时作为辖区内的代理人进行调解，负责接受或支付赔偿。从某个角度看，山官制度让景颇族传统社会构成了一种地域社会责任单位，与彝族的血缘集团的社会责任单位构成两种人类社会非国家公共权力组织下的社会组织力量。当然，这种社会结构成为景颇族传统社会"拉事"纠纷出现的组织力量基础。

第二，决定辖区内是否对外发动拉事、组织抵抗其他山官侵略等。当山官之间出现拉事等械斗和战争时，决定是否对外发动战争或进行抵抗及议和等事项。

第三，决定是否让本辖区内的人户迁出，或辖区外的人员迁入。让整个辖区内的利益得到整体保护。

第四，对辖区成员受到其他辖区人员伤害时采取何种保护措施。当本辖区的成员受到其他辖区、民族的伤害时，是否发动报复或采取何种报复，是否接受赔偿、如何赔偿等事项。

若把山官的职权与山官对百姓职责结合比较后会发现，山官对辖区内百姓没有构成特权，他们享有的很多权利往往被义务抵冲。不能仅从职权中的特权出发分析山官的特权，而应从山官承担的职责与职权比较后分析山官是否构成特殊的"权力贵族"群体。

---

① 李根源、刘楚湘：民国《腾冲县志稿》卷二十三，第十五"种人·野人"，云南美术出版社2004年点校本。

第二节　云南藏区的属卡制度

迪庆藏族传统社会组织中基层社会制度最重要的社会组织是属卡。[①] 属卡不管是在丽江木氏控制迪庆时期，还是西藏和青海蒙古地方政府统治迪庆时期和后来清政府控制时期及民国时期，基层社会组织都是属卡，仅是与汉族和纳西族相邻地区发生了一些变化。[②] 民国时期，在迪庆藏区设区和推行保甲制度时多是在属卡上改名称，内部社会结构仍然是原来的属卡组织，就是出现一种社会组织制度、两套话语体系。"在迪庆地区除中甸县（现在的香格里拉县）的金江及三坝部分地区，因地接丽江，自唐以来遭受南诏及丽江纳西族土司的统治与破坏以及经济发展的影响，已不存在属卡组织外，德钦及维西西北其宗、喇普等地，都保持了属卡组织。"[③] 对此，在《云南少数民族社会历史调查资料汇编》（一）中"解放前德钦和维西藏族封建设治资料"下也有"伙头（白色）世袭制，领有庄户，领地（苏卡）庄户（密司）百长甲本战时带兵，老民（格本），主持村中大小事"，这里"苏卡"就是"属卡"，说明德钦和维西地区基层社会中仍然是属卡。1949 年后的调查中同样指出："土司对农民的统治，其基础为苏卡（也就是属卡之另译），而通过伙头具体实现"，"解放前，藏族封建社会的基层政治组织形式是苏卡。封建土官和喇嘛寺通过农村建立的苏卡统治"。[④] 从《四川省阿坝州藏族社会历史调查》看，不管是草地部落区还是农业区都存在"老民"，而且老民的职能与云南藏区的职能十分相似。并且在两种地区的社会组织中除了有土司外，还有村寨中的寨首和老民。这些社会结构云南藏区十分相似。当然，从《四川省阿坝州藏族社会历史调查》中没有看到明确记载属卡制度的。据 1950 年前后的记载，大中甸有 10 个属卡，小中甸有 5 个属卡，东旺有 8 个属卡，尼西有 30 个属卡，江边境有 8 个属卡，归化寺 300户"攉扔"和 70 户"罗扔"也各分属于若干个小属卡。[⑤] 属卡制度是迪庆

---

① 属卡，又译为"书卡"、"苏卡"等。

② 从调查资料看，属卡制度在整个康区属于基层社会制度，只是其他康区没有明确记载是否用属卡称这种村社组织。

③ 王恒杰.《迪庆藏族社会史》，中国藏学出版社 1995 年版，第 112 页。

④ 云南省编辑组：《云南少数民族社会历史调查资料汇编》（一），云南人民出版社 1986 年版，第 59、72、74 页。

⑤ 王恒杰：《迪庆藏族社会史》，中国藏学出版社 1995 年版，第 282 页。

藏族古老村社制度的发展产物，它以地域为基础，形成了特定的社会组织结构。属卡制度作为迪庆藏族的固有基层组织制度，具有什么特征和社会组织功能，通过对此制度的构成、功能等方面进行的分析，可以揭示出属卡制度在迪庆藏族传统社会秩序形成中的作用。

一　属卡的构成

（一）属卡组成以自然村为单位

云南藏区属卡组成以自然村为构成单位。这说明属卡具有地域性。在社会结构上具有熟人社会的特征。属卡起源于农村公社，具有公社性质。属卡要有效地控制内部成员，必须在熟人社会结构中才行。一般每个属卡由一个以上的自然村组成。云南藏区每个自然村都属于某一属卡，但也有某个自然村分属不同属卡的。如中甸归华寺所属的"罗扔"属卡由克娜、乃日、次姑龙、左爪、吴拉脚、尼瓦足六个自然村组成。中甸五村的益松、拿帕、结知、放尼、协贵、得都、火堆七个属卡由 18 个自然村组成。中甸二村寒茂、吉怒谷、达拉、布伦四个属卡由 11 个自然村组成。云南藏区属卡在清代存留下来的文献中随处可见，如中甸中心镇是独肯宗的中心属卡，此还有布吕属卡等。1950 年后社会调查时还有大量记载，如小中甸有达拉属卡、义况属卡、兰独属卡和鲁机属卡等。属卡组织更具有公共社会组织的特征，而不仅是一种简单的村寨组织。

（二）每个属卡拥有自己固定的领地

属卡是原始农村公社的产物，每个属卡在地域上是固定的。属卡拥有自己固定的领地、山场、土地和牧场。属卡领地界限是明确的，不准其他属卡侵占，受到习惯法的承认与保护。一般每个属卡都在领地边界上立界桩，以标明范围。有的属卡立的界碑多达 5—10 个不等。属卡的分界往往是河流、桥梁、道路、房屋、磨房等。如 1949 年，独肯宗中心属卡的公共山场还有明确记载。乾隆六年都知、松诺七里等诉宁安久等的诉状中讲到每个属卡地域是"四至碑记，文约可凭"，并说"中甸一带地方，原有古例，各村有各村之山寨，凡采樵牧畜，不得以强凌弱，任意霸占，断绝烟火"。[①] 如果某属卡的土地、牧场、山场等所有权受到侵犯、产生纠纷时，小则通过交涉、诉讼解决，若不能时，会发生属卡间械斗。在藏历木猴年，即道光四年（1824 年）就发生过一起关于属卡间山林所有权和山路通行权的纠纷。纠纷

---

① 王恒杰：《迪庆藏族社会史》，中国藏学出版社 1995 年版，第 113 页。

一方是打日觉属卡，另一方是归华寺庄户纳帕、益松两村。纠纷发生后，双方争执不下，诉讼到当地政府，但由于"向县官大老爷衙门起诉时，由于汉藏民族有别，说的和听的不同，加上翻译不同和其他不良因素，堪扎老僧等受到严厉的指责"，寺院方不服。此外，打日觉属卡也认为他们对所争议的权益是合法的。"我打日觉村自属西藏雪域下部的康区以来，我等都是同时就有的村庄，并非突然从巴塘、理塘流浪下来居住在这里，下有田地和草场，山上无路是绝对不可能的，我等在大皇帝的下面，同17个迪卡和大小中甸十属卡完全一样地纳粮上税，出差役，尤其在藏委神翁达本时候的判决书有记载，如果对益松村的田地、山神及对寺庙的收入无损害，可以到益松山上砍柴、拉竹子。"这里打日觉属卡提到了当时最高权力者——清朝的皇帝和过去西藏地方政府委派的世俗官员——神翁，来对抗神权。最后双方争执不下，只好提交迪庆地区最高的权力机关——春云会议①来审理。春云会议是由17个属卡的老民组织的审判委员会。② 此案说明属卡对自己领域和权益进行保护，当产生权益纠纷时，属卡可以和最高神权机构寺院进行诉讼。有时两个属卡对某一地域拥有共同权益和不同权益时，往往通过成文契约和不成文契约定。当一方不遵守时，会产生纠纷。如宣统二年（1910年）六月发生了乃日和结底两属卡对毛塔牧场放牧权产生纠纷。对该牧场两家都有割草权，但仅有乃日属卡有放牧权，后来底结属卡到该牧场放牧，乃日属卡就此提起诉讼。乃日属卡在诉状中指出"早年夷字判单，仍系同割水草，并无牧字"进行抗辩。③ 从中可以看出属卡对各自权益的保护是相当积极的。属卡成为云南藏区传统社会中的权利实体，以属卡的名义维持整体的权益，成了法律上的主体。

（三）属卡有固定的人户

云南藏区属卡制度的重要特点是每个属卡有固定人户，称为正户。正户可以获得属卡内的份地，可以在属卡共有牧场上放牧、割草、砍柴等。每个属卡正户数是固定不变的。当出现绝户时，通过两种方式解决：一是让属卡

---

　　① "春云会议"，又译作"吹云会议"。春云会议是一个僧俗组成的会议，在具体人员组成上，1950年前后调查认为是由两营官、五个千总、十个把总、各苏卡（属卡）老民和归化寺八个老僧组织。见云南省编辑组《云南少数民族社会历史调查资料汇编》（一），云南人民出版社1986年版，第55页。

　　② 香格里拉县人民政府驻昆办事处编：《中甸藏文历史档案资料汇编》，云南民族出版社2003年版，第241—242页。

　　③ 王恒杰：《迪庆藏族社会史》，中国藏学出版社1995年版，第115页。

内所有正户继承户绝户的财产，承担户绝户的差役、赋税，或把户绝户的份地当成属卡内共有份地，其他户共同种植，收成作为共有财产；二是通过属卡内共同决定，让外来户或属卡内分出的新继承户绝户的份地和差役、赋税。外来户补入称作抵门户。如所罗扨属卡有 70 户，从清朝至 1956 年民主改革前一直没有发生过变化。

（四）属卡内有自己特有的社会组织结构

属卡作为一种社会组织，内部有严密的组织结构。属卡成员分为老民和属卡正户，又称百姓和没有门户的人户。属卡百姓之间根据不同的资历，分属多个群体。属卡内新成员一般称为"热润"。这类人员来源有两类：一是原属卡世袭家庭成员分离出来，通过申请得到属卡组织批准认可为新成员；二是外来者申请成为新成员。属卡内部有一类是没有自立门户的人户，即没有门户的人户，地位较低下，仅靠帮工为生，称为"言巴"，又译为"烟德"。他们不能参加属卡内部的任何会议和决策，没有属卡成员的权力。热巴要成为属卡内部的正式成员，还得通过一定程序，主要是找属卡内正式成员作为保人，通过老民和"白色"召开属卡大会决定吸收为正式成员。属卡要增加新户，一般要出现户绝户。因为属卡内的正户人数是固定的，出现户绝户时才能用新户来抵户绝户的门户。成为正式属卡人户，不仅要有户绝户，有保人等，还要和属卡写立契约。成为正式属卡成员后，要在属卡内充当公务一年，称为小管事，然后按顺序出任"白色"，即所谓伙头一职。担任过一年"白色"后，可以升入"孛巴"。任了一任"白巴"后，可以升任"白格"。在职权上，"白色"与"白格"是同级的，仅是资历不同。经过以上经历后，可以上升为老民级。在成为老民上，必须经过属卡全体大会讨论决定。老民内部严格按资格排辈。属卡成员若从"白色"到"勃巴"再到"白格"，其中每个阶段任一次伙头计算，每个人得任三次伙头才能升为老民。这一点从 1950 年中央访问团对中甸哈母谷村调查看确实如此。因为在报告中有二位老民都出任过三任伙头。如铁冷扎啥，当年 65 岁，31 岁做伙头，共为三次，61 岁选为老民；康角家独吉，当年 63 岁，当过三次伙头，调查当年为老民。[①] 说明属卡制度的组织形式在 1950 年前后仍然如此。最重要的称为大老民，属卡内大老民人数一般是固定的。当大老民死后，再从二老民中选补。一般分为大老民、二老民、三老民三个级别。《云南少数

[①] 《中央访问团第二分团：云南民族情况汇集》（上），云南民族出版社 1986 年版，第 122—123 页。

民族社会历史调查资料汇编》（一）中有："在中甸农村，通过藏族的老民进行统治分三等老民，小老民为'聂润'，任期一年，聂润升中老民，称'布什'，可以担任二年，大老民称'聂圭'，可担任三年。"[1] 但也有例外的，如宋常恩在《云南少数民族研究文集》中认为老民可以分为四等，即阿尼耶，大老民，仅有一名；姑圭，二老民，数人；有什，三老民，数人；姑润，四老民，数人。[2] 从四川阿坝州看，老民分为三等，具体是一般老民、当权老民和具有大头人性质的"龙布"老民。当然，这里的分类是依据在土司组织中权力大小的分类。[3] 水阴羊年（1943年）有《东旺克斯念哇领种益茂属卡一份绝户地的契约》，契约中规定"兹有绝户江泽阿丹这田地，由克斯念哇再三请求，准其耕种，其房地基、田地、水磨、草场等归克斯念哇，每年京戏赋税青稞6斗，酥油32两，银税现洋1元，归益茂属卡，6项劳役惟及其他杂派、兵差第一次折为现洋100元了结，其他未能预见之天灾人祸不在此例。该绝户地继承权永远属于克斯念哇开主土丹家，所有汉藏僧俗人等无以干预"。这个契约约定了由克斯念哇来抵户绝户江泽阿丹家门户，取得他家门户权，获得相关份地等财产权，同时承担江泽阿丹家的各种赋税。在契约中签字的有益茂属卡老民其主、他巴培初，老民阿诺、格桑，伙头鲁茸尼玛、丹增、达瓦、巴丹和鲁茸，布使松谋阿布等，其中保人为巴拉人伙头拉杰、尼促江布。[4] 其中鲁茸前面有现任伙头字样。从这个签字名单上可以看出，上面分析的属卡社会结构在1943年前后还存在。

二　属卡的社会功能

云南藏区属卡作为一种基层社会组织，起到了独特的作用，成为藏区传统社会治理中的重要机制。具体看，属卡具有以下社会作用。

（一）以属卡为主体承担国家和政府的赋役

云南藏区属卡制度有一个特殊作用，即以属卡为主体向国家、地方政府承担各类赋役。每个属卡都有固定门户数，在对国家差役、赋税上通过属卡发生关系，属卡内部民户不直接与国家发生关系，而是由属卡来完成。在木

---

① 云南省编辑组：《云南少数民族社会历史调查资料汇编》（一），云南人民出版社1986年版，第74页。

② 宋常恩：《云南少数民族研究文集》，云南人民出版社986年版，第348页。

③ 四川省编辑组：《四川省阿坝州藏族社会历史调查》，民族出版社2009年版，第11页。

④ 香格里拉县人民政府驻昆办事处：《中甸藏文历史档案资料汇编》，云南民族出版社2003年版，第274页。

羊年，即康熙五十四年（1715 年）独肯中心属卡制定公约对属卡内的差役、赋税问题进行规范。起因是由于木虎年，即康熙十三年（1674 年）以来属卡内很多人户通过各种关系取得免除劳役、赋税的权利，导致"我中心属卡各项差役负担增多，加之属中内部不顾公共声誉，各自自寻出路，领取免差役执照者越来越多，以致互相靠抵，寻找关系，恶习日渐滋生，减免差役之执照也随之增多，出差役负担的户逐年减少。为此，负担差役的户内心不服，要求上诉，但上方不体察下民痛苦，所有申诉如石沉大海，手指难顶天"。这是因为中心属卡中很多人户在取得免除劳役赋税权后，属卡的总役税额并没有相应减少，于是只能转嫁到属卡内部其他民户身上。为此，属卡通过公议，达成公约，禁止属卡内部成员通过关系免除赋役。"从今以后，我中心属卡上中下各户人等均应团结一致，不论有无执照公文，均应按户口册所规定，轮流共同负担以下差役……完全依据户口册所派，轮流共同平均负担，一心一意遵守，父子相延，永不违反。今后除房屋、田地契约外，不能再提出免役执归照的事来违反协议，不能互相勾结，也不能与上级勾结"，并规定"假若与上述协议有违者，按法律规定，应罚黄金 30—50 两。不论有谁违反，对其不讲情面，绝不减免宽容"。此协议共有 168 户签字。①说明当时中心属卡的固定户数是 168 户。从这里可以看出属卡制度在赋役上的作用。

（二）对属卡内外事务进行管理和负责

属卡作为社会基层组织，对属卡内外事务进行负责。在处理属卡内外事务上，由大老民和白色主持日常事务，若遇上重要事件时，往往由大老民和白色决定是否召开全体属卡成员大会。属卡内部还有一种小型会议，即老民会议，决定属卡内部一般性事务。此外，老民还对政府和寺院的各种事务具体负责在属卡内部执行。在涉及整个藏区重大事务上，属卡大老民可以代表属卡参加"十七村"或"十七村僧俗"大会。在迪庆地区留下的文书、执照中常有"老民"的字样。如铁虎年，即康熙四十九年（1710 年）"和硕特亲王颁给土司松杰对新开地给予免征赋税的执照"中有"阳光普照下之众生，尤其建塘地方所属神户、官民户、宗官、办事人员，并持有公文到此文武人员以及老民、百姓一体知照"；在铁马年（1750 年）"八世达赖喇嘛颁给建塘官民的旨文件谕"中有"阳光普照下之众生，尤其建塘地方所属

---

① 香格里拉县人民政府驻昆办事处：《中甸藏文历史档案资料汇编》，云南民族出版社 2003 年版，第 200—201 页。

神民户、官民户百姓、活佛、堪布、宗官、庄园主、老民、百姓、所有上中下众生知照"。① 这些文书、执照证明了"老民"在云南藏区社会生活中的作用。

（三）制定属卡各类社会规范

属卡作为一个自治的社会组织团体，会根据需要制定各类适用于本属卡内部的社会规范。属卡通过大量制定内部规范，构成自身社会自治规范体系。对此，《迪庆藏族自治州概况》中有"书卡"制定有许多"这朗"，即村寨规约。② 独肯宗中心属卡就通过经堂（经堂是属卡公共场所）中大老民、老民、乡约、小乡约等人员根据形势制定出不同的规约。如木羊年，即康熙五十四年（1715 年）制定了《关于差役共担之公约》；乾隆十二年，独肯宗中心属卡通过属卡会议，制定了《中心属卡汉藏公约》，公约主要是关于防火、防盗贼等方面的规范；土牛年，即康熙四十八年（1709 年）制定《本寨藏公堂布卷公约》；同年还制定了《本寨老中表公民应遵守的公判布卷》，规定应严守"十不善"之诫训，诸遵处世三行为，言语四行为，特别要以三不行为为诚信，守意念。三不行为：不嫉妒，不害人，容忍不同观点，不将己见强加于人等。③ 土龙年，即 1868 年在《公众立约》，主要规定婚丧嫁娶等事礼的数额；木鸡年（1885 年）制定《本寨藏公堂制送礼的公约》；光绪二十一年（1895 年）制定《本寨军民防火公约》等。这些公约成为独肯宗中心属卡内部社会秩序规范体系。火鼠年（1936 年）格咱境内通过密参会议制定《防盗公约》，在《公约》中明确指出"各种规章制度按全县十七把总属所订，均应遵守。除此以外，格咱境格咱上下各村僧俗有内部自订之规章制度"，④ 就是说在各属卡内部，不管是僧的还是俗的，都有自己的社会规范，构成各属卡内部的法律规范。中甸独肯宗中心属卡根据形势制定过不同的规约。清末随着商人在迪庆势力的上升，出现"三行"地方组织，即属卡、土官和商会三大社会力量，他们对地方社会进行控制与治

---

① 香格里拉县人民政府驻昆办事处：《中甸藏文历史档案资料汇编》，云南民族出版社 2003 年版，第 220 页。

② 《迪庆藏族自治州概况》编写组：《迪庆藏族自治州概况》，云南民族出版社 1986 年版，第 30 页。

③ 香格里拉县人民政府驻昆办事处：《中甸藏文历史档案资料汇编》，云南民族出版社 2003 年版，第 245 页。其中"十不善"为佛教用语，即指十恶，具体是杀生、不与取、邪淫、妄语、离间、粗恶语、绮语、贪欲、嗔恚和邪见。

④ 香格里拉县人民政府驻昆办事处：《中甸藏文历史档案资料汇编》，云南民族出版社 2003 年版，第 272 页

理，并根据需要制定各种《团规》和《乡规》，其中最著名的是光绪二十五年（1899年）由"三行"组织制定的《团规》和补充制定的《乡规》。其中《团规》主要是防盗规范。在上报中甸抚彝府批准。当时知府的批示是："本副府出示，顷据三行公议章程，原为地方有益起，惟将罚款即从减，其责刑，重禀府惩办，轻则由专成责罚，庶合例治，毋得擅设私刑，有干例禁，遵之特示。"在后面的《章程》中，地方官批为："据该三行头目所呈续定各款《乡规》一簿，系为地方息事起见，但查各款内，均有罚项，此为大干例禁，应不准行，所定责数，亦未免过多，姑准折半理处，以儆凶顽。"① 经中央地方官审查后，认为两个约规分别有罚款过重、责数过多的问题，对此要求减少。从这里可以看，中甸虽然在清朝后期有新的社会力量出现，但属卡仍然作为重要的社会组织在起作用。

（四）解决属卡内部成员间各类社会纠纷

属卡，在迪庆藏族中是藏民基层社会中主要纠纷解决机构。属卡内部老民承担解决属卡内部成员间绝大多数社会纠纷。属卡制度在僧侣中也设有，僧侣间的纠纷也由属卡老民解决。在调解属卡内社会纠纷时，属卡中老民、伙头和密参等人员席地而坐，每人前面放一碗酥油茶，让当事人详细叙说，互相辩论。有的纠纷需要花几天时间才能解决。若不能在属卡内部解决，就上诉到千总那里，进入诉讼程序。火鼠年（1936年）格听境内通过密参会议制定的《防盗公约》中明确规定，"其他家庭内部之纠纷、民事纠纷，着先由本地内部解决，不能为所欲为，投靠汉藏头人"。属卡内部成员间产生纠纷时往往通过大老民调解。属卡之间产生纠纷时，由大老民决定是否召开属卡成员大会决定解决，决定后由纠纷双方属卡老民进行协商解决。光绪二十一年（1895年）马格丹等代理知诗农布控诉松六九案。此纠纷先由属卡老民会议调解过。诉状中明确说"今于本寨经堂、老乡约、头目台前"。在知诗农布自诉状中也有"本寨耆老、乡约、头人台前做主"。② 两个诉状中提到老乡约、头目、耆老、乡约、头人，就是前面所述大老民、老民、伙头等人员的汉语称谓。这说明属卡对本属卡成员纠纷是进行解决的。

通过分析可以发现，云南藏区传统社会中属卡起到了十分重要的作用，是云南藏区藏族社会秩序形成和维持的主要社会组织。元明清时期虽然受到木氏土司和西藏地方政府设置的公共行政机构的治理，但没有改变属卡在云

---

① 王恒杰：《迪庆藏族社会史》，中国藏学出版社1995年版，第253—254页。
② 同上书，第216—218页。

南藏区基层社会秩序形成中的作用。清代受到格鲁教派寺院和改土归流后流官政府的治理时，作为传统基层社会组织——属卡作用并没有被取消，仍然是云南藏区重要社会秩序维持制度在发生作用。

第三节　拉祜族的卡些卡列制度

一　拉祜族简介

拉祜族属于北方古代氐羌民族群体在南迁过程中形成的民族。拉祜语属于汉藏语系藏缅语族彝语支下一种独立语言。拉祜族现在主要聚居在云南，其中78%的人口分布在澜沧江以西，北起临沧、耿马，南至澜沧、孟连的俸黑山和阿佤山区，其他的分布在澜沧江以东的景东、镇沅、景谷、景洪、勐海、思茅、普洱、元江、江城和金平等县。拉祜族主要分为拉祜纳（黑拉祜）、拉祜西（黄拉祜）和拉祜普（白拉祜）三支，① 但都自称为"拉祜"。有些地区汉人称拉祜族为"苦聪"，即"黄苦聪"、"黑苦聪"和"白苦聪"。据2010年全国第六次人口普查的统计，拉祜族有48.5万人。汉族文献上，拉祜族名称变迁是战国时期称为"昆"、"昆明人"，唐朝时称为"锅锉"，元明时称为"古宗"、"果葱"和"苦聪"等，清朝至民国时期称为"倮黑"、"喇乌"和"苦聪"。"拉祜"的含义是用火慢慢烤虎肉吃的意思。"拉"是虎，"祜"是在火塘边烤肉。《爨龙颜碑》中记载称为"缅"，"缅"是拉祜族彝语他称。现在临沧地区的佤族与布朗族称拉祜族为"捆"。

在拉祜族的来源上，在本族长篇史诗《牡帕密帕》中认为自己是从葫芦中孕育形成。史诗记载天神厄莎从葫芦里孕育出扎笛、娜笛兄妹，并让他们婚配，生下13对孩子，其后每对又生900人，其中900人是拉祜族。在厄莎启发下，从采集和狩猎发展到农耕。② 学术界一般认为，拉祜族先民属于氐羌支系，后由甘肃、青海一带经四川西部进入云南西北部，开辟了一条沟通南北的通道。战国时期，拉祜族先民迁入云南，与其他彝语支群体组成"昆明"民族集团。汉武帝设置益州郡时，拉祜族从"昆明"群体中分化出来。南北朝后，拉祜族作为相对独立的族群登上历史舞台。《爨龙颜碑》中

---

① 泰国还有一支称为拉祜尼，汉译为红拉祜。

② 思茅地区文化局、思茅地区民族事务委员会：《拉祜族民间故事》，云南人民出版社1990年版。

记载："岁在壬申，百六遭衅，州土扰乱，东西二境，凶竖狼暴，缅戎扣场。"[①] 这里的"缅"是拉祜族彝语他称。中央正史上，唐朝时拉祜族以他称"锅锉蛮"第一次出现在《新唐书》中。宋朝拉祜族聚居在洱海南部的巍山、弥渡之间。宋朝末期拉祜族分两路迁入临沧和景东以南地区。沿东路迁徙的拉祜西以景东、景谷为主要聚居地；西路迁徙的拉祜纳则主要聚居在临沧市境内。18 世纪，镇沅、景东一带的拉祜族大家庭公社解体，出现封建领主经济。19 世纪 80 年代至 20 世纪 20 年代，澜沧、双江等地拉祜族发展到封建地主经济时期。拉祜族中苦聪人在 1958 年以前仍然以父系大家庭公社为主要社会形态。清朝中前期佛教传入拉祜族中后，到中后期形成了政教合一的社会组织制度，即佛爷制度，加快了拉祜族社会的发展。清朝后期，清政府在拉祜族中任命土官，拉祜族社会开始出现土司制度。光绪十二年，清政府在孟连宣抚司所辖地区设置了 16 位土守备、土都司、土千总和土把总等武职世袭土司，其中拉祜族占有 9 位，成为当地重要的土司群体。民国时期，中央政府开始在拉祜族地区设立县区乡镇制度，拉祜族头人成为区乡镇长，纳入了国家的治理之中。新中国成立后，设立了澜沧拉祜族自治县。

二　卡些卡列制度的变迁

拉祜族传统社会的组织形式是卡些卡列制度，这种制度在演变中先后受到傣族土司、佛教和土司制度的影响。这种村社头人制度成为拉祜族在 1956 年民主改革前的重要社会组织制度。现在缅甸等境外拉祜族中还保留有较完整的卡些卡列村社制度。

（一）"卡"——拉祜族村寨组织

卡是拉祜族村寨组织的称谓。拉祜族社会组织是由母系大家庭与父系大家庭并存的血缘集团组成的具有地域性质的村寨组织。这是拉祜族传统社会组织中较有特点的地方。有学者认为拉祜族"卡"的村寨组织具有十个方面的特征：(1) 每个"卡"有自己的图腾标志。卡的图腾标志有动物或植物等，如"帕透"意为松鼠，"么谷"即猴子洞，"巴卡乃"是茅草茂盛的地方，等等。(2) "卡"内有公认的头人，称为卡些。拉祜族村寨中"卡些"是指哪些善于辞令、会办事、公正而有威信的老人。(3) "卡"的事务由家族长组成的会议决定。当卡内出现重大事件时，"卡些"召集各个"底

---

① 方国瑜：《云南史料丛刊》（第一卷），云南大学出版社 1998 年版，第 237 页。

页"（即血缘大家庭）家长参加，共同商讨全"卡"大事。（4）同一个"卡"的成员间严格禁止通婚。（5）每个"卡"有公共森林、牧场和土地，"卡"内成员均可以自由垦种。　（6）卡内成员相互间可以继承财产。（7）"卡"内有一定数量的公共财物，由"卡些"管理，专门用于宗教活动和对外开支。（8）"卡"内成员在生产或盖房屋等重大事件时实行相互帮助。（9）每个"卡"拥有自己的公共火化场。火化场内，各"底页"又有自己的特定火化处。（10）"卡"有公共宗教场所，每个"卡"中心有一个小广场，供奉寨神"萨帕遮"。① 从卡的特点中可以看出，拉祜族的卡是一种血缘为基础的地域性村寨组织。因为卡的基础是以血缘为纽带的"底页"大家庭。"底页"有母系与父系两种类型。学术界认为拉祜族社会组织是处在母系家庭向父系家庭过渡期，称为双系社会结构。"在拉祜族大家庭现实生活中出现的母系和父系并存的现象，是从母系氏族到父系氏族的过渡环节。拉祜语称'奥者奥卡'或'屋吉屋卡.'"拉祜族村寨组织中有"奥者奥卡"，或"屋吉屋卡"等名语，在拉祜语中"奥者"或"屋吉"是共同血缘或同氏族。"奥"是道理，"卡"是指村寨，意思是："同一血缘共同居住一个村落的道理。"古代"卡"最初是指一个女性所生育的后代及其配偶共同居住的村落，成为纯血缘的"卡"。后来，随着社会发展，不同血缘的母系氏族交错杂居，形成以地缘相结合的村落公社。只有少数"卡"，还保留着纯血缘的关系。② 19 世纪拉祜族每个"卡"同时包括母系和父系并存的若干个大家庭和一夫一妻制的个体小家庭。拉祜族"卡"在发展中经历了最初以血缘为纽带组成的母系家庭公社，后来发展成为父系家庭公社，最后形成以地缘为基础构成的村寨组织。"卡"村寨组织具有血缘与地缘双重性。

（二）卡些卡列制度的形成

卡些卡列是拉社族传统村寨头人制度的称谓。"些"是首领的意思。村寨首领被称为"卡些"，"卡列"是村寨首领的副手。在卡些卡列的产生上，有两种解释：一是拉祜族在狩猎时为了分配猎物的需要；二是社会出现纷争，为了维持社会秩序的需要。在拉祜族社会发展中，以地缘为组织的村寨

---

①　陈启新、杨鹤书：《略论拉祜族的母权制及其向父权制的过渡》，载《中山大学学报》1979年第 1 期。

②　杨毓攘：《拉祜族"奥者奥卡"双系制家庭剖析》，载《云南民族学院学报》1988 年第 3 期。

组织走向联合，几个村寨联合为一个更高的社会组织，称为"卡些竜"。清朝中期后开始出现更高层次的社会组织，称为"珠摩"社会组织。

拉祜族村寨 20 世纪初期，一般由四类人员构成，即佛爷、卡些卡列和魔巴等，其中卡些是村寨主要领导人员，集各种权力于一身，既是政治领袖，又是军事领袖，还承担着纠纷解决的任务。① 清朝，拉祜族社会发展的最大变化是出现卡的联合组织，即卡些竜。清朝中后期开始出现新式社会组织——"珠摩"。珠摩社会组织开始向公共权力组织转变。

拉祜族在社会发展中开始从村寨组织发展形成更高层次的社会组织，称为卡些竜，俗称大卡些。卡些竜是从血缘和地缘关系发展起来的具有更高层次的社会组织，体现出拉祜社会开始从小的村社制向更高的社会组织发展。每个卡些竜由十多个到三五十个大小不等的村寨组成。依地域和社会影响的大小而不同，势力大的卡些竜甚至可以管理上百个村寨。卡些竜作为一个有威望、有号召力的卡些头目，拥有在生产生活中维护共同利益、调解各村寨纠纷和组织各村寨重大活动等职能。清朝中后期由于拉祜族中出现政教合一的"佛祖"制度，开始把村寨制度进一步打破，推向了更高层次的社会组织形态。

19 世纪拉祜族社会中衍生出一种新的政治制度——"珠摩"。对"珠摩"，多数学者认为是彝语，是部落首领的称谓。"珠摩"制是在拉祜传统村寨制度"卡些"、傣族封建领主制度和清朝土司制度影响下形成的新社会组织形式。拉祜族地区"珠摩"成为最高统治者，职位世袭，由次子继承制。"珠摩"管辖的村寨较多，成为卡些卡列上的新一层社会组织。如清代谰沧著名的拉祜族首领张登发任"珠摩"时管辖有 65 个拉祜村寨的"卡些卡列"。"珠摩"成为当地最高土地所有者，辖区内的百姓要承担劳役地租。"珠摩"身兼最高行政长官、最高军事首长、最高司法裁判者数职，经济上是大地主，向辖区内的百姓征收赋税，摊派徭役，负责部落内所有事务。法律上集立法、司法和执法为一身。"珠摩"开始制定法规，如张登发制定过法规，规定若放火者，将其投入火中；泄露或出卖军事秘密者，一律处死；和尚与人私通，一律处死；不服从"珠摩"命令参战的，由群众集体体罚或罚款等。在军事上，"珠摩"制形成一套完整的军事机构，具体是珠摩是最高军事指挥官，下面以"卡"为军事单位，每卡设一个军事首领，称

---

① 晓根：《拉祜族"卡些卡列"制度的产生与变异》，载《云南民族学院学报》（哲学社会科学版）1996 年第 1 期。

"玛拔路"。玛拔路由珠摩直接任命，服从珠摩的管理，执行珠摩命令，领兵打仗。辖区内百姓平时为民，耕作稼穑，战时为兵，战胜后由珠摩对参战人员给予奖赏，战利品皆归珠摩所有。[①]

卡些由村寨中男子担任，担任者在村寨中有一定的威信，能公正处理村里大小事务。如果村民认为卡些在任职过程中没有尽职，可以重新选举。选举方法是先推举出候选人，然后候选人按"茅草粘鸡蛋"的方法来确定是否当选。卡些的基本职责是维护好村寨秩序。卡些和卡列一般由村寨成员选举产生，珠摩则是世袭的。珠摩是父死子承，由长子继承，不同于财产继承上的幼子继承。珠摩是社村组织中的军事首领，可以直接任命各卡的军官，自行决定是否发动战争。

（三）傣族土司的改造

明清时期拉祜族在南迁后，进入了傣族土司统治之下。傣族土司在拉祜族中设立了新制度，对拉祜族进行管理。傣族土司的新制度和拉祜族"卡些"制度相结，对卡些制度产生新的影响。

村寨首领由傣族土司任命为某职位后，成为世袭终身的村社头人，改变了拉祜族传统村寨头人的特点。如孟连县南抗乡荫山寨头人由傣族土司直接委派。傣族土司亲自到村寨宣布"某某为你们的'卡些'，你们应该好好地听他的话"，并对卡些讲村寨居民和土地由你管理。卡些被任命后变成世袭。[②] 于是，村寨头人开始使用傣族名称，如"卡些"称作"先"，或"鲜"、"小伙头"等；村寨联盟首领称"先弄"，或"鲜弄"，或"大伙头"等。耿马县孟定区芒美傣族土司设大伙头管辖拉祜族，各寨设小伙头。[③] 当然，这些地区的村寨头人由群众民主选举后再由土司委派，成为世代相袭的职位。"先弄"等头人除了继续承担原卡些职责外，主要负责领导村民完成傣族土司交给办的各种贡赋劳役。这样"卡些"制度性质上发生了变化，卡些成为傣族土司统治拉祜族的工具。他们开始拥有一些特权，如芒美中寨大小伙头任职年内不出各种负担、扶役，大伙头享有薪俸田等。[④] 耿马县勐

---

① 中国科学院民族研究所云南民族调查组、云南省民族研究所：《云南省拉祜族社会历史调查资料（拉祜族调查材料之二）》，1963 年，第 121—124 页。

② 同上书，第 107 页。

③ 同上书，第 135、136 页。

④ 同上书，第 135、136 页。

永区蒙化乡岩子头村，每年村民要为本村伙头做三天劳役等。① 有学者指出，澜沧东回、东郎土司罕定国在土司下设"播拉"和"卡些竜"两职，两者职位平等。"播拉"由土司选派，主要负责下达命令和上报情况，实际上是土司的"钦差大臣"，他不仅保障土司命令能顺利下达，也起到监督拉祜族头人"卡些竜"的作用。保留"卡些竜"、"卡些"反映出罕土司为实行有效统治，不能不利用"卡些卡列"制度，从而使"卡些卡列"制度发生变异。②

（四）佛教组织影响下的变迁

清朝前期佛教传入拉祜族中，对拉祜族社会产生重大影响。佛教传入拉祜族社会后，形成了特殊的政教合一的"佛爷"社会组织，对拉祜族原有"卡些"制度产生重要影响，让拉祜族卡些制度再次受到外来制度的影响。清朝中期拉祜族政教合一组织是以佛爷制为特征。清朝拉祜族中有影响的佛爷制有上允的南栅佛、东郎的东主佛、拉巴的委盼佛、竹塘的广明佛、西盟的勐卡佛，称为五佛之地。佛爷制中形成总管、管事、卡些、阿嘎四个管理等级。总管是佛祖，每年正月初一、四月十五、八月十五的前一天，由管事和卡些向他禀告情况并接受他的指示。第二天，全村寨成员穿上盛装向他朝拜，听他训话。管事职责是帮助佛祖管理佛教事务。卡些由佛祖指定，条件是心地善良、办事公道和能说会道。佛爷成为拉祜族社会中信仰和政治的主持者和当权者，改变了拉祜传统社会组织中的权力结构。有些卡些除任原有职责外，兼任小佛爷。③ "卡些"仍然承担管理卡内事务。

（五）土官制度的影响

清朝中后期，拉祜族卡些制度再次受到清政府设立的小土司制度的影响。从清朝嘉庆年间开始，到光绪年间，清政府在拉祜族地区大量设立小土司，加强对拉祜族社会的管理。清政府的措施把拉祜族、佤族从傣族土司中剥离出来，加强对这些民族的直接治理，构成了对拉祜族、佤族社会组织的改造，让拉祜传统"卡些"制度发生改变。"卡些"制度在得到保留的同时，任命、变更由政府决定，体现出国家与传统民族习惯的二重性。

---

① 中国科学院民族研究所云南民族调查组、云南省民族研究所：《云南省拉祜族社会历史调查资料（拉祜族调查材料之二）》，1963 年，第 144 页。

② 晓根：《拉祜族"卡些卡列"制度的产生与变异》，载《云南民族学院学报》（哲学社会科学版）1996 年第 1 期。

③ 中国科学院民族研究所云南民族调查组、云南省民族研究所：《云南省拉祜族社会历史调查资料（拉祜族调查材料之二）》，1963 年，第 33—36 页。

清政府在澜沧拉祜族地区设立流官政府时，基层社会中任命了一批拉祜族、佤族头人担任土目、闾长等，形成有名的"十八土司二十四里粮目"的社会组织，实行"流土并治"的社会治理模式，让整个倮黑山、阿佤山地区的拉祜族、佤族出现了较为完整的国家社会组织体系，改变了滇西南广大倮黑山、阿瓦山地区的社会组织体系。清朝时设立了九位拉祜土司，具体是世袭垭口土都司、世袭大山土守备、世袭蛮海土守备、世袭新营盘土守备、世袭圈糯土千总、黄草岭土千总、世袭贤官募酒土把总、西盟土目和世袭蛮蚌把总。这些地区，在保留"卡些"制度的同时，"卡些"的任命、变更一律由政府决定，实行世袭制，"卡些"之下再设若干管理层次，如闾长、邻长。

三　卡些卡列的社会功能

拉祜族村寨社会管理通过"卡"组织中一个有威望、有号召力的"卡些"来实现。卡些在生产生活中起到维护本"卡"共同利益、调解村寨内纠纷、组织村寨内重大活动等职能。

（一）对内职能

拉祜族传统社会纠纷由"卡些"、"魔巴"等人负责。村民有了纠纷，认为有理的一方就找村寨首领卡些。卡些认真听取双方意见，作出裁断。如果卡些无法作出裁判则邀请"魔巴"和村里其他头人参加调解。调解结果一般有两种：和解，双方赔礼道歉；赔偿，一方赔偿另一方的损失。村寨头人卡些在解决纠纷时坚持和解的宗旨，采用劝导说理方式，凭借自己在寨子中的威望，尽量将矛盾化解。拉祜族对村寨头人卡些的要求是品行端正、公平无私，能公平对待当事人双方，公正地处理纠纷，熟知习惯法。纠纷产生后村寨头人凭借自身经验和对纠纷的认知，处理纠纷。遇有不能解决的纠纷时，头人要和村寨老人和其他成员商量解决，有时要由村寨成员开会讨论，形成处理意见。金平县第三区翁当乡牛塘寨黄苦聪调解纠纷是由村寨内老人和其他成员从中劝说，要求调解的双方可以同去，或者某一方先告，在请老人调解时带一壶酒。[①] 最初调解费用支付只是对调解人的一种酬谢，因为主持调解的村寨头人常常要承担调解过程中当事人双方的吃住费用，后来在一些地区才逐渐发展成为一种习惯性费用。

---

① 中国科学院民族研究所云南民族调查组、云南省民族研究所：《云南省红河哈尼族彝族自治州金平县苦聪人社会经济调查》，1963 年，第 19 页。

（二）对外职能

当卡内出现与外卡、外民族社会纠纷时，卡些卡列代表整个"卡"对外活动。卡些对村寨内成员负有很多义务，如本寨村民对外发生债务而无力赔偿时，要代其赔偿。本村寨成员受到外村寨、外民族侵害时，要组织进行复仇，接受赔偿等。本村寨与外村寨发生械斗时，要组织成员进行械斗等。

拉祜族卡些卡列制度是一种村寨组织制度，是建立在血缘与地缘双重因素上形成的社会组织形态。卡些卡列制度是拉祜族社会组织的基本制度，构成了拉祜族传统社会秩序形成与维持的组织保障。在历史发展中，受到傣族土司制度、佛爷制度和土司制度等影响，让卡些卡列制度发生了转变，但基本上保留了该制度的固有特征。从现在研究看，卡些卡列制度现在仍然对拉祜族村寨社会产生着一定程度的影响。

一　思考题

1. 简述景颇族山官制度在景颇族传统社会秩序形成中的作用与特点。
2. 简述云南藏区属卡制度在清朝该地区社会秩序形成中的作用。
3. 简述拉祜族卡些卡列制度具有什么特点。
4. 简述云南藏区属卡制度、景颇族山官制度和拉祜卡些卡列制度在运行中具有什么特点，体现了人类社会秩序形成中的什么特点。

二　扩展阅读

1. 《景颇族山官制社会研究》（龚佩华，中山大学出版社 1988 年版），该书对景颇族传统山官制度进行了全面考察，是国内对山官制度研究的重要著作，是了解景颇族传统山官制度的基础著作。

2. 《拉祜族"卡些卡列"制度的产生与变异》（晓根，《云南民族大学学报》，1996 年第 1 期），该文对拉祜族"卡些卡列"制度的产生及演变进行讨论，是对拉祜族传统制度研究的重要成果。

3. 《云南藏区属卡制度》（胡兴东，《中国藏学》2008 年第 1 期），该文对云南藏区的属卡制度进行了全面考察，特别介绍了云南藏区属卡制度在云南藏区传统社会秩序形成中的作用。

三　法律资料摘抄

（一）德宏州文史委员会主编的《中国景颇族山官》一书中对"督德拉"法的基本内容进行了汇编，列出了一些基本条款。从内容上看主要有山官的权利和权力、百姓的义务，婚姻、偷盗和祭祀等方面规范。"贡萨德拉法"，其实就是"督德拉"法，即景颇族习惯法汇编。（德宏州政协文史委：《中国景颇族山官》，德宏民族出版社 2001 年版，第 17—18 页）

1. 山官只能由瓦乾娃的后代木日、勒佗、勒排、恩孔、木然等五大官种担任。

2. 山官位由"乌玛"幼子继承。非幼子要当山官需另建新寨。

3. 只有贵族官种的男女才有权取名"早"、"扎"、"南"。

4. 只有山官才能建数十间的高楼"厅努"瓦房，百姓等级无论多富不能盖瓦房，只能建"恩达"草屋，奴隶等级只能住芋棚。"夺朋"中柱只能小于官家的"夺朋"中柱。百姓的中柱如果大于山官的中柱，便是"同艾"造反，要严惩，烧其房。人也要逐出寨子。

5. 只有山官才能骑马，百姓等级的村寨头人要骑马，必须先送一匹马给山官。

6. 百姓及未当权的贵族要服从山官，敬畏山官，不服从者赶出寨子。

7. 百姓每年必须出 4—6 天官工，不出官工者罚谷 2 箩。

8. 山官有权杀死违反督德拉法的人。

9. 山官有红白喜事，辖区村寨要贡牛、猪，百姓每户要贡鸡、蛋、酒、米等。

10. 百姓杀牛祭神、猎获野物，要向山官交"宁贯"，即一条牛腿或兽腿。

11. 百姓要建房、开荒、娶妻，要呈报山官批准。

12. 同姓男女禁止通婚，违者烧其房屋，没收其土地并赶出寨子。

13. 贵族只能与贵族通婚。

14. 丈夫有权杀死与妻子通奸的奸夫。

15. 凡偷盗者要重罚。

16. 只有山官才有权立"龙尚"神庙。

17. 只有山官家才有权祭天神木代，跳"目脑"。

（二）中甸在光绪二十五年由"三行"制定的《团规》与《三行老人、头目公议重订详细章程》较为典型（王恒杰：《迪庆藏族社会史》，第253—254 页）。光绪二十五年（1899 年）中甸"三行"组织制定具有民间规范性质的《团规》并补充制定了《乡规》，《团规》主要是防盗，《乡规》主是规范纠纷解决机制。

奉上明文办理条约

遵将编联保甲，明定团约，一体遵奉，前经屡奉

上宪檄文，通省各属现令编联保甲，整顿团练，并蒙文武二宪出示晓谕在，同在本城官绅、耆民、商贾同心协力举办防范事宜，以备不虞，定立团的约各款，一体遵守奉行。谨将定立团约条款开列于后：

计开：

一、保卫身家，弭防盗贼之为要也。凡我本城之内，安设团总、十长，约束团丁，无事则各安生业，不许无故生事滋扰，如有籍团名色，三五成群，夜聚晓散，若是生非，违者责成团总查，轻则论办，重则送官究治，倘有不法之徒，夜入室行凶抄抢者，以鸣锣为号，集团兜拿送官，按律重究，务须守望相助，不得畏缩。

二、齐团原系保卫地方起见，各团总务须同心合意，实力奉行，和衷相办，不得各怀异心，互相猜疑，以私严公，挟嫌生事，违者禀官撤换。

三、团丁务须遵听团总约束，不得轻举妄动，固执己见，籍事生风，阳奉阴违，里应外合。勾接匪党，入境滋扰者，一经查觉，送官究治。

四、凡于兵民商贾，除鳏寡孤独及因事出外不计外，如有躲缩不前者，送究办理。

五、本团内凡遇大小事件，先由团总八人，会同三行绅耆、老人商议妥实，方准应为，不得自专。

六、账目之事，各自抵搪，不得以团骗，团内亦不能经理。

七、婚姻之事，凡有求亲者，俱以媒约许允之后，必须央请月翁求请，速为完娶，或小或大、量力培植，女家不得任意勒为数年，以及嫌贫爱富，倘有估霸抢夺，由团严拿，送官按律究办。

九、凡有盗贼入于附近地方，抢劫团内之人什物者，报团点壮，跟踪缉拿，送府究办。又有窃劫偷盗者，一体严拿送究。

十、凡外匪黑夜持械，入户抢劫行凶者，兜若敢拒扑行凶，重伤团丁者，给银三两，二伤者，给银二两，捐躯者，给银三十两，杀获贼匪者，众团抵搪、壮丁奋勇取获贼首者，赏银三两；并禀官给予奖励。

十一、凡每年五月十三，庆祝圣会，共同虔意祈祷，共祝升平。

本副府出示，顷据三行公议章程，原为地方有益起，惟将罚款即应从减，其责刑，重禀府惩办，轻则由专城责罚，庶合例治，毋得擅设私刑，有干例禁，遵之特示。

光绪二十五年十月初一制定的《三行老人、头目公议重订详细章程》：

一、口角相闹，不准持刀，犯者不论曲直，先罚持刀人银三两，杖

三百。

二、口角相争，不许伙众打架……查街巡拦头目或乡老民士讲理，若伙众打上门者，按罚银三两，责三百。

三、或有打架，邻舍前后七家出来劝解，若不劝，出事定即代累，按家罚银一两责免。

四、有口角打架者，不准青年子弟伙众瞧人，出事定即代累罚银一两，责一百，劝架者免。

五、口角打架，查街巡栏头目，老人见者，不劝不教，罚银一两。

六、口角打架，出人命者，照律抵罪，伤重伤轻者，论曲直定罪，罚银重十、轻五，两情有可原者，三行自当公议，照旧惩办。

七、婚姻有儿女活夺生妻者，男女裁开充出，永不准入境。

八、婚姻未娶，活夺者，男女裁开，男女罚银十五两，男女重责枷号。

九、婚姻未许、未娶、两下私逃者，治家教不严，男女治罚，罚银五两。

十、婚姻有聚众抢夺者，禀报兜获，以盗贼首罪，首罚银十五两，助夺者，每人罚银五两，责五百。

十一、对兄弟办东道者，除红、白事帮忙，不准论议婚姻了（聊）事，出事者，按每人罚银五两，责二百。

十二、男女不准私约、相换什物、咬骗言语等弊，罚银三百，责一百，……

十三、临城街不准放枪，每枪罚银一两。

十四、夜晚背水，不准唱曲，犯者按名罚银一两，有子弟游手同行者，查出罚银一两，男女各责一百。

十五、男女不准约各七月马日姑，犯者罚银三两。

十六、男女不准私约朝山，犯者罚银五两，责二百。

以上各条续前章程未及者，永远遵照。

据该三行头目所呈续定各款《乡规》一簿，系为地方息事起见，但查各款内，均有罚项，此为大干例禁，应不准行，所定责数，亦未免过多，姑准折半理处，以儆凶顽。

第十二章　非国家组织下的规范形成

　　中国少数民族传统社会中有些民族虽然在历史发展中还没有发展形成完整的公共权力组织，但它们的社会仍然有社会规范形成的制度化机制，其中较有典型性的分别是苗族的榔约、瑶族的石牌律和侗族的侗款。这三个民族在以村社为中心的社会组织下形成了较为完善的社会规范形成机制，构成了非国家下人类社会规范形成的典型代表。学术界普遍看法是，苗族的议榔、瑶族的石牌律和侗族的侗款具有相似性，三者都是在村寨社会组织上形成的一种特定联盟组织。这种联盟组织是通过特定的规约进行约束，是三个民族社会规范创制的基本形式。

第一节　苗族的榔约

一　苗族简介

　　苗族自称"牡"、"蒙"、"摸"和"毛"，有的地区自称"嘎脑"、"果雄"、"带叟"和"答几"等。他称有"长裙苗"、"短裙苗"、"红苗"、"白苗"、"青苗"和"花苗"等。20世纪50年代民族识别和认定时统称为苗族。"苗"的称谓在唐人樊绰《蛮书》、宋人朱辅《溪蛮丛笑》和《宋史》等书中开始使用。苗族主要分布在贵州、湖南、云南、四川、广西、湖北和海南等省、区，其中贵州的黔东南和湘鄂川黔交界地带（以湘西为主），是主要聚居区。广西大苗山、滇黔桂和川黔滇交界地带和海南有小块聚居区，其他地区多是杂居。苗族传统社会结构以村寨为基本组织形式，每个村寨少则几户、十几户，多达百户、上千户。据2010年第六次全国人口普查统计苗族人口为942.6万。苗族属于汉藏语系苗瑶语族苗语支。苗语有三大方言区，即湘西（东部）方言、黔东（中部）方言和川黔滇（西部）方言。其中，川黔滇方言又再分为7个次方言区。有些杂居地区的苗族使用汉语、侗语和壮语等。

苗族起源较早，属于中华大地上记载较早的民族群体。按记载，黄帝时期的"九黎"部落，尧舜时期的"三苗"族群，都属于苗族先民。"九黎"是五千多年前居住在黄河中下游的一个部落，后与黄帝部落发生战争，败后退入长江中下游，形成"三苗"部落。在4000年前，以尧、舜、禹为首的北方华夏部落与"三苗"发生战争，"三苗"被击败。失败后，一部分被驱逐到"三危"，即今陕甘交界地带，后来此部分群体从"三危"向东南迁徙，最后进入现在的川南、滇东北、黔西北等地区，形成现在的西部方言苗族；留在长江中下游和中原的"三苗"后裔，部分与华夏族融合，部分商周时被统称为"南蛮"，居住在汉水中下游，称为"荆楚蛮夷"，其中担楚蛮中一部分发展成为楚族，建立了楚国；一部分迁入今黔、湘、桂、川、鄂、豫诸省毗连山区，成为现在东部、中部方言区的苗族先民。

秦汉至南北朝时期，苗族分布在东至淮河流域，西到四川大部分及贵州中西部，其中主要集中在湘、鄂、川、黔四省交界地区，其中以黔中、武陵两郡为中心。贵州苗族迁入时间在两晋时期，为考古学和苗族族谱记载所证明，因为苗族进入贵州的世系多在五十多代。

唐宋时期，苗族发生较大变化，居住在汉水中下游以东至淮河流域的多数苗人逐步汉化，迁入贵州的苗人进一步增多，成为全国苗族分布的中心。唐朝时牂牁分裂为东西二部，部民称为"东谢蛮"和"西谢蛮"，元明时期称为"东苗"和"西苗"。清朝时贵州苗族情况被大量了解。对苗族的种类，根据服饰色彩与结构，分为高坡苗、平地苗、长裙苗、短裙苗、红苗、黑苗、花苗、青苗和白苗等，名称有几十种，被称为"百苗"。

苗族内部社会组织自20世纪80年代学术界开始讨论。1980年李廷贵等学者提出苗族社会组织由鼓社、议榔和理老构成。认为"鼓社"是由同宗的一个村或几个村组成的苗族古代社会基层单位，是苗族进入个体家庭以后的社会组织体制；"议榔"是由一个或几个鼓社进行立法形式，源于原始公社末期开始有私有财产的时候；"理老"是依"习惯法"仲裁的司职人员。三者是"苗族古代社会上层建筑的有机组成部分，是三根重要的支柱"。[①] 从争议看，主要在苗族有没有习惯法，有学者认为苗族没有习惯；[②]

---

① 李廷贵、酒素：《苗族"鼓社"调查报告》，载《贵州民族研究》1980年第3期；《略论苗族古代社会结构的"三根支柱"——鼓社、议榔、理老》，载《贵州民族研究》1981年第4期。
② 韦启光：《关于苗族的"习惯法"问题》，载《贵州社会科学》1983年第2期。

对"鼓社"、"议榔"的性质、作用等问题,有学者认为议榔组织是农村公社的残余,有农村公社的外壳形式,行阶级社会的职能;有学者认为鼓社起源于母系氏族社会或母权制进入父权制的"完全过渡"以前时代,而不是源于原始公社末期开始产生私有财产的时候;有学者认为议榔是由秦汉以前部落议事会发展而来,当苗族社会从血缘为纽带的氏族公社向以地缘为纽带的农村公社过渡的时候,议榔作为苗族自身的社会组织而在唐以前逐步形成。

在苗族传统村寨社会结构中,形成了一套完整的社会组织和社会制度,即鼓社制、议榔制、寨老制,其中"鼓社"、"议榔"、"理老"是三根支柱,职能上"议榔"是立法,"理老"是司法,"鼓社"是执法,统称"鼓社体制"。

二　苗族的议榔

(一)议榔概念

议榔,苗语称为 GHeudHlan,音"构榔","构"意思是"议","榔"在传说上为拟人化的"公约"。"议榔"是"议约宣誓",亦即"议定公约"。[1] 对此,苗语有不同称谓,具体有"构榔",或"勾夯",也叫"构榔会议"、"勾榔会议";广西叫"栽岩会议",或"埋岩会议";湘西大部分地区叫"合款",云南金平叫"丛会"或"里社会议"。议榔是苗族社会中一种民主议事会性质的制度。学术界多认为议榔就是苗族传统社会的法律规范。召开"议榔"会议的范围,可以小到一个村寨,大到整个地区。"议榔"有制订规约和执行规约两重意思。苗族议榔形成的社会规范,在苗族各地有不同称谓,有的称为"理录"、"理告"和"团规",有的称为"榔规"、"榔约"、"团规"、"款条",还有的称为"里社规约"、"埋岩会议规约"等。这些"榔约"、"款条"、"里社规约"通过议榔、合款、里社大会来制定。[2]

(二)议榔的起源

在议榔起源上,在黔东南流传的"议榔词"中有记载,"从前的时候,很古的年代,在芦笙堂地方,在大风坳那里,整整坐了五辈,人繁殖满寨,

① 李廷贵、酒素:《略论苗族古代社会结构的"三根支柱"——鼓社、议榔、理老》,载《贵州民族研究》1981 年第 4 期。

② 石朝江:《苗族传统社会组织及功能》,载《中南民族学院学报》1993 年第 3 期。

坐满了地方。人口旺盛像青蛙，繁殖多得像蝌蚪。地方住不下，寨子容不了，才请榜香来议榔……岭来分父，山来分祖。一家成一支，划船的住河边，干活的住山岭。……一人走一方，一人得一处。不准谁侵占谁的地方。……哪个过山砍柴，哪个越岭摘菜，中午犯的罚银一钱，晚上犯的罚银一两，白天砍柴罚银六两，晚上砍树罚银十二两。人多心一条，扭绳做一股。那个心大象牛，胆大象马，手长手遭，眼快眼受，捉住就拿盆装血，铜鼓接命。舂米在石洞，舂广菜在岩穴"。① 这些记载说明议榔出现是因为社会发展需要新的社会力量来规范社会秩序。对此，苗族在议榔中这样说明他们创制社会规范的原因和目的，"不是为东南西北而议榔，而是为粮食入仓而议榔，是为酒肉满缸而议榔。这样仓里才有粮，缸中才有肉。在牲口践踏庄稼的地方议榔。在猴子坏庄稼的地方议榔。勤快的不能做给懒汉吃，聪明的不要做给那些不听话、爱忘事情的人穿。议榔地方才平安，议榔地方才宁静，议榔地方做的庄稼才有收成，议榔的地方才有饭吃。地方才没有盗，地方才没有贼"。②

在苗族议榔形成的时间上，学术界多认为是在苗族由母系氏族制度向父系氏族制度转变时期。③

（三）议榔制定的程序

苗族议榔是通过议榔会议制定。苗族议榔会议还称为埋岩、栽岩会议。"议榔会议"是苗族制定社会规约的重要形成，具体由头人选好某一地方，把岩石一半埋在地下，一半露在地面，通过一定仪式重申古理古规，根据当时社会需要进行修改和补充新的社会规范，形成新的议榔规约。埋岩会议通常在山坡上举行，具体是在大树下埋下三块岩石，组成一个三角形，并淋上鸡血，即进行议事立约。苗族议榔在石柱下进行具有重要的意谕，象征制定的社会规范如石头一样永存和效力无可争议。对此，《议榔词》中有反复说明，如"议榔在石头，石头上有印子；议榔在石柱，石柱有痕迹。议榔在石头才不会移动，议榔在木头才不会变动"；④"立根石柱一尺高，栽根石柱一抱大。议榔在石柱下，榔规就附在石柱，议榔在石柱，榔规就留在石柱。

---

① 苗族文学史编写组：（贵州）《民间文学资料》（第14集），中国民间文艺研究会贵州分会，1959年，第161—162页。

② 同上书，第143页。

③ 喜农：《黔东南苗族"议榔"考》，载《贵州民族研究》1981年第4期。

④ 苗族文学史编写组：（贵州）《民间文学资料》（第14集），中国民间文艺研究会贵州分会，1959年，第143—144页。

议榔在石柱上，榔规才不变动。议榔在石柱上，榔规才不遗失。妈妈死了妈妈的话还在；爸爸死了遗言犹存。遗嘱在石柱上，遗言在石柱上"。① 说明以石柱为象征是为了让规约永恒，具有稳定的法律效力。苗族社会中若要改动规约，必须通过第二次埋岩会议，才能重新进行。如三江境内的一支苗族，因为改革婚姻习惯，举行了四次埋岩集会。对四次埋岩集会的规约，都编成歌来传唱，流传至今。苗族的埋岩会议，是一种重要的立法会议，凡参加埋岩制定的村寨，必须服从埋岩时所立的社会规约的约束，形成一个法律适用区域。从而让参加埋岩的村寨成为一个政治实体，进而形成一种超过村寨组织的社会政治组织体系。

从大量议榔词记载看，制定议榔的原因是当苗族某一地域出现带有社会性问题时，迫切要求解决，村寨头人或头人代表经过商量、酝酿后，确定时间和地点，采用苗族社会传统的传木送信的形式，向地域内各村寨发出通知，召开辖区内民众大会或代表大会，以埋岩形式，通过相应社会规范。议榔会议的会址不在村寨内，更不会在村寨屋内，而是选择在野外较为宽阔的地方。若原地已开过埋岩会议，而且立有埋岩标志的，下次举行时就得更换举行会议的地方。

苗族议榔会议有严格的程序，具体分为准备程序、制定会议和执行程序。准备程序是当出现某一严重的社会问题，头人们认为需要通过制定规范来解决时，村寨头人和有关代表人物相聚酝酿、磋商。这类人多数是村寨内的理老、村寨头人等。他们经过认真协商，达成一致意见，并提出具体的规范议案。从时间上看，这个协商准备工作有的要花几天，或几个月，有的甚至是几年，最后达成一致意见。准备工作主要有分析当前社会问题的严重性和解决的必要性；提出协商解决的具体办法和措施；推选埋岩会议主持人和宣布法规的人，即立岩人。完成准备工作后，宣布召开埋岩会议。举行会议时，先由几个人将一块作为埋岩标志的石头立于"立岩人"讲话的地方，举行前埋岩用草或木叶盖住，上面覆盖着碗，碗的数量根据参与埋岩会议的村寨头人数目而定。会议开始后，先由"立岩人"诵词祭祀。诵词内容一般有：叙述埋岩由来，埋岩对苗族社会的作用，祭祀埋岩创始人及历届已故埋岩头人亡灵等。祭毕，杀鸡或宰牛，这个过程中参与人员自由交换意见，头人再次商议本次埋岩订立的社会规范具体条款。鸡或牛肉煮熟后，把肉和

① 苗族文学史编写组：(贵州)《民间文学资料》(第 14 集)，中国民间文艺研究会贵州分会，1959 年，第 146—147 页。

内脏切成小片，将岩碗翻起，放入少许内脏，斟酒。对此，议榔词中有"杀牛吃肉，宰鸡喝血，故你革来议榔，故乃雄来议榔"。在宰牛或杀鸡的区别上，榔词中有说明，"大榔就用牛，小榔就用鸡"。[①] 说明两者在议榔中使用不同。"埋岩头人"宣布本次埋岩所形成的社会规范草案后，主持人按各村头人名次，点名依次上前领酒。酒碗领完后，由"埋岩头人"再祭祀一次。内容是：说明埋岩法规已形成，各村头人代表各村寨认领"岩规"。重申岩规要人人遵守，违者必究，并预祝问题得到圆满解决。最后，把请来的埋岩创始人及历届埋岩头人的亡灵送回去。祭完后，各村头人领取分好的肉串，即散会。最后程序是宣布，埋岩管辖区域内各户以所分得的肉作为接受埋岩会议形成的社会的标志。有时由于社会规范十分重要，头人回到本村寨后，会再采用埋岩形式，向所属村寨民众宣示。通过以上程序，制定规约生效，所辖范围内民众必须恪守岩规。埋岩理词中对此有明确的规定，"不许妻违，不容子犯，各家各管教，各人各自觉"。[②]

参与制定议榔的村寨数量多少不等，根据参加制定议榔村寨数量的多少，可分以为大岩、中岩和小岩。小岩由一个村寨或几个村寨制定；中岩由十几个或几十个村寨，甚至上百个或数百个村寨参与，内容是整个区域内苗族共同关心和利益所系的大事；大岩可以分为两种：一种是跨越行政区域议榔，另一种是某区域内苗族自身某项重大社会改革，或与周围邻近其他民族互相达成的某项协议，或与统治者临时议定或采取对抗性措施形成的议榔规约。

（四）议榔的内容

苗族议榔通过古歌等形式流传。当然，古歌是苗族传统文化的载体，内容十分广泛，古歌中只有理词部分才属于苗族议榔规约的内容。苗族理词属于议榔规约在《贵州民间文学资料》第14集有较全面的反映。该集中涉及苗族传统规范的内容有议榔词（一）和（二），以及议榔典故、烧汤理词、离婚理词、婚姻纠纷理词、刻竹简词、找舅爹钱的理词和争山林理词等部分。从整个理词内容看，涉及实体内容与纠纷解决的原则与程序两部分。有学者分析贵州省黄平县民族事务委员会编印的《苗族古歌古词》中"理词"

---

① 苗族文学史编写组：（贵州）《民间文学资料》（第14集），中国民间文艺研究会贵州分会，1959年版，第154、155页。

② 徐晓光：《无文字状态下的一种"立法"活动——黔桂边界苗族地区作为"先例"的埋岩》，载《山东大学学报》2006年第6期。

后，发现主要内容反映刑事、民事案件的调解和处理过程，属于诉讼和裁定方面的内容较多，其中以"婚姻调解理词"、"婚姻纠纷理词"等比较有代表性。石宗仁翻译整理的《中国苗族古歌》中第七部分"婚配"、第八部发"纠纷"涉及婚姻纠纷和财产纠纷的处理，其中"婚姻纷纷"部分内容与黄平县"婚姻调解理词"有很高的相似性。①

根据《议榔词》中的记载，议榔涉及主要内容有：

第一，保护家畜、森林等财产所有权。如有"议榔不准开人家田的水口，议榔不准开人家牲口圈，议榔不准偷菜，议榔不准偷柴，议榔不准偷鱼，议榔封山育林，议榔不准烧山"；"田地的水口，议榔不准开人家，不准开人家的谷仓，不准开人家的门，也不准挖人家的墙脚"；"议榔育林，议榔不烧山，大家不要伐树，人人不要烧山"。

第二，维护社会秩序，打击盗匪、禁止偷盗等。如有"为不准藏盗而议榔，为不准窝匪而议榔"；"天上恨老鹰，地下恨强盗，恨虫咬树子，白天做人脸，晚上做猫相，恨猪拱竹笋，恨牛爱碰圈"。② 这里采用比喻的手法禁止偷盗行为。

第三，提倡人伦道理，建立人伦道德规范。如有"公公是公公，婆婆是婆婆，父亲是父亲，母亲是母亲，丈夫是丈夫，妻子是妻子，哥哥是哥哥，弟弟是弟弟，姐妹是姐妹，妯娌是妯娌。要有区分，才成体统，要有区分，才各得其所。有区分，鸡挨鸡。有区分，鸭让鸭。有区分，水牛挨水牛，有区分，黄牛挨黄牛。区分千事，划分成万端。区分了，地方才亲切和睦；区分了，村寨才安宁无事。才成稳定的地方，才成宁静的寨子"。③ 这里强调采用建立有别的家庭伦理关系，稳定家庭关系。

第四，维护婚姻家庭，反对奸情；维护族内婚姻、舅权婚姻。在反对奸情上有"有一个孀妻，有一个寡妇，寡妇一个，鳏夫一个，学牛来碰圈，学坏人乱地方。地方不依，寨邻不满"。④ 这里禁止通奸等行为。在舅权婚姻上有"交叉捆鸡才坚，回环开亲才亲……在族内成夫妻，瓜才结得多，

① 徐晓光：《看谁更胜一"筹"——苗族口承法状态下的纠纷解决与程序设定》，载《山东大学学报》2009 年第 4 期。

② 苗族文学史编写组：（贵州）《民间文学资料》（第 14 集），中国民间文艺研究会贵州分会，1959 年，第 144 页。

③ 同上书，第 145 页。

④ 同上。

人才长得旺";① "规定说亲要给财礼，规定舅家要头钱。过年杀鸡才多子多孙，给舅舅家头钱才发财，不要说亲时不给财礼，不要妈妈死了就不给舅舅家头钱。哪个说亲不给财礼，哪个说亲时不给头钱，拧低不长角，人就不昌达"。提倡一夫一妻制婚姻，反对一夫多妻制。如有"又有一个丢合，又有一个丢果，他娶了三十个妻子，他娶了三十个婆娘。触犯了住留的榔规，触犯了故杭的定约，用铁链将他锁住，将铜鼓把他压住。叫他杀牛来赔榔规，叫他杀猪来赔榔约"。② 这里明确反对多妻制。

第五，提倡诚言交易，反对欺诈行为。在田产交易上有"为不准谁翻买田买地而议榔。谁都不要为翻悔买田卖地而闹事。吃了菜不要再去掐菜叶。喝了就不再馋嘴。不要翻开石头捉青蛙，不要翻转粑槽来打粑粑，谁要翻转粑槽来打粑粑。翻开石头来捉鱼，回头翻悔买田买地，回头翻悔买田卖塘。牛就不角，子孙就不昌达"。③ 这里规定买卖田产后不能翻悔，要信守交易原则。"翻人吃，欺骗众人。河面平静，河底激流。别人砍柴，他们说捆索是他们的。别人引水灌田，他们说水沟是他们的"。④ 这里禁止欺诈行为。

按苗族理词记载，传统处罚形式有：罚款，这是最常用的处罚方式。如有"罪恶不小，我们罚他二十四两银"。开除村寨，如有"我们撵他越高山，撵他翻大岭"。处死，处死方式有沉水，如有"整他像滤灰，捶他像春药，抛在桥尾鱼滩里。投在桥头龙滩中。桥尾冒水泡，桥头起旋涡"。⑤

苗族理词较为复杂，由于采用口头传承，在表达上体现出更多的文学特色，让他们的规范具有很强的文学色彩。

第二节　瑶族的石牌律

一　瑶族简介

瑶族自称"勉"、"金门"、"布努"、"炳多优"、"黑尤蒙"和"拉珈"

---

① 苗族文学史编写组：(贵州)《民间文学资料》(第14集)，中国民间文艺研究会贵州分会，1959年，第147页。

② 同上书，第166页。

③ 同上书，第148页。

④ 同上书，第149页。

⑤ 同上书，第157页。

等。他称有"盘瑶"、"山子瑶"、"顶板瑶"、"花篮瑶"、"过山瑶"、"白裤瑶"、"红瑶"、"蓝靛瑶"、"八排瑶"、"平地瑶"和"坳瑶"等。20 世纪 50 年代在民族识别与认定中统称为瑶族。瑶族现在主要分布在广西、湖南、云南、广东和贵州等省区。瑶族据 2010 年第六次全国人口普查统计有 279.6 万人。瑶族属于汉藏语系苗瑶语族的瑶语支;现有五分之二的人使用苗语;广西金秀瑶族自治县茶山瑶语属于壮侗语族侗水语支。

瑶族族源上没有共识,学术界较有争议。有认为源于"山越",有认为是"五溪蛮"的,或认为瑶族来源是多元的,既有"长沙、武陵、五溪蛮",也有山越成分。多数认为瑶族与古代的"荆蛮"、"长沙武陵蛮"、"莫徭"和"蛮徭"等在族源上有渊源。瑶族支系分类上多以服饰色彩为标准,按此标志,分为蓝靛瑶,主要分布在云南、广西及越南、老挝等国,穿用蓝靛染的衣物;红瑶,主要居住在广西龙胜县,穿着红色衣物;盘瑶,主要居住在广西桂平县;白裤瑶,主要居住在广西河池南丹县,因喜穿白裤,故得名;背篓瑶,主要居住在广西百色凌云。当前,在瑶族聚居或与其他民族杂居的地区,共建立了以瑶族为主或有瑶族参加的自治县 12 个,民族乡200 多个。

瑶族社会组织以村寨基础上形成的瑶老制为基础。瑶老制在不同地区名称各不同,滇南称为"目老";滇西南和桂西南称为"丛会";湘南、桂北称为"迴壮"。"瑶老"是统称。瑶老一般指在村寨里负责处理对内、对外各项事务,得到群众信任的老人。广东连南瑶族自治县八排瑶地区是"瑶老制"保留较为完整的地区。每个村寨内的瑶老由"天长公"、"头目公"、"管事头"、"掌庙公"、"烧香公"和"放水公"等人组成。他们的分工是天长公是每排(村)领袖,由年长者担任,每人一生只能担任一次,任期一年,负责处理排内纠纷,维持治安,惩治罪犯;如发生排(村)际械斗,是当然的军事首领。头目公协助天长公缉捕人犯、处理纠纷,并与先生公一道择定与农事有关的各个吉日,通知群众按期行事。先生公专事宗教活动,一般不脱离生产劳动,无固定报酬。掌庙公专门司理宗教事务,每逢节日,负责筹集钱米,主持祭典等事项。烧香公由选举产生,一般任职终身,每逢夏历初一、十五,负责在大庙中烧香祭祖。看水公专门管理村寨的水坝、渠道。清朝中后期以来,随着国家力量的深入,瑶老制发生了变化,很多被改造成国家设在瑶族地区的基层社会组织,瑶老们被任命为国家在基层社会中的治理者。

二　瑶族的石牌制

(一)　石牌制度

石牌制度是很多瑶族 1949 年前用以维持社会秩序的社会组织形式。这种社会组织形式带有原始时期民主制的残余。石牌是以一个或若干个村寨为单位，以防盗防贼、保护生产、婚姻聘礼、保护外来正当商人、处理纠纷等社会问题为目的而订立规约、共同遵守的社会共同体。"石牌"一般由一个村寨或数个村寨构成，多者有几十个村寨。某个村寨可以同时参加范围大小不一、内容不同的数个石牌。凡参加订约者都要严格遵守，如有违犯，则按石牌规定处置。石牌组织根据参加的户数、村寨数量的多少，可以分为小石牌、大石牌和总石牌。有瑶山总石牌由 70 多个村寨组织。根据调整的范围分为家族石牌、胞族石牌、姻亲石牌、支系石牌和地域石牌等。[①] 石牌由石牌头人领导，石牌头人由善于言辞、办事公正、有胆有识的青年在老一辈头人培养下，逐渐树立威信而形成。石牌头人一般由男子担任。小石牌头在社会中若有能力解决村寨之间的重要社会纠纷，会获得其他村寨的承认，进而成为大石牌头人。石牌头人没有固定报酬，在处理纠纷时，会得到当事人供给饭食和一定的报酬。

石牌制度产生的时间上，学术界一般认为产生于明朝中期。有学者认为石牌制度发端于明朝初年至清朝嘉庆年间，发展是道光二年至咸丰三年，低潮是咸丰四年至光绪八年，复兴是光绪九年至宣统三年，鼎盛是中华民国成立至 1930 年。依据是现在可以看到的这些不同时期存留下来的石牌律的数量。[②] 当然，这种划分依据是值得商榷的，因为石牌存留的数量可能与时间、时代的社会秩序状态有关。

(二)　石牌律

石牌律，是因为此类规范常刻在石牌上所以称为石牌律。又称为"料令"、"料话"、"律法"、"班律"、"律规"和"条规"；有的称为"五料三朵"。瑶语称谓为"阿常"，即"石头规律"、"石头准则"，寓意"规范"如石头一样坚硬，永恒不变。瑶族把通过特定程序制定的规约称为"石牌律"、"律法"或"条规"。石牌律除写于石头上外，还有写于白纸或木板上。瑶族村寨通过"石牌律"实现自身社会秩序的形成与维持。"石牌律"

---

① 莫金山：《瑶族石牌制》，广西民族出版社 2000 年版，第 39—40 页。

② 同上书，第 25—29 页。

是瑶族传统社会中的最高律令，民众必须无条件地服从。对此，瑶族格言中有"石牌大过天"之说。石牌律取名有三种：以参与制定的村寨数量命名，如七十二村石牌、六十村石牌等；以参加户数命名，如千八百石牌、五百四石牌等；以制定石牌的地点命名，如金秀沿河十村石牌。瑶族传统社会中规范的核心是石牌律，而由遵守石牌律形成的共同体被称为"石牌"，这样石牌成为瑶族传统社会组织的代名词。

对石牌产生的原因，在不同规约中有说明，如广西茶山瑶族中明确说明制定石牌律的原因。"自家种来自家吃，立地乡村立庙党，大地方官要差粮，小地方请神立规，立了乡村各自管，不得外人胡来犯，立了石碑定规矩，再立社庙敬神灵，各样各做各生产，后又编出乡里来，一代传一代。"① 广西地区花蓝瑶在《石牌料话》中说道：

> 到今岁，我边有地翻；到今年，我边有天乱。我边有地翻，住不落；我边有天乱，坐不甜。往不落，我寄信；坐不甜，我寄钱。我寄信，过瑶山顶；我寄钱，过瑶山根。过瑶山顶石牌起，过瑶山根石牌成。石牌是起到我巷，石牌是成通我村。来到我巷齐抽弓，来到我村齐放箭，齐齐抽弓守我巷，齐齐放箭守我村。守我巷，不使翻；守我村，不使乱。不使翻，住才落；不使乱，坐才甜。②

现存有文字的石碑律最早的是清嘉庆十二年（1808年）的《河界碑》，最近的是1987年5月制定的《求留后记》婚姻改革碑和1990年的《饮水思源护渠爱渠》水利碑等。

三　石牌律的制定程序

"石牌律"制定有特定的程序。瑶族社会中制定石牌律的会议称为"会石牌"，即召开"石牌会议"。首先由村寨头人根据出现的社会问题，提出拟定的规范条文，派使者到相关各村与村民协商。得到村民认可后，占卜选择日期，派人通知各村村民召开的时间、地点和费用等。其次，召开制定会议。约定时间、地点后，当人到齐后，由社老命年轻人向天连放四枪后，社老中选一人宣布石牌会议的召开。向参与会议的人员宣布会议的目的、动机

---

① 《广西瑶族社会历史调查》（第二册），广西民族出版社1983年版，第178页。
② 黄钰：《瑶族石刻录》，云南民族出版社1993年版，第253页。

和任务。这个程序称为"料话"。此时，社老中主持人讲述祖先迁徙经过，瑶人入山历史，过去订立石牌和发生过的大事件等。其中，先讲天地的形成，如"盘古开天立地，伏羲姐妹造人民，先立瑶，后立朝"。再讲祖先迁徙，如有"立门为主，立村为社，坐得安，站得稳，先敬社，后敬庙"。接着讲制定石牌的原因与程序，如"官府朝廷，大理到官，小理到团，山下瑶民，大理请头请老，小理请邻请舍，立石牌，走脚步，用木为牌，杀牛立律，十二十三条规约，十三十五条法律"。讲石牌头人处理纠纷的原则有："治老要正，治官要平，人不得乱做，耙不得乱吃；人乱做，把乱吃，上犯天，下犯地，犯三十三天，犯九十九地。大事化为小，小事化为无，一条未了，百条未断，一条办了，百条办完"。激励大家同心协力、让社会安宁时有"撵牛不离一条鞭，鸡母不离一只公，水同船，盐同包，鸡同队，四马同行，上山同路，下水同船。①

这些叙说让参与者从历史中体悟到立规约的重要性与迫切性。接着宣布事先拟订的"料令"（石牌律）。宣布后，若有不同意见或补充意见的，进行讨论与修改。没有则以默认或欢呼形式通过。在料令纸上签字画押。日后有写在石板或木板上，竖在村头或道路旁。最后，举行盟誓仪式。此仪式有两种，制定小石牌律采用杀公鸡，社老通过祝法后，将鸡头砍下，鸡血滴入碗中，参与者同饮，歃血盟誓。制定大石牌律时采用剽牛，剽牛后共吃牛肉。通过杀鸡剽牛仪式，表示参与者对石牌法恪守不渝。有的在立石牌时在树立的石牌上用斧子砍三刀，条文当众宣读，谕示条文具有同样效力。从瑶族制定石牌律的程序看，具有很高的民主性，反映出人类社会在村社时期社会规范形成的一种途径。

四　石牌律的基本形式与内容

瑶族石牌律内容多少不一，从条文上看，最少的仅有 3 条，多数在 5—15 条之间，最多的达 31 条。现在收集石牌律的书主要有黄钰的《瑶族石刻录》和莫金山的《瑶族石牌制》两书中，前书收集了 74 份石牌律，后者收集了 46 份石牌律。从两书收集的石牌律看，调整的范围十分广泛，包括民事纠纷的处理、保护生产、治安防盗、贸易往来、男女婚姻以及共同对外等。

石牌律的基本结构是序言、正文与结语三部分，与人类早期法典结构十

---

①　覃桂清：《大瑶山瑶族石牌制始末》，载《中南民族学院学报》1988 年第 1 期。

分相似。如《三十六瑶石牌律》是较典型的石牌律，整个规范有三部分。序言说明立法与石牌律制定的原因，称为"说根由"，亦称"讲根底"，或"根底话"，主要叙述瑶山立石牌律的缘由及石牌律的威严性。

> 我们二十四花山，我们三十六瑶村，我们是偏僻小地方，三家为一村，五户为一寨，小村靠大村，大村靠石牌。天下有百种粮，世上有百样人；人有乖有笨，就怕乖人欺笨人；人有善有恶，就怕恶人欺善人；人有好有坏，就怕坏人欺好人。世上坏人虽不多，一颗鼠屎能毁一碗汤；人心隔肚皮，防范不可忘。这样，才砍树置牌；这样，才杀牛立碑，才制十二条"三多夕"（瑶语意为法律），才定十三条"俄料毛"（瑶语意为法规）。有了石牌话，瑶山固如铁。石牌大过天，对天也不容。哪个敢作恶，哪个敢捣乱，即使它是铜，也把它熔了；即使它是锡，也把它化掉。①

这是较为典型、完整的石牌律序言，有些序言要比这简单得多，如《六十村石牌》中"序言"是：

> 立字石牌，盘古置天立地，先立瑶，后立朝，我瑶无有钱粮纳汉人。因为于（如）今世界，庚戌、辛亥年间，到处有匪，劫抢毙命，进入瑶内，打单劫屋，杀人死命。瑶人板瑶不服道理，大家同出去追匪散去。至壬子年二月初十日，瑶人板瑶五十村大会石牌。有（又）至甲宣（寅）年正月初十日又复会石牌，商议规条，列后法律。②

这里"序言"主要是说明立石牌律的原因。

正文是石牌律的核心部分，由具体条文组成。石牌律的条文数量根据每个石牌律调整的对象而定，从 3 条到 30 多条不等。石牌律的条文结构一般每一条文都是一个完整的法律规范。当然，也有由多条组成一个完整的法律规范的。条文用语上多数是民间用语，十分通俗易懂。在表达形式上，有文学化的，也有规范化的。前后如："八条完了第九条：我们住在瑶山，首靠山，次靠水。各家有田坝，各户有山界；各耕各的田，各种各的山。谁占领

---

① 刘元保：《石牌话探析》，载《广西民族研究》1985 年第 2 期。
② 黄钰：《瑶族石刻录》，云南民族出版社 1993 年版，第 219 页。

他人的山，谁占领他人的田。罚他八块，罚他十六元"；① 后者如《桂田等十八村石牌》规定"何人挖屋，重罚一百六十元"；《罗香七村石牌》规定"不得穿墙挖屋，偷盗杂物，定死罪"。

结语多是强调规范的权威，要求人人遵守，或者是参与立约人的名单等。在结语中强调规范的权威，要求人人遵守。如"我们瑶山地方，二十四花山，三十六瑶村，有法律十二条，有法规十三款，必须遵守法律，必须执行法规。法律严峻，法规严厉，我们才坐得安，我们才立得稳。法律法规呢，自古就有，法律面前人人一样，对天也不例外"。②《金秀大瑶山全瑶石牌律》的结语中同样如此。"我们二十四花山，我们三十六瑶村。有律法十二条，有规法十三款。人人遵守律法，人人遵守规法。规法严格，律法严厉。我们才坐得稳，我们才睡得安。石牌面前，同喝血酒。律法人人同等，对天地不例外"。③ 从现存的多数石牌律看，序言绝大多数都有，结语要少一些，有的也多是立约的时间与参与者的名单。

石牌律内容涉及瑶族社会生活的方方面面，从社会治安、财产保护、婚姻家庭到社会纠纷解决，是瑶族社会生活的整个规范体系。石牌律重点内容有：

第一，保护财产，保护产权。从石牌律内容看，保护参与村寨的财产是重点，此类财产涉及各种形式，从土地、山林、牲畜到香草等，其中涉及瑶山生产的大量各类具有经济价值的作物，如香草、香菇、鸟胶木、桂树、木耳、竹笋、薯莨和桐子等。《上秀、歌赦两村石牌》有"二村山水、香草、茅草，何人偷取，丑一村"；宣统三年（1911 年）《六拉村三姓石牌》规定："山中各人香草，各种各收，物各有主，不得乱扯（窃）偷。如有乱行偷扯，确有赃藏址，当场拴拿，送回业主。众村赏花银三十六元。如一人力不能拿，用炮打死亦可"。在《坪兔石牌》、《长滩、长二、昔地三村石牌》、《两瑶大团石牌》和《六十村石牌》等有同样规定。庄稼作物得到保护，如玉米、棉花、园中瓜果蔬菜等。如《罗香七村石牌》中有"女人种棉花、蓝靛，不得乱摘乱取，若不守条约者，按罪轻重处罚"；"女人种瓜、菜、豆、麦，不得乱摘。若不守条约者，按罪轻重处罚"；《两瑶大石牌》有

　　① 黄钰：《瑶族石刻录》，云南民族出版社 1993 年版，第 261 页。
　　② 韦玖灵：《从石牌话看瑶族的原始法律意识》，载《广西大学学报》（哲学社会科学版）1994 年第 5 期。
　　③ 黄钰：《瑶族石刻录》，云南民族出版社 1993 年版，第 263 页。

"山丁山主，各人六禾、菜种、芝麻，不得乱取，重罚"。保护家里养的各种牲畜，如《罗香七村石牌》规定"偷牛、马、猪、狗、鸡、鸭，定行重罚"。《两瑶大石牌》规定"各村各宅，猪畜养物，不得乱取，众团重罚"。此外，还保护山林、水塘、田产等。《罗运等九村石牌》规定"堰坝不得乱翻"；《金秀大瑶山全瑶石牌律法》中有"谁若黑心肠、肚藏脏；纵火在山，放火于沟，毁坏山场，破坏森林，他犯大法，他犯大罪"。

第二，调整婚姻，维护婚姻家庭关系。石牌律规定瑶族采用族内婚姻，禁止与外族特别是与汉族通婚。《金秀大瑶山全瑶石牌律法》中有"谁家生了姑娘，不许嫁到大地方，我们是鸡嫁鸡，他们是鸭嫁鸭，自古鸡不拢鸭，自古狼不与狗睡"；《滴水、溶洞等四村石牌》规定"过村招男女，有子不用，犯六十二两银。招客，犯六十两正"。禁止纳妾、反对随意离婚等。《滴水、溶洞等四村石牌》中有"如第二老婆，犯一百二十两"。光绪三十二年（1906年）《滕构石牌》规定："有夫之妇与人通奸、强奸他人妻女，都要按石牌律惩罚。"民国十六年（1927年）《坤林等五十三村石牌》规定："日后娶婚，好丑为妻，万世其昌，不以（许）扳妻离夫。若是拆妻离夫，不许石牌娶妻，交与家人教训。"

第三，维持公共安全和社会秩序。如保护坟墓风水、禁止赌博、禁止吸食鸦片、放火烧房、敲诈勒索、禁止复仇和禁止巫蛊。清同治六年（1867年）《金秀沿河十村平免石牌》规定："不得半路杀人、不得乱抓人、不得放火烧屋、不得开他人禾仓，有事要请头人解决。"《滴水、溶洞等四村石牌》规定"有事不得打屋，打屋犯十两正"；"挖坟，罚银四十大元正"；《六眼、六椅等村石牌》中有"骑龙档向，抛尸弃骨"。《金秀、白沙两村石牌》规定"二村齐会，何人有事，不得打屋"。1911年《六拉村三姓石牌》规定"前冤不得后报。若是报前冤，交匪报仇，众等石牌，任由罪同理"。道光二年（1822年）《门头、下灵、黄桑三村石牌》规定"不许播鬼"，光绪三十二年（1906年）《滕构石牌》有"迷魂禁开"。1910年《桂田等村石牌》规定"外来飞天油火，平地风波，不准赐世（私自）食用"。1927年《坤林等六村石牌》规定"各村打油伙（油火）与抢劫同罪"。"打油火"指无端敲诈勒索行为。

第四，联防匪乱，维护瑶境安宁。清朝道光年间到民国时期，大瑶山地区盗匪成患，瑶族社会秩序受到严重的破坏。为此，出现大量石牌对此方面的社会问题进行规范。如1924年的《六段、仙家漕、老矮河三处石牌》规定："凡有匪徒抢劫，不拘那时，一闻音信，筒角一声，踊跃济（齐）集救护，下力剿出（除）贼匪。倘有那（到）时知而不到者，一经查出，公（共）同议罚"；"凡有我瑶如有窝匿匪类，并知而不报者，皆系同谋。一经查出，公（共）同众议，将产冲（充）公，无贻后悔。"1918 年的《罗香七村石牌》规定"各村各人不得为匪。如有为匪，查出即将该犯枪决之罪"；"各村各人不得窝匪接济"。1938 年的《六眼、六椅等村石牌》规定"禁止自偏（编）野团，并外来一切款项或委状，不准收领"。《六十村石牌》规定"众石牌人，若有匪到我瑶山，务要同心协力，起团追捕，如有某村不起团，与匪同罪，究力"；"众石牌人，不许带匪入瑶窝藏。如有人胆敢带匪过路事，田地一概充公"；《七十二村大石牌》规定"石牌不许窝匪藏匪，田地一概充公"。这些说明石牌律在制定上具有很强的时效性与时代性。

第五，保护商贩合法贸易，维护瑶区商业秩序，反对奸商，提倡公平交易。如清同治六年（1867 年）《平兔石牌》中规定："不论河（何）人见客买卖生意，不得乱昨（作）横事，莫怪石牌"；民国三年（1914 年）《六十村石牌》中规定："如有客瑶生意为商，担货出外入瑶，在路中被抢，闻知起团追拿；如有闻知不起团追捕，究治"；《六十一村石牌》中规定"众石牌人，若众商面熟有字号，方准担货入瑶。如假客伪客商，以做匪实，石牌查之，决不容情"；《莫村石牌》中规定"往来生意，取物有道"；《金秀、白沙等五十一村石牌》中规定"如有客壮、瑶人，生意货物买卖，价钱两边自行为准，不得争打；算数不明，位计（回去）村团算清"等。

第六，规范社会纠纷的解决程序，强化纠纷解决者的责任，提高瑶族社会中纠纷解决的公正和有效性。瑶族石牌中大量规定社会纠纷解决的程序、原则和要求。如规定出现社会纠纷后通过瑶老调解，禁止私下械斗；瑶老在解决社会纠纷时要公正，不能有偏见；瑶族内部纠纷由内部人员解决，反对把社会纠纷提交外族人员解决等。《上秀、歌赦二村石牌》中规定"何人有大事小，不用锁缚，改由老人审断"。这里禁止采用私力解决。《六十村石牌》中规定"众石牌人，有小事大事，不得打，杀人挖屋，千祈要请老讲理"；《罗香七村石牌》中规定"若械斗，即请村上父老调处"；"众石牌有小事大事，听石牌人判，入理不入亲。入亲，害地方，石牌究治"；《五十一村石牌》中规定"我瑶山石牌，有小事，听村团判；大事要听石牌公审公办。入理不得得入亲，不得包办何人"。提倡纠纷内部解决，反对请外族人参与。民国三年（1914 年）《六十村石牌》中规定："众石牌人有事争口舌，山水、田土、分界不明，失物，千家百事，千祈要听我石牌判，不得请外方人来包事，害我石牌地方"；"众石牌人有小事大事，不得打、杀人□屋。千祈要请老讲理，先小村判不得，到大村大石牌作（着）老人所判，入理不入亲"；民国七年（1918年）《罗香七村石牌》中规定："调解不下打架，不准捉女人。男人十六岁以下，六十岁以上不准捉"；《门头、下灵、黄桑三村石牌》中规定"请老不许食银"。从中可以看出，清朝中后期、民国时期，瑶族通过石牌律规范社会械斗与社会纠纷的解决，说明社会向更为理性选择的方向发展。

根据石牌律，瑶族传统社会中处罚有：（1）罚款。罚款是石牌中较常见的处罚方式，有学者统计了46份石牌中有94条采用处以罚款。（2）抄没家产。此处罚多适用在通匪或严重违法。如《六十村石牌》有"如有人胆敢带匪过路事，日后查确，家资杂物，一概充公入石牌"；《金秀、白沙等五十一村石牌》规定"如有何人强势，违背规条，不遵大石牌，秉公理论，财产一概充公究议"。（3）游村喊寨，此种处罚是一种耻辱处罚，具体是让犯者自己每天早晨与傍晚时鸣锣喊叫，自己检讨自己的行为。在《上秀·歌赦两村石牌》中有"二村山水、香草、茅草，何人偷牛、取猪，丑一村"。（4）逐除村寨，就是开除村籍。在《坤林等六村石牌》中有"和其地公律俟后其人不听规条，扰乱石牌，众人革出石牌"。（5）捆打，对一些犯较重行为者，采用捆打。《长滩、长二、昔地三村石牌》中有"见到何贼拿到贼盗捆打"。死刑有毒死，《罗香七村石牌》中有"为匪者由亲族煲大茶约灌食而死"；《石牌头人吃社料话》中有"谁若为非作歹，放三包毒药，放三包毒剂，必定按律法治罪"。近代有枪决，如《罗香七村石牌》中有"如有为匪，查出即将该犯枪决之罪"；《六眼、六椅七村三石牌》中有"杀人劫抢，勾生吃熟，查出枪决"。此外，在实践中还有乱棍打死、沉河、绞死、烧死和活埋等处死形式。

第三节　侗族的侗款

一　侗族简介

侗族自称有"干"、"更"、"金"。他称是"侗家"。侗族属于"百越"支系，语言属于壮侗语族侗语支。侗族由百越群体中的"骆越"一支发展而成。据2010年第六次人口普查时有287.9万人。侗族在秦汉时期，主要聚居在现在的广东、广西一带，统称为"骆越"，是"百越"的一支。秦朝时称为"黔中蛮"，魏晋南北朝时称为"僚"，唐代称为"僚浒"、"乌浒"，宋朝后有"仡伶"、"仡佬"、"仡偻"、"苗"和"瑶"等称谓。明代邝露在《赤雅》中认为侗族是"僚"的一部分，称为"峒人"、"洞蛮"。清朝称为"洞苗"、"洞民"、"洞家"，或统称为"苗"。清朝时对苗族、侗族等杂居民族群体有混同称谓的现象。20 世纪 50 年代在民族识别与认定中定为侗族。侗族聚居在湖南、广西与贵州交界地区。现有广西三江侗族自治县、湖南通道侗族自治县、湖南新晃侗族自治县、贵州玉屏侗族自治县和广西龙胜各族自治县、贵州黔东南苗族侗族自治州等自治行政区。

侗族传统社会组织由房族（宗组）、村寨和款组织三个层次构成。房族称为"补拉"、"房头山"，是同一男性后裔组织的群体，构成了侗族传统社会组织中的第一层。学术界认为房族是侗族的宗法制度。补拉在侗族传统社会中具有以下特征：组织具有人人参与的广泛性和血缘、地缘上的开放性；内部成员严格禁止通婚；侗族村寨社区中地方政治与宗族统治完美结合，实行高效率的民主治理；"补拉"组织之间呈现平等、和睦的良性关系。"补拉"制度与房族的功能有互补功能，规范内部成员行为的功能，组织功能，教育、惩处功能，调节成员群体关系的功能等。[①] 村寨以"鼓楼议会"为中心构成社区社会组织，负责处理村寨内大事与对外交往。因议事地点在村寨中心的鼓楼而称为"鼓楼社会"。侗族历史上开始出现超越村寨组织的合款制度，侗语称为"款"。

二　款——侗族传统社会中的特别组织

"款"是侗语音译，读作"kuant"。侗语中"kuant"除具有"讲"、"叙述"的含义外，还有"区域的"、"联盟的"和"有血缘联系的"等意思。侗音"kuant"成为侗族历史上一种特殊的社会组织，包含有特定区域的社会联合组织和这些联合体的社会规范的双重含义。有学者认为，款在侗族历史文化中形成了四种含义：一种社会组织；款组织制定的社会规范，即款约；款组织的社会活动，如起款、立款、讲款和聚款等；款文化，如款词构成的各类文学。[②] 款组织是侗族传统社会组织从房族——补拉到村寨组织，再到村寨政治联盟组织的产物。款组织形成较早，宋明等书籍中有记

---

① 廖君湘、严志钦：《"补拉"制度：侗族社会之宗法制度》，载《兰州学刊》2004 年第 6 期。

② 粟丹：《侗族传统社会款文化再认识》，载《贵州民族研究》2010 年第 5 期。

载。如宋代周去非《岭外代答》记载有"史有款塞之语，亦曰纳款，读者略之，盖未睹其事尔。款首誓词也，今人谓中心之事为款。蛮夷效顺，以其中心情实发其誓词，故曰款也"；① 朱铺《溪蛮丛笑》中有"彼此相结，歃血作誓，缓急相救，名曰门（盟）款"；② 明朝刘钦《阳渠边防考》中记载有"千人团哗，百人合款，纷纷藉藉不相兼统。徒以盟约要约，终无法度相縻"。③ 侗族"款"组织是数个或几十个村寨为单位构成的村寨政治联盟组织。根据款组织中村寨数量的多少，可以分为小款、中款、大款和联合大款四层。小款一般由一个村寨，或一个大寨加上若干邻近小寨组成；中款由数个小款组成。历史上，侗族曾有过数百个村寨联合组成的大款。侗族历史上的社会规范具体可以分为房族或家族规范、村寨规范和款约法三类。

　　大款、小款没有常设机构，但设有议事款坪。款坪称为款场，或款坳，是聚众合款、制定款约、发布款规、处理违款事件的地方。侗款历史上最有名、流传至今的大款组织有九大款和十三大款的款坪。有学者统计了现在侗族居住地区款坪遗址数量多达300余处，其中湖南会同、芷江、靖州、黔阳等有200多处，贵州黎平、从江、榕江、天柱、锦屏等地有近100处，广西三江、龙胜及湖南通道等地有50多处。④ 这些款坪遗址的大量存在说明历史上侗族立款数量之多。

　　款组织的活动有讲款、开款和聚款。讲款是对款民朗读和讲解款约。讲款分为定期与非定期两种形式。定期讲款每年有两次：农历三月种植时和农历九月收割时，分别称为三月约青和九月约黄。开款是因为出现有人违反款约，开款审理。开款审议时，若不能获得一致意见，要反复协商。协商不成，采用神判。聚款，也称合款，指召开大款会议。由各小款款首，或小款款首带领群众聚会合款，处理的事务有：制定款规，商订有关全款事宜，组织军事行动等。聚款是款组织中的重大事件，十分庄重。对此，款词中有"在这合款议事的紧急时刻，燕子莫乱飞，乌鸦莫乱动，老人莫过寨，青年人莫行歌坐月"的描述。

---

① 周去非：《岭外代答》卷10，"蛮俗门"，知不足斋丛书，中华书局1999年版。
② 朱铺：《溪蛮丛笑》，《学海类编》本。
③ 刘钦：《阳渠边防考》。
④ 邓敏文、吴浩：《没有国王的王国——侗款研究》，中国社会科学出版社1995年版，第149页。

三 侗族"款约"的概念

款约，又称款词、款规、款约法、石头法等，简称"款"，是参与款组织村寨共同制定适用于全款村寨的社会法规。侗款，侗语称为"占巴"，"jinlbial"原意是"石头"。这是因为侗族历史上，最早合款时由于没有文字，制订款约时只好立石为凭，所以称为"石头法"。《侗款》中有"侗置乡村，汉置衙门；侗置石头法，汉置枷锁"。对款约产生历史，《开款款词》中有"张良定规在前，张妹定约在后"。从汉族文献看，宋朝时开始有记载。宋人陆次云《峒溪纤志》中有"各峒歃血誓约缓急相救曰门款"；宋朝朱铺在《溪蛮丛笑》记载"彼此歃血誓约，缓急相援，名门款"。说明宋朝侗族款约已经为当时汉人所了解，成为侗族先民的重要社会组织和社会规范。学术界一般认为侗族最早的社会规范不叫款，而叫石头法，到五代至宋初时侗族才从"石头法"逐渐演变成"款"。①

侗族款约以款词为载体。在载体形式上，经历了口头传承、书面手抄记录和碑刻颁布三种形式，即石头文本、纸质传抄文本和碑刻文本。石头文本是用口耳传承款约的古老形式。称为石头法是因为当时在立款定约时，在款坪上树立一块高大坚实的石头，在石头前设台讲款。象征定立的规约像石头一样坚固永存、神圣不可侵犯。款词以口头传诵为主，所以表现出很强的口语化。随着侗族与汉人交往的增加，开始出现汉字记侗音的抄本，称为书面手抄文本。明末清初开始出现把款约用汉文刻于碑石上的款约载体，称为"款碑"。此种方式把勒石立约与明确记录两者结合起来，让款约同时具有前面两种载体形式的优点。目前能见到最早款碑是贵州省从江县高增款碑，立于清康熙十一年（1672年）七月初七日；现在可以看到的最早汉字记侗音款约是湖南省通道侗族自治县杨光保家珍藏的清乾隆五年（1740年）二月二十日记抄的款本。此款本现在已经由通道县县志办杨锡翻译整理。② 有学者认为款词载体经历了"岩石文本、念词文本、碑刻文本、鼓楼柱文本、家族文本和乡规民约文本时期"等六个形态。③ 这里存在把款词内容性质与款约载体形式混在一起分析的问题。侗族款词内容十分广泛，是侗族的文化

---

① 吴治德：《〈侗款〉的"款"字探源——兼谈"都"字》，载《贵州民族研究》1992年第2期。

② 欧俊娇：《浅谈侗族"款词"及其语言形式美》，载《贵州民族研究》1989年第3期。

③ 石开忠：《侗族习惯法的文本及其内容、语言特点》，载《贵州民族学院学报》（哲学社会科学版）2000年第1期。

载体，构成了侗族文化的具体表现形式。其中，涉及社会规范的只有称为款约的这部分。此外，还有娱乐性款词、文学性款词和宗教性款词等。款词内容有劝人为善、催人收获、批评懒汉、尊敬老人等劝世款词，以及斗牛款词、宴席款词，赞老人、赞头人、赞村寨、赞芦笙等赞美款词等。

款约，又称款规，是款词中的重要部分，是款词中具有社会规范的部分，具有社会规范的作用。款约是由参与联款的村寨共同制定、共同遵守，具有法律效力的社会规范。款约对侗族的社会作用，有学者总结了以下方面：明确规定了侗族社会内部成员的道德和行为规范；是侗族社会维持社会秩序、维护侗族社会正常运转、族群赖以生存和发展的根本保证；是凝聚侗族社区群体和民族共同体的稳定而又牢固的精神纽带。①

在款约产生上，多从功能主义解释。侗族传说在远古时候，舅王（母系社会的领袖）和汉王（父系社会的领袖）互相争斗，以箭对射，死伤无数，后来他们在峒穴断事，三年不成，最后杀牛合款，立了十三款坪，订了"六面阴、六面阳"的款约，社会才得以安宁下来。这说明款约的出现是因为母系与父系社会交替之间社会出现纠纷而形成。侗族古籍《侗款》中"九十九公款词"上这样说明款约的产生：

> 正因为前代没有王管，大寨吃小寨，大鹅吃小鹤，这村吃那村。说起那时来，朗洞打洛洞，增冲打朵寨，梅洞打石碑，坪力打明寨，贯洞打八申，永洞打独洲寨，龙图打牙寨，铜锣打格多，王岭打寨篙，六百肇洞打进六甲刊若。弄得人们父亲住地不成，母亲住村不宁。父亲逃丢屋基，儿子逃丢家屋。于是，侗家才设置乡村组织，如同汉家设置衙门，侗家创立石法，汉家创立汉法。②

在《侗款》中还有这样的款约：

> 当初村无款规、寨无约法的时候。好事得不到赞扬，坏事也没受惩处；内忧无法解除，外患无力抵御。有人手脚不干净，园内偷菜偷瓜，笼里偷鸡摸鸭。有的心中起歹意，白天执刀行凶，黑夜偷牛盗马。还有

---

① 范毅：《原始民主：现代跨越的"卡夫丁"峡谷——侗、苗民族"款文化"的政治社会视角》，载《求索》2002 年第 5 期。

② 湖南少数民族古籍办公室：《侗款》，岳麓书社 1988 年版，第 229 页。

肇事争闹，逞蛮相打。杀死好人，造成祸事，闹得村寨不安宁，打得地方不太平。村村期望制止乱事，寨寨要求惩办坏人。（众合）是呀！款首邀集寨老，款脚传报众人。大家相聚一坪，共同议定村规。杀牛盟誓合款，集众制定规章。[①]

上面的材料说明侗族款约的形成是因为社会出现纠纷，严重影响到社会秩序的形成才被迫制定。

对侗族款约产生的时间，有以下几种观点：原始氏族社会晚期说，[②] 母系氏族社会时期说，[③] 源于羁縻州峒制度说，[④] 产于唐代以前说，[⑤] 原始的婚姻制度说，[⑥] 侗族形成初期出现，唐宋时期得到了发展说。[⑦] 这当中有一个问题是侗族的社会发展阶段与中原汉族王朝之间关系并没有构成正向关系。从社会形态上看，侗族款约的产生应在原始社会晚期，时间上很难明确，但在唐宋时期已经存在是可以确定的。

四　款约的制定

款约的制定主要有立款与集款。当新款形成时，往往在成立新款时制定款约，约束款众。款成立后，每隔三五年"集款"一次。集款时，在宣讲款约同时，增加、修改款约。款成立后，通过民主推举产生款首。款首召集款众在"款场"共同议事、订立规约。款的议款程序，"约法款"有描述"款首邀集寨老、款脚传报众人。大家相聚一坪，共同议定村规。杀牛盟誓合款，集众制定规章"。[⑧] 集款时，成年男子均须参加，首先由款首宣讲款约，修改有关款约的内容。如果大家都对规章表示赞同，新款约就通过。制定款约要以杀牛分肉、立无字"岩石"碑于款坪作为象征，有的采用以汉字、汉文记侗音刻"款规款约"于石碑，立于款场，增加款约法的严肃性、权威性。在侗族款约制定上，立石为盟的栽岩仪式是最为神圣与传统。栽

---

① 湖南少数民族古籍办公室：《侗款》，岳麓书社 1988 年版，第 84 页。

② 雷广正：《侗族地区"洞"、"款"组织的特征和作用》，载《民族研究》1980 年第 5 期。

③ 杨进飞：《侗款制试探》，载《民族论坛》1987 年第 3 期。

④ 杨秀绿：《侗款的产生、功能及承传试探》，载《中南民族学院学报》1988 年第 6 期。

⑤ 向零：《侗款乡规及其演变》，载《贵州民族研究》1989 年第 3 期。

⑥ 邓敏文、吴浩：《没有国王的王国——侗款研究》，中国社会科学出版社 1995 年版，第 173 页。

⑦ 石开忠：《侗款款组织及其变迁研究》，民族出版社 2009 年版，第 43 页。

⑧ 湖南少数民族古籍办公室：《侗款》，岳麓书社 1988 年版，第 84 页。

岩，又叫立岩、埋岩，在制定款约时，举行庄严的立岩会议。举行仪式时由全款买来黄牛一条、鸡鸭若干只，杀后把血混入酒中，每个参与大会的人要喝血酒一怀，共表同心，以岩为证，共同遵守。每一块栽岩都有特定的内容。如滚贝乡同乐村栽岩是解决偷盗与拐卖人口，滚贝村是田产保护，尧贝村是联合防匪，吉羊村是解决婚姻纠纷，大云村是规范青年男女社会交往，之朵村是对杀人放火者的处罚，尧岜村是调整侗族与苗、汉通婚问题。其中前两块栽岩内容被翻译过：

> 同乐这块岩，就在支文。没有那个坚，得到不连、不花、同祖、娘好、娜陋、波敬等人来坚这块石。因为天天有人偷家，夜夜有人偷抢，白天卖男孩，晚上拐女孩。这样弄得村也逃走，寨也跑光，逃到贵州地界，跑到融县地面。大家白天来找，晚上来守。要得到人，要抓起来，罚他十二两银，十三两铜。散给寨老乡老，也散给群众。这是第七路的规约。

滚由村埋岩是：

> 滚贝这个岩，没有谁来坚，得到辰乃、辰牙二人来坚。岩坚在井扒这地方。父母田地，山场林木，不得偷占偷砍。凡是抓得赃物，不管是兄弟亲戚，通过团寨，通过村众，罚他八两八银子，八两八肉。在滚贝，这是第九路坚。①

上面两村的埋岩体现出侗族立法的特点。两碑分别说到第七路与第九路，说明当地此种立法成为当时制定规约的重要形式。

五 侗约的主要内容

款约的载体是款词。款词的主要内容是社会规范。对侗族款词，有学者按性质分为两大类：娱乐性款词，法律性款词。娱乐性款词具体包含：神话传说，人物传记，礼俗对答，谚语集句。法律性款词内容有：寨规寨约，河规河约，断案款（断案时允许辩驳，辩驳双方通过吟诵相应款词提出自己主张和理由），出征款（采取军事行动时的严格纪律规范）。法律性款词数

---

① 杨权、郑国乔、龙耀宏：《侗族》，民族出版社1992年版，第40—41页。

量较多，内容上从规范偷鸡摸狗的小偷小窃行为到制裁谋财害命的强盗重罪，从青年男女行歌坐夜的行为规范到婚姻缔结和解除的法律规范，从严防寨火到保护山林，从村寨内部纠纷解决规范到民族间械斗等。[①] 款约内容十分丰富，构成了较为完整的社会规范。作为一种以口头传唱为主的社会规范，在表述上具有较高的文学色彩与韵律。如"偷盗牛马等财物的款约"如下：

> 　讲到谁人，眼塌肠弯，手痒脚滑，偷猪出栏，盗羊出圈，盗马过坳，劫牛下山。我沿蹄找印，我沿渠找水，沿窝找蛋，沿河找滩。我丢了谷子找米糠，我丢了草鱼找酸坛。寻到你的村寨，觅到你的地盘，在村边得牛角，在寨头得马鞍，在楼底搜出羊毛，在栏底搜出猪肝。那你莫拿虎皮遮盖，那你莫拿刀枪阻拦，白石挖它出土，荆莉挖它出山。龙王子孙你莫护，王帝子孙你莫袒。拉他出门，擒上款坛。[②]

从上面款词中可以看出，用语十分通俗，同时方便记忆和吟诵，具有很高的民间文学特征。

款约内容上，按《侗款》中"开款立法"篇记载，数量很多。"州府置刑枷，狱郎创置民刑事诉讼法，置来二六一十二面，二九一十八盘。仓有四向，事有八面。仓从四面打紧，事从八面收拾。置来六面阴事（指死刑案件）六面阳事（指非死刑案件），六面薄事，六面厚事，六面明事，六面暗事"。[③] 这里记载的款约数量十分多。从现存的款词看，"六面阴六面阳"构成了侗款中的根本大法，是款约规范的核心部分。当然，款约规范的数量，从历史看，是一个逐步增多的过程。按湖南省城步八树侗族款文《置事根》记载，最早款约仅有六款，接着增到十款，无名本记载的款约有16款。侗族款约多数有12款，分"阴"（重罚）、"阳"（轻罚）两部分，即所谓"六面事阴"、"六面事阳"。

六面阴六面阳，又称六面重六面轻，或六面厚六面薄，或六面上六面下，或六面死六面活。这种分类是把处罚重的称作阴、重、厚、上、死，轻的称作阳、轻、薄、下、活。不同地区有不同的款约版本，如湖南有城步

---

① 吴浩：《刍议侗族款词的科学价值》，载《贵州民族研究》1985年第4期。

② 同上书，1992年第4期。

③ 吴治德：《侗款的"款"字探源》，载《贵州民族研究》1992年第2期。

本、通道本，广西有三江、融水本，贵州有黎平和从江本等。虽然六面阴与六面阳各有六条，但在结构与内容上存在不同。如湖南城步县的约款本中12款的基本内容是：（1）不许烧州破县，忤逆朝廷；（2）不许劫官兵，掳官担；（3）不许闯苗走峒，勾行外客；（4）不许见财起意，谋财害命；（5）不许偷牛盗马，偷鸡摸鸭；（6）不许私造刀枪，杀人放火；（7）不许撩妻弄妇，拐带人口；（8）不许赌博宿娟，开仓弄锁；（9）不许偷堂挖坟，辱没祖宗；（10）不许争夺场基，霸占田土；（11）不许纵火烧山，滥砍山林；（12）不许擅自起诉，诬告他人。

在另一个称为"六阳六阴"的版本中，具体是六面阴事：（1）不许偷盗耕牛，（2）不许偷金盗银，（3）不许乱砍山林，（4）不许抢劫杀人，（5）不许勾生吃熟，（6）不许挖坟偷葬。六面阳事：（1）不许破坏家庭，（2）不许弄虚作假，（3）不许偷放田水，（4）不许小偷小摸，（5）不许移动界石，（6）不许勾鸡引鸽。[①]

有的款本有"不许放债收钱"、"不许贻误农时"、"不许忤逆父母，惯养儿女"，或"不许客人占寨"等内容。基本上，前六款为阴，处罚重，后六款阳，处罚轻。认真考察款约内容，各地款约条款数量多少不等，内容各异，表达风格多样。[②]

现在可以看到的广西三江本和湖南通道本较有特色。广西三江侗族的《约法款》（简称为"三江本"）有18条756句，分为"六面阳"、"六面阴"、"六面威"三个部分，每一部分有六条。湖南地区通道侗族《约法款》（简称为"通道本"）有12条362句，共分六面阴，六面阳，缺六面威。其中称为阴的多处以死刑，阳的处以罚金或让其鸣锣喊寨，以示悔过。六威是一般的礼仪道德。具体是：破坏龙脉、挖坟掘墓、挖墙拱壁、偷钱偷粮、拦路抢劫、杀人放火、图财害命、捆绑他人、扰乱人伦、破坏风俗、坑蒙拐骗、勒索钱财、青春犯忌、喜亲厌旧、目中无人、拐骗人妻、违舅权婚、毁坏田塘、偷鱼偷禾、小偷小摸、偷鸡偷鹅、毁坏森林、偷柴偷笋、乱入菜园、偷瓜偷豆、偷水截流和行为无理。六面威具体内容是提倡相互尊重、热情好客、和睦共处、避免纠纷、禀公断案、依约行事、齐心合力和治理村寨等。[③] 整个法典涉及侗族传统社会生活的方方面面，构成了一个汇编式的法

---

① 杨进飞：《侗款制试探》，载《民族论坛》1987 年第 3 期。
② 王显家：《城步苗族、侗族款文述略》，载《民族论坛》1991 第 2 期。
③ 参见邓敏文、吴浩《论侗族"约法款"》，载《中南民族学院学院》1989 年第 2 期。

典。下面是六面阳六面阴中的几条具体内容，反映出法典中不同性质的规范在内容与表达方式上的特征。

《六面阴规》中第一款是：

> 如若哪家孩子，胆大骨头硬，心横肠子弯，砍鹅的脖子，穿龙的肚子。骑坟重葬，挖坟掘墓。弃遗骸，扔干骨。开棺看尸，揭板看骨。搞得活人伤心，搞得死人哭哇哇。他罪大惊天，他恶深如海。这面罪厚，这条罪重。这面罪大到十，这条罪重到百……要他拿金银来抵罪，要他拿牛马来赎罪，叫他三父子共一个老鼠洞，叫他五父子共一个下水口，深潭叫他往，深坑让他睡。盖他三尺黄泥，填他九尺红土。[①]

六面阳中"处罚偷盗行为"条：

> 如若哪家孩子，鼓不听槌，耳不听音。上山偷套上的鸟，下河偷钓上的鱼，进寨偷鸡，进田偷鸭。偷瓜偷茄，罚一两。偷鸡偷鸭，罚三两。偷根烟袋，罚一两二。偷桃偷犁，只是挨骂。偷鸟，每只罚六钱。偷蚱蜢，只需赔油盐。青年煮粥偷韭菜，小孩煮茶偷南瓜，这是传统，不罚不骂。这条罪轻，这面罪薄，这种事情不用调查。大缸用来酿酒，小碗用来量酒。这种小事，早晨发生，晚上断清。哪村崩田哪村垒，哪寨滚牛哪寨剽。如若牛角抵下，羊角抵上，撑杆插眼，堆石拦路。那就要上十三款坪，那就要上十九土坪。罚他四两四，罚他二两二。[②]

六明威中"青年人交往"条：

> 天上有三十六威，水中有二十四威。天上有雷威，水中有龙威，林中有虎威，寨中有人威。你来我村，我要发威给你看；我去你村，你要讲威给我听。你来我村，我去你村，都一样遵行。夜间走路有月亮，白天走路有太阳。莫让哪家孩子，吃饭弄脏了饭碗，睡觉搞破了床单。吃一碗，添一钵；睡一觉，闹一夜。那咱们就要讲威给他听，那咱们就要

---

① 邓敏文、吴浩：《没有国王的王国——侗款研究》，中国社会科学出版社 1994 年版，第 70 页。

② 同上书，第 75 页。

发威给他看。①

根据侗族款约，款约中规定的处罚方式有耻辱处罚、财产处罚、体罚与死刑等。

耻辱处罚有：喊寨。犯事者自敲铜锣，走寨串巷，边敲边喊，诉说自己的罪过。送串肉，犯事者杀猪或杀牛，将肉煮熟切成片，穿成肉串，挨家分送，送肉时敲锣喊寨。洗面，犯事者备肉、米、酒，在房族老人陪同下到受害者家中赔罪，沿途燃放鞭炮，让全寨人知道。灌水。将犯事者拿到涌泉地方灌水。吃猪狗屎，让犯事者当众吞食猪狗屎。《约法款》中有"猪屎要他吃一团，狗屎要他塞满口"。以上处罚，重在羞辱对方。

财产处罚有：罚款，数目因事、因人、因时、因地而异。全寨住家吃喝，对犯事者不按裁决受罚或对惩处有抵触的，全寨人进入其家，强令提供酒肉饭菜。若有怠慢，其他人动手将他家中的鸡、猪、牛宰杀煮食。罚劳役，若犯事者无钱财家当，罚他做公益劳务，如打扫村寨、修路、为鼓楼砍柴等。抄家，对罪行较重，认罪态度不好的，全寨人可抄查其家产，捣毁房屋。驱赶出寨，罪行严重、屡教不改的，将他本人及家属驱赶出寨。

体罚有棍打，将犯事者捆绑用棍子打一顿。在《治破坏家庭者》中有"使他背贴着柱脚，脸望屋梁，三棍打得他身起青色，五杠打得他肉粘杠棒"。

处死有三种：棍棒打死。在《侗人苗人共同擒拿坏人》中有"七成拿去杀，八成要他死。柴棒打额头，木棍打脑后，使他全身是血，让他一命归阴"。沉水，将人犯手脚捆住，系上石块抛入深潭溺死。活埋，按《治勾生吃熟者》记载是"拿他穿上红衣裳（死刑犯的衣着），拿他穿上旧衣裳，要他一命归天，要他一个头落地（泛指死），要他三魂归地府，要他七魄用土埋。拿他三人塞鼠洞，拿他五人堵蛇窟"。从上面的记载可以看出，侗族传统社会中存在死刑，只是处死方式较为原始。

西南少数民族中苗族的议榔、瑶族的石牌律和侗族的款侗构成了中国少数民族传统社会中较有代表性的一种社会规范形态，体现了人类社会规范发展史中的一种特色。研究它们，对理解人类法律规范的形成，非国家公共权

---

① 邓敏文、吴浩：《没有国王的王国——侗款研究》，中国社会科学出版社 1994 年版，第 76 页。

力组织下的村社社会的秩序形成、规范形式和社会纠纷的解决等问题，都具有重要的样式意义。

一　思考题

1. 苗、瑶、侗三个民族的传统法律形式上有什么共性。
2. 非国家社会结构下的立法特征具有什么共同性。
3. 非国家社会结构下的法律运行机制具有什么特点。

二　扩展阅读

1. 《略论苗族古代社会结构的"三根支柱"——鼓社、议榔、理老》（李廷贵、酒素：《贵州民族研究》1981年第4期），该文是20世纪80年代后对苗族传统社会制度研究的重要开创鼎作，对苗族传统村寨社会中的结构进行了全面考察，提出了苗族传统村寨社会运行的制度机制。

2. 《瑶族石刻录》（黄钰辑点，云南民族出版社1993年版），该书重点收集了明朝以来瑶族地区的256篇碑刻，其中大量是瑶族石牌律，是了解瑶族石牌律的重要资料。

3. 《没有国王的王国——侗款研究》（邓敏文、吴浩著，中国社会科学出版社1994年版），该书对侗族的法律形式——侗款进行了全面考察，其中收集了大量的侗款文本，成为国内对侗款研究的重要著作。

三　法律资料摘抄

（一）（贵州）《民间文学资料·理词·议榔词（第14集）》（苗族文学史编写组编，中国民间文艺研究会贵州分会印1959年，第155—160页）中较为集中反映了苗族议榔的特点与内容。这里摘录其中较能反映苗族议榔形式与内容的部分。

榔规西来了，榔规来到了。年年都有人议榔。岁岁都有人议榔。不议榔给天上，不议榔给地下，不为东议榔，不为西议榔。议榔在长雄，议榔在长革。大榔就用牛，小榔就用鸡。议榔防盗，议榔防贼。议榔不准开人家田的水口，议榔不准开人家牲口圈，议榔不准偷菜，议榔不准偷柴，议榔不准偷鱼，议榔封山育林，议榔不准烧山，议榔给粮食进仓，议榔给酒肉满缸。勤俭的莫做给懒惰吃，明理人莫做给坏蛋穿。

谁要存恶意，谁要起歪心，烧寨里房子，砍地方树子，在山坳抢劫，在半路杀人，我们就齐集河边榔寨，团拢山上榔村，我们肠子一根，心子一个，我们走的路一条，我们行的桥一座，我们转身在一边，我们掉头在一起，天上恨老鹰，地下恨强盗，恨牛爱碰圈，恨人乱地方。我们撵他越高山，撵他翻大岭，我们杀他的身，我们要他的命。教乘十五村，警告十六寨。地方没有贼，寨子没有盗，个个做活路，人人去扛柴，地方才平静，寨子才安宁。

榔规西来了，榔规来到了。为不准藏盗而议榔，为不准窝匪而议榔，那个窝匪徒，那个藏贼盗，暗地受匪赃，想明装好人，窝匪在屋中，脚出脚进，藏怪在家里，白天穿蓝，黑夜穿红。白天装猫头鹰，黑夜扮奸耗子。地方睡不宁，寨子坐不安。窝匪的就是匪，藏盗的就是盗。我们转身在一边，扭头在一处。罪大恶极的，我们就杀他的身，要他的命。罪恶较小的，我们就送他进衙门，关他在牢里。我们要像石头压罈盖，做理老要压服地方，教乘十六村，警戒十五寨。家家莫窝盗，人人莫藏贼，这样地方才安宁，寨子才安静。

田地的水口，议榔不准开人家，不准开人家的谷仓，不准开人家的门，也不准挖人的墙脚。谁要存心阴险，存意阴谋，漏人家田地的水口，开人家的谷仓，撬人家门户，挖人家墙脚，这事可大，罪恶不小。我们罚他二十四两银，他手硬如石，脚硬如岩，我们就团拢河边榔寨，集中山上榔村，加倍处罚，罚他四十八两银子，要是他估榔村，欺榔寨，我们团结整个榔村，聚集整个榔寨，立脚一处，扭头一边，整他像滤灰，捶他像舂药。抛在桥尾鱼滩里，投在桥头龙滩中。桥尾冒水泡，桥头起旋涡。教乘十五寨，警戒十六村。他痛了才会醒悟，要死他才知厉害。地方才没有匪，寨子才没有盗。

议榔育林，议榔不烧山。人家不要伐树，人人不要烧山。那个起歪心，存坏意。放火烧山岭，乱砍伐山林，地方不能造屋，寨子没有木料，我们就罚他十二两银子。他若不服，他要不依，我们就集拢河边的榔寨，团结山上的榔村，脚站一边，头在一起。整他像滤灰，捶他像桩药，加倍罚他二十四两银，三十六两银。教乘地方人，警戒十六寨。

议榔不砍乱伐，议榔不乱砍树，谁要起坏意，那个存歪心。砍人家的杉树，伐别人的松木，去扯一根，就拉一串，偷人家的杉树，就罚银子三两三；偷人家的松树，就罚他银子一两二。是偷柴的，轻罚六钱银，重罚一两二。大家要记熟榔规，要学会榔规，地方才和睦，寨子才安定。

为保护田里的谷子而议榔，为保护土里的庄稼而议榔，谁都不要捡人家田里的谷穗，取人家土里的庄稼。各人种的庄稼各人收，各人砍的柴草各人烧。不要起盗心，不要生偷意。假如不依榔规，不守榔约，剪人家田里谷穗，盗人家土里的庄稼。轻罚白银六两，重罚白银十二两。教乘十五寨，警诫十六村。

为保护圈里猪牛的安全而议榔，为保护圈里的牛猪的安全而议榔。有牛才能做活，牛等半边屋。做活才有饭吃。猪等半边灶房，有猪才有肉，有肉才能结戚开亲，那个都不能拉别人圈里的牛，偷人圈里的猪。假如有人去拉别人的牛，偷别人的猪，我们就集中河边的榔寨，团拢山上的榔村，脚站一处，心做一条，偷牛的，我们就搞他倾家荡产；偷猪的，轻罚白银十二两，重罚白银四十八两。教乘十五寨，警诫十六村。

为禁止破坏人家田坎，开人家田的水口而议榔，为禁止开人家的田捉人家的鱼而议榔。那个起坏念在心，存恶念在怀。白天睁老鹰眼，黑夜睁猫头鹰眼，开人家田水，捉人家的鱼，轻罚白银六两六钱，重罚白十三两。借名捞萍，实际捞鱼；假意捞虾，真意捞鱼。轻罚六钱银，重罚一两二。教乘地方人众，警诫七十二寨。为禁止偷鸡而议榔，为禁止盗鸭而议榔，谁要起心偷鸡，蓄意偷鸭，轻罚白银二两四钱，重罚白银三两六钱。教乘十五寨，警诫十六村。

为禁止偷菜而议榔，为防止偷瓜而议榔。那个起心钻人家的菜园，爬人家的篱笆，去打人家的菜，去摘人家的瓜。轻罚六钱，重罚一两二。地方安静，寨子安宁。

我们集中整个榔村，团聚整个榔寨，团拢大小寨老，团拢内外寨老。议榔谷子才成熟，议榔银钱才保得住。天上恨老鹰，地下恨强盗，恨牛爱碰栏，恨人乱地方。我们召集河边所有的榔寨，我们团聚所有的榔村。做一条心，一个主意，狗肠一条，马蹄一个。那个存心不好，蓄意不善，我们就议榔制裁他。我们议榔制裁盗，我们议榔制裁贼。用黄牛议榔，用灰牛议榔。议榔在广场，议榔在大坪子上。

（二）《金秀大瑶山全瑶石牌律法》（摘录自黄钰《瑶族石刻录》第258—263页），此石牌律最能体现瑶族石牌律的风格、特点及内容，同时也是影响最大的石牌律。

自从盘古开天地，伏羲姊妹造人民。

先有瑶，后有朝。

先立青山，后立朝廷。

先立村屯，后立社庙。

汉壮地方，靠田靠塘。

瑶山地方，靠山靠地。

唯恐有人作乱，立有州府衙门。

夜里乱偷乱摸，扰乱治安，拿他坐牢。

地方安宁，江山稳固。

我们二十四村花山，三十六瑶村，

砍树置牌，杀牛立垌。

三家为村，五户为寨。

小村靠大村，大村靠石牌。

恐怕有人行盗作祟，扰乱社会治安。

聪明骗愚笨，凶恶欺善良。

因此才订法律十二条，法规十三款。

牙边不离牙马，牙马不离牙怀。

我们上山问路，我们下水同船。

盐同罐，饭共包。

大家同心同德，维护石牌大法。

现在讲第一条：

有谁胆敢作恶，拦路抢劫，戳马杀人；

他犯三十三天，他犯九十九地。

一条完了第二条：

若有跟汉人结盟，与本族坏人勾结，合伙干坏事。

他犯律法十二条，他犯规法十三款。

二条完了到三条：

若有人横行乡里，乱行事，乱捣粑；

敲门扭锁，挖仓盗货。

犯律法十二条，犯规法十二款。

三条完了第四条：

人人要讲究公德。

谁若戏嫂嫖女，抢过山，拉过坳。

犯三十三天，犯九十九地；一人说他不对，百人说他不是。

四条完了第五条：

谁若胆大包天，半途拦路，牵马偷畜，弄得行人不安。

拿他烧成铜，将他化成锡。

五条完了第六条：

谁若心怀鬼胎，暗中作祟，乱掘坟山。

犯律法十二条，犯规法十三款。

六条讲完到七条：

谁若黑心肠，肚藏；

纵火在山，放水于沟，毁坏山场，破坏森林。

他犯大法，他犯大罪。

七条完了第八条：

谁家生姑娘，不许嫁到大地方。

我们是鸡嫁鸡，他们是鸭嫁鸭。

自古鸡不拢鸭，自古狼不与狗睡。

把女嫁出山，他犯十二条，犯十三款。

八条完了第九条：

我们住在瑶山，首靠山，次靠水。

各家有田坝，各户有山界；各耕各的田，各种各的山。

谁占领他人的山，谁占领他人的田。

罚他八块，罚他十六元。

九条完了第十条：

我们瑶山小地方，有山有水，有草有木。

有的多，有的少；第一有址，第二有界。

谁若放药毒鱼，谁若放火烧林。

罚他八块，罚他十六元。

十条完了到十一：

谁生姑娘，谁养老鸭。

养不得老女，第一为训，第二为教。

不训不教，怀事乱造。

一旦身带铜，肚带锡，他必须讲清楚。

石头有姓，树木有名。

如石头无姓，如树木无名，这就彻底明白，这就彻底暴露。

一人说他不对，百人说他不对。

他犯律法，他犯规法。

十一条完了十二条：

若有人胡作非为，看丈夫笨，见男人善。

嫖他人妻，奸他人媳。

若拿得包头，抓到双，捉到对。

按十二条罚钱，按十三款罚银。

我们二十四花山，我们三十六瑶村。

有律法十二条，有规法十三款。

人人遵守律法，人人遵守规法。

规法严格，律法严厉。

我们才坐得稳，我们才睡得安。

石牌面前，同喝血酒。

律法人人同等，对天地不例外。

（三）侗族三江本款约《六面阴六面阳六面威》（摘录自《没有国王的王国——侗款研究》，中国社会科学出版社1993年版，第70—79页），此款约是侗族历史上影响较大的款约，虽然不同地区内容与形式略有不同，但基本内容与风格却受此影响。

六面阴：

一层一部：如若哪家孩子，胆大骨头硬，心横肠子弯，砍鹅的脖子，穿龙的肚子。骑坟重葬，挖坟掘墓。弃遗骸，扔干骨。开棺看尸，揭板看骨。搞得活人伤心，搞得死人哭哇哇。他罪大惊天，他恶深如海。这面罪厚，这条罪重。这面罪大到十，这条罪重到百。不管他凶如豹，不管他恶如虎。今天咱们拿红衣给他穿，拿短衣让他套，要他拿金银来抵罪，要他拿牛马来赎罪，叫他三父子共一个老鼠洞；① 叫他五父子共一个下水口，深潭叫他住，深坑让他睡。② 盖三尺黄泥，填他九尺红土。

二层二部：如若哪家孩子，胆大如葫芦，气大如雷吼。恶如虎，狡如龙。能拱天上粮仓，能挖地下金银。掘田埂，掀鱼窝，挖墙拱壁。咱们搜寻蚂蚁的足迹，咱们理清水獭的脚印。他抬脚必有路径，他展翅必有声音。咱们当场抓到手，咱们当面查到脏。是真不是假，是实不是虚。咱们用棕绳套他的脖子，咱们用草索捆他的手脚。拉他进十三款坪，推他上十九土坪。抄家抄仓，翻屋倒晾。让他家门板破，让他家门槛断。抄家抄产，抄钱抄财。天上不许留片瓦，地上不许留块板。楼上让它破烂，楼下让它破碎。把他的屋基掏成坑，把他的房子砸成粉。赶他的父亲到三天路程以远，撵他的儿子到四天路程以外。父亲不准回村，母亲不准回寨。

三层三部：如若哪家孩子，胆大如虎，气大如雷，狼心狗肺。拦路抢劫，夺人金银。林中捆人，路上杀人。他捆人不露脸面，他杀人不留姓名。他放火烧人于草丛，他行凶害人于刺蓬。他放火烧屋，放火烧山，图财害命，天地不容。这面罪厚，这条罪重。这面罪大到十，这条罪重到百。拉他进十三款坪，推他上十九土坪。有钱拿钱来抵罪，无钱拿命来偿还。木桩钉满山，除恶除到天。四周紧紧遒，八方紧紧围。让他木板一捆，让他石头一堆。要他的灵魂到阴间，要他的身躯钻土堆。

四层四部：如若哪家孩子，上头不长耳朵，眼睛不长珠子，嘴上没有兄弟，心中没有亲戚。他当公公却贪恋儿媳，他当兄弟却贪恋姐妹。他把母亲喊成姑妈，他把姑妈喊成母亲。他把斧头叫做锄头，他把鼎罐称做铁锅。他要树木变成竹子，他要萝卜变成菠菜。他搞乱了村规，他破坏了寨理。今天全村依村规来吃他，今天全寨依寨理来喝他。吃他到底，喝他到根。吃得他家田地不许剩一块，喝得他家鱼塘不许剩一眼。牵他到村头旋水塘，赶他到寨脚绿水潭。叫他跟乌龟共村，叫他同团鱼共寨。

五层五部：如若哪家孩子，品行不正，心肠不好。掘上丘，拱下丘。在池塘里偷鱼，在稻田里偷禾。丢了禾把查谷芒，丢了活鱼查鱼鳞。咱们跟随蚂蚁的足迹，咱们顺着水獭的脚印。他抬脚要有路径，他展翅要有声音。赃物在他手中，赃物在他肩上。拉他到十三款坪，推他上十九土坪。抄他的家财像捡螺蛳，抄他的家产像捡毛粟。让他的父亲不能住在本村，让他的儿子

---

① 指活埋处死。

② 指沉潭处死。

不能住在本寨。赶他的父亲到三天路程以远，撵他的儿子到四天路程以外。去了不让回村，转来不准回寨。

六层六部：如若哪家孩子，卖桶只卖提勾，卖粮只卖谷芒，卖给千户禾秆，卖给万户稻草。卖田千亩，卖地百屯。卖脚过河，卖名过县。骗取金银下河，骗取茶油下沟。竹笋换了九层壳，树木剥了九层皮。旱田要了三次租子，水田收了九次税钱。搞得村子不安，寨子不宁。咱们全村要合为一半，咱们全寨要聚做一边。要从蛇肚里捏出老鼠，要从鱼肚里挤出虾子。鱼鹰吞下了要它吐出，青蛙吞下的要它吐回。要做民安国泰，要做到买卖公平。咱们都到村头来住，咱们都到寨脚吃。金银共洞藏，牛马共栏关。咱们要像牛一样共一座山坡，咱们要像鸭一样同一条江河。

六面阳：

一层一部：养女夜间搓麻，养儿走寨弹琵琶。我的儿子走到你的村子，父母上床不搭话；你的儿子来到我的村寨，我也同样闭嘴巴。他们在火塘边排坐，他们在月光下戏闹。蹲在墙脚，走过房廊，鸡毛插在头顶，银环挂在耳边。走路不许扇翅膀，耕田不许晃脑袋。如若哪家孩子，走路扇翅膀，耕田晃脑袋，这就是青春犯忌。罚四两四，或八两八。如若你家孩子和我家孩子，男女相爱，情意相投，蜜语甜言，情投意合。唱歌唱得对调，说话说得入迷。巷尾男的唱出了真情，门口女的讲出了真话。讲真话，细语丝丝像溪流；唱真情，柔声绵绵随琵琶。说到金夫，讲到银妻。高山已经辟成了良田，草坡已经种上了高粱。缸里已经生出了竹子，桶里已经长出了蕨菜。遍山青草，满树鲜花。男的说限时娶，女的说限时嫁。送走了凶日，迎来了良辰，谁知梨子却变成了桃子，真的却变成了假的。男的换心改意，女的难落舅妈家。刀离开鞘，难背难挂。众人记不得甜言，乡亲记不得密语。侗家不能换石碓，客家不能换席位。女的知道自己上当，喊天天太高；女的明白自己轻薄，跺地地太硬。男的另有新欢，女的无依无靠。她睁大兽眼，他睁圆猫眼。哭哇哇，泪哗哗。咱们叫他俩嘴巴对嘴吧。咱们叫他俩下巴对下巴。如若男人不肯收心，马牵不回，牛拉不转。猪被食呛，人违众言。用话劝不能，用歌劝不服。猪屎要他吃一堆，狗屎要他吃一口。

二层二部：说到结亲，你有男孩，我有女孩。量脚做鞋，量体裁衣。看人定情，看银定亲。大坪开田，大山开地，大脸开亲。森林可以辟成良田，山坡可以挖成熟地。有媒人串通，有金银换挡。画眉串林，蜻蜓串沟。父亲坐右边，母亲坐左边。鸭成对，鹅成双。苦酒已喝，甜酒已尝，引进屋坐，接上房廊。第一天早晨到男家，第二天早晨到女家，第三天早晨夫妻恩爱乐哈哈。如若哪家孩子，声如铜锣，眼如太阳。高傲如城墙，自大如帝王。高过棕榈树，大过枫香木。他抢人家的新媳妇，他夺人家的好妻子，抢窝里的母鸡，夺"昂"上的禾谷。抢灶旁的妻子，夺炉边的媳妇。毁了别人的金妇，坏了别人银妻。他有心要截断江水，他有意要压破岩石。白龙走右边，花龙走左边。毁上丘，坏下丘。牵过狗窝，拉过猪窝，引过千口岩洞，带过万眼池塘，拐过龙山虎村。脚沾锈水，额网蛛丝。拐到他家，上边只见到一面，下边只见到一眼。他们偷偷摸摸共坐火塘边。遇到这种事情，咱们要齐心像豆粒，不要心散像芝麻。父亲要管叫儿子，哥哥要教育弟弟。老鹰来了鸡要死，乌鸦来了人要亡。男要换妇，妇要换夫。说出的话要有道理，有理的话也要商量。聚众要同路，置律要同心。如若不听劝阻，矛靠仑，箭靠房。苦酒叫他拿来喝，甜酒叫他拿来尝。抄他家的金子拿来赎理，抄他家的银子拿来赎罪。叫他拿六十两金子赎回住房，叫他拿五十两银子赎回禾仓。要他备办竹床来睡，要他备办铁凳来坐。咱们自己舀米浸泡，咱们自己淘米蒸饭。要他拿出三百根青龙胡须，要他拿出三百颗红虎獠牙。这是龙头大案，这是虎头要案。咱们吃肉靠过年，咱们罚钱靠说理。遇到肥猪吃肥肉，遇到瘦猪吃瘦肉。财轻产薄者，罚他三十一至四十两银子，财重产厚者，罚他米三百箩，鱼三百尾、酒三百筒、银三百两，加三百斤肉穿成串，五十斤豆猪小猫。他缝帽子要自己戴，他打笼子将自己关。他变轻为重自己挑，他变香为臭自己闻。金银花尽，布匹用光。上莫怨天，下莫怨地，死莫怨父，穷莫怨母。岩鹰抓公鸡，鹞鹰抓母鸡。村脚教育别人，村头教育自己。莫让牲畜毁坏本村，莫让野兽践踏本楼。上边要劝到贵州，下边要劝到广西。

三层三部：如若哪家孩子，鼓不听槌，耳不听音。上山偷套上的鸟，下河偷钓上的鱼，进寨偷鸡，进田偷鸭。偷瓜偷茄，罚一两。偷鸡偷鸭，罚三两。偷根烟袋，罚一两二。偷桃偷犁，只是挨骂。偷鸟，每只罚六钱。偷蚱蜢，只需赔油盐。青年煮粥偷韭菜，小孩煮茶偷南瓜，这是传统，不罚不骂。这条罪轻，这面罪薄，这种事情不用调查。大缸用来酿酒，小碗用来量酒。这种小事，早晨发生，晚上断清。哪村崩田哪村垒，哪寨滚牛哪寨剽。如若牛角抵下，羊角抵上，撑杆插眼，堆石拦路。那就要上十三款坪，那就要上十九土坪。罚他四两四，罚他二两二。

三层四部：讲到坡上树木，讲到山中竹子。白石为界，隔开山梁。不许越过界石，不许乱移界标。田有埂，地有边。金树顶，银树梢。你的归你管，我的归我营。如若哪家孩子，品行不正，心肠不好。他用大斧劈山，他用大刀砍树。他上坡偷柴，进山偷笋。偷干的，砍生的，砍弯的。咱们抓到柴挑，捉住扁担，要他的父亲种树，要他的母亲赔罪。随从的人罚六钱，带头的人罚一两二钱。

五层五部：讲到塘水和田水，咱们要遵照祖宗的公约办理，咱们要按照父辈的规矩办事。水共一条沟，田共一眼井。上边是上边，下边是下边。只能让上边有水下边干，不能让下边有水上边干。沟尾没有饭吃，沟头莫想养鱼。如若哪家孩子，偷水截流，破塘埂，毁沟堤。他私自开沟过山坳，他私自引水过山梁。害得上边吵，下边闹，这个人拿来手臂粗的木棒，那个人拿起碗口大的石头。相打抓破了耳朵，相推碰破了脑袋。这个人皮开肉绽，那个人血迹斑斑。这个人指桑骂槐，那个人点名道姓。这个人挽起衣袖，那个人卷起裤筒，人人都修起挖不平的田埂。咱们要让水往低处流，咱们要让理住尺上理。要让他的父亲出来修平田埂。要让他的母亲出来赔礼道歉。

六层六部：讲到红薯地，讲到芋头园。菜有主，豆有架。如若哪家孩子夜间走路不拿火把，白天进寨不守规约。他不怕雷公劈顶，他不怕雷婆发怒。他在地头偷红薯，他在地尾偷豆荚。他在园里偷青菜，他在田里偷萝卜，没抓到就不说他了。如若抓到哪个，捉住他肩上挑的筐子，抓到他背上背的篓子，篓中有菜，筐中有豆。偷瓜、薯、菜、豆，罚四两四，除此之外，还要叫他敲锣喊寨。

六百威：

一层一部：天上有三十六威，水中有二十四威。天上有雷威，水中有龙威，林中有虎威，寨中有人威。你来我村，我要发威给你看；我去你村，你要讲威给我听。你来我村，我去你村，都一样遵行。夜间走路有月亮，白天走路有太阳。莫让哪家孩子，吃饭弄脏了饭碗，睡觉搞破了床单。吃一碗，舔一钵；睡一觉，闹一夜。哪咱们就要讲威给他听，哪咱们就要发威给他看。

二层二部：说到我村青年，翻过年头，到了月底，三十人过山，四十人过岭，莫让哪家孩子，用树叶堵沟，用蛛网拦路。你要让我的孩子，抬脚过田硬，举伞过山梁，坐石石干，坐草草烂。一百扇门都要打开，全寨姑娘都要聚拢来。十二架纺车都在转动，十二支纱锭都在旋转。咱们交成亲密朋友，咱们结为长久亲戚。交成朋友三年以上，结为亲戚九代延绵。如若你让我的孩子，抬脚过不了田埂，举伞过不了山梁。坐石不让石干，坐草不让草烂。一百扇门都不开，全寨姑娘都不拢来。十二架纺车都不转动，十二支纱锭都不旋转。我就来你的门口前边啼哭，我就来你的楼梯底下咒骂。我的男孩要放出楼门，你的女孩要放出家门。你要吹笙随调，你要放炮随村。你的大门不能大敞，我的小门也难打开。你把饭桌藏起，我让饭桌干裂。你初一，我十五。马尾两边扫，牛尾两边摆。我这样要求你，你也这样要求我。从今往后，三五一十五，九六也是一十五。咱们要像簸箕里的米粒，咱们要像木盆里的水滴。交成朋友，结为亲戚。

三层三部：讲到家中弟兄，说到弟兄分家。分到梳中棉纱，分到园中竹子。分到锅、鼎、箱、架，分到碗、盏、瓢、盆。竹园随竹林，禾仓随住房。不许越过界石，不许移动界碑。清石正，白石清。田有埂为界，山有石为碑。不许哪家孩子，把上边的界石移到下边，把右边的界碑移到左边。家中兄弟，千年磐石压不垮，万年砥柱冲不塌。金子不许私留一包，银子不许私藏一两。要让池塘越来越深，要让堤坝越来越宽。肩膀不许相磨，膝盖不许相碰。

四层四部：讲到那些狼手虎脚的人，他们长着狼眼狗心。他们偷猪出栏，偷羊出圈，偷牛过山，偷马过林。他们套园角，牵扁角。牵过龙山，拉过虎林。咱们跟随他的足迹，查窝找蛋，循沟探水，溯河访潭。丢了谷子查谷芒，丢了活鱼找鱼鳞，如今找到你们寨上。在寨边发现牛角，在寨脚发现马鞍，在楼下找到羊须，在梯底查到猪鬃，那我们就用青藤围山，那我们就用弓箭围寨。你不要用虎皮来遮，你不要用龙皮来盖。你要揭开白石，你要掀开荆棘。莫放他跑到河中龙王殿，莫让他逃到朝中帝王宫。我们要拉他出门，我们要拖他进款。拉他到四方众人跟前，拖他到四周各村游寨。你扛黄旗在前，我找红旗在后。让他的父亲遭的罪重，让他的儿子遭的罪多。如若哪家孩子，在树根装成青蛙，在树梢变成松鼠，他在深山扮成虎，他在石堆化成毒蛇，那咱们大家都去围剿。铜锣从外往内敲，见头打头，见尾打尾；铜锣从内往外敲，见脚打脚，见身打身。

五层五部：无论是你的孩子，无论是我的孩子，都不许抬脚追人，都不许动手抓人。如若哪家孩子，追了苗族人，抓了瑶族人，抓了姓杨的，捉了姓吴的。那就叫他爬上九百丈高的天空，让他去抓雷的儿子，那就叫他钻进七百庹深的海底，让他去捉龙的儿子，如若他抓不到雷的儿子，如若他捉不到龙的儿子。那就叫他交出草鱼三百斤，丝绸三百匹，米三百挑，酒三百坛，银三百两。如若他能交出这些东西，如若他能赎回他的罪过，那就请头人来，那就牵牛进款。如若他不能拿出这些东西，如若他不能赎回他的罪过。那就毁掉他的性命，那就烧掉他的牛毛。那就像捡田螺一样查抄他的家产，那就像抽鱼帘一样捡走他的家财。叫他的父母离开故土，叫他的儿女离开故乡。

六层六部：如若哪家孩子，鼓不听捶，耳不听劝，不依古理，不怕铜锣。他毁山毁冲，毁河毁溪，毁了十二个山头的桐油树，毁了十二个山头的杉木林。寨脚有人责怪，寨头有人追查，寨中有人告发。我们就跟他当面说理，我们就给他当面定罪。是真就是真，是假就是假。是真就共同查办，是假就共同改正。哪怕他告到龙王殿上，哪怕他告到州府县衙，哪怕他骨硬如钢，哪怕他骨韧如铜，我们也要把他敲碎，我们也要把他捶熔。

参 考 文 献

一 著作

1. 《史记》，中华书局 2005 年版。

2. 《汉书》，中华书局 2005 年版。

3. 《后汉书》，中华书局 1965 年版。

4. 《三国志》，中华书局 1962 年版。

5. 《晋书》，中华书局 1974 年版。

6. 《魏书》，中华书局 1974 年版。

7. 《隋书》，中华书局 1973 年版。

8. 《旧唐书》，中华书局 1975 年版。

9. 《新唐书》中华书局 1975 年版。

10. 《辽史》，中华书局 1974 年版。

11. 《金史》，中华书局 1975 年版。

12. 《宋史》，中华书局 1985 年版。

13. 《元史》，中华书局 1976 年版。

14. 《明史》，中华书局 1974 年版

15. 《明实录》，台湾中研院历史语言研究所校印本。

16. 《清实录》，中华书局影印本。

17. （明）李东阳纂、申时行重修：《大明会典》（明万历刊本），台湾文海出版社影印。

18. （景泰）《云南图经志书》，云南民族出版 2002 年版。

19. （宋）范成大：《杜海虞衡志》，四川民族出版社 1986 年出版。

20. 《苍梧总督军门志》，全国图书馆文献缩微复制中心 1991 年版。

21. （清）席裕福、沈师徐辑：《皇朝政典类纂》，台湾文海出版社年版印行。

22. （清）那彦成：《那文毅公奏议》，上海古籍出版 1995 年版。

23. 《平定准噶尔方略续编》，文渊阁四库全书本。

24. 《乾隆朝内府抄本〈理藩院则例〉》，中国藏学出版社 2006 年版。

25. 《黔南识略》，贵州人民出版社 1992 年版。

26. （光绪）《钦定大清会典事例》，中华书局 1991 年影印版。

27. 《钦定大清会典事例·理藩院》，中国藏学出版社 2006 年版

28. （清）索尔纳：《钦定学政全书》，上海古籍出版 1995 年版。

29. （元）徐松：《宋会要辑稿》，中华书局 1985 年版。

30. 《土官底簿》，文渊阁四库全书本。

31. 《续通志》，浙江古籍出版社 1988 年版。

32. （唐）樊绰：《蛮书校注》，向达校注，中华书局 1962 年版。

33. （元）李京著王叔武辑校：《云南志略辑校》，云南民族出版社 1986 年版。

34. （宋）李焘：《续资治通鉴长编》，中华书局 1985 年版。

35. 刘毓珂：（光绪）《永昌府志》1936 年重印木刻本。

36. （宋）周去非：《岭外代答校注》，中华书局 2006 年版。

37. （清）祝庆祺：《刑案汇览三编》，北京古籍出版社 2004 年版。

38. 《西域同文志》，民族古籍丛书，1984 年影印本。

39. （清）傅恒：《钦定皇舆西域图志》，西北文献丛书。

40. 迪庆藏族自治州概况编写组：《迪庆藏族自治州概况》，云南民族出版社 1986 年版。

41. 《孟连宣抚司法规》，云南民族出版社 1986 年

42. 《四川广西云南彝族社会历史调查》，云南人民出版社 1987 年版。

43. 《孙中山全集》，中华书局 1982 年版，

44. 《元典章》，中国广播电视出版社 1998 年版。

45. 《张家山汉简》，文物出版社 2006 年版。

46. 宝音乌力吉、包格注：《蒙古—卫拉特法典》，内蒙古人民出版社 2000 年版。

47. 才仁巴力、青格力：《青海卫拉特联盟法典》（注释本），民族出版社 2009 年版。

48. 策·巴图：《〈蒙古—卫拉特法典〉词语研究》，民族出版社 2006 年版。

49. 陈金全、巴且日伙：《凉山彝族习惯法田野调查报告》，人民出版社

2008 年版

50. 楚雄文联编：《彝族史诗选·梅葛》，云南人民出版社 2001 年版。

51. 达仓宗巴·班觉桑布著，陈庆英译：《汉藏史集》，西藏人民出版社 1986 年版。

52. 道润梯步编注：《喀尔喀律令》，内蒙古教育出版社 1989 年版。

53. 道润梯步校注：《卫拉特法典》，内蒙古人民出版社 1986 年版。

54. 道润梯步译注：《新译简注〈蒙古秘史〉》，内蒙古人民出版社 1979 年版。

55. 德宏州政协文史委：《中国景颇族山官》，德宏民族出版社 2001 年版。

56. 德宏州志编委会办公室：《德宏史志资料》（第一集），德宏州志编委会办公室，1985 年。

57. 邓敏文、吴浩：《没有国王的王国——侗款研究》，中国社科学出版社 1995 年版。

58. 杜建录：《〈天盛律令〉与西夏法律制度研究》，宁夏人民出版社 2005 年版。

59. 额尔登泰、乌云达赉、阿萨拉图：《〈蒙古秘史〉词汇选释》，内蒙古人民出版社 1980 年版。

60. 方国瑜：《南诏名号考》，载《方国瑜文集》（第二集），云南教育出版社 2001 年版。

61. 方国瑜：《云南史料丛刊》（第一卷），云南大学出版社 1998 年版。

62. 方铁主：《西南通史》，中州古籍出版社 2003 年版。

63. 高立士：《西双版纳傣族的历史与文化》，云南民族出版社 1992 年版.

64. 龚佩华：《景颇族山官制度社会研究》，中山大学出版社 1988 年版。

65. 龚庆进：《景颇族》，民族出版社 1988 年版。

66. 龚荫：《中国土司制度》，云南民族出版社 1992 年版。

67. 海乃拉莫等：《凉山彝族习惯法案例集成》，云南人民出版社 1998 年版。

68. 胡庆钧：《凉山彝族奴隶社会》，人民出版社 1982 年版。

69. 胡兴东：《生存范式：理性与传统——元明清时期南方民族法律变迁研究》，中国社会科学出版社 2005 年版。

70. 胡兴东：《中国古代死刑制度史》，法律出版社 2008 年版。

71. 湖南少数民族古籍办公室：《侗款》，岳麓书社 1988 年版。

72. 黄奋生编：《藏族史略》，民族出版社 1989 年版。

73. 金山：《清代蒙古地区地方立法问题研究——以〈喀尔喀吉如姆〉研究为中心》，博士学位论文，内蒙古大学。

74. 李根源、刘楚湘：（民国）《腾冲县志稿》，云南美术出版社 2004 年版。

75. 李则芬：《成吉思汗新传》，台湾中华书局 1970 年版。

76. 廖祖桂：《钦定藏内善后章程二十九条版本考略》，中国藏学出版社 2006 年版。

77. 娄云生：《雪域高原的法律变迁》，西藏人民出版社 2000 年版。

78. 罗国义修订，陈英注，马学良审定：《彝族历史文献选集》（第一集），中央民族学院彝族历史文献编译组 1982 年油印本。

79. 罗家伦主编：《革命文献》（第 1—3 辑），中国国民党中央委员会党史资料编撰委员会 1978 年影印。

80. 马长寿：《彝族古代史》，上海人民出版社 1987 年版。

81. 苗族文学史编写组：（贵州）《民间文学资料》（第 14 集），中国民间文艺研究会贵州分会，1959 年。

82. 莫金山：《瑶族石牌制》，广西民族出版社 2000 年版。

83. 木芹：《南诏野史会证》，云南人民出版社 1990 年版。

84. 奇格：《古代蒙古族法制史》，辽宁民族出版社 2000 年版。

85. 钱实甫：《北洋政府时期的政治制度》，中华书局 1984 年版。

86. 全国人民代表大会民族委员会办公室编：《云南省德宏傣族景颇族自治州社会概况：景颇族调查材料之五》，全国人民代表大会民族委员会办公室，1958 年。

87. 石开忠：《侗款款组织及其变迁研究》，民族出版社 2009 年版。

88. 石锐：《景颇族传统祭词译注》，云南民族出版社 2003 年版。

89. 史金波、聂鸿音、白滨译注：《西夏天盛改旧新定律令》，法律出版社 2000 年版。

90. 睡虎地秦墓竹简整理小组：《睡虎地秦墓竹简》，文物出版社 1990 年版。

91. 思茅地区文化局、思茅地区民族事务委员会：《拉祜族民间故事》，云南人民出版社 1990 年版。

92. 四川省编辑组：《四川省阿坝州藏族社会历史调查》，民族出版社

2009 年版。

93. 四川省编写组：《四川彝族历史调查资料、档案资料选辑》，四川省社会科学院出版社 1987 年版。

94. 宋常恩：《云南少数民族研究文集》，云南人民出版社 1986 年版。

95. 孙镇平：《清代西藏法制研究》，知识产权出版社 2004 年版。

96. 索南坚赞著、刘立千译：《西藏王统记》，民族出版社 2000 年版。

97. 王恒杰：《迪庆藏族社会史》，中国藏学出版社 1995 年版。

98. 王莲芳：《王莲芳云南民族工作回忆》，云南民族出版社 1999 年版。

99. 王天顺主编：《西夏天盛律令研究》，甘肃文化出版社 1998 年版。

100. 王尧、陈践译注：《敦煌本吐蕃历史文书》，民族出版社 1980 年版。

101. 王子尧、刘金才主编：《夜郎史传》，四川民族出版社 1998 年版。

102. 文孚纂修：《钦定重修六部处分则例》，见沈云龙主编《近代中国史料丛刊》（第 34 辑），台湾文海出版社影印本。

103. 吴海航：《元代法文化研究》，北京师范大学出版社 2000 年版。

104. 吴永章：《中国土司制渊与发展史》，四川民族出版社 1988 年版。

105. 香格里拉县人民政府驻昆办事处：《中甸藏文历史档案资料汇编》，云南民族出版社 2003 年版。

106. 徐嘉瑞：《大理古代文化史稿》，中华书局 1978 年版。

107. 徐晓光：《藏族法制史研究》，法律出版社 2000 年版。

108. 杨积堂：《法典中的西夏文化：西夏〈天盛改旧新定律令〉研究》，法律出版社 2003 年版。

109. 杨权、郑国乔、龙耀宏：《侗族》，民族出版社 1992 年版。

110. 杨士宏：《藏族传统法律文化研究》，甘肃人民出版社 2004 年版。

111. 杨一凡主编：《历代判例判牍》（第七册），中国社会科学出版社 2005 年版。

112. 杨一凡主编：《中国珍稀法律典籍续编》（第九册），黑龙江人民出版社 2002 年版。

113. 尤中：《云南民族史》，云南大学出版社 2001 年版。

114. 余大钧译注：《蒙古秘史》，河北人民出版社 2001 年版。

115. 余大钧：《一代天骄成吉思汗——传记与研究》，内蒙古人民出版社 2002 年版。

116. 云南省编辑组：《景颇族社会历史调查》（三），云南人民出版社

1986 年版。

117. 云南省编辑组：《景颇族社会历史调查》（四），云南人民出版社 1986 年版。

118. 云南省编辑组：《四川贵州彝族社会历史调查》，云南人民出版社 1986 年版。

119. 云南省编辑组：《云南少数民族社会历史调查资料汇编》（一），云南人民出版社 1986 年版。

120. 张国英：《〈钦定藏内善后章程二十九条〉版本考略》，中国藏学出版 2006 年版。

121. 张济民主编：《青海藏区部落习惯法资料集》，青海人民出版 1993 年版。

122. 张羽新：《清朝治藏典章研究》，中国藏学出版社 2002 年版。

123. 中共中央统战部：《民族问题文献汇编》，中共中央党校出版社 1991 年版。

124. 中国科学院民族研究所云南民族调查组、云南省民族研究所：《云南省红河哈尼族彝族自治州金平县苦聪人社会经济调查》，中国科学院民族研究所云南民族调查组、云南省民族研究所，1963 年。

125. 中国科学院民族研究所云南民族调查组、云南省民族研究所：《云南省拉祜族社会历史调查资料（拉祜族调查材料之二)》，中国科学院民族研究所云南民族调查组、云南省民族研究所，1963 年。

126. 中国科学院民族研究所云南民族调查组、云南省民族研究所：《云南省拉祜族社会历史调查资料（拉祜族调查材料之一)》，中国科学院民族研究所云南民族调查组、云南省民族研究所，1963 年。

127. 中国科学院民族研究所云南民族调查组、云南省民族研究所民族社会历史研究室编：《云南省德宏傣族景颇族自治州社会概况：景颇族调查材料之九》，中国科学院民族研究所云南民族调查组、云南省民族研究所民族社会历史研究室，1963 年。

128. 中央统战部、中央档案馆：《中共中央抗日民族统一战线文件选编》，档案出版社 1985 年版。

129. ［波斯］拉施特编：《史集》，余大钧、周建奇译，中华书局 1983 年版。

130. ［法］爱弥尔·涂尔干、马塞尔·莫斯：《原始分类》，汲喆译，渠东校，上海人民出版社 2003 年版。

131. ［英］道森：《出使蒙古记》、《蒙古史》，吕浦译、周良霄注汉译本，中国社会科学出版社1983年版。

132. 《世界征服者史》，何高济译、翁独健校，内蒙古人民出版社1981年版。

133. 《斯大林全集》，人民出版社1953年版。

二　论文

1. 阿期的确：《独到的彝族调解法》，载《凉山民族研究》2003年第2期。

2. 安梅梅：《近年来秦汉道制研究概述》，载《青海民族大学学报》2011年第4期。

3. 巴且日伙：《凉山彝族聚居区法律生活分析》，载《凉山民族研究》2000年刊。

4. 巴卧·祖拉陈哇著，黄颢译：《贤者喜宴》，载《西藏民院学报》1983年第1期。

5. 白翠琴：《卫拉特法典与葛尔丹洪台吉勒令之比较研究》，载《卫拉特研究》2004年第1期。

6. 白金花、乌日嘎：《〈阿拉善蒙古律例〉研究》，载《内蒙古大学学报》2010年第1期。

7. 白京兰：《清代回疆立法——〈钦定回疆则例〉探析》，载《中南民族大学学报》2004年第4期。

8. 白芝尔姑阿呷：《凉山彝族习惯法》，载《彝族文化》1989年年刊。

9. 包红颖：《〈卫拉特法典〉中民法内容初探》，载《内蒙古社会科学》（汉文版）1995年第3期。

10. 薄音湖：《北宋对契丹归明人的政策》，载《内蒙古社会科学》（汉文版）2003年第6期。

11. 布·孟克：《论〈江格尔札撒〉与〈卫拉特法典〉的关系》，载《卫拉特研究》（蒙）1997年第3期。

12. 布仁巴图：《〈卫拉特法典〉中部分狩猎条文释义》，载《内蒙古社会科学》（蒙）1999年第2期。

13. 布仁巴图：《〈卫拉特法典〉中有关斗殴、戏虐处罚条文释义辨正》，载《内蒙古大学学报》（蒙古文版）2000年第3期。

14. 布仁巴图：《〈卫拉特法典〉中部分狩猎文释义》，载《内蒙古社会科学》（蒙古文版）1999 年第 2 期。

15. 布仁巴图：《1678 年〈葛尔丹皇太吉律令〉研究》，载《内蒙古大学学报》（蒙古文版）2004 年第 4 期。

16. 布仁巴图：《论〈卫拉特法典〉中的一条习惯法》，载《语言与翻译》1990 年第 4 期。

17. 才布西格：《〈蒙古—卫拉特法典〉中的某些注释的修正、补充和商榷》，载《内蒙古大学学报》（蒙古文版）2004 年第 4 期；

18. 才仁巴力：《〈青海卫拉特联盟法典〉的主持者、成书年代、编纂者、整理者》，载《内蒙古师范大学学报》2003 年第 3 期。

19. 策·巴图：《〈卫拉特法典〉部分词语考析》，载《蒙古语言文学》2002 年第 4 期。

20. 策·巴图：《论〈卫拉特法典〉词汇解释中存在的一些误解》，载《语言与翻译》1999 年第 3 期。

21. 策·巴图：《卫拉特法典〉中的某些词语释义辨正》，载《内蒙古大学学报》（蒙古文版）2002 年第 3 期。

22. 曾代伟，王平原：《〈蛮夷律〉考略——从一桩疑案说起》，载《民族研究》2004 年第 3 期。

23. 陈光国：《论清朝对藏区法制的立法思想和立法原则》，载《青海社会科学》1997 年第 3 期。

24. 陈其斌：《凌迟入律在辽代》，载《读书》2003 年第 5 期。

25. 陈启新、杨鹤书：《略论拉祜族的母权制及其向父权制的过渡》，载《中山大学学报》1979 年第 1 期。

26. 陈庆元：《秦汉时期民族关系的法律调整——以〈属邦律〉和〈蛮夷律〉为中心》，载《曲靖师范学院学报》2007 年第 4 期。

27. 陈武强：《北宋后期关于西北蕃部的民族立法述略》，载《贵州民族研究》2006 年第 4 期。

28. 陈武强：《北宋神哲时期对西北蕃部的民族立法》，载《青海民族研究》2008 年第 4 期。

29. 陈武强：《北宋西北边区的民族法律政策》，硕士论文，西北师范大学，2007 年。

30. 陈武强：《试论北宋西北边区的蕃官行政法制》，载《贵州社会科学》2007 年第 4 期。

31. 陈武强：《宋代法律思想与西北边区民族立法》，载《兰台世界》

2008 年 15 期。

32. 陈武强:《宋代蕃法及其向汉法的过渡论略》,载《青海民族研究》2006 年第 5 期。

33. 陈旭:《儒家的"礼"与西夏〈天盛律令〉》,载《西北第二民族学院学报》2002 年第 4 期。

34. 楚臣:《论黑白崇拜》,载《彝族文化》1989 年年刊。

35. 达力扎布:《〈番例〉渊源考》,载《青海民族大学学报》2012 年第 2 期。

36. 达力扎布:《〈喀尔喀法规〉制定原因及实施范围初探》,载《中央民族大学学报》2005 年第 1 期。

37. 达力扎布:《〈蒙古律例〉及其与〈理藩院则例〉的关系》,载《清史研究》2003 第 4 期。

38. 达力扎布:《有关乾隆朝〈大清会典则例·理藩院则例〉稿本》,载《清代政治制度与民族文化学术研讨会论文集》(2010 年)。

39. 戴建国:《宋朝对西南少数民族归明人的政策》,载《云南社会科学》2006 年第 2 期。

40. 戴梦皓:《西夏刑法总则与中原刑法总则之异同比较》,硕士论文,复旦大学,2011 年。

41. 道·巴图加甫:《对〈卫拉特法典〉中一些词语释的商榷》,载《语言与翻译》1990 年第 3 期。

42. 道润梯步:《论〈卫拉特法典〉》,载《新疆师范大学学报》1989 年第 4 期。

43. 邓锐龄:《1789—1790 年鄂辉等西藏事宜章程》,载《中国藏学》2008 年第 3 期。

44. 丁立军:《清代伯克制的废除与新疆政治中心的转移》,载《黑龙江民族丛刊》2009 年第 2 期;

45. 董昊宇:《〈天盛律令〉中的比附制度——以〈天盛律令〉"盗窃法"为例》,《宁夏社会科学》2011 年 5 期。

46. 杜建录:《论西夏〈天盛律令〉的特点》,《宁夏社会科学》2005 年第 1 期。

47. 额·宝音乌力吉:《关于〈卫拉特法典〉中对〈借宿法规〉之解释的商榷》,载《蒙古学研究》(蒙)2000 年第 3 期;

48. 范毅:《原始民主:现代跨越的"卡夫丁"峡谷——侗、苗民族

"款文化"的政治社会视角》，载《求索》2002 年第 5 期。

49. 冯剑：《简析〈理藩院则例〉的内容特点及成因》，中央民族大学 2010 年硕士论文。

50. 龚佩华：《景颇族的山官和山官制度》，载《民族学研究·第八辑》 1986 年。

51. 郭长海：《金代刑法浅谈》，载《哈尔滨市经济管理干部学院学报》 2001 年第 1 期。

52. 韩伟：《略论清代〈回疆则例〉立法特色及现实意义》，载《新疆 社科论坛》2010 年第 2 期。

53. 韩小忙：《〈天盛改旧新定律令〉中所反映的西夏道教》，载《西北 师大学报》1998 年第 3 期。

54. 韩小忙：《〈天盛改旧新定律令〉中所反映的西夏佛教》，载《世界 宗教研究》1997 年第 4 期。

55. 何峰：《〈番例〉探析》，载《中国藏学》1998 年第 2 期。

56. 何峰：《五世达赖喇嘛〈十三法〉探析》，载《政治学研究》2004 年第 4 期。

57. 何宁生：《论后燕的法制》，载《西北大学学报》2003 年第 3 期。

58. 何宁生：《论前燕的法制》，载《西北大学学报》2004 年第 5 期。

59. 何宁生：《前秦法制初探》，载《西北大学学报》2002 年第 2 期。

60. 何宁生：《十六国时期少数民族政权的司法制度及建树》，载《西北 大学学报》2007 年第 6 期。

61. 何宁生：《十六国时期少数民族政权法制的历史影响》，载《民族研 究》2006 年第 2 期。

62. 何天明：《辽代的"因俗而治"与货币流通》，载《内蒙古金融研 究》钱币文集（第七辑）2006 年。

63. 何耀华：《论凉山彝族的家支制度》，载《中国社会科学》1981 年 第 2 期。

64. 侯爱梅：《试论北宋对西夏归明人的政策》，载《宁夏社会科学》 2006 年第 3 期。

65. 侯绍庄、钟莉：《〈夜郎君法规〉时代辨析》，载《贵州民族研究》 2005 年第 1 期。

66. 胡金鳌、米正国：《论彝族谱牒的特点及功能》，载《凉山彝族研 究》（2），民族出版社 2012 年版。

67. 胡兴东：《清代民族法中"苗例"之考释》，载《思想战线》2004
年第 6 期

68. 华世：《试论景颇族山官制度》，载《云南教育学院学报》1996 年
第 3 期。

69. 黄震云：《辽代法令考》，载《北方文物》2008 年第 4 期。

70. 吉克·则伙·史伙：《彝族尔比与习惯法》，载《西南民族学院学
报》1998 年第 3 期。

71. 姜歆：《论西夏法典结构及私法在其中的地位》，载《宁夏大学学
报》2003 年第 1 期。

72. 姜歆：《论西夏法律制度对中国传统法律文化的传承与创新——以
西夏法典〈天盛律令〉为例》，载《固原师专学报》2006 年第
2 期。

73. 姜歆：《西夏〈天盛律令〉厩牧律考》，载《宁夏社会科学》2005
年第 1 期。

74. 姜歆：《西夏法典〈天盛律令〉佛道法考》，载《宁夏师范学院学
报》2009 年第 4 期。

75. 蒋蓓妮：《关于唐王朝化外人涵义的探讨》，载《现代商贸工业》
2008 年第 13 期。

76. 雷广正：《侗族地区"侗"、"款"组织的特征和作用》，载《民族
研究》1980 年第 5 期。

77. 李保文：《康熙六年〈蒙古律书〉》，载《历史档案》2002 年第
4 期。

78. 李红艳：《关于十六国时期"胡汉分治"问题的思考》，载《山东
教育学院学报》2008 年第 2 期。

79. 李剑、汪亚光：《论南诏的法律制度》，载《中南民族大学学报》
2010 年第 2 期。

80. 李克建：《谈谈五服制、道和左郡、左县的历史作用及意义》，载
《西南民族学院学报》1982 年增刊。

81. 李明泽：《彝语"纳"（黑）义演变浅析》，载《彝族文化》1989
年年刊。

82. 李鸣：《西夏司法制度述略》，载《西南民族大学学报》2003
年第 4 期。

83. 李廷贵、酒素：《略论苗族古代社会结构的"三根支柱"——鼓社、

议榔、理老》，载《贵州民族研究》1981 年第 4 期。

84. 李廷贵、酒素：《苗族"鼓社"调查报告》，载《贵州民族研究》1980 年第 3 期。

85. 李云泉：《五服制与先秦朝贡制度的起源》，载《山东师范大学学报》2004 年第 1 期。

86. 李云霞：《清朝的民族立法特色》，载《满族研究》2006 年第 2 期。

87. 廖君湘、严志钦：《"补拉"制度：侗族社会之宗法制度》，载《兰州学刊》2004 年第 6 期。

88. 刘本锋：《试论辽朝"因俗而治"的国策及意义》，载《江西教育学院学报》2010 年第 1 期。

89. 刘格平：《三年来民族工作的成就》，载《人民日报》1952 年 9 月 21 日。

90. 刘国石、王玮平：《十六国时期少数民族政权典章制度的汉化》，载《北华大学学报》2004 年第 3 期。

91. 刘海涛：　《辽代死刑研究》，硕士学位论文，辽宁师范大学，2008 年。

92. 刘建丽、陈武强：《略论北宋对西北边区蕃民的法律保护》，载《内蒙古社会科学》（汉文版）2006 年第 2 期。

93. 刘强：《北元时期蒙古族女性社会地位探论——以〈阿勒坦汗法典〉为视角》，载《辽宁大学学报》2008 年第 3 期。

94. 刘志玲：《秦汉道制问题新探》，载《求索》2005 年第 12 期。

95. 龙威：《金代法律的渊源及其运用》，硕士学位论文，中国政法大学，2002 年。

96. 隆英强：《浅谈五世达赖喇嘛时期的〈十三法典〉》，载《西北民族大学学报》2005 年第 1 期。

97. 卢汇：《论凉山彝族双则交错表兄弟姐妹优先婚姻》，载《凉山彝族研究》（2），民族出版社 2012 年版。

98. 鲁宁：《清朝对蒙古地区宗教政策及宗教立法研究》，硕士学位论文，内蒙古大学，2009 年。

99. 罗家修：《德古与苏依浅议》，载《凉山彝族研究》（2）。

100. 罗家云：《南诏国刑事法律规范的渊源探析》，《玉溪师范学院学报》2006 年第 11 期。

101. 罗家云：《影响南诏土地法律制度的诸因素》，载《玉溪师范学院学报》2008 年第 12 期。

102. 罗开玉：《论秦汉道制》，载《民族研究》1987 年第 5 期。

103. 吕英亭：《宋朝涉外法律初探》，博士论文，山东大学，2006 年。

104. 马尔子：《浅谈凉山彝族德古》，载《凉山民族研究》1992 年刊。

105. 马曼丽：《浅议〈蒙古—卫拉特法典〉的性质与宗旨》，载《西北史地》1981 年第 2 期。

106. 那仁朝格图：《〈成吉思汗大札撒〉中的几个问题》，载《内蒙古大学学报》2009 年第 2 期。

107. 那仁朝格图：《〈阿勒坦汗法典〉及其内容浅析》，载《内蒙古大学学报》（哲学社会科学版）2010 年第 1 期。

108. 聂红萍：《清朝统一新疆进程中伯克阶层投清述论》，载《周口师范学院学报》2004 年第 5 期。

109. 牛海桢：《试论清王朝对维吾尔族伯克制度的改革》，载《喀什师范学院学报》（社会科学版）2006 年第 1 期。

110. 牛绿花：《略论〈钦定西藏章程〉及其历史意义》，载《青海民族研究》2009 年第 1 期。

111. 诺布旺丹：《〈十六法〉与十六世纪初期的藏族社会》，载《民族研究》1991 年第 3 期。

112. 欧俊娇：《浅谈侗族"款词"及其语言形式美》，载《贵州民族研究》1989 年第 3 期。

113. 裴杰生：《略论清代的西北边政方略——以〈蒙古律例〉、〈回疆则例〉为研究对象》，载《昌吉学院学报》2009 年第 1 期。

114. 齐格：《〈卫拉特法典〉中"别尔克"一词考释》，载《前沿》1996 年第 3 期。

115. 奇格：《〈卫拉特法典〉体系的产生及其特点》，载《西北史地》1998 年第 2 期。

116. 奇格：《一部珍贵的古代蒙古法律文献——〈阿勒坦汗法典〉》，载《内蒙古社会科学》1983 年第 6 期。

117. 青格勒图：《〈卫拉特法典〉中无因管理之债辨析》，载《内蒙古大学学报》（蒙）2003 年第 4 期。

118. 青格勒图：《〈蒙古—卫拉特法典〉中的"札尔忽"、"札尔忽赤"之探析》，载《内蒙古大学学报》（蒙古文版）2007 年第 2 期。

119. 青格勒图：《卫拉特法典〉若干刑法条款解析》，载《蒙古语言文学》2003 年第 5 期。

120. 曲比石美、马尔子:《旧凉山彝族家支、姻亲人命案及案例》,载《凉山彝族研究》(2),民族出版社 2012 年版。

121. 仁布仁巴图:《1678 年〈葛尔丹皇台吉律令〉研究》,载《内蒙古大学学报》(蒙古文版)2004 年第 4 期。

122. 荣丽贞:《略述阿勒坦汗》,载《内蒙古大学学报》1981 年第 3 期。

123. 芮素平:《金朝立法研究》,硕士论文,中国社会科学院研究生院,2003 年。

124. 闫宗森:《清朝回疆民族政策——伯克制度研究》,硕士论文,石河子大学,2010 年。

125. 萨仁格日勒:《〈蒙古—卫拉特法典〉中的风俗内容》,载《卫拉特研究》(蒙)2004 年第 4 期。

126. 桑耀华:《景颇族山官问题初论》,载《民族学研究第五辑》1983 年。

127. 邵方:《唐宋法律中儒家孝道思想对西夏法典的影响》,载《法学研究》2007 年第 1 期。

128. 邵方:《西夏法典对中华法系的传承与创新——以〈天盛律令〉为视角》,载《政法论坛》2011 年第 1 期。

129. 邵方:《西夏服制与亲属等级制度研究》,载《法学评论》2004 年第 3 期。

130. 沈寿文:《〈唐律疏议〉"化外人"辨析》,载《云南大学学报(法学版)》2006 年第 3 期。

131. 石朝江:《苗族传统社会组织及功能》,载《中南民族学院学报》1993 年第 3 期。

132. 石开忠:《侗族习惯法的文本及其内容、语言特点》,载《贵州民族学院学报(哲学社会科学版)》2000 年第 1 期。

133. 史筠:《清王朝治理西藏的基本法律——〈西藏通制〉》,载《民族研究》1992 年第 2 期。

134. 宋国华:《论西夏法典中的拘捕制度》,载《宁夏社会科学》2011 年第 5 期。

135. 苏鲁格:《阿勒坦汗法典》,载《蒙古学信息》1996 年第 2 期。

136. 苏钦:《苗例考析》,载《民族研究》1993 年第 3 期。

137. 粟丹：《侗族传统社会款文化再认识》，载《贵州民族研究》2010年第5期。

138. 孙任之：《辽朝"因俗而治"政策的作用及思考》，载《内蒙古农业大学学报》2011年第6期。

139. 汤江灏：《"因俗而治"——〈钦定回疆则例〉评析》，新疆大学2004年硕士论文。

140. 李奋：《〈回疆则例〉研究》，石河子大学2007年硕士论文。

141. 陶玉坤：《北宋对契丹归明人的安置》，载《辽宁师范大学学报》2008年第4期。

142. 特木尔宝力道：《从〈卫拉特法典〉看17世纪蒙古族婚姻家庭制度》，载《内蒙古师范大学学报》（蒙古文版）2002年第4期。

143. 特木尔宝力道：《浅论〈卫拉特法典〉中的蒙古诉讼制度》，载《内蒙古大学学报》（蒙）1994年第2期。

144. 图雅：《〈桦树皮律令研究〉——以文献学研究为中心》，内蒙古大学2007年博士学位论文。

145. 王东平：《关于清代回疆伯克制度的几个问题》，载《民族研究》2005年第1期。

146. 王东平：《清代回疆地区法律典章的研究与注释》，载《西北民族研究》1998年第2期。

147. 王宏翼：《南诏行政法律制度研究》，载《人民论坛》2011年第13期。

148. 王鸿儒：《夜郎君法规的历史内容及其真实性探讨》，载《毕节学院学报》2010年第11期。

149. 王娟娟：《关于清政府对回疆伯克制度改革的几个问题》，载《和田师范专科学校学报》2007年第10期。

150. 王善军：《辽代籍没法考述》，载《民族研究》2001年第2期。

151. 王爽：《论西夏刑事法律制度》，硕士学位论文，西南政法大学，2011年。

152. 王显家：《城步苗族、侗族款文述略》，载《民族论坛》1991第2期。

153. 王欣：《〈回疆则例〉研究》，载《中国边疆史地研究》2005年第3期。

154. 王志强：《有清一代西北边疆民族立法措施评析》，载《伊犁师范学院学报》2007 年第 3 期。

155. 韦玖灵：《从石牌话看瑶族的原始法律意识》，载《广西大学学报》（哲学社会科学版）1994 年第 5 期。

156. 韦启光：《关于苗族的"习惯法"问题》，载《贵州社会科学》1983 年第 2 期。

157. 文志勇：《〈天盛律令〉卷一译释及西夏法律中的"十恶罪"》，载《宁夏师范学院学报》2010 年第 5 期。

158. 乌·巴克曼：《关于 1815 年颁行的〈理藩院则例〉》，载《蒙古史研究》2003 年第 6 期。

159. 吴浩：《刍议侗族款词的科学价值》，载《贵州民族研究》1985 年第 4 期。

160. 吴永章：《论宋代对南方民族的"羁縻"政策》，载《中南民族学院学报》1983 年第 3 期。

161. 吴振平、海棠：《清朝对蒙古地区的立法原则探微》，载《内蒙古大学学报》1999 年第 3 期。

162. 吴治德：《侗款的"款"字探源——兼谈"都"字》，载《贵州民族研究》1992 年第 2 期。

163. 伍月：《一部珍贵的地方法规〈青海会盟法典〉》，载《第七次全国少数民族古文字学术研讨会参会论文提要》　　年。

164. 习布仁巴图：《〈卫拉特法典〉中有关斗殴、戏虐处罚条文释义辨正》，载《内蒙古大学学报》（蒙古人版）2000 年第 3 期。

165. 喜农：《黔东南苗族"议榔"考》，载《贵州民族研究》1981 年第 4 期。

166. 向零：《侗款乡规及其演变》，载《贵州民族研究》1989 年第 3 期。

167. 项春松：《辽代财产刑研究——契丹"籍没"刑及其相关问题试析》，载《北方文物》2002 年第 3 期。

168. 肖汉银：《论清代民族立法的主要原则》，载《理论月刊》2003 年第 11 期。

169. 晓根：《拉祜族"卡些卡列"制度的产生与变异》，载《云南民族学院学报》1996 年第 1 期。

170. 谢波：《北宋对"归明人"的法律控制》，载《北方论丛》2009 年第 6 期。

171. 谢波：《南宋的归明人法制——以〈庆元条法事类·蛮夷门〉为中心》，载《甘肃社会科学》2010 年第 3 期

172. 谢波：《宋代归明人法制研究》，博士论文，云南大学，2011 年。

173. 刑联禹：《〈阿勒坦汗法典〉研究与思考》，载《前沿》1994 年第 3 期。

174. 徐铭：《凉山彝族家支问题散论》，载《凉山彝族研究》（2），民族出版社 2012 年版。

175. 徐晓光：《看谁更胜一"筹"——苗族口承法状态下的纠纷解决与程序设定》，载《山东大学学报》2009 年第 4 期。

176. 徐晓光：《清朝民族立法原则初探》，载《民族研究》1992 年第 1 期。

177. 徐晓光：《清朝政府对苗族立法与苗疆习惯法的准用》，载《第二届贵州法学论坛论文集》（2001 年）。

178. 徐晓光：《无文字状态下的一种"立法"活动——黔桂边界苗族地区作为"先例"的埋岩》，载《山东大学学报》2006 年第 6 期。

179. 许伟伟：《〈天盛律令·节亲门〉对译与考释》，载《西夏学》2009 年第 5 期。

180. 寻丽琴：《浅议"化外人"》，载《法制与社会》2010 年 10 期。

181. 杨国才、刘俊清：《南诏国法制史研究》，载《云南社会科学》2007 年第 2 期。

182. 杨建：《略论秦汉道制的演变》，载《中国历史地理论丛》2001 年第 4 期。

183. 杨进飞：《侗款制试探》，载《民族论坛》1987 年第 3 期。

184. 杨秀绿：《侗款的产生、功能及承传试探》，载《中南民族学院学报》1988 年第 6 期。

185. 杨选第：《从〈理藩院则例〉析清朝对蒙古地区立法特点》，载《内蒙古社会科学》2000 年第 2 期。

186. 杨毓攘：《拉祜族"奥者奥卡"双系制家庭剖析》，载《云南民族学院学报》1988 年第 3 期。

187. 易谋远：《对凉山彝族"家支"概念的研究》，载《西南民族学院学报》1986 年第 4 期。

188. 袁俊英、李文军：《辽代行政制度二元化原因分析》，载《辽宁工程技术大学学报》2006 年第 3 期。

189. 岳红琴：《禹贡五服制与夏代政治体制》，载《晋阳学刊》2006 年第 4 期。

190. 张德元：《凉山彝族家支制度论要》，载《贵州民族研究》2003 年第 4 期。

191. 张冠梓：《浅论中国古代的民族法制及其精神》，载《学术界》2003 年第 5 期。

192. 张国英：《藏文〈水牛年文书〉和〈钦定章程二十九条〉探析》，载《西藏研究》1993 年第 3 期。

193. 张晋藩：《清朝民族立法经验浅析》，载《国家行政学院学报》2011 年第 1 期。

194. 张淼淼：《唐代化外人的法律地位述论》，硕士论文，苏州大学，2010 年。

195. 张明山：《伯克制略考》，载《新疆地方志》2006 年第 6 期。

196. 张涛：《金代法制略探》，载《东北史地》2008 年第 1 期。

197. 张祥福：《〈青海卫拉特联盟法典〉研究》，硕士论文，内蒙古大学，2011 年。

198. 张永萍：《西夏和唐代婚姻制度的异同研究——以〈唐律〉和西夏〈天盛改旧定新律令〉比较为中心》，载《甘肃农业》2006 年第 3 期。

199. 张植荣：《〈藏内善后章程〉二十九条的法律地位》，载《西藏研究》1993 年 1 期。

200. 张志勇：《辽代法律及其特色》，载《辽宁工程技术大学学报》2012 年第 4 期。

201. 赵君：《〈唐律疏议〉"化外人"再探讨》，载《法制与社会》2010 年第 22 期。

202. 赵心愚：《南诏告身制度试探》，载《民族研究》2002 年第 4 期。

203. 赵英：《从〈云梦秦简〉看秦国的民族立法》，载《内蒙古社会科学》（汉文版）2007 年第 4 期。

204. 赵云田：《清朝〈理藩院则例〉的整理和利用》，载《内蒙古社会科学》（汉文版）2001 年第 2 期。

205. 赵云田：《清末新政期间的"筹蒙改制"》，载《民族研究》2002 年第 5 期。

206. 赵云田：《清末新政期间东北边疆的政治改革》，载《中国边疆史地研究》2002 年第 3 期。

207. 白翠琴：《试论卫拉特法典》，载《民族研究》1981 年第 2 期。

208. 周泓：《伊斯兰教在近代新疆的世俗化与地方化——伯克制度及新疆伊斯兰文化与内地的相异》，载《西北师范大学学报》2003 年第 4 期。

209. 周润年：《西藏古代〈十六法典〉的内容及其特点》，载《中国藏学》1994 年第 2 期。

210. 周伟洲：《驻藏大臣琦善改订西藏章程考》，载《中国边疆史地研究》2009 年第 1 期。

211. 周星：《家支·德古·习惯法》，载《社会科学战线》1997 年第 5 期。

212. 卓嘎：《〈铁虎清册〉产生的背景及内容》，载《中国藏学》1992 特刊。

213. 邹敏：《关于唐律"化外人相犯"条的再思考》，载《贵州民族研究》2006 年第 2 期。

214. 邹渊：《〈夜郎君法规〉———部贵州弃族古代地方政权习惯法》，载《夜郎研究》1999 年。

后　记

　　本书是作为教科书来设计写作的。它的产生出自我 2004—2011 年近 7 年间持续给硕士研究生上《中国古代民族法律史》课程。在上课时，最大的问题就是没有能让学生很好地了解中国古代少数民族法律史的教材。加上自己又有写教学大纲、按自己理解设计课程教案的习惯。这样，此书成源时间可谓久矣！后来一直想写成一本教材，但由于工作上的原因，一直没有动笔写作。2011 年在调到曲靖师范学院工作后，刚好学校支持编写教材。于是，我大胆写了申请书。虽然本书的设计很难适合本科学生使用，但学校还是给予立项支持。这样，我用 2012 年冬季学期完成了初稿的撰写。

　　本书在写作上，一直努力想在教材与专著中找到平衡，因为本书很多地方不仅是一本教材，更是我十多年来对中国少数民族法律史研究的心得。所以在本书的结构与表达上，体现出教材与专著的结合。其实，我更愿意把它当成专著，而不是教材对待。当然，我的目标是让硕士研究生和博士研究生作为了解中国少数民族法律史时的入门书。但遗憾的是，当我完成本书写作时，我已经不必给研究生上课了，本书的使命也不再存在。

　　本书在结构上分两个部分，上部分讨论了中国历史上中央政府如何通过法律治理治下的少数民族及历史上哪些建立过政权且有影响的民族的法律，第二部分讨论了现在还存在、有代表性的一些民族的法律。第二部分的目标十分明确，是让阅读者了解中国历史上各少数民族的法律真实情况。每章在结构上由四个部分组成，即正文，对本章内容进行全面描述；思考问题，对本章的主要问题进行提示；阅读扩展及法律资料摘抄。为什么要增加阅读扩展及法律资料摘抄呢？是因为在自己求学及教学时，常有这样的想法和问题：中国古代各少数民族有自己的法律吗？若有，是什么样式。这可以说成为学术界争议与怀疑的根源。本书通过这两部分，可以让读者窥见中国古代各少数民族的法律样式和研究现状。

　　世事多艰，人生无常。在写作和出版中，经历了太多的人生变化，让我无法用言语来表达自己复杂的心情。书稿的出版得益于任明先生的大力支持，没有他的支持，很难把本书出版。今年，我的人生如此多艰，在充满痛的日子里，是任明先生的关心，我用晚上女儿睡下的时间来完成本书稿的修改。在此，我把本书作为父亲的礼物献给她。

我的学术成长史，可以说源于任明先生的支持与帮助。我的第一本学术著作就是在任明先生支持下出版的。我常想，自己作为一位在小学教育上十分不成功的农村孩子，对文字驾驭一直难以有效进行。这种改进得于自己的著作在出版时编辑的指点与帮助。若说我的学术成长中最应感激的人，除了不同学历阶段的老师和导师外，就是在学术成长中，出版不同著作时出版社的编辑们，他们让我知道表达应以让读者理解，自己的思想为最高宗旨，而不是出于自己的喜好或风格。此外，在本书写作中，我的学友谢波提出了很多建设性意见，在此深为感谢。

胡兴东

2013 年 8 月 16 日于天津